中国旅游院校五星联盟教材编写出版项目
中国骨干旅游高职院校教材编写出版项目

酒店数字化营销

刘晓琳　孙赫 ◎ 编著

中国旅游出版社

前　言

为了使教材内容能够与时俱进，本书在《酒店市场营销（第二版）》的基础上更名为《酒店数字化营销》，在内容上增加了酒店数字化营销的最新理念、发展动态、实战综述、技术应用以及先进的工作方式和案例数据等，对2020年之后的酒店业市场发展进行了深入的分析和教学指导。同时，每个项目都新增了“思政目标”，以反映学科专业新进展、行业发展新动态，相关表述业更加准确、规范。

特别指出的是，为了深入学习宣传贯彻落实党的二十大精神，更好教育引导广大师生听党话、跟党走，践行为党育人、为国育才的初心使命，培养德智体美劳全面发展的社会主义建设者和接班人，此次修订补充完善了社会主义核心价值观的内容。增加了绪论，绪论内容主要包括：深刻认识党的二十大胜利召开的伟大意义，提升新时代大学生政治站位；深刻把握党的二十大主题，激发新时代大学生爱国热情；深入学习领悟过去五年工作和新时代十年伟大变革的重大意义，增强新时代大学生民族自豪感；深刻领会“两个结合”是推进马克思主义中国化时代化的根本途径，加强新时代大学生弘扬中华优秀传统文化教育；牢牢把握全面建设社会主义现代化国家开局起步的战略部署，指引新时代大学生守正创新促发展；深入把握党的二十大关于文化和旅游工作的部署要求，推动文旅融合高质量发展；深刻把握团结奋斗的新时代要求，为文旅行业培养高素质人才。真正让马克思主义中国化时代化的最新理论成果进课堂、进教材、进师生头脑，融入师生学习工作。

由于作者水平有限，不足之处在所难免，敬请广大读者批评指正。

刘晓琳

于泉城济南

2023年5月

前言

目 录
CONTENTS

绪　论

党的二十大是在全党全国各族人民迈上全面建设社会主义现代化国家新征程、向第二个百年奋斗目标进军的关键时刻召开的一次十分重要的大会，是一次高举旗帜、凝聚力量、团结奋进的大会。党的二十大在政治上、理论上、实践上取得了一系列重大成果，就新时代新征程党和国家事业发展制定了大政方针和战略部署，是我们党团结带领人民全面建设社会主义现代化国家、全面推进中华民族伟大复兴的政治宣言和行动纲领，对于全党全国各族人民更加紧密团结在以习近平同志为核心的党中央周围，万众一心、接续奋斗，在新时代新征程夺取中国特色社会主义新的伟大胜利，具有极其重大而深远的意义。学习贯彻党的二十大精神，习近平总书记强调的“五个牢牢把握”是最精准的解读、最权威的辅导。要从战略和全局高度完整、准确、全面理解把握党的二十大精神，增强学习贯彻的政治自觉、思想自觉、行动自觉，为实现党的二十大确定的目标任务不懈奋斗。

一、深刻认识党的二十大胜利召开的伟大意义，提升新时代大学生政治站位

党的二十大担负起全党的重托和人民的期待，从战略全局深刻阐述了新时代坚持和发展中国特色社会主义的一系列重大理论和实践问题，科学谋划了未来一个时期党和国家事业发展的目标任务和大政方针，在党和国家历史上具有重大而深远的意义。

（一）这是中国共产党在百年辉煌成就和十年伟大变革的高起点上创造新时代更大荣光的大会

中国共产党在百年历程中共召开了十九次全国代表大会。党的二十大是我们党

在建党百年后召开的首次全国代表大会，也是在新时代十年伟大变革的时间坐标上召开的全国代表大会，具有特别的里程碑意义。

（二）这是推进实践基础上的理论创新、开辟马克思主义中国化时代化新境界的大会

马克思主义中国化时代化既是马克思主义的自身要求，又是中国共产党坚持和发展马克思主义的必然路径。中国共产党为什么能，中国特色社会主义为什么好，归根结底是马克思主义行，是中国化时代化的马克思主义行。党的二十大深刻阐述了习近平新时代中国特色社会主义思想的科学内涵和精神实质，深入阐释了开辟马克思主义中国化时代化新境界的重大命题并提出了明确要求，具有重大理论意义。

（三）这是谋划全面建设社会主义现代化国家、以中国式现代化全面推进中华民族伟大复兴的大会

现代化是各国人民的共同期待和目标。百年来，我们党团结带领人民进行的一切奋斗、一切牺牲、一切创造，就是为了把我国建设成为现代化强国，实现中华民族伟大复兴。在新中国成立特别是改革开放以来的长期探索和实践基础上，经过党的十八大以来在理论和实践上的创新突破，我们党成功推进和拓展了中国式现代化，创造了人类文明新形态。党的二十大明确提出以中国式现代化全面推进中华民族伟大复兴的使命任务，精辟论述了中国式现代化的中国特色、本质要求和重大原则，深刻阐释了中国式现代化的历史渊源、理论逻辑、实践特征和战略部署，大大深化了我们党关于中国式现代化的理论和实践。

（四）这是致力于推动构建人类命运共同体、携手开创人类更加美好未来的大会

当前，世界之变、时代之变、历史之变正以前所未有的方式展开，人类社会面临前所未有的挑战。世界又一次站在历史的十字路口，何去何从取决于各国人民的抉择。党的二十大深刻把握世界大势和时代潮流，宣示中国在变局、乱局中促进世界和平与发展、推动构建人类命运共同体的政策主张和坚定决心，为共创人类更加美好的未来注入强大信心和力量。

（五）这是推动解决大党独有难题、以党的自我革命引领社会革命的大会

全面建设社会主义现代化国家、全面推进中华民族伟大复兴，关键在党。党的二十大明确提出：我们党作为世界上最大的马克思主义执政党，要始终赢得人民拥护、巩固长期执政地位，必须时刻保持解决大党独有难题的清醒和坚定。

二、深刻把握党的二十大主题，激发新时代大学生爱国热情

党的二十大的主题，正是我们党对这些事关党和国家事业继往开来、事关中国特色社会主义前途命运、事关中华民族伟大复兴战略性问题的明确宣示，是大会的灵魂。习近平总书记在党的二十大报告中，开宗明义指出大会的主题：“高举中国特色社会主义伟大旗帜，全面贯彻新时代中国特色社会主义思想，弘扬伟大建党精神，自信自强、守正创新，踔厉奋发、勇毅前行，为全面建设社会主义现代化国家、全面推进中华民族伟大复兴而团结奋斗。”这一主题明确宣示了我们党在新征程上带领人民举什么旗、走什么路、以什么样的精神状态、朝着什么样的目标继续前进等重大问题。《中国共产党第二十次全国代表大会关于十九届中央委员会报告的决议》指出：“报告阐明的大会主题是大会的灵魂，是党和国家事业发展的总纲。”学习理解党的二十大精神，必须把握这一“灵魂”，抓住这一“总纲”。大会主题中的六个关键词语值得我们高度重视。

（一）旗帜

新时代新征程党高举的旗帜就是“中国特色社会主义伟大旗帜”。大会主题写入这一根本要求，既体现了中国特色社会主义历史演进的连续性、继承性，又体现了新时代党坚持和发展中国特色社会主义的坚定性、恒久性。

（二）思想

大会主题所指示的“全面贯彻新时代中国特色社会主义思想”，就是要求在新时代新征程必须全面贯彻习近平新时代中国特色社会主义思想。党的二十大报告对此作出全面部署。

（三）精神

继在庆祝中国共产党成立 100 周年大会上习近平总书记提出并号召继承发扬伟大建党精神后，党的二十大主题写入了“弘扬伟大建党精神”的要求，新修改的党章载入了伟大建党精神“坚持真理、坚守理想，践行初心、担当使命，不怕牺牲、英勇斗争，对党忠诚、不负人民”的内涵，这是党在自己最高权力机关及最高章程上的庄严宣示，明确回答了党以什么样的精神状态走好新的赶考之路的重大问题，不仅是贯穿大会报告的重要红线，也是今后党的全部理论和实践的重要遵循。

（四）现代化

“现代化”即“全面建设社会主义现代化国家”。这一重要主题彰显了当前和今后一个时期党的中心任务。党的二十大庄严宣告：“从现在起，中国共产党的中心任务就是团结带领全国各族人民全面建成社会主义现代化强国、实现第二个百年奋斗目标，以中国式现代化全面推进中华民族伟大复兴。”“中国式现代化”成为这次大会的重要标识。

（五）复兴

在党的二十大主题中，前后用了三个“全面”，即“全面贯彻新时代中国特色社会主义思想”“全面建设社会主义现代化国家”“全面推进中华民族伟大复兴”。第一个“全面”规定了新时代党的创新科学理论的指导地位，第二个“全面”规定了新时代新征程的中心任务，第三个“全面”规定了党在新时代新征程的奋斗目标。大会主题中的前两个“全面”，以及报告全文使用的其他一百多个“全面”，都是为了实现“全面推进中华民族伟大复兴”这一根本目标。

（六）团结奋斗

“团结奋斗”是党的二十大主题的鲜明特色。除了在主题中要求“为全面建设社会主义现代化国家、全面推进中华民族伟大复兴而团结奋斗”外，“团结奋斗”一词还体现在党的二十大报告的标题、导语、正文、结束语各个部分。报告全文共使用 7 次“团结奋斗”、27 次“团结”，突出表达了这次大会的主基调。

三、深入学习领悟过去五年工作和新时代十年伟大变革的重大意义，增强新时代大学生民族自豪感

过去五年和新时代以来的十年，在党和国家发展进程中极不寻常、极不平凡。习近平总书记在党的二十大报告中全面回顾总结了过去五年的工作和新时代十年的伟大变革，深刻指出新时代十年的伟大变革，在党史、新中国史、改革开放史、社会主义发展史、中华民族发展史上具有里程碑意义。学习宣传、贯彻落实党的二十大精神，必须深入学习领悟过去五年工作和新时代十年伟大变革的重大意义，坚定历史自信、增强历史主动，自觉在思想上政治上行动上同以习近平同志为核心的党中央保持高度一致。

党的二十大报告在总结党的十九大以来五年工作基础上，用“三件大事”、三个“历史性胜利”高度概括新时代十年走过的极不寻常、极不平凡的奋斗历程，从16个方面全面回顾党和国家事业发展取得的举世瞩目的重大成就，从4个方面总结提炼新时代十年伟大变革的里程碑意义。新时代十年的伟大变革，充分证明中国特色社会主义道路不仅走得对、走得通，而且走得稳、走得好。

四、深刻领会“两个结合”是推进马克思主义中国化时代化的根本途径，加强新时代大学生弘扬中华优秀传统文化教育

党的二十大报告提出，中国共产党为什么能，中国特色社会主义为什么好，归根结底是马克思主义行，是中国化时代化的马克思主义行。100多年来，我们党洞察时代大势，把握历史主动，进行艰辛探索，坚持解放思想和实事求是相统一、培元固本和守正创新相统一，把马克思主义基本原理同中国具体实际相结合、同中华优秀传统文化相结合，不断推进理论创新、进行理论创造，不断推进马克思主义中国化时代化，带领中国人民不懈奋斗，中华民族迎来了从站起来、富起来到强起来的伟大飞跃，实现中华民族伟大复兴进入了不可逆转的历史进程。

马克思主义理论不是教条，而是行动指南。习近平总书记在党的二十大报告中指出：“我们坚持以马克思主义为指导，是要运用其科学的世界观和方法论解决中国的问题，而不是要背诵和重复其具体结论和词句，更不能把马克思主义当成一成不变的教条。”坚持和发展马克思主义，必须同中国具体实际相结合。100多年来，

我们党把坚持马克思主义和发展马克思主义统一起来，既始终坚持马克思主义基本原理不动摇，又根据中国革命、建设、改革实际，创造性地解决自己的问题，不断开辟马克思主义中国化时代化新境界。坚持和发展马克思主义，必须同中华优秀传统文化相结合。只有植根本国、本民族历史文化沃土，马克思主义真理之树才能根深叶茂。中华优秀传统文化源远流长、博大精深，是中华文明的智慧结晶，其中蕴含的天下为公、民为邦本、为政以德、革故鼎新、任人唯贤、天人合一、自强不息、厚德载物、讲信修睦、亲仁善邻等，是中国人民在长期生产生活中积累的宇宙观、天下观、社会观、道德观的重要体现，同科学社会主义核心价值观主张具有高度契合性。中国共产党之所以能够领导人民成功走出中国式现代化道路、创造人类文明新形态，很重要的一个原因就在于植根中华文化沃土，不断推进马克思主义中国化时代化，推动中华优秀传统文化创造性转化、创新性发展。

五、牢牢把握全面建设社会主义现代化国家开局起步的战略部署，指引新时代大学生守正创新促发展

党的二十大站在党和国家事业发展的制高点，科学谋划了未来五年乃至更长时期党和国家事业发展的目标任务和大政方针，发出了全面建设社会主义现代化国家、全面推进中华民族伟大复兴的动员令。

“全面建成社会主义现代化强国，总的战略安排是分两步走：从二〇二〇年到二〇三五年基本实现社会主义现代化；从二〇三五年到本世纪中叶把我国建成富强民主文明和谐美丽的社会主义现代化强国。”党的二十大对全面建成社会主义现代化强国两步走战略安排进行了宏观展望，又围绕统筹推进“五位一体”总体布局、协调推进“四个全面”战略布局，从 11 个方面对未来五年工作作出全面部署，全面构建了推进社会主义现代化建设的实践体系。特别是把教育科技人才、全面依法治国、维护国家安全和社会稳定单列部分进行具体安排，充分体现了抓关键、补短板、防风险的战略考量，是党中央基于新的战略机遇、新的战略任务、新的战略阶段、新的战略要求、新的战略环境做出的科学判断和战略安排，必将引领全党全国各族人民有效应对世界之变、时代之变、历史之变，推动全面建设社会主义现代化国家开好局、起好步。

六、深入把握党的二十大关于文化和旅游工作的部署要求，推动文旅融合高质量发展

党的二十大作出推进文化自信自强、铸就社会主义文化新辉煌的重大战略部署，要准确把握社会主义文化建设的指导思想和原则目标、战略重点和主要任务以及中国立场和时代要求。

（一）要准确把握社会主义文化建设的指导思想和原则目标

报告指出："全面建设社会主义现代化国家，必须坚持中国特色社会主义文化发展道路，增强文化自信，围绕举旗帜、聚民心、育新人、兴文化、展形象建设社会主义文化强国，发展面向现代化、面向世界、面向未来的，民族的科学的大众的社会主义文化，激发全民族文化创新创造活力，增强实现中华民族伟大复兴的精神力量。"报告明确提出了社会主义文化建设的根本指导思想、基本原则和奋斗目标，坚持为人民服务、为社会主义服务，以社会主义核心价值观为引领，发展社会主义先进文化，弘扬革命文化，传承中华优秀传统文化，满足人民日益增长的精神文化需求，巩固全党全国各族人民团结奋斗的共同思想基础，不断提升国家文化软实力和中华文化影响力。

（二）要准确把握社会主义文化建设的战略重点和主要任务

党的二十大报告提出了建设具有强大凝聚力和引领力的社会主义意识形态、广泛践行社会主义核心价值观、提高全社会文明程度、繁荣发展文化事业和文化产业、增强中华文明传播力影响力五个方面的战略任务，准确把握、全面落实好这些战略重点和主要任务，对于推进文化自信自强，铸就社会主义文化新辉煌具有重要基础支撑作用。

（三）要准确把握社会主义文化建设的中国立场和时代要求

党的二十大报告指出："中华优秀传统文化源远流长、博大精深，是中华文明的智慧结晶。"要把马克思主义基本原理与中华优秀传统文化相结合，不断推进马克思主义中国化，增强中华文明的传播力和影响力。

（四）以文塑旅、以旅彰文、推进文化和旅游深度融合发展

党的二十大报告明确提出："加大文物和文化遗产保护力度，加强城乡建设中历史文化保护传承，建好用好国家文化公园。坚持以文塑旅、以旅彰文，推进文化和旅游深度融合发展。"这些重要论述，为文旅行业把握新发展阶段，贯彻新发展理念，构建新发展格局，推动高质量发展点明了方向，指明了路径，是未来5年乃至更长一段时间内文旅行业融合发展实践的根本遵循和行动指南，对文旅行业实现理念重构和实践创新具有非常重要的现实指导意义。

七、深刻把握团结奋斗的新时代要求，为文旅行业培养高素质人才

在党的二十大上，习近平总书记宣示新时代新征程党的使命任务，发出了全面建设社会主义现代化国家、全面推进中华民族伟大复兴的动员令。从现在起，中国共产党的中心任务就是团结带领全国各族人民全面建成社会主义现代化强国、实现第二个百年奋斗目标，以中国式现代化全面推进中华民族伟大复兴。

美好的蓝图需要埋头苦干、团结奋斗才能变为现实。习近平总书记的铿锵宣示充满信心和力量——"党用伟大奋斗创造了百年伟业，也一定能用新的伟大奋斗创造新的伟业"。让我们更加紧密地团结在以习近平同志为核心的党中央周围，全面贯彻习近平新时代中国特色社会主义思想，坚定信心、同心同德，埋头苦干、奋勇前进，深入贯彻落实党的二十大精神和党中央决策部署，为全面建设社会主义现代化国家、全面推进中华民族伟大复兴而团结奋斗，在新的赶考之路上向历史和人民交出新的优异答卷！

相关链接 搜索

关于党的二十大报告，必须知道的"关键词"

2022年10月16日，中国共产党第二十次全国代表大会开幕，习近平代表第十九届中央委员会向大会作报告。一起学习报告里的这些"关键词"。

【大会的主题】

大会的主题是：高举中国特色社会主义伟大旗帜，全面贯彻新时代中国特色社会主义思想，弘扬伟大建党精神，自信自强、守正创新，踔厉奋发、勇毅前行，为全面建设社会主义现代化国家、全面推进中华民族伟大复兴而团结奋斗。

【三个“务必”】

中国共产党已走过百年奋斗历程。我们党立志于中华民族千秋伟业，致力于人类和平与发展崇高事业，责任无比重大，使命无上光荣。全党同志务必不忘初心、牢记使命，务必谦虚谨慎、艰苦奋斗，务必敢于斗争、善于斗争，坚定历史自信，增强历史主动，谱写新时代中国特色社会主义更加绚丽的华章。

【极不寻常、极不平凡的五年】

党的十九大以来的五年，是极不寻常、极不平凡的五年。党中央统筹中华民族伟大复兴战略全局和世界百年未有之大变局，就党和国家事业发展作出重大战略部署，团结带领全党全军全国各族人民有效应对严峻复杂的国际形势和接踵而至的巨大风险挑战，以奋发有为的精神把新时代中国特色社会主义不断推向前进。

【三件大事】

十年来，我们经历了对党和人民事业具有重大现实意义和深远历史意义的三件大事：一是迎来中国共产党成立一百周年，二是中国特色社会主义进入新时代，三是完成脱贫攻坚、全面建成小康社会的历史任务，实现第一个百年奋斗目标。

【新时代十年的伟大变革】

新时代十年的伟大变革，在党史、新中国史、改革开放史、社会主义发展史、中华民族发展史上具有里程碑意义。

【归根结底是两个“行”】

实践告诉我们，中国共产党为什么能，中国特色社会主义为什么好，归根结底是马克思主义行，是中国化时代化的马克思主义行。拥有马克思主义科学理论指导是我们党坚定信仰信念、把握历史主动的根本所在。

【中国共产党的中心任务】

从现在起，中国共产党的中心任务就是团结带领全国各族人民全面建成社会主义现代化强国、实现第二个百年奋斗目标，以中国式现代化全面推进中华民族伟大复兴。

【中国式现代化】

中国式现代化，是中国共产党领导的社会主义现代化，既有各国现代化的共同特征，更有基于自己国情的中国特色。

——中国式现代化是人口规模巨大的现代化。

——中国式现代化是全体人民共同富裕的现代化。

——中国式现代化是物质文明和精神文明相协调的现代化。

——中国式现代化是人与自然和谐共生的现代化。

——中国式现代化是走和平发展道路的现代化。

中国式现代化的本质要求是：坚持中国共产党领导，坚持中国特色社会主义，实现高质量发展，发展全过程人民民主，丰富人民精神世界，实现全体人民共同富裕，促进人与自然和谐共生，推动构建人类命运共同体，创造人类文明新形态。

【全面建设社会主义现代化国家开局起步的关键时期】

未来五年是全面建设社会主义现代化国家开局起步的关键时期。

【五个“坚持”】

我国发展进入战略机遇和风险挑战并存、不确定难预料因素增多的时期，各种“黑天鹅”“灰犀牛”事件随时可能发生。我们必须增强忧患意识，坚持底线思维，做到居安思危、未雨绸缪，准备经受风高浪急甚至惊涛骇浪的重大考验。前进道路上，必须牢牢把握以下重大原则。

——坚持和加强党的全面领导。

——坚持中国特色社会主义道路。

——坚持以人民为中心的发展思想。

——坚持深化改革开放。

——坚持发扬斗争精神。

【加快构建新发展格局】

必须完整、准确、全面贯彻新发展理念，坚持社会主义市场经济改革方向，坚持高水平对外开放，加快构建以国内大循环为主体、国内国际双循环相互促进的新发展格局。

【发展经济着力点】

坚持把发展经济的着力点放在实体经济上，推进新型工业化，加快建设制造强国、质量强国、航天强国、交通强国、网络强国、数字中国。

【实施科教兴国战略】

必须坚持科技是第一生产力、人才是第一资源、创新是第一动力，深入实施科教兴国战略、人才强国战略、创新驱动发展战略，开辟发展新领域新赛道，不断塑造发展新动能新优势。

坚持创新在我国现代化建设全局中的核心地位。完善党中央对科技工作统一领导的体制，健全新型举国体制，强化国家战略科技力量，优化配置创新资源，提升国家创新体系整体效能。

【全过程人民民主】

全过程人民民主是社会主义民主政治的本质属性，是最广泛、最真实、最管用的民主。必须坚定不移走中国特色社会主义政治发展道路，坚持党的领导、人民当家作主、依法治国有机统一。

【全面依法治国】

全面依法治国是国家治理的一场深刻革命，关系党执政兴国，关系人民幸福安康，关系党和国家长治久安。必须更好发挥法治固根本、稳预期、利长远的保障作用，在法治轨道上全面建设社会主义现代化国家。

【文化自信自强】

全面建设社会主义现代化国家，必须坚持中国特色社会主义文化发展道路，增强文化自信，围绕举旗帜、聚民心、育新人、兴文化、展形象建设社会主义文化强国，发展面向现代化、面向世界、面向未来的，民族的科学的大众的社会主义文化，激发全民族文化创新创造活力，增强实现中华民族伟大复兴的精神力量。

【为民造福】

治国有常，利民为本。为民造福是立党为公、执政为民的本质要求。必须坚持在发展中保障和改善民生，鼓励共同奋斗创造美好生活，不断实现人民对美好生活的向往。

【完善分配制度】

坚持按劳分配为主体、多种分配方式并存，构建初次分配、再分配、第三次分配协调配套的制度体系。努力提高居民收入在国民收入分配中的比重，提高劳动报酬在初次分配中的比重。坚持多劳多得，鼓励勤劳致富，促进机会公平，增加低收入者收入，扩大中等收入群体。规范收入分配秩序，规范财富积累机制，保护合法收入，调节过高收入，取缔非法收入。

【推动绿色发展】

大自然是人类赖以生存发展的基本条件。尊重自然、顺应自然、保护自然，是全面建设社会主义现代化国家的内在要求。必须牢固树立和践行绿水青山就是金山银山的理念，站在人与自然和谐共生的高度谋划发展。

【总体国家安全观】

国家安全是民族复兴的根基，社会稳定是国家强盛的前提。必须坚定不移贯彻总体国家安全观，把维护国家安全贯穿党和国家工作各方面全过程，确保国家安全和社会稳定。

【新安全格局】

我们要坚持以人民安全为宗旨、以政治安全为根本、以经济安全为基础、以军事科技文化社会安全为保障、以促进国际安全为依托，统筹外部安全和内部安全、国土安全和国民安全、传统安全和非传统安全、自身安全和共同安全，统筹维护和塑造国家安全，夯实国家安全和社会稳定基层基础，完善参与全球安全治理机制，建设更高水平的平安中国，以新安全格局保障新发展格局。

【开创国防和军队现代化新局面】

实现建军一百年奋斗目标，开创国防和军队现代化新局面。

如期实现建军一百年奋斗目标，加快把人民军队建成世界一流军队，是全面建设社会主义现代化国家的战略要求。必须贯彻新时代党的强军思想，贯彻新时代军事战略方针，坚持党对人民军队的绝对领导，坚持政治建军、改革强军、科技强军、人才强军、依法治军，坚持边斗争、边备战、边建设，坚持机械化信息化智能化融合发展，加快军事理论现代化、军队组织形态现代化、军事人员现代化、武器装备现代化，提高捍卫国家主权、安全、发展利益战略能力，有效履行新时代人民军队使命任务。

【坚持和完善“一国两制”，推进祖国统一】

“一国两制”是中国特色社会主义的伟大创举，是香港、澳门回归后保持长期繁荣稳定的最佳制度安排，必须长期坚持。

坚持贯彻新时代党解决台湾问题的总体方略，牢牢把握两岸关系主导权和主动权，坚定不移推进祖国统一大业。

解决台湾问题是中国人自己的事，要由中国人来决定。我们坚持以最大诚意、尽最大努力争取和平统一的前景，但决不承诺放弃使用武力，保留采取一切必要措施的选项，这针对的是外部势力干涉和极少数“台独”分裂分子及其分裂活动，绝非针对广大台湾同胞。国家统一、民族复兴的历史车轮滚滚向前，祖国完全统一一定要实现，也一定能够实现！

【人类命运共同体】

中国提出了全球发展倡议、全球安全倡议，愿同国际社会一道努力落实。我们真诚呼吁，世界各国弘扬和平、发展、公平、正义、民主、自由的全人类共同价值，促进各国人民相知相亲，尊重世界文明多样性，以文明交流超越文明隔阂、文明互鉴超越文明冲突、文明共存超越文明优越，共同应对各种全球性挑战。中国人民愿同世界人民携手开创人类更加美好的未来。

【新时代党的建设新的伟大工程】

全面建设社会主义现代化国家、全面推进中华民族伟大复兴，关键在党。我们党作为世界上最大的马克思主义执政党，要始终赢得人民拥护、巩固长期执政地位，必须时刻保持解决大党独有难题的清醒和坚定。全党必须牢记，全面从严治党永远在路上，党的自我革命永远在路上，决不能有松劲歇脚、疲劳厌战的情绪，必须持之以恒推进全面从严治党，深入推进新时代党的建设新的伟大工程，以党的自我革命引领社会革命。

【五个"必由之路"】

全党必须牢记，坚持党的全面领导是坚持和发展中国特色社会主义的必由之路，中国特色社会主义是实现中华民族伟大复兴的必由之路，团结奋斗是中国人民创造历史伟业的必由之路，贯彻新发展理念是新时代我国发展壮大的必由之路，全面从严治党是党永葆生机活力、走好新的赶考之路的必由之路。

【战略性工作】

青年强，则国家强。当代中国青年生逢其时，施展才干的舞台无比广阔，实现梦想的前景无比光明。全党要把青年工作作为战略性工作来抓，用党的科学理论武装青年，用党的初心使命感召青年，做青年朋友的知心人、青年工作的热心人、青年群众的引路人。

——资料来源：人民网·中国共产党新闻网.

相关链接 搜索

9个重要表述，带你理解高质量

习近平在党的二十大报告中提出，必须完整、准确、全面贯彻新发展理念，坚持社会主义市场经济改革方向，坚持高水平对外开放，加快构建以国内大循环为主体、国内国际双循环相互促进的新发展格局。

中国式现代化

报告原文

在新中国成立特别是改革开放以来长期探索和实践基础上，经过十八大以来在理论和实践上的创新突破，我们党成功推进和拓展了中国式现代化。

中国式现代化，是中国共产党领导的社会主义现代化，既有各国现代化的共同特征，更有基于自己国情的中国特色。

高水平社会主义市场经济体制

报告原文

构建高水平社会主义市场经济体制。坚持和完善社会主义基本经济制度，毫不动摇巩固和发展公有制经济，毫不动摇鼓励、支持、引导非公有制经济发展，充分发挥市场在资源配置中的决定性作用，更好发挥政府作用。

现代化产业体系

报告原文

建设现代化产业体系。坚持把发展经济的着力点放在实体经济上，推进新型工业化，加快建设制造强国、质量强国、航天强国、交通强国、网络强国、数字中国。

乡村振兴

报告原文

全面推进乡村振兴。坚持农业农村优先发展，坚持城乡融合发展，畅通城乡要素流动。扎实推动乡村产业、人才、文化、生态、组织振兴。全方位夯实粮食安全根基，牢牢守住十八亿亩耕地红线。深化农村土地制度改革，赋予农民更加充分的财产权益。保障进城落户农民合法土地权益，鼓励依法自愿有偿转让。

区域协调发展

报告原文

促进区域协调发展。深入实施区域协调发展战略、区域重大战略、主体功能区战略、新型城镇化战略，优化重大生产力布局，构建优势互补、高质量发展的区域经济布局和国土空间体系。

高水平对外开放

报告原文

推进高水平对外开放。稳步扩大规则、规制、管理、标准等制度型开放。加快建设贸易强国。营造市场化、法治化、国际化一流营商环境。推动共建“一带一路”高质量发展。有序推进人民币国际化。深度参与全球产业分工和合作，维护多元稳定的国际经济格局和经贸关系。

新领域新赛道

报告原文

必须坚持科技是第一生产力、人才是第一资源、创新是第一动力，深入实施科教兴国战略、人才强国战略、创新驱动发展战略，开辟发展新领域新赛道，不断塑造发展新动能新优势。

共同富裕

报告原文

我们要实现好、维护好、发展好最广大人民根本利益，紧紧抓住人民最关心最直接最现实的利益问题，坚持尽力而为、量力而行，深入群众、深入基层，采取更多惠民生、暖民心举措，着力解决好人民群众急难愁盼问题，健全基本公共服务体系，提高公共服务水平，增强均衡性和可及性，扎实推进共同富裕。

和谐共生

报告原文

大自然是人类赖以生存发展的基本条件。尊重自然、顺应自然、保护自然，是全面建设社会主义现代化国家的内在要求。必须牢固树立和践行绿水青山就是金山银山的理念，站在人与自然和谐共生的高度谋划发展。

——资料来源：http://finance.people.com.cn/n1/2022/1018/c1004-32547280.html.

相关链接　搜索

高举中国特色社会主义伟大旗帜
为全面建设社会主义现代化国家而团结奋斗
——在中国共产党第二十次全国代表大会上的报告（节选）

八、推进文化自信自强，铸就社会主义文化新辉煌

全面建设社会主义现代化国家，必须坚持中国特色社会主义文化发展道路，增强文化自信，围绕举旗帜、聚民心、育新人、兴文化、展形象建设社会主义文化强国，发展面向现代化、面向世界、面向未来的，民族的科学的大众的社会主义文化，激发全民族文化创新创造活力，增强实现中华民族伟大复兴的精神力量。

我们要坚持马克思主义在意识形态领域指导地位的根本制度，坚持为人民服务、为社会主义服务，坚持百花齐放、百家争鸣，坚持创造性转化、创新性发展，以社会主义核心价值观为引领，发展社会主义先进文化，弘扬革命文化，传承中华优秀传统文化，满足人民日益增长的精神文化需求，巩固全党全国各族人民团结奋斗的共同思想基础，不断提升国家文化软实力和中华文化影响力。

（一）建设具有强大凝聚力和引领力的社会主义意识形态

意识形态工作是为国家立心、为民族立魂的工作。牢牢掌握党对意识形态工作领导权，全面落实意识形态工作责任制，巩固壮大奋进新时代的主流思想舆论。健全用党的创新理论武装全党、教育人民、指导实践工作体系。加强全媒体传播体系建设，塑造主流舆论新格局。健全网络综合治理体系，推动形成良好网络生态。

（二）广泛践行社会主义核心价值观

社会主义核心价值观是凝聚人心、汇聚民力的强大力量。弘扬以伟大建党精神为源头的中国共产党人精神谱系，用好红色资源，深入开展社会主义核心价值观宣传教育，深化爱国主义、集体主义、社会主义教育，着力培养担当民族复兴大任的时代新人。推动理想信念教育常态化制度化，持续抓好党史、新中国史、改革开放史、社会主义发展史宣传教育，引导人民知史爱党、知史爱国，不断坚定中国特色社会主义共同理想。用社会主义核心价值观铸魂育人，完善思想政治工作体系，推进大中小学思想政治教育一体化建设。坚持依法治国和以德治国相结合，把社会主义核心价值观融入法治建设、融入社会发展、融入日常生活。

（三）提高全社会文明程度

实施公民道德建设工程，弘扬中华传统美德，加强家庭家教家风建设，加强和改进未成年人思想道德建设，推动明大德、守公德、严私德，提高人民道德水准和文明素养。统筹推动文明培育、文明实践、文明创建，推进城乡精神文明建设融合发展，在全社会弘扬劳动精神、奋斗精神、奉献精神、创造精神、勤俭节约精神，培育时代新风新貌。加强国家科普能力建设，深化全民阅读活动。完善志愿服务制度和工作体系。弘扬诚信文化，健全诚信建设长效机制。发挥党和国家功勋荣誉表彰的精神引领、典型示范作用，推动全社会见贤思齐、崇尚英雄、争做先锋。

（四）繁荣发展文化事业和文化产业

坚持以人民为中心的创作导向，推出更多增强人民精神力量的优秀作品，培育造就大批德艺双馨的文学艺术家和规模宏大的文化文艺人才队伍。坚持把社会效益放在首位、社会效益和经济效益相统一，深化文化体制改革，完善文化经济政策。实施国家文化数字化战略，健全现代公共文化服务体系，创新实施文化惠民工程。健全现代文化产业体系和市场体系，实施重大文化产业项目带动战略。加大文物和文化遗产保护力度，加强城乡建设中历史文化保护传承，建好用好国家文化公园。坚持以文塑旅、以旅彰文，推进文化和旅游深度融合发展。广泛开展全民健身活动，加强青少年体育工作，促进群众体育和竞技体育全面发展，加快建设体育强国。

（五）增强中华文明传播力影响力

坚守中华文化立场，提炼展示中华文明的精神标识和文化精髓，加快构建中国话语和中国叙事体系，讲好中国故事、传播好中国声音，展现可信、可爱、可敬的中国形象。加强国际传播能力建设，全面提升国际传播效能，形成同我国综合国力和国际地位相匹配的国际话语权。深化文明交流互鉴，推动中华文化更好走向世界。

——资料来源：http://www.gov.cn/xinwen/2022-10/25/content_5721685.htm.

项目一 导论

酒店数字化营销是伴随着酒店业的繁荣发展而广受重视的一门新兴学科，是酒店经营管理工作的重要内容。在市场竞争激烈的今天，每家酒店都将营销工作放在了首要位置。通过本章的学习，使学习者初步了解酒店市场营销的相关知识，掌握市场营销观念的演进，结合酒店营销工作的开展，对酒店市场营销的新理念有全面的认知，并适当关注生活中的热点营销现象。

酒店市场营销以酒店营销活动的开展与运行为主要研究内容。本章重点阐述了市场营销的含义、酒店市场营销的概念及内涵，同时介绍了市场营销观念的演进过程，展示了现代酒店市场营销的特点及其新兴理念。

思政目标

习近平总书记在党的二十大报告中强调，必须坚持科技是第一生产力、人才是第一资源、创新是第一动力，深入实施科教兴国战略、人才强国战略、创新驱动发展战略，开辟发展新领域新赛道，不断塑造发展新动能新优势。本项目旨在培养学生树立科教兴国观念，培养创新能力和发展能力，以习近平生态文明思想为指引，全面了解市场经济的发展动态，建立科学的营销思想和体系，为步入职场打下坚实的理论基础，弘扬科学发展的精神内涵。

学习目标

知识目标

1. 理解市场与市场营销的含义和营销观念的演进。
2. 掌握酒店市场营销的概念、特征以及现代酒店营销新观念。
3. 了解酒店数字化营销的现状和最新发展趋势。

能力目标

1. 构建科学的现代市场营销观念。
2. 熟悉各种营销观念对酒店营销活动的指导意义。
3. 初步运用市场营销的观念分析酒店运营中的实际问题。

案 例

泰国东方酒店的客户经营之道

泰国曼谷的东方酒店堪称亚洲饭店之最，几乎天天客满，不提前一个月预订是很难有入住机会的，而且客人大都来自西方发达国家。泰国在亚洲算不上发达国家，但为什么会有如此诱人的饭店呢？大家往往会以为泰国是一个旅游国家，而且又有世界上独有的人妖表演，是不是他们在这方面下了功夫。错了，他们靠的是真功夫，是非同寻常的客户服务，也就是现在经常提到的客户关系管理。

他们的客户服务到底好到什么程度呢？我们不妨通过一个实例来看一下。

一位于姓朋友因公务经常出差到泰国，并下榻在东方酒店，第一次入住时良好的酒店环境和服务就给他留下了深刻的印象，当他第二次入住时几个细节更使他对酒店的好感迅速升级。

那天早上，在他走出房门准备去餐厅的时候，楼层服务生恭敬地问道："于先生是要用早餐吗？"于先生很奇怪，反问："你怎么知道我姓于？"服务生说："我们饭店规定，晚上要背熟所有客人的姓名。"这令于先生大吃一惊，因为他频繁往返于世界各地，入住过无数高级酒店，但这种情况他还是第一次碰到。

于先生高兴地乘电梯下到餐厅所在的楼层。他刚刚走出电梯门，餐厅的服务生就说："于先生，里面请。"于先生更加疑惑，因为服务生并没有看到他的房卡，就问："你知道我姓于？"服务生答："上面的电话刚刚打过来，说您已经下楼了。"如此高的效率让于先生再次大吃一惊。

于先生刚走进餐厅，服务小姐便微笑着问："于先生还要老位子吗？"于先生的惊讶再次升级，心想："尽管我不是第一次在这里吃饭，但最近的一次也有一年多了，难道这里的服务小姐记忆力那么好？"看到于先生惊讶的目光，服务小姐主动解释说："我刚刚查过电脑记录，您在去年的6月8日在靠近第二个窗口的位子上用过早餐。"于先生听后兴奋地说："老位子！老位子！"小姐接着问："老菜单？一个三明治、一杯咖啡、一个鸡蛋？"现在于先生已经不再惊讶了，"老菜单，就要老菜单！"于先生已经兴奋到了极点。

上餐时餐厅赠送了于先生一碟小菜。由于这种小菜于先生是第一次看到，就问："这是什么？"服务生后退两步说："这是我们特有的某某小菜。"服务生为什么要先后退两步呢？他是怕自己说话时口水不小心落在客人的食品上。这种细致的服务不要说在一般的酒店，就是在美国最好的饭店里于先生都没有见过。这次早餐给于先生留下了终生难忘的印象。

后来，由于业务调整的原因，于先生有三年的时间没有再到泰国去。在于先生生日的时候突然收到了一封东方酒店寄来的生日贺卡，里面还附了一封信，内容是："亲爱的于先生，您已经有三年没有来过我们这里了。我们全体人员都非常想念您，希望能再次见到您。今天是您的生日，祝您生日愉快。"于先生当时激动得热泪盈眶，发誓如果再去泰国，绝对不会到任何其他的饭店，一定要住在东方酒店，而且要说服所有的朋友也像他一样选择东方酒店。于先生看了一下信封，上面贴着一枚6元的邮票。6元钱就这样买到了一颗心，这就是客户关系管理的魔力。

东方酒店非常重视培养忠实的客户，并且建立了一套完善的客户关系管理体系，使客户入住后可以得到无微不至的人性化服务。迄今为止，世界各国的约20万人曾经入住过那里，用他们的话说，只要每年有十分之一的老顾客光顾，饭店就会永远客满。这就是东方酒店成功的秘诀。

——资料来源：刘晓明.旅游市场营销［M］.上海：上海交通大学出版社，2011.

案例分析

东方酒店为什么永远客满？对我们有何启发？

任务一　市场营销概述

一、市场营销的概念

在市场经济条件下，任何一个企业都离不开和市场的交流。一方面，企业从市场上获得相关的需求信息，另一方面也把企业的相关产品信息传递到市场上。企业只有始终同市场保持良好的互动关系，才能获得生存的权利和持续的发展。市场是企业经营活动的起点和终点，同时也是检验企业经营活动成败的标尺。所以，市场营销成了企业日常管理和经营的一项重要任务。

（一）认识市场

市场（Market）是生产力发展到一定阶段的产物，是社会分工进一步深化的结果。在我国古代，北方有“集市”，或称为“赶集”，南方则有“赶场”或“赶圩”

的说法，这就是早期的市场。后来，伴随着经济活动的日渐繁荣，发展成为交易会、百货商店、超级市场、连锁超市等多种形式，市场的内涵日益丰富。所以，从经济学的角度看，市场是商品交换的场所，反映了买卖双方的供求经济关系。

而从市场营销的角度看，在买卖双方进行的交换中，卖方构成行业或企业，买方则构成市场。美国著名的市场营销学家菲利普·科特勒将市场定义为“可能与卖者交易的现实的和潜在的买者构成的集合”。也就是说，市场是在一定时间、地点、条件下，具有购买力、购买欲望和购买权利的群体。市场规模的大小，取决于具有共同需要、有购买力或其他被人认可的资源，并且愿意用这些资源换取其需要的东西的人数。

现代市场营销学的研究重点是，在买方市场条件下，企业如何在竞争激烈和不断变化的经营环境中开展经营活动以求得生存、盈利和发展。所以，市场营销学是站在企业的立场，即站在卖方角度来研究买方行为，研究如何满足买方需求以求实现商品交换，从而实现企业的经营目标。

（二）市场营销的含义

市场营销源自英文 Marketing 一词，其思想产生于 20 世纪初期的美国。其最初的内容是指“推销术”和“广告术”，与本书所讨论的市场营销有一定的差别。真正的市场营销思想开始于第二次世界大战结束后的 20 世纪 50 年代，并在最近几十年中获得了突飞猛进的发展，在世界各国得到了广泛的应用。而关于市场营销的研究也伴随着市场的不断成熟而逐渐展开。

美国市场营销协会（American Marketing Association，AMA），1960 年对市场营销下的定义是：市场营销是引导产品或劳务从生产者流向消费者过程中的一切企业活动。这一定义基本将“营销”等同于“销售”，对现代企业营销活动的全过程并没有给出确切和全面的表述。

1985 年，美国市场营销协会再次对市场营销下了新的定义：市场营销是对思想、产品及劳务进行设计、定价、促销及分销的计划和实施的过程，从而产生满足个人和组织目标的交换。这一定义较之以前更为全面和完善。

菲利普·科特勒在营销思想的发展过程中是里程碑式的人物，他在《营销管理》中给出的定义是：营销是个人和团体通过为他人创造产品和价值并进行交换以满足其需要和欲望的社会过程和管理过程。为了更好地解释这个定义，他同时又提出了需要、欲求、需求、产品、交换、交易以及市场这一组核心概念。

课堂思考

从市场与市场营销的概念中，你得到了怎样的启示？

二、市场营销观念的演进历程

市场营销观念是企业决策者在组织和谋划企业的整体实践活动中所依据的指导思想，也可以称为指导营销管理的哲学思想。一种市场营销观念的形成是一定社会经济发展的产物，是企业决策者在市场宏观背景下，在企业实现生存和发展的过程中逐渐形成的。这种观念在形成的同时也会对企业的经营和管理产生直接的影响。一般来讲，可以将市场营销观念的演进划分为以下五个阶段：

（一）生产观念阶段

生产观念是指导市场卖方行为的最古老的哲学观念之一。这一观念认为，消费者最中意的产品是那些容易得到的和支付得起的，所以管理人员就应该关注生产和分销的效率。这种观念通常产生于商品供不应求的市场环境下，消费者没有选择的权利。而企业则是以产定销，专注于集中一切力量扩大生产、降低成本，生产出尽可能多的产品来获得更多的利润。这种生产导向型的企业提出的口号是“我们会生产什么就卖什么”，并不关心市场的真正需求。

生产观念是卖方市场的产物，所反映的是在市场供求关系极不利于消费者的状况下企业对消费者的漠视。伴随着市场供求形势的变迁，市场的主导权逐步向需求方过渡，市场竞争的现象开始不断出现，生产观念开始成为企业发展的障碍，这时企业需要树立新的市场营销观念。

（二）产品观念阶段

产品观念认为，消费者更喜欢现有的产品和产品形式，管理人员的工作是更好地翻版这些产品。这种观念仍然是产生于供过于求的市场环境中，也是属于内视型的营销观念。这种以产品为导向的企业会把重点放在开发优良产品并加以改进的生产环节上，通过“以质取胜”来实现企业的经营目标。

产品观念的奉行使许多企业将自己的注意力集中在现有的产品上，集中企业主要的技术、资源进行产品的开发和大规模的生产。生产部门成了整个企业的核心，而商品销售、广告推广等都被认为是无足轻重的。他们看不到消费者需求的不断发展变化，容易患上“营销近视症”，即因为过分钟爱自己的产品而忽略了顾客的需要，看不到新的市场需求。

相关链接 搜索

营销近视症

营销近视症 (Marketing Myopia) 是著名的市场营销专家、美国哈佛大学管理学院西奥多·莱维特 (Theodore Levitt) 教授在 1960 年提出的一个理论。营销近视症就是不适当地把主要精力放在产品或技术上，而不是放在市场需要（消费需要）上，其结果导致企业丧失市场，失去竞争力。这是因为产品只不过是满足市场消费需要的一种媒介，一旦有更能充分满足消费需要的新产品出现，现有的产品就会被淘汰。同时消费者的需求是多种多样的并且不断变化，并不是所有的消费者都偏好于某一种产品或价高质优的产品。莱维特断言：市场的饱和并不会导致企业的萎缩；造成企业萎缩的真正原因是营销者目光短浅，不能根据消费者的需求变化而及时改变营销策略。

营销近视症的具体表现是：自认为只要生产出最好的产品，不怕顾客不上门；只注重技术的开发，而忽略消费需求的变化；只注重内部经营管理水平，不注重外部市场环境和竞争等。

（三）销售观念阶段

销售观念认为，除非一个组织做出大量的销售和促销的努力，否则消费者是不会购买足够多的该组织的产品的。销售导向的目标是尽可能地获得每一笔生意，并不关心销售之后顾客的满意程度，也不担心销售这一行为产生的成本费用。

在销售观念的盛行时期，由于科技的进步和大规模生产技术的推广，商品产量迅速增加，社会生产已经由供不应求变成了商品过剩，市场供求关系发生了逆转，买方市场逐渐形成。在销售观念的指导下，企业认为“我卖什么，顾客就买什么”，并开始致力于产品的推广和广告促销，以说服消费者大量购买该企业的产品。企业通过提高市场占有率，以期获得丰厚的利润。这一时期，企业的组织形式也由过去以生产为中心转向以销售为中心的组织构架，扩大了销售部门的职权，增加了市场调研、广告宣传等部门的设置。

但是，销售观念并不能建立长久的顾客关系，因为它的指导思想是企业甩掉手中所拥有的所有货品，而不是创造市场所需要的货品。例如，一家餐馆面临着就餐率日渐降低的困境，它的经营者不是先分析导致生意清淡的原因，而是更多地忙于促销和广告，通过增加广告的力度和提供更多的折扣把产品推销给顾客。这种做法最终将会导致餐馆因为产品无法满足适合需要而被迫退出市场。

（四）市场营销观念阶段

市场营销观念的形成是企业经营理念的一次“革新”，它的出现对上述三种观念提出了挑战和质疑。这一思想的核心原则在20世纪50年代基本形成，并逐渐成为世界范围内企业经营的主导理念。市场营销观念认为，组织目标的实现，不仅离不开对目标顾客需要和欲求的识别，而且更依赖于通过提供比竞争者更有效地满足顾客实际需求及潜在需求的产品和服务来实现企业的社会价值。

1. 市场营销观念的形成

自20世纪50年代以来，西方发达国家的市场已经完全转变为买方市场，卖主之间的竞争日趋激烈，科学技术和生产力的发展使消费者的需求向多样化方向发展，并且变化频繁，他们不再满足于企业所提供给他们的既定产品，而是要求企业不断地翻新花样以满足自己五花八门的需求和欲望。市场营销观念就是在这种新的市场形势下应运而生。市场营销观念的形成，第一次转换了企业和顾客的位置，消费者真正成为市场规则的主导者。企业提出了“顾客需要什么，我们就生产什么”“顾客就是上帝”等口号。

2. 市场营销观念和销售观念的区别

市场营销观念经常会混同于销售观念，其实二者有着本质的区别。销售观念注重的是卖方的需求，以现有的产品为出发点，主要采用促销和广告的方式，促进现有产品的销售，进而通过提高销售量达到企业的利润目标。而市场营销观念则是从买方的需要出发，根据顾客的需求和欲望，研究如何设计、生产产品，制订产品计划，向消费者传递产品的信息，制定买方认可的价格，提供方便的购买渠道等一整套的营销策略达到企业最终的获利。市场营销观念是一种以消费者为导向的观念，认为企业该生产什么的决定权不在企业手中而是在顾客手中，企业应该生产消费者所需要的商品才能使消费者的利益达到最大化，进而使企业获得合理的利润。表1–1 更直观地显示了二者的区别。

表1–1　销售观念与市场营销观念的区别

观　念	起　点	焦　点	途　径	结　果
销售观念	工厂	现有产品	销售促销	通过增加销量获得利润
市场营销观念	市场	顾客需要	整体营销	通过使顾客满意而获利

3. 市场营销观念指导下企业营销活动的特征

（1）顾客需求是企业营销活动的出发点。长期以来，企业活动的重点和出发点一直放在企业内部的生产环节上，企业往往按照自身的生产条件来组织生产，当产品生产出来之后再采取一些促销手段，在产品生产之前从不考虑市场需求状况。而以顾客为核心的市场营销理念则把顾客需求作为企业活动的出发点，成立专门的市场调研部门，安排专业的市场分析研究人员，花费较大的人力、物力、财力来了解顾客的需求特点和变动趋势，再根据市场需求组织生产，使顾客需求由过去的被动地位转化为主动地位，并成为影响企业经营的主导因素。

（2）发现目标市场和顾客的潜在需求，然后集中企业的一切资源占领目标市场是企业成功的关键。既然企业将顾客需求视为其经营活动的出发点，那么企业首先要发现顾客的潜在需求，重视对顾客潜在需求的挖掘，然后根据市场机会确定目标市场。一旦目标市场明确，企业就集中一切可控资源抢占目标市场。这样就改变了企业过去片面注重销售手段，使营销活动顾此失彼的被动局面。

（3）营销理念和活动贯穿于企业经营管理的全过程。要满足顾客需要并实现企业的营销目标，就必须综合运用各种营销手段，使企业的营销管理活动成为一个有机的整体，并贯穿于企业经营活动的全过程，只有这样才能发挥营销的整体效果。

（4）追求企业的长远利益和长久发展。过去，企业仅仅追求当前利益，甚至是为了产品的销售额而不惜牺牲企业真正的长远利益，使企业缺乏发展后劲。随着以顾客为中心的营销理念的确立，企业开始注重自身的长远利益。营销人员意识到企业追求利润的手段应该建立在满足顾客需求的基础上。消费需求满足的程度越大，说明企业在顾客心目中的地位越高，企业盈利的可能性就越大。

市场营销观念虽然抓住了“顾客”这个市场核心，实现了企业指导思想的根本变革，但仍存在不足。例如，片面注重顾客需求和供求两方面利益而忽视了社会利益的存在。一些企业在贯彻营销观念的过程中甚至伤害了其他公众的社会福利。营销观念又期待着新的革命。

（五）社会营销观念阶段

20 世纪 70 年代以来，随着社会形势的新发展和人们消费的日趋多样化，大量的生产消耗造成了全球性的资源短缺、环境污染、通货膨胀等负面效应。美国的一些营销学家对以顾客为核心的营销理念产生了怀疑，发现单纯满足消费者需要和获得利润的企业，可能忽略了消费者的利益和社会长远利益的矛盾。于是市场学家们又提出了社会营销观念。

社会营销观念认为，企业提供的产品和服务不仅要满足消费者的市场需求或短期欲望，还要符合消费者的长远利益和社会的长远发展，改善社会福利。为此，要求企业的经营者在制定营销策略时要注意三方面利益，即消费者利益、企业利益和社会利益。综合运用各种营销手段，引导消费者合理消费，实现企业利益和社会利益的统一。

在 2022 年最新版《营销管理》中，作者营销学大师菲利普 · 科特勒认为，在未来，不论技术怎么发展，大家都该记住，我们不需要不道德和空洞无聊的营销，也不应该去做浪费的营销。科特勒认为，企业需要重新定义自己的目标。

地球的资源有限，人类活动需要被约束。企业不能再用线性思维来经营自己的业务，完成产品销售并不意味着结束，企业应该更多考虑到商品的循环利用，以循环思维来经营企业。

企业品牌向善主义至关重要。在当下和未来很长一段时间，它都是解决客户、国家和全球所面临的紧迫问题的方式之一。当一个品牌充满社会责任，能够维持或提升消费者和社会的长期福祉，那么，这个品牌就拥有了良好的信用体系。在消费者眼中，功能完善又环境友好且充满社会意义的产品，是很有吸引力的。市场营销直接作用于消费者，必须时刻与时俱进。

课堂思考

如何看待每种营销观念在各个不同发展阶段的积极意义与不足之处？

任务二　酒店市场营销概述

一、酒店市场营销的内涵

作为现代酒店的经营，市场营销的核心作用已日益凸显。市场营销的作用在于沟通酒店和客源市场间的供求关系，以求饭店获得最佳效益，因而酒店的市场营销工作是饭店经营管理的核心任务。酒店营销活动是酒店经营者为造就宾客满意，并在宾客满意的基础上实现酒店经营目标而展开的一系列有计划、有组织的活动。酒店营销的核心是围绕满足客人的合理要求，最终的目的是为酒店营利。酒店营销不是单纯的经营销售，它所具有的功能是：负责了解、调研宾客的合理需求和消费欲望，确定酒店的目标市场，并且设计、组合、创造适当的酒店产品，以满足其目标市场的需要。

二、现代酒店市场营销的特点

酒店产品是有形的设施设备与无形的服务的结合，这就决定了酒店产品与一般物质性的商品相比具有自己的特性，如无形性、不可储存性、需求的波动性、不一致性及质量的难控制性等。基于酒店产品的这些特征，酒店营销活动具有以下几个特点：

酒店产品的无形性强化了酒店营销的必要性。酒店营销人员必须通过不断地与客人进行交流，为他们提供可靠、有效的产品信息，通过酒店广告、宣传手册等资料来展示酒店产品，使酒店无形的产品有形化，尽量使酒店设施、服务水平、产品品质以及可以带给客人的相关利益等充分地传达给公众，并使它们与众不同且真实可信。

酒店产品的不可储存性增加了酒店营销的艰巨性。对于酒店而言，其产品的不可储存性至少有两层含义。一层含义是，客房、康乐设施、会议室、宴会厅等，一天不出租，一天就不能创造价值。它们作为饭店产品的组成部分不能像有形商品一样储存起来，日后再卖。另一层含义是由酒店服务的直接性决定的。酒店向客人提供的服务也是无法储存和搬运的，只有当客人光顾或住进酒店时才能进行；当客人结账离店时，酒店的服务也随之终止。这种产品特性就对营销人员的工作提出了更大的挑战，它要求营销人员尽量将酒店当天未出租的客房、餐位等设施销售出去。如果营销人员不能将其推销出去，那么产品当天的价值将永远无法收回。

酒店产品需求的波动性更增加了酒店营销的难度。与此同时，酒店产品不仅无法储存，而且其需求量还存在极为明显的波动性。在每年的不同季节、每月的不同日期，甚至每天的不同时间都会存在需求量的波动。这种不可储存性和波动性结合在一起，给酒店经营带来了更大的压力。营销人员必须通过创造性的定价、促销和有计划的营销活动来加强酒店产品的销售。同时，还要及时掌握顾客方的动态信息，以保证预订信息的准确率。例如，在淡季，酒店可以采用降低价格、强调酒店可以带给客人的特殊附加利益等方式来提高酒店产品的使用率。

酒店产品的不一致性及质量的难控制性等特点也对酒店营销提出了更高的要求。酒店产品是以服务性产品为主的，而服务是由服务人员来提供的，他们的素质、知识、技能、态度、文化背景各不相同，营销人员为了能使客人对酒店服务产生良好的看法和态度，必须定期与酒店最高管理者沟通汇报，重视对酒店服务人员的培训与激励。此外，还必须通过各种渠道了解客人对酒店服务的满意程度，以便减少由于服务质量不稳定而产生的各种负面情况，进而为营销工作的开展奠定良好基础。

三、现代酒店营销管理的新理念

观念决定行为，什么样的营销观念就会产生什么样的营销行为。现代酒店如果缺乏正确的营销观念为指导，就很难在竞争激烈的市场中取得胜利。现代酒店营销工作必须把握营销理念的五个要点。

正确选择目标市场。酒店所有的经营活动都是围绕着消费者而展开的。也就是说，为了确保经营活动的有效开展，酒店首先要对市场进行充分调研。在调研的基础上再去选择适合自己的目标市场，了解这些市场中现有顾客和潜在顾客的相关需求，进而设计出有针对性的产品满足目标市场的需求，最终实现自己的经营利益。对于酒店的经营者而言，必须选择正确的目标市场，同时给予酒店明确的市场定位，只有这样才能更好地为每一个目标市场的客源量身定做适当的营销方案，提供有针对性的服务，提高顾客的满意度。

不断了解顾客需求，以顾客满意为己任。随着时代的进步与经济的发展，现代酒店所面对的客源群体的具体需求也会不断变化。对于酒店而言，必须不断地了解最新的顾客需求趋势，并以此为依据提升和完善自己的产品，才能获得持续性的发展。顾客的需求是多样化和繁杂的，顾客大多不会将他的需求明确地告诉酒店，但对于酒店而言，获取这样的信息又显得尤其重要。所以，酒店要采用多种途径了解顾客对于产品与服务的意见、需求、建议，获取顾客在消费结束后的各种反馈信息，为改进和提升酒店的服务提供依据。顾客满意是酒店赖以生存的基础，酒店管理者要善于了解顾客的满意度状况，同时要将本酒店的顾客满意度与竞争对手及行业现状进行比较。只有保持较高的顾客满意度，酒店才能获得满意的收益，才能保持长期发展的后劲。

加强协调，创造良好的营销氛围。酒店产品是一个环环相扣的整体，顾客从入住到离店要接受来自各个部门的共同服务。在对客服务中，每个部门都非常重要，这就需要各个部门的有效配合与协调沟通，以此来保证整体的服务效果。酒店的营销部门作为联系酒店与顾客的纽带，要做好与各部门的沟通协调工作，务必将顾客的需求信息准确地反馈给各相关部门，同时酒店各部门都要树立全员营销的思想，营造良好的营销氛围。

获取满意的盈利率。在保证顾客满意的前提下，酒店也要使自己的营销目标得以实现。如果是单纯地关注顾客满意度而忽视了酒店的运营成本，这就违背了酒店经营的商业性质；相反，如果只是关注利润的增长而忽视顾客满意度，这也是目光短浅的行为。

所以，酒店营销人员不仅要通过各种方法提升顾客满意度，同时也要关注酒店盈利状况，追求实现利益的最大化。只有酒店保有良好的盈利率，才能为顾客提供更好的服务，才能使经济效益与社会效益相辅相成，共同促进酒店的长期持续发展。

信息化和数字化加速了企业与消费者之间的沟通与互动，企业营销需要全面调整营销战略、改进营销策略和传播方式，以适应新的营销环境[①]。在后疫情时代，全球经济正在经历震荡与调整。企业和营销人员面临着前所未有的复杂市场与消费需求，市场竞争更加激烈，同时以大数据、人工智能、电商直播等形式为代表的新型互联网技术正在全面推动着企业营销的发展进程。

第一，社交媒体、数字媒体和算法广泛普及。比如通过人工智能和大数据的加持，我们可以做出更好的决策。

第二，营销自动化。比如送餐机器人、快递机器人已经在一些区域投入使用。再比如大数据通过分析消费者的兴趣和喜好，将可商品个性化地推送到消费者眼前。

第三，追踪客户旅程和地图。

第四，接触点营销。同样是基于强大的数据和算法支持，我们可以追踪客户的路径，绘制出与他们相关的接触点，企业可以从中准确掌握客户需求，寻找商机。

第五，人物角色营销。类似于品牌营销中的品牌 IP 化，赋予品牌人格化设定，让品牌更鲜活，设置拥有忠诚的“粉丝”消费者。

第六，内容营销。内容为王，这是一个不过时的命题，但是好的内容究竟从何而来，这需要洞察与剖析。

第七，影响者营销。有能力者就像一束光，指引着更多人的方向，而影响者营销则引领消费者的消费方向。

第八，全渠道营销。 多角度、多链路、多渠道的营销模式，尽可能地做到全域攻占。

第九，精益营销。对目标市场进行更为精细化的营销运作。

第十，社会事业营销。

① 资料来源：https://www.sohu.com/a/587192920_120251480.

任务三 酒店数字化营销概述

随着互联网技术的快速发展，企业经营管理的各方面都面临着网络化、数字化、智能化的挑战。一般来说，在充分竞争的市场上企业只能得到正常利润，如果想得到超额利润，那就必须创新。创新是对生产要素进行新的组合，从经济学的意义上讲，它不仅包括技术创新，也包括了营销创新。其中，数字化营销就是创新的典型事物。

一、数字化营销概述

数字化就是将经营中许多复杂、无头绪的信息，转变为可以用数字进行管理并直接观看的数字、数据。再用这些数字、数据建立起适当的数字化模型，通过计算机技术进行统一处理，然后给出企业的基本经营管理数据，最后建立符合市场需求的最佳的经营管理模式，这就是数字化在经营中的基础应用过程。

比如我们觉得这家餐厅生意很好，但究竟好到哪种程度呢？通常我们要进行简单的估算，比如每天有 100 位客人，收入 3 万块，月流水 60 万元……这就是数字化的基本雏形。通过某种计算机财务软件对这些数值进行统计和分析，形成财务报表来体现餐厅的盈利状态，这就是餐厅运营的数字化体现。

管理者可以对客户信息进行数据化分析和存储，如对每天进店消费客人的姓名、年龄、职业、爱好、频率、消费金额等都定期记录和统计，这就是客户信息数字化。再以这些数字、数据建立起适当的数字化模型，通过计算机技术进行统一处理，这就是数字化在经营中的基本过程。

数字化营销是使用数字传播渠道来推广产品和服务的实践活动，从而以一种及时、相关、定制化和节省成本的方式与消费者进行沟通。数字化营销包含了很多互联网营销（网络营销）中的技术与实践，且范围更加广泛，还包括了很多非网络渠道，诸如电视、广播、短信等，或网络渠道，诸如社区媒体、电子广告、横幅广告等。

因此，数字化营销就是利用互联网、物联网、大数据等数字化技术以及数字交互式媒体，以用户为核心，通过寻找、发现、留存、感动用户并促成转化，以达到协同营销效果的一种营销模式。数字化营销是基于明确的数据库客源，通过数字化等多媒体渠道，实现营销精准化、数据化和可量化。由于营销手段处于持续迭代升级状态，酒店企业在开展数字化营销的过程中必须不断推陈出新，积极引进新技术、新模式。

二、数字化营销的发展趋势

趋势一：内容驱动、流量为王。当下的互联网经济是一场争夺“注意力”的经济，是“眼球经济”，是流量为王的时代。除了通过新、奇、特的手法制造新闻来吸引流量以外，还要依靠持续的优质内容来推动，才能让企业得以健康发展。企业、用户、品牌、文化的融合培养是企业长期发展的重要核心支撑。

趋势二：品、效、销一体化。数字化营销追求的是品、效、销三位一体，产品品质是核心，好品质必然会有竞争力，从而驱动营销手段的多元化，进而带来高利润，高利润再次促进产品的升级换代和企业提升，这是所有企业追求的一个结果，这样才能真正地形成一个正向的循环。

趋势三：数字化新渠道整合。企业营销渠道的运营不仅要重视内容的价值，更需要重视各种新媒体渠道的整合，尤其是以“直播 + 短视频”为代表的电商渠道，其中的头部主播（也称为“意见领袖”，即 KOL）对受众（俗称“粉丝”）的影响力巨大，不容忽视。

趋势四：企业私域运营成为长期增长的驱动力。企业私域运营已经成为企业数字化营销的必选项，已经形成拉动用户终身价值（LTV）促进企业长期效益的关键因素。

三、酒店数字化营销

在数字化时代，酒店企业接触消费者的场景更加多元、分散。消费者随时随地进行比较、分享、决策，再加上现金流不足、能耗等各项运营成本高，给酒店运营造成了极大的负担。在这种背景下，充分利用数字化营销手段，快速精准地连接并服务目标用户，各部门各司其职，使酒店管理各部门在一个科学的数字化运营管理平台上紧密协同合作就成为酒店企业破局的关键。

比如在餐厅吃饭，顾客被营销人员吸引进来，一吃菜太咸，即便营销人员获得了反馈，他也必须经由店长、厨师配合，才能改善这一问题。如果问题得不到改善，那客户就会流失。这也就导致了营销部门的产出，并不能由营销部门决定，而是需要其他部门的配合才能完成。这样的情况只会越来越多，营销不再是一个点的工作，而是一条链的工程。在数字化营销体系下，只需要营销人员将顾客信息及时反馈到平台上，所有的与该顾客相关的各服务部门在同一时间了解到该信息，会马上采取相应的补救措施，最短时间内迅速地解决客户投诉，寻求客户的谅解与支持。极速触达客户，就成为数字化营销的关键因素。因此，与传统营销相比，数字化营销在营销观念、传播方式和传播渠道等方面存在着明显的不同。

对于酒店数字化转型和营销，我们首先应该意识到的是数字化转型指的是整个企业，而不单单是营销的数字化。同时，数字化营销也不仅仅是一个部门的工作，而是整个企业的联动，各部门都有营销的责任，在营销的过程中，每个部门的角色不同，发挥的作用和价值也不同。

复习与思考

一、名词解释

市场　市场营销　酒店市场营销　产品观念　市场营销观念　数字化营销

二、填空题

1. 市场是在一定时间、地点、条件下，具有________、________和________的群体。

2. ________观念容易导致营销近视症。

3. 认为“我卖什么，顾客就买什么”的营销观念是____________。

4. 认为“顾客需要什么，我就生产什么”的营销观念是____________。

5. 酒店营销的核心是________________，最终目的是________________。

三、选择题（每题至少有 1 个正确答案）

1. 市场营销的思想产生于 20 世纪初的（ ）。

A. 美国 B. 英国 C. 法国 D. 中国

2. 下列哪种营销理念是卖方市场条件下的产物（ ）。

A. 生产观念 B. 产品观念 C. 销售观念 D. 市场营销观念

3. 销售观念和营销观念的区别主要体现在（ ）。

A. 出发点 B. 关注焦点 C. 实现途径 D. 最终结果

4. 酒店产品的特征包括（ ）。

A. 无形性 B. 不可储存性 C. 不可转移性 D. 生产与消费的同一性

5. 酒店营销理念的首要要求是（ ）。

A. 明确目标市场 B. 了解顾客需求

C. 营造良好的营销环境 D. 获取满意的利润

四、简答题

1. 市场营销理念经过了哪些发展阶段？每一阶段具有什么特征？

2. 酒店市场营销具有什么特点？

3. 酒店市场营销管理有哪些新理念？

4. 举例说明酒店数字化营销与传统营销有哪些不同。

五、案例分析

酒店数字营销，从改变认知开始

数字营销是酒店行业未来的发展趋势，改变认知和重视流量作用是进行数字营销转变的关键。

当前，数字技术与国家、社会、企业的结合日益深入，颠覆性的数字化转型潮流喷薄而出。传统酒店业已经遭遇了互联网和移动网络的双重冲击，数字技术的红利正在惠及久经考验的传统酒店业和酒店从业人员。酒店行业消费者的个性化、多元化需求越发明显，酒店的运营和管理将面临巨大的变革需求。

随着市场竞争日渐激烈，酒店的营销工作也显得越来越重要。然而，当今大环境下的酒店营销却变得日益难做。尤其是在网络渠道方面，很容易出现“花钱都买不来流量”的尴尬情况。另外，协议客户的不稳定性、促销活动的效果不尽如人意等因素，无一不是酒店人亟须解决的难题。以下分四步，与大家共同探讨如何通过数字营销赋能酒店智慧运营，实现更高效的营销管理和提供更优质的服务。

1. 数字营销的本质是什么

数字营销的底层逻辑是提升营销管理效率、降低营销成本、提供更具个性化的服务，同时提高效率。

市场环境不断变化，客人的喜好也不尽相同。酒店人最应该做的，是提升学习能力，再对酒店自身进行重新定位，开展数字营销、精准营销等新型营销，才能扩大营销工作的受众群体。客户的要求越来越高，这是无法避免的现实。毕竟，如果我们的酒店无法满足客户的需要，客户还有其他酒店可以选择。因此，做好个性化服务就越发重要。通过不同的客户标签，提供个性化服务，才能不断培养客户的依赖性，将更多的客户转化成忠诚客户。

大部分的酒店与客户之间的关系，仅是一种消费与服务的关系，很多客人来一次后就会流失。这种脆弱的关系不仅无法为酒店提供持续性的客源，同时也意味着酒店的出租率难以得到保证。打造自己的直销渠道或许是解决这个问题的办法之一，自己的渠道将更有利于进行客户关系管理，提升客户的复购率。

2. 酒店数字营销从改变认知开始

了解酒店数字营销的根本内容，首先是从改变酒店员工对数字化的认知开始，要相信数字化的力量，并认同数字化的趋势。过去的营销理念是“以产品为中心”，只要产品做得好，再广泛投入广告，客户就会自动买单。但是，随着市场经济的深入，市场逐渐转向“以客户为中心”，谁能抓住客户的需求，谁就能在竞争中制胜。

随着数字时代互联网的飞速发展，仅仅“以客户为中心”已远远不够，还需要打造“以客户为中心的场景”，与客户之间建立一条“快速通道”。酒店需要转变思维，进行数字化营销。积累用户数据，搭建企业私域流量池，利用技术手段实现精准营销，打造以客户为中心的场景，与客户建立更直接、更有温度的链接，从而降低营销成本，提升营销效果。

举个例子，山东舜和酒店集团是一家专业从事酒店投资、经营、管理的大型股份制企业。过去集团把管理重心放在服务上，认为只要把服务做好，把品牌做好，把品质做好，就不用担心客源。事实上，现阶段酒店的竞争非常激烈，服务和品质已经是最基础的要求，要想取得良好的经营绩效，必须学习如何高效利用数字化技术应用，提高综合管理效率。舜和集团旗下的山东舜和国际酒店，总体建筑规模接近 4.6 万平方米，酒店共有 280 间客房以及 86 个宴会包间，年营收可达 1.8 亿元，其中 1.4 亿元是餐饮和会议收入。总体来说，酒店的人流量很大，资源很丰富，但管理上也存在着巨大的难度，如果单靠人力统计或是 PMS 系统，无法支撑酒店的营销需求。之后，酒店在企效云智能酒旅系统的技术支持下启用自有小程序平台，高效整合酒店资源，在数字化转型的道路上取得了不错的成果。疫情期间，酒店囤积的大量海鲜产品难以消化，于是酒店临时决定使用线上商城功能，把原本对内的商城转变成对外销售，将线上商城变成了一个精准的营销阵地。对比当时的销售数据，疫情期间酒店在小程序商城日均外卖餐饮收入超过了 2.5 万元，而在美团外卖平台一天的收入还不到 1000 元。

数字营销落地需要用对方法，在开展数字营销的初期，即使产生的成果和效果很微小，也要让全员看到和感受到数字营销带来的变化。只有眼见为实，才能促进思考和理解，进而产生认同。可视化和讲故事可以更有效地提升酒店员工对于数字营销的认知。此外，没有人比员工更了解自己的酒店，所以在发布营销内容之前一定要先咨询一下酒店各主要职能部门主管和主要员工的意见。酒店应该利用好真正接触到酒店产品的这 10%~15% 的员工，将他们的行业知识转化为内容。

3. 流量是数字营销的关键

进行数字营销，流量是关键，流量主要分为公域流量和私域流量。公域流量是指如百度、今日头条、微博、OTA 等，通过广告投入或活动方式吸引新用户，只要酒店不断投入，就可以持续不断获取流量。私域流量是相对于公域流量而言，是指酒店自有、低成本、可反复利用、直接触达用户的流量，比如酒店的自媒体、微信群、营销小程序等。

首先，我们需要认清酒店真正的“私域流量”在哪里，其次才是如何有效地把“OTA 流量”转化为酒店的自身“留量”！传统酒店客源渠道单一，有些酒店的客源 OTA 占比超过 80%，酒店只有不断进行资金投入才能获得一次性用户，自主性不强。在传统 PC 时代，很难通过网络手段蓄客，因为线上和线下的数据分离，除了部分五星级酒店及连锁酒店，基本 PC 端网络订房和运维难以拉新留存。随着移动互联网、云计算、大数据，特别是 5G 网络的发展，促进了更多物联网场景应用的产生，酒店硬件与软件的深度融合、线上和线下的融合，通过二维码、小程序应用、分销裂变等手段让酒店能更容易更低成本地接触更多用户并与用户进行深度沟通。疫情加速线上办公的进程，如微软最新公布允许部分员工永久性在家办公，未来商旅市场可能会永久性降低，供需关系进一步倾斜。酒店需要更了解用户，通过大数据建立更完整的用户画像，推陈出新，才能在市场竞争中立于不败之地。

公域和私域流量其实是相对而言的，OTA 上的流量对于酒店是公域流量，所有客户到达酒店前台后是私域流量。所以，作为酒店而言，不可强切 OTA 用户，这样无疑是杀鸡取卵，OTA 也是酒店重要的客源渠道之一。酒店人应该从服务用户的角度建立联系。通过场景搭建、前台宣导、服务跟踪、用户奖励等方式，围绕“人的数字化”用心服务好用户。私域管理通过小程序可提供多场景多种玩法，比如小程序邀请新用户礼赏、任务 / 超额积分奖励、客房服务、电子早餐券、分销及裂变等，通过酒店在微信 / 小程序及各类营销形式的组合，建立不同场景吸引用户并直接成为酒店的私域流量。

4. 酒店数字营销的方法论

酒店数字营销的方向是帮助提升工作效率、管理效率和顾客满意度。当前整个酒店行业，不同档次、不同风格的酒店、酒店品牌层出不穷，但面对各自不同的细分市场，一直都存在激烈的同质化竞争，只有不断提高管理效率，持续为客户带来优质服务，才能在同行业中脱颖而出。下面我们通过简述两个要点谈谈如何做好酒店数字营销：

（1）建立适合酒店自身的会员体系。酒店的会员体系需要健康的多元化发展，一个酒店如果所有顾客都是会员就等于没有会员，因此酒店需要通过会员分层管理，提升会员营销管理质量。如果营销活动效果不好，很有可能是因为没有针对性地做精准促销。酒店应该先从客人的类别进行细分，包括新客、回头客、核心客等，再根据不同的客户群体，开展有针对性的精准促销。

对于大型连锁酒店而言，完善的会员系统对于塑造品牌形象、提高管理效率十分重要。在数字化布局的进程中，总部位于深圳的雅斯特酒店集团一直以来以创新求变，高度重视会员体系建设，并根据实际经营需求，在小程序平台上提供一系列线上会员服务。实际上，会员营销并不是一个新概念，以前很多酒店都会提供实体会员卡，但随着信息技术的发展，大家开始更倾向于“一部手机走天下”的轻便出行方式。实体卡不仅容易遗失，而且无法区分会员等级，无法查看积分数额，无法领取丰富的优惠券，因此逐渐被“电子卡”所取代。数字技术赋能下的会员体系优势在于提供一体化会员管理，降本增效，提高酒店的服务能力和竞争力。

（2）进行多渠道管理。利用数字技术，针对不同渠道，提供个性化服务、推广数字化营销模式。目前酒店行业的协议客户仍然没有得到较系统化的管理，因为没有线上实时库存的同步，因此协议客户的管理效率极低。几乎所有的协议客户都会同时签订多家酒店，再从中根据自身需要做出选择，而大部分酒店的协议客户稳定性是比较差的。对于覆盖多区域的大型连锁酒店而言，协议客户属于长期稳定的客源，在一定程度上保证了酒店的出租率，所以尤其受到酒店的重视。而传统的协议客户订房方式存在很多缺陷，比如流程复杂，需要多次拨打电话；过于依赖销售，受人员变动影响很大；协议客户转化率较低，很难变成酒店的忠实客户。

上海富悦大酒店是位于上海松江区的一家超大型的商务会议度假型酒店，酒店拥有 1000 间客房和 2 个 2000 平方米的宴会大厅，经营主要以宴会、会议为主，但酒店协议单位的客人大多在松江以外的地方。目前，上海富悦大酒店在数字技术应用赋能下，将协议客户管理功能转移到线上小程序平台，助力酒店精准获客，打造酒店与真实客户的直连模式。同时为客户提供了“申请加入协议客户”的入口，客人可以自主提交单位信息，申请成为酒店的协议客户，酒店方审核通过后，销售经理再根据具体交易金额进行后期的跟进。成为协议客户后，企业客户可以享受生日优惠、四倍积分、延时退房、免费早餐、专属优惠券等福利，极大提高了协议客户的黏度。此外，酒店把所有协议企业的信息和联系方式掌握在自己的平台上，通过扫描二维码进入协议入口，保证了价格的私密性，不仅可以更好地维护客户权益，也便于酒店的管理。

疫情后未来客源市场将发生更大的改变，酒店也将从原来的粗放型经营向专业化经营转变。产品特色化、运营数字化、复合型人才是未来酒店的核心竞争力所在。其中，私域流量为酒店运营提供更多数字化模型和依据，让企业更好地了解用户需求、更精准地进行营销和更有效地进行广告投放。用数字营销赋能酒店智慧运营、用数字化引领酒店行业的效能革命将是未来不可逆转的新趋势。

——资料来源：https://www.traveldaily.cn/article/143574.

根据上述案例，回答如下问题：

分组探讨如何通过数字营销赋能酒店智慧运营，实现更高效的营销管理和提供更优质的服务。

推荐阅读

1.“营销之父”科特勒：下一个10年，我对营销的4点建议，https://www.sohu.com/a/587192920_120251480.

2.“酒店+X”如何出圈？深度复盘锦江跨界营销案例，https://www.traveldaily.cn/article/150140.

3. 酒店新媒体4R营销——以万豪酒店集团为例，https://new.qq.com/rain/a/20220419A049MU00.

4. 好高骛远的酒店数字营销行不通，https://www.traveldaily.cn/article/164430.

5.《2021年度中国高星级酒店数字化营销创新发展趋势报告》，https://hub.traveldaily.cn/report/184.

综合实训练习

1. 请各组同学集中讨论在营销管理中如何培养创新能力，并举例说明旅游或酒店业数字化营销的新模式。
2. 请分小组来讨论市场的概念。
3. 运用生活中购物的例子来说明营销与推销的区别。
4. 用酒店餐饮或客房服务案例，来说明市场营销观念。
5. 请同学们浏览对比两家酒店的官网和微信小程序，总结各自的优缺点。

酒店营销环境分析与调研

项目二

酒店管理人员不仅要关注酒店自身的运营管理，而且要对酒店所处的市场环境有一个清醒的认识。通过本章的学习，使学习者了解酒店市场营销环境的重要性和构成要素，学会使用SWOT分析法来对酒店营销环境进行综合分析，能够在实践活动中运用基本的营销调研方法。

本章重点阐述了酒店营销环境的概念与类别，并运用SWOT分析法对酒店营销环境进行了综合分析。本章对酒店市场调研的概念、方法、步骤进行了详细介绍，并对酒店消费者的购买行为进行了分析，总结出了影响酒店消费者购买行为的相关因素及酒店顾客常见的消费心理类型。

思政目标

党的二十大报告提出，要构建高水平社会主义市场经济体制，构建全国统一大市场，深化要素市场化改革。本项目旨在培养学生运用科学的市场分析与调研方法，对酒店市场环境进行梳理，深刻理解建设高水平社会主义市场经济体制的重要意义。

学习目标

知识目标

1. 理解酒店营销的宏观环境与微观环境。
2. 掌握如何开展酒店市场调研工作。
3. 把握数字化时代消费者的购买行为特征以及行为过程。

能力目标

1. 构建全面而宏观的营销理念。
2. 把握酒店需要面对的来自外界环境的多方面影响。
3. 掌握市场调研的主要内容与方法。
4. 充分了解来自酒店消费群的各种信息，并以此作为开展营销活动的重要依据。

案 例

独具匠心的设计选址

丽思·卡尔顿，一个享誉全球酒店业的顶级品牌，在现代酒店业的发展史上有着举足轻重的地位，称得上现代豪华饭店的开山之祖。一直以来，丽思·卡尔顿以其奢侈、典雅、雍容、华贵的品牌气质卓立于众星级酒店之中，成为一种身份和地位的象征。以至于在英国的《韦氏辞典》中，由“Ritz”衍生出了“Ritzy”，被视为奢华和时尚的代名词。

凯撒·丽思从自己的梦想出发，以近乎苛刻的标准打造着自己理想中的顶级饭店，他为丽思·卡尔顿奠定了奢华服务的基调，确立了完美服务的标准，朝着那个最美好的丽思饭店迈出了坚实的步伐。这一传统在丽思·卡尔顿 100 多年的发展历程中得到了持续的贯彻与诠释，也确保其保持了百年的纯正奢华血统。

丽思·卡尔顿一直致力于以黄金般的品牌地位和顶级奢华的品牌气质为入住的客人带来世间最美好的尊贵体验。其豪华典雅的设施、时尚浪漫的氛围、无微不至的服务等随处流露的温情细节带给客人难忘、独特的感受，留下难以磨灭的印记。“世间美好，尽在丽思”——用这样一句话来形容丽思·卡尔顿，真是恰到好处。如此美妙的人间天堂，不是凭空而来，而是源自从硬件到软件的极致追求。

凯撒·丽思根据自己多年的从业经验，领悟到奢华饭店的第一要义体现在其幽雅、考究的位置和环境。在他看来，好的选址是豪华饭店成功的关键。从他最初创立巴黎丽思饭店时所做的选址调研等前期工作中可见一斑。事实也证明，丽思饭店可以兴盛百年和它的选址不无关联。时至今日，遍布世界各地的丽思·卡尔顿酒店对于选址均极为讲究，从世外天堂巴厘岛到繁华都市纽约，每一家丽思·卡尔顿酒店都充分地考虑到人气、环境、地缘等多方面的因素。或是处于环境怡人、宛若仙境的度假胜地，满足客人安逸舒适、远离喧嚣的需要；或是位于寸土寸金的城市中央，满足客人公务商务的工作需求。

正如丽思·卡尔顿酒店的现任首席运营官高思盟所说，丽思·卡尔顿酒店是专门为世界前 5% 的精英人士提供一流服务的豪华酒店，酒店只会在那些拥有足够多的客人群体的地方出现。从这个意义上说，拥有一家丽思·卡尔顿酒店，也从一个侧面印证了一座城市的繁华和昌盛。

在确定了饭店的位置之后，接下的工作就是在饭店的装修设计、硬件设施等方面务求做到独具匠心、尽善尽美，以一流的硬件为一流的服务奠定坚实的基础。正是由于这样的良苦用心，入住饭店的客人总是能发现超出他们想象的惊喜之处，对于自己能想到的一切，饭店都已经给予了悉心的考虑和周到的安排。

我们可以来看一个例子，位于上海的波特曼丽嘉酒店，是中国境内第一家丽思·卡尔顿旗下的连锁酒店。这家酒店的大堂，是由美国的室内装潢大师精心设计的，确保了灯光、色彩、装饰布艺、家具以及艺术品的完美结合。大堂中庭重达 3000 磅，高 3 米，由玻璃装饰的月亮门，是由国际知名公司创意完成的。它的设计采用了光线折射的先进工艺，能够呈现出多彩的灯光变幻，在亚洲酒店中尚属首例，这种灯光折射的效果，把人带入一种梦幻般的世界，恍若进入人间仙境。

——资料来源：狄保荣．饭店文化建设［M］．北京：中国旅游出版社，2010.

案例分析

丽思酒店的市场定位活动具有怎样的现实意义？

任务一　酒店市场营销环境分析

酒店营销不是自弹自唱的独角戏，酒店的一切营销活动都是在特定的环境中进行的，因此，酒店营销活动的开展不可避免地要受到来自内外环境的影响。关注并分析酒店企业内外部营销环境的变化趋势以及识别由此带来的机会与风险，是市场营销人员的主要职责之一。由于营销环境存在的客观性与不可控制性，酒店企业只有根据其所处环境的实际情况和发展趋势制定并适时调整相应的营销策略，自觉利用市场机会，防范可能出现的风险与威胁，才能确保其在日益激烈的竞争中立于不败之地。

一、酒店营销环境概述

营销环境是指影响企业生存与发展，并在目标市场上开展营销活动的各种内外因素的总和。这里所说的环境因素，既指那些构成市场营销活动的前提与背景的宏观环境因素，也包括直接影响企业在目标市场上开展营销活动的微观环境因素。宏观环境和微观环境共同构成了企业营销环境系统，这将对企业的营销活动产生直接或间接的影响。

社会中的任何事物，都是运动着的、相互联系的，酒店的营销活动也是如此，也是在一定的动态环境中进行的，绝不可能脱离环境。酒店营销环境是指一切影响、制约酒店经营活动最普遍的因素。酒店的营销环境内容相当广泛，分为宏观营销环境和微观营销环境。但需要注意的是，由于企业的经营活动各不相同，它们所涉及的营销环境并非千篇一律。不同类型与档次的酒店，在不同时期对市场营销的认识不同，受影响和制约的营销环境也不一样。具体而言，酒店营销环境具有以下几个特点：

（1）**客观性**。酒店是在特定的社会经济和外界环境条件下生存和发展，其市场营销活动受到周边客观环境因素的影响。

（2）**相关性**。市场营销环境是一个综合的系统。在这个系统中，各个影响因素是相互依存、相互作用和相互制约的。例如，酒店在开发新产品时，不仅要受到经济因素的影响和制约，而且会受到社会文化因素的影响和制约。

（3）**差异性**。酒店市场营销环境的差异性不仅表现在不同的酒店受不同环境的影响，而且同样一种环境因素的变化对不同酒店的影响也不相同。例如，不同的国家、民族、地区之间在人口、经济、社会文化、政治、法律等方面存在广泛的差异。这些差异对酒店营销活动的影响显然是不同的。由于外界环境因素的差异，酒店必须采取不同的营销策略才能应付和适应这种情况。

（4）**动态性**。营销环境是酒店营销活动的基础和条件，但这并不意味着营销环境是一成不变的。酒店的营销环境作为大的社会环境的一部分，时刻处于变化之中，酒店必须随时关注环境变化，根据变化的情况来调整原有的计划和工作节奏。

（5）**可影响性**。酒店可以通过对内部环境要素的调整和控制来对外部环境施加一定的影响，最终促使某些环境要素向预期的方向转化。酒店经营成败的关键，在于酒店能否适应不断变化的市场营销环境。强调酒店对所处环境的反应和适应并不意味着酒店对环境是无能为力或束手无策的，而应当从积极主动的角度出发适应环境。或者说运用自己的经营资源去影响和改变营销环境，为酒店创造一个更有利的活动空间，然后使企业的营销活动与环境相互适应。

（6）**不可控性**。酒店的外部市场营销环境是无法控制的，因此，对酒店而言，环境将会发生怎样的变化及对酒店营销有何影响是难以预料的。实践表明：对酒店营销环境进行分析研究，对于酒店营销会发挥积极的作用。即使是在衰退期，酒店也常常可以捕捉到一些新的市场机会，其中还会有相当一部分酒店通过自己出色的营销活动创造不寻常的业绩。不断变化的市场环境，既能给酒店的市场营销提供机会，也可能带来威胁。同一环境的变化对某些酒店是机会，而对另一些酒店则可能是威胁。酒店营销者的任务就在于了解和把握营销环境的变化趋势，适应环境的变化，提高应变市场的能力，趋利避害地开展市场营销活动。

二、酒店宏观营销环境

宏观营销环境包括政治法律、经济、社会文化、人口、自然环境、科学技术等。酒店等一切经营性组织都处于宏观环境影响之中，这些宏观的营销因素都是不可控因素，酒店及其所处的微观环境都不可避免地在宏观力量的控制之下。这些宏观环境既给酒店提供了发展的机遇和空间，同时也在某种程度上给酒店带来了威胁。

（一）政治法律环境

在任何社会制度下，酒店的市场营销活动都必定要受到政治和法律环境的规范和约束。这种政治和法律环境是由那些规范和约束社会上各种组织和个人行为的法律、政府机构、公众团体所组成的。

在现实生活中，政治因素会明显制约和影响酒店的营销活动。随着我国经济体制和政治体制改革的逐步深入，酒店营销活动将在一个更为开放、民主、法制化的经济管理体制和政治环境中运行。

对于一个国家而言，为了保障整个社会的正常运转，必须制定相应的法律法规，而其中经济立法对酒店营销活动的影响尤为明显。酒店营销活动的开展，必须建立在了解和遵守国家颁布的有关法律、法规和制度的基础上，才能保证酒店经营的合法性，并运用法律武器来保证酒店及消费者的合法权益。

（二）经济环境

经济环境是指影响消费者购买力和支出结构的各种因素。经济发展水平会直接影响酒店的经营和发展。

（1）**经济发展水平**。酒店的市场营销活动必然要受到一个国家或地区经济发展状况的制约，在经济全球化的现实环境中，国际经济形势的变化已经成为影响酒店营销活动的重要因素。例如，2008年年末席卷全球的金融危机，对我国的酒店业市场就产生了非常深刻的影响。入境旅游客源大幅下降，众多酒店企业开始在危机蔓延期将目标顾客锁定在国内市场，并通过实施一系列促销措施来拉动内需。经济发展水平与酒店的兴衰休戚相关。因此，酒店应认真分析经济形势，把握经济发展状况，准确预测市场动向及趋势，及时制定和调整市场营销策略。

（2）**社会购买力**。从酒店营销的角度看，经济方面最主要的环境力量是社会购买力。社会购买力指的是一定时期内由社会各方面用于购买产品或劳务的货币支付能力，是构成市场的要素之一。因为市场规模的大小归根结底取决于购买力的大小，因而酒店营销活动必然会受到社会购买力发展变化的影响和制约。酒店应当密切关注由于社会购买力的增减变动所带来的机会与威胁。总的来讲，社会购买力的大小取决于国民经济的发展水平以及由此决定的国民平均收入水平。经济发展快，人均收入高，社会购买力大，酒店的营销机会就随之扩大；反之，经济衰退，市场规模缩小，就会给酒店营销带来威胁，迫使许多酒店不得不缩小其营销规模。

（3）**消费者支出模式和消费结构**。消费者支出模式会随着消费者收入的变化而变化，并影响一个国家或地区的消费结构。消费结构是指在消费者消费过程中各种消费支出占总支出的比例关系。在西方经济学中常用恩格尔系数来反映这种变化。在一定的条件下，食物开支占消费支出的比重越大，恩格尔系数越高，生活水平越低；反之，食物开支占消费支出的比重越小，恩格尔系数越低，生活水平越高。只有在生活水平较高的情况下，一般消费者才会产生对酒店产品的购买需求。酒店应该注意到在消费结构和支出模式中出现的这些变化，根据消费者的需要向其提供适宜的酒店产品，把握由此带来的市场机会。

相关链接 搜索

恩格尔系数

19世纪中叶，德国统计学家和经济学家恩格尔对比利时不同收入家庭的消费情况进行了调查，研究了收入增加对消费需求支出构成的影响，提出了带有规律性的原理，由此被命名为恩格尔定律。其主要内容是指一个家庭收入越少，用于购买食物的支出在家庭收入中所占的比重就越大。对一个国家而言，一个国家越穷，每个国民的平均支出中用来购买食物的费用所占比例就越大。恩格尔系数则由食物支出金额在总支出金额中所占的比重来决定。

恩格尔系数是衡量一个国家、地区、城市、家庭生活水平高低的重要参数。按照联合国划分贫富程度的标准，恩格尔系数在60%以上的国家为饥寒型国家；在50%~60%的国家为温饱型国家；在40%~50%的国家为小康型国家；在40%以下的国家为富裕型国家。

（三）社会文化环境

营销学中所说的社会文化因素一般指在一种社会形态下已经形成的价值、观念、宗教信仰、道德规范、审美观念以及世代相传的风俗习惯等被社会所公认的各种行为规范。社会文化作为人们一种适合本民族、本地区、本阶层的是非观念，强烈影响着消费者的购买行为，使生活在同一社会文化范围内各成员的个性具有相同的方面。它是购买行为的习惯性和相对稳定性的重要特点。酒店的营销人员应分析、研究和了解社会文化环境，以针对不同的文化环境制定不同的营销策略。

价值观念。价值观念是人们对于事物的评价，是一种意识形态，存在于个体之中。价值观念由文化因素决定，一定的文化背景下人们的价值观念往往比较接近。酒店应了解各种客人的价值观，才能知道他们对于事物的评判标准和爱好追求，才能做到投其所好。

风俗习惯。风俗习惯主要指一个国家或民族的生活习惯和民族传统，具体表现在衣、食、住、行、社会交往等方面。不同国家、地区、民族的客人在风俗习惯方面具有很明显的差异，也有不同的民俗禁忌。所以，酒店在进行营销的过程中要考虑到这些风俗偏好的因素，尊重客人的习俗、禁忌。

课堂思考

讨论当地结婚习俗对酒店婚宴市场的影响。

文化素养。文化素养是指人们的语言文字和受教育水平，它集中反映了一个国家和地区的文明程度。语言文字是人们进行沟通交流的重要手段，酒店营销人员绝不能忽视语言的重要性。一方面，它便于与客人直接进行交流；另一方面，营销人员如果掌握了客源国的语言会使客人产生亲切感和受尊重感，从而赢得客人的好感。受教育程度的高低也会影响客人消费的偏好。客人的受教育水平越高，出游的可能性越大，消费时也更加理性。酒店营销人员针对这部分客源要制定相应的营销策略满足其对高品质服务的需求。

宗教信仰。宗教信仰是信奉和崇拜超自然的神灵而产生的一种社会意识形态。世界上有很多宗教，如基督教、伊斯兰教、佛教、印度教等，每种宗教都有其教义、教规和典章制度。宗教信仰的不同，造成了人们喜好、禁忌的巨大差异。酒店营销人员要了解各派宗教的基本特点，尤其是禁忌方面，尊重他人的宗教信仰，避免因在这些问题上处理不当而失去客源。

（四）人口环境

人口环境是指人口的规模、密度、位置、年龄、性别、民族种类和其他有关的情况。人口环境对酒店营销人员而言非常重要，因为它是决定市场需求类型与规模的基本因素。在人口环境因素中，人口的数量与增长速度会影响到某一地区的市场容量。人口的年龄结构则会影响到消费者对酒店产品的具体需求。家庭的类型和规模也会影响到家庭成员的需求和购买习惯。此外，人口的地理分布与迁移也会导致消费需求与购买行为的差异。

（五）自然环境

自然环境是指影响酒店生产和经营的物质因素，包括自然资源环境和物质资源环境。

自然资源环境。对于依赖旅游景点、景区的度假型酒店而言，自然资源是影响酒店兴旺与否的决定性因素。优质而丰富的旅游资源可以吸引更多的客源，增加游客在该旅游景区逗留的时间，客观上给当地的酒店业带来更多的市场机会。

物质资源环境。地球上的物质资源可以分为三类：无限供给的资源、有限但可再生的资源、有限但不可再生的资源。酒店离不开且需要大量的水、电、煤等能源保障日常的正常运转。一旦酒店必需的某类物质资源发生短缺，就会给酒店的经营带来影响。

（六）科学技术环境

科学技术是第一生产力。现代科学技术的飞速发展已经使我们迈入了知识经济的时代，给旅游业带来了广阔的发展空间。科技的进步令酒店业的发展变化日新月异，为酒店营销创造了更先进、更现代化的管理手段。新技术和新设备的应用，增加了酒店的服务项目，使酒店产品的更新换代周期缩短，提高了酒店的服务水准。同时高科技的应用也使酒店充满了现代化的气息，并能向客人提供更为便捷的服务。例如，酒店的在线预订系统、客房控制系统、财务管理系统、办公自动化系统等都是科技的力量所造就的。

三、酒店微观营销环境

现代酒店营销的微观环境是指酒店、供应商、市场中介、竞争对手、顾客、相关公众等相关因素。酒店的经营目标主要体现在盈利的前提下为目标市场顾客提供服务，满足宾客的特定需求。为了实现这个目标，酒店必须把自己与供应商和中间商有效联系起来，以接近目标顾客。这样，供应商—酒店—市场中介—顾客，就形成了酒店的基本营销系统。此外，酒店营销目标的实现还会受到竞争对手和相关公众两个因素的影响。

酒店。酒店置身于市场营销环境之中，其自身的生产经营状况实际上也是构成自身微观营销环境的一个因素。酒店自身的管理能力、营销能力、资金能力、服务能力、组织能力等都会直接影响到其营销活动的开展。此外，酒店能否在市场竞争中抓住时机，还与酒店各部门之间的协调配合有密切的联系。酒店必须不断提升企业的综合实力和市场适应能力，建立健全酒店内部营销系统，努力提高酒店营销决策能力，为相关营销活动的开展创造良好的内部环境。

供应商。酒店的供应商是指为酒店提供日常经营活动所需要的原材料及其他商品的商家、厂家。酒店与供应商之间的关系对酒店而言十分重要，并且对酒店能否盈利具有重大意义。如果酒店购买日常必需品很困难，酒店的日常经营就会受到影响，甚至无法正常运转。如果酒店购买日常必需品的价格高，就势必会增加酒店的成本，而成本的提高一方面会引起酒店产品价格的升高，以至于在竞争中处于不利地位；另一方面，成本的增加，在产品价格不变的前提下会使利润减少。如果酒店购买日常必需品的质量不稳定影响到顾客的感知效果，可能会因小失大，流失客源。作为酒店营销人员，必须清楚地了解原材料市场的供应情况和市场价格的变化，并善于为酒店寻找物美价廉的替代品，以确保酒店利润的最大化。

市场中介。市场中介机构是指能帮助酒店推广、销售和分配产品给最终买主的企业，主要有中间商、实体分配公司、营销服务性机构和金融机构等。

酒店的中间商主要指旅行社、订房网站、航空公司等帮助酒店销售产品的中介机构。它们一般与酒店签有代理协议书，是消费者和酒店的中间纽带，在酒店市场中发挥着非常重要的作用。许多酒店的客源都是由这些中间商来提供的。中间商的市场占有率种类、资质、声誉、对酒店的贡献率等都应该列入酒店营销的考虑范围。

营销服务机构包括市场调查公司、广告公司、传媒机构、营销咨询公司等，它们可以帮助酒店正确地定位和促销产品。

市场中介是酒店整个价值传递系统中的重要组成部分，在使顾客满意的过程中，酒店不仅要使自己的业绩最好，而且要与供应商和市场中介建立有效的伙伴关系，以使整个系统取得最佳业绩。

顾客。顾客是指酒店产品的最终购买者和使用者，顾客的消费行为直接决定了酒店的经营成果。酒店顾客的类型很多，如度假型宾客、商务型宾客、会议型宾客等。不同类型的顾客由于其购买目的不同，住宿或餐饮等方面的需求也不同，使用酒店产品的方式也不同。酒店营销人员首先应该分析顾客的消费心理和消费特点，然后有针对性地开展营销活动，提供给顾客最适合的产品和服务。

竞争对手。竞争是酒店营销环境中的重要因素之一。不同的竞争态势对酒店营销会产生不同的影响。酒店所处的竞争环境涉及多个方面，但对酒店影响最大的是同行业竞争，即各酒店企业间的竞争。很少有一家酒店能为某一客源市场单独提供产品和服务。所以，酒店在建立有效的营销系统来满足市场的同时，总会遇上竞争对手，竞争对手总会影响到酒店的营销系统。酒店必须认清他们，时刻关注他们，并设法战胜他们，保持顾客对酒店的信赖。

相关公众。酒店不仅要同竞争对手争夺目标市场，还要关注一些相关的公众群体对酒店营销活动的影响。酒店的相关公众群体主要包括金融公众、媒介公众、政府公众、内部公众、普通公众等，他们都会从各自的领域和角度对酒店的营销活动产生影响或做出反馈。

不可抗力环境。酒店作为大的社会环境下的一员，对突发的不可抗力环境因素承受能力较弱。例如，新冠疫情给酒店业带来了极大的冲击。

四、酒店营销环境综合分析

当企业对自己所处的内外部环境进行分析后，就明确了自己的优势和劣势，明确了所面临的机遇和风险。因此，酒店的决策者和营销人员应该每年或定期对营销环境进行分析和总结。在认真分析的基础上，充分利用有利的外部因素，发挥一切内部因素的主动作用；在内外因素平衡的基础上，寻找企业的最大机会；在分析的基础上，确定企业经营战备和决策方案，或对原有的营销战略做适当而灵活的调整，以实现预期的经营目标。综合分析酒店营销环境，可采取 SWOT 分析法。S、W、O、T 分别代表 Strengths、Weaknesses、Opportunity、Threats 的英文缩写，意即优势、劣势、机会和威胁。优势、劣势分析是内部环境分析的焦点，机会、威胁分析是外部环境分析的重心。进行 SWOT 分析的目的有二：一是挖掘并确定一个或更多的利润机会，使旅游企业本身所具有的优势和长处得以发挥；二是发现并确定可能妨碍企业财务和市场目标实现的外部威胁和内部弱点。通过准确填写 SWOT 分析表，对酒店优劣势及机会和威胁进行全面分析，方能准确把握企业的内外部环境影响企业生存和发展的机制，如图 2–1 所示。

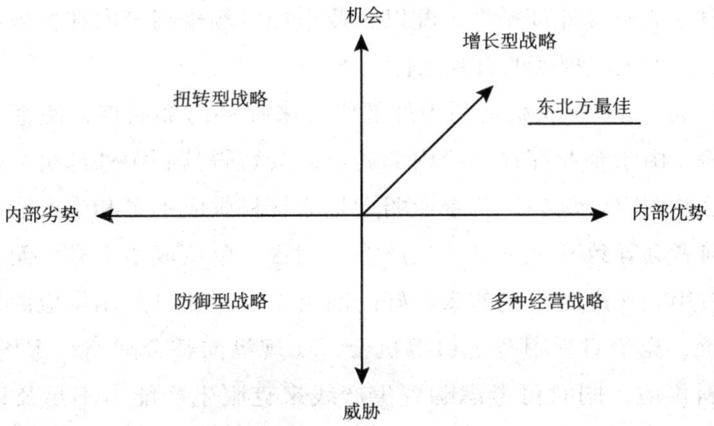

图2–1　SWOT分析

SWOT 分析通常是在某一时点对企业内外进行扫描，然后进行优势、劣势、威胁和机会的分析，从而形成四种内外匹配的战略，如图 2-2 所示。

（1）SO 战略：依靠内部优势，利用外部机会。

（2）ST 战略：利用内部优势，回避外部威胁。

（3）WO 战略：利用外部机会，克服内部弱点。

（4）WT 战略：减少内部弱点，回避外部威胁。

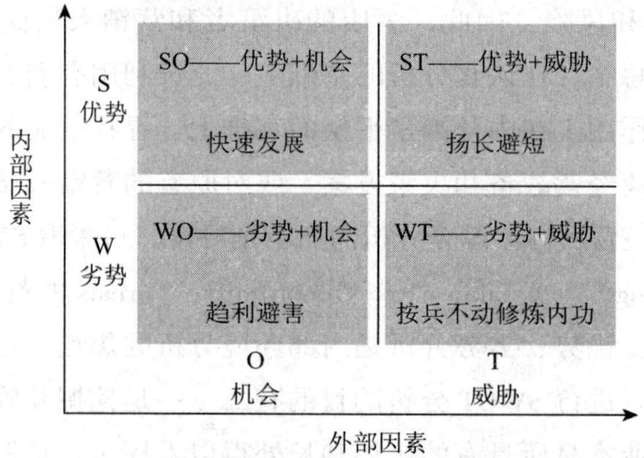

图2-2　SWOT分析矩阵策略

优势 + 机会（SO）战略是一种发展企业内部优势与利用外部机会的战略，是一种理想的战略模式。当企业具有特定方面的优势，而外部环境又为发挥这种优势提供有利机会时，可以采取该战略。例如，良好的产品市场前景、供应商规模扩大和竞争对手有财务危机等外部条件，配以企业市场份额提高等内在优势可成为企业收购竞争对手、扩大生产规模的有利条件。

劣势 + 机会（WO）战略是利用外部机会来弥补内部弱点，使企业改劣势而获取优势的战略。由于企业存在一些内部弱点，会妨碍其利用外部机会，因此可采取措施先克服这些弱点。例如，若企业弱点是原材料供应不足和生产能力不够，从成本角度看，前者会导致开工不足、生产能力闲置、单位成本上升，而加班加点会导致一些附加费用。在产品市场前景看好的前提下，企业可利用供应商扩大规模、新技术设备降价、竞争对手财务危机等机会，实现纵向整合战略，重构企业价值链，以保证原材料供应，同时可考虑购置生产线来克服生产能力不足及设备老化等缺点。通过克服这些弱点，企业可能进一步利用各种外部机会，降低成本，取得成本优势，最终赢得竞争。

优势 + 威胁（ST）战略是指企业利用自身优势，回避或减轻外部威胁所造成的影响。如竞争对手利用新技术大幅度降低成本，给企业带来很大的成本压力；同时材料供应紧张，其价格可能上涨；消费者要求大幅度提高产品质量；企业还要支付高额环保成本等。这些都会导致企业成本状况进一步恶化，使之在竞争中处于非常不利的地位，但若企业拥有充足的现金、熟练的技术工人和较强的产品开发能力，便可利用这些优势开发新工艺，简化生产工艺过程，提高原材料利用率，从而降低材料消耗和生产成本。另外，开发新技术产品也是企业可选择的战略。新技术、新材料和新工艺的开发与应用是最具潜力的成本降低措施，同时它可提高产品质量，从而回避外部威胁影响。

劣势 + 威胁（WT）战略是一种旨在减少内部弱点，回避外部环境威胁的防御性技术。当企业存在内忧外患时，往往面临生存危机，降低成本也许成为改变劣势的主要措施。当企业成本状况恶化，原材料供应不足，生产能力不够，无法实现规模效益，且设备老化，使得企业在成本方面难以有大作为，这时将迫使企业采取目标聚集战略或差异化战略，以回避成本方面的劣势，并回避成本原因带来的威胁。

（一）内部优劣势分析

酒店内部优劣势分析可以用不同方式进行，但分析范围必须涵盖市场、财务、操作以及人力资源四大领域，并应力求全面和客观。企业的管理者可能被日常经营中一些细枝末节问题缠身和困扰，以致不能以足够冷静和客观的态度进行分析。在这种情况下，可以由超脱于企业日常操作的管理顾问或观察家来进行分析。在进行内部优劣势分析时，必须明确回答以下四方面的问题。

1. 市场方面的问题

（1）本企业产品销售组合是什么：客房、餐饮、其他？

（2）谁是本企业的顾客？

（3）在本企业的各类业务中，回头客分别占多大的比例？

（4）本企业顾客来源的渠道是什么？

（5）本企业的产品、价格是否具有灵活性？

（6）谁是本企业的高消费顾客群？

（7）本企业是否有实力转移资源进行其他投资，以期抓住更好的市场机会？

（8）本企业是否有实力进行成功的促销和广告宣传活动？

（9）本企业的何种新产品正处于计划酝酿阶段？

（10）本企业的组织机构是否有利于市场营销？适应程度如何？

（11）出于市场营销方面的考虑是否影响产品的价格？

（12）本企业与中间商的关系如何？

2. 财务方面的问题

（1）本企业流动资产状况如何？

（2）本企业资金来源有哪些？

（3）本企业现金流动是否有困难？

（4）本企业的计财体系能否提出准确而有意义的管理报告？

（5）本企业是否明晰产品成本？

（6）本企业投资回报率如何？

（7）本企业的投资是否有不足或短缺现象？

（8）本企业预算制定与控制执行状况如何？

（9）本企业长期财务需求状况如何？

（10）本企业贷款的利息率是多少，年财务成本是多少？

3. 经营操作方面的问题

（1）本企业经营操作的灵活程度如何？

（2）本企业是否还拥有空余的客户或尚未完全发挥作用的产品供给能力？

（3）本企业质量控制体系是否有效？

（4）本企业按照长期合同购进的供应品是什么？

（5）本企业预订系统的功效如何？

4. 人力资源方面的问题

（1）本企业人力资源是否充足？

（2）本企业员工配备是否适应未来企业经营的需要？

（3）本企业管理层结构是否合适？

（4）本企业员工薪金水平与本行业平均水平和本行业其他竞争企业相比有何差异？

（5）本企业员工激励机制是否科学有效？本企业员工培训是否健全？

（6）本企业员工外流状况如何？年员工流动率是多少？

（7）本企业招聘制度与程序的有效性如何？

（8）本企业对顾客直接服务的员工培训是否有效？

（9）本企业评估奖惩制度体系是否合理有效？

回答上述问题的目的在于确定本企业优势和劣势所在。为回答以上问题，进行准确的内部优劣势分析，可采用以下辅助手段：产品生命周期理论、财务分析、比例分析、收支平衡点分析、岗位分析等。

（二）外部机会—威胁分析

进行外部机会—威胁分析的目的，在于确定企业有可能利用的市场良机和可能会影响企业经营的市场威胁。对外部机会—威胁分析同样要建立完整的分析体系。

外部机会—威胁分析可以分为微观环境分析和宏观环境分析两部分。微观经营环境是直接影响企业日常经营操作的环境，主要涉及供应商、银行、投资者、股票持有者、顾客、竞争者、中间商以及广告和公共关系代理商等方面。宏观环境则延伸至固定的群体或组织之外，包括政治、法律、经济、科学技术乃至环境生态等社会各领域。进行外部机会—威胁分析，必须明确回答以下几个问题：

1. 微观环境方面的问题

（1）本企业市场份额是什么？

（2）本企业市场的趋势如何？

（3）本企业与中间商关系如何？

（4）本企业零售网的市场渗透状况如何？

（5）本企业广告代理商的局限性何在？

（6）本企业市场细分状况如何？

（7）哪部分细分目标市场适合本企业？

（8）本企业的合作者有哪些？

（9）本企业的竞争者有哪些？

（10）本企业竞争者的经营状况如何？

（11）本企业市场渗透薄弱之处何在？

（12）哪些分销渠道对本企业有利？

（13）本企业尚未达到的细分市场有哪些？

（14）本企业期望竞争者采取何种战略？

（15）本企业竞争者现今的经营战略是怎样的？

2. 宏观环境方面的问题

（1）商务旅游和度假旅游的发展趋势如何？

（2）人口增减与产品需求相关变化如何？

（3）分销渠道发展状况如何？

（4）人口数量、年龄、性别、所处家庭生命周期、教育程度、职业等对旅游产品影响如何？

（5）相关法律、制度、政策对旅游企业有何影响？

（6）失业、通货膨胀、汇率变化、利率变化等对旅游企业有何影响？

（7）居民饮食习惯的现状及发展趋势是怎样的？

（8）旅游目的地国与客源国的政治稳定性如何？

（9）本币坚挺情况如何？

为进行准确的外部机会—威胁分析，可以采用市场定位分析、科技预测分析以及对二手资料的分析等辅助手段。

将上述企业优势劣势和机会—威胁的信息分别填入图 2–3 所示的矩阵中，就可以综合概括出企业针对现有的环境资源所做出的相应的战略选择。

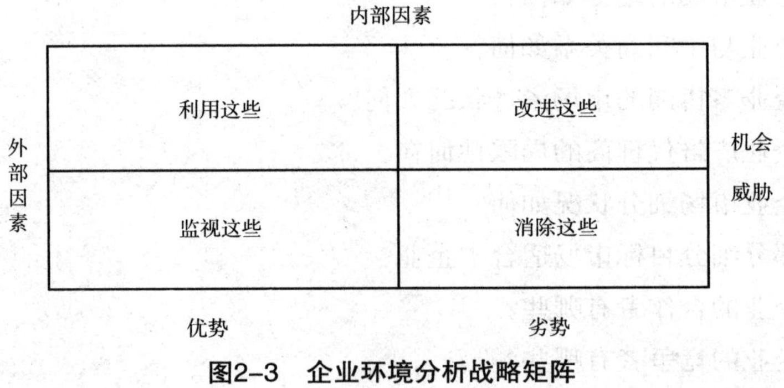

图2–3　企业环境分析战略矩阵

相关链接 搜索

SWOT 分析

SWOT 分析法，也称道斯矩阵、态势分析法，20 世纪 80 年代初由美国旧金山大学的管理学教授韦里克提出，经常被用于企业战略制定、竞争对手分析等场合。在现在的战略规划报告里，SWOT 分析应该算是一个众所周知的工具。SWOT 分析实际上是将对企业内外部条件各方面内容进行综合和概括，进而分析组织的优劣势、面临的机会和威胁的一种方法。通过 SWOT 分析，可以帮助企业把资源和行动聚集在自己的强项和有最多机会的地方，并让企业的战略变得明朗。

优劣势分析主要是着眼于企业自身的实力及其与竞争对手的比较，而机会和威胁分析将注意力放在外部环境的变化及对企业的可能影响上。在分析时，应把所有的内部因素（优劣势）集中在一起，然后用外部的力量来对这些因素进行评估。SWOT 分析法被广泛地使用在各类企业或个人的战略分析和选择上。

任务二　酒店市场调研与预测

市场调研是酒店企业取得良好经济效益的重要保证，是营销决策的重要依据。酒店市场是不断变化的，顾客的需求也是各不相同的。通过专业的市场调研，可以发现新的市场机会和更多的潜在需求，开发新产品以满足这些需求。同时，市场调研还可以发现酒店现有产品的不足，以及酒店经营中存在的缺点，及时加以纠正，使酒店得以在长期的竞争中立于不败之地。

一、酒店市场调研的概念与类型

（一）酒店市场调研的概念

酒店市场调研是指根据酒店的经营目标系统地收集、整理、分析、酒店的各种内部环境和外部环境信息，为酒店各项营销决策的制定提供可靠依据的活动。市场调研的内容可以广泛地涉及酒店经营活动的各个方面。由于所要服务的经营决策性质内容不同，调研的广度和深度也随之有别，这种变化主要在调研的内容和类型上反映出来。

（二）酒店市场调研的主要类型

根据调研目的和性质的不同，酒店市场调研分为以下四种类型。

探测性调研。探测性调研是酒店对发生的问题缺乏认识，甚至在一无所知的情况下为弄清问题的范围、性质、原因而进行的小规模调研。它是一种非正式的调研，灵活性和直觉性很强，要求调研人员有丰富的经验和极强的洞察力。这种调研方法有两种：一是文献调查，收集一些有关资料进行分析；二是经验抽查，向熟悉情况的人士征询意见。

描述性调研。描述性调研是酒店通过详细的抽查和分析，客观地反映酒店市场情况，清楚地描述酒店市场特征。市场研究的许多内容都是描述性的。因此，在进行这类研究前要对问题有相当程度的认识，最好根据决策的内容将问题分解为若干项针对性较强的假设。

因果性调研。因果性调研的目的是确定酒店各种变动因素间的关系。因果性调研分为定性和定量研究两类。定性研究的任务是识别那些对酒店市场变化有重要影响的关键因素；而定量研究则是测定酒店各种因素相互影响的数量关系。

预测性调研。预测性调研是为了推断和测量酒店市场变化而进行的研究。它涉及的范围广泛，研究方式可以根据决策性质和资料条件灵活多变。它可以通过专家和有经验的人士对事物的发展趋势做出判断，并可以在描述性调研或因果性调研的基础上进行分析和计算，预测未来变化的量值。

二、酒店营销调研的内容

酒店营销调研是酒店经营者进行营销决策的重要依据，酒店调研的内容应该包括与本酒店相关的社会、政治、文化、经济等现象。同时，酒店市场调研还必须贯穿酒店整个营销过程的始终，从发现和判断市场机会，到核实、执行、控制以及信息反馈都属于酒店市场调研的范围。一般而言，可以分为酒店的外部调研和内部调研，两者各有侧重，但都对酒店的营销决策起着支持性的作用。

（一）酒店的外部调研

酒店的外部调研是针对酒店的外部营销环境而进行的调查研究，主要侧重于酒店的市场需求状况、需求变化趋势、竞争状况等。

酒店的市场需求和变化趋势。酒店要得到持续性的发展，必须把握市场需求的状况与变化趋势。所以，酒店市场调研的重要内容就是测定目标市场或潜在市场需求状况和变化趋势，以此来确定或调整自己的营销策略和经营方向。

酒店的市场竞争情况。酒店的市场竞争状况属于不可控因素，需要酒店慎重把握。在针对这一信息的调研与搜集过程中，酒店需要侧重于获取市场占有率状况、竞争对手的市场定位营销策略、产品特点、销售状况等有关的内容，以此来决定酒店的对应策略。

其他不可控因素的影响。一般说来，酒店很少直接对政治、经济、文化、社会等不可控因素进行调研，对这方面信息的搜集主要通过报刊等获取，也有一些专门性的调查公司，可以提供针对这些因素的专项调研服务。

购买动机调研。关于购买动机的调研主要体现在要探寻顾客会选择某一酒店，而不是别的酒店的原因。即要了解顾客对各个酒店所提供的产品和服务的看法。这方面的调研有助于判断酒店的哪些特征对顾客的购买决策产生决定性的影响，以及酒店选择的目标市场是否正确、是否提供了目标市场需要的产品和服务、是否满足了顾客的各方面需求。

（二）酒店的内部调研

对酒店的内部调研是围绕酒店的内部情况而展开的，其目的与酒店外部调研是一样的，即通过获取信息对酒店的经营管理决策提供有力的支持。

酒店的经营战略。关于酒店内部经营战略的重要问题，主要包括酒店的发展趋势、酒店的形象、酒店品牌影响力、国内外市场的需求量、酒店的地域分布特点、酒店的规模、酒店的生产能力、酒店的服务规格、酒店的人员素质等。只有对这些问题进行有效的研究，得到关于酒店内部的第一手材料，才能更好地了解本酒店，为下一步更好地开拓市场奠定基础。

酒店的产品价格。酒店需要调查自己产品的生产成本、利润以及价格弹性等。在此基础上对产品的价格进行相应的调整，通过实践分析价格的变化对销售的影响，同时结合成本、利润预期等相关因素来制定具有特色的营销策略。

酒店员工的协作。酒店产品与服务的提供需要依托酒店服务人员，酒店要想给顾客提供优质的服务，必须有一批优秀的一线服务人员。酒店的产品具有生产与消费的同一性，即酒店产品的生产过程与顾客的消费过程是同时进行的，是不可以分割的。如果每个顾客都参与到酒店产品的生产过程，顾客的需求就会被一线服务人员所捕捉。所以说，最了解顾客需求的是酒店的一线服务人员，而不是酒店营销人员。酒店应该制定每日宾客信息收集反馈机制，向自己的一线服务员工了解最新的顾客需求，听取他们对酒店经营方面的建议定期汇总分析。这不仅有利于酒店对市场的进一步了解，而且可以协助酒店管理层与基层员工进行良好的交流与沟通。

三、酒店市场调研的步骤

专项的酒店市场调研是一项十分复杂的工作，要保证这一工作有条不紊地进行，提高调研工作的质量，必须有计划、有组织、有步骤地进行。一般而言，根据市场调研活动中各项工作的自然顺序和逻辑关系，市场调研可以分为如图 2–4 所示的五个阶段。

图2–4　酒店市场调研的阶段划分

确定问题和研究目标。酒店市场调研的起始阶段是识别营销问题和调研目标。随着酒店外部环境的变化，营销经理会面临这样一些问题："我们应该改变现行的营销策略吗？"如果是，那么如何改变？市场调研可以用来评估产品、促销、分销或者定价的选择。另外，也可以用于发现和评估新的市场机会。

酒店市场调研活动的开展是以信息为导向的，它涉及需要了解什么信息以及如何有效和高效地获取信息。如果市场调研人员对问题没有清楚的认识，那么在收集信息时就极有可能盲目行事，最终收集大量毫无价值的信息，耗费大量的时间和费用。

制订调研计划。要解决调研目标中的有关问题，需要收集不同的信息，这就要求制订一个详细的信息搜集计划。在这个计划当中，要明确调研对象、调研项目、调研所使用的获取资料的渠道及方法、可以运用的调研工具等问题，以确保调研活动的有效开展。

收集信息。酒店市场调研的信息来源可以分为两大类：第一手资料和第二手资料。第一手资料又称为原始资料，是指调查人员通过现场的实地调查所收集的资料；第二手资料又称为间接资料，是他人为某种目的已经加工整理好的信息。第一手资料针对性强、适用性强，但是获取的成本比较高；第二手资料获取的成本低、时间短，但适用性相对较差。酒店市场调研一般先利用第二手资料确定调查目标和基本方向，然后通过第一手资料的收集进行详细的分析和研究。酒店可以将两种不同来源的信息充分结合起来，以达到最好的调研效果。

分析信息。酒店通过调研收集到的原始资料和信息往往是杂乱无章、无法使用的，必须经过分析和处理，以保证信息的真实性和系统性。市场调研人员应当使用恰当的统计分析方法，将收集到的信息进行整理和分析，并进行量化，以得出全面的、合乎逻辑的结论。

提出调研报告。调研报告是在整个调研过程的最后一个阶段提出的，是对市场调研活动中所涉及问题的总结性文件，也是委托者或酒店经营者作为市场营销决策的参考资料。市场调研人员在调查报告中必须明确回答市场调研之初所提出的问题，文字说明、具体数据以及数字表达式均应符合报告阅读者的素质。报告引用的数据均应加强复核，力求准确无误。调研报告没有固定的格式，但一般应包括以下内容：本次调研的主要目的；本次调研所采用的方法；本次调研所发现的问题及结果；提出若干决策性的建议；必要的附件，包括样本的分配、统计图表和其他资料等。

四、酒店市场调研的常用方法

（一）资料调查法

资料调查法又称为方案调查法，它是通过搜集酒店内部和外部各种现成的信息数据和情报资料，从中摘取与调研课题有关的内容，进行分析研究的一种调查方法。这种方法相对简单易行，并能够在较短的时间内达到调查的目的，因为获取现有的信息数据和情报资料可以通过很多信息载体来进行。例如，各企业内部的报表，有关旅游的报纸、杂志、年鉴、专辑、学术研究资料，国际或区域旅游组织和专业旅游市场调查研究机构的年报及其他资料，网络上的信息资料等。获取这些资料的速度快、成本低，只要客观全面地进行科学分析，就可以达到调查的目的。因此，此种方法常被作为酒店市场调研的首选方法。

市场调研人员一般都能找到资料，但能否找到与调研项目密切相关的资料却不一定。所以，在寻找相关资料以前，市场调研人员必须明白资料调研的要求：首先要了解寻找资料的相关信息源，其次收集的资料要有针对性，最后要注意资料的时效性。

课堂思考

使用资料调查法，调研过去两年本地区酒店国外旅游者的住宿率情况。

（二）实地调查法

根据酒店市场调研的目的、要求和调研对象的特点，采用直接接触调研对象的方法取得第一手资料，具有针对性强、适应面广、材料真实的特点。但是实地调查法涉及范围广而且需要大量人工，所以也具有费时、费力、费钱的不足之处。

1. 询问法

询问法，是调查人员以询问为手段，从调查对象的回答中获得信息资料的一种方法。它是酒店市场调研中最常用的方法之一。在实际运用中，按询问的方法不同，可分为面谈调查法、电话调查法、电子邮件调查法等。

（1）面谈调查法。面谈调查法是指访问者通过面对面地询问和观察被访问者而获取市场信息的方法。它是市场调研中最通用和最灵活的一种调查方法。调查者访问前事先设计好问卷或调查提纲，可依顺序提问，也可以围绕调查问题进行自由交谈、个人面谈、小组面谈等。个人面谈即通过调研者与被调研者个人交流获得信息，如入户访谈、街上拦截访谈、经理访谈等。小组访谈通常是一个小组的被调查人员共同出席座谈会，在座谈过程中，相互启发思路，集思广益，调查人员从中获得信息。

（2）电话调查法。电话调查法是指通过电话向被调查者询问有关调查内容和征询市场反应的一种调查方法。这是为解决带有普遍性的急需问题而采用的一种调查方法。电话调查具有经济、快速与节省时间、容易控制等优点。但由于电话调查的时间不能过长，所以往往调查问题不能深入。

（3）电子邮件调查法。电子邮件调查法是通过给被调查者发送电子邮件的形式，将调查问卷发给一些特定的网上用户，由用户填写后，以电子邮件的形式再反馈给调查者的调查方法。电子邮件调查法属于主动调查法，与传统邮件相比，邮件传送的时效性大大提高了，费用却降低了。

（4）在线问卷法。在线问卷法，即请求浏览其网站的每个人参与各种调查。在线问卷法可以委托专业调查公司进行。包括三种方式：一是向若干相关的讨论组邮去简略的问卷；二是在自己的网站上放置简略的问卷；三是向讨论组送去相关信息，并把链接指向放在自己网站上的问卷。

此外，目前国内有一些专业做市场调研的网站，企业可以与这些网站联合进行市场调研。比如问卷星、问智道、汇调研等都是常用的调研平台。

2. 观察法

观察法是指调查者在现场对被调查者的情况直接观察，以取得市场资料信息的方法。一般来说，调查者不与被调查者直接接触，而是借助摄像设备或仪器，跟踪、记录和考察被调查的活动和现场事实，以此来获取重要的市场信息。所以，观察法具有客观、直接、自然、全面的特点。

（1）人工观察法。调查者置身于被调查者中间，亲临其间，开展调查，记录市场中发生有关事情的真相及前景，取得更全面的市场资料和信息。在进行这类调查过程中要注意：一般不要让被调查者了解自己的身份，另外要始终保持客观的态度，避免主观意志影响调查结果。

（2）机器观察法。由于种种原因，很多场合并不适于或不需要调查人员亲临现场，这时可采取机器观察的方法，即根据调查的要求、目的，在调查场所设置摄像机、红外线探测器、IC卡智能机等设备自动采集有关信息。这种方法具有操作简便、节约人工、使用时间长的优点，但也有应用范围小、一次性投资大的缺陷。

3. 实验法

实验法是最正式的一种调研方法。它是通过小规模的市场进行实验，并采用适当方法收集、分析实验数据资料，进而了解市场的方法。实验包括包装实验、新产品实验、价格实验等。例如，在研究包装或广告对产品销量的影响时，在其他因素不变的情况下，某种包装或广告使用前后销售量的变化，就可看作该包装或广告的效果。调研人员经过实验一般要取得可行的市场信息，这些信息对企业营销决策有重要的参考价值。采用这种方法的一个关键是环境因素不变，因此调研人员必须排除或控制没有研究意义的因素，并在这个前提下，挑选出被实验者的各个相互对照的小组，使他们受到不同对待，即引入不同的刺激手段，然后检查、观察反应的差异性是否在统计上有意义。由于随机因素被排除在外并得到控制，因此观察效果可与刺激的强度有关，从而调研人员可以找出真正的因果关系。

（三）抽样调查法

抽样调查法是按照随机原则从总体中选取一部分调查单位进行调查，从中得出有关整体的结论。抽样调查的设计包括三项内容：调查哪些人（抽样对象），调查多少人（样本大小），如何抽样（抽样方法）。

（1）调查哪些人。一个适当的抽样对象并不总是很明显的。例如，要想了解家庭购买旅游产品的决策过程，究竟应该调查丈夫、妻子还是孩子？对此，营销人员要认真做出选择。

（2）调查多少人。大样本提供的结果当然比小样本提供的结果更可靠，但大样本的调查成本高，而且往往没有必要。只要抽样方法正确，即使样本不足总体的1%，也同样能提供可靠的调查结果。

（3）如何抽样。抽样方法主要有两大类：一是随机抽样，二是非随机抽样。随机抽样是指整体中每一个个体都有机会被选作样本。它又可以分为三种：一是简单随机抽样，即整体中所有个体都有均等的机会被选作样本；二是分层随机抽样，即对总体按某种特征（如年龄、性别、职业等）分组，然后从各组中随机抽取一定数量的样本；三是分群随机抽样，即将总体按某种标准（单位、地段等）分成若干个部分，随机抽取其中一个部分作为样本。非随机抽样是指在整体中不是每一个个体都有机会被选作样本。它又可以分为三种：一是任意抽样，即调研人员根据方便的原则，任意选择样本，如在街头任意找几个行人询问其对某一旅游产品的看法和对象；二是判断抽样，调研人员根据自己或专家的经验来判断有哪些个体可作为样本；三是配额抽样，即首先对总体进行分组，然后由调研人员从各组中任意抽取一定数量的样本。

（四）问卷调查法

人们在日常生活中会碰到各种各样的问卷。例如，买一本杂志，后面会附有“读者调查表”，了解你对杂志在栏目编排、文章编辑、内容设置上的看法；买了一把电动剃须刀，厂家除了提供使用说明外，还会附有一张“用户反馈表”，了解你对该产品性能、价格、式样、颜色等的意见。凡此种种都属于问卷的范畴。问卷在企业市场调研中作用重大，任何形式的询问调研的核心都是问卷。

1. 问卷的概念

问卷，又称调查表，是指调查者根据调查目的与要求，设计出由一系列问题、备选答案及说明等组成的向被调查者收集资料的一种工具。问卷广泛应用于统计学、经济学、管理学、社会学、心理学等领域，它是市场调查收集资料的基本工具之一。科学的调研工作需要规范的市场调查，标准化的问卷则不仅有利于准确、迅速地收集市场资料和市场信息，而且便于高速、高效地对这些数据进行处理分析。

2. 问卷的内容

问卷一般由开头、正文和结尾这三个部分组成。

（1）问卷的开头。问卷的开头主要包括问候语、填表说明和问卷编号。第一，问候语是为了引起被调查者的重视，消除他们的疑虑，激发他们的参与意识以争取得到他们的合作。因此，语气应该亲切、诚恳、有礼貌，内容要能交代清楚调查目的、调查者身份、保密原则以及奖励措施等；同时，不能拖沓冗长，避免引起被调查者的反感，影响问候语内容的可靠性和有效性。第二，填表说明的目的在于规范和帮助受访者对问卷的回答。填表说明可以集中放在问卷前面，也可以分散到各个有关问题之前。尤其对自填式问卷，填表说明一定要清楚，而且格式位置要醒目。第三，问卷编号主要用于识别问卷、访问员、被访者地址等，可用于检查访问员的工作，防止舞弊行为，便于校对检查、更正错误等。

（2）问卷的正文。问卷的正文一般包括资料收集、被调查者的基本情况和编码三个部分。第一，收集资料部分是问卷的主体，也是使用问卷的目的所在。其内容主要包括调查所要了解的问题和备选答案。显然，对这部分内容设计方法的探讨，正是问卷设计与研究的重点。第二，调查者的有关背景资料也是问卷正文的重要内容之一。被调查者往往对这部分问题比较敏感，但这些问题与研究目的密切相关，必不可少，如个人的年龄、性别、文化程度等，家庭的类型、人口数、经济情况等，单位的性质、规模、行业、所在地等。具体内容要依据研究者先期的分析设计而定。第三，这里的编码是指问卷中包含的前编码设计，以及为后编码设计预留的位置。

（3）问卷的结尾。问卷的结尾可以设置开放题，征询被调查者的意见、感受，或是记录调查情况，也可以是感谢语以及其他补充说明。

3. 调查问卷设计的原则

（1）主题明确。根据调查的目的，确定主题，从实际出发拟题，问题目的明确，重点突出，没有可有可无的问题。

（2）结构合理。问题的排列应有一定的逻辑顺序，符合被调查者的思维程序。

（3）通俗易懂。调查问卷应使被调查者一目了然，并愿意合作，如实回答。所以，调查问卷中的语气要亲切，避免使用专业术语，对敏感性问题采取一定的技巧，使调查问卷具有合理性和可答性。

（4）长度适宜。调查问卷的长度要适宜，所提出的问题不要过繁、过多，回答调查问卷的时间不应太长，一般以不超过 30 分钟为宜。

（5）便于统计。调查问卷中的提问一定要方便事后的整理和统计工作。

4. 调查问卷提问的形式

（1）封闭式提问。封闭式提问是在对问题所有可能的回答中，被调查者只能从中选择一个答案，这种提问方式便于统计，但回答的伸缩性较小。例如：

您是否在本酒店消费过？

A. 是　　　　　　　　　B. 否

（2）开放式提问。所谓开放式提问是指对所提出的问题回答没有限制，被调查者可以根据自己的情况自由回答。此种提问方式答案不唯一，不易统计，不易分析。例如：

您对本酒店的服务有什么意见或建议？

答：＿＿＿＿＿＿＿＿＿＿＿＿

任务三　消费者购买行为分析

酒店消费者是酒店营销活动的主体，是酒店得以生存和发展的关键因素。要想做好酒店的营销工作必须充分了解和熟悉不同消费层次和消费欲望的消费者，掌握他们的消费需求、消费动机和购买行为、决策过程及变化特点，以期赢得更多的消费者，在竞争中胜出。

一、酒店消费者的概念

酒店消费者是酒店营销活动的主体，是酒店得以生存和发展的关键因素。正是有了众多的、不同的消费需求和消费水平的消费者，才促使酒店不断地创新，不断地调整营销战略。只有这样，酒店的经营管理水平才能够得以不断提高，我国酒店业才能够得以发展。

酒店消费者是指由于观光旅游、商务会议、休闲度假等原因外出而购买使用酒店产品或接受酒店服务的个人或团体。从以上概念可以看出，酒店的消费者分为两类：一类是个人消费者；另一类是团体消费者，即组织机构购买者。前一类是以个人支付为特征的，而后一类则是以组织形式购买酒店产品和服务，这两类消费者都是酒店的重要顾客。

二、影响酒店消费者购买行为的相关因素

酒店消费者的购买行为非常复杂，受到多种因素的影响。文化因素、社会因素、个人因素、心理因素等，都会影响到酒店消费者的购买行为。

（一）文化因素

消费者在购买酒店产品时，因受到文化影响而表现出不同的生活习惯和行为特征。因此，了解文化因素对酒店消费者购买行为的影响非常重要。

1. 文化

文化是人类欲望和行为最基本的决定因素。低等动物的行为主要受其本能支配，人类行为大部分因后天学习所得而来。学习逐渐内化为自己的行为方式，这就是一个人的文化底蕴或文化内涵，它对人们的行为起着决定性的作用。

有一个很典型的例子，麦当劳在进入新加坡市场时利用了新加坡人“惧怕输（Kiasu）”的性格推出了鸡排酥汉堡（Kiasu Burger）——芝麻面包夹腌鸡肉和生菜。他们还创造了鸡排酥先生（Mr Kiasu）这个产品来告诉消费者：面包上有42粒芝麻，数一数不要上当。消费者由于认同鸡排酥的品质而很喜欢这种新汉堡。

2. 消费者的文化影响

从营销学的角度来审视，每种社会的文化又可以分为若干个不同的亚文化群，主要包括以下四类：

民族亚文化。各个民族在宗教信仰、节日、崇尚爱好、图腾禁忌和生活习惯方面，有其独特之处，并会对消费行为产生深刻影响。

宗教亚文化。不同宗教有不同的文化倾向和戒律，影响人们认识事物的方式、对客观生活的态度、行为准则和价值观，从而影响消费行为。每种宗教都有其主要流行地区和鲜明的特点。

种族亚文化。世界上有不同的种族，每一种族有各自的价值观、生活规范等，对产品的需求和评价也有很大的差异。随着我国改革开放进程的不断加快，各种不同种族的旅游者都来到中国观光、游览、商务洽谈、文化交流，酒店应针对不同的

种族开展有特色的营销活动。

地理亚文化。不同的地区有不同的风俗习惯和爱好，使当地人的消费行为带有明显的地方色彩。酒店必须研究不同的地理亚文化群的状况，以便确定目标市场，制定科学的市场营销决策。

3. 消费者的习俗文化影响

每个人都在社会中成长，受到家庭、环境及社会潜移默化的影响，逐渐培养了自身基本的价值观、风俗习惯和审美观，从而形成了千差万别的消费习俗。

喜庆性的消费习俗。这是指人们为了表达愉快心情、实现美好愿望而引起的各种消费需求方式。例如，逢年过节，人们张灯结彩、走亲访友等。

纪念性的消费习俗。这是指人们为了表达对人或事物的纪念而形成的消费习俗。

信仰性的消费习俗。这是指由于某种信仰而引起的消费性习俗，如由宗教信仰而产生的禁食习俗等。

地域性的消费习俗。我国历来有“南鲜、北咸、中辣、西酸、东甜”的口味和饮食习惯。

4. 消费者文化水平的影响

消费者的受教育水平和文化程度也会对其购买行为产生重要影响。一般而言，消费者受教育程度越高，对精神生活方面的需求就会越多，把有限的收入用于购买精神生活资料和劳务的支出比也越大。同时，由于受教育程度的提高，消费者对消费资料的物质性了解加深，因而购买或拒绝购买某种消费品更为理性和自觉。不同的教育给予人们不同的社会价值观念、道德标准、欣赏水平和爱好等，这些因素也都会对购买行为产生影响。

课堂思考

讨论文化因素对自身消费行为会产生哪些影响？

（二）社会因素

酒店消费者的购买行为也会受到一些社会因素的影响，其中包括顾客社会阶层、参考群体、家庭、角色与地位等。由于社会因素在很大程度上影响人的反应，所以酒店在制定营销策略时要予以充分的考虑。

社会阶层。社会阶层是指具有相对的同质性和持久性的群体。按等级排列，每一阶层的成员具有类似的价值观、兴趣爱好和行为方式。一个人的社会阶层通常是职业、收入、教育和价值观等多种因素作用的结果。同一社会阶层的人要比来自两个社会阶层的人行为更加相似。因此，社会阶层不仅是影响消费者行为的重要因素，而且可以作为细分消费者市场的重要依据。

参考群体。参考群体是消费者在形成其购买或消费决策时，用于作为参照、比较的个人或群体，他们是能够影响消费者个人态度、意见和价值观的一群人。参考群体分为所属群体与相关群体，所属群体又分为主要群体和次要群体。主要群体与消费者有直接接触，且关系密切，主要指家庭成员等；次要群体虽然与消费者也有直接接触，但是关系相对较为疏远，如相对陌生的同事、领导等。而相关群体则是指消费者个人不属于这一群体，但是态度、行为受其影响，如影星、歌星、球星身后大批的崇拜者和追随者。相关群体影响消费者行为的程度在不同产品和品牌中并非都是相同的，这也要根据消费者自身的经济基础和文化背景等个人因素来具体而定。

家庭。家庭是社会上最重要的消费者购买组织，家庭成员对消费者的购买行为影响非常大。每个人都会从父母那里得到有关宗教、政治、经济、个人理想、价值观等方面的指导，同时不同的家庭也会对个人的生活习惯、购买偏好等产生影响。酒店营销人员必须关注家庭各成员在对商品和服务的购买过程中所发挥的作用以及相互间的影响。同时，需要明确家庭中的哪位成员在酒店产品的订购中更具有影响力，进而采取有针对性的营销措施。

角色与地位。一个人在一生中会属于很多群体，每个人在各个群体中的位置可以用角色和地位来确定。角色是一个人所期望做的活动内容，是周围人对他的要求，也是他在不同场合中应起的作用。每一种角色又附有一种地位，反映社会对他的评价和尊重程度。人们往往结合角色和地位做出购买选择。许多产品或品牌由此成为一种身份和地位的标志。消费者因社会阶层和地域有所不同，对以何种产品、品牌来显示身份和地位的要求也就不同。

（三）个人因素

购买决策也深受消费者个人特征的影响。个人特征一般包括年龄与家庭生命周期、生活方式、职业、经济状况、个性与自我观念等。

年龄与家庭生命周期。消费者的欲望和行为，因年龄不同而发生变化。例如，3个月、6个月和1岁的婴儿，对玩具的要求就不一样；不同年龄的消费者对酒店产品的价格、个性化服务的要点、房间的舒适度、食物的口感等都会有不同的要求。而每个人在不同的年龄，其所处的家庭生命周期阶段也不相同。所谓的家庭生命周期是一个以家长为代表的家庭生活的全过程，从青年独立生活开始，到年老后并入子女的家庭或死亡时为止。在不同阶段，同一消费者及家庭的购买力、兴趣和对产品的偏好都会有较大差别。

生活方式。生活方式是一个人生活中表现出来的活动、兴趣和看法的整个模式，直接影响着他对产品或品牌的看法、喜好。营销者往往可以通过生活方式理解消费者不断变化的价值观及其对消费行为的影响。

职业。消费者的职业背景也会影响到他的消费模式。对于酒店而言，需要找到自己的产品和服务所针对的职业群体，并依此进行产品的设计、开发与推广。

经济状况。消费者的经济状况对产品选择的影响很大，而经济状况往往和职业密切相关。经济状况包括用于消费的收入、储蓄与资产、债务、借贷能力以及对消费与储蓄的态度等。酒店需要根据目标市场的消费能力设计产品与价格。

个性与自我观念。每个人都有影响其购买行为的独特个性。个性是指个人特有的心理特征，导致人对所处环境做出相对一致和持续的反应。通过自信、支配、自主、顺从、保守和适应等性格特征表现出来。依据个性因素，可以更好地赋予品牌个性，以期与消费者适应。例如，美国学者发现，购买有活动车篷汽车的买主与无活动车篷汽车的买主之间，存在一些个性差别——前者表现较为主动、激进和喜欢社交。

（四）心理因素

消费者的购买行为还会受到四个心理因素的影响，它们分别是动机、知觉、学习、信念与态度。

1. 动机

在任何时候，人总会有许多的需要。有些需要是生理上的，有些需要则是心理上的。当需要升华到足够的强度和水平时，这种需要就会转化为动机。动机是推动个人进行各种活动的驱动力。动机是行为产生的直接原因，可以促使个人采取某种行动去探求满足需要的方式，还可以规定行为的方向。例如，一位商务游客的基本需要可能包括睡眠、洗浴、适当的娱乐等。这些基本需要，任何一家酒店都能予以满足。但是，他或许会有自尊的需要，这样他就会设法找一家比较体面的酒店。除了这些，他还会有别的需要，如一张写字台、一盏明亮的台灯、无线上网、电话服务等。酒店未必会具备满足游客需求的所有要素，但是一定要认识到这些产品与满足需要之间的关联。

2. 知觉

消费者被激发起动机后，随时准备行动。然而，如何行动则受到他对相关情况的知觉程度的影响。知觉是指个人选择、组织并解释投入的信息，以便创造一个有意义的个人世界的过程。知觉不但取决于刺激物的特征，而且依赖于刺激物同周围环境的关系以及个人所处的状况。

这里的关键词是“个人”的感觉。例如，一个人可能会认为一位说话很快的推销员的行为过分或欠诚恳，而另一个人却可能认为该推销员工作很熟练。为什么人们会对同样的情况产生不同的知觉？这是因为人们会经历三种知觉过程：选择性注意、选择性曲解和选择性保留。

（1）选择性注意。人们感觉到的刺激，只有少数引起注意、形成知觉，多数会被有选择地忽略。人们只会更多地注意那些与当前需要有关的刺激物，更多地注意他们期待的刺激物，或更多地注意跟刺激物的大小有较大差别的刺激物。

（2）选择性曲解。人们对注意到的事物，往往喜欢按照自己的经历、偏好、当时的情绪、情境等因素做出解释。这种解释可能与企业的想法、意图一致，也可能相差很大。对于选择性曲解，营销人员往往无能为力。

（3）选择性保留。人们容易忘掉大多数信息，却总是能记住与自己态度、信念一致的东西。企业的信息是否能留存于顾客记忆中，对其购买决策影响甚大。

3. 学习

学习是指由于经验而引起的个人行为的改变。人类的多半行为是源于学习。由于市场环境的不断变化，新产品、新品牌、新技术不断涌现，消费者的购买行为必须经过多方搜集有关信息之后才能做出购买决策，这本身就是一个学习的过程。

对于酒店营销人员而言，了解学习概念的价值在于，使他们可以通过把产品与强烈的驱动力联系起来，利用刺激性的诱因并提供正面强化等手段来建立产品的需要。酒店可以通过诉求于竞争者相同的驱动力并提供相似的诱因环境而进入市场，因为购买者更可能将其忠诚从原品牌转向类似的品牌，而不是相异的品牌。酒店也可以针对不同的驱动力设计品牌诉求，并提供强烈的诱因来引导消费者转换品牌。

4. 信念与态度

通过实践和学习，人们获得了自己的信念和态度，它们又反过来影响人们的购买行为。所谓信念，是指一个人对某些事物所持有的描述性思想。生产者应关注人们头脑中对其产品或服务所持有的信念，即本酒店产品和服务的形象。人们根据自己的信念做出行为，如果一些信念是错误的，并妨碍了购买行为，生产者就要运用促销活动、宣传推广等来纠正这些错误的观念。所谓态度，是指一个人对某些事物或观念长期持有的好与坏的认识上的评价、情感上的感受和行为倾向。态度能使人们对相似的事物产生相当一致的行为。一个人的态度呈现为稳定一致的模式，改变一种态度需要在其他态度方面做出重大调整。

相关链接　搜索

代管剩酒拢客心

近年来，香港酒店业兴起了一个新的服务项目——代客保管剩酒。也就是将顾客喝剩下的酒保管起来，陈列在一个精致的玻璃柜内，使所有人都看得见，瓶颈上吊着一张制作精美的卡片，标明主人的身份。这个服务项目有什么作用呢？它虽然是一个小点子，却有着惊人的效果。

顾客买酒时说只能喝250毫升，店员说没关系，买500毫升（一瓶）吧，喝不完我们可以替您保管，您下次随便什么时候来喝都可以。顾客会因这种新颖的服务方式而感动，同时看到别人的酒放在那样显眼的玻璃柜内，想到自己的也放在那儿，顿时获得一种满足感。当顾客快要离去的时候，店家会赠送一种小礼物，这种小礼物用来证明顾客在店里还保留了一些酒，同时起到了重要的提示作用。顾客看到它，就会想起该去喝酒了。

下次他再喝酒，肯定只选这家酒店，不会跑到别处去了。代客保管剩酒不仅巩固了回头客，而且增加了酒店的光彩。代为保管剩酒后，顾客在该酒店用餐有一种在家中用餐的感觉，这是非常重要的消费心理。

> 后来，这一点子又发展成为代顾客保管碗碟。因为人们都讲究卫生，害怕传染疾病，不喜欢用别人用过的碗碟、筷子、刀叉等餐具。酒店于是对就餐次数多的顾客赠送一套餐具给他专用，吸引他常来用餐。这些酒店保证了用餐顾客的清洁卫生，对他们服务都很周到，还让他们得到了特别照顾。慢慢地在不知不觉中，他们就成了这家酒店的常客。
>
> ——资料来源：http://finance.sina.com.cn/leadership/jygl/20050511/121853113.shtml.

三、酒店消费者的购买决策过程

（一）确认需要

购买过程始于购买者对某个问题或需要的确认。消费者需要的产生是由于内在或外在的刺激所引起的。内在刺激是人体内产生的驱动力，如饥饿、寒冷、饥渴等。人们从以前的经验中学会了如何应付这种驱动力，并受到激励去寻找能满足这种需要的物品，如食物、衣服、饮料等。外部刺激是外界的“触发诱因”。例如，某人路过面包房，看到新烤出的面包散发着诱人香味，从而刺激自己的食欲，进而可能会产生购买行为。这些刺激会激发起消费者潜藏的某些需要，但是需要被唤起后却不一定能驱使人们付诸行动，只有当这个需要逐渐强烈并超过一定限度时，人们才会产生特定的购买行为。

对于酒店的营销人员而言，需要在这一阶段做好以下工作：第一，了解与本酒店产品有关的现实或潜在的需要。一种产品如果能同时满足多种需要，就能够吸引更多的购买者。第二，了解消费者的需要强度随着时间的推移以及外界刺激的强弱而波动的情况，以便按照这种规律设计诱因，增强刺激，使被唤起的需要逐步增强，最终驱使人们产生购买行为。

（二）信息收集

在很多情况下，被唤起的需要并非马上能够得到满足，而是先存入记忆中作为未满足的项目，这种需要称为“积累需要”。随着积累需要由弱变强，就要经过认真的信息收集阶段。

信息搜集可以分为两个层次：一是适度的收集状态，指消费者在被唤起的需要驱使下，对能够满足需要的商品资料敏感起来，比平时更加注意该商品的广告，注意别人对该商品的评价以及朋友间关于该商品的谈话等；二是积极的信息收集状态，这时消费者会积极主动地在各种媒体上寻找该商品的有关资料，打电话向酒店咨询等。

信息收集的状态主要取决于消费者购买行为的复杂性、需要的强烈程度、最初掌握信息的程度、获取额外信息的难易程度、额外信息的价值以及在信息收集过程中得到的满足程度。

在这一阶段，酒店营销人员的任务主要包括：第一，了解消费者的信息来源。消费者的信息来源包括以下渠道：个人来源，如家庭、朋友、邻居、熟人等；商业来源，如广告、推销员、经销商、展览会等；公共来源，如大众媒体、消费者评比机构等；经验来源，如产品的购买和消费经历等。第二，了解不同信息来源对酒店消费者的影响程度。一般而言，消费者收集的产品信息主要来自商业来源，即市场营销人员所能控制的来源；而最有效的信息来源则来自个人。每类信息来源对购买者的购买决策有着不同的影响。商业来源一般会起到告知的作用，而个人来源则起着认定或评价的作用。

（三）比较评价方案

在认知需求和信息收集的基础上，消费者受满足需要的动机驱使，开始寻找各种解决问题的方案和途径。为使方案具有充分性和可靠性，消费者必须广泛收集有关信息，包括能够满足需要的商品种类、规格、价格、质量、售后服务等。这些信息可以通过各种渠道获得，在广泛收集的基础上，对所获信息进行适当的筛选、整理和加工，即可建立起满足需要的多种解决方案。

各种备选方案的利弊优劣不一，需要加以比较评价。评价的标准因消费者价值观不同而有所差异。例如，在对酒店进行评价时，有人以价格低廉作为基本标准，有人以舒适度作为基本标准，有人则追求个性化的优质服务。所以，面对同一决策方案，不同的消费者会做出不同的评价。

（四）购买决策

在对各种方案进行充分比较与评价之后，消费者已经产生了初步的购买意图。购买意图如果不受到其他相左意见或信息的干扰，便可作为购买决策确定下来。

但是，消费者的购买意图经常会受到来自他人意见和突发因素的干扰。他人意见会影响购买决策的确定，他人对消费者购买决策的影响程度取决于以下两方面的因素：他人对某项购买决策的否定程度和他人意见对购买者的影响力。他人对该项购买决策的否定程度越强烈，而且他人与购买者的关系越密切，购买者越会因其而改变购买意图。突发因素可以分为与产品相关的突发因素和与产品无关的突发因素。与产品相关的突发因素可能是购买者突然发现了有关产品的不利信息。与产品无关的突发因素包括出现了其他更迫切的购买要求或闲暇时间由于工作关系而突然减少等。所以，产生一定的购买意图并不一定会产生相应的购买行为。

（五）购后行为

消费者在完成购买行为后，一般会体验到三种感觉：满意、不满意和购后疑虑。每种体验背后都会伴有特定的购后行为。而这些体验和行动又会影响到消费者的下次购买行为以及其他相关人群的购买决策。因此，购后行为对于酒店营销人员仍然具有重要意义。

购买后的满意程度是由以下两个因素共同作用的结果：产品实际质量和顾客期望值之间的对比程度。一般而言，如果产品和服务的期望值和实际质量相符，那么消费者就会感到满意；如果产品和服务的期望值高于实际质量，那么消费者就会感到不满意；当客人既体验不到满意，也没有对产品表现出明显不满的时候，顾客在购买后就会出现购后疑虑。

消费者购买后的满意程度会影响到他以后的购买行为。如果在购买后获得了满足，那么在下次购买中就会继续倾向于购买该产品和服务。更为重要的是，获得了满足感的消费者，会倾向于在日常生活中向相关群体中的成员称赞该产品和服务，而这种口碑的宣传往往会发挥更积极的宣传作用。

当购买者不满意时，其反应就会恰恰相反。首先，他会倾向于下次不再购买该产品和服务；其次，他或许会向相关企业、行业协会等提出投诉；最后，更糟糕的是，不满意的购买者会在相关群体中传递该信息，对这些人的购买决策产生极大的消极影响。酒店营销人员应该重视顾客的投诉以及补偿服务，通过补偿服务与顾客进行进一步的沟通，为顾客提供新的满足，最大限度挽回客人。

最后还有一种情况，就是购后疑虑。酒店营销人员可以通过诸如售后回访、电话问候、寄送感谢卡、寄送有关产品的支持性资料等方式来消除购买者的疑虑，从而增大消费者再次购买的可能。

四、常见的顾客消费心理

要想使酒店的顾客和工作人员达到和谐的状态，实现酒店营销的双赢，就要求我们对顾客心理有清晰的了解和全面的把握，从而最大限度地满足顾客的需求。下面列举几种常见的酒店顾客消费心理以便于酒店营销人员更好地开展工作。

（一）体验心理

对于以旅游或度假为目的的旅游者而言，入住酒店的过程更是一个求新、求异、求体验的过程，更多的顾客享受酒店所带来的不同体验。为了吸引更多顾客，酒店在提供基本服务项目的同时，应设计并组织好多项娱乐体验活动并做好配套宣传工作，让更多旅游者在享受休闲度假的同时，也享受一种独特的经历和体验。

（二）求助心理

对于入住酒店的顾客而言，因为出门在外，难免会出现遇到紧急情况需要帮助的时候。在这种时候，如果酒店可以伸出援手，提供超出范围的服务，会给顾客留下更深的印象。例如，酒店一位已经退房的顾客将皮包落在曾入住的房间，要求帮助寻找；客人房间电器出现问题需要维修；顾客突发病情需要治疗；客人对该城市不熟悉，需要引路等。在这类情况下，顾客的心里是着急的，如果酒店能及时提供周到的服务，就能充分显示酒店的服务质量和管理水平，给客人留下深刻的印象，赢得更多的忠诚顾客。

某位游客和父母一起去香港旅游，入住四星级丽都酒店，他们想要去时代广场但不知道路线，于是向前台的服务人员咨询，前台服务人员拿出一份地图，边讲解边用彩笔把路线勾画出来，还指明了车站的位置。该酒店周到的服务帮助他们顺利地完成了旅游的行程，也让他们感受到四星级酒店的优质服务。从该案例可以看出，酒店要在顾客遇到困难时积极主动地提供帮助，这样能让顾客对酒店产生好感，易形成回头客；而且有利于提升酒店的美誉度，从而获得更多顾客。

（三）尊重心理

每个顾客都是在一定的文化环境中成长并在一定的文化中生活，从而形成了不同的价值观、生活方式、消费心理等，这些都应该受到尊重。酒店员工应了解主要国家、主要地区的习惯和民俗，针对不同国家、地区的不同民族提供不同的服务。酒店顾客常见的尊重需要表现在对人格的尊重，对社会文化的尊重，对宗教信仰的尊重等方面。

一对新婚的穆斯林夫妇入住某酒店之前一直不安，因为一般酒店很少有他们惯用的穆斯林特色的各种祈祷用品、装饰品和清真菜。然而，当服务员带着他们看了专门为其准备的新房和做祈祷用的用品后，他们所有担心都不复存在。当享用酒店为他们特意准备的清真菜时，他们为酒店的真诚与细致的服务所感动，并在留言本上留下这样一句话："在这里住就像在家里一样。如果有机会，我们将在庆祝结婚纪念日时，再次经历这些美好的日子。"对穆斯林夫妇宗教信仰的充分尊重，为酒店赢得了赞扬并树立了良好口碑。

（四）补偿心理

旅游者在日常生活中承受压力，旅游的目的就是排解压力，寻求心理上的补偿，他们渴望被重视、享受被人关爱照顾的感觉。

某位客人在入住酒店期间，由于被客房设施所伤，要求酒店给予赔偿。查明了致伤原因是顾客本身造成之后，酒店并没有置之不理，而是及时做好了安抚工作：向客人表示歉意，并征求客人意见，是否需要进一步治疗；客人入住期间给予热情的服务，尽量满足客人正当的要求；公关部经理和客房部经理还给予了特别关照，定期看望受伤的客人。虽然顾客是在酒店受的伤，但事后由于顾客在生理与心理上都得到了相应的安慰与补偿，减轻甚至消除了客人的不满心理，体现了酒店顾客至上的服务宗旨，防止了事态的进一步恶化。

（五）矛盾心理

矛盾心理每个人都有，酒店顾客也不例外。酒店服务人员不仅要了解客人的真实想法，满足其潜在的需求，而且要考虑周全，照顾客人的面子心理，做到酒店和顾客的利益双赢。

某天中午，杭州某酒店某位离店客人拿了 4 个衣架，她并不知道该酒店衣架并不属于赠品，被前台服务员发现，但碍于面子，坚持不肯退还酒店，说道："有的酒店洗衣后都奉送衣架，你们凭什么说是私拿？"此时，大堂经理了解到客人的矛盾心理，想出了一个既不伤客人面子又给客人台阶下的办法：首先，他微笑着走向客人，并问道："能帮助您吗?"无形中拉近了与客人的距离，为问题的解决奠定了基础；然后，承认客人的说法是事实，"有些酒店洗衣时奉送衣架"，但马上语锋一转，"但我们酒店尚未实行"，巧妙地向客人暗示衣架在本酒店是非赠品，维护了酒店的利益；同时，再把客人的理由当成建议来接受，顺应了客人的心，"您的衣服一定比较怕皱，所以才用衣架，拿出来也不大好"，表明客人并不是想私拿衣架，而是怕衣架起皱，进一步帮客人找台阶下，随之提出既不让酒店财产蒙受损失又挽回客人面子的对策，"不如您支付成本价买下这 4 个衣架"，并对前台服务人员说"不要再加收其他费用了"，最后双方皆大欢喜。这个案例告诉我们，在冲突中即使是客人的错误也不能当面揭穿，而是应该想办法为客人找台阶下，用委婉的语气引导顾客弥补错误。

（六）特权心理

在客人的潜意识里普遍有一种要享受特权的愿望，这种特权表现在"我是客人，我需要你为我提供服务，我有权享受服务，我有权提出任何要求"等。大部分酒店的顾客是自费的，而且并不是很富有。他们在酒店消费的心理很大程度上就是花低价格享受高质量服务。所以他们会对所入住的酒店提出一系列要求，一方面是为了确保自己消费换来的服务质量物有所值，另一方面是希望能在表达不满后得到相应的补偿，以减少开支。正是这种心理促使他们对服务质量期望很高，稍有不满就会抱怨，甚至向酒店投诉。首先，酒店应该采取一切预防措施避免顾客产生不满情绪，包括对员工的严格培训，对酒店卫生及设施的严格检查。其次，酒店管理者应该经常视察，主动了解顾客对服务的满意程度，及时发现顾客的不满情绪。最后，面对顾客投诉，即使是不合理的、态度蛮横的要求，也要坚持顾客是上帝的原则，控制好自己的情绪。时刻用友好、热情的态度对待顾客，面带微笑，先使客人的这种特权愿望得到满足，平息愤怒。然后理智地寻找解决问题的办法，在不损失酒店整体利润的前提下尽量满足顾客的需求。

虽然酒店顾客的消费心理大致相同，但行为表现却不同。因此，要求酒店员工事先有充分的心理准备，以顾客至上为准则，了解顾客的心理需求。同时具备随机应变的能力，减少酒店利润的损失。这样才能做好酒店服务，实现酒店服务的优质品牌效应。

五、数字化后疫情时代酒店消费行为的变化

疫情期间，大部分酒店处于停滞状态，消费者的需求与几年前相比却发生了巨大的变化，停滞的行业与消费者崭新的需求形成了鲜明的对照，所以谁能更快把握消费者动向，无疑就能更快走出阴霾，占领行业高点。

（一）谨慎消费

消费者正在更有意识地衡量消费抉择，审慎支出。灵活性、耐用性和持久性等将成为重要的购买因素，酒店行业亦然。目前市场整体情况并非消费降级，而是相较疫情之前，消费者会更注重品价比，顾名思义，这不是单纯的价格竞争，而是在能够接受的价格区间内，更注重酒店的产品与实际体验感。

（二）松弛生活

消费者希望脱离倦怠感，投入对自己真正重要的事，建立有质量的生活体验。疫情几年，能够明显感受到社会压力增大，压力越大，人们想要喘息与逃离的欲望也就越强烈，这样不难解释疫情放开以来，三亚、西双版纳等目的地的爆满，游客戏称海南岛都要“塌陷”了。

（三）全球本土化

支持本土购买成为消费者在经济、环境和心理层面上保护自己的方式之一，也让他们感觉到自己正在为回馈社会而努力。这意味在酒店品牌的选择上，外国品牌的优势不再突出，无论品牌出身，大家都处于同一起跑线，甚至有时会更倾向于本土品牌。例如，亚朵酒店，深耕本土中端酒店市场数十年，积累了丰富的产品与服务经验，同时酒店打造了完整的供应链体系，为品牌标准化与品质化树立坚强后盾。

（四）自我探寻

后疫情时代，消费者渴望重新关注自身，品牌可以帮助他们探寻新的个性身份。这一需求看似与酒店发展的关系并非十分直接，但是从这一点中，我们能发掘，消费者更加注重品牌的定位，希望品牌能成为自身身份与地位的代名词，这就

要求酒店注重细分赛道与自身定位之间的关系，同时要注意定向宣传。

所以对于酒店行业来说，度假、休闲、家人团聚等是一个关键词，酒店即便身处城市，也为住客提供一隅远离喧闹亲近自然的自由之地，松弛生活，回归本心。

（五）主动参与

消费者正在从品牌的被动接受者转变为品牌决策管理中的主动参与者。消费者相较于以前，会更乐意为较为认可的品牌提出建议，而消费者参与共创、投资和变革也将助力品牌向前。

（六）数字化和电商、新媒体等成为影响顾客购买的主要因素

根据消费者问卷调查，通过第三方预订平台来进行酒店预订是所有渠道中消费者选择最多的，微信公众号和小程序以及抖音、小红书等都已成为消费者选择酒店的日常信息来源和渠道，而电话预订和直接入住是最少选择的途径。宾客的使用需求和逐渐行程的消费习惯促使酒店积极构建新的流量平台。新平台包含社交平台、支付平台、短视频平台、内容种草平台等，新型平台在触达和转换上有着非常好的效果。新平台中，微信生态仍是宾客关注的最高的媒体；小红书、知乎等内容种草平台在快速成长；抖音和快手等短视频平台也在迅速崛起。

（七）“Z 世代”和“她经济”成为酒店顾客群的新生力量

“Z 世代”通常通常是指 1995 年至 2009 年出生的一代人，他们一出生就与网络信息时代无缝对接。受数字信息技术、即时通信设备、智能手机产品等影响比较大。近年来，随着“Z 世代”群体开始成为星级酒店的付费用户价值，其独特的消费观念成为行业广泛讨论的话题。2021 年中国创新经济报告预测，到 2035 年，“Z 世代”整体消费规模将达 16 万亿元。对于星级酒店而言，抓住“Z 世代”消费群体也是酒店未来发展的保障。

“她经济”是指在星级酒店的消费者中，女性角色越来越重要。一些研究报告显示，女性在旅游决策和消费决策上已经占据主要地位，因此女性消费者更值得重视。在接受调查的消费者中，女性比男性对酒店的优惠信息更感兴趣，她们要获取优惠等信息，而关注酒店自媒体对酒店的各种优惠活动、积分返现和节日促销等，关注比例也高于男性。女性选择亲子游、亲子类型酒店消费、高星级酒店消费、同

伴为家人的比例均高于男性。总体来看，女性消费者关注酒店官方微信、抖音、小红书、知乎等新媒体账号的比例非常高，并热衷于使用新媒体渠道购买，并且比男性更愿意成为酒店会员[①]。

复习与思考

一、名词解释

宏观营销环境　微观营销环境　酒店市场调研　酒店消费者

二、填空题

1. 影响企业生存与发展，并在目标市场上开展营销活动的各种内外因素的总和被称为________。

2. 酒店营销环境分为________和________。

3. ________是衡量一个国家、地区、城市、家庭生活水平高低的重要参数。

4. 酒店搜集、分析与内外部环境相关的信息，为酒店营销决策提供依据的活动是__________。

5. 酒店营销调研的内容一般可以分为__________和__________。

6. 市场调研中最通用和最灵活的一种调查方法是__________。

三、判断题

1. 酒店营销活动离不开内外部环境的影响。(　)

2. 影响酒店营销活动的宏观环境属于可控的因素。(　)

3. 影响酒店营销活动最主要的经济因素是社会购买力。(　)

4. 酒店的外部调研主要侧重于酒店的市场需求状况、需求变化趋势、竞争状况等的调研。(　)

① 资料来源：微信公众号“都市花园酒店”，2023 酒店消费者发生了哪些变化，https：//baijiahao.baidu.com/s?id=1756409262396630622&wfr=spider&for=pc.

5. 实地调查法可以获得第一手资料，但是比较费时、费力、费钱。(　　)

6. 抽样调查的设计包括三项内容：一是调查哪些人；二是调查多少人；三是如何抽样。(　　)

四、简答题

1. 酒店的营销环境具有哪些特点?

2. SWOT 分析法的含义是什么？应如何使用这一营销环境的分析方法?

3. 酒店市场调研分为哪些类型?

4. 酒店市场调研的步骤包括哪些?

5. 酒店消费者的购买行为包括哪些阶段？在不同阶段营销人员可以开展哪些有针对性的活动?

6. 联系实际，以自身为例总结酒店宾客的消费行为特点。

五、案例分析

一文深度了解 2023 年中国酒店行业市场规模、竞争格局及发展前景

1. 酒店行业概况

(1) 酒店定义及分类。

酒店是为客户提供安全、舒适的短期休息或睡眠空间的商业机构。酒店服务一般包括住宿服务和餐饮服务。根据 2022 年 5 月全国旅游标准化技术委员会公开的《旅游饭店星级的划分与评定》(修订征求意见稿)，星级酒店被分为一、二、三、四、五星级，最低为一星级，最高为白金五星级（见图 2–5）。

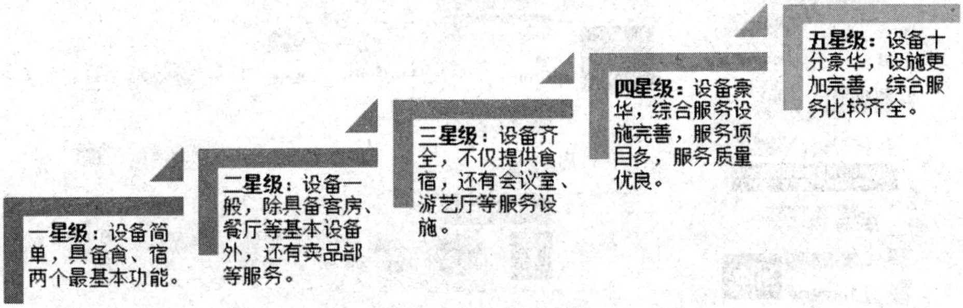

图2–5　星级酒店的分类及设施情况

（2）酒店行业产业链剖析：上游涉及行业较多。

中国酒店行业产业链上游主要包括房屋租赁及配套家具等供应商，还有食品饮料、酒店用品、智慧酒店解决方案等供应商。行业中游为不同等级的酒店，主要包括高端星级酒店、中端星级酒店以及经济型酒店。下游客户包括旅游客户、商务客户以及其他客户，酒店订购渠道主要包括旅行社、网络平台或者直接到店订购。中国酒店行业产业链如图 2-6 所示：

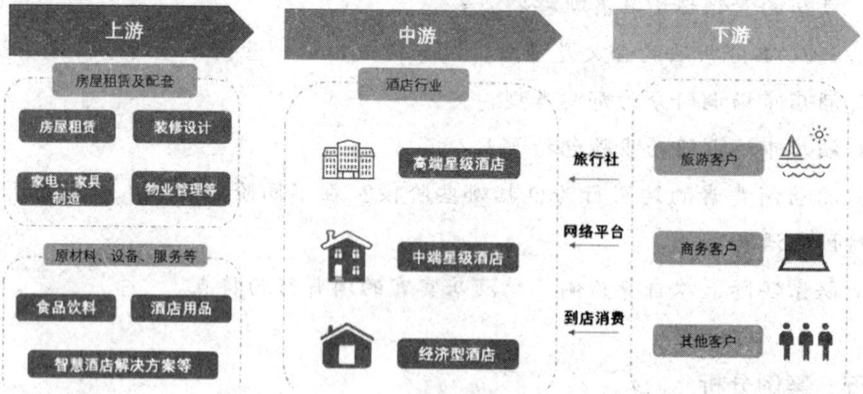

图2-6　中国酒店行业产业链结构

从中国酒店行业主要参与方看，上游主要包括万科、华润、富力、招商蛇口等酒店地产经营企业，还包括森源家具、金凤凰等家具生产企业，中游高端酒店主要有金陵饭店、希尔顿、香格里拉、建国饭店等，中端星级饭店主要包括全季酒店、山水时尚酒店、星程酒店、麗枫酒店等，经济型酒店包括如家、七天、汉庭、锦江之星等。酒店订购渠道主要有中国国旅等旅行社、携程等旅游酒店预订平台（见图 2-7）。

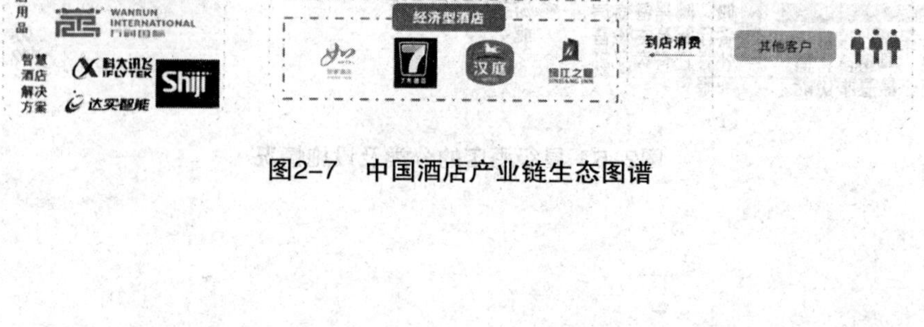

图2-7　中国酒店产业链生态图谱

2. 中国酒店行业发展历程：进入智慧转型阶段

中国酒店行业的发展主要经历了6个阶段，随着国民收入的持续增长和酒店业发展经验的积累，酒店行业已经从早期的探索阶段，迈入升级转型阶段，尤其是在数字化变革浪潮的带动下，智慧酒店应运而生（见表2-1）。

表2-1　中国酒店行业发展历程

阶段	主要内容
招待所阶段（1949年—20世纪80年代）	中华人民共和国成立初期，以计划经济为主导的经济体系下，中国形成了以“五星级+招待所”的基础住宿体系。五星级酒店多针对外宾，国内差旅需求通过“招待所+宾馆”形式解决
探索阶段（20世纪80年代—1990年）	改革开放后中国经济高速发展，商旅活动增多，酒店需求快速增长，传统的“招待所”已经无法满足住宿需求。国际酒店集团进入中国市场，中外合资建设高星级酒店，如广州白天鹅、中国大饭店、北京建国饭店等，中国酒店从接待型转变为经营型
快速成长阶段（1990—2010年）	改革开放后经济高速发展，住宿业快速增长。酒店业需求快速发展，供给的增速慢于需求的增长，成本较低，酒店利润水涨船高，经济型酒店业大放异彩。出现以汉庭、如家、7天等为代表的经济型连锁酒店品牌
细分与多元化业态阶段（2010—2016年）	存量整合期：中产阶层比重提升和多元化消费需求推动中端星级酒店成为市场投资热点，中高端星级酒店崛起，经济型酒店仍占行业大头，但增速放缓
存量整合升级阶段（2016—2019年）	产品升级促进结构调整，尤其近年来居民消费升级的大趋势下，中国酒店市场进入结构调整阶段，住宿类型逐渐细分化，经济型酒店市场出现下滑迹象，面临转型压力，国际高端品牌酒店、地域性连锁酒店和精品类酒店更受欢迎。本土的酒店集团纷纷推动产品升级，开始布局中高端连锁酒店市场，精准匹配市场需求，涌现大批中端星级酒店系列品牌
智慧化转型期（2020年以来）	疫情期间，很多酒店推出了智能化“无接触服务”，客人通过手机客户端自助完成入住、服务、退房等流程，减少人员聚焦，降低接触传播的风险，为酒店客人提供更安心的服务。未来，随着机器人、AI等技术的发展，智慧酒店转型升级加速，更高科技、更便捷的酒店服务体系将逐渐成熟

3. 中国酒店行业政策背景：政策舒缓疫情压力

2020年以来，为帮助酒店行业在疫情中平稳运营，国家相继颁布了《关于促进服务业领域困难行业恢复发展的若干政策》等政策，主要措施包括提供高额贷款等。

酒店行业重点政策汇总如表2-2所示：

表2-2 2020—2022年中国酒店行业重点政策汇总

时间	政策名称	主要内容
2022年	《星级饭店从业人员三年培训计划（2022—2024年）》	从2022年开始，有计划、分层次、有侧重地开展星级饭店从业人员培训工作。三年内，线下培训实现各级文化和旅游部门星级饭店行政管理人员、星评员、监督员、星级饭店高级经营管理人员培训全覆盖，文化和旅游部组织线下培训不少于1000人次，各地文化和旅游行政部门组织线下培训合计不少于10万人次，线上培训全国合计不少于100万人次，培训任务按各地星级饭店数量比例分配
2022年	《关于促进服务业领域困难行业恢复发展的若干政策》	加强银企合作，建立健全重点旅游企业项目融资需求库，引导金融机构对符合条件的、预期发展前景较好的A级旅游景区、旅游度假区、乡村旅游经营单位、星级酒店、旅行社等重点文化和旅游市场主体加大信贷投入，适当提高贷款额度
2021年	《"十四五"文化和旅游发展规划》	培育文化和旅游融合发展新业态，推进文化和旅游业态融合，支持文化主题酒店的提质升级
2021年	《文化和旅游部关于加强旅游服务质量监管　提升旅游服务质量的指导意见》	星级饭店和等级旅游民宿要全面提升管理水平和服务质量。发挥高星级饭店、高A级旅游景区、国家级旅游度假区、文明旅游示范单位的示范带动作用，引导旅游企业树牢品牌意识，健全品牌运营管理体系，让服务优质的旅游企业脱颖而出
2020年	《关于做好旅游景区疫情防控和安全有序开放工作的通知》	坚持防控为先，实行限量开放；强化流量管理，严防流量管理，严防人员聚集；细化管理措施，规范游览秩序；做好宣传引导，倡导文明旅游；加强组织领导，落实责任分工

4. 中国酒店行业发展现状分析

（1）中国酒店数量：中国星级酒店数量波动下降。

根据中国饭店协会的统计数据，2016—2021年全国酒店数量先增长后下降，2018年达到峰值为34.4万家。截至2022年1月1日（不包括被征用的隔离酒店），全国酒店业设施共计25.2万家，较2020年下降9.68%（见图2-8）。

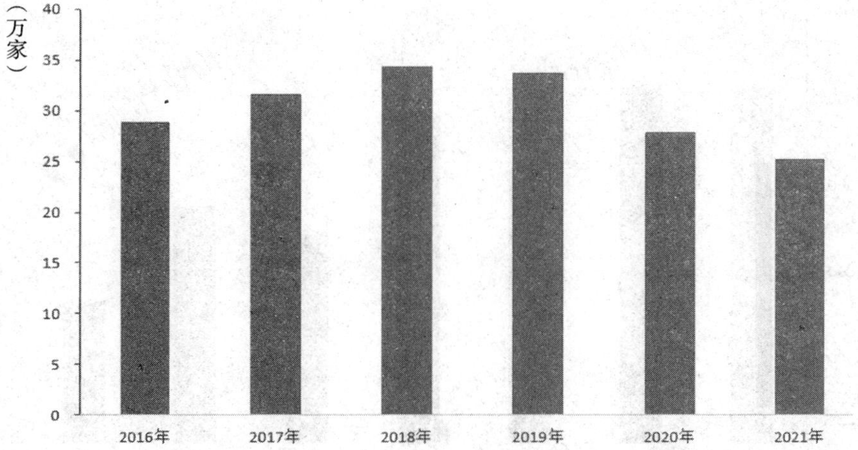

图2-8　2016—2021年中国饭店协会统计的酒店数

从上报文化和旅游部的星级酒店数量看，2016 年以来呈现波动下降趋势，2021 年仅为 7676 家，较 2020 年减少 747 家，较 2016 年减少 2200 多家（见图 2-9）。

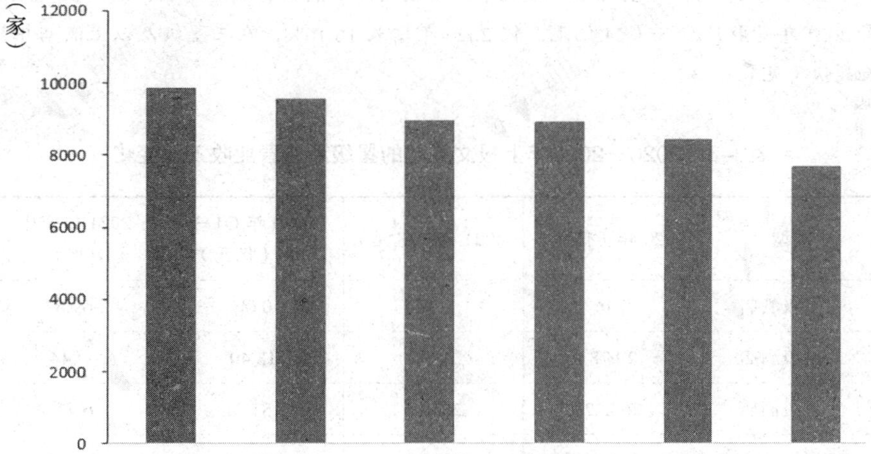

图2-9　2016—2021年中国上报文旅部的星级酒店数

注：文旅部的数据仅涵盖向文旅部上报的酒店，下同。

（2）中国星级酒店营收情况：2021 年整体营收较 2020 年复苏。

2016—2019 年中国星级酒店行业营收规模较为稳定，2020 年受到疫情影响，酒店市场大幅收缩，2021 年行业营收恢复增长，但是目前整体经营压力仍然较大（见图 2-10）。

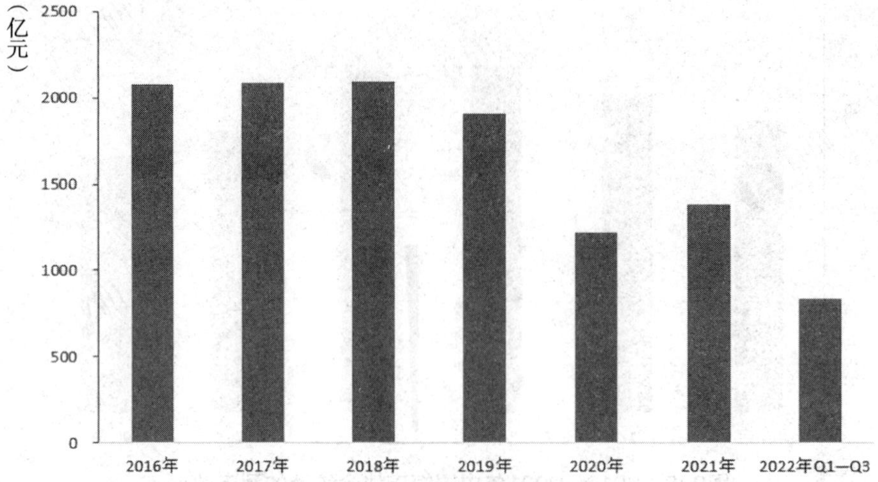

图2-10　2016—2022年中国上报文旅部的星级酒店营业收入

2021 年，从不同星级酒店的营收规模变化看，一星级和二星级酒店 2021 年营收较 2020 年分别下降 69.57% 和 9.44%；三星级及以上酒店营收均增长，其中五星级酒店 2021 年营收达到 551.24 亿元，较 2020 年增长 16.16%，在三星级及以上酒店中增长最快（见表 2-3）。

表2-3　2020—2022年上报文旅部的星级酒店营业收入及变化

类型	2020 年（亿元）	2021 年（亿元）	2020 年 Q1—Q3（亿元）	2021 年变化（%）
一星级酒店	0.46	0.14	0.09	–69.57
二星级酒店	29.78	26.97	18.40	–9.44
三星级酒店	263.22	280.88	181.31	6.71
四星级酒店	453.52	520.20	325.61	14.70
五星级酒店	475.55	551.24	312.76	16.16

5. 中国酒店行业下游发展现状分析

（1）旅游行业：中国旅游总人数恢复增长。

2021 年国内疫情有所好转，旅游业逐步开放。旅游经济处于复苏期，游客消费心理仍然偏于谨慎，但是与 2020 年同期相比，已经开始趋于积极。2021 年中国国内旅游总人数为 32.46 亿人次，同比增长 12.8%。2022 年前三季度，国内旅游总人数 20.94 亿人次，同比下降 22.1%（见图 2-11）。

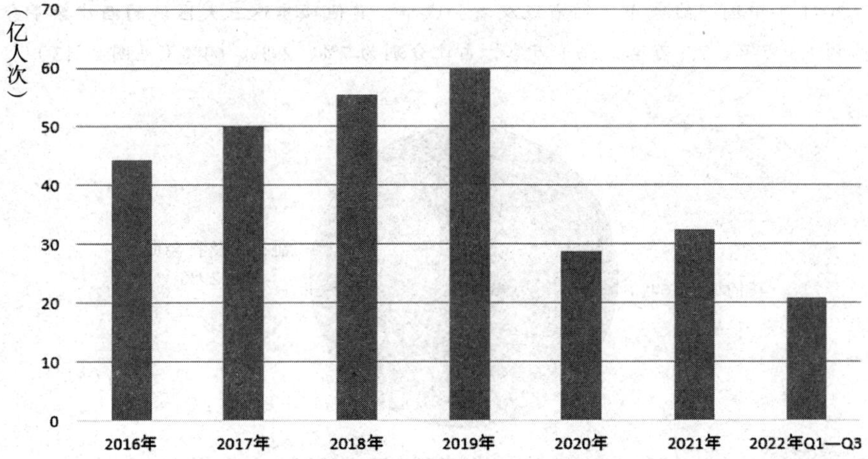

图2-11 2016—2022年中国国内旅游人数走势

（2）会展行业：2021 年中国会展展览次数为 5495 场。

2011—2019 年中国展览数量呈现波动增长趋势，2020 年受到疫情影响有较大的下降。2021 年全国举办线下经贸展览 5495 场，增长 1.59%。虽低于 2019 年的 11033 场，但出现了恢复性增长态势（见图 2-12）。

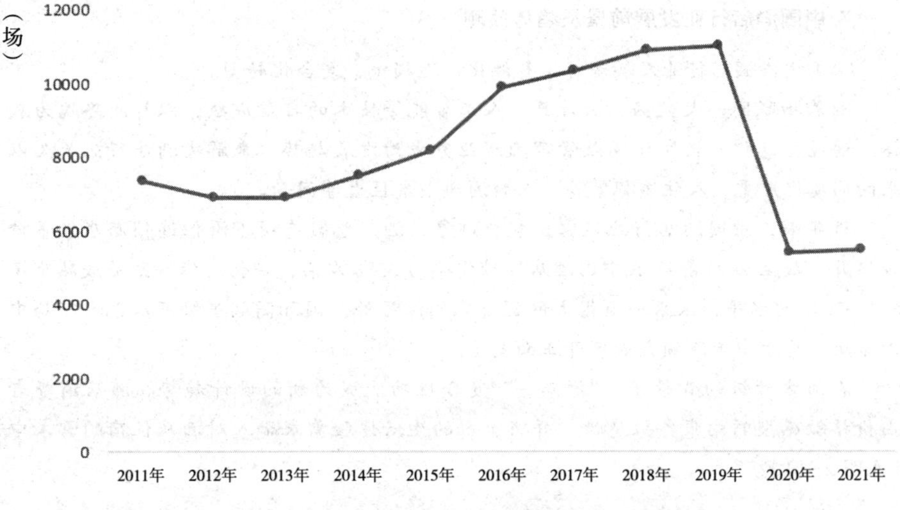

图2-12 2011—2021年全国展览数量增长趋势

6. 中国酒店行业竞争格局分析

（1）中国酒店行业区域竞争格局：一线城市酒店数量占比达 7%。

2021 年中国一线城市、副省级及省会城市、其他城市这三大区域的酒店数量分别达到 1.8 万家、7.3 万家、16.1 万家，占比分别为 7%、29%、64%（见图 2–13）。

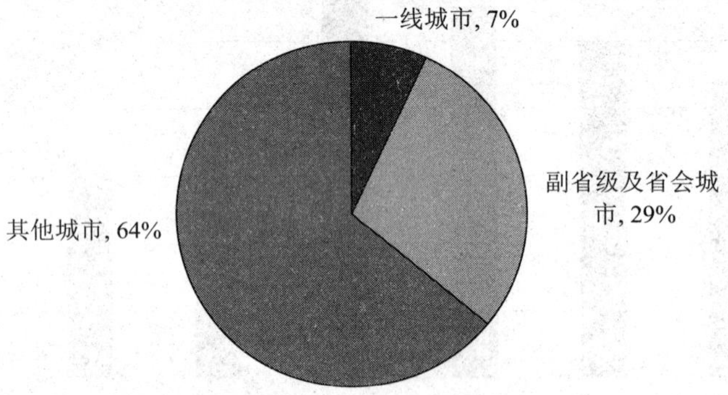

图2–13　2021年中国星级酒店区域分布

（2）中国酒店集团竞争格局：锦江国际集团的客房数排名第一。

2021 年中国酒店集团中，锦江国际集团、华住酒店集团、首旅如家酒店集团、格林酒店集团、东呈集团、尚美生活集团、亚朵集团、德胧集团、逸柏酒店集团、风悦酒店及度假村客房数量排名全国前十，其中锦江国际集团的客房数占比超过 22%，位列行业第一。

7. 中国酒店行业发展前景及趋势预测

（1）中国酒店行业发展趋势：智能化、连锁化、复合化转型。

随着物联网、大数据、云计算、人工智能等技术的日益成熟，以智能终端为载体，通过信息化、数字化高效管理酒店业务成为发展趋势，来解决酒店行业长久以来的同质化严重、入住流程繁复、人力沟通成本巨大等问题。

近年来，中国酒店行业显露出整合迹象，酒店总数有所下滑但连锁酒店数量持续攀升。截至 2021 年年底中国酒店连锁化率为 35% 左右，但仍远低于欧美成熟市场 60%~70% 的水平，未来还有很大的提升空间。另外，国际高端星级酒店也在布局中国市场，将于中国连锁企业展开正面竞争。

在消费升级的背景下，“酒店 +”复合性功能成为新的设计趋势。酒店消费者由价格敏感型转向服务敏感性，并将个人的生活体验需求融入对酒店住宿的需求中（见图 2–14）。

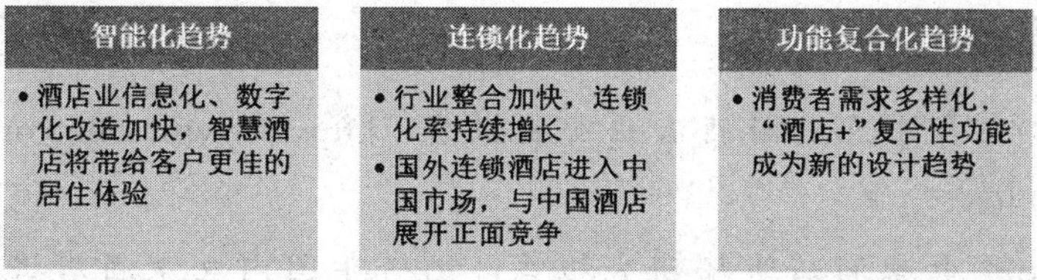

图2-14　中国酒店行业发展趋势分析

（2）中国酒店行业发展前景：预计 2027 年中国星级酒店营收有望超 2000 亿元。

2022 年以来疫情波动较大，酒店、旅游业等行业受到不小的影响，但同时国家和地方各项政策也在积极减轻企业负担，加快恢复经营，疫情防控能力也在逐渐提升。考虑到疫情暂时无法完全解除，预期未来 3 年左右中国仍将受到影响，但是防控能力的提升将帮助酒店企业逐渐恢复正常经营，预期到 2024 年左右中国星级酒店营收基本恢复至 2018 年和 2019 年水平，到 2027 年星级酒店收入达到 2000 亿元以上（见图 2-15）。

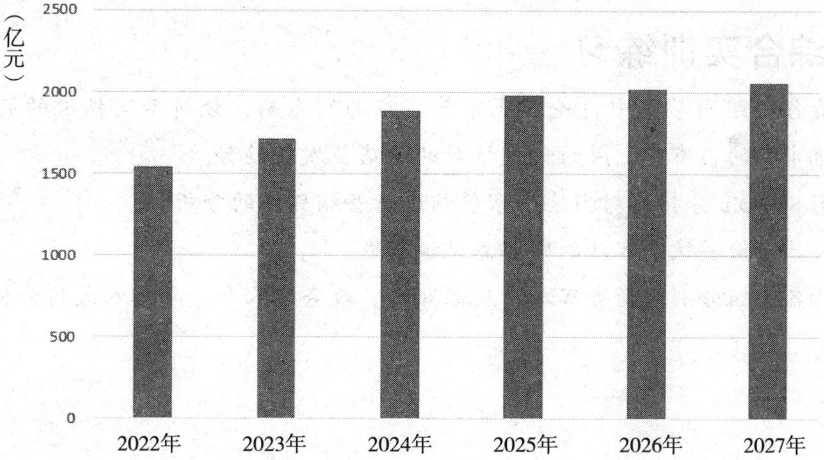

图2-15　2022—2027年中国星级酒店行业市场前景预测

——资料来源：https://bg.qianzhan.com/trends/detail/506/230113-3bceee02.html.

根据以上案例，回答如下问题：

1. 各小组讨论大家熟悉的连锁酒店品牌，并介绍它们的发展现状。
2. 请联系身边的人工智能设备，谈谈对智慧酒店的看法和发展趋势。

推荐阅读

1. 2023 年 1 月中国酒店业发展报告，https://www.sohu.com/a/637793210_121117468.

2. 2022 电竞酒店市场研究报告：2023 年国内电竞酒店将突破 2 万家，http://finance.ce.cn/stock/gsgdbd/202211/24/t20221124_38249862.shtml.

3.《2021 “微度假” 风行报告》：年轻人都想玩什么？ https://new.qq.com/rain/a/20211202A03BLB00.

4. 二十四节气食俗大全，收藏吃好一整年，https://www.thepaper.cn/newsDetail_forward_16567885.

综合实训练习

1. 请各小组同学集中讨论各地市酒店市场的布局，分析不同档次的酒店在当地市场的占有率，并讨论疫情后的酒店业发展趋势。
2. 用 SWOT 分析法对当地一家餐馆进行营销环境的分析。
3. 设计一份餐饮或客房的顾客意见调查表。
4. 请各小组分别对商务客人、度假客人、政务客人和老年客人进行分析。

酒店市场营销定位

项目三

任何一家酒店都很难满足所有消费者的需求。在这种情况下，如何细分市场、如何确定自己的目标市场、如何进行市场定位就成为酒店开展针对性的市场营销活动，满足目标市场需求的前导性基础工作。通过本章的学习，使读者了解酒店市场细分的必要性，掌握市场细分和市场定位的原则和标准，能够结合酒店实际工作学会对酒店目标市场进行选择、定位。

本章重点阐述了酒店市场细分的概念与意义、特点与原则，详细描述了酒店目标市场的概念以及相应的营销策略，并对酒店市场定位的概念意义、酒店市场定位的内容与步骤以及酒店市场定位的策略进行了详细的介绍。

思政目标

党的二十大报告重申了“坚持面向世界科技前沿、面向经济主战场、面向国家重大需求、面向人民生命健康，加快实现高水平科技自立自强”的“四个面向”的重要指示。本项目旨在培养学生在企业营销中树立创新驱动发展的战略理念，以服务人民、满足国家人民需求为导向，科学地进行市场分析和市场定位决策。

学习目标

知识目标

1. 理解酒店市场细分的概念和现实意义，掌握酒店市场细分的要求和原则，熟悉酒店市场细分的常用变量。
2. 了解酒店如何进行目标市场选择，掌握常见的目标市场策略。
3. 熟悉酒店市场定位的概念，掌握酒店市场定位的策略。

能力目标

1. 能够把握市场细分、目标市场选择、市场定位这三个环环相扣的工作内容。
2. 能将市场细分、目标市场选择、市场定位的知识运用到实际的营销操作中。

案 例

来自雅高酒店的启示

作为欧洲酒店的领导者和世界性的酒店集团，雅高实施了品牌差异化战略，通过自创品牌和并购其他知名企业，形成了多元化的品牌格局。该集团主要有奢华酒店品牌索菲特（Sofitel），高级酒店品牌铂尔曼（Pullman）、美居（Mercure）、诺富特（Novotel），经济型酒店品牌宜必思（Ibis），廉价型酒店品牌佛缪勒 I（FormuleI）、汽车旅馆 6（Motel 6）等。每个品牌都有自己的目标服务群体和鲜明特点。

1. 细致豪迈、服务超群的索菲特

索菲特是雅高集团的顶级品牌，雅高集团于 1980 年将其收入麾下，它为顾客提供卓尔不群的一流服务及豪华设施，主要位于世界上最重要的城市及观光旅游胜地。索菲特已经成为世界豪华酒店的代名词，它展示给人们世界上独一无二的法兰西浪漫情怀。

客人无论抵店还是离店，无论酒店氛围、娱乐设施还是个性化服务，处处都能拥有家一般的感觉。对客服务的一致性、共融性以及与众不同的特色，是每一家索菲特强调的待客之道。

2. 商务酒店住宿潮流的引导者——诺富特商务及休闲酒店

1967 年，第一家诺富特品牌酒店在法国里尔开业，这是雅高的首个自创品牌。当地在此之前已有 50 年没有新的酒店开业。当时诺富特以其舒适的浴室设施、室内电视及电话立即掀起了酒店革命的新浪潮。经过几十年的不懈努力，诺富特已经成为世界知名的商务型酒店品牌，并开始向一个新的发展历程迈进。它的诞生将酒店业带入了新的时代。更长的服务时间以及游泳池的设计也在当时轰动一时，将休闲活动的真正意义和文化与酒店的氛围融合在一起。

诺富特包含了海滨度假酒店、休闲高尔夫球场，所拥有的广阔运动空间以及娱乐设施、精选美食和配套的儿童活动中心，成了情侣、家庭和旅游团选择度假的理想之地。诺富特品牌分布于主要城市以及旅游胜地，为商务散客和商务团体以及度假客人提供国际标准的住宿及服务，使客人充分享受物有所值的体验。

3. 体现居住精华的美居酒店

在雅高集团，美居品牌是世界上最具影响力的酒店品牌之一。它是一个多层面的品牌，代表了地域性特色，其拥有的酒店涵盖了不同的标准：经济实惠、舒适精致和豪华典雅。美居酒店的特色是让酒店体现当地特色。从旅游胜地的豪华度假村到便利经济的美居经济酒店，都为客人展现了美居品牌各个酒店的不同精粹和风格。

4. 经济型价位国际级享受——宜必思品牌

宜必思品牌的主要经营理念是让客人以经济型的价位享受国际标准的酒店住宿。它一般位于主要城市的商务区域和枢纽地带，面向商务往来人士。宜必思品牌即意味着物超所值，深深吸引着来自国际或是区域的商务客人。

宜必思酒店的客房皆依循其品牌标准，其设施完全体贴客人需要，而非旨在增加酒店价格及成本，且能最大限度地满足客人的需要。不但如此，宜必思酒店还提供房间送餐、商务服务、休闲设施以及健身中心等多元化服务。

5. 对国内酒店经营者的启示

当前，国内酒店业市场竞争日渐激烈，作为酒店经营者，您必须经常问自己：我是准备在竞争中提升产品或服务以保护自己的市场，还是准备为新的细分市场开发新的产品？如果选择前者，要注意使产品或服务的提升保持渐进性，从而降低成本，因为现有的顾客往往不想支付更多。如果选择后者，新的产品或服务必须包含新的目标顾客所期待的东西，进一步讲，是需要有一个不同的品牌——该品牌不会冲击原有品牌，而新的顾客能够接受这种新产品或服务并愿意为此支付更高的价格。

说到底，这其实就是营销上的STP战略，即市场细分（Segmentation）、选择（Targeting）和定位（Positioning）战略。品牌战略归根结底是围绕着细分市场来设计和开发的，清晰的品牌战略来自清晰的STP战略。在产品和服务严重同质化的今天，在大家为同一块市场拼得头破血流的时候，我们是否应该从战略高度来考虑突破和创新呢？但愿雅高酒店的案例能给我们带来一定的启发。

——资料来源：殷晓珍．雅高酒店集团品牌优势探析［J］．合作经济与科技，2009（6）．

案例分析

雅高的成功为酒店的经营者提供了怎样的借鉴？如何认识市场细分、目标市场的选择以及市场定位的现实意义？

任务一　酒店市场细分

市场是由现实的和潜在的购买者组成的。酒店要想获得经营的成功，必须把握住最有价值的客源市场。但是由于购买者人数众多，广泛分布于各个市场地区，有不同的需要、支付能力、购买态度和购买方式，因此，任何酒店都很难满足所有消费者的需求。尽管世界上有许多大型的酒店集团在世界各地有连锁机构，但是对于绝大多数的酒店而言，无论其规模大小，都不可能同时满足所有酒店市场的各种需求。在这种情况下，如何细分市场、如何确定自己的目标市场、如何进行市场定位就成为酒店开展有针对性的市场营销活动、满足目标市场需求的前导性基础工作。

一、酒店市场细分的概念及意义

酒店所面临的是一个包含很多不同需求的市场。实践证明，酒店要获得持续性的发展，必须通过市场细分这一基础性的环节，选择众多细分市场中的一个或几个作为目标市场，然后制定具有针对性的营销组合策略。

（一）酒店市场细分的概念

所谓酒店市场细分就是将整体的酒店市场划分为若干个具有相同需求的子市场，从而确定酒店目标市场的活动过程。酒店市场细分能够使酒店有效地分配和使用有限的资源，开展各种营销活动，并向市场提供独特的服务产品。

（二）酒店市场细分的意义

酒店市场细分是分析酒店需求的一种手段，它对于酒店的经营和管理具有重要的指导意义。

有利于酒店寻找新的市场机会。由于酒店产品的差异性以及酒店所固有的客观性，酒店在市场中所取得的优势都是相对的。在现实的市场中总存在着未被满足的或者是未被完全满足的消费需求，这些需求的存在成为酒店营销的机会。通过市场细分，酒店可以了解不同消费者群体的需求状况以及未被满足的程度，从而使酒店迅速占领未被满足的市场，扩大市场占有率，取得市场经营的优势。

有利于酒店制定营销策略。酒店通过市场细分，比较直观、系统而准确地了解到目标市场的需求，可以从众多的细分市场中确定酒店的服务方向、产品战略，从而更合理地确定营销组织策略，及时调整酒店的产品、价格、销售渠道以及促销手段，并随着市场的发展予以适时调整。

有利于酒店制定灵活的竞争策略。通过市场细分，酒店了解到市场的消费特征后，能集中力量对一个或几个细分市场进行市场营销活动，突出酒店产品的特色和服务特征。所以有利于酒店制定灵活的竞争策略，以提高酒店的竞争能力。这样，酒店就能够在激烈的市场竞争中处于有利地位。

有利于酒店的市场渗透。通过市场细分，有利于酒店转变经营模式，由原来的粗放型向集约型转变，从而集中使用人力、财力、物力、时间、空间、信息等资源，对酒店确定的某一个或几个细分市场进行营销活动。这样，酒店就更能满足市场消费者的需求。

有利于酒店确定市场覆盖策略。大型的、地理位置优越的、高星级的酒店往往会提供质量更好的产品与服务，最大限度地吸引市场上的消费者；而小型的、地理位置差的、星级低的酒店由于资源有限，往往会集中其全部精力去吸引某一细分市场的消费者，从而避免与那些实力强大的酒店进行直接的竞争。

有利于酒店自身管理的完善。酒店一旦确定自己的目标市场，就会使自己完全处于一种全力生产的境地。一个聪明的酒店营销者会根据对目标市场的调研，总结出一套适合自己的经营策略。与此同时，酒店原来不适应新的目标市场需求的一些内部组织机构、生产设备和服务设施就会被更新或者直接被废除。

二、酒店市场细分的特点

酒店进行市场细分，是为了发现更好的市场机会，制定相应的市场营销策略。由于酒店行业的特殊性，所以酒店的市场细分要注意以下特点：

可识别性。可识别性是指细分出来的各个市场、顾客特征、市场范围、市场规模以及购买力大小等资料，能够通过市场调研、分析及其他的方式获得，以便于衡量该市场。

可衡量性。可衡量性是指细分的市场不仅要求范围比较清晰，而且必须能大致判断市场的大小。要保证细分市场的可衡量性，一方面要保证所确定的细分标准清楚明确，容易辨识；另一方面要保证所确定的细分标准本身是可以衡量的，酒店可以利用这些标准从消费者那里得到确切的信息。

可进入性。可进入性是指细分的市场是酒店利用现有的人力、物力和财力，通过一定的营销活动可以通达的市场。考虑细分市场的可占领性，实际上主要考虑的是酒店营销活动的可行性。显然，对于那些无法进入或者难以进入的市场进行细分是没有意义的。

稳定性。稳定性是指在一定的时间和条件下，酒店市场细分的标志以及其性质能够保持相对不变，使酒店占领市场后，在一定时期内不必改变自己的目标市场。这样，有利于酒店制定比较长期的、稳定的市场经营战略与策略。如果在一个变化过快的市场内，酒店就难以把握市场经营战略与策略，从而增加酒店的经营风险。

效益性。效益性是指酒店能够在细分后的市场上取得良好的经济效益。要做到这一点，要求细分市场要具备一定的规模，能适应酒店发展的要求。其中，至少有一个细分市场使酒店有利可图，而且最好有相当的发展潜力。如果一个细分市场无法使酒店获得预期的利润，这种细分市场就不值得酒店占领。

三、酒店市场细分的原则

在了解了酒店细分市场的特点后，为了保证经过细分后的市场能成为酒店制定有效营销战略的基础，酒店在进行市场细分时，必须遵循以下原则：

要把握市场细分的标准。酒店要选择对顾客需求有较大影响的因素去进行市场细分，把握好市场细分的标准，如根据酒店的销售途径、顾客的购买方式、地理变量等来划分。毫无意义地细分市场对酒店的经营并无裨益。

要考虑各个细分要素之间的相关性。酒店若要以多个细分要素进行市场细分，就必须要考虑各个因素之间的相关性。例如，追求利益与职业、性别以及家庭生活周期等因素相互之间有一定的重叠性。若酒店同时利用这些因素去划分同一市场，就有可能细分出一些无效或者是意义不大的细分市场。

要求细分市场需求的差异性。酒店细分市场的结果，就是要求各个细分市场之间的需求有明显的区别或者差异，而使同一细分市场的内部具有较高的一致性。如果一个酒店的细分市场内部出现需求的个性大于需求的共性，而各个细分市场之间的共性又大于个性，这样的市场细分就是失败的。

要有适度规模。酒店市场细分的规模要适度。如果酒店把细分市场的标准定得太细，就会使酒店的细分市场过多，这样具体的目标市场就难以确定。但若把市场细分的标准定得太大，也不适宜酒店集中力量针对目标市场进行营销，而且酒店也无法完全占领这样的细分市场，势必为竞争者的介入留下隐患。酒店细分市场的规模必须与酒店自身的资源能力相适应。

四、酒店市场细分变量

酒店市场细分要依据一定的细分变量来进行。一般而言，常见的细分变量有以下四种：

（一）地理变量

按照酒店顾客所处的地理位置、自然环境来进行市场细分。酒店可以根据顾客的国家、地区等地理区位差异将其划分为不同的细分市场，不同地理环境下的顾客对酒店产品和服务往往会有不同的需求和偏好，对酒店采取的营销策略也会有不同的反应。例如，亚洲地区的客人会注重酒店的装饰和设备的齐全，而欧美地区的客人则强调房间的整洁、卫生和舒适宜人；亚洲客人在自费外出旅游时，消费支出更多的是用于购物，不太愿意花费大笔钱下榻高档酒店；欧美客人则恰恰相反，他们通常会选择较高档次的酒店，尤其是连锁酒店，他们在住宿方面的支出远远高于亚洲客人。只有在了解这些顾客的需求差异之后，才能够采取有针对性的营销措施。

地理变量是比较容易识别的，也是酒店在细分市场时应予以重视的，但是出于同一地理位置的顾客在需求方面仍然会存在很大的差异。所以，简单地以某一地理特征区分市场，不一定能真实地反映顾客需求的共性与差异，酒店在细分市场时，还需要结合其他细分变量予以综合考虑。

课堂思考

我国南北方客人在饮食上有哪些差异？酒店在餐饮服务过程中应注意些什么？

（二）人口变量

人口变量是在众多领域广泛应用的分类指标，用它们作为市场细分的标准是非常常见的。建立在这一变量上的细分市场非常清晰、明确。常用的人口变量包括年龄、性别、家庭、社会阶层和文化程度、经济收入与支付能力、职业背景等。

年龄。不同年龄的人，在选择酒店时对酒店设施设备、酒店产品的价格、酒店服务的要求等都会有很大的区别。例如，酒店如果设有针对老年人的客房，房间就应该在卫生间地面防滑、浴盆把手的安装、浴盆高度、走廊及房间的灯光、房间设施的布置等方面有特殊的考虑。相反，年轻人可能更注重相对低廉的房价，如在很多旅游城市出现的青年客栈，就满足了年轻旅游者对简易、低廉、清洁等住宿环境的需求。

性别。性别在酒店业中属于基本被忽视的变量，因为很少有专门为女性或男性而设计的客房。这一方面是基于产品差异化存在一定的困难，另一方面是由于女性市场还未充分发育起来。但是，近些年来，随着女性商务游客的增多，越来越多的酒店开始在客房设计以及特色服务上考虑女性顾客的个性化需求。

相关链接 搜索

女子客房——为单身女性提供特殊服务

在全世界的酒店行业中，希尔顿酒店是最早注意到单身女性顾客的特殊需求的。为此，他们早在1974年就在美国阿肯色州希尔顿酒店里开辟了专门的女子专用楼层，为单身女性提供旅途中的一切便利。

多年来，希尔顿酒店一直致力于为单身女性客人提供更专业化、更精细的服务，从而赢得了一片相当稳定的大市场。尤其是近些年来，随着单身女性商务游客的增多，能否拥有一个轻松方便、无拘无束的居住环境成为她们关注的重点。

> 在希尔顿酒店的女子专用客房里，所有的设施设备和装修色调都是从女性的生理特点和旅途需要出发的，不仅配备有特制的穿衣化妆镜、品牌化妆品、各种牌号的洗涤剂和沐浴用品；同时会提供女士睡袍、挂裙架、吹风机、卷发器、针线包以及其他女性专用的卫生用品。客房通常会被装饰成温馨的色调，如粉红、天蓝、米黄等，而床上用品和窗帘等也会与房间的色调相匹配，就连客房的电话也选择了活泼、灵巧的款式，床头柜上备有专供女性阅读的时尚刊物。
>
> 考虑到安全的问题，女子客房会单独开辟在某个楼层，并配有大量的便装女安保人员，同时采取了很多专门的安保措施。

家庭。一个国家或地区的家庭数和家庭平均人口的多少，对酒店客源市场的影响很大。一般而言，没有孩子的家庭比有孩子的家庭更能够产生旅游动机，他们出行的费用也会更高；而孩子年龄稍大的家庭比孩子年龄处于婴幼儿阶段的家庭出游概率也会更大。同时，家庭成员对旅游目的地、旅游时间、住宿标准等的选择也会产生一定影响。所以，酒店可以根据不同的家庭对酒店产品和服务的预期与需求来选择自己的细分市场，例如，有些酒店推出的新婚蜜月房等产品。

社会阶层和文化程度。人们的社会地位与受教育程度的不同，也会影响到其对酒店产品和服务的需求。一般而言，受过高等教育的人对旅游会有更多的热情，而且会有更多的商务旅行机会。而文化水平相对较低的人则会在消费上趋于保守，对旅游产品的需求相对较低。

经济收入与支付能力。经济收入与支付能力是紧密相连的，经济收入越高，支付能力就越强。高收入群体是酒店高端市场中十分重要的一个细分领域。

职业背景。人们职业的不同会产生不同的需求。例如，商务旅游者在酒店产品的服务与需求上就有别于一般的观光游客。在高端酒店市场上，因工作需要而往返于各地的商务游客是酒店非常关注的细分领域。

（三）消费行为变量

按消费行为变量来进行市场细分，可以选择消费者追求的利益、消费者的购买和使用程度、消费者的平均支付能力和消费水平、对产品的忠诚度等行为因素作为标准。

消费者追求的利益。酒店的营销人员应该意识到，旅游者购买产品的主要目的并不是得到产品本身，而是获得酒店产品给客人带来的利益。顾客要求酒店提供的利益是多样化的：有的顾客希望得到细致入微的服务，有的顾客希望得到精美可口的菜肴，有的顾客希望酒店有优越的地理位置，有的顾客希望在酒店里能观赏到怡人的风景……总之，客人所追求的利益是多样化的，酒店营销人员可以按照客人所追求的利益将客源群体划分为不同的类型。

消费者的购买和使用程度。从购买和使用程度来看，每个消费者的情况也不相同。营销人员应该根据购买和使用的程度将客人划分为不使用者、潜在使用者、首次使用者和定期使用者。定期使用者又可以分为“轻”使用者、“中”使用者和“重”使用者。例如，一些经常性不定期光顾的商务游客属于“中”使用者，而酒店的长期包房客人（在酒店停留时间在6个月以上的客人）属于“重”使用者。

（四）心理因素

心理因素是对消费者购买行为产生影响的主观因素，消费者的心理因素也能成为市场细分的依据。从心理因素进行细分，主要是依据消费者的生活方式、购买动机等因素。

生活方式。生活方式是在人们所处的社会环境中逐渐形成的，按生活方式细分市场主要是根据人们的生活习惯、消费倾向、对周围事物的看法以及人们所处的生活周期来划分。由于人们生活方式的不同必然会带来需求上的差异，把生活方式相同的购买者作为一个市场群体，有计划地为其提供符合需求的产品和服务，这对更好地满足顾客的需求、扩大酒店的市场占有率非常重要。

购买动机。购买动机也是一个重要的心理细分依据。由于人们的购买需要具有多元化的特点，因此，酒店顾客的动机系统也是非常丰富和复杂的。

任务二　酒店目标市场策略

一、酒店目标市场的概念

目标市场是酒店在市场细分的基础上，酒店营销活动所要满足的市场需求。即酒店的主要经营对象是某一类似的消费者群体，酒店的主要经营任务是满足这一群体的消费需求。简言之，酒店目标市场就是酒店愿意进入经营的市场。

二、酒店细分市场的评估要素

在酒店进行目标市场选择的时候，必须对不同的细分市场进行特定的分析，进而选择出适合自己进入的细分市场作为目标市场。在这个环节，酒店必须重点分析以下三个要素：

（一）细分市场的规模和增长情况

酒店营销人员首先要搜集和分析目前各个细分市场的销售额、增长率和预期利润等各种资料。一般来说，理想的细分市场是具有较大的销售额、高增长率和高利润贡献的市场。值得注意的是，那些最大的、最快速增长的细分市场不是对任何公司来说都是最有吸引力的。较小的公司可能发现它们缺少相应的资金、技术、人员等资源以进入和占领这些细分市场，或者是这些细分市场的竞争太激烈了。所以，有时候企业可能会选择那些较小的、不太有吸引力的细分市场。对它们来说，在这些市场上更容易获得更多的利润。例如，美国旅馆大王希尔顿是先在美国经济发展比较落后、旅馆竞争程度低的得克萨斯州发展希尔顿连锁酒店，等实力强大了以后，他才在芝加哥、纽约等旅馆竞争激烈的地方发展希尔顿酒店。

（二）细分市场的结构吸引力

一个细分市场可能具有理想的规模和增长率，但仍然不能提供理想的利润。这说明，酒店营销人员还必须考察一些影响细分市场长期吸引力的主要结构因素，一般包括下列四个方面：

竞争者状况。如果在这一细分市场上已经存在许多强有力的和具有进攻性的竞争者，这一细分市场就不太具有吸引力。例如，在美国已经有许多世界一流的汉堡快餐连锁企业，如麦当劳、肯德基等，如果要再创建一家同样的汉堡快餐企业进入这一市场，很难保证获得有吸引力的利润。

替代性产品状况。如果在一个细分市场上目前或将来存在许多替代性产品的话，那么可能会妨碍进入这一细分市场的酒店取得足够多的利润。

购买者的讨价还价能力。购买者的讨价还价能力也会影响到细分市场的吸引力。如果在一个细分市场上，购买者相对于销售者具有很强的讨价还价能力，那么，他们将会迫使销售者降低价格，同时会要求获得更好的产品和服务。

供应商的状况。如果在一个细分市场上存在一个强有力的供应商，他能控制生产所需的原材料与服务的价格，以及它们的质量和数量，这个细分市场也是缺乏吸引力的。当供应商是大的和集中度高的，同时只存在少量替代者时，或者当供应商的产品是重要的投入因素时，供应商往往是强而有力的。

（三）酒店的经营目标与经营资源

即便一个细分市场有适当的规模和增长率，它在结构上也有吸引力，营销者在决定是否进入这一细分市场时还须考虑这样做是否符合自己企业的经营目标和资源状况。一些有吸引力的细分市场可能会迅速地消失，因为它们不符合公司的长期目标。虽然这些细分市场就它们本身来说是有吸引力的，但它们可能将企业从它们的主要目标中转移出去，企业也不具备能够在这一细分市场上取得成功所需要的技术和资源。

对于酒店营销人员而言，需要借鉴百事可乐公司曾经的教训。百事可乐公司曾经在 20 世纪 60 年代进入快餐业，除发展饮料以外，还大力发展各类快餐，投入了巨额资金，但经营效果却不如专注于发展饮料业的可口可乐那么显著。后来，百事公司不得不退出餐饮市场。这一教训告诫酒店的经营者，要将有限的资源投入自己具有优势的产业，目标不要过于宽泛。

三、酒店目标市场的营销策略

当酒店选定了目标市场之后，如何经营好这些目标市场，是酒店营销人员需要考虑的重要问题。常用的酒店目标市场的营销策略有：

无差异营销策略。无差异营销策略是指酒店不进行市场细分，而是把整个市场作为自己的经营对象。这种方法在现实的酒店经营中表现为不分主次，来的都是客。酒店营销人员试图使用一种固定的单一组合来满足整个市场，目的是集中满足市场是顾客的共同需要。无差异营销策略适用于：第一，同质市场，即市场需求差异小得可以忽略不计的市场。第二，新产品介绍期。第三，需求大于供给的卖方市场。

无差异营销策略有一定的优点，又有不足之处。其优点主要是可以减少酒店的经营成本和营销费用。由于采用单一的营销策略，产品的组合成本、销售渠道的费用及促销费用都大大降低。其不足之处是忽视了市场需求的差异，可能会导致部分顾客不满意。此外，这种策略也不能适应竞争激烈的市场环境。

差异性营销策略。所谓差异性营销策略，是指酒店选择两个或两个以上细分市场作为自己的目标市场并针对不同的目标市场制定不同的营销组合。差异性营销策略适合于：第一，规模大、资源雄厚的酒店或酒店集团。第二，竞争激烈的市场。第三，产品成熟阶段。

集中性营销策略。有时候酒店的营销人员不愿意将有限的资源分散在不同的子市场，避免势单力薄，而宁可将有限的资源集中使用于某一最有潜力且最能适应的细分市场，这样可以在自己的目标市场上取得绝对优势或建立起鲜明的形象。所谓的集中性营销策略是指营销人员使用某种特定的营销组合来满足某个单一目标市场，并将酒店的人力、物力、财力都集中于这一个目标市场。集中性营销策略适用于：第一，酒店资源并不多的中小型酒店。第二，竞争比较激烈的市场。集中性营销策略的优点体现在以下方面：首先，它有利于酒店经营的专业化和专门化；其次，它有利于酒店提高资源的利用率；最后，它有利于酒店在目标市场上建立扎实的基础。这种营销策略可以帮助酒店在较小的市场中占有较大的市场份额，但同时会由于仅专注于某一细分市场而增加企业的经营风险。

任务三　酒店市场的定位决策

在确定好目标市场之后，酒店营销人员就要考虑为自己的目标市场进行有目的的包装，贴上醒目的个性标签，也就是市场定位。市场定位的实质是使自己与别人严格区分开来，使顾客明显感觉和认识到这种差别，从而在顾客心目中占有特殊的位置，并达到引导消费的目的。

一、酒店市场定位的概念及意义

（一）酒店市场定位的概念

所谓酒店市场定位就是酒店根据市场上同类产品的竞争情况，针对消费群体对该类产品的某些特征或属性的重视程度，为酒店的产品塑造强有力且与众不同的鲜明个性，并将其形象生动地传递给消费者，以求得到消费者的认同。简言之，顾客有什么样的需求，酒店就提供什么样的产品来满足这种需求。酒店市场定位的概念有三层含义：第一，酒店市场定位是一个过程，即树立形象和传递形象的过程。第二，酒店市场定位的基础在于消费者对酒店差别特性的重视程度。新兴的酒店总是将其产品的差异性视为其市场定位的依据。第三，酒店市场定位的最终目的在于占领市场，即通过树立鲜明的酒店形象来赢得自己的消费者。

（二）酒店市场定位的意义

市场定位在酒店的营销工作中具有非常重要的意义。通过市场定位，可以强化酒店及其产品在市场上的整体形象，增强产品在市场上的竞争力。第一，市场定位有利于建立酒店及其产品的市场特色，是参与现代市场竞争的有力武器。一些酒店为了使产品获得比较稳定的销路和客户群，同时防止被其他酒店所代替，就在各个方面为自己的产品打造特色，树立鲜明的市场形象，以期待在消费者心中形成一种特殊的偏爱。第二，市场定位决策是酒店制定市场营销组合策略的基础。酒店的市场定位决定了酒店必须设计和发展与之相适应的市场营销组合。假如酒店决定出售质优价廉的产品，这样的定位就决定了酒店的产品质量要高，价格要低，广告宣传的内容要突出宣传酒店产品的优质且低价的特点，并让顾客相信产品是货真价实的。与此同时，酒店要求内部各个部门配合默契，工作效率要高，尽量减少浪费，保证酒店在低价情况下仍有利可图。

二、酒店市场定位的内容

形象定位。所谓形象定位即酒店以何种形象面对目标市场，为消费者提供何种产品和服务，酒店的档次、星级如何等。这里所说的酒店形象是指酒店外观，包括建筑设施、酒店名称、酒店标志、标准字体、标准色等，所有这些视觉因素会直接影响人们对酒店形象的看法。

产品定位。所谓产品定位是指酒店为消费者提供何种类型的产品。酒店营销人员在为产品定位时，应强调以下三点：第一，为产品创造和培养一定的特色，树立一定的市场形象。这种特色有的可以从产品实体上表现出来，有的可以从消费心理反映出来。第二，详细说明产品能为目标市场消费者提供的各种利益。第三，强调本酒店产品与竞争对手产品的差异。

价格定位。价格是酒店营销组合中最敏感的一个因素。营销人员如何制定酒店价格，是以高价吸收少数客人，还是以低价吸引大多数客人，这是在酒店价格管理中需要解决的实际问题之一。在酒店的经营实践中，产品和服务的价格总是千变万化的。酒店营销人员要根据消费者欲望程度的变化来调整酒店价格，也可以根据市场上的供求状况来确定淡旺季价格。

消费群体定位。所谓消费群体定位是指酒店以何种类型的消费者群体作为自己的目标市场，消费群体按照旅游目的的不同可以划分为以下类型：公务及会议市场、观光旅游市场、休闲度假市场、探亲访友市场等。

销售渠道定位。所谓销售渠道定位是指通过何种销售渠道将酒店的产品和服务传递给消费者。从目前的情况看，我国拥有酒店的数量已经相当可观，如果每一家酒店都采用直接销售渠道向消费者推销产品，那么酒店在直接推销上就要花费很多的时间、精力和资金。因此，如何选择、确定销售渠道对酒店的营销活动具有十分重要的作用。

相关链接 搜索

青年旅舍

对于财力有限而喜好周游世界的青年人来说，青年旅舍无疑是最佳选择。青年旅舍的特点是设施比较简易，价格低廉，带有自助性质。在欧洲，青年旅舍不设单间，以4人至30人为一单位，使用集体浴室、卫生间，有用具齐全的厨房，条件稍好的房间有电视机，电话设在总台，游客领取用品后客房卫生等自助。收费以床论价，相当于一份快餐价格，为三星级酒店的1/10左右。

从国际上来看，自助旅游是一个发展趋势，青年人更是渴望游历四方，开阔眼界，而不愿将钱花在高档宾馆的食宿上。青年旅舍的出现，有助于改变这种现状，使青年人有更多的条件和机会尽兴地旅游。

三、酒店市场定位的步骤

良好恰当的定位有三个因素：创立形象，展示客人利益，显示与竞争对手不同的品牌。除此之外，定位要求先确定酒店的直接竞争对手。要么区别一方，要么与所有其他酒店都不同。

要达到以上要求，应采取以下步骤：第一，分析利益：确定顾客所应得的利益。第二，决定形象：决定所选定的目标市场所期望的酒店形象。第三，确认异同：列出直接竞争对手并显示不同之处。第四，设计组合：提供不同于他人的产品或服务，将其显示在文件中，并体现在营销组合的具体方面。第五，传递实施：履行诺言，贯彻执行定位策略。

四、酒店市场定位的策略

酒店产品与服务的不同组合是酒店市场定位的主体内容。所以，究竟酒店如何去组合他们的产品和服务就成为酒店定位的战略。大体上，酒店市场定位战略主要包括以下几种类型：

市场领先策略。市场领先策略是指酒店在目标市场中始终保持第一位的优势，无论在产品质量、规格以及服务上都要先声夺人，始终以领袖的地位引领这一市场的消费需求发展方向。酒店要在市场中保持领先地位应该从以下几个方面努力：第一，扩大这个市场的总需求，寻找新客源。第二，保护优质的市场份额，通过扩大或者缩小经营范围来实现。第三，继续提高酒店的市场占有率，提高酒店接待客人的次数。

市场挑战策略。市场挑战策略是一种与最强有力的竞争对手对着干的市场定位策略，就是将酒店产品特色直接定位在与这个市场中最强大的竞争对手的产品相似的位置上，以对比的方式与竞争对手争夺同一细分市场。市场挑战策略是一种比较危险的策略，它要求酒店可以生产出比竞争对手更好的产品，比竞争对手有更强的实力与更多的资源。采用这种策略，一旦在市场上取得成功，便会取得很大的市场优势。酒店要取得竞争的优势，可以采取如下措施：第一，正面进攻：酒店集中优势力量向竞争对手的强项发起挑战。第二，侧面进攻：酒店集中优势力量向竞争对手的弱点发起进攻。第三，围堵进攻：当酒店比自己的竞争对手更具有资源优势时，可以深入竞争对手的领域，向市场提供更多的产品与服务。第四，迂回进攻：酒店大力发展差异性的产品与服务。

市场避强策略。市场避强策略就是酒店避免与竞争对手直接进行对抗，而是寻找新的、未被占领的、与竞争对手产品完全不同的，并为许多顾客所重视的市场位置。这种定位有两种情况：一是这部分潜在市场或营销机会没有被其他酒店发现，这样酒店就容易取得成功；二是许多酒店已经发现了这部分的潜在市场，但没有能力去占领，这样酒店要有足够的能力才能取得成功。酒店采用避强策略，可以迅速在市场站稳脚跟，并可以比较小的代价在顾客中树立比较好的形象。由于这种市场策略风险比较小，成功率比较高，所以常为许多酒店所采用。

重新定位策略。重新定位是在目标市场发生变化，原来的产品定位不恰当或形象不好，酒店企图扭转经营颓势等情况下采取的一种定位策略。它的特点在于抛弃原有的酒店或产品形象，树立新的形象。我们常常会发现，一家经营不景气的酒店转手之后，在新经营者的重新运作之下，不仅会起死回生，甚至会大放光彩。出现这些结果的原因，除了经营管理的因素之外，往往都是因为酒店已经彻底地改头换面了。

另辟蹊径战略。当酒店意识到自己的能力无法与同行强大的竞争对手相抗衡，也未能寻求到合适的市场空缺时，就可以采用另辟蹊径战略。它的精髓就是酒店突出宣传自己的与众不同之处和在某些方面的独特之处。这样，就会使酒店在强手如林的竞争中获得相对的竞争优势，为酒店的发展另辟一条新路。

市场补缺策略。精心服务于那些市场比例较小的专业性酒店。要根据市场、消费需求而变化，寻找市场空白或是薄弱环节，通过专业性的经营占据市场中的有利位置。

复习与思考

一、名词解释

酒店市场细分　酒店市场定位　酒店目标市场　形象定位

二、填空题

1. 将整体的酒店市场划分为若干个具有相同需求的子市场，从而确定酒店目标市场的活动过程被称为________。

2. 酒店市场细分的特点包括________、________、________和________。

3. 影响酒店细分市场结构吸引力的因素包括________、________和________。

4. 良好恰当的酒店市场定位包含________、________、________三个因素。

5. 一种将酒店定位于和最强有力的竞争对手对着干的市场定位策略是________。

三、判断题

1. 酒店可以根据自身情况，尽可能满足所有顾客的需求。(　)

2. 酒店市场细分是酒店营销成功的重要前提。(　)

3. 酒店细分后的市场应确保企业获得良好的经济效益。(　)

4. 酒店目标市场就是酒店愿意进入经营的市场。(　)

5. 对于所有的酒店而言，具有较大的销售额、高增长率和高利润贡献的市场都是具有吸引力的。(　)

6. 不进行市场细分，将整个市场作为目标市场的策略是集中性目标市场策略。(　)

7. 无差异性目标市场策略适用于同质市场情况下。(　)

8. 市场定位是可以使酒店与其他同类企业区分开来的有效方法。(　)

四、简答题

1. 酒店市场细分的现实意义体现在哪些方面？

2. 酒店在进行市场细分时应遵循的原则包括哪些？

3. 酒店常用的目标市场策略有哪几种？它们分别具有怎样的优缺点？

4. 常用的酒店市场定位策略有哪些？如何实施？

五、案例分析

安缦：我不与任何人做比较，因为没有可比性

安缦酒店是全球知名度假酒店之一，创立最初的构想是在环境美丽、幽雅的地方建立温馨、舒适的私人度假地，营造一种雅致、天然的好客氛围。安缦的客房从来没有超过50间，并有着超高标准的服务意识，内敛、低调与含蓄是安缦永恒不变的主题，好像与多数奢华酒店所追求的并不一致。安缦每家酒店风格都迥异，而且十分有特色，每一次选址，每一座建筑的改造，每一家酒店的设计，都要对当地文化进行考察研究，力求与本土的人文精神与自然景观达到最完美契合，默不作声的低调中蕴含着对高贵的崇尚。

安缦的创始人 Adrian Zecha 曾说："这不是意味着我们比大的酒店好，因为我们很小。我们是与众不同的，就是这样，安缦酒店响应当代生活方式，所以我们提供一种无尽的生活享受。"

1988 年创立的安缦已有 30 家分号，脚印遍布 20 个国家。安缦认真细致地经营着自己，在形成独特的安缦风的同时，每一家小而精的度假村又都各具特色，每一处都截然不同。

安缦是一个有着独特发展方向的酒店，追求与自然文化遗产的融会贯通，营造安宁、原生态的度假胜地是整个安缦酒店管理集团的经营理念。无拘无束、独一无二、不盲从、不跟风、低调奢华、远离喧嚣、宁静与平和，这些就是安缦无可复制的独到之处。并且拥有许多的"特权"和特色的活动：

（1）印度的 Aman-i-khas。酒店的服务人员会陪同你乘坐火车，他会为你安排舒适的座位，确保你不被其他乘客所打扰；去卫生间的时候，他会在你附近不远处保护你的安全。在当地的旅游行程中，还会为你安排意想不到的惊喜，如早餐和鸡尾酒等，都是你事先所不知道的。

（2）柬埔寨的 Amansara。会安排一次令人振奋的吴哥窟日出之行。在黎明破晓前有一条特殊通道，只有你和你的司机、向导一起前往，当你到达之后，向导会带着你探索吴哥窟，结束之后会为你准备好冷热毛巾和饮品，十分周到。

（3）不丹的Amankora。会安排一个定制的行程，在这段旅程中会有司机和向导的陪伴。他们会提前了解你的喜好，你对旅程中的期望，什么能做，什么不能做。向导或许还会带你体验当地的茶和餐饮，完全就是你的私人贴心管家。

安缦的服务一直是行业的标杆，素来以“自然而不着痕迹”的服务著称。安缦的员工总是自称“一家人”，每一位客人都会收到来自总经理亲笔书写的欢迎卡，欢迎你成为这里的一分子。在安缦，员工与顾客的比例是5∶1，这不仅是为了提供更好的服务，更是为了让客人感到无比的尊贵。员工会记住每一位客人的样子。甚至在有些安缦内，一些额外的消费都不需要签单，服务人员会为你默默记下，你只需要像在自己家中一样自由来去，想做什么就做什么，不被任何人、事、物所打扰。安缦带给你的就是这种极具个性化的奢侈体验。正是这样的服务体验催生了无数的安缦痴（Aman Junkie）。

“Aman Junkie”（安缦痴）一般指入住超过3家的人。做Aman Junkie，首先就是你要存够钱，再就是你要存够时间。安缦是以度假闻名的酒店，单单住上一天是无法真正体会到安缦的精髓的。来安缦的几乎没有出差的人，都是来度假的。度蜜月、周年纪念、生日会、家庭游……入住安缦的客人不能说都是非富即贵，但相信一定都是享受生活、追求生活品质的人，希望在不被打扰的前提下愉快地度过几天悠闲的假期，同时又有贴心的服务。

“和平，宁静，家的感觉”——这就是安缦哲学。除了高水准的服务外，安缦的硬件设施也完全不输他人。富有地方特色的水疗——配以最有品质的产品和技艺；泳池、餐饮、电影院、美发沙龙、酒吧、健身房……哪怕是在主打禅修的度假村也会有一席之地，谁能说不是这当中的某一样吸引了“Aman junkies”呢？

当你住过越来越多的酒店，从最初的为目的地而旅行变成因顶级酒店而去到这个目的地的时候，相信单单在酒店里面睡上一觉已经不能够满足于你。一家顶级酒店的诞生少不了设计师的心血，是他们成就了酒店，酒店也成就了他们。很多时候当你听到这个设计师的名字的时候，你不再需要去比较，去咨询，你的反应绝对是：哦，那个有名的设计师啊，他设计的一定很赞！我要去！

——资料来源：https://m.sohu.com/a/143955477_673702.

根据以上案例，回答如下问题：

安缦酒店是如何进行市场定位的？请找出安缦酒店在我国最新开业的三家酒店，并查阅酒店网站，了解相关信息。

推荐阅读

1. 一号文件“点”预制菜，产业发展迎来新机遇，https://new.qq.com/rain/a/20230215A00OXP00.

2. 凯悦酒店集团：史上最全的品牌解读及定位，https://baijiahao.baidu.com/s?id=1677106017503271927.

3. 酒店与大文旅“双宿双飞”，牵手背后有何现实困境，https://www.traveldaily.cn/article/143349.

4. 围炉煮茶“煮”出了什么，http://www.ce.cn/cysc/newmain/yc/jsxw/202302/11/t20230211_38387564.shtml.

综合实训练习

1. 请各小组同学分别以年龄、性别以及职业为代表来讨论酒店如何更好地为消费者服务，如何满足人们对绿色健康生态的酒店产品的需求。
2. 请各小组对当地酒店市场进行分析，了解当地高端酒店、中档酒店和经济型酒店的各类客房价格，并对此进行讨论。
3. 请各小组分别找出一家当地的四星级酒店，对该酒店的市场定位进行分析。
4. 尝试为一家高档餐馆制定“劳动节”或“国庆节”的婚宴营销策略。

项目四 酒店产品策略

酒店产品策略是酒店营销因素组合的首要因素，是酒店营销工作的核心内容。由于酒店产品形式的多元化，使当今酒店业在产品层次方面的竞争更加激烈。掌握酒店产品的竞争战略、生命周期策略和品牌策略，并能结合酒店营销现状进行简单的实践操作，是酒店行业从业者必须掌握的知识和技能。

本章重点阐述了酒店产品的概念及特点，对酒店产品的整体观念及酒店产品策略进行了详细描述。同时，对酒店产品的生命周期理论进行了详细介绍，重点诠释了酒店新产品的概念内涵及开发策略，并针对酒店品牌价值的培育内容进行了探讨。

思政目标

党的二十大报告指出：必须坚持科技是第一生产力、人才是第一资源、创新是第一动力。本项目旨在培养学生在酒店营销工作中，以群众需求为导向，创新酒店产品和服务，整合酒店及相关旅游资源，全面提升顾客满意度和幸福指数。

学习目标

知识目标

掌握酒店产品的内涵、酒店整体产品观念、酒店产品生命周期各阶段的特点以及应采取的对策。

能力目标

1. 灵活运用酒店整体产品观念。
2. 理解酒店产品的特征、酒店新产品开发的策略。
3. 了解酒店品牌培育的重要性。

案　例

酒店服务：亚朵打造与众不同的体验式酒店

中国酒店业正从“中国服务”时代进化到“中国体验”时代。对用户来说，酒店不再只是一个睡觉的地方，它将承担人们对休闲娱乐、文化体验、品尝美食、健康养生等等的美好期待。用亚朵创始人、CEO 王海军的话来说，“亚朵的每一个酒店空间都是人们感受所在城市人文特色，感受个性化、设计感、人文关怀的场所”。

作为中国新住宿经济的开拓者，亚朵在产品、服务、组织、文化等诸多的方面做了独具特色的创新。这些内在的能力支持它在本土成长却有足够强大的底气与国际五星级酒店分庭抗礼。

亚朵创始人、CEO 王海军曾结合亚朵的实践案例，跟大家复盘了亚朵的成功路径，分享了红海市场中错位竞争、换道领跑的底层逻辑。

一、亚朵迈出的第一步：服务还是体验

2012 年创立亚朵时，站在一个岔路口：从服务出发，还是从体验出发？

从服务出发：服务标准化，很容易快速复制，可能在创业初期就能很快获得非常大的规模和市场空间。

从体验出发：完成用户的需要，附加值高，壁垒强，有很强的核心价值和长续的竞争力，同时能够沉淀品牌。

2012 年体验经济刚刚开始，亚朵有非常清晰的感知：体验一定是未来的主体，只有在中国的住宿市场做出新的体验的产品才能打破壁垒。

因此，选择做与众不同的体验式酒店：它不是一个睡觉的地方，而是能够给志同道合的人提供品质生活的完美体验。是一个有内容的空间，一个能够跟客人在精神上产生共鸣的品牌。

亚朵酒店迭代行业的底层逻辑是做体验。服务虽然可以标准化，但它的壁垒很低，体验是服务的迭代和升级。因为在众多的服务行业（标准化的连锁型的企业），如果只聚焦于商品和服务本身，都会不可避免地陷入同质化的竞争和价格战中，最后只能在成本上拼。如果立足体验，企业就可以摆脱价格服务层面的激烈竞争，获得全新的利润增长点和溢价空间，进而沉淀品牌。这就是服务和体验的区别。

我们在创业的时候非常清楚地看到传统酒店在经营空间上的天花板（极限点）。因而，亚朵酒店创业的定位（破局点）是从体验切入市场。整个框架上，从经营房间到经营人群。

体验做好，会塑造一种全新的业态，亚朵自己运营人群会形成二次曲线发展模式，带动亚朵酒店从一个住宿型的企业跃升为生活方式品牌集团。

二、抓住结构性机会的秘诀是差异化定位

亚朵立足体验，让体验成为企业的核心，开辟中国的中高端酒店市场。2012 年，亚朵

的第一家店在西安开业，将擅长效率的经济型酒店和擅长体验的五星级酒店优势结合，做最有效率的体验。如今，亚朵的主力品牌亚朵酒店占据最大优势是中国的中高端市场（覆盖市场空间的价位区间在400~600元），已开业700多家，成为这个板块绝对领先者。

三、可借鉴的亚朵服务方法论

2012年，亚朵初创，我们奋斗的核心是去快捷化，因为快捷酒店给人形成低成本的概念，做体验就一定要把快捷化的思维去掉，去得越快、越干净才能做得越好。亚朵创业九年来最宝贵的坚持是以服务作为单点突破，那么亚朵的服务方法论（运转的机制和逻辑）是如何构成的？

第一个层面是文化和理念。文化是每一个企业的价值观，亚朵给所有的伙伴最深刻的理念是用户第一。只有把用户放在第一位，每一个服务才会变成竭尽所能。因此生成了很多亚朵的独特理念，如全员授权、差评不过夜等。

第二个层面是根据用户的需要，把所有文化和理念内化为流程、制度和体系。在流程规范上有众多的手册形成培训机制，组织保障上，亚朵可能是酒店行业的一个另类，亚朵每一个酒店里都有总部派去的两个人构成酒店班子：总经理和整个酒店HR的负责人（内部称作政委，管招聘、培训、打造整个队伍的组织能力）。区别于其他酒店派出的业务人员，在我们看来业务只能获得短期的价值，只有把组织做起来，企业才能够长期发展。

第三个层面是针对内部和外部用户形成行为反馈和监督的闭环。在外部，亚朵有非常多的工具、手段和渠道对客户意见的反馈进行收集；在内部，员工也是做服务、做体验的最重要部分。因此，亚朵通过行为反馈和监督的闭环，发现很多不足或者需要提高的部分，迭代文化理念等，通过流动迭代亚朵服务的飞轮。亚朵服务方法论如下：

第一是峰终和触点。诺贝尔奖获得者、心理学家卡尼曼认为：人对一段体验的评价是由峰终定律决定的。卡尼曼通过众多调研，发现在体验过程中，除了峰和终以外，其他记忆几乎没有影响。峰终定律就是：一个是服务的峰值（即是过程中的最强体验），另一个是终值（即结束前的最终体验），如果这两个感受都是峰值，那么这段体验就是完美的。亚朵根据峰终体验的逻辑，将服务细化为17个触点来细化运营、服务和管理的颗粒度。

第二是服务产品化。亚朵不再靠SOP管理，而是像互联网公司一样“服务产品化”，基于17个触点，把所有的服务产品拎出来。亚朵基于17个触点，一共形成四五十个服务产品。亚朵将四五十个服务产品进行分层，分为三个等级。

基础级服务，人人可以享用。

个性化服务，即根据顾客的需要，做出一些个性化产品，这个服务可能对顾客有分层，比如金卡会员、铂金会员。

定制级服务，按顾客提出的需要定制服务，这个服务需要顾客额外付费或通过积分兑换。

服务产品化一定要平衡好成本和体验的关系。“与其更好不如不同”这句话非常形象地说明，如果企业服务可以满足用户的所有期待，那么资源的配置一定是超级冗余，相应的成本一定会特别高。但如果能够做到不同，把峰终做起来，那成本是可控的（有的东西未必是直接花成本，而是用心去经营），这才能实现成本和体验之间的平衡，这样的体验才能可持续。

第三是标准个性化。因为用户只喜欢个性化，所以我们要做标准个性化。亚朵很好地将服务行业的标准化和个性化融合：用标准化的体系去满足每一类人群（不是每一个）的个性化需要。这样用户感受到的是个性化，而亚朵是在标准化体系内实现的。

比如亚朵早期的铂金会员入住酒店时，会收到酒店前台递来的绣有姓氏字母的定制拖鞋，顾客感受到酒店的定制服务，而酒店仓库只是按照一定配比把 20 多个字母拖鞋全部准备好。

第四是全员授权。为了避免遇到问题（比如投诉）层层上报却没有解决，我们给一线授权，让每一位工作人员接到用户反馈的问题时，可以第一时间有决心、有勇气、有资源去解决。亚朵在行业推行了全员授权，每一位工作人员都有 500 元额度（或一天房费的权利）去解决每一个用户反馈问题时所提出的合理需求。

第五是行为反馈的监督闭环。做管理一定要有监督反馈。亚朵在监督反馈方面有一整套制度，如内部、外部、第三方监督反馈等。

例如，亚朵有个理念叫差评不过夜（过去酒店行业做用户体验整改是以周为单位去解决问题的），任何客人的问题、差评，当天就要都解决到位，基本在事情发生后的 2~3 小时内把问题解决掉。

如何保证“差评不过夜”？亚朵通过体验执法，将服务复盘形成良好的机制，这个机制保障了差评不过夜。

四、迭代进化：培育苹果树，而不是买苹果

实现单点突破之后，如何在迭代反馈中持续成长？

单点突破是起点，产品、服务、组织、文化紧紧追随，四点达成一致。通过一个点的突破带动其他三个点不断发展。四者形成新平衡时，继续单点突破，从而不断迭代，形成动态发展结构。

亚朵的服务，区别于四星级、五星级。满意只是起点，超过预期和惊喜才是目标。除服务出众外，亚朵在其他几个点上也有独到之处：

（一）产品方面

1. 硬件产品的升级

当今中国年轻消费者选择酒店，不再关注星级和档次，而更看重品牌，看重酒店的颜值、味道。亚朵的房间的风格都是年轻的、简洁的，每个房间中都可以手机投屏、都配备无线充电，机器人可以送餐到房门口，这更符合年轻人口味。

2. 贴身产品的极致

很多酒店将钱花到大理石、灯具、家具上，但归根结底酒店是睡觉的地方，而和人睡觉最紧密相关的是床品，亚朵在这些贴身产品上做到了极致。

亚朵的床品是自有产品：普兰特记忆棉床垫。一面是大多数人习惯的硬度，但如果顾客喜欢睡硬床，可以让工作人员把床垫翻过来，另一面偏硬。慢回弹记忆枕完美克服了枕头因为记忆棉材料不好一变热支撑力就垮塌的问题。不管顾客喜欢荞麦枕、羽绒枕还是鹅绒枕，亚朵的慢回弹记忆枕都能完美地解决需求。

裸棉四件套，不同于很多酒店常用的白色棉织品，亚朵的床单被罩枕套使用的是裸色的裸棉。裸棉最大的优点就是透气性非常强，能给顾客非常好的体验。但裸棉如同一个大试纸，要求必须使用 pH 值 8 左右的洗涤液冲洗若干遍，如果做不到位，棉品马上就变色。我们用了一个好的材料去倒逼洗涤过程的改进，每一个酒店洗得好坏，很容易看得一清二楚。

3. 产品赋予内容

亚朵不仅仅是酒店，而且是有内容的空间。每一个亚朵都有流动图书馆，也做了非常多音乐、篮球、电竞、知识分享的主题酒店。亚朵最终运营的是人群而不是一个个房间，通过更多的内容找到志同道合的人。亚朵新一代的产品把家和酒店融合，未来可以选择健身大床房、茶室大床房、影音大床房、冥想大床房，这一切都是针对顾客的特点进行的个性化开发。

4. 做安心工程

安心工程启动于 2019 年，最初从抹布、杯子、红外探头检测器做起。当很多酒店被曝光因为客房清洁抹布混用时，亚朵从 2019 年起全部使用一次性抹布清洁房间，彻底避免了抹布的重复使用：每打扫一个房间需要 8 块一次性抹布，用完即扔、不用再洗。原来酒店都用马克杯、玻璃杯，后来亚朵开始使用欧洲零磨标准的咖啡杯，耐高温 200℃，可以放热水或泡茶，也可以将房间咖啡带走，非常安心。针对网上曝光酒店被偷装偷窥摄像头问题，亚朵专门采购专业产品，每一个房间清洁完之后都会进行红外线探测，保证房间没有任何一个偷窥摄像头。

（二）组织方面

用一个例子来说明，如果说追求短期成果的架构组织就是买苹果，那亚朵就是自己培育苹果树，而不是去买苹果。

苹果树的根是价值观。亚朵有非常多有意思的价值观。比如全员点赞，每人每月有 5 张点赞币，可以给对你帮助大、你最满意的人。亚朵每年评选优秀员工只需要看点赞币排名，排名高的自然就是优秀员工。再比如全员吐槽，在工作合作中，对任何人有意见都可以在网上发起吐槽，被吐槽人接到 48 小时内要进行回馈，吐槽人要针对回馈结果进行打分。如果某个部门全年得分最低，年会上这个部门就会被授予“最佳官僚奖”，部门领导要上台带定制的“官帽”领奖。通过这种娱乐化方式推动企业的互相配合、协同进步。

苹果树的干是组织创新。亚朵有全员授权，有总经理、整个酒店 HR 的负责人（政委的业务）组织双螺旋。亚朵的业务叫前台，其他叫中后台，中后台是为前台服务的，KPI 核定时中后台要接受前台打分。不同于一般酒店的总经理给员工打分，亚朵是员工给总经理打分，对他进行无记名投票，低于一定分数要上榜、要整改。目标就是建立起一个和谐的基层关系。亚朵还有 Z 字形、T 字形人才，最终想做的就是打破边界，团结合作，一切都要聚焦在把体验做好这个核心目标上。

（三）文化方面

每个企业都有自己的独特的文化，它给企业赋予思想，给体验赋予引导。亚朵在文化方面的首要价值观是用户第一。

亚朵在武汉有一个酒店叫作塔子湖亚朵，2020 年疫情期间接待了西安医疗队，医疗队中有很多女护士，因为长发进入 ICU 操作台很耽误工作且容易感染病毒。医疗队的领队就跟酒店沟通能不能请理发师，给女护士们剪下头发。当时酒店的总经理、人事总监在家隔离，最高的领导是前台的一个经理和酒店的加盟业主，他们二人形成一个战前指挥部，到江夏（武汉的郊区）找到几个远房亲戚，为医疗队的 100 多位女同志剪头发，从早晨 7 点剪到晚上 12 点。后来新闻联播、新闻频道都报道了这件事情，说是最美理发店。报道之外的后续，大家没有看到的部分是整个援助武汉结束后，医疗队要返回西安时，亚朵又去把剪头发的老师请来，花了三天时间，认认真真地给每个医务人员剪了最漂亮的发型，让她们荣归西安。

五、亚朵的起源和初心

我们创业的初心：内心安静的力量，传递给城市里的人，让他们找回自己幸福的道路。

2017 年，亚朵村有 401 户村民，80% 都是特困户，我们在亚朵村找到亚朵的起点，想帮助这个村子的村民致富，在很多方案中（建小学、捐钱等）我们选择帮助他们把亚朵地区的茶叶经济重新复苏，这是一种可持续的、自然的，通过他们双手改变命运的方式。历经 3 年，亚朵村实现全村脱贫。现茶叶已从亚朵村覆盖到周边 8 个行政村，大概 1400 户居民。

亚朵人要具备的品质：内心有温度，可以温暖别人。然后将温度和温暖，通过亚朵的房间、亚朵的产品、亚朵的服务、亚朵的体验，甚至亚朵的文化理念，传递到方方面面，向社会去传递这种“有温度连接”的思想和想法。亚朵希望做的是数字时代能够让人心扎根的空间。

——资料来源：https：//page.om.qq.com/page/OciZ_GTanQzFwVCYAui0-jAQ0?source=cp_1009.

案例分析

亚朵是如何进行服务创新的？

任务一　酒店产品

一、什么是酒店产品

酒店的产品是由若干个不同部门组成的总体，是指能满足客人物质需求的设备设施、实物产品等有形产品与能满足客人心理需求的无形劳动服务的有机结合。从宾客的角度来说，就是一次就餐、住宿或消费其他酒店服务的经历。服务作为旅游饭店产品的必要组成部分，在旅游饭店的营销组合中的地位越来越重要，已经成为酒店生存与发展的关键所在。酒店服务产品既有旅游产品的共性，也有其自身的特点，这就决定了酒店营销管理的独特性和复杂性。从一般意义上而言，酒店产品应包括以下几个组成部分：

有形产品。酒店的有形产品一般包括：酒店的硬件设施与设备，如大堂及其设备的实用与豪华程度；饭店的整体装修、客房及其设备、装饰、音响系统、闭路电视、空调、卫生间等的设备及美容用品；健身房及其他康乐中心设备，如游泳池、网球场、保龄球场、桑拿浴、美容厅、舞厅等；餐厅及餐厅所提供的各类餐饮食品；商务中心及其各类设备，如影印、打印、电传、电话、翻译、文秘、会议设施等各项服务设施。

无形产品。酒店的无形产品包括：酒店员工无形的劳动与服务，如服务员的仪容、仪表、举止；服务员的礼节、礼貌、礼仪；服务员的服务态度、服务技能；服务员的服务技艺、技巧、程序、标准；服务员的交际能力、专业知识与应变能力；服务员的服务效率及服务效果。无形服务的质量标准主要是看其服务效率及服务效果。服务效率是使无形服务有形化，是提供优质服务的保证条件。而服务效果是无形服务质量标准的最终要求，是赢得宾客满意的根本因素。酒店要向宾客展现“宽敞、明亮、精致、豪华”的大堂，“美观、愉悦”的餐厅装饰，“可口、美味”的菜品佳肴，“便捷、实用”的康乐设施设备以及“整洁、舒适、安全”的客房。这些产品的提供都要经过服务员的精心工作、热忱服务和熟练的服务技巧去体现和完成。酒店能否提供一流的服务、能否获得顾客的认可与赞赏，既依托于良好的设施设备，也取决于酒店服务人员的素质和服务技能，即酒店无形的服务质量。

有形的设施、设备、实物产品和无形的劳务服务产品是酒店产品不可分割的两个重要方面。而酒店优质服务产品的提供，取决于酒店各相关部门科学有效的管理。

二、酒店整体产品观念

（一）酒店整体产品的构成

整体产品的概念，是由美国哈佛大学教授西奥多·莱维特率先提出的。他认为整体产品概念由三个层次构成：核心产品（产品的使用价值）、形式产品（包括产品的质量水平、特色、式样、品牌、包装等）、附加产品（售后服务等）。如果我们把这一概念应用于酒店产品，则可以将它拓展至五个层次，即一种完整的酒店产品应由核心产品、形式产品、期望产品、延伸产品和潜在产品构成，如图 4–1 所示。

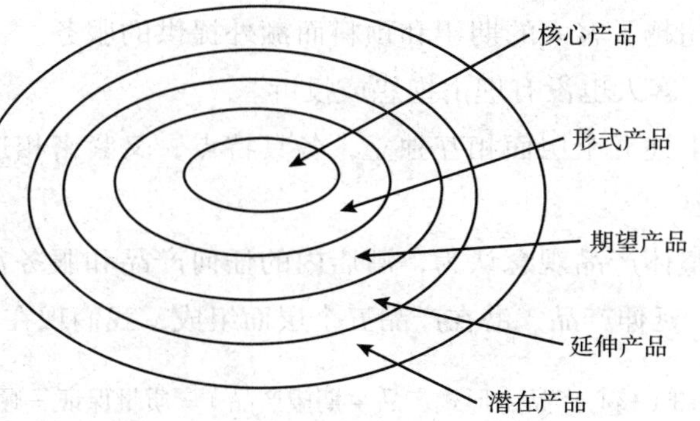

图4–1　酒店整体产品构成

核心产品。核心产品也叫基本产品或实质产品，是指产品能给客人带来的基本利益和效用，即产品的使用价值，这是构成产品的核心部分。例如，客人购买某种酒水产品，并不是为了产品本身和占有产品，而是通过对酒水的消费来满足某种需要。客人在一家酒店就餐时饮用酒水，可让其免受干渴之苦，或者满足其受刺激的愿望或下菜及交往的需要等。

形式产品。酒店产品核心利益的实现必须依附一定的实体，产品实体就是产品的基本形式，主要包括产品的构造外形等，如酒店的位置、装潢、菜色等。

期望产品。期望产品是指客人在购买某一产品时自然而然地随之产生的种种期望。例如，客人在一家酒店就餐的同时还希望得到良好的服务、适当的休息与放松、幽静舒适的环境等。

延伸产品。期望产品的延伸和进一步完善就是延伸产品，这是能够使一个产品区别于同类产品的特色。它可指软件，也可指硬件；可指现在已经提供的，也可指将来开发的，如表 4–1 所示。酒店的商务中心、康体服务及娱乐设施以及个性化服务等均属此范畴。

表4–1　酒店延伸产品一览

硬件（设备设施）	软件（服务）	硬件（设备设施）	软件（服务）
商务中心	信用卡服务	鲜花店	回头客优惠套餐
康体服务	宾客投诉处理	中医按摩服务	送客服务
卡拉 OK	折扣优惠	高脚宝宝椅	叫醒服务

潜在产品。潜在产品是为了满足个别客人的特殊需求而提供的特殊和临时性的服务。它通常是超越了客人的期望和预料而额外提供的服务。一般说来，酒店即使不提供潜在产品，客人也没有理由抱怨或投诉。

酒店产品的上述五个层面相互独立，各具特点，又紧密相连，共同构成酒店整体产品的全部内容。

综上所述，整体产品观念认为，酒店内的任何产品和服务都由核心产品、形式产品、期望产品、延伸产品、潜在产品五个层面组成，我们现在可以列出三个等式：

1+2+3（核心产品 + 形式产品 + 期望产品）= 质量保证 = 顾客满意

4+5（延伸产品 + 潜在产品）= 灵活性 = 附加价值

1+2+3+4+5（核心产品 + 形式产品 + 期望产品 + 延伸产品 + 潜在产品）= 竞争优势

在五个层面上，确保核心产品、形式产品和期望产品的质量是使客人满意的前提条件。延伸产品和潜在产品是产品灵活性的具体表现，同时也是该产品在现有价值之外的附加价值。产品五个层面的全部意义在于提供一个具有质量保证和一定灵活性并具有竞争优势的产品。这就是整体产品观念所给我们的启示。这就是健康的竞争，这才是饭店的成功之道。

此外，从本质上来说，“1+2+3”实际上可以涵盖酒店产品和服务的标准化和规范化的全部内容。“4+5”则体现了酒店产品和服务的细微化和个性化。21 世纪的今天，竞争全球化、信息即时化、科技大众化、市场细分化、顾客专业化给包括酒店业在内的各行业带来了空前的机遇和巨大的挑战。整体产品观念是我国酒店业参与激烈市场竞争的强有力工具。

（二）酒店整体产品观念的启迪

第一，竞争始于基本产品。综合性的酒店也好，专业型的餐厅也好，它们提供的有形产品和无形服务在质量上都必须有可靠的保证，不能有疏漏。酒店或餐厅在管理上之所以特别强调细节，原因是细节上一旦发生差错，客人便会产生不满。许多年前，有人请希尔顿饭店集团的创始人康拉尔德·希尔顿先生对刚进饭店工作的年轻人提出几点要求，他想了想说："做客房打扫卫生间之后别忘了把帘子的下端放在浴缸的里边。"这看似寻常简单的一句话，体现的却是对于细节的极致追求。可以这样说，希尔顿先生在酒店管理上的成功正是源于他对细节的无懈追求。这对于所有的酒店经营者而言都是具有普遍意义的。

第二，使顾客满意的有效办法是实现或超过他们的期望。如果期望得不到满足，顾客便可能失望；而严重失望则会直接导致投诉。

第三，在市场经济下，竞争更多地体现在延伸产品和服务中。在创造延伸产品时，要充分重视"微小的力量"。许多时候，顾客正是从一个微小的行动、一份细致的关心、一声意外的问候之中形成对酒店的印象，建立起对酒店的好感的。

第四，区分优质酒店和一般酒店、优秀员工和平庸员工的重要指标在于他们能否提供超出游客期望的潜在产品。在考察任何一家在业界有着极佳声誉的酒店或获得游客高度认可的优秀员工时，就能发现他们的共同特点是能够千方百计地满足个别客人临时提出的各式各样特殊而又合理的要求。中国人常说的服务中的"三心"或"五心"（热心、细心、耐心、关心、精心），以及现在许多酒店实行的评选"每月最佳员工""全年最佳员工"等做法，常常体现了潜在产品与服务的提供程度。

第五，随着竞争的加剧，今天的延伸产品明天可能会变成期望产品。因此，酒店必须不断创新，提供新产品、新服务。

课堂思考

结合实例讨论当前的酒店产品有哪些创新表现。

三、酒店产品的特征

（一）服务是酒店产品的主体

在酒店产品中，物质产品是不可缺少的，但更重要的是服务。宾客到酒店进行消费，既包括物质产品的消费，也包括服务产品的消费。

从产品销售的角度来看，更能说明酒店服务产品的这一特点。任何商品的销售或购买都伴随着服务的销售或购买；而任何服务的销售或购买也必定伴随着商品的销售或购买。根据服务与物质产品在整体产品销售过程中所占的地位、重要性的不同，可以把产品中服务与商品的情况分为两种类型：一是助销服务，即借助服务以销售商品为主，如各类商品销售部门。二是助销产品，即凭借物质商品以销售服务。物质商品起着促进某种服务、技术或技艺销售的作用。

按照这种分类方法，酒店服务产品属于第二种情况，产品中的物质商品是助销产品，主体是服务。从根本上说，酒店产品是一种服务产品是无可置疑的。

（二）酒店产品的无形性

酒店服务是看不见、摸不到、非物化、非量化的产品。酒店服务的无形性，致使酒店企业很难向客人描述、展示服务项目，而客人也不可能在购买某一项服务前对其进行检验或试用，因此造成酒店产品推销上的困难。客人在选择酒店或餐厅时，往往仅以他所知道的该酒店的声誉为选择标准，而不像在购买其他商品时，有产品说明书和产品规格作为依据。因此，酒店必须十分重视树声誉、创品牌、立形象的工作。酒店应尽量有效地向宾客展示服务项目和服务内容，说明这项服务能给宾客带来什么样的便利和利益。也就是说，宾客从中可以得到什么乐趣和享受，这比服务如何高级、食品如何丰盛更能吸引消费者。由于产品的无形性，宾客也会从酒店的社会形象、声誉等因素来判断其产品和服务质量的好坏。

（三）酒店产品的差异性

一家酒店提供的同一产品不可避免地存在着质量和水平的差异，具体表现在一家酒店的不同员工甚至同一员工在不同时间、不同场合或对不同对象所提供的服务或产品往往水平不一、质量不同。造成饭店服务差异性的直接原因在于手工劳动是饭店的主要生产手段。要克服酒店产品与服务差异性的关键在于制定严格的质量标准，坚持每次服务都符合标准，同时加强员工的教育培训，提高从业人员的文化修养与服务技能，不断提高服务水平。

（四）酒店产品消费信息反馈的直接性

工业产品被生产出来后，要拿到商场（市场）上，由商业部门组织销售，产品的生产者不直接与顾客见面，客人对产品的意见、投诉，要经由商业部门或销售部门反馈到生产者那里，生产者有足够的时间对客人的意见和投诉做出反应。服务产品则是由其生产者（饭店工作人员）当面向客人提供的，客人对产品的意见和投诉会立即反馈给服务的提供者——酒店工作人员。因此，酒店工作人员必须机智灵活，训练有素，善于接受客人的意见和投诉，能从容应付和妥善处理各种情况。

（五）酒店产品的不可贮藏性

酒店产品的这一特点是由服务的直接性决定的。酒店向客人提供的各种设施和服务无法储存和搬运，只有当客人光顾或住进酒店时才能进行消费；当客人结账离店时，酒店的服务也随之终止。虽然酒店企业的仓库可以储藏食品原料、饮料长达数月甚至 1 年以上，但厨房一般只能生产当天的食品（厨房生产的食品即使可以冷藏储存，其品质也非常不稳定，质量会迅速降低），服务人员无所事事，所浪费的时间也不能从第二天的工作中弥补回来。酒店企业无法在淡季进行生产和储存产品而等到销售量增大时再把产品拿出来进行销售。实际上等于说，酒店企业的生产能力是相对固定的，没有多大的潜力可挖。而宾客的需求却在不停地发生变化，因而造成了企业应付需求波动的困难。酒店服务产品的一次性特点要求企业管理者必须采取必要措施来适应市场变化，尽量避免需求变化给企业带来的压力和损失。

四、酒店产品的策略

酒店产品具有的有形设施和无形服务相结合的特点，酒店在产品策略的选择上更多地反映在酒店如何整合自身资源，打造满足客户需求的整体产品品类，以鲜明的产品形象来建设和丰富饭店品牌内涵。这直接体现了酒店经营者的战略思想。酒店产品策略很多，归纳起来，常用的产品策略主要包括以下五种类型：

（一）单一化或多样化产品策略

单一化或多样化产品策略主要针对酒店的经营范围而言。酒店的经营范围要根据企业自身的实际情况和资源优势条件，既可以采取扩大经营范围的策略，以食宿为基本服务项目，围绕与旅游相关的各种业务，如康乐、购物、旅行、商务、会议等经营项目都可以涵盖在酒店经营的范围之中；也可以仅提供单一的住宿服务，再辅以简单的早餐或商务简餐服务等。

综观当今世界酒店业，无论坚持单一化产品策略还是奉行多样化产品策略，都不乏成功企业。位于美国拉斯维加斯和中国澳门的威尼斯人酒店就是多样化经营的成功典范，酒店就是一座城堡。其中，既有繁华的商业街，又有独具特色的威尼斯水城风光，还有大规模的博彩设施。当然豪华的客房、丰盛的餐饮、精彩的娱乐、完善的配套服务等项目一应俱全。而在很多地方都有一些特色小吃店，这些餐饮小店规模不大，档次也不高，但凭借着几道美味佳肴却也能“高朋满座”。所以，酒店在经营过程中应充分挖掘企业自身的资源优势，不要“求全”“贪大”，一定要扬长避短，适合自己的才是最好的。

究竟采取单一化产品策略还是多样化产品策略，取决于酒店的人力、物力、财力，取决于酒店的市场定位，当然最主要是依赖酒店的主要客源市场。

（二）高档化或低档化产品策略

高档化或低档化产品策略主要是指在现有产品的基础上根据企业自身经营状况增加高档次产品或低档次产品，以凸显酒店精准的市场定位，给消费者更为明显的导向，并强化企业的品牌形象。两者手段不同，目的都是适应市场需求，增加销售量，创造更多的利润。

随着我国经济实力的不断提升，无论是面向海外高端市场的五星级酒店还是以国内中端消费为主的三星级、四星级酒店，都面临着对酒店进行硬件设施和软件服务的升级改造。其中，很多酒店普遍采取的就是增加高档次产品和服务以满足日益增加的中高端客人的消费需求。很多地区出现的超豪华酒店、白金五星酒店和号称七星级酒店甚至八星级酒店就是这一策略的应用典范。其实，无论是高档化还是低档化产品策略，都应该以追求卓越的产品品质为目标，档次与质量无关，并不是说高档就是优质，低档就是劣质。高档次或低档次产品都要以优良的产品品质为基础，当然，采取高档次产品策略的企业更应关注自身的质量，越是高档就越要做到完美无缺。

（三）标准化产品策略

标准化产品策略是指酒店经营的产品品种不一定要多，但在加工制作、销售和服务上一律采取标准化运作。虽然给客人的选择不是太多，但所提供的产品和服务均要达到一定的标准与水平，特别是要注意与国际接轨，达到相应的国际标准。当然，酒店必须建立各种规章制度，加强对员工的培训，加强对服务质量的控制，以保证工作过程的标准化。

我国酒店业经历了改革开放后 40 多年的发展，其管理水平和服务质量已基本达到国际同等水平，但相当一部分酒店的服务项目和服务质量还存在很多缺陷。特别是一些饭店一味地追求个性化服务来满足少量高端客人的需要，反倒忽略了一些常规的接待和服务工作，造成了很多酒店服务质量下滑，引起客人投诉。所以，我国酒店业在今后很长时期都应将标准化策略作为酒店管理的一项基础工作来抓。此外，标准化策略一直是国外快餐业迅猛发展的一项基本经营战略，其产品结构简单，标准化运作程度高，节省人力，适当推广。其中，肯德基和麦当劳就得益于这种近似工业化流水线生产的标准化模式，成为世界著名的快餐连锁巨头。我国应大力借鉴国外快餐业的先进经验，加大对传统中餐的研发力度，尽早推出一批具有世界影响力的快餐企业。

课堂思考

讨论我国目前中式快餐发展的特点及其发展策略。

（四）差异化产品策略

差异化产品策略，即特色化产品策略，是目前大多数中小企业最普遍应用的策略，也是企业在激烈的市场竞争中非常有效的策略之一。酒店产品或服务提倡个性化、差异化，在市场需求日益多元化的今天，以不同的产品满足不同消费者的不同需求，以特色赢得市场，“一招鲜，吃遍天”，这是酒店业发展的一个重要趋势。酒店产品所拥有的特色越多，差异化越突出，在市场中的竞争力就越强，其销售机会就越多。

由于酒店产品涵盖了很多层面，所以差异化产品策略的表现形式很多。既可以是有形的，如餐厅装饰、菜肴款式等，又可以是无形的，如细微化服务等；既可以是产品属性方面的区别，如服务项目等，也可以是销售环境上的差异，如广告、宣传等。无论是哪一种差异，都必须具备两方面的要求：一是对客人来说，这种差异要有重要性；二是能够让客人体会到差异。所以酒店一定要强调服务人员与客人之间的沟通，要让客人关注到酒店所提供的差异化产品，并且让客人体会到酒店的“良苦用心”。

（五）新产品策略

由于酒店市场是一个处于饱和的竞争状态，所以酒店产品的更新换代速度要非常快，才能适应瞬息万变的市场发展。再加上酒店客户的“忠诚度”不高，对酒店不断推出新产品提出了更高的要求。由于酒店产品构成因素众多，新产品的表现形式也很多，既可以是硬件设施方面的，也可以是软件服务方面，还可以是宣传推广方面的。在科技日新月异的今天，人们的消费观念在迅速地更新，创新成为企业发展永恒的主旋律。作为社会窗口行业的酒店业更无法例外。

任务二　酒店产品的生命周期

产品生命周期理论是现代营销管理中一个非常有价值的理论。这一理论不仅研究了产品在市场上的表现过程和发展规律，还揭示了处于不同阶段产品具有的独特的产品特性，为企业采取相应的营销策略提供了重要的理论支撑。对于酒店业有效利用资源、开发特色旅游产品、减缓产品衰退期、制定营销措施具有重要的指导意义。

一、酒店产品生命周期理论

酒店产品的生命周期，是酒店市场营销管理中的一个重要概念。产品的生命周期与产品的使用寿命是两个不同的概念。产品的使用寿命是指产品的具体物质形态的变化，是产品从开始使用到报废为止所经历的时间。而这里的生命周期是指产品的市场寿命，即酒店产品从进入市场开始，到被市场淘汰为止所经历的全过程。这种变化过程一般经过了投入期、成长期、成熟期和衰退期四个阶段。通常用一条曲线来说明酒店产品生命周期的变化，这条曲线可以分为四部分，如图4–2所示。

酒店产品生命周期的提出，明确了产品的寿命是有限的这一观点。这里的产品寿命并不是指产品的使用寿命，而是产品的市场寿命，通俗地讲就是产品在市场上的受欢迎程度。它是从产品的市场销售额和利润额的变化来进行分析判断的，反映的是产品的销售情况及获利能力在时间上的变化规律，它受到国民经济、技术进步、市场竞争、政治法律、供求状况、顾客偏好等多方面因素的影响。由于酒店产品所处的阶段不同，其销售情况和盈利水平也不一样。这就要求酒店管理人员根据不同阶段的具体情况，分别制订出最佳的营销计划和营销策略，保证酒店产品在生命周期的不同阶段取得最佳利润。

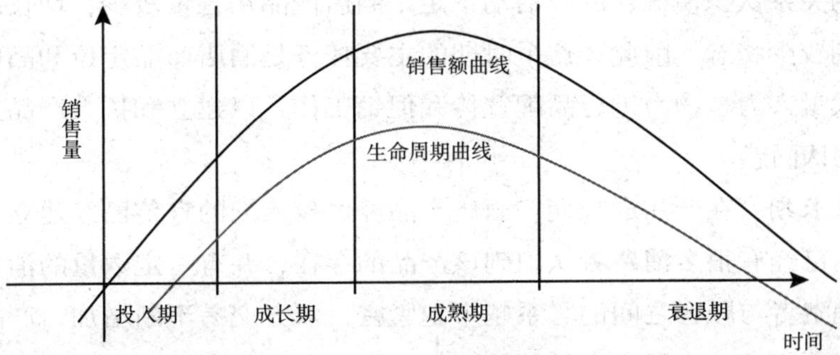

图4–2　酒店产品生命周期

相关链接 搜索

产品生命周期

产品生命周期理论是美国哈佛大学教授雷蒙德·费农 (Raymond Vernon)1966 年在其《产品周期中的国际投资与国际贸易》一文中首次提出的。

产品生命周期 (Product Life Cycle，PLC)，是产品的市场寿命，即一种新产品从开始进入市场到被市场淘汰的整个过程。雷蒙德·费农认为：产品生命是指产品在市场上的营销生命，产品生命和人的生命一样，都要经历形成、成长、成熟、衰退的周期。就产品而言，也就是要经历一个开发、引进、成长、成熟、衰退的阶段。而这个周期在不同的技术水平的国家里，发生的时间和过程是不一样的。其间，存在一个较大的差距和时差，正是这一时差，表现为不同国家在技术上的差距，它反映了同一产品在不同国家市场上竞争地位的差异，从而决定了国际贸易和国际投资的变化。

二、酒店产品生命周期各阶段特征

酒店产品生命周期包括产品投入期、成长期、成熟期、衰退期四个阶段。产品生命周期不同阶段的特征不同，所应采取的针对性品牌传播策略也不同。

产品投入期。在酒店产品投入期，消费者刚开始接触新产品，对新产品认识很少，产品认知度较低；消费者对饭店产品定位与特色不了解，对酒店产品与消费者需求之间的关系认识模糊，品牌活动不足；酒店产品销售量较少，增长缓慢，处于亏损或盈利较少状态。因此，这个时期的主要任务是酒店产品定位和品牌推广。酒店要投入大量人力、物力进行品牌宣传和促销工作，以建立和扩大产品知名度，增强消费者的认同感。

产品成长期。在产品成长期，酒店产品经过投入期的宣传已经建立了一定的市场知名度，已经有很多消费者认识到该产品的存在，并有一定数量的消费者认同了该品牌；消费者与顾客之间的联系越来越紧密，双方交易不断增加，产品越来越有竞争优势，更具活力；酒店产品销量迅速扩大，市场占有率逐渐提高；成本不断降低，酒店盈利水平提高，产品价值逐步提高。这个阶段的主要任务是继续提高酒店产品知名度，完善产品形象，提升品牌价值。

产品成熟期。在产品成熟期，经过产品投入期和成长期累积起来的产品知名度、认知度，酒店产品已经具有强势竞争力，产品与消费者之间已经建立了紧密的情感联系，顾客具有比较强的产品忠诚，酒店产品影响力达到最大。酒店产品更具活力，并拥有大多数消费者的认知优势，酒店产品市场占有率高；酒店产品销售量很大，盈利维持在很高的水平上。这一阶段的主要任务是维系和提升顾客的产品忠诚度，在更广泛的市场范围内维护和完善产品形象，延长顾客对产品忠诚的时间。

产品衰退期。经历了产品投入期、产品成长期、产品成熟期后，酒店产品开始走下坡路，进入产品衰退期。消费者对酒店产品的认识和态度会发生很大的变化，开始由满意转变为厌倦、不满，转而开始大批量消费其他酒店产品。这期间酒店产品影响力迅速下降，产品市场占有率、销售额、销售利润出现较大幅度的持续下降。这一阶段的主要任务是对酒店产品进行更新以延长产品生命周期，如对产品重新定位、开拓新市场、提升产品质量等；同时，采取必要措施扭转产品衰退的趋势。

在产品生命周期的不同阶段中，销售量、利润、购买者、市场竞争等都有不同的特征，这些特征可用表 4–2 概括。

表4–2 产品生命周期的不同阶段特征

生命周期	投入期	成长期	成熟期		衰退期
			前 期	后 期	
销售量	低	快速增大	继续增长	有降低趋势	下 降
利 润	微小或负	大	高 峰	逐渐下降	低或负
购买者	爱好新奇者	较 多	大 众	大 众	落后者
竞争状况	甚 微	兴 起	增 加	甚 多	减 少

三、酒店产品生命周期各阶段的传播策略

产品投入期的传播策略。在产品投入期，酒店产品传播的主要任务是酒店产品定位和产品推广，提高酒店产品的知名度，塑造良好的产品形象，增进顾客对产品的了解进而愿意购买酒店产品。因此，酒店企业应从目标市场的需求特点出发，将

产品定位在满足目标市场需求的位置，体现产品独特的个性与效用，并将其传递给目标消费群体，以使消费者认识到酒店产品的独特价值，以获得其认同。这一阶段酒店企业应综合运用各种传播手段以尽量加强酒店产品与消费者的接触，使酒店产品为消费者所熟知，从而进入其购买备选的队列中。在具体传播方式上，酒店可以根据目标受众的特点以及具体的宣传战略目标，运用广告传播、销售促进以及公共关系等多种方式进行产品传播。广告传播是酒店产品投入期运用的主要传播方式。酒店可以借助于电视、广播、报纸、杂志、网络等大众传媒来吸引消费者的眼球，同时向顾客传达产品的功能利益和价值内涵，满足顾客的特定消费需求。与此同时，酒店还应尽量开拓产品分销渠道，提高消费者接触酒店产品的概率，并对中间商和消费者进行形式多样的激励。这样既提高了酒店产品知名度，又吸引了顾客对产品的试用。在运用公共关系进行传播酒店产品方面，酒店应注意处理好与政府部门、新闻媒体、行业协会、意见领袖、社区组织等的关系，可以采用活动赞助和举办公益活动等方式扩大产品知名度和影响力。

产品成长期的传播策略。在酒店产品成长期，产品传播的主要任务是继续提高酒店产品知名度、完善产品形象、提升产品价值。这个时期酒店应继续加大营销费的投入用于支持广告、销售促进、公共关系等顺利实施。在产品成长期，广告从初创期的介绍产品、建立产品知名度的目标转向了塑造产品形象、树立产品个性、提高产品认知度的目标；具体方式从初创期的“硬”性广告营销转移到攻心为上的“软”性广告。广告创意突出情感沟通、文化内涵的主题，以激发消费者对酒店产品的认同感。在产品成长期，酒店的销售渠道经过投入期的开拓已经初步形成了一定的营销渠道网络，酒店应继续开拓多种销售渠道，加大对中间商的利益激励，从而快速扩张酒店市场网络。在公共关系方面，酒店应高度重视提高顾客满意度，通过各种方式收集顾客对酒店产品和服务的意见并加以改进，通过优良的酒店产品和良好的服务增强顾客对产品的满意度和信任度；同时酒店应经常联络老顾客，对重要顾客应定期进行礼节性的拜访，定期开展顾客座谈会或会员俱乐部的文娱活动等以巩固顾客的忠诚度。

产品成熟期的传播策略。在酒店产品成熟期，产品传播的主要任务是维系和提升顾客的产品忠诚度，在更广泛的市场范围内维护和完善产品形象，延长顾客产品忠诚的时间。首先，酒店要充分利用产品忠诚者的口碑营销，利用其对酒店产品的认同和信赖来感染潜在顾客，不断培养新的消费群体，继续扩大饭店产品的影响力；其次，酒店应不断创新产品传播方式，加大对不同细分市场的营销力度，进行产品延伸，扩大消费群；最后，由于忠诚顾客和意见领袖在人际传播中的巨大影响力，酒店应更加关注这部分消费群体满意度的提高，不仅在物质利益上给予他们更多的实惠，而且要与他们进行情感交流和沟通以满足其心理需求，提高其对酒店产品的忠诚度。

产品衰退期的传播策略。在酒店产品衰退期，产品传播的主要任务是对酒店产品进行更新以延长产品生命周期，同时采取必要措施扭转产品衰退的趋势。在酒店产品衰退期，酒店应对导致产品退化的原因进行深入细致的调查研究。一般导致酒店顾客流失的原因主要有两种：一是酒店产品经营管理不善导致产品形象受损；二是市场竞争加剧导致酒店产品占有市场份额下降。酒店针对不同的情况应采取相应的对策来扭转产品衰退的趋势。对于前者，酒店应加强酒店产品维护，提高产品与服务质量，给予顾客更多的利益优惠等来维护产品形象。对于市场竞争加剧导致的顾客流失，酒店可以创新、升级产品与服务，创造出新的卖点来挽回客流，使产品进入第二个生命周期，同时加大营销力度和新的市场开发力度，以延长酒店产品生命周期。

总之，酒店产品生命周期不同阶段的特征是不同的，应有针对性地采取相应的产品传播策略。在总体延长产品生命周期的基础上，缩短投入期与成长期，延长成熟期，延后甚至消灭衰退期，使酒店获得最大利润收益。

任务三　酒店新产品的开发

酒店产品生命周期理论为我们提供了一个重要的启示：在当代科技水平迅速发展、消费需求变化加快、市场竞争激烈的情况下，酒店得以生存和成长的关键在于不断地创造新产品和改进旧产品。创新可以说是使酒店青春永驻的唯一途径。为了使酒店的总销售量和总利润始终保持上升的势头，或者至少保持平稳，避免大起大落，每家酒店都必须把开发新产品作为关系酒店生死存亡的战略重点。

一、酒店新产品的概念

从酒店营销角度来说，酒店新产品与因科学技术在某一领域的重大突破所推出的新产品在概念上是有所不同的。酒店新产品是指在某个市场上首次出现的或者是酒店首次向市场提供的，能够满足某种消费需求的整体产品。酒店产品整体概念中任何一部分的创新、变化和改良，都可视为新产品。所以，酒店新产品可划分为以下几类：

全新产品。全新产品是指酒店运用科技新成果、新原理、新技术、新工艺和新材料制作的市场上前所未有的产品。全新产品一般是由于科技进步或为满足市场上出现的新需求而发明的产品，具有明显的新特征和新性能，甚至能改变用户或消费者的生产方式或消费方式。但全新产品的开发难度大，开发时间长，需大量投入，成功率低。一旦成功，用户和消费者也还需要有一个适应接受和普及推广的过程。

换代产品。换代产品也称为革新产品，是指部分改变市场上已经出现的原有产品结构和性能而形成的产品，它使原有产品的性能得到改善和提高，具有较大的可见价值。对于此类产品，使用者也需要有接受和普及的过程，但时间比较短。

改进产品。改进产品是指对现有产品的质量、特点、外观款式或包装加以全面或局部改进的产品。这类产品与原有产品差别不大，易于为使用者接受。市场上销售的大部分产品属于这种类型。

新品牌产品。新品牌产品是指对现有产品稍作改变，突出某一方面的特点，使用新品牌后提供给市场的产品。有时这种新产品是仿制市场上某种畅销的产品，新品牌的使用是出于竞争的考虑。

二、酒店新产品开发策略

酒店投入资金、人力、物力开发新产品的目的，是更好地满足顾客需要，获取更大的企业利润。但是新产品开发的风险又是客观存在的。不同的酒店，由于实力不同，在新产品开发上的能力也各不相同，因此酒店应根据具体情况，选择适当的新产品开发策略。酒店新产品开发策略主要有以下几种：

抢先策略。抢先策略是指酒店在老一代产品衰退前，率先推出新产品，使其占领市场的新产品开发策略。采用抢先策略的酒店，必须随时注意市场上消费者的需求动向，同时把握竞争对手的状况和变化。当消费者需求开始变化时，及时推出新产品，始终占据市场领先地位。选用该策略的酒店一般应具有较强的技术和管理实力，并且有一套灵敏的市场处理和反馈系统。例如，一些酒店设立专门的菜品研究所，组织专业化的研究和试制人员，确定一系列的任务指标，这些就是在新产品开发上采用抢先策略的表现。

仿制策略。仿制策略是指酒店将市场上已经存在且竞争者很少的其他企业产品，仿制成自己的新产品的新产品开发策略。使用这种策略要求酒店随时关注市场上新产品的动向，包括新的餐饮形式、餐厅装修、餐厅风格、餐饮经营新模式等，可供借鉴它们用于仿制出新的餐厅；也包括其他餐厅推出的受市场追捧的新菜品，经过吸收、改良，成为本企业的新菜品。对大多数中小酒店来说，它们更多地采用仿制策略。因此，应就新产品仿制制订周密的计划，并建立一整套工作程序，力求在减少投入的同时，不断推出市场反应好的新产品，提高企业的市场竞争力。餐饮企业广泛采用的“试菜”就是仿制策略的体现。

最低成本策略。最低成本策略是指在新产品开发时力求降低成本，以便用较低的价格渗透市场，扩大市场占有率。该策略要求酒店企业在新产品开发时，通过酒店的组织形式、经营模式等的创新，通过烹饪方法、原料使用等技术手段的改进，或通过生产组织消耗控制等管理水平的改善，努力降低新产品的成本，使之有活力迅速占领市场。经营酒店业的重要目的之一就是获取利润。为了保证新产品能够给酒店创造利润，进行可行性研究很重要。酒店产品的设计和开发不仅要讲求经济效益，还要处理好近期与远期的关系。有时新增某一设施可能在一定时期内无法产生良好的效益，甚至可能亏损，但考虑到整体酒店形象和档次还是必须达到相应的配套要求的，短期的亏损经营还得用酒店的总营收利润来弥补。

市场服务策略。市场服务策略是在原有产品基础上，通过提供附加服务，增加产品的让渡价值，进一步吸引消费者关注的策略。市场服务策略创造的实际是一种改良新产品，也是使酒店产品寿命周期再循环的一种手段。

三、新产品与酒店特色的关系

新产品并不等同于酒店特色。也就是说，有了新产品，并不意味着酒店就一定具备特色。正确的观点应该是：酒店特色的形成需要以新产品为基础和先导，但新产品最终还只是停留在分类产品的层次上。要形成特色，酒店就要以新产品为主题，塑造整体产品的形象，把特色与酒店名称紧密地联系在一起，从而使客人一进入该酒店就能感受到一种特色的氛围。

由于酒店新产品以大类来分，无非是食、宿、娱、购等几大项。全国万余家酒店，要在这几大项中居某一特色的显著地位，就不是只有几项新产品就能达到。例如，北京的丽都假日酒店，从起初的德国餐厅、意大利餐厅发展到墨西哥餐厅；针对亚太地区的旅游者先后开设了日本料理餐厅、泰国餐厅和印度尼西亚餐厅等。其中，特别值得称道的是 15 个国际餐厅的特色菜单、菜牌定期地更换。所以，概括而言，特色是在推陈出新的基础上形成的，特色要比新产品更高一个层次。任何酒店都要注重本酒店特色的塑造，而整体酒店形象是酒店最大的特色。

固然，酒店都可以创造自身的特色，但对于大多数国内酒店来说，最基本的则是中国特色。中国特色可以体现在服务、餐饮、管理、装饰、风格、情调等各个方面，使客人进入酒店就能感受到中国文化背景的气息。例如，很多酒店规定对进店客人一律进行拉门的服务，还有“人到、茶到、香巾到”的服务。但是，很多酒店管理人员认为现在的酒店都有旋转门和自动门，客人进店再拉门纯属“多此一举”；外国人只喝冰水和咖啡，倒茶则是“对牛弹琴”。其实不然，这正是中国人礼貌、热情、好客的表现，正体现了中国人的传统文化特色。

中国特色并非面面俱到，只要能在一点上突出表现，效果就很好。以餐饮为例，并不一定要创造什么新菜系，如饺子宴，无非是饺子，却创造了中国特色。其他诸如豆腐宴、三国宴、素食宴等都是独立的特色餐饮。此外，特色并非高档，更要讲究顺应大众需求，这样才有利于品牌的提升和效益的提高，使特色成为酒店最大的卖点。

任务四　酒店品牌价值的培育

从改革开放至今 40 多年的发展过程中，中国酒店业已取得了令人瞩目的成就，到目前为止，星级酒店总数已达 1.4 万多家。酒店行业的竞争也由原来的硬件和价格层面的竞争上升到了建立品牌实现顾客忠诚的较高层面上的竞争。在现代企业竞争中，对顾客的争夺已不单停留在产品品质和价格这个层次上了。不少企业在经营实践中已认识到市场竞争中攻心为上的道理。只有从心理上、情感上赢得消费者，才能真正赢得市场。在这一环境中，酒店品牌塑造成了企业的重要发展战略。

一、品牌及品牌价值的概念

现代社会中，“品牌”成为人们经济生活和日常消费中出现频率极高的一个词语。“品牌”一词源于挪威文学，本义为“烙印”，这种含义与今日品牌的作用是不谋而合的——品牌就是在消费者心目中留下的烙印。品牌最初的出现和私有制以及交换的发展密切相关，随着市场经济的发展以及竞争的加剧，品牌成为现代企业提升产品溢价能力的有效手段。

（一）品牌与产品

美国市场营销协会对品牌的定义是：品牌是一个名称、标记、符号或设计，或是它们的组合，其目的是识别某个销售者或某群销售者的产品或劳务，并使之同竞争对手的产品和劳务区分开来。

美国营销学大师菲利普·科特勒对品牌作了如下定义：“品牌是一种名称、名词、标志或设计，或是它们的组合应用，其目标是借以识别某个销售者或某群销售者的产品，并使之同竞争对手的产品区别开来。”

品牌并不单建立在功能性、标志性的基础上，而是客户依靠自己得到的信息、感性化的认知、丰富的联想与想象构成。在品牌认知过程中，客户将品牌所传达的精神、态度，通过自己的理解，融入自己的生活场景中，形成了独特的品牌定义与情感。

品牌是客户情感的结晶，它存在的基础和意义与消费者情感需求息息相关、环环紧扣。品牌的载体是产品，产品是实在的、客观的与理性的。而客户由于对产品的体验会产生不同的情绪，这些体验多次叠加、累积，就形成了客户对产品的情感。当某种特定情绪被不断地在客户中酝酿扩散，经由市场口口相传，品牌就产生了。它建立在情感、形象和人文的基础上。酒店企业想要树立品牌、推广品牌、延续品牌，理性和感性两手都要抓，两手都要硬：没有理性地去把关质量并建立严谨的质检系统，感性便没有依托，失去归属，就会成为空谈；而失去感性的激荡与飞跃，理性难免沦为枯燥的数据与乏味的排列。高度同质化的市场，如何成功地将产品与竞争对手的产品区分开来？如何吸引消费者更多的注意力？如何将潜在的客户转化成为实际客户？美国品牌专家凯文·莱思·凯勒提出："品牌来源于消费者反映的差异，如果没有差异发生，那么具有品牌名称的产品本质上仍是一般意义上的产品，而反映中的差异是消费者对品牌理解的结果。品牌是留在消费者头脑中的东西，品牌是一个可感知的存在，根植于现实中，但是映射着个人的习性。"

（二）酒店品牌价值观

品牌的价值首先是客人满足的价值，有客人满足价值才有企业、品牌、业务的价值。据统计：100 个满意的品牌客户会带来 25 个新客户；每一个满意品牌客户会与 3~8 人分享其愉快经历；每收到一次品牌客户投诉就意味着有 20 名有同感的客户；96% 的客户不打算投诉，这些不投诉的客户会把不满告诉 8~10 人；获得一个新品牌客户的成本是保持一个满意品牌客户的成本的 5 倍；向非品牌客户推广新业务的成功率为 15%，而向现有品牌客户推广新业务的成功率为 50%，向非品牌客户推广的花费是现有品牌客户推广花费的 6 倍。以客户为中心导向的公司利润比非以客户为中心导向的公司利润高出 60%。

对于旅游市场而言，品牌酒店产品具有相当的知名度、良好的口碑，这些都使该品牌拥有一批忠诚顾客，即品牌忠诚顾客。对于酒店产品而言，品牌产品的"示范效应"，使新产品一上市便提供了消费者认识该产品的捷径。众多的新产品品牌成功地聚集到核心产品品牌下，它们不必从零开始建立品牌知名度，而是搭乘了核心名牌产品的"便车"，形成了"品牌伞"效应。这种大伞效应可以减少新品牌的营销费用，降低投资成本，以无形资产的品牌经营实现低成本高效率扩张。例如，假日国际集团的产品品牌战略是以中档市场的假日饭店品牌为核心，发展了经济型和豪华型的假日花园、皇冠假日等成功的品牌。对于酒店集团而言，集团化、网络化经营应以一个市场商誉高、经济规模大、管理水平高的酒店为核心，以资本为纽带，将其他中小成员酒店吸附在集团内，形成紧密层和半紧密层的组织网络。

二、酒店品牌价值的体现

（一）酒店品牌所体现的质量

如果没有过硬的质量，就难以形成品牌。品牌代表着高质量。所有的酒店无一例外地把服务质量作为管理的核心。例如，国际假日酒店集团确信“优质服务是最终胜利的因素”；上海锦江集团也把服务质量作为“锦江”品牌战略的核心。现代质量观念强调酒店全面质量管理，奉行“顾客第一”的宗旨，重在过程控制和质量改进。如果酒店提供的服务产品是零差错，将大大提高工作效率，降低成本，提高顾客的满意度，酒店的经营就会形成良性循环。

（二）酒店品牌的品牌联想

品牌联想是指记忆中同品牌相连的每一件事。例如，美国快餐业大王麦当劳能与很多事情联系起来：一个消费群，如孩子；一种感觉，如有趣；一个产品特征，如服务；一个符号，如黄色大“M”标志的金拱门；一件物体，如汽车；或是一项活动，如去邻近麦当劳的影院看电影等。麦当劳不仅仅是 20 个主要联想和 30 个次要联想，更确切地说，这些联想被组成有意义的组群，如孩子集合、服务集合和食物集合。当麦当劳被提到后，还有许多图像会在意识中出现，如金拱门、牛肉饼或油煎食品等。对于酒店而言，一种稳定而持久的形象力是硬件设施、服务水平、员工精神面貌、饭店设计等一系列形象要素的综合体现。

课堂思考

以知名企业的品牌为例讨论品牌的构成因素。

（三）酒店品牌认知和身份的自我归属

酒店产品被顾客认知了，才成为品牌。一个品牌被潜在的顾客认知了，才会产生购买行为，同时品牌也象征了一种身份。人们通常认为，一个周身上下被种种品牌包围的人就是一个有品位的人，其实顾客在对品牌进行选择时已经受到了来自品牌的暗示而自发进行了自我归属。有身份的人住五星级酒店，即使他本身品牌堆砌没有丝毫品位可言，但他的定位是自己是高高在上的、有品位的、卓然出众的。这就是品牌的核心价值所在，它可以暗示消费者对自己进行层次归属。用时下流行的一个词语表述，品牌代表的就是你生活的“圈子”，因此你无法离开品牌而独自存活。

（四）酒店品牌的知名度、美誉度和传播性

酒店的品牌形象是由高质量的服务产品以及高品位品牌元素的文化创意共同作用促成的。酒店服务产品的高质量是品牌的共性，而高品位的文化创意是品牌的个性，共性和个性的融合就形成了让消费者认同、记得住、崇拜、向往的品牌形象。品牌本身也存在着取代度的问题，一个高取代度的品牌的竞争力也是很脆弱的，这类品牌往往依存于非理性消费市场，消费者由于文化及信息获取渠道狭窄而购买此类并没有形成质量保障的商品。酒店产品的差异性较小，基本上是同质服务，模仿性也较强。一家酒店形成其品牌之后，要强化其品牌特性。一个强势品牌通常是具有无形资产的，可以变现，可以入股，可以被拍卖。因此，只要是具备了传播价值的品牌，不是因为质量倒台的品牌，往往总是可以变成钱的，这就是品牌的传播性赋予品牌的经济价值。

（五）酒店品牌的忠诚度

品牌忠诚度是指消费者对企业产品的认同程度，也可以理解为消费者继续购买该企业产品的惯性程度。酒店的品牌反映了其声望、文化及价值，而它又是建立顾客、股东、员工间忠诚关系的主要因素，所以“员工—顾客—收益”这一链条中的一个主要环节就是忠诚。全球著名的酒店集团都意识到要在国内、国际市场上建立顾客、员工和投资者之间的长期忠诚关系。美国哈佛大学《商业评论》所载的《零变节的高品质服务》一文指出：顾客忠诚度提高 5%，估计可提高全部利润的 25%~85%；忠诚顾客不仅会不断重复购买企业的产品和服务，使企业节约大量开发市场的费用，而且会带来许多新顾客；一个忠诚顾客可以影响 25 个人的购买行为。该文的结论是：以顾客忠诚度为基础建立起来的市场占有率的“质”，远比市场占有率的“量”来得重要。

三、酒店品牌价值提升

国际知名的酒店集团在中国酒店市场上，之所以能以其雄厚的经济实力和人才优势作后盾，在于他们手中有两件法宝或强大的武器：一是连锁经营，带来巨大的规模效益；二是举世公认的、多元化的强大的酒店品牌。其中品牌又具有决定性的意义。然而，中国品牌特别是酒店品牌严重滞后。中国加入世界贸易组织，奥运会、世博会等的成功举办，给中国酒店业带来了极大的商机，客流量也随之不断增长。但是从客源来看，客人因缺乏充足的市场信息，对市场过于迷茫，尤其是来自西方的客人，他们大都倾向于选择国际品牌酒店集团，而对于中国酒店业的品牌却没有很深的印象，缺乏顾客忠诚度。客人需要向导，市场需要有强劲的品牌来引导客人。当今中国酒店业特别是内资单体酒店的总体情况是："单体酒店"及其设备设施等"硬件"条件，至少与国外同类的酒店并无多大差异；关键是管理和服务等"软件"方面的差距甚大。中国酒店品牌的严重滞后，已成为制约国内酒店生存和发展的"瓶颈"。

（一）酒店品牌文化的构建

美国著名的品牌专家拉里·莱特（Larry Light）曾经指出，未来的营销是品牌的战争……拥有市场比拥有工厂重要得多，而唯一能拥有市场的途径是拥有具备市场优势的品牌。在酒店业的市场竞争中，企业制胜的重要武器就是品牌化的发展战略，而其中尤以品牌文化的建设最为重要。品牌文化建设是酒店品牌战略的开端，想要让酒店品牌升华为顾客的一种信仰，想要成为引导顾客消费的潮流指向，必须从文化的视角去塑造品牌，给予品牌文化恰当、有效的定位。

构建强大的品牌文化是每一家酒店企业品牌战略的核心任务。品牌文化的构建不是一蹴而就的，而是需要经过一个循序渐进的过程。构建酒店品牌文化的首要步骤是确认饭店可以利用的各种文化资源，如酒店的名称、CIS系统、商标、名人、企业文化等，根据品牌的定位筛选出可以利用的文化资源，将其整合完善。完成文化资源的整合之后，酒店企业需要根据品牌的战略定位对于各种文化因素进行提炼，建立品牌的价值体系和文化体系，确定品牌文化的特征、范围、内涵。

构建酒店品牌文化有助于建立顾客对品牌的忠诚度，形成情感的维系与价值的认同；有助于增强品牌在视觉形象、行为方式、理念上的辨识度，建立清晰的品牌形象；有助于凸显和保持品牌的竞争优势，避免企业陷入同质化的困境。

（二）酒店品牌文化的传播

酒店品牌文化的定位与创建只是完成了品牌文化建构的第一步。在形成了酒店品牌文化的雏形之后，饭店企业还要考虑如何通过各种有效的途径向目标市场传播品牌文化，让目标顾客了解并接受这一品牌。酒店品牌文化的传播与推广是决定品牌价值与品牌文化形成的决定力量，它可以提升酒店企业的品牌形象，有利于顾客对品牌的理性消费和有效识别。酒店品牌文化的传播过程实际上是酒店和相关公众群体相互沟通的过程。在这个过程中，企业需要用同一个声音持续不断地向目标市场传递与品牌相关的信息，以强化其品牌形象。

广告是酒店品牌文化传播中最常用的方式，它以其鲜活的色彩、生动的画面、艺术化的形象将与品牌有关的信息传递给目标顾客。广告这种方式带有浓重的商业气息，其主要的功能是激发目标顾客的潜在购买欲望。但是除此之外，广告还有一个隐蔽的目标，即文化渗透。在广告的反复作用下，人们会在无形中接受它所传递出的品牌文化。

除此之外，公共关系也在酒店品牌文化的传播中发挥着重要的作用。酒店企业可以借助多样化的公关活动完善品牌文化的推广。公共关系为酒店品牌的传播提供了更丰富的形式和更广阔的舞台。甚至在品牌面对严峻的危机考验的时候，公共关系会发挥力挽狂澜的作用，帮助企业化解危机，重塑品牌形象。

（三）酒店品牌文化的创新

酒店品牌文化的发展不是一成不变的，品牌文化只有与时俱进、不断创新，才能保持鲜活的生命力。酒店品牌文化的创新是酒店企业根据市场需求的变化，对品牌的原有文化内涵或形象识别进行部分的或全部的调整，帮助品牌塑造一种新的形象的过程。品牌文化创新是避免品牌同质化的有效方式。酒店品牌文化的创新是维系持续发展的需要，是适应目标市场顾客需求变化的需要，也是面对竞争对手挑战的必然选择。

酒店品牌文化的创新可以通过三种途径实现：一是扩大现有品牌的文化内涵，使其涵盖的范围更宽泛，意蕴更深远；二是增加与现有品牌相关的异质文化成分，使现有的品牌文化内容得到丰富和拓展；三是为了适应目标市场的变化以及跨文化传播的需要，改变现有品牌文化的内涵。

品牌战略对推动中国旅游酒店业健康发展具有举足轻重的作用。正如世界金钥匙酒店联盟的创立宣言所云："导入一个理念，您将收获一个品牌、一个网络、一个进军世界品牌饭店的市场契机……"恰当地阐述了品牌与各成员酒店的关系，指出了中国酒店品牌化发展的道路。

复习与思考

一、名词解释

酒店产品　酒店产品生命周期　酒店新产品　品牌　品牌忠诚度

二、填空题

1. 一般来讲，饭店产品可分为________和________。

2. 酒店整体产品观念认为：酒店产品应包含________、________、________、________、________五个层次。

3. 酒店产品的生命周期由________、________、________和________四个阶段组成。

4. 酒店新产品一般包括________、________、________和________。

5. 酒店新产品的开发策略有________、________、________和________。

三、简答题

1. 酒店产品具有什么特点？

2. 酒店的整体产品由几个层面构成？

3. 酒店产品生命周期各个阶段的特征是什么？

4. 酒店的品牌价值体现在哪几个层面？

四、案例分析

没有“产品研发部”，酒店的创新力何处安放

酒店产品不能一成不变，创新才能保持竞争力。酒店要想在市场中持续盈利，必须进行产品和服务的再创新，所以“产品研发”不能缺失。

伴随着国内的消费升级，国人的出游理念、消费习惯等发生了明显的变化，疫情下凸显的数字化、集团化趋势，更是引发了整个酒店行业的变革。疫情让各个国家的国门关闭，入境旅客减少，在国内倡导“内循环”的新形势，国内游客成为各家酒店争夺的主流消费群体。

那些原本以服务国外客人为主的酒店产品，显然不能满足国内消费者的需求，产品必须进行调整。千禧一代、“Z世代”等新的消费群体逐渐成为主流，品牌酒店也需思考现有产品如何赢得他们的青睐。从可持续发展的角度来说，酒店产品肯定不能一成不变，创新才能保持竞争力。因此无论是何种类型的酒店都需要有自己的“产品研发部”。

如何看待疫情常态化下市场的变化和趋势？如何应对并寻找新的商机？酒店如何整合各种资源，为顾客提供更好的产品和服务？围绕以上话题，以下是七位资深酒店总经理及品牌总裁来分享他们的观点和实践。

1. 苏州苏州湾艾美酒店总经理庄勤

如果我们把酒店与制造业工厂做个跨界横向对比，就会发现双方组织机构大体相同且职责相近，但工厂中有一个部门是酒店所不具备的，那就是产品研发部或新品研发部，该部门主要根据公司业务发展的战略需求，进行市场调研，研发适销对路的产品并全程跟踪，在事前、事中、事后不断调整策略，确保产品始终符合市场需求，领先竞争对手，为企业赢得更大的市场份额与利润。

作为一个总经理，如何在酒店内推行“产品研发”的理念呢？个人认为，调整“等、靠、要”思想，凡事不能只等集团总部或领导下指示，职业经理人要有对市场需求的敏感度，当然可提前跟总部和业主公司做好报备，取得支持。市场瞬息万变，很多时候等着等着，商机就错过了，一个产品从立项、研发、调整、测试到落地变现，最长2周时间，这对习惯按部就班的酒店人是个很大的考验，因此要做好员工的动员工作。研发新产品时，要对市场上其他同类产品进行跟踪分析，避免雷同，突出特色。正式推出新产品前，要对产品进行有限度、小范围测试，所得数据用来调整产品品质。对新产品要做足推广预热，建议采用预售的形式，通过线上官方渠道、线下活动、第三方平台齐力助推。销售是酒店最大的任务，在酒店推崇人人都是销售员，人人为企业做推销。在酒店由上而下贯彻总经理、部门总监负责制，

各部门总监对酒店所有线上线下产品进行汇总分析，原则是产品不在多，而在于适销对路。

以苏州湾艾美酒店儿童项目“绿野仙踪”为例，平时工作生活在城市中的家庭的父母会希望在假期带着孩子亲近自然，探索户外。而苏州湾艾美酒店坐落在东太湖湾畔，面朝万顷太湖波涛，背靠千年古镇群落，四周环绕着湿地公园、体育公园，自然条件得天独厚。为了吸引更多的亲子客群，酒店与专业野外儿童活动公司合作，打造室内外全方位活动体验，室内以野外帐篷、动物造型、户外采集器材为场景布置；酒店室外有儿童体验活动中心，有专业老师带领儿童与愿意参与的家长一起做手工、上自然课。野外活动按照年龄划分，老师带领孩子爬坡、钻洞、近处观察自然界的植物花草和动物飞鸟，还能在黄昏走进湿地公园、太湖畔，感受“星垂平野阔，月涌大江流”的自然美景。回到酒店，厨师已经为孩子们做好了健康晚餐。入夜，孩子们带着满满的野外知识与家长分享一天的快乐……

2. 杭州泛海钓鱼台酒店总经理王平

把握方向，酒店产品应顺势而为。一是必须看清疫情下市场变化与趋势：高端消费市场增加，给国内的高端酒店带来发展机遇；国民消费升级，高品质产品受青睐；“明星效应”下，直播、网红打卡受追捧；资本和集团化优势凸显，连锁化是未来发展趋势；酒店行业迎来数字化浪潮。二是针对以上变化和趋势，顺势而为，提升产品品质。餐饮方面，满足住客的必备需求的同时早餐，加入当地特色小吃和风味，让酒店餐饮接地气的同时符合市场定位。客房方面，搭建酒店采购平台，提供让客人愿意带走的客用品。

用科技和数据赋能运营管理。打造酒店运营管理 App，酒店每日运营情况可随时在手机上查看。另外，借助平台数据，寻找市场发展机遇。通过对产品和服务的持续改进和提升，杭州泛海钓鱼台酒店 2020 年第四季度酒店总收入超预算 1032 万元，平均房价较前一季度提高 136 元，涨幅 12.7%。2021 年五一假期酒店收入同比 2019 年增长 51%，平均房价同比 2019 年增长 50%，其中 5 月 2 日入住率 100%，平均房价突破 2000 元。

3. 凤悦酒店及度假村环北京区域大区总经理（兼西南区域总经理）张进

疫后酒店产品要符合卫生、新群体和新市场的要求，针对疫情下酒店市场的三个趋势，凤悦品牌进行了积极应对。

一是干净、清洁、防疫、卫生等基本安全因素成为当前消费的决定性条件。凤悦酒店及度假村采用与美团合作的方式，为顾客提供“安心住”“无忧连住房”等服务。根据美团“安心住”的数据了解到，有 91% 准备预订酒店的用户更关注防疫消毒清洁、酒店员工健康等情况；93%的已预订用户通过美团“安心住”了解到了酒店防疫承诺和最新清洁卫生情况，并对最终选择酒店产生了直接影响，提升了凤悦的整体收益。可见，从消费者的底层需求出发，把卫生措施标准化、在线化、可视化，获得消费者的信任和安心，才是赢得酒店可持续发展的着力点。此外，卫生安全不应只是特殊时期酒店的一时举措，而应当成为今后衡量酒店的重要标准。除客房以外，也应该体现在食品卫生安全、消防安全等更多方面。

二是年轻人、亲子家庭成了当前出游的主力军。具体来看，30岁及以下、家庭月收入2万元以上的人群成为主力客源。因此，酒店行业要紧跟消费者需求，满足年轻群体多样化的需求和高层次的期望。直播带货、加强与本地生活平台的合作，其实就是对标这部分随着互联网发展而成长起来的年轻群体的两大法宝。

三是周边和本地复苏最快。借助周边环境，品牌坚持以往商务型会议型酒店模式的同时，也在逐步打造针对亲子游、度假游、家庭游等需求为目标市场的产品，逐步使酒店成为旅游目的地及会议目的地为一体的综合性酒店。

4. 南京金陵饭店总经理周蕾

产品设计要迎合数字化变革等新趋势。当前酒店行业的格局在变，本土酒店迎来新的发展机遇。金陵饭店集团经过多年的发展，正深度进行专业化、数字化、规模化、国际化的战略布局。南京金陵饭店作为金陵品牌的旗舰店，聚焦产品设计与服务，以数字化变革、全域新媒体等营销方式，提升营销精准度及市场占有率。酒店所在地又是全国旅游目的地热度排名领先的城市，始终致力于打造国内旅游目的地平台，为宾客提供餐饮、住宿、会议、度假、购物以及其他延伸服务，让每一块领域都是销售触点必达之处。

在外部资源整合方面，率领酒店在集团中率先启动云PMS升级、进行“尊享金陵”小程序的开发与运用，将品牌标准、酒店经营、品质管理、会员发展等业务结果数据化、移动化，不断引导宾客体验自助C/I系统、在线选房、移动服务机器人、智能电视系统、智能停车引导系统等科技应用，将信息化建设与经营管理深度融合，从而作为范本案例，以科技和数据驱动酒店连锁质效全面提升。酒店还与南京移动集团客户部合作共建，发挥移动公司在网络、数字、智慧建设方面的优势，进行服务场景、智能化的尝试，提升智慧酒店的实践性和前瞻性，进一步推动酒店高质量发展。

当下，酒店行业人力资源匮乏，酒店经营者要加强自身修养，强化人力资源数据化管理，强调人才的培养和储备的战略定位，让人才优势成为生产力的优势，打造出一支专业型、学习型、研究型、创新型的人才队伍。

5. 苏州柏悦酒店总经理杨荣

作为总经理，在产品创新方面，除了发挥自己的主观能动性，还要相信酒店的每一个员工都是有潜力的“产品研发者”。而这里的“产品研发”涉及员工日常的方方面面：前厅部及时关注每一位客人，打造完美到店和离店体验，这种体验不仅直接影响到客人对酒店的整体满意度，还能进行潜在营销；厨师团队传承和发扬凯悦引以为傲的新菜品；市场销售部是酒店的核心部门，了解及收集市场信息，在客人未到酒店前，通过与客人的沟通，建立良好关系，当客人到店时，提供个性化服务，以达到甚至超越客人的期望；人力资源部不断引进优质人才，为酒店提供高标准服务打下坚实的基础等因此，我们需要提升每一位同事的潜力，充分调动团队主动性和创造力，才能不断提升酒店的整体实力。

6. 芜湖世茂希尔顿逸林酒店总经理严晔军

服务社区，酒店产品不应是“奢侈品”。国内的消费习惯从价格驱动发展为价值驱动；网红酒店和“明星效应”让酒店的品牌效应降低；国际旅游市场占比降低；国内短途旅行明显增加；国内商务差旅受疫情产生明显的区域限制；非必要的大型会议及用餐等需求进一步受到限制……

在疫情常态化下，酒店在自身定位和目标客群方面进行了一些调整。作为国际连锁品牌酒店，目标群体不仅仅是外来旅行者，还有当地居民，酒店提供的产品和服务也不再是“奢侈品”，而更加贴近人们的日常生活，让在酒店消费变成一种生活方式。针对这样的认知，我们酒店为大众提供了更加符合国人消费习惯的产品。酒店利用周边有高档住宅社区及众多住宅小区这个优势，动员酒店各方力量，面向社区推出了包括面点、卤菜、半成品菜肴等多款食品外卖产品。主动联系外卖平台开展线上外卖送餐，多管齐下，为酒店争取每一分钱收入可能，争取每一笔可能存在的收入。

7. ZMAX& 潮漫品牌总裁黄玄

对于游客来说，在满足基本的物质需求外，也渴望精神层面的需求，除了想“开眼界”，更希望能深入了解当地的人文习俗，更好地融入进去。

在酒店的产品设计上，ZMAX HOTELS 通过巧妙的软装设计，将品牌的“腔调”和项目当地的城市特色融入酒店中，让住客“足不出户”感受当地文化。ZMAX HOTELS · 北京金融街熙苑四合院店的设计就选用了四合院这一极具代表性元素，人们可以在一砖一瓦中了解传统建筑美学，感受老北京人闲趣雅致的生活。

品牌文化构建可不是件小事。VUCA 时代，一招鲜吃遍天的模式已经行不通了，要不断思考、创新，甚至是推翻再建。价格已不再是消费者选择酒店的唯一条件，消费者更倾向于选择与自己品位相匹配，能彰显个性的品牌。ZMAX 非常重视品牌文化的构建，2021 年年初时曾做了一场长达 12 小时的跨年派对，用艺术装置、精酿啤酒、脱口秀、音乐会、主题电影等内容营造沉浸式的体验，让消费者成为参与者、互动者，让他们从被动观看到主动体验，建立更深的联结。这种感觉比单纯地体验产品，更能给消费者留下难忘的记忆。

包括和一些调性相符的音乐人跨界合作，活动期间入住即可随机获得巡演门票、限量周边等彩蛋礼物，进行一些线上的粉丝活动等。进行流量叠加和用户嫁接，实现破圈。因此，品牌聚集了一帮喜好更不相同的年轻人，对品牌产生反哺的价值关系。

打破单一的产品模式。“一品三赢”是目前 ZMAX 在商业模式上的创新，除了设计酒店 ZMAX HOTELS 外，ZMAX 旗下还拥有以精酿为特色的精酿餐吧“ZaoBar”和以好玩有趣的文创周边为亮点的社交电商“宇宙不正经 Z 货铺”。ZMAX HOTELS 能保障投资人长期稳定收入，ZaoBar 的精酿餐饮能提升消费频次和利润，而宇宙不正经 Z 货铺出售的文创周边，则能打破空间和时间的限制，增加酒店的额外收入。如此立体化的经营模式，让 ZMAX 实现服务触角的多维度延伸，有效增加粉丝与品牌之间的黏性，实现三大业务板块收益增加的共赢局面。让 ZMAX HOTELS 能在物业条件相似、相同房量的情况下，比其他中档品牌坪效高出 2~3 倍。

——资料来源：https：//www.traveldaily.cn/article/146849.

根据上述案例，回答如下问题：

分组进行酒店住宿、餐饮、娱乐以及康养产品的创新策略分析，结合当地酒店业的现状谈谈你对数字化酒店产品发展的认知和观点。

推荐阅读

1. 行家热议：疫情下的酒店技术创新，https：//www.traveldaily.cn/article/144209.

2. 疫情之下，酒店如何创新变革，https：//www.sohu.com/a/386517521_178081.

3. 在互联网背景下如何进行酒店营销策略创新，https：//www.163.com/dy/article/G8PQ772G05389YET.html.

4. 酒店如何通过5种策略的体验营销加快业绩增长？ https：//runwise.co/dtc/90912.html.

综合实训练习

1. 请各小组同学就酒店整体产品的发展策略来分析酒店如何体现绿色、健康、生态、民生以及传统文化等消费需求理念。
2. 由教师划分实践小组，选择当地一家知名酒店，实地了解该酒店的某项产品，并讨论研究产品生命周期理论是否可以用于预测酒店产品的生命周期，并形成书面报告。
3. 选择当地的知名酒店，分析其品牌文化的现状，讨论构建和提升酒店品牌文化对于酒店的发展有何作用，认真做好记录，形成书面总结报告。
4. 各小组找出大家最喜欢的餐馆和菜品，分析产品结构。

项目五 酒店价格策略

价格是最受消费者关注的营销因素之一，酒店价格战在我国酒店行业也是司空见惯。酒店可以通过采取合适的定价策略和方法，赢得市场竞争优势，最终实现既定的酒店产品定价目标。掌握酒店产品的基本定价方法，可以帮助从业者从容面对激烈的价格战，获得尽可能高的销售利润。

本章重点阐述了酒店产品定价的影响因素、步骤及目标，并对酒店客房的定价策略及方法、餐饮产品的价格结构及定价策略、餐饮新产品定价策略进行了详细的介绍，同时对酒店前厅产品的报价技巧进行了探讨。

思政目标

党的二十大报告指出，加强反垄断和反不正当竞争，破除地方保护和行政性垄断，依法规范和引导资本健康发展。本项目旨在培养学生树立公开、公平、公正的竞争理念，通过运用科学的价格竞争策略来保障社会主义市场经济的可持续发展。

学习目标

知识目标

1. 掌握酒店客房定价的方法和策略。
2. 理解酒店产品的定价目标。

能力目标

1. 理解影响酒店产品的定价因素，产品定价的步骤。
2. 熟练运用酒店客房及菜品定价的方法。
3. 掌握前台的报价技巧。

案　例

后疫情时代，旅游业的“破”与“立”

一场疫情让原本蓬勃的旅游业“无过渡式”地步入“寒冬”，旅游业的三年停摆，不仅仅是时间维度的跨越，也是一整个文化代际的跨越。

过去三年，大众消费习惯与偏好上的变化从未停止，旅游业继续延续以往的运营模式显然无法满足当下消费者的新需求。与其他行业潜移默化的更新迭代不同，旅游行业所面对的，是一场重建与升级并存的结构性变革。2023 年将会是旅游行业新发展的关键时期。

在新一轮的旅游消费中“定制化”与“精神契合”成为大家共同关注的行业机会点。

大家普遍认为，过去的跟团游、大众游这些可复制化且千篇一律的出游方式已不再适合当下的更注重体验感的消费者。不同的消费者有不同的消费需求，如年轻人，有主见的他们会更倾向于自驾游或者是小众定制旅游；而老年人则是更倾向于旅居康养；出境游会持续以团队游为主，但也会向更高端的定制游转化。更加细分化、品质化、个性化将是旅游行业在旅游产品上迭代升级的重要方向。事实上，行业中的主流公司也早已行动了起来，发力高端定制游业务。

而在精神契合层面，以目前颇受年轻消费者欢迎的旅游目的地阿那亚和杭州良渚文化村为例，二者都着力在生活方式和精神价值观共鸣层面进行打造，而它们也早已形成了各自固有的稳定客群。坦白地说，对于很多年轻消费者来说，去哪儿游不重要，重要的是在哪儿可以遇到有趣的人，真正地放松身心。

事实上，如今的消费者，特别是年轻消费者，在旅游消费上也正逐渐回归理性。旅游业以往无序、粗放式的发展模式已不再行得通，如今的消费者比以往任何时候都要“精打细算”，尽管是旅游，也要切切实实地把钱花在刀刃上。特色与卖点将会成为旅游服务机构们的核心竞争力，整个旅游业将从野蛮生长阶段过渡到运作更加专业化、精细化的阶段。

当一个行业进入发展成熟期，消费者将会掌握市场的话语权，特别是在这个越发扁平化的传播空间里，好的产品自己会说话。

“今年的三亚太拥挤了也太贵了，不过当看到海面上突然升起的一大片烟花和女儿如花般的笑脸，就觉得一切都是值得的，毕竟这是属于我们的独家记忆啊！”Chloe 如是说。

就像女作家三毛说的那样：“旅行真正的快乐，不在于目的地，而在于它的过程。遇见不同的人，遭遇到奇奇怪怪的事，克服种种的困难，听听不同的语言，对我都是很大的快乐。”

你看，面对旅行，旅行者总是多了些包容，无论在上一程遇到多大的“不快”，总会选择继续择机再次上路。

2023 年，旅游行业的春风已然吹来，但机会注定只属于那些“明白”消费者的人。

旅游行业如此，商业也是如此。

——资料来源：http：//www.21jingji.com/article/20230131/herald/8f2aff1f92fc3f877035e8f1fd585697.html.

案例分析

酒店业价格竞争的表现有哪些？风险何在？应如何应对价格竞争？

任务一　构建产品价格

定价是一种市场营销策略。在现今高度竞争且日趋全球化的市场中，定价的合理与否经常是使企业获利或赔钱的关键。由于定价的复杂性，很多酒店根本就不考虑这一问题，要么自己决定成本，并按行业的传统方式获取利润；要么认为价格是由市场决定的，而自己不想办法应对。另外一些人则持不同的态度，他们主动将定价作为其实现业务目标和财务目标的关键手段。这些高明定价者已经认识到价格具有极高的杠杆效应，并且已经能够按有助于改善企业盈利状况的方式来实施定价。因为价格理论认为，每个企业必有一个“最适价格”，该“最适价格”包含以下含义：可以创造最大利润的价格；偏离“最适价格”越远，任何一次错误的价格调整都会带来不利的后果；定价过高和过低同样会带来不利的后果。

酒店为了实现定价目标，就要采取合适的定价策略和方法，以便最终实现既定的酒店产品定价目标。通过制定特定水平的价格以实现其预期目的，以此获得尽可能高的销售利润。

一、影响酒店产品定价的因素

需求、供给量和成本在酒店的产品定价中起着重要的作用。市场和对顾客的需求决定了酒店产品价格的上限，而酒店的变动成本决定了产品价格的下限。酒店产品价格上限是在特定的市场环境条件下，消费者可以承受的最高价格。酒店产品价格下限是一家酒店在收入足可抵消全部固定成本的情况下所定出的最低价格。

竞争环境或是供求关系可以帮助酒店更精确地确定产品价格。市场需求量的上升或下降、市场对酒店产品价格变化的敏感程度以及本酒店是价格领袖还是追随者等都会对酒店产品定价决策产生影响。影响酒店产品定价的因素主要有以下几种。

（一）需求

市场需求对酒店产品定价会产生很大的影响。消费者的需求具有波动性，这种波动性影响着酒店产品的定价。由于消费者的需求在一周或一个月或一年内会产生很大的波动，营销人员就要考虑多种价格，这增加了定价的难度。在不同的目标市场，需求的价格弹性不一样。所谓需求的价格弹性是指消费者对价格的敏感程度。价格变化幅度很小，但引起的需求变化很大，那么说明需求的价格弹性大。需求弹性大的目标市场，其客人对价格的敏感程度也高。因此，营销人员需要针对不同的目标市场制定不同的价格。

以客房为例，需求决定了酒店客房所能开出的最高价格，即“市场承受力”，而“市场承受力”会随市场需求的变化而发生惊人的变化。因此，酒店在制定房价时，需要确定特定的目标市场。任何来自目标市场的需求都是会变化的，顾客对酒店产品的需求受到多种因素影响。其中除自身价格外，影响需求上升或下降的因素还有如表 5–1 所示的几点。

表5–1　影响客户需求量的因素分析

需求上升的因素	需求下降的因素
竞争对手房价的上升	竞争对手房价的下降
顾客经济收入上升较大	客源市场的偏好发生转移
酒店产品对顾客偏好的满足	顾客经济收入下降

续表

需求上升的因素	需求下降的因素
酒店内互补产品质量的提高	酒店内互补产品质量降低
客源国经济状况好转	客源国经济萧条
政府鼓励消费，银行利率下调	政府鼓励储蓄，银行利率上升
通货膨胀	经济衰退及萧条
旅游旺季来临	旅游淡季来临
大型节庆活动、国际会议、展览在本地举行	失业

（二）供给量

市场上客房的供给量会对客房价格产生影响，供给量受到如表5-2所示的各种因素的影响。假定除价格外其他因素均无变化，那么供给量与价格之间成正比关系，即价格上升，供给量就会上升；价格下降，供给量也会下降。

表5-2　影响客房供给量的因素分析

客房供给量上升的因素	客房供给量下降的因素
国家或地方政策明显对酒店有利	国家或地方政策明显对酒店不利
政局稳定	政局动荡
经济增长	经济萧条
生产成本和经营费用大幅度上升	生产成本和经营费用下降
投资者预测未来的旅游需求会有很大增长	投资者无法预测未来的旅游需求是否会增长

（三）成本

产品成本是决定产品价格的重要因素，只有当产品价格超过产品成本时，企业才能盈利。酒店的成本可分为固定成本和变动成本，以下以客房为例说明。

固定成本是不随客房业务变动而基本固定不变的成本，变动成本是根据客房业务量的增减而同步变动的那部分成本。酒店客房的变动成本基本上是客房人力资源成本（职工工资、奖金、补贴、保险等）、浴室的个人卫生用品、客房清洁用品和布草洗涤成本等，这是一间已出租客房的基本花费。在酒店业中，变动成本相对较低，每晚几十元至一二百元不等，这取决于酒店服务的水平（经济型、中档型、豪华型）、位置（大都市、郊区或旅游区等）和客房出租率的高低（客房出租率高时经常造成加班工资和补贴）。

变动成本主要与定价有关，在定价时必须将变动成本考虑在内，这是制定房价的基本起点，任何超出这些变动成本的收入都有助于抵消部分固定成本。

（四）价值与消费者观念

价格是顾客为了取得某项产品或服务所付出的经济代价。顾客会将这份代价（价格）与其对该项商品的认知价值加以比较，如果价格超出了顾客认同的“合理限度”，顾客要么放弃这类选择，要么进一步了解产品的有关情况，以决定是否购买；当价格被认为是“可以接受”时，顾客需要进一步了解产品和服务，以证实是否“物有所值”。酒店业的产品相对于其他工业产品或服务，其价值包含的内容更广泛，如硬件设备、服务、形象、位置、广告、互补性、顾客的消费感受等。这些因素综合起来构成了顾客心目中的价值观念，形成顾客关于价格的“合理限度”。

二、酒店产品定价的步骤

分析市场环境，选择目标市场，确定和开发服务产品组合，产品定价、销售渠道、产品促销以及它们之间的协调配合、最佳组合，是酒店市场营销活动的主要内容。酒店市场营销活动所要做的就是密切注视不可控制的外部环境变化，恰当使用营销组合策略，使酒店可控变量与外部环境不可控制的变量迅速相适应。这也是酒店经营管理能否成功、酒店能否生存和发展的关键。由于“4P”中只有定价在财务上表现为收入，而其余的要素在财务上均表现为成本。因此，确定合理的价格是关系到酒店经营效益好坏的关键。

（一）确定一个合适的房价需要考虑的几点

（1）决策者需考虑酒店初始投资和固定成本的比例。因此，酒店产品价格必须足以负担各种费用、投入资本以及保证利润。

（2）酒店产品具有不可储存的特点。与传统产品和服务不同，酒店不是在销售客房，而是在出租客房。换句话说，酒店只是在销售客房一段时期的居住使用权。因此，如果一天内客房出租率不到100%，那么未出租的客房价值就是一笔绝对的损失。

（3）决策者还需将住宿率、入住季节、酒店类型以及市场因素考虑在内，以便尽可能合理地确定房价。该房价必须对酒店的目标市场具有足够的吸引力。

因此，在客房求大于供时努力提高房价；在供大于求时，以降低房价为代价，努力提高出租率。

（二）酒店产品定价一般应遵循的步骤

1. 市场需求整体分析和变化分析

酒店管理者应灵活运用 SWOT 分析法，综合分析酒店在市场经营中的优势、劣势、机会和威胁要素，找出影响需求的外在因素和内部原因，密切注意和了解区域市场和酒店竞争对手的情况，确定客源市场，预测客房需求量和需求变化趋势，为酒店市场定位和客房定价做好准备。

2. 酒店市场定位

酒店市场定位是指酒店为了使自己的产品和服务在公众和目标市场顾客的心目中占据明确的、独特的、深受欢迎的地位而做出的各种决策和进行的各种营销活动，从而为其产品和服务在市场上确定适当的位置。

顾客的感知是市场定位的全部，市场定位决定着客房价格的上限和下限。如果顾客认为一家中档酒店的产品价格太高，那么不管该酒店的经营者如何认为，他们将会到别的酒店去；如果顾客认为该家中档酒店的产品价格太低，他们也会担心服务质量低劣而敬而远之。

市场定位是由酒店高层管理人员制定的，他们参考了一系列的因素，其中包括酒店所处的地理位置、环境、酒店星级、知名度、酒店接待设施以及市场营销能力等。

3. 酒店目标市场细分

由于顾客的多元化、酒店自身的竞争优势以及酒店希望占有更多的市场份额，酒店必须对目标市场进行细分，把市场分为若干由包含相似需求顾客群的子市场。所谓相似需求包括顾客群对酒店有共同的需求、对同一个营销行为有相似的反应等。酒店目标市场细分的目的是掌握一年中不同时期各个细分市场的需求数量，了解各细分市场顾客的行为方式。

例如，酒店客房的市场各不相同，顾客有着多方面的需要。根据旅游目的的不同，酒店顾客可以划分为团体顾客（包括会议团体和旅游团体）和非团体顾客（散客），散客又包含两种类型：公务旅游者（商旅人员）和休闲旅游者。因此，酒店客房的目标市场可以细分为：会议团体市场、旅游团体市场、公务旅游者市场和休闲旅游者市场。散客市场两大类顾客的目的和要求很多且各不相同，它们分别具有如表 5–3 所示的特点。

表5–3　散客市场两大类顾客的特点分析

公务旅游者（商旅人员）	休闲旅游者
经常临时预订客房	经常提前很长一段时间预订客房
希望在周末之前返程	经常在休闲目的地度过周末
目的地很明确，较少改变旅行计划	目的地很灵活，经常改变旅行计划
住店时间比较短	住店时间比较长
希望酒店的服务质量比较高	对各不相同的质量水平都能接受
对酒店的地理位置要求高	对酒店的地理位置要求并不很高
希望酒店比较有名	对酒店是否著名并不关心
价格敏感度较低	价格敏感度较高

酒店若制定高价，价格敏感度高的休闲旅游者就不会预订入住酒店；价格敏感度低的公务旅游者虽然会抱怨，但他们仍然会去旅行。酒店若制定低价，可以吸引休闲旅游者，然而，公务旅游者也可以一样支付低价，这就造成了酒店营业收入的下降。因此，为了扩大对价格敏感度比较高的休闲旅游者细分市场的收入，同时确保来自价格敏感度较低的公务旅游者细分市场的收入不至于减少，酒店应设置一定的限制条件将两个市场分割开来，对不同的细分市场提供不同的房价。

对散客市场的限制条件一般包括：提前预订、提前付款、不可退款、不可改变入住日期、最短住宿天数、度过周末等。

课堂思考

举例说明并讨论细分市场对制定价格的影响与作用。

4. 产品定价和评估

酒店根据市场对客房需求状况以及酒店自身的市场定位和对各细分市场的分析，可以对各类细分市场在不同季节、不同类型客房设计出一个合理梯度的价格，来吸引属于不同细分市场的顾客。

酒店一般根据客房的区位、大小、外景与豪华程度定义不同的客房类型，确定不同细分市场的不同房价。此外，酒店根据不同的旅游季节，确定淡季、平季和旺季不同细分市场、不同房型的不同房价。

酒店确定的房价并不是一成不变的。酒店决策者将随时根据市场供需状况，调整不同细分市场、不同季节的各类型房价。

三、酒店定价目标

酒店定价目标都是获取最大化的销售额和利润，但这只能说是酒店的长远整体目标，具体到某一时期，为某一产品定价时，目标是有差异的，是策略性的。归纳起来，常见的定价目标有以下几种：

（一）利润目标

利润目标是建立在财务分析基础上所确定的定价目标，这种目标在实践中有不同的表现形式：

最大利润目标。最大利润目标是指酒店以获取最大限度的利润为目标。为达到这一目标，酒店将采取高价政策。其重点在于短期内的最大利润，仅仅适合于酒店产品在市场上处于绝对有利地位的情况。

满意利润目标。满意利润目标是指酒店在所能掌握的市场信息和需求预测的基础上，按照已达到的成本水平所能得到的最大利润。这种最大利润是相对于企业所具有的条件而言的，因此，满意利润也就是酒店的目标利润。

（二）销售目标

销售目标是将扩大销售量作为价格策略的实现目标，可以达到增加市场份额、通过增加顾客而奠定经营的基础、提高客房出租率和餐厅翻台率、增加边际贡献等目的。销售目标往往采取以下两种具体形式：

市场占有率目标。市场占有率目标是酒店经营状况和产品竞争力状况的综合反映。较高的市场占有率可以保证酒店的客源，巩固酒店的市场地位，提高酒店的市场占有率。既可以排除竞争，又可以提高利润率。

销售增长率目标。销售增长率目标是以酒店产品的销售额增长速度为衡量标准的一种定价目标，当酒店以销售增长率为定价目标时，往往会采取薄利多销的产品定价策略。

（三）竞争目标

竞争目标是与竞争对手在价格上进行斗智的工作，但是，现代酒店的经营实践给很多企业家都上了一堂严肃的价格课：通过价格进行竞争，如果实力相当的话，最终只能是两败俱伤。很明显，价格竞争是最下策的竞争方式，因为酒店的固定成本很高，价格竞争必然导致收益流失。酒店所依赖的顾客来自其他地区，客源的多少受价格因素的影响很大。所以，同城内的同档次酒店彼此采取价格竞争策略等于自杀。

（四）顾客目标

顾客目标是指能对顾客形成有利于他们影响的定价原则。由于价格是产品和服务的展现组合因素当中最直观的因素，因此，有很多方式可以使价格起到这样的作用。

通过稳定价格而培养顾客的信心。按照酒店产品具有不可存储性和季节波动的特点，酒店通常采取淡旺季差异性定价策略，当然这有时会对市场形成不好的效果，影响产品质量，打击回头客。

（五）企业形象目标

酒店形象是酒店的无形资产，它直接代表了酒店提供服务的质量及在顾客心中的价值定位。一家具有良好企业形象的酒店往往能在竞争中处于优势地位，因而很多酒店把维护酒店形象作为定价目标。酒店不因具体的淡旺季和偶然的波动而轻易改变其定价策略。其具体表现是：充分考虑产品价格水平是否能为顾客接受，是否与他们的期望水平接近；酒店定价要顾及合作企业的利益，依靠与他们的合作寻求生存和发展；酒店定价要遵守国家相关法律、法规和市场竞争规则，不能侵害消费者权益。

任务二　酒店客房产品定价的策略

由于酒店存在着地理位置不同、目标市场不一、客房标准差异、提供服务的季节不一以及顾客需求、酒店成本和同业竞争等因素，酒店客房定价的复杂性可能较传统工业产品和一般服务更为复杂。很多酒店对房价的确定存在着临时性；被动跟随市场价格；无法主动根据市场需求、供应以及竞争环境的变化，参考酒店的业务目标和财务目标提前决定一个最适房价。

一、酒店客房定价的策略

酒店客房价格包括门市价和折扣价。门市价通常是对外公开的客房价格。在运行良好的市场状况下，酒店客房门市价是根据成本加利润的定价方式加以确定的，计算公式如下：

门市价 = 经营成本 + 资本成本 + 利润 + 预测的顾客数量

现在，很少会出现客房全部以门市价原价销售的情况。虽然绝大多数酒店采用较高的门市价来显示自己的服务档次，而实际上往往通过折扣优惠价来吸引顾客入住。

现代酒店的折扣优惠价是在成本导向定价的基础上，结合等级定价法最终采用需求差异定价法来决定酒店客房价格。

由于顾客的价值认知度决定了酒店客房价格的上限，因此酒店销售目标的各细分市场决定了酒店的房价；反之，不同的房价有助于确定不同细分市场的组合。

（一）成本导向定价法

成本导向定价法是一种以客房成本为基础制定价格的方法，能比较准确地计算各等级客房价格的标准。

由于酒店业与其他行业相比，其成本构成有很大的不同。酒店业固定资产的投资占总投资额的比例一般为70%~80%，因此，固定资产折旧、设施摊销、员工工资等构成的固定成本的支出占酒店整个客房成本的比例几乎达到90%，而客房的变动成本只占酒店整个客房成本很小的比例。

酒店中经常使用的赫伯特定价法就是成本导向定价法中的一种。这种定价方法以目标利润额为定价目标，在已确定计划期酒店客房经营成本的前提下，通过计算酒店预计客房收入指标，最终确定房价。

酒店在各个不同的经营季节可设定不同大小的目标利润额。在淡季，可降低目标利润额以降低房价，提高出租率；在旺季，可提高目标利润额以提高房价，增加客房营业收入。尽管在淡季可以用来弥补固定成本的收入很低，但还是会对抵消经营活动的固定成本起到积极作用；在旺季，这种抵消作用将会增强。

在整个产品生命周期，利润也是不断变化的。在产品的衰退期，收入对固定成本的抵消作用很小。这时，酒店所面临的已经不是盈多少利的问题，而是根本的生存问题。因此，当时只要顾客愿意接受的价格达到或超过变动成本，酒店就应当将客房销售出去。虽然这种策略可以帮助酒店将业务范围扩大到对价格敏感度较高的市场中去，但要注意价格不要低到影响酒店在市场中的定位。

（二）等级定价法

等级定价法是根据酒店客房的特色差异，如客房大小、豪华程度、外景、所在楼层等把房价分为不同的种类。这种定价方法目前在许多酒店得到采用。

对于等级定价法来说，每一层次的客房反映了不同的消费水平，而每一层次不同类型的客房又迎合了不同的消费需求和偏好。酒店可根据客房的实际接待能力和市场需求来确定梯度等级价格。如果完全按照市场的需求划定等级，而酒店却无力提供具有不同特色的客房，就会给市场留下“名不副实”的印象。如果完全按照酒店客房的类型划定等级，但酒店能够出售的高价客房也是有限的，这样限制酒店潜在收入的就是客房的水平，而不是需求水平。

虽然等级定价法可以将酒店产品（客房）“一分价钱一分货”地出售，但由于没有针对不同的目标市场进行销售，因此纯粹的等级定价法是片面的、不完整的，它忽视了不同目标市场的需求。

另外一种等级定价法在连锁酒店中的表现是品牌延伸。聪明的连锁酒店不只是推出一种产品的捆绑方案，而是以不同的价格提供一系列的捆绑方案。以万豪国际酒店集团定位为例，它的最初产品叫作 Marriott Hotel（万豪酒店），定位为“高价高品”，即超出平均水平的价格和服务，包括软件和硬件。后来，它又推出高于这个水平的方案，可以称为“极高价极高品”，即 JW Marriott Hotel（JW 万豪酒店）。由于 Marriott 是一个著名品牌，不能轻易放弃，为了占领高端市场，只是在品牌前面加 JW，显出更高的品位。后来万豪又推出适合商务旅客的 Courtyard Hotel（万怡酒店），分品牌仍旧利用了万豪的名气。当它推出更加廉价的汽车连锁旅店时，它不再使用万豪品牌了，而是使用 Fairfield Inn（费尔菲德旅馆）。这就体现了不同的价格提供不同档次的软硬件服务。当目标公司经济状况好时，其雇员公务旅行可以选择住 JW Marriott Hotel 或 Marriott Hotel；当目标公司经济状况不好时，为了感受 Marriott 的酒店文化，可以选择 Courtyard Hotel，甚至 Fairfield Inn。也有顾客，当他公务旅行时，可以选择 JW Marriott Hotel 或 Marriott Hotel；当他私人旅行时，可以选择其他档次的万豪酒店品牌。

（三）需求差异定价法

在多数城市市场上，一年中大部分时间存在着客房闲置的情况。举办活动和季节性的需求是仅有的客房满员的时候，因此市场营销的挑战就是在市场需求的淡季尽量出租客房。所谓需求差异定价法就是一年中不同的日子和不同的时间，同一客房可能会以不同的房价出租给顾客。同样，房价的变化将会吸引特殊的消费群体。酒店客房需求差异定价法的前提条件是：

（1）酒店能够了解不同层次的顾客入住酒店的愿望和能力，即知道不同的顾客对酒店客房所具有的不同的需求弹性。

（2）目标市场必须能够细分，而且这些细分市场要显示不同的需求程度。

（3）不同的细分市场之间必须是相互分离的。需要特别注意的是，负责低价的细分市场人员不得将产品转手或转销给负责高价的细分市场。

（4）酒店细分和控制市场的费用不应超过差异定价法所得的额外收入。

需求差异定价法有以下两种形式：

1. 市场细分定价法

在这种情况下，酒店采用合理的原则和限制性条件等划分标准，将不同的顾客划分为不同的细分市场，不同的细分市场对酒店同样的客房和服务，支付不同的价格。顾客能根据自己的需求、消费方式及愿意接受的支付水平而将自己划归到合适的房价类别中去。这种划分标准的重要作用在于：酒店在向一个细分市场的顾客销售打折客房的同时，又能保证来自另一个愿以更高房价入住的细分市场的收入不致减少。因此，通过采用划分标准和其他限制性房价政策，酒店能尽可能地扩大在目标市场的营业收入，同时避免来自高房价细分市场的收入减少。

市场细分定价法一般有以下几种形式：

（1）商务房价。公务旅行者是入住酒店频率最高的顾客，因此公务旅行者几乎是所有酒店追求的目标。为了吸引这些顾客，一般要协商制定特别鼓励价。额外的吸引力通常包括可以免费或优惠使用特殊的商务服务，如秘书、周末私人助理、传真设备、计算机、复印、会议室、电视会议设施、多媒体会议设施、可能的外语翻译服务等。

（2）公司房价（政务房价）。公司房价是指酒店将一些大公司或对酒店服务设施利用率很高的公司或政府机关作为服务对象，并对其长期惠顾提供低廉的房价，使用酒店的其他服务项目提供一些特价的优惠。这一策略的另一种形式是让顾客加入某一专门俱乐部。该俱乐部不仅提供酒店各种服务项目的折扣，并且为其在相关的商店购物、订票、租车、旅游提供优惠。目前，国内的订房中心就是这一形式。

（3）会议房价。举行会议、培训、庆典、特别文化或体育活动的专业团体、行业团体、商业团体以及社会团体总在寻求最实惠的酒店。大多数酒店均力争获得此类业务并且推出可商议的最低房价、餐饮折扣等。另外，酒店将房价和其他额外服务项目捆绑混合在一起，从而使顾客难以与其他竞争酒店的价格进行比较。在会议优惠中，酒店常常为会议举办人提供交通及其他特殊安排。

（4）旅行社房价。旅行社房价是指酒店与旅行社协商制定的特殊打折房价，它是旅行社营销自己包价旅游的关键。从酒店的角度看，折扣可以由同时入住的客房数量来弥补。

2. 时间定价法

在这种情况下，不同季节、不同日期，甚至不同钟点，酒店都可以采取不同的房价。由于旅游团体市场随不同的季节而变化，公务旅行者在周末和节假日很少入住酒店，因此，酒店可以通过时间的划分，尽可能扩大目标市场的收入。时间定价法一般有以下几种形式：

（1）季节房价。按照酒店经营的淡旺季，分别确定旺季最高价格、淡季最低价格和平季价格，以吸引不同细分市场的顾客。尤其是对团体顾客，往往分别制定不同季节的不同房价，对非团体顾客往往制定淡季的促销小包价。

（2）周末（节假日）房价。商务人士或会议组织者一般倾向于计划在工作日使用酒店设施。因此，大多数酒店在周末和节假日都有大量空房。周末（节假日）房价旨在于用特别优惠的房价吸引顾客在周末入住酒店或吸引本地顾客入住。

（3）日价。酒店为白天入住的顾客，如会议人员、误机人员等专门制定的房价，也称钟点房价格。此类房最长使用时限一般不超过 6 小时，并在 18 时前退房。日价可以使酒店客房在一天内出租两次，增加酒店客房收入。

二、酒店客房定价的方法

酒店客房定价的策略有很多种，以上仅介绍 3 种，各种定价策略并不是孤立的，酒店经营者应结合酒店的实际情况，以顾客价值认知为原则，综合运用各种定价方法，为酒店创造最大利益，使酒店立于不败之地。在运用客房定价各种策略时，应注意结合酒店自身情况，灵活有效地运用价格手段，并掌握以下常用的定价方法：

（1）若当地有节庆活动时，酒店一般应严格限制折扣并且要求最短滞留时间。

（2）当需求较大时，酒店可确定正确的市场间隔组合以便以最高的房价销售客房。

（3）当出租率快速攀升时，减少或取消低价房供应；当需求下降时，重新开放低价客房，吸引价格敏感度高的顾客，提供特别折扣或小包价。

（4）一次性大批量客房销售只针对那些愿付高价的团体顾客。因为为了接待大型团体顾客，酒店必须在团队到达之前就预留大批客房。团队离店后，好几天内酒店不一定能够接待足够的新顾客，一部分客房就会空闲。

（5）把客房销售给那些愿意使用酒店会议、餐饮、展览等设施的团队或要求团队使用这些设施，以增加酒店收入。

（6）酒店竞争者削价竞争时，酒店在分析竞争者设施、服务、价格等情况下，不必急着降价。酒店可以采用额外提供其他服务的方式来变相降价或使顾客无法与竞争者进行价格比较。额外的服务包括：免费提供早餐、免费洗衣、免费延迟退房、免费享用水果等。

（7）当酒店决定提价时，酒店可附加提供部分优惠服务，如免费传真、复印、使用上网，免费提供洗衣、擦鞋、早餐等服务，使顾客无法将酒店房价与竞争对手做比较。

（8）当竞争对手已提价或客房供不应求，酒店评估客房提价可能会产生不利影响时，酒店可考虑改变或减少部分免费服务项目，如免费早餐等，以间接提价。

任务三　餐饮产品价格的设计

餐饮产品定价在餐饮企业的日常经营中占有很重要的位置，餐饮企业要选择适合自身的价格策略，来达到最小经营成本和最大销售利润的目的。定价的结果不可顾此失彼，既要照顾到期望中的顾客，也要使企业有利可图。

一、餐饮产品价格结构的特点

餐饮定价要以变动成本为基础。酒店的餐饮产品与制造业的产品有某种相似的地方，它们都需要购进原材料进行生产。产品的价格结构中，占较大比例的是原材料成本，所以餐饮产品定价一定要以这部分变动成本为基础。

人工成本是餐饮产品定价中要考虑的重要因素。由于餐饮产品不能大批量地生产，而是根据顾客的指令进行小批量加工生产，并且由服务人员直接为客人提供服务。在酒店中，人工费在餐饮产品价格中占有很大比例。餐厅中有些精细菜的加工生产费用远远超过原料成本。有的酒店餐厅的服务费用也很高。因此，在定价时人工费是一个不可忽视的重要因素。

要充分考虑顾客的需求。酒店餐饮产品的销售一般不通过销售商销售，而是直接向顾客销售。由于餐厅直接面向顾客，因而定价决策与顾客的直接反应、顾客的就餐喜好以及他们对价格的敏感度有直接关系。这一点与制造业不同。制造企业远离顾客，无法根据顾客的直接购买反应调节价格，而餐饮企业可利用价格直接影响需求，应对竞争。正因为餐饮产品价格的这种特点，餐饮产品定价还要考虑顾客的需求。

二、餐饮产品定价策略

餐饮产品受季节、时令和竞争等环境的影响很大，所以一般餐饮产品的价格在市场上表现得极为敏感，消费者对产品价格的了解相对较多，因此餐饮产品价格的透明度较高。目前，市场上餐饮产品定价策略较为集中，主要表现为三种定价策略：

（一）以成本为中心的定价策略

多数餐厅主要是根据成本来确定以食品为中心的定价策略，常使用以下两种不同的方法：

成本加成定价法。成本加成定价法是指按实际成本再加上一定的百分比定价，不同餐厅会采用不同的百分比。所谓实际成本是指用于购买原料的支出，“加成”则指销售毛利百分比，这是最简单的方法。酒店可以掌握控制生产费用的主动权，从而确保获得预期利润。但是，这种方法并没有考虑市场供求和竞争的因素，计划人员必须结合需求导向定价法进一步调整餐饮产品价格。

目标收益率定价法。目标收益率定价法是指先定一个目标收益率，作为核定价格的标准，根据目标收益率计算出目标利润率，计算出目标利润额。在达到预计的销售量时，能实现预定的收益目标。一方面，根据成本制定的价格，是餐厅必须达到的价格，如果低于这个价格，餐厅经济效益会受损。另一方面，运用以成本为中心的定价策略，只考虑成本单方面因素，忽略了市场需求和客人心理，不能全面反映餐厅经营效果。

（二）以需求为中心的定价策略

与成本导向定价相配合的需求导向定价，可使酒店在成本价格的基础上灵活运用价格策略，根据市场和竞争的需要以及客人心理的变化对价格进行调整，最终使客人、饭店双方均获益。这是根据消费者对商品价值的认识程度和需求程度来制定价格的一种策略，也有以下两种不同方法：

1. 理解价值定价策略

由于餐厅所提供的食品饮料及其质量、服务、广告推销等“非价格因素”不同，使客人对该餐厅的产品形成了不同的观念，根据这种观念制定相应的、符合消费者价值观的价格。

（1）尾数定价策略。针对消费者不同的心理反应，餐饮产品的定价应遵循一定的要求，通常有奇数和偶数两种尾数定价法。奇数定价法国外餐饮企业使用得较多，特别是很多餐饮产品的总体价格低廉，致使消费者对越低价的商品越注重商品价格的尾数或小数的数字。一项对美国 242 家餐厅所做的调查表明，58% 的菜单价格以 9 结尾，35% 的菜单价格以 5 结尾，7% 的价格以 0 结尾。而针对偶数定价法而言，我国餐饮企业使用得较多。根据我国餐饮企业的经营经验，中国消费者就餐图吉利，因而更容易接受 6、8 等较为吉利的数字，因此，餐饮企业在具体定价时必须充分考虑这些吉利数字。例如，香港玉屏轩海鲜酒家的推介菜单有如下内容：精美小菜 38 元起计、清蒸大东星斑每条 388 元、姜葱炒肉蟹每 500 克 68 元、生猛澳洲龙虾每 50 克 18.8 元、白灼基围虾每 50 克 3.8 元。

课堂思考

讨论时下餐饮产品定价的一些常见做法。

（2）首数定价策略。消费者通常会根据餐饮产品价格的第一个数字来做出消费决策，他们认为菜肴价格中的首个数字要比其他数字更重要，因为每个首位数字会代表一个价格等级。如消费者会认为 8.9 元与 9.1 元两种价格之差要比 8.7 元与 8.9 元两种价格之差大得多。因此，餐饮企业应该了解消费者的心理，宁可将菜肴的价格在同等级内调整，如菜价从 8.2 元调整至 8.7 元，也不要将菜肴的价格跨等级调整，如将菜价从 8.9 元调整到 9.1 元。

（3）固定数定价策略。心理学家调查显示，有些消费者会把某一价格范围看成一个固定价格。例如，他们经常会把 8.6~13.9 元看成 10 元，把 14~17 元看成 15 元，把 18~23.9 元看成 20 元等。

2. 区分需求定价策略

区分需求定价是指餐厅在定价时，按照不同的客人，不同的地点、时间，不同的消费水平、方式区别定价。这种定价策略容易取得客人的信任，但不容易掌握好。以需求为中心的定价策略是根据市场需求来制定价格。如果说，以成本为中心的定价策略决定了餐厅产品的最低价格，那么以需求为中心的定价策略决定了餐厅产品的最高价格。在具体实践中，根据市场情况，可分别采取以高质量、高价格取胜的高价策略；也可采取以薄利多销来扩大市场、增加市场占有率为目标的低价策略；以及灵活采用的优惠价格策略，给客人以一定的优惠，来争取较高的销售额和宣传推销本餐厅产品之效果。当然，这些策略并不是随意使用的，而是通过市场调研，根据市场需求决定的。许多餐厅在新开张期间，为了使餐饮产品迅速打入市场，让顾客了解餐厅所经营的产品，吸引顾客消费，会暂时将价格压低，一旦过了优惠期，便将价格恢复正常。一般优惠的定价策略都是短期的，具体来说有折扣优惠、时段优惠、地点优惠等多种方法。

（1）折扣优惠定价策略。采用折扣优惠定价策略时，产品价格完全是利用消费者乐于享受各种优惠待遇的心理需求而制定。在实际操作中，折扣优惠定价策略包含了真实折扣和虚假折扣两种形式。真实折扣是经营者在原有菜品价格的基础上给消费者实在的优惠比例，使客人在购买此菜品时比原来便宜。而虚假折扣是经营者用打折来吸引消费者，先提价再折扣，保持实际折扣的价格水平与原来核定的真实价格水平基本相当。由于消费者对此并不知情，所以无论真实折扣还是虚假折扣，都具有一定的吸引力。当然，在具体的运用中，餐饮企业还实行一次性折扣和累计性折扣两种方式。其实折扣优惠的方法很多，远不止这些手段，实际工作中还可以采用回赠优惠券、免去餐费零头、发放实物礼品、赠送菜肴、免费享受特价菜等做法来吸引顾客。

（2）时段优惠定价策略。这一策略是根据客人就餐的不同季节、日期、时间等采取不同层次的优惠价格策略。包含的内容主要有：季节优惠、周末优惠、时间优惠等。时段优惠定价策略一般多用于生意较好的餐厅，这种做法既可以将餐厅的利用率大大地提高，将顾客分流，使较淡的时间段被充分利用，同时又能调节菜式结构，保证菜肴新鲜而优质。

（3）地点优惠定价策略。这是一种目前流行起来的按地点定价的优惠策略，也叫分价消费。即把包厢和大堂的消费价格分开，店堂与外卖的消费价格分开。现在这种新兴的定价策略是店家考虑到顾客的消费能力及消费环境而采取的手段，因此把大堂与包厢的消费价格分开。大堂往往是饭店的一块“鸡肋”——摆设不够上档次，会失去婚宴这块市场；档次上去了，多数时候又没生意。如果用大排档的消费价格去经营大堂，容易赢得更多的大众顾客，而用星级饭店的消费价格去经营包厢，则能争夺高档的消费群。

（三）以竞争为中心的定价策略

以竞争为中心的定价策略是以竞争者售价为定价的依据。在制定菜单价格时，比竞争对手高一些，也可低于竞争对手的定价。这种以竞争为中心的定价策略既有按同行价格决定自己的价格，以得到合理的收益且避免风险的定价策略，又有“捞一把就走”的展销新产品定价策略，还有因自己实力雄厚而采取的“变动成本”定价策略，即只考虑价格不小于原料成本即可，以确立自己在市场上的竞争地位。以竞争为中心的定价策略由于不以成本为出发点，也不考虑消费者的意见，这种策略往往是临时性的或在特殊场合下使用。定价人员必须深入研究市场，充分分析竞争对手，否则，很可能定出不合理的菜单价格。

三、餐饮新产品定价策略

（一）撇脂定价策略

撇脂定价策略也叫高价位策略，是指餐饮企业在新产品刚推出的时间段里，采用高价的策略，以使企业迅速盈利，犹如从鲜牛奶中快速把奶油撇取出来的效果。这类定价策略适合知名度高的品牌企业。

实行这种策略通常要具备两个条件：一是菜品的独特性，市场无竞争对手，容易在市场中占据主导地位。例如，制作河豚需要一定的去毒加工技术，以保证食物的安全。而餐饮行业中并非所有的饭店都拥有这项技术，所以掌握此项技术的饭店就容易从中赚取更高的利润。通常一条成本 20~80 元的河豚制成品的价格可以翻几倍甚至几十倍。二是餐饮企业本身的品牌效应强，信誉卓著，具有一定的高消费顾客群。例如，在北京，全聚德烤鸭的价格要高于一般烤鸭专营店的价格，从中可以看出品牌店使用的价格策略。

暴利定价并非制定天价，其实际的内涵是对某一类型或品种的菜品采用适合菜品本身的最高价。目前在国内，餐饮企业如果不合时宜地制定天价，往往会带来更多的负面影响。

相关链接 搜索

离谱的定价策略

据《大连晚报》转载报道："西安某饭店为 12 名客人精心准备了一桌 36.6 万元的满汉全席，创下西安宴席之最。"一时间各大媒体、报刊竞相报道，西安这家饭店成了焦点。但 3 天后的报道却出乎人们的意料，《大连晚报》以《一桌饭 36 万出恶名——饭店营业额跌到最低》为标题进行了报道，文章分析了该饭店生意下滑的原因："由于消费者误认为该饭店属于那种'没有数万元甭想进'的饭店，那些想花几百元吃饭的顾客根本不敢进门，饭店的营业额直线下滑，跌到了最低点。老板因招架不住海外媒体的采访要求而藏身他处，而税务部门也特别留意 1 月 6 日那天的 36.6 万元营业款，要等饭店申报纳税之日仔细核查。"一种定价策略却出现了不应有的结果。其主要原因还是在价格上，离谱的定价产生了适得其反的效果。

——资料来源：http://blog.163.com.dcw777@126/blog/static/1417.

（二）渗透定价策略

与撇脂定价策略相反，渗透定价策略是指餐饮企业将推出的餐饮产品以较低的价格投放市场的策略。为了促销新产品、出清存货或加快现金周转，餐饮业把菜单的某些价格定在比成本低或接近边际成本的价格，以扩大本类产品及相关产品的市场接受率，达到薄利多销的目的。

餐饮企业采取渗透定价策略，最好具备下列条件：一是市场对价格的敏感度高时，采用渗透定价策略有助于拓展市场；二是要以增加销售量来降低餐饮企业产品的单位成本；三是餐饮企业要阻止其他的竞争者进入市场而采用低廉价格的策略，应具有一定的耐受力。例如，当年杭帮菜以低价格、低成本运作的手法打入上海市场获得成功就是很好的例子。

(三)满意定价策略

满意定价方法介于撇脂定价方法与渗透定价方法之间，价格水平适中，同时兼顾企业、旅游中间商及消费者利益，使各方面皆能顺利接受。这种定价方法使价格比较稳定，在正常情况下盈利目标可按期实现，但这种定价方法比较保守，不适于需求复杂多变或竞争激烈的环境。

任务四　酒店前厅产品报价技巧

前台对客报价是酒店为扩大自身产品的销售，运用口头描述技巧，引起客人的购买欲望，借以扩大销售的一种推销方法。它包含推销技巧、语言艺术、职业道德等内容。在实际推销工作中，非常讲究报价的针对性，只有适时采取不同的报价方法，才能达到销售的最佳效果。酒店前厅销售也就是采取谈判房价的方式决定销售的价格。因此，作为前厅接待员只有掌握一定的议价推销技巧，才能为饭店创造更多的收益。掌握报价方法，是搞好推销工作的一项基本功，以下是酒店常见的几种报价方法。

一、产品优点法

所谓“一分价钱一分货”，高质意味着高价。对于一位新入住的宾客而言，酒店产品的优点是不能一下就认识到的，而价格却一目了然。在接待过程中，经常听到宾客这样抱怨："价格太高了。"在此情况下，接待员要向宾客指出为其提供产品售价高的理由，讲清因为什么而价高，如理想的位置、新颖的装潢、幽雅的环境、美丽的外景、宽敞的房间等。尽可能多地向客人介绍本店产品的优点和独特之处，以化解客人心里的价格障碍，进而为企业创造最佳的盈利机会。

二、客人受益法

接待员要将价格转化为能给客人带来的益处和满足，对客人进行启迪和引导，促使其完成购买行为。比如一位接待员遇到一位因价高而犹豫不决的客人时，可以这样讲："这间客房的床垫、枕头具有保健功能，在让您充分休息的同时，还起到预防疾病的作用。"又如另一位接待员是这样说的："这房间价格听起来高了点，但配有冲浪浴设备，您不想体验一下吗？"强调"客人受益"，强化了客人对产品价值的理解程度，从而提高了其愿意支付的价格限度。

三、比较优势法

当饭店的供给价格与客人的需求价格出现不符时，接待员不妨采用"比较优势"来化解客人的价格异议，即以自己产品的长处去与同类产品的短处相比，使本店产品的优势更加突出。例如，一个客人提出本店价格比其他饭店贵的时候，接待员可以这样回答："第一，我店的设施是本地区最新的；第二，可以收看多套卫星电视节目；第三，房间内具有上网功能。"

前厅接待人员应给客人进行比较的机会，可以根据客人的特点，向他推荐两种或三种不同房型、价格的客房，供客人比较、选择，激发客人的潜在需求，从而增加酒店收益。例如，一个看上去很有身份的商人要订一个普通标准房，接待员提供几种不同房型、价格供客人选择，并加以描述性语言，可能会收到比较好的效果。在推销过程中，接待员应避免将自己的观点强加于客人，切记接待员的责任是推销，而不是强迫对方接受。过分的"热情"会适得其反。某些时候，即使客人因员工的坚持而勉强接受了某种房间，酒店多赚了一些钱，但永远补偿不了他因被迫接受而以后可能不再光顾该酒店的损失。因此，应尊重客人的选择，即使客人最终选择了一间较便宜或相对档次较低的客房，也要表示赞同与支持。

四、价格分解法

价格作为敏感性因素，接待员在推销时要将价格进行分解。例如，某类房间的价格是580元，接待员报价时可将80元免费早餐分解出来，告诉客人房价实际是500元；假如房费内包含免费洗衣或免费健身等其他免费项目，同样也可以分解出来。“付出总有回报”，相信“价格分解”能更好地打动客人。

五、限定折扣法

俗语说：“吃饭穿衣，各取所需”“萝卜白菜，各取所爱”。限定折扣法是一种“曲线求利”的办法。接待员在做到充分了解客人购买目的的基础上可限时、限地、限量给予适当折扣。例如，一位接待员在了解到客人不太注重房间位置时说：“我们酒店有一间角边房。如果您不介意，我可以给您申请7折。”另一位接待员在了解到客人打算提前退房时说：“如果您能在明早8点钟退房的话，可以给您打8折。”

六、利益引导法和高码讨价法

利益引导法和高码讨价法是客房部两种有效的销售技巧，可以在客房销售过程中加以运用。利益引导法是对已预订到店的客人采取给予一定附加利益的方法，使他们放弃原预订客房，转向购买高一档次价格的客房。高码讨价法是指在客房销售中向客人推荐适合其地位的最高价格客房。根据消费心理学，客人常常接受接待员首先推荐的房间。如果客人不接受，再推荐价格低一档次的客房，并介绍其优点。这样由高至低逐级介绍，直到客人做出满意的选择。高码讨价法适合于向未经预订、直接抵店的客人推销客房，从而最大限度地提高高价客房的销售量和客房整体经济效益。

七、适当让步法

在市场经济条件下，市场的多变性决定了价格的不稳定性，价格因不同客人而不同也早已成为十分正常的现象。所以，对于确实无法承受门市价格的客人，适当地给予优惠也是适应市场、适应竞争的重要手段；否则，就会出现将客人主动地推到竞争者手中的现象。但要注意优惠幅度应控制在授权范围内，并要求员工尽量不以折扣作为达成交易的最终手段，并配全各种奖励措施，鼓励员工销售全价房。

复习与思考

一、名词解释

定价　酒店客房价格　顾客目标　等级定价法　撇脂定价策略

二、填空题

1. 酒店产品的定价目标有________、________、________、________、________。
2. 一般来讲酒店客房价格有________和________两种形式。
3. 需求定价法的两种形式为________和________。
4. 餐饮新产品的定价策略有________、________、________。
5. 理解定价策略由________、________、________三个策略组成。

三、简答题

1. 酒店产品定价步骤有哪些？
2. 客房的定价方法有哪些？
3. 餐饮产品价格结构的特点有哪些？
4. 餐饮产品的定价方式有哪些？

四、案例分析

分析酒店价格体系，如何明确 OTA 线上酒店代理商定价策略？

一、酒店基本情况

一家酒店在不同的渠道上面看到的房间价格是不一样的。比如有的时候在网上订好的房间 300 元，但是如果直接到酒店入住同样的房间 260 元就可以搞定。看到大厅的挂牌价 400 多元，但是真实入住的时候 200 多元就可以入住。

例如，我们上千元一晚的高星级豪华酒店，有时候客户居然可以 5 折入住。在昆明市，一家经济型酒店旺季的时候一间房可以卖到400多元，冬天的时候100多元就能入住。混乱的房价把OTA线上代理商思路搞得头昏眼花。新入行的OTA酒店代理商，若是没有酒店相关行业经验。想知道这个问题得首先去了解下酒店房价种类。

1. 线下门市价（全价）

酒店会有一个基础房价（门市价）。门市价就是酒店前台的挂牌价，业内人士也称之为“全价”，一般入住酒店在没有优惠的情况下，线下入住酒店都是门市价订房入住。每家酒店标准不一样。有的是根据成本核算以及回收年限或者投产比指定基础房价，有的是老板自己指定基础房价，根据感觉来定的。

2. 酒店会员体系

现在无论是单体酒店还是连锁品牌知名酒店，无论是星级豪华酒店还是风情民宿都意识到需要建立自己的会员管理体系。会员体系一般根据会员的级别给予相应的折扣来增加用户的黏性。会员体系可以最大限度地留住客人。这个价格一般是根据会员级别或者消费水平在基础房价（门市价）上给予相应的折扣。如会员金卡8折，铂金卡7折。相应级别的会员有可以通过购买会员卡，或是达到一定入住间夜数给予的激励升级。

3. 大公司协议价

大公司因为商务出差的需求会为酒店提供稳定的客源。本地公司每月有稳定入住和开票需求。外地公司出差很多都是常住的酒店，有的甚至常年住在酒店，给酒店带来稳定的收入。所以酒店很喜欢这部分商务客人，都会跟有不错体量的公司签订公司协议价，这个价格要比门市价低许多，很多都在5~7折，也有一部门是订的固定房价，比如300元的标间，一般协议价会在120~210元固定价格。也有的会议型酒店为了留住客房给成本价，因为一个会议主要的花费是在会场和餐饮上面，客房基本不挣钱。

4. 旅行社协议价

旅游城市或者房间超过150间房的酒店一般都会和旅行社签订协议。协议基本都是包房或者散客形式，不会根据淡旺季涨价，即使涨价幅度也不大，因为旅行社在淡季时提供的房间量有可能可以养活整个酒店。

5. OTA、团购

目前由于互联网订房的普及，OTA、团购瓜分大部分客源。但是OTA的定价是有讲究的。有的酒店上OTA是为了增加一个销售渠道，他们一般会把佣金加在房价里面，这就是我们看到的门市价是300元，而OTA是336元，而这多的36块钱就是佣金了。而有的酒店为了增加销售量就会给予OTA、团购非常优惠的价格，比门市价便宜，一般都是 8 折左右的价格。

二、酒店特殊房价

基本上酒店的价格种类就这么多，主要是围绕基础房价而定。但是特殊时期会有特殊定价，比如旅游城市的五一、十一，房价基本上都是基础房价的倍数，或者是指定房价。而在淡季的时候一般都是门市价的 5 折或者 3~4 折。所以在旅游城市门市价（基础房价）形同虚设。这一点作为 OTA 代理商要注意。在大学城附近或者商场附近，周末酒店的入住率会比较明显升高。针对这种情况，很多酒店都会在门市价的基础上上涨 20~60 元，同时 OTA 代理商也应该做出来相应的策略。

三、案例分析

若是酒店位于旅游城市，有餐饮或者温泉属于度假型酒店。目前面临着四个问题：淡旺季几点整体价差不固定；酒店每日不同时段的价格差异过大；酒店不同入住率价格差异大；代理商价格在不同时间的预订价出现混乱。

第一个方面：OTA 代理商可以安排专人，根据之前的数据做出酒店淡旺季时间表。例如，可以泡温泉的酒店旺季一般在秋季以后至第二年的春季，从秋季开始客人就会明显增加，直到冬季会达到峰值，随着天气变暖逐渐减少。这是一个曲线，可以根据这个曲线调整房价。而不是今天人多，临时就提高房价，这样会使客人反感，很有可能只来一次，下次不来。

第二个方面：不建议 OTA 每日不同时间段价格有太大的差异，同样的房间晚上入住的价格比早上入住的要贵 100 元钱。客人会明显感觉到这就是宰客行为，被宰的客人将不会再来第二次，就不要奢望客人带朋友过来了。这种行为虽然短期可以给 OTA 代理商带来效益，但是酒店是做长期的。为了眼前的一点利益，可能会失去更多的利益，应杜绝这种行为。

第三个方面：主要体现在平均房价上面，原因主要有两方面：

（1）由于酒店房型类型不同价格就不同，入住率高的时候提高房价拉高了平均整体房价，就会造成差异过大。

（2）不同时期房价不同的必然现象。入住率很高的时候，就贸然提高房价想拉高利润，从而拉高了平均房价。当入住率低的时候，为了更好地留住客人，会选择降低房价，平均房价又被拉低。

第四个方面：OTA 代理商的房价一般会在 OTA 平台上面有自己的标准，这个做法就是每次调整房价的时候在 OTA 渠道即时地发现调整。随时关注 OTA 的动态房价，这个地方操作得好，可以在旺季的时候提高溢价营收，淡季的时候提高入住率。

——资料来源：https：//zhuanlan.zhihu.com/p/196724383.

根据以上案例，回答如下问题：

酒店在线下和线上定价的策略都有哪些？针对当地酒店情况，分析一家酒店的线上价格策略。

推荐阅读

（1）2022 年一线城市酒店市场发展报告，https：//www.thepaper.cn/newsDetail_forward_16885154.

（2）酒店餐饮渠道增长 100%、名酒圈地、价格带上移！白酒 2023 成竞争地，https：//www.sohu.com/a/649360568_121467063.

（3）餐饮酒店经营者必须要有竞争意识，https：//www.docin.com/p-396840 4762.html.

（4）酒店与在线旅游代理商主从博弈客房定价策略研究，https：//www.docin.com/p-3939505267.html.

综合实训练习

1. 请各小组同学结合价格竞争策略来谈谈企业如何通过正当竞争来维护酒店行业健康发展，如何维护消费者利益。
2. 由教师划分实践小组，选择当地一家知名酒店，实地了解该酒店的产品定价策略，并对该酒店在市场竞争中的价格战进行评述，写出调查报告。
3. 选择当地的知名酒店，观察其前厅销售接待员介绍产品时的报价技巧，与所学知识进行比较，并认真做好记录，形成书面总结报告。
4. 请各小组分别对鱼香肉丝、酸菜鱼等菜品进行产品价格核算。

项目六

酒店销售渠道策略

酒店销售渠道策略在酒店营销实务工作中，是一个相对专业性较强的因素，也是许多大规模酒店营销工作的重要构成部分。通过本章的学习，可以使读者理解酒店销售渠道的基本知识，学会与不同类型的销售渠道建立联系的方法，特别是掌握与旅行社行业建立良好关系的方法。

本章重点阐述酒店销售渠道的概念及作用、酒店销售渠道的类型。同时详细诠释了酒店应如何选择经销商的途径及方法，并针对酒店网络营销体系的建立、中国酒店分销渠道的发展趋势进行了深入探讨。

思政目标

党的二十大报告指出，我们要建设现代化产业体系。坚持把发展经济的着力点放在实体经济上，推进新型工业化，加快建设制造强国、质量强国、航天强国、交通强国、网络强国、数字中国。要建设数字中国，加快发展数字经济，促进数字经济和实体经济深度融合。本项目旨在培养学生树立酒店数字化运营理念，掌握酒店数字化营销渠道策略，赋能酒店数字化建设。

学习目标

知识目标

1. 了解酒店销售渠道的概念和作用。
2. 掌握酒店销售渠道的类型、间接销售渠道的种类。

能力目标

1. 理解选择销售渠道需考虑的因素。
2. 了解酒店如何和渠道商建立良好的关系。
3. 掌握酒店常见的数字化网络销售平台和销售渠道的构建与运行。

案　例

产品、渠道、内容，酒店真的抓住数字营销时代的机遇了吗

据艾媒数据中心 2019 年发布的数据显示，31.4% 的酒店收入来自线上，预计未来这一数字可能达到 70%~80%。后疫情时代的酒店业，也将迎来三大机遇：数字化产品的极大丰富；酒店营销渠道分散程度进一步加剧；行业全面迎来内容营销时代。然而，有机遇就有挑战。在激烈的竞争环境下，想要持续吸引用户的关注，并不是一件容易的事。如何不断优化分销策略、产品策略，建立内容体系和生态，实现酒店营销升级，依然是酒店需要长期面临的重大课题。

1. 线上化程度加剧，酒店营销市场的三大变化

行业正在面临酒店营销市场的剧变。据飞猪数据显示，自疫情开始，整个旅游业的线上化速度明显加快，线上渗透率从以前的 10% 一跃上升至现在的 30%。在此趋势下，酒店营销市场也呈现出了 3 个显著变化。

（1）消费群体的变化。

一方面，消费人群的结构更加年轻化。如今，年轻的旅行者成为当下消费的主流群体，其中“90 后”在旅行消费市场中的占比达到了 63%，尤其在新生代周边游市场中，这部分年轻人撑起了很大的酒店营销市场。

另一方面，过去的消费者是在有旅行需求的情况下才会去做预订出行，但是如今他们囤货心智明显上升，比往年上涨约 68%。

（2）供给端的变化。

随着人们消费水平和消费心智的变化，旅行行业市场也在升级。然而，如果将淘宝、天猫、携程等客户端的数据进行横向对比，你会发现互联网的人口红利正在消退，但是消费人群需求与产品供给之间仍然存在错配的情况，并未达到平衡点。也就是说，面对更为细分的消费者市场，酒店业需要采取更加丰富和细致的产品策略，来匹配不同人的不同需求，甚至同一人的多样化需求。

（3）流量介质的变化。

抖音、直播等新媒体商业模式逐渐上线，使得酒店营销方面的表达能力得到了质的提升。通过直播、互动 + 带货模式，酒店业的商品可以更加真实和立体地呈现在消费者面前。

在旅游行业的 1.0 时代，旅游类商品主要还是通过线下 / 电话 / 传真售卖。进入 2.0 时代后，传统的线下售卖模式上翻到了线上。而进入 3.0 时代以后，数字化的升级将以更快的速度推进线上化的发展。

2. 未来分销及渠道会怎么变

随着私域流量、直播带货等概念和模式的兴起，酒店分销的内涵发生了显著变化，也对酒店业渠道运营提出了更高的要求。

（1）社群营销玩转私域流量。

私域流量和直播是过去一年行业里两个非常重要的关键词，但目前很多酒店在私域流量的运营上很大程度上仍然处于试水阶段，并没有形成自有的体系化运营策略。

社群营销目前依然是私域流量运营最具代表性、也是出现最多成功案例的做法。搭建了完善社群营销体系和运营体系的酒店或酒店集团，在社群里发起“秒杀”“预售”等产品，依然能够收获不错的效果。

（2）内容化和互动化是直播成功的关键要素。

在直播渠道的运营上，开元酒店集团总裁助理陶敏芸认为，酒店要尽可能运营自己的直播平台。因为直播内容需要持续地输出，与其邀请业内头部或者腰部的达人 / 机构来做，酒店员工其实更能从精髓上把握酒店更值得推广的信息。

在飞猪集团酒店事业部副总经理楼丹看来，成功的直播需要具备“内容化”和“互动化”两个特点。也就是说，酒店应该站在消费者的角度去体会和分解产品的优势劣势。把互动过程做到极致以后，才是一场真正成功的直播。

（3）B 端企业直连。

除了 C 端产品线上化程度加剧，B 端也就是企业端预订的线上化程度也在加剧。酒店需要 C 端和 B 端的双客源支持，这将进一步提高线上收入渗透率。也就是说，对于酒店集团，除了与各大 OTA 平台实现直连之外，还可以直接实现与企业客户差旅平台的联通，企业客户可以直接通过平台预订集团酒店，完全实现线上化。

（4）餐饮权重上升。

酒店分销已经不仅仅集中在客房，而会越来越多地涉及餐饮和更多面向本地市场的产品。餐饮重要性的上升，也要求酒店针对餐饮板块制定专门的分销策略，并平衡和运营好美团、大众点评等面向本地的流量渠道。酒店甚至需要针对餐饮等非客房产品，专门制定专属渠道组合并持续运营优化。酒店的渠道运营工作将进一步变重，面向本地市场的渠道管理将越来越重要。

3. 酒店业重构市场策略的两个关键

（1）集中化和多元化的内容策略将为品牌带来决胜优势。

内容是建立消费者与品牌之间连接的重要手段。洲际酒店集团大中华区分销策略总监邵子嘉也表示，在进行内容的渠道发布和管理中，保持价格的稳定和统一是不变的原则。但是在价格以外，酒店自己做好内容的维护至关重要。

一方面，在内容层面，酒店营销策略需要不断完善，并针对不同产品进行相应的包装和渠道推广。

另一方面，酒店需要培养内容复用的能力，逐渐打造自己的“内容中央厨房”。这就需要酒店能够结合小红书、微博、微信等不同渠道的营销调性，通过修改文案、呈现形式等，有针对性地做出内容的输出。

（2）制定更加贴近本地酒店营销市场的策略。

无论是国际酒店集团，还是国内酒店集团，直销和分销的策略都需要尽可能地贴近本地市场。内容和产品营销层面的策略制定，也是如此。

开元酒店集团总裁助理陶敏芸提到，他们会通过外卖和打包下午茶，尽可能地吸纳来自本地市场的新流量。有的酒店甚至对餐厅进行了重新改造，以更好地贴近本地化市场。

酒店营销环境瞬息万变，但酒店营销的本质不变。渠道多元化的今天，酒店营销将不再仅仅有 OTA 一种选择，而若想要把握社交媒体带来的红利，酒店还需要加强多方面的能力建设，以制定更好的酒店营销策略。

——资料来源：https：//baijiahao.baidu.com/s?id=1746086944726711088&wfr=spider&for=pc.

案例分析

请结合微信小程序、小红书和携程网来谈谈你对酒店线上销售渠道的认识，并尝试分析酒店线上销售与线下渠道的关系。

任务一　酒店销售渠道体系

一、酒店销售渠道的概念和作用

酒店的销售渠道是指酒店产品和服务从酒店向顾客转移时取得这种产品和服务的所有权或使用权，或者是帮助转移其所有权或使用权的所有企业和个人。它主要包括中间商、代理中间商，以及处于渠道起点和终点的酒店与顾客。简言之，酒店的销售渠道是指酒店把产品销售给消费者的途径，其作用主要有：第一，缩短酒店与消费者在空间上的距离，便于消费者购买；第二，保证及时向消费者提供他们所需要的产品和服务；第三，向消费者提供信息，使顾客了解酒店的产品和服务。

一家酒店应该有多少销售渠道比较合适，主要取决于市场与酒店的空间距离、酒店产品、酒店规模等。销售渠道越多，就越能方便顾客购买。

二、酒店销售渠道的类型

根据中间商是否参与产品的交换过程，可以将酒店的销售渠道分为两类：一是直接销售渠道，又称零层次渠道，就是酒店自己直接将其产品和服务销售给顾客。二是间接销售渠道，就是产品和服务经过一定的中间环节销售给顾客，又可以分为短渠道和长渠道。

（一）直接销售渠道

1. 直接销售渠道的形式

直接销售渠道是指酒店将产品和服务直接供应给顾客，没有中间商介入，如图6-1所示。

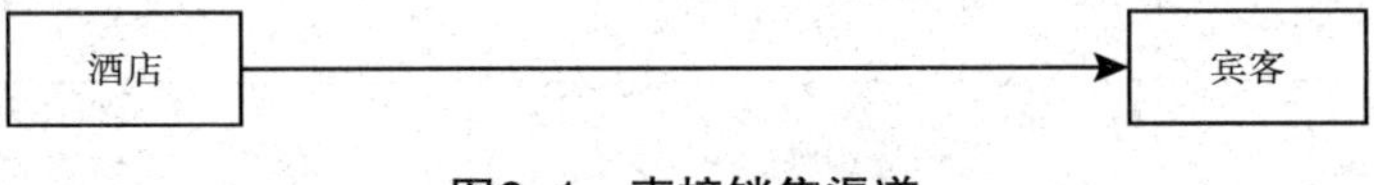

图6-1　直接销售渠道

2. 直接销售渠道的方式

（1）预订销售。预订销售是指酒店通过互联网、电话、传真或接受客人亲自上门的方式，将产品和服务销售给顾客。体现为宾客直接通过酒店预订系统亲自订房或未经预订直接住店。

（2）自开销售网点。自开销售网点是指酒店通常将销售网点设立在用户比较集中的地方或商业区。

（二）间接销售渠道

1. 间接销售渠道的形式

间接销售渠道是指酒店利用中间商将产品供应给顾客，中间商介入交换活动，如图 6–2 所示。

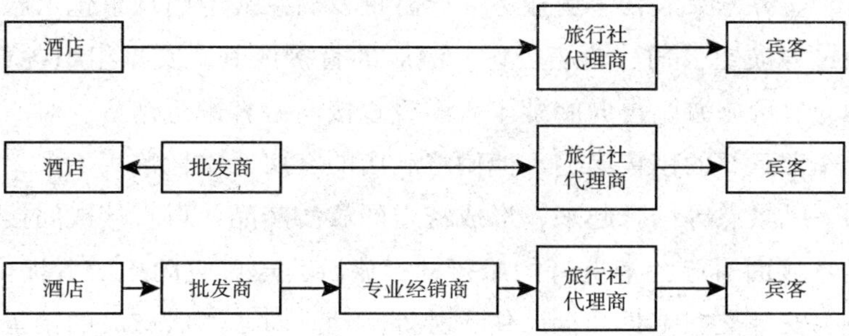

图6–2　间接销售渠道

2. 间接销售渠道的种类

（1）加入特许经营系统。通过它来扩大酒店经营服务，有些特许权经营组织，如喜来登和希尔顿，拥有遍布世界各地的预订系统，可以通过举办会议、订货会，吸引体育运动、团体旅游等方式，来扩大团体订房业务。

（2）酒店预订系统。这是在很多地方设立分支机构，为委托其预订客房的酒店做预订工作的公司。它们受酒店委托，代表酒店向旅行代理商、大公司、大企业及其他需要酒店设施的客户进行推销和代理预订。除了很多独立的预订系统外，有些大酒店集团的预订系统不仅为本集团中的成员提供服务，也为其他酒店提供预订服务，如希尔顿集团的预订系统。

（3）酒店代理商。这是一些专门替酒店进行推销并接受客人预订的中间商。它们同时充当许多酒店业务销售代理人的角色，为酒店提供经济而又有效的推销服务：作为委托酒店外地客源市场上的销售代理人，其主要职责是为酒店推销产品和服务以吸引顾客。销售代理人同时为许多相互间不存在竞争的酒店提供服务，熟悉市场情况，具有完备的推销系统，通常还拥有经验丰富的推销员，他们与主要客源市场有着广泛而密切的联系，所以由酒店代理商经手推销的生意一般比自己推销的生意要多。一些酒店常在客源较为集中的地方报刊刊登广告，广告上就写明代理人的电话号码。如果有人想预订客房，只需致电代理人就行了，酒店代理商替酒店推销和代办个人预订，要收取佣金和一定的手续费。酒店在利用代理商销售产品和服务时，酒店营销人员的职责主要就是推动、诱导、指挥他们，为酒店争取更多的客源。

（4）旅游中间商或旅游代理商。它包括旅游批发商和旅游零售商。二者的区别主要是在业务经营上有所不同，但二者之间并无严格的界限，许多旅行社、旅游公司既经营批发业务，又兼营零售业务。旅游批发商一般专门从事包团旅游和销售活动，他们通过与航空公司、轮船公司、酒店的直接谈判，安排组织各种不同价格、时间和目的的包价旅游，再向旅游零售商或直接向游客进行销售。对酒店来说，旅游批发商是非常重要的销售渠道，他们将酒店的客房一次性购买下来，还能与其他项目如交通、风景点等结合起来，形成特定的旅游产品，再直接或间接地销售。旅游零售商是直接面对旅游消费者的旅行社、旅游公司。它向旅游者提供咨询服务，为旅游者组织安排交通工具和食、住、游等活动。对于酒店产品的销售来说，它们也同样起着很大的作用，酒店通过旅游中间商销售产品，需要支付一定的佣金。

（5）旅游促销机构。它在促进酒店销售方面发挥着重要的作用。酒店应经常参加促销机构举办的会议和其他活动，通过与促销机构合作，以及与该机构其他成员（如航空公司、铁路公司、观光游览公司等）的相互帮助促销来销售酒店的产品。

（6）会议促销机构。这是一种代理机构和销售组织，主要任务是为其代理的地区、城市招揽各种会议、研讨班，吸引会议旅游者，并为会议做好各方面的服务工作。有些会议促销机构属于市政府的一个部门，多数则是独立组织或是当地商会的一个部门。会议促销机构的经费主要来源于其成员的会费。会议促销机构的成员，是那些直接或间接可从会议和团体客人中获益的公司和企业，前者如为酒店、汽车旅馆、出租汽车公司以及向会议提供服务的公司等，后者如为酒店提供商品的供应商、公用事业公司、娱乐公司、观光旅游点等。在许多国家，会议旅游占据了全部旅游市场中相当多的部分，而会议促销活动在会议旅游方面发挥着不容忽视的作用。所以酒店业也很重视通过与会议促销机构的合作来销售自己的产品和服务。

（7）航空公司。许多航空公司除了向客人提供交通运输服务外，还普遍以中间商的身份向客人介绍酒店，代酒店接受订房。其他一些交通运输公司，如汽车出租公司、铁路公司等，也可成为酒店销售渠道中的一个成员。

（8）旅游协会、酒店协会。酒店通过加入这类协会，可以借助它们来推销酒店产品。世界上最知名的酒店协会之一就是“世界一流酒店组织”，它由 200 多家豪华酒店组成，形成一个全球性的酒店促销与预订联合体。它不是酒店集团，不拥有也不经营任何酒店，但经营着一个促销与预订公司，为其遍及世界各地的成员提供服务。我国的广州白天鹅宾馆和北京贵宾楼饭店就是这一组织的成员酒店。

三、直接销售渠道与间接销售渠道的比较

（一）直接销售渠道的优缺点

1. 直接销售渠道的优点

（1）有利于酒店、顾客双方沟通信息，可以按需定制，更好地满足目标顾客的需要。

（2）有利于酒店和顾客双方在营销上相对稳定。

（3）可以在销售过程中直接进行促销。

2. 直接销售渠道的缺点

（1）难以在短期内对酒店产品进行广泛分销，很难迅速占领或巩固市场。

（2）加重了饭店工作的负荷，分散了饭店的精力。

（3）竞争力较弱。

（二）间接销售渠道的优缺点

1. 间接销售渠道的优点

（1）有助于产品广泛分销。中间商因处于酒店与顾客之间，从而有利于调节酒店与顾客在品种、数量、时间与空间等方面的矛盾。既有利于满足酒店目标顾客的需求，也有利于酒店产品价值的实现，更能使产品广泛地分销，巩固已有的目标市场，扩大新的市场。

（2）缓解酒店人、财、物等力量的不足。中间商购走了酒店产品并交付了款项，就使酒店提前实现了产品的价值，开始新的资金循环和生产过程。此外，中间商还承担销售过程中其他方面的人力和物力，弥补了酒店营销力量的不足。

（3）可以进行间接促销。顾客往往是货比数家之后才购买产品，而一个中间商

通常经销众多饭店的产品，中间商对同类产品的不同介绍和宣传，对产品的销售影响很大。此外，实力较强的中间商还能支付一定的宣传广告费用，具有一定的售后服务能力。所以，酒店如果能与中间商保持良好的协作关系，就可以促进产品的销售，并从中间商处获得市场信息。

2. 间接销售渠道的缺点

（1）不能及时了解或满足顾客的需求。中间商购买了产品，并不意味着产品就从中间商手中销售出去了，有可能销售受阻。对于酒店而言，一旦多数中间商的销售受阻，就形成了“需求滞后差”。

（2）可能加重顾客的负担。中间环节的增多会增加顾客的负担。

（3）不便于直接沟通信息。如果与中间商合作不好，酒店就难以从中间商的销售中了解和掌握顾客对产品的意见、竞争者的产品的情况等。

任务二　酒店销售渠道的选择

酒店在销售过程中选择何种销售方式，以直接销售还是以间接销售为主，如何确定销售渠道的长度和宽度，涉及销售渠道选择的问题。

一、选择销售渠道需考虑的因素

产品因素。产品因素主要指产品的质量和性质。质高价优的产品由于往往被少数富有的购买者重复购买，因此宜采用直接销售渠道或窄短的销售渠道。相反，大众化的产品由于购买对象众多，分布较广，宜采用宽长的销售渠道。对于新产品，由于尚欠知名度，采用间接销售渠道往往需花费较多“口舌”，不如采用直接销售渠道。如定位于商务市场的酒店宜采用窄短销售渠道或直接销售渠道，而定位于度假休闲市场的酒店则多通过旅行社代为销售。另外，同一家酒店的不同产品与服务，其销售渠道也不尽相同。客房产品主要以中间商代理销售和预订为主，而其他如餐饮产品、娱乐健身设施等则多是面向住店客人和当地居民进行直接销售。

酒店自身因素。酒店的经济实力、销售管理能力等都是应该考虑的因素。若是实力雄厚的酒店，则完全可以自己组建销售队伍，或是用较高的佣金来组织更多、更好的中间商队伍。若酒店的销售管理能力较强，也可以利用自己熟练的销售队伍来打开市场。反之，营销必须以中间商为渠道。

销售对象因素。销售对象的人数、分布情况、购买习惯等都会影响酒店销售渠道的选择。若酒店的销售对象数量大且分布广，酒店宜采用宽长的销售渠道，反之则利用直接销售渠道较适合。

外部市场特点。外部市场特点是酒店进行销售渠道设计时需要考虑的重要因素。市场的容量、供需状况、各细分市场的购买习惯及地理分布等特点都影响着酒店销售渠道模式的选择。如果目标市场规模较大，为方便顾客预订，酒店一般倾向于使用较多的中间商来覆盖市场。如果小量多次的零散预订较普遍，酒店常常依赖旅行社代为预订；大批量的预订往往越过中间商，由主办者直接向饭店订房。另外，如果客源市场集中分布在某些特定地区，酒店则应该在该地区办事处直接销售；反过来，如果客源市场比较分散，则要求渠道宽度较大、中间商较多。此外，顾客对不同销售渠道的反应也会影响酒店的渠道选择。

课堂思考

如果酒店位于旅游景区，选择哪些销售渠道最为合适？

二、评估渠道方案

酒店应主要从经济效益、控制能力、适应能力三个方面对渠道方案进行综合评估，然后选择一个主要的渠道方案，同时确定其他若干个辅助性渠道方案。

经济效益。比较每个渠道方案的投入产出比，哪个渠道方案能获得相对较多的销量，同时渠道运行和维护成本花费相对较低，其经济效益较高，就是一个理想的渠道方案。一般说来，使用直接销售渠道，饭店固定成本较高，变动成本较低，而采用间接销售渠道则相反。另外，在间接销售渠道方案中渠道长度越长，宽度越宽，则其销量应该就越大，同时成本相应也越高，饭店应寻找到收益与成本的最佳平衡点。

控制能力。相对于直接销售渠道，使用中间商无疑会使酒店销售渠道难以控制。因为中间商往往关注的是最大限度地增加自己的利润，很少考虑饭店利益以及整个渠道系统的平衡。因此酒店对其精心选择的渠道商要有足够的控制能力。渠道的稳定性对任何一家酒店来说都至关重要，如果渠道失控，那么对酒店的影响将是巨大的。

适应能力。无论使用哪种间接销售渠道模式，酒店在一定时期内都需要承担一定的义务，这会使酒店在渠道策略上失去一定程度的灵活性。但是市场变化多端，酒店需及时调整渠道策略，这就要求渠道方案具有一定的适应性。酒店在中间商协定渠道方案时应注意这一点，一方面增加渠道本身的适应性，另一方面减少渠道方案本身对酒店的制约。

三、如何与旅行社建立良好的关系

旅行社作为组合性旅游产品的设计者与提供者，在旅游市场上扮演着重要的角色，一直是酒店业的主要销售渠道之一。与旅行社建立密切的合作关系是酒店营销工作的重要内容，为此，酒店针对旅行社应做好以下几个方面的工作：

积极推行佣金制。在国外，旅行社被分为三类：旅游代理商（又称旅游零售商）、旅游经销商和旅游批发商。他们或零售或批发或批零兼营旅游产品。他们经销酒店产品所获得的收入，主要是由酒店以佣金的形式按照销售额的一定比例提取，销售额越大，佣金越大，酒店与旅行社之间形成了一种较好的利益机制。而在我国，旅行社主要是按其是否经营国际业务分类，且目前还没有形成规模经营的旅游批发商，大多数旅行社是直接面对顾客销售。旅行社在与酒店的利益关系上也与国际做法不同：国内旅行社一般能获得远低于门市价的批发价，很少采用佣金制，这就使酒店与旅行社利益对立。旅行社拼命压价，而酒店又想尽量保价，双方的很多精力都放在讨价还价上了，不利于两者融洽关系的形成。因此，与国际接轨，在国内实行佣金制已成为一种迫切需要，这样才能促使旅行社积极开拓市场，与酒店精诚合作，达到双赢的目的。

加强信息沟通。酒店应向旅行社提供足够的、及时的信息，使之对本饭店的产品和服务尤其是新产品有足够的了解，为其推销本酒店创造条件。酒店应积极征询旅行社对产品的意见并鼓励其定期反馈需求信息，包括产品分类销售状况、顾客偏好与习惯、新的需求动向等，为酒店改进产品和营销策略提供参考。由于酒店一般会定期给旅行社报价单，当其产品价格发生变化时，应尽早与旅行社沟通协商，避免临时提价，而使旅行社陷入被动导致大批退房，这样双方的经济利益和市场形象都会受到较大损失。

做好接待工作。酒店提供优质的产品和服务，使顾客满意是保证与旅行社良好关系最本质的内容。在客人住店期间为其提供优质的产品和周到的服务可以为酒店在客源市场赢得良好的口碑，也可以为酒店在与任何旅行社的合作中都赢得主动。如果没有意识到一点，在具体工作中就难免舍本逐末。

采取激励措施。酒店可采用多种激励措施提高旅行社积极性，如提高佣金比率，对淡季销售给予奖励并及时支付佣金；给予通过旅行社订房的顾客以更大折扣，鼓励他们通过旅行社订房；负责为旅行社司陪人员提供住宿；开展销售竞赛，对业绩好的旅行社给予额外奖励等。

重视账款清算。送走旅行团不是酒店一笔业务的结束，收回账款后才能算是一个完整的过程。酒店应在扩大销售额与保证资金流转、资金安全之间找到一个平衡点，并据此制定应收账款政策。首先，酒店在选择旅行社时就应注意其规模与信誉，因为在我国，旅行社业进入门槛较低，固定投入不大，较易破产；其次，要严格执行已制定的收账政策，加强对应收账款的考核，并利用现金折扣政策鼓励旅行社尽早付款；最后，对于已经发生的拖欠款，酒店应及时负责追回，若逾期未付，应加紧敦促，必要时采取法律措施。

旅行社和酒店长久以来形成了相互依存的关系：一个旅行社如果没有可靠的酒店的合作，将不能提供优良的服务；一个酒店如果没有可以信任的旅行社合作，那将会长期艰难度日。信任和可靠性是两者相互合作最重要的特征，有了它们才能产生双赢的局面。

任务三　酒店数字化媒体销售体系的建立

互联网作为信息技术发展的应用基础，使信息的交换和处理变得异常简单和便捷，而且突破时空界限，成本也越来越低廉。这使得消费者和企业在互联网上直接沟通和交易成为可能。网络的发展导致了产品价值链的重新构建，利润的分配也产生了新的变化。酒店业因此而获得更多的利润，消费者也因此而获得了更多的实惠。随着信息技术的发展，酒店业要逐步完善自己的销售网络，扩大对消费者的直接销售。

一、酒店常用的各种媒体渠道与自媒体传播平台

随着互联网的逐渐扩大，现在各种新兴的传播平台层出不穷，既有传统的以新闻传播为主的网站，也有专业的以旅游、酒店为主的网站，同时还出现了非常多的自媒体传播平台，其中既有文字、图片等平面类型的，也有视频、直播等动态类型的，这些都极大程度地冲击着人们的日常生活，成为企业、消费者和社会公众广泛应用的信息渠道，出现社会热点，成为制造网红打卡效应的必备手段。通常来说，目前的渠道传播平台主要分为以下类型：

（1）综合网络信息平台：新浪、搜狐、网易、凤凰网等传统的以新闻、信息为主的传播平台。

（2）综合网络销售平台：天猫、京东、拼多多、唯品会等以销售为主的商业化传播平台。

（3）综合旅游销售平台：携程、美团、飞猪、马蜂窝、驴妈妈等（OTA）等以专业旅游信息为主的传播与销售平台。

（4）自媒体社交平台：微信、微博、今日头条、小红书、博客、论坛等以个体形式为传播主体进行信息发布与传播的公众平台。

（5）自媒体视频平台：抖音、快手、B站等以个体形式为传播主体，以直播、短视频、音像为传播手段的信息发布与传播平台。

（6）搜索平台：百度、360、必应等以搜索引擎功能为主的信息网站。

以上网络平台，都是当今社会常用的信息传播渠道，也是旅游企业营销的主战场。作为酒店营销的专业人员，要学会掌握各种新媒体的特点，根据企业产品自身的特点和主要客户群体的特点，科学选择各种传播平台，综合使用各种销售手段，不断扩大市场、提升知名度和美誉度，提高企业绩效。

二、酒店数字化营销渠道的整合与实践

酒店企业通过搭建多元化营销矩阵，整合多种营销渠道，实现对目标用户的全面覆盖与持续刺激，是酒店企业数字化营销的主流玩法。酒店官网、OTA（Online Travel Agency，在线旅行社）、搜索引擎、问答社区、电子邮件、社交媒体、视频网站等都可以作为酒店的数字化营销渠道。从诸多实践案例来看，酒店在数字化营销实践过程中，最常用的做法是将多种营销渠道相结合，利用渠道间的协同联动促使营销效果实现最大化。

（一）酒店官网与酒店 App 营销

酒店官网是酒店向公众展示酒店形象的重要媒介，具有一定的严肃性，更容易获得消费者的认可与信任。除发布官方信息外，酒店还可以通过官网向用户提供周边旅游、餐饮、文娱等合作商家的产品和服务，打造集衣、食、住、行于一体的综合解决方案，实现多方合作共赢。酒店App为顾客提供了一条方便快捷的沟通渠道，同时也能让顾客方便快捷地获取酒店相关的产品与服务。

为迎合流量从线下向线上转移的趋势，酒店可以将基本信息（地理位置、周边环境、交通路线）、客房全景、服务案例等内容通过官网、App等渠道展示出来，并邀请顾客前往线上体验。顾客可以自主选择想要体验的产品和服务，在留言区分享自己的体验经历、反馈意见等。通过对顾客在评论区留下的信息进行整理、分析，酒店可以挖掘出符合顾客潜在需求的产品和服务，从而改善现有产品和服务中的问题。

在酒店企业传统的营销模式中，酒店官网与前台是最常见的营销渠道。由于渠道单一且渠道建设不完善，容易给用户体验造成较大的负面影响。很多中小酒店企业不重视酒店官网建设，导致企业官网存在信息更新慢、功能不完善、安全性较低等问题，甚至部分中小酒店企业没有官方网站。酒店前台营销以电话营销和面对面营销为主，存在营销成本高、效率低等问题。

（二）OTA 营销

OTA 作为旅游行业的综合性服务平台，为用户入住酒店提供了丰富多元的选择。用户可以在 OTA 平台快速获取各类酒店信息，并从价格、服务、评论等多个维度对酒店产品进行对比。基于这些功能，OTA 赢得了大量用户的认可与支持。为了利用 OTA 的庞大流量获取客源，增加营业收入，酒店企业普遍选择与携程、去哪儿网、美团等 OTA 合作，来推广自身的产品与服务。

一方面，OTA 以平台方的身份对酒店的客房、餐饮、增值服务等费用进行规范，让酒店企业进一步让利消费者；另一方面，OTA 会不定期推出各种营销活动，以平台红包、代金券的形式补贴用户，为用户降低入住成本。在这种背景下，酒店企业的盈利空间确实受到一定程度的挤压，但也通过 OTA 获得了源源不断的客流。

目前，OTA 渠道已经成为酒店企业不容忽视的营销渠道，无论万豪、希尔顿等豪华酒店，还是 7 天、如家等经济型酒店，都在 OTA 营销方面投入了大量资源。在做 OTA 营销时，酒店企业可以推出特色的产品组合与竞争对手开展差异化竞争，规避价格战；从图文、标题等方面做好产品详情页设计；引导顾客分享入住体验，实现口碑传播等。

（三）新媒体渠道营销

目前，在整个社会范围内，微信、微博、抖音等新媒体拥有极大的影响力，通过新媒体获取信息资讯已经成为很多网民，特别是“80 后”“90 后”年轻网民的习惯。为了获得这批年轻消费群体的青睐，智能化酒店应该充分利用新媒体这一强大的传播工具开展营销推广。为了扩大传播效果，酒店可以同时运营微博、微信、抖音、贴吧、斗鱼等多个新媒体账号，打造新媒体矩阵，实现营销效果最大化。

以四季酒店的数字化营销为例，该酒店利用社交平台提升自己的品牌声誉，通过社交媒体了解消费者的态度与需求，与消费者建立稳固的联系。四季酒店曾开展过婚礼策划活动，借助 Twitter 和 Pinterest 向社交平台上的用户分享了许多发生在酒店的婚礼故事，为用户提供了很多宝贵的建议。通过这种互动，四季酒店与社交平台上的大量用户建立了联系，开发了很多用户资源，同时利用自己收集到的用户信息，对用户做出了有针对性的推荐，从而提高了自己的经营业绩。

为了明确目标消费群体，四季酒店还开展了一场竞猜活动，即“Maxine 畅游曼哈顿”。活动覆盖了多个社交平台，包括 Pinterest、Twitter、Instagram 和 Vine 等。在活动过程中，四季酒店主要就家庭出行这一问题对用户分享的内容进行对比，最终找到了自己的目标客户群体，即有出游需求的家庭。

（四）特色服务营销

不同群体的购买力、消费习惯等存在一定的差异，为了提高客房销量，酒店应该积极探索特色服务模式，为自身创造更多利润来源。如酒店在为高收入群体提供高质量服务的同时，也可以针对价格敏感型顾客提供相对平价的标准服务。具体的操作方式为：通过大数据分析对普通顾客进行精准定位，在其离店结算时通过提供一定的折扣吸引顾客再次消费，如顾客预支付 60% 的房费，即可在下次入住时直接享受入住服务①。

三、酒店网络营销新理念——流量管理

（一）公域流量和私域流量的概念

公域流量通常是指个体所借势的用户流量，比如在广大搜索引擎，大家都可以去占据关键字排名，使用关键词霸屏来获得流量。再比如一些自媒体平台，大家可以去申请开启个人的账号运营，借助平台推广运营，这都属于公域。

私域流量指的是个体独立的用户流量，它的核心偏向是知名品牌 IP，个体独立拥有的、可以随便操纵反复运用客户流量。比如个人网页，每天都会有不少自然搜索，这对网页拥有者来说就是私域流量，再比如某一个媒体平台，天天都是大量的

① 资料来源：https：//mp.weixin.qq.com/s?__biz=MjM5NjU1MTAwMA==&mid=2655060499&idx=1&sn=35af6c25ed1c84d6e88e7bc911a93f65&chksm=bd5222248a25ab32e6236b054b79ed007116dc682aeedf19a11621f6c008537984a723314627&scene=27.

日活跃流量，这对于平台方来说就是自己的私域流量。

（二）公域流量和私域流量的优缺点

公域流量的投资成本比较低，也没有什么限制，可是如果不会做，它的投资成本又非常高，由于流量现阶段很贵，且公域流量本就是借力其他平台搭建流量，规则由平台方制定，热门能不能上，内容是否会被封禁，都有限制。

而私域流量的总流量虽然是自身的，没有公域的种种限制，规则与标准可以由自己限定，但想要做好私域流量，前提仍是能将公域流量做好，否则也谈不上私域。

私域流量的好处是比如说创建一个网址，每天都有 10 万流量，这种流量是归属于网站创建者的，无论推广自己的产品，还是售卖他人的广告获利都是不错的选择，别人发现这个网站每天都有那么大流量，想到网站营销推广，规则也是由网站创建者自己定。

总体来说，公域流量就是借助他人流量，增加自己的流量，私域流量能够摆脱一些标准和平台限制，两者之间都有自己的优缺点。私域流量属于直销，而直销是成本最低的，并且可以建立酒店的忠实客户队伍。从成本方面看，直销成本是分销系统的 1/4，是中介的 1/10。

（三）打造私域流量

私域流量是基于传统 OTA 模式上拓展，比一般社交媒体更小众、成本更低、更个性化，因为大平台起的作用也是相对有限的，“私域流量”针对的对象则会更加社区化，销售的内容也会有差异。

私域流量并不都是大连锁或高星级酒店玩的游戏，单体或小连锁酒店可以从下面几个方面入手：

1. 服务半径 2 公里的常客

商务酒店大多有服务半径 2 公里以内的常客，但是 OTA 通常会让单体酒店给出渠道最低价，而很多单体酒店自身也缺乏跟用户对接的工具和培训，对常客维护不及时，导致这部分常客也通过 OTA 预订酒店，酒店白白损失了这部分自有流量。

直订有很多合作的酒店客户，本地客占比达 90%，他们是通过用户体系的梳理，引导一部分客户开始习惯通过酒店自有渠道预订，节省了成本。

2. 关注用户体验

全国连锁并不一定是用户必选，对于“90后”特别“95后”用户而言，产品功能、服务特色、网红打卡才是他们追求的核心，所以企业在酒店筹建、VI定位、产品功能、线上线下服务全融合体验等方面需深度思考。

比如从客人进店开始，每个跟酒店接触点都需精心设计，不要简单粗暴强加微信获取联系方式，而是通过增加用户使用场景，让其有需求主动关注，这样做到不强行打扰，却又让用户触手可及。

3. 酒店跨店合作

连锁酒店做私域流量确实更容易成功，除了集团有更专业的运营团队，用户心智上更容易接受。

单体酒店也可以在维护好自己客源基础上，通过系统对接+中央预订方式，跟兄弟酒店联盟，抱团取暖、互通有无，形成当地有特色的酒店组织。

直订SAAS不单单只解决酒店自建营销预订系统，在直订App和直订小程序公域流量池中，还有合作全国超过6000家酒店，形成低价酒店预订平台，用户可跨店订房。

商家可推荐用户扫码预订可返佣的二维码、海报工具等，刺激关联消费，同时用户推荐也会有返佣。

（四）如何玩转私域流量

1. 用户场景化引导

酒店人应该从服务用户的角度建立联系。通过场景搭建、前台宣导、服务跟踪、用户奖励等方式，围绕人用心服务好顾客。直订私域流量管理可通过小程序提供多种场景玩法。

比如小程序邀请新用户礼赏、任务/超额积分奖励、客房服务、电子早餐券、分销及裂变等，通过酒店在微信/小程序及各类营销形式的组合，建立不同场景吸引用户直接跟酒店发生关系。

总之，优质场景越多，与用户互动越强，用户就越不容易离开。

2. 用户行为标签化

酒店用户标签建立必须基于自身业务模型。直订 SAAS 系统与微信 / 小程序打通，获取用户属性，并建立用户画像。

3. 用户画像生产流程

确定标签使用目标——搭建使用场景引导用户关注；建立标签数据库——当积累一定数据和经验，建立标签筛选和分析，并预判下一步趋势；活跃或流失等——根据标签属性借助系统自定义推送信息、邮件等给用户、定期复盘优化，总结不足调整优化。

4. 社群运营工具

获取到流量是第一步，如何运营好用户才是关键。酒店运营私域流量的前提是要有人情味，也称人格化 IP，也有灵活性。

首先建立一个酒店微信号，然后再配合直订 SAAS 系统提供的社群营销工具机器人，引导顾客扫码入群得红包福利锁定顾客。

日常社群运营、酒店产品预售、商品售卖等，智能 AI 机器人起到提高社群运营工作效率的同时，也节省人工操作成本。

其实做私域流量，前台是最好的窗口，推广酒店营销小程序，培训员工如何推广，再通过系统自动给员工计算提成，员工就更有动力引导用户使用自家的小程序订房。

其中，私域流量为酒店运营提供更多数字化模型和依据，让企业更好了解用户需求、更精准地营销刺激和更有效地广告投放。尤其经济不景气的时候，盘活现有资产，开源节流是大多数企业活下去的唯一手段。

四、酒店网络营销策略

随着 21 世纪互联网科技和电子商务的迅猛发展，人们的工作、生活已离不开网络。网络提高了人们的工作效率，同时也提高了人们的生活质量。在现代酒店业中网络也逐步成为酒店营销中一个非常重要且非常实用的手段。

酒店的不可移动性使得酒店在大部分时候不能实实在在地展现在顾客面前，特别是对于外地的顾客，必须在酒店消费之后才能真正了解其服务水准，顾客形成的印象决定以后是否再次光临该酒店。因此，想要让顾客在消费之前就对酒店有好印象，就必须借助网络。通过网络，酒店综合运用各种多媒体手段，展示出各种服务设施、设备，使顾客远在千万里之外，就能获得身临其境的感觉。通过网络，客户可以查询到任何目的地酒店经营信息和客房价格，酒店经营设施、客房价格都是透明的，有助于顾客根据自己的需求做出正确选择。

（一）酒店网络营销的实施过程

1. 酒店网络营销的市场定位

网络营销具有双向性的特点，即酒店经营者必须了解网络客户的各种情况，同时也必须了解自己的产品是否适合网络客户。酒店可以先通过自己的网站窗口，了解客户群体情况，同时了解客户的需求。如通过网络获取客户的需求信息，由此确定哪些客房产品放在网上销售，确定网上的市场目标，为开展网络营销指定方向。

2. 酒店网络营销的主要对象

网络营销对象是针对可能在网络虚拟市场上产生购买行为的客户群体提出来的。根据酒店自身的产品特点情况，确定营销主要对象，通过网站的内容制作吸引这些群体访问。对于酒店来说，客户群体大致为年轻客户群体、商务客户群体、休闲度假型客户群体等。在确定网络营销的主要对象时，还必须了解和关注网络用户的群体分布，即通过关注网络上的客户群体，结合自己的产品特点，最后确定网络营销的主要对象群体。

3. 酒店网络营销的整体策划

网络营销的目标是宣传酒店，提高酒店知名度，形成一定的客户群，并在近期能通过网络预订酒店的客房。这个目标是要通过设计具体的信息内容来实现的。客户对一个酒店客房的预订欲望是一个复杂和多阶段的过程，营销内容应当根据客户预订的决策阶段和酒店产品周期的不同阶段来决定。一个客户对酒店的网络订房都经过了解阶段、试用阶段和使用阶段，酒店经营者必须注意每阶段的营销内容，精心培育网络客户群。使酒店的网络订房顺利通过培育期、成长期，并进入良性循环的成熟期。

4. 酒店网络营销的产品组合

网络营销也必须通过产品组合增强营销力度，增强酒店在网络上的知名度。一般网络营销活动主要有网络广告和酒店网站，网络广告和酒店网站主要起宣传、提醒、收集信息的作用。酒店可以多媒体网络组合产品进行网络营销，根据经营情况以及网络订房的开展情况交叉组合使用这两种方法，使网络促销达到最佳效果。该出击的时候就通过网络广告推出去，以稳定网络客户群体；同样通过精心制作网站的信息内容，把潜在的客户群体牢牢地吸引过来，在网络上树立起良好的酒店形象。

5. 酒店网络营销的营销渠道

酒店要通过网络营销取得成功，科学的管理营销渠道是非常重要的。酒店不仅要建立自己独立的订房系统和酒店网站，还要寻求并采用更多的渠道开展网络订房和营销。随着互联网经济火热，出现了越来越多的网络推广资源，为收集潜在顾客商业信息提供了更多的机会，这些有价值的网络推广资源扩展了网络营销信息传递渠道，增加了酒店网络营销的成功机会。

酒店为了在网络上树立良好的品牌形象，必须不断地对各营销渠道进行信息沟通和协调，保证酒店在网络营销上的一致性、连续性和统一性。这是保证网络营销取得最佳效果的必不可少的管理内容，也是酒店的网络形象所需要的。

（二）酒店网络营销的发展趋势

1. 博客、微信、网站营销和视频广告的深度发展

前几年，博客营销已经取得了快速发展，但由于微博的局限性，所以未来几年里酒店微博营销可能低于微信营销。微信、网站将成为主流网络营销方法。微博营销成为酒店网络营销、营销策略的组成部分，酒店微信网络会引领网络营销进入全员营销时代。视频网络广告将成为新的竞争热点，网站视频可以全方位地展现酒店整体形象、客房设施，通过生动的宣传广告吸引更多顾客前来享受。在不久的将来将有大量视频类网站爆发性发展。

2. 规范网站优化策略

酒店网站优化已经成为网络营销经营策略的必然要求，如果在网站建设中没有体现出网站优化的基本思想，在网络营销水平普遍提高的环境中是很难获得竞争优势的。即网站优化并不仅仅是针对搜索引擎的优化排名，搜索引擎排名的提升只是体现网站优化必然结果的一个方面。

通过对网站功能、网站结构、网页布局、网站内容等要素的合理设计，为顾客获取信息提供方便，即通过网站更好地向用户传递有价值的网络营销信息，发挥网站最大的网络营销价值，使酒店建立诚信经营机制和更高的沟通平台，扩大知名度，开辟新的市场，促进营销。

网络营销将不仅仅是网站建设和网站推广等常规内容，网络营销的关注点也不仅仅是访问量的增长和短期收益，而是关系到酒店营销竞争力的全局性的策略。随着网络用户的迅速膨胀，网络营销已成为目前酒店经营发展的趋势，它代表着酒店业在信息时代生存发展的必然方向。

网络营销不是市场营销的简单延续，酒店经营者开展网络营销必须要有战略眼光，有计划、有步骤地制订网络营销方案。

3. 网络营销整合资源

酒店网络营销，不单单是在自己的网站进行媒体推介自己的产品，也可以联盟其他商家合作推介产品，利用新型媒介进行网络销售，个人赚的是营业额，平台赚的才是酒店的利润点。

任务四　酒店数字化销售渠道的实践应用

根据中国互联网信息中心统计，截至 2021 年 12 月，我国网民规模达 10.32 亿，互联网普及率达 73%，越来越多的人习惯通过各种互联网应用满足资讯、购物、娱乐、视频和游戏等需要，其中，在线旅行预订用户规模达 3.97 亿，占网民整体的

38.5%。对于酒店行业而言，使用各种互联网应用开展工作以提高经营效率和质量，已成为一个迫切的任务。

基于酒店的行业特征和营销需求，主要营销渠道包括OTA平台、微信生态营销系统以及网络视频直播平台等。

一、OTA平台营销

（一）OTA概述

OTA平台能为客人提供在线预订酒店、机票、车票、门票等一切旅游产品和服务，满足客人进行信息查询、产品比价、在线下单、服务评价等需求，它不仅改变了客人的消费习惯，也给酒店行业带来了巨大变革。旅游产业的若干环节相互关联，涉及不同类型的单位，形成了一条价值链，其中包括以产品设计和生产为特征的产业环节，如酒店、景点、餐饮等单位，也包括提供组团、地接、交通等服务的旅行社等服务环节，当然也包括以消费为特征的客人消费环节。这些环节相互关联，协调一致，共同为客人创造价值，OTA平台的功能是把这些环节整合在一起，把产业端、服务端和消费端连接起来，形成一个交易平台。依托互联网，大大地提升了交易效率和交易质量。

对于客人而言，OTA平台可以对接汇聚在一起的各种酒店和相关服务提供商，借助各项筛选、比较和排序工具，OTA平台可以给客人提供极大的方便。借助OTA平台，酒店可以开展营销网络推广活动，获取流量和订单，可以完成在线预订和支付，实现线上交易，可以实现信息查询和咨询服务功能，也可以收集客人的反馈意见，进行各项数据的统计，提升酒店的管理水平。

常见的OTA平台有携程、飞猪、同城、去哪儿、驴妈妈等。

（二）OTA平台的加盟流程

OTA平台是酒店最重要的营销平台，我们以携程为例。酒店要入驻OTA平台，一般需要经过入住申请、平台的信息审核、签署合同，最终实现入驻、运营筹备等环节。

1. 入驻申请

首先要找到申请入口，才能进入在线加盟流程。以携程为例，携程为商家提供了两个在线加盟入口，一是携程旅行网 PC 端，二是携程手机 App 端。通过这两个入口，商家都能进入在线加盟流程。进入加盟申请入口后，商家需要在酒店加盟页面使用手机号及短信验证码注册账号，按页面提示的步骤即可进入申请资料的填写环节。

在线加盟的申请资料包括八个部分：酒店信息、房型信息、酒店政策、设备设施、酒店图片、资质证件、结算信息、合同信息。

（1）酒店信息。商家需要填写的酒店基本信息包括酒店类型、详细分类、酒店名称、酒店电话、酒店地址、地理经纬度、总机等信息。需要填写的酒店详细信息包括酒店星级、开业年月、客房总数、酒店可接待人群、酒店简介、价格、类型等。需填写的联系人信息，包括联系人姓名、联系人电话、联系人邮箱等。

（2）房型信息。通常酒店设有多种房型，商家需要填写每类房型的基本信息，以便客人在预订时了解。商家必填的房型类型包括两类：一是物理房型信息，包括房型名称、房间数、可住人数、面积、楼层、窗户、床型、加床、宽带、房型描述、房型图片等；二是售卖房型信息，包括房价、早餐份数、取消政策等。

（3）酒店政策。酒店的入离时间，儿童政策等信息也需要商家填写，这些规定会影响客人后续的入住体验。例如，酒店为非 24 小时前台，就需要填写本店入住时间的最早和最晚期限。客人在预订过程中会关注这些信息，一旦这些信息未准确告知，将有可能出现无法入住等影响客人入住体验的情况。

（4）设施设备。商家需要填选酒店自有的设施设备，保证不遗漏、不虚报。由于酒店星级是参考酒店设施、房型、房价、点评服务等因素综合评定而出的，一旦设施填写出现问题，可能会对后续的星级评定产生影响。

（5）酒店图片。按携程的规则，酒店外观图照片为必填项。需至少上传一张带有酒店招牌的图片，一张独立的前台图片，公共区域、餐饮等类别图片，若已拍摄完成，可上传至相应的相册中。

（6）资质证件。酒店入住携程需提供的资质证件包括营业执照（必填）、个人证件（必填），其他证件（选填）。未能按要求提供资质证明的，将面临无法上线售卖的风险。

（7）结算信息。成功上线售卖的酒店会与平台定期结算款项，所以填写入住资料时需提供结算信息。结算信息分为两部分：一是结算信息，包括结算周期、开票方式、账户名称、银行账号、开户银行、支行名称、银行行号；二是发票信息，包括酒店是否提供专票、发票抬头、纳税人识别号、公司地址、公司电话、开户银行、支行名称、开户行账号等。

（8）合同信息。商家需要填写合同截止日期。酒店可接收合同签署短信的手机号等有关信息。全部填写完成后即可提交申请单。接收合同签署短信的手机号需已实名认证，且手机号所属姓名与提供的个人证件姓名一致。

课堂思考

请打开携程、飞猪或去哪儿 App，找到加盟入口，体验加盟流程，并比较优劣。

2. 平台审核

为保证申请入驻平台商家提供酒店信息的完整与准确，酒店提交在线加盟材料后，平台会安排专门人员对材料进行审核。平台会重点关注两个方面的信息审核，一是酒店层面的信息，二是房型层面的信息。商家在提交资料过程中应该准确合规填写。

3. 签署合同

商家提交入驻申请且各种资料经过平台审核合格后，平台就会和商家签署合同，并要求商家补充如下类型的资料：一是静态信息，包括图片、设施、房型信息，还需包括酒店规定和酒店资质方面的信息。二是售卖信息，包括售卖房型完整信息、未来房价和近期房态稳维护信息等。

4. 运营筹备

酒店提交入住申请及相关信息，经过平台的信息审核并最终签署合同和补充相关资料后，酒店就可以进行运营筹备，并即将开始在 OTA 平台上的运营工作了。运营筹备工作一般包括以下内容：

（1）酒店账号设置。一家酒店可以设置多个 OTA 平台账号、后台子账号。设置子账号的目的在于：一是不同的子账号设定不同的操作权限，防止员工误操作。二是在后台上可查看操作日志，一旦出现严重的操作失误，可以通过操作日志定位账号及责任人，追究相应的责任。

（2）订单处理设置。当客人在携程 App 预订酒店后，为保证能接收订单并处理，商家也需要第一时间设置订单提醒，以避免客人等待时间过长导致订单流失。订单提醒有短信、邮件、电话、弹窗、声音、微信 App 等多种方式。商家需优先考虑打开声音弹窗 App 等的提醒。

（3）后台操作学习。为了能够更好地运作 OTA 平台，新加入的酒店还要系统学习 OTA 平台的操作流程和方法，学习如何使用各种工具，熟悉平台的各项管理规则，以便能够尽快进入角色。

（三）OTA 平台线上购买行为分析

当客人产生旅游消费需求，使用 OTA 平台进行预订时，一般会进行相关信息的查询和浏览，相关产品的筛选和比较，订单的下单和支付，之后的消费行为等。

从预订流程来看，一般可拆分为四个环节，查询页搜索、列表页选择、详情页浏览、订单页下单，以下分别进行具体说明。

1. 查询页搜索

以携程为例，当客人打开并登录携程 App 以后，点击首页“酒店”即可进入酒店频道，这是酒店在携程的主流量入口。客人进入酒店频道看到的第一个页面被称为查询页。查询页设有国内、海外、钟点房 / 月租、民宿四个分支，客人可根据自身需求点击选择页。

在酒店查询页发生频次最高的行为是搜索客人通过设定位置、日期、关键词等条件以获得符合其要求的多家酒店列表。酒店查询页可以划分为三个板块，一是核心的查询搜索，二是重点活动推广，三是关于酒店的内容推荐。这三个板块的设置均在帮助客人挑选出符合其预期的酒店。

2. 列表页选择

客人在查询页设定条件进行搜索，搜索和呈现出来的结果展示页面被称为酒店列表页。每家酒店在列表页会通过精美卡片展示酒店的名称、定价、首图、点评、位置、标签等信息，客人一般会根据自身需求对酒店卡片列表进行排序、筛选和对比。根据比对的结果，决定进入哪一家酒店的详情页进行浏览。

3. 详情页浏览

当客人经过在列表页对酒店卡片的排序、筛选和比对后，对选中的酒店会点击其卡片进入详情页浏览。详情页提供的信息越有吸引力，客人越容易下单。以携程App为例，酒店详情页由酒店相册、酒店预订、基础信息、顾客评价、亮点设施五个关键部分组成。

4. 订单页下单

订单页下单从详情页点击客人所选中房型卡片右侧的“抢”按钮，客人即能进入下单环节。该环节分为四步，订单浏览、订单填写、订单支付和订单确认。

（四）进行线上推广

进行线上推广是酒店通过数字营销获得流量和订单的典型形式，酒店OTA平台推广一般包括以下几个基本环节：一是通过购买或自荐注意力资源，使酒店获得曝光；二是通过输出比较优势，吸引客人关注和点击，从而形成流量；三是通过诉求产品服务的特色或开展促销活动，激励客人下单，从而最终获取订单。

课堂思考

请打开携程、飞猪或去哪儿App，点击酒店页面，体验预订流程，并比较优劣。

二、微信生态营销系统

社交媒体是人们彼此之间用来分享意见、见解、经验和观点的工具和平台，现阶段主要包括社交网站、微博、微信、博客、论坛、播客等，由于其兼具媒体属性和社交属性，它的出现使人们的信息获取方式和沟通方式都发生了显著变化。微信是非常典型的社交媒体，并且有着巨大的影响力。在包括酒店业在内的多行业领域都有着广泛的应用，经过十几年的进化和演变，目前微信生态营销系统已经很成熟和完善。包括基于个人账户的微信好友和朋友圈，基于公众账号的订阅号和视频号，基于服务应用的服务号和小程序，以及可以应用于社群营销的微信群。酒店可以根据自己的营销需求构建微微信营销矩阵以实现相关的营销功能。

（一）微信个人账号的建设

微信个人账号的建设，包括微信好友和朋友圈，是基于双向互动形成的一对一的社会关系，即双方都认可这种社会关系才能建立。当用于营销目的时，微信个人账号可以实现个性化的沟通和服务，是承接和管理私域流量的重要载体。其搭建内容包括以下几个要素：个人号、昵称、头像、个性签名、地区和个人号状态等。

（二）订阅号和视频号的建设

订阅号和视频号都属于公众号范畴，是基于单向互动形成的一对多的关系，即一方加关注即可形成关联。订阅号的内容以图文形式为主，视频号的内容以音视频形式为主。微信消息首页可见订阅号的浏览入口，可折叠，发现页可见视频号的浏览入口，分关注、朋友和推荐三个频道。酒店可以根据目标客户的需求和兴趣生产或转移相关内容。以订阅号和视频号为载体，为目标客户提供和推送相关内容。用户如果转发了相关内容，可以吸引新用户浏览和加关注，从而获取流量。顾客如有相关服务需求，可以进一步通过服务号和微信小程序实现转化。

（三）服务号和小程序的搭建

当酒店的用户有服务需求时，酒店可以开通服务号满足相关需求。一个注册成功的公众号默认具有如下基础功能：自动回复、自定义菜单、群发消息、投票管理、话题、标签赞赏、原创声明、视频弹幕、号内搜索留言及付费功能等。

微信小程序是一种不需要下载安装即可使用的应用。当顾客产生服务需求时，通过扫码或检索进入小程序，从而实现转化。小程序是微信营销矩阵的重要组成部分，是流量转化落地和形成闭环的重要环节。微信提供了微信小商店功能，借助相关模板可以很方便地搭建相关小程序应用。

（四）微信社群的搭建

社群是指基于移动互联网和社交工具，拥有相同兴趣或价值观的人，突破时间、空间限制聚合而成的能实时互动的群体。产生连接和形成信任是社群的本质。酒店营销人员可以借助微信群构建社群来开展营销活动。酒店可以借助微信群从三个方面进行社群建设。第一，通过描述对某一事物的认可来定义社群的共性。第二，建立有关成员构成、加入原则、交流平台和管理规范的相关规则。第三，定义社群输出的内容，明确为成员提供的价值。

课堂思考

请打开一家酒店的微信小程序或公众号，了解酒店产品、体验预订流程、熟悉酒店活动，并比较优劣。

三、酒店短视频平台的建设

作为互联网时代的一种新兴应用场景，短视频正在构成独特的网络景观。对于酒店行业而言，使用各种短视频平台开展营销工作已成为一个战略性任务。截至2021年12月，短视频平台月活跃用户规模达到9.2亿人数，月人均时长超过22小时。目前，主要的短视频平台营销工具包括抖音、快手、小红书等。其中，抖音平台相对于网络视频直播平台或微信平台等其他工具，其营销应用更具典型性、代表性和复杂性。

（一）短视频平台概述

短视频又叫短片儿、小视频，一般指长度为五分钟以内的视频（另外一种说法为一分钟以内的视频），主要是在移动智能终端上进行拍摄、美化编辑，并可以在社交平台上进行实时分享的一种新型视频形式。广义上我们把制作、传播、分发短视频的平台都称作短视频平台，狭义上只有原创短视频的平台称为短视频平台。

在短视频日益发展的今天，各平台都高度认可并积极开发短视频无与伦比的时代价值，以及其重要的吸引流量、占据用户注意力的窗口作用。短视频 + 社交 / 电商 / 综合资讯 / 垂直媒体等不断融合变化，短视频平台类型日趋多元化，其界限不再清晰可辨。

（二）短视频平台属性特征

（1）内容生产属性。短视频平台的根基就是创作和生产短视频内容，其背后的短视频内容创作者一般为普通用户、专业团队、网红或明星三类人员及组织。

（2）内容营销是信息传播的形态之一，也是短视频平台的重要属性。短视频平台从诞生之日起就与营销变现紧密关联。其商业变现模式主要有广告、电商导流和用户付费等。

（3）社交互动是短视频在流量分发传播过程中延伸出来的重要属性，由此导致短视频平台呈现出鲜明的社区化、生态化和垂直化特征，如抖音用户通过短视频分发传播，可以分享自己的生活，也可以汇聚同类，形成同人社区，形成内容垂直聚集。

（三）用户行为特征

短视频平台的功能属性对应的是短视频平台用户的三个重要行为特征。

（1）生产行为。原创生产行为是短视频用户的主要特征之一，短视频用户有相当大的自主权。创作内容没有题材限制，只需围绕个人生活或兴趣，不需要学历等过高门槛，强调用户观看、创作、分享、传播和消费多重身份，为用户行为的扩展和潜在价值的挖掘奠定了基础。

（2）传播行为。在短视频平台，生产与传播缺一不可。用户信息创作过程伴随着信息扩散过程，体现的是用户传播和分享行为，这种本质是互动的传播分享行为，实现用户与用户、用户和内容之间更广泛的连接，产生自然的社区传播、垂直传播和生态传播。

（3）消费行为。短视频用户既是内容观看者，又是内容生产、分享、传播者，同时也是潜在的消费者。基于短视频产品设计的不同定位，不同短视频平台呈现出完全不同的用户消费行为。直接购买产品、实现品牌认知强化等都是短视频用户的消费行为。随着圈层消费时代的来临，短视频用户生产、传播、分享和消费行为都趋向更为垂直化，许多优秀的垂直类短视频 IP 持续爆红，也因此吸引大量关注垂直领域的用户传播分享，进而更多用户发生消费行为。如美食手工类博主李子柒等声名鹊起，线上线下也随之出现大量李子柒牌美食产品。

（四）酒店短视频平台营销应用

当下，短视频营销平台是让酒店获取流量的有效途径，可以为酒店带来新的流量和获客渠道。特别是在越来越高的 OTA 渠道佣金面前，这几乎是各大酒店集团的统一战略。近年来，许多酒店都在小红书、抖音等短视频平台开通了直销渠道，让酒店品牌拥有更多触达用户的途径。因此，酒店在搭建 OTA 销售渠道的同时，必须重视短视频营销平台的应用。一个酒店企业要进行短视频平台营销，一般应该按照以下步骤：

1. 确定酒店短视频平台营销用户的画像

用户画像也称为人物角色，是根据用户社会属性、生活习惯和消费行为等信息而抽象出的一个标签的用户模型及真实用户的虚拟代表。主要通过用户的静态数据和动态数据，从多个维度了解用户特征，挖掘用户需求，刻画目标用户模型，进而改善产品、提升服务，实现精准营销。

对短视频平台上的酒店用户进行画像一般需经过以下步骤：一是基础数据采集，二是数据分析和建模，三是呈现用户画像。

2. 确定酒店在短视频平台的营销定位

（1）明确酒店营销定位。酒店营销定位将决定短视频账号定位，进而决定是否能精准投放给相关酒店用户。酒店要根据自己的市场定位、目标客源，明确自身特色、亮点、宣传点，明确短视频账号运营目标，集中力量实现主要目标。

（2）了解平台推荐机制。不同的短视频平台有不同的推荐机制，关联着流量获客。酒店在短视频平台进行营销，必须明确在不同平台如何获取最大流量，如何跑赢同质化竞争对手。以抖音为例，抖音的推荐机制分为初级推荐、多级推荐和热门推荐。新视频上传后，获得首波推荐流量，流量分发会以附近和粉丝为主，根据首播观看用户的完播率和互动率等表现数据，根据系统算法进入下一级推荐池。在多级推荐池中，如果观看用户的表现数据持续优异，根据系统的算法才会进入热门推荐。

3. 酒店自主营销

（1）组建酒店视频运营团队。专业的短视频运营团队主要包括编导、摄影、剪辑、运营等岗位人员，负责内容策划、管理、视频拍摄、后期制作和运营等。一个基本的短视频运营团队需要四至五人。

（2）短视频内容制作。内容制作首先要思考目标用户群体想要看什么内容，为酒店目标用户群体进行内容规划是酒店短视频账号的首要任务。在短视频平台，讲好内容就是做好营销，需要注意以下几点：①深度垂直领域，注重酒店细节；②创新内容场景，挖掘酒店心意；③打磨创意文案，讲好酒店故事；④抓住黄金三秒，用好其他要素。

（3）短视频平台运营。短视频的发布渠道很多，不同的发布渠道有不同的优势，运营者要根据短视频内容选择适合的发布渠道。短视频运营要遵循各平台的运营规则，要尊重知识产权，要从"博取眼球"转向"引发思考"的精品化道路上来，让短视频承担起传播正能量的社会责任。严禁在商业利益的驱动下出现各种失范行为，如制假售假形成黑色产业链，内容恶俗影响青少年健康以及猎奇拍摄、越过法律边界、盲目模仿触发安全事故等，运营者需要通过线上线下多种方式进行联合推广，广泛开展各种短视频平台营销活动。

（4）认真维护用户粉丝。没有粉丝的短视频平台账号是没有生命力的，也是无法有效变现的。酒店短视频平台运营者既要思考如何凝聚用户，还要与用户共同打造酒店短视频账号的"粉丝社区"。

4. 酒店选择第三方开展营销应用

随着短视频营销步入下半场，更注重专业化分工协作。酒店通过专业的第三方合作也是酒店短视频营销平台应用的重要路径。首先可以选择优质的运营机构。目前，最主要的专业运用机构就是 MCN 机构。对于酒店短视频内容平台来说，与短视频 MCN 合作能大幅度提升平台的内容运营效率，保障平台内容质量的稳定性和专业程度。对酒店来说，酒店品牌方与 MCN 的合作分为直接联系和通过平台方联系 MCN 的商业主体，可以让合作更有契约保障。同时，MCN 拥有丰富的达人、网红内容矩阵，帮助酒店策划更完整、更体系化的营销解决方案。

选择酒店 KOL 营销。除了优质的运营机构会引导用户改变消费决策，另一个能有效引导消费者决策的就是 KOL。它在长期内容分享中逐渐获得用户信任和认可，进而改变用户的消费决策路径。在酒店行业领域，短视频平台中大量的酒店相关 KOL 为酒店提供了出圈机会，是酒店营销的最佳阵地之一。相比于优质运营机构来说，与 KOL 的合作更灵活。

课堂思考

请在抖音、快手或小红书上找到一家酒店的账号，了解酒店产品、体验购买流程、熟悉酒店活动，并比较优劣。

复习与思考

一、名词解释

酒店销售渠道　直接销售渠道　间接销售渠道　产品因素　酒店网络直销

二、填空题

1. 根据中间商是否参与产品的交换过程，可以将酒店的销售渠道分为两类：__________和__________。

2. 酒店直接销售渠道的方式有__________和__________。

3. 酒店选择销售渠道时需应考虑的因素有__________、__________、__________、__________。

4. 酒店应主要从__________、__________、__________三个方面对渠道方案进行综合评估，然后选择一个主要的渠道方案，同时确定其他若干个辅助性渠道方案。

5. 酒店数字化传播与销售渠道主要有以下六种形式：__________、__________、__________、__________、__________、__________。

三、简答题

1. 酒店营销渠道的概念和作用是什么？

2. 酒店间接营销渠道的种类有哪些？

3. 直接营销渠道和间接营销渠道的优缺点有哪些？

4. 酒店的中间商具有哪些职能？

5. 酒店应如何搞好与旅行社的关系？

6. 请说明什么是公域流量，什么是私域流量，它们各有哪些优缺点。

7. 结合实际谈谈你对 OTA 平台、微信生态营销系统以及网络视频直播平台等的认知和看法。

四、案例分析

"反骨"华住，靠私域再翻身

疫情之下，入住率曾一度暴跌至 40% 的华住集团（以下简称"华住"），业绩似乎悄悄回暖了。

2022 年 5 月底，华住发布财报显示，2022 年一季度净营收达 26.8 亿元，较上年同期增长 15.2%。此外，华住新增门店 302 家，自有会员数量已经达到 1.9 亿，门店数量和会员数量皆上涨。

业内好奇，华住能够实现逆势增长，背后的驱动力是什么？

华住集团战略合作及平台运营副总裁何流日前在公开场合透露的一组数据，似乎解释了一二："2021 年华住线上新增会员中一半来自支付宝平台，是线上订单增速最快渠道之一。"这意味着数字化和会员成为华住增长的关键词，并且第三方平台对业绩的贡献在加大。

众所周知，酒店业很难，疫情新常态下，酒店获客的成本和难度都直线攀升。这种局面下，华住耕耘多年的私域体系再度显现出巨大的优势。

事实上，对自有渠道的掌控力之强，一度让华住在业内被称"反骨"。曾经在酒店业普遍高度依赖从 OTA 采买流量，受困于日益走高的渠道佣金时，华住是最早自建直营渠道，摆脱对渠道依赖的酒店品牌。财报数据显示，2021 年华住销售间夜量中，83% 出自自有销售渠道，仅 17% 通过 OTA 等第三方销售渠道售出。

靠私域，华住摆脱过难以掌控的渠道营销费用，如今依旧是靠私域，华住依托于新的外部流量洼地获得新的增长动力。

私域不得不做，已经成为酒店业的共识。值得研究的是，华住的经验可复制吗？能让酒店业集体杀出一条血路吗？

2017—2021 年，华住自有销售渠道和第三方中介销售渠道所售出间夜量占比，稳定保持在 85%：15%。其中，华住销售给华住会员的间夜量，基本稳定保持在 75%。正因如此，华住创始人季琦（也是国内最大 OTA 携程创始人之一），才能在这些年酒店和 OTA 的一系列制约与反制约冲突中，骄傲宣称，华住从来没有被 OTA 卡住过流量的咽喉。

这一切的源头，是 2017 年华住上线了自有会员平台“华住会”，该平台打通了华住自 2005 年创立的会员体系。自有会员平台是华住开始做私域会员的基础，意味着华住后台每个会员的信息，从间夜频次的数字，逐渐演变为能展示用户完整消费偏好的画像。

为了让用户愿意在直营渠道下单，华住甚至实施了会员平台全网最低价，超过一半好房优先供应等措施。

“私域流量是酒店会员体系的延展，以前酒店只从间夜消费频次这个单一维度来理解会员。私域流量概念的兴起，让酒店对会员了解有了更多维度，很容易清晰了解一个会员从 0 到 1 的成长轨迹，并通过这些数据，更好服务会员。”

在何流看来，相比 OTA 时代，做私域意味着酒店的渠道经营思维的转变：从考虑渠道成本、销售效率和投产比的订单思维、典型的“销库存逻辑”，转换为用户思维。而私域流量核心的价值是回归用户，提供更好的产品与服务，从而让他们产生更强的消费黏性。

这样一来，除了能节约渠道佣金之外，还能千人千面精细化处理用户定制化的需求。有的用户喜欢硬一点的枕头，有的用户喜欢吸烟，有的用户喜欢度假，有的用户主要是差旅，这些在 OTA 平台很难得到传达。而在私域的运营中，这些用户都能得到很好的归类和梳理。

但当华住会员规模达到一定量级后，新的问题诞生了，再想维持高速甚至小跑增长变得困难。同样是 2017—2021 年，华住会员数量保持稳定增长，但增幅从高峰期的 30%+，回落到 10%+。

华住会员数量的增速放缓并非因为华住经营不善，而是与整个移动互联网流量天花板有关。这就好比学生考试，从 59 分猛涨到 89 分，只要肯付出努力，大概率能够快速达到；但从 89 分到 90 分，1 分之差，十倍努力。

疫情之后，这一问题越发凸显。即便把自私域流量做到极致，华住也会面临“流量焦虑”。想要破局，华住必须找到做私域的新流量洼地，且具备两个刚性条件：其一，公域流量足够大；其二，能够做直销渠道。

核心一点则是，在这个新流量洼地，华住做的是自己的私域，借力平台的流量和工具亲自运营，把用户资产掌握在自己手里。这种考量下，支付宝进入了华住的视野。10亿用户池、8亿MAU，高开放度的运营阵地、公域流量、高价值人群与自身中产＋商旅的核心客群高度匹配……支付宝这些特征，与华住的需求高度匹配。2019年，华住正式入驻支付宝小程序，为其自身私域战略持续增长找到新燃料。

如果支付宝用户第一次在平台上预订华住旗下酒店，华住有把握通过“全触点服务”，100%将支付宝用户转化为忠诚的华住会员用户。如何在这个平台上触达用户，把用户引入自己的私域小程序，是华住需要解决的第一个问题。

华住的做法很简单，线下线上，同步发力。

在线下，酒店前台引导用户扫码进入支付宝小程序使用服务，顺势将用户沉淀为资料会员。何流有个记忆深刻的小案例，有一次在某个门店，前台服务员询问得知一位女客人是支付宝会员后，指导她三分钟登录华住支付宝小程序，一键领取华住会会员，并获得20元入住优惠券，既获得客人好评，又成功开发一个新会员。

在线上，积极参加支付宝各类大促是有效手段。通过向支付宝会员发放优惠券，华住在支付宝平台实现精准拉新。何流透露，2021年“双十二”期间，华住通过大促，短短一个月，拉新获得的会员中，30%来自支付宝用户。在某一次支付宝集五福活动中，华住一次拉新300多万，破了多项纪录。

除了小程序，华住在支付宝端内的另一块私域阵地是生活号。生活号与小程序分别承载着用内容留存用户，以及高效提供服务的任务。

华住2022年品牌营销电影《一个旅人》在生活号渠道做了首发，创下单条视频180万次点击率和2.6万回复的纪录。华住支付宝生活号开通仅三个月，通过一系列图文、短视频，累计关注粉丝超过200万、关联小程序单日交易笔数增长10倍、小程序DAU峰值同比增长5倍。

“用户往往要对一个品牌经过多个触点的200次的接触之后，才有可能转化为交易。”何流表示，华住在支付宝上要做的是全域触达，广告位、营销工具、促销活动、内容传播等，不放过任何一个机会。

“华住会”已有1.9亿会员，这批最具忠诚度的用户，是华住保有稳定利润来源的关键。

想要让支付宝稳定为“华住会”提供优质会员，华住还瞄准了跟支付宝推出联合会员的异业模式。重点则是华住会跟支付宝App的会员体系全面打通。

在支付宝会员频道，支付宝会员可根据等级，在会员频道匹配领取的华住星会员、银会员或金会员会员卡，享受华住提供的对应权益。比如支付宝铂金会员可以免费拿到华住的金会员，可享房费门市价 8.8 折、免费早餐等 6 项特权。

会员频道也是支付宝一块公域转私域的阵地，它的特色能力是开放会员等级匹配。华住与支付宝打通会员，相当于直接从支付宝的池子里给华住会拉新，之后可以把流量沉淀到私域小程序做长期运营。

华住看中的是支付宝会员高价值的特征，跟华住商旅人群高度契合。何流透露，华住从支付宝拉新的会员中，56% 来自支付宝会员频道。鉴于支付宝会员频道的用户拥有更强的会员心智和品牌权益心智，会员频道的公域流量在华住实现了极高的转化率。

但将支付宝用户转化为华住会员，并非华住私域流量运营的终点。关键是如何增强会员的留存和复购。

全流程数字化是这一步的核心支撑力。华住集团战略合作部总监王震也曾对媒体表示：这两年有一个惊人的发现，疫情期间，几轮波动下来，门店数字化能力不够的单体酒店几乎都消失了。

留住用户涉及私域流量运营的“用户思维”。华住费这么大力气把支付宝用户拉过来，所求并非一时暴涨的销售数据。订单和客户，像流水一样，高潮过后，容易快速流走，唯一能够留住他们的，只有优质服务，其背后支撑力就是数字化能力。

在消费者端，华住服务的数字化能力体现在，入住华住旗下酒店的客人可以在支付宝使用 check-in/out、自助选房、混合支付、索要发票、机器人送物等服务。

在运营者端，服务的数字化能力则更为复杂和精细。以酒店客房管理为例，华住此前开发了“易客房”数字系统，将客房整理流程（包括清洁、维护、状态更新等）数字化。该系统甚至可以自动分配清洁或维修人员需要打扫或维护的客房。

何流认为，酒店私域流量运营，下一阶段是从集团层面沉淀到门店层面，因为门店才是实践用户思维的真正场景。

华住每间门店平均每天有 150 名客人入住，数字化解决了空间和时间的差异，门店可以围绕线上线下多个触点去拉新和服务，以此增加复购，提升门店业绩。

例如，对于回头客，门店可以通过加送果盘、免费早餐、免费间夜、停车券等措施，进一步加强这一客群对酒店的高黏性；对于新客，门店可以通过给予他们免费充电宝使用权益、优惠打折券等措施，完成初步拉新。

“逻辑虽然如此，但在实际操作中，是个复杂的工程，华住将持续探索。”何流最后如是说。

——资料来源：https：//finance.sina.com.cn/jjxw/2022-06-22/doc-imizirau9968525.shtml.

根据以上案例，回答如下问题：

1. 请各小组用支付宝、携程网和华住小程序以及华住官方网站分别进行网络预订客房，并进行对比。

2. 分析讨论一家酒店在公域和私域两个渠道的表现，并提出你对酒店在公域流量转私域流量的看法和策略。

推荐阅读

1. 张薇薇：赋能酒店数字化建设，覆盖智慧酒店全业务场景，https：//news.sina.com.cn/sx/2023-03-01/detail-imyiipqx7975572.shtml.

2. 酒店如何开展线上多渠道营销，https：//www.sohu.com/a/442835124_253987.

3. 华住酒店DTC模式创新实现旅游私域增长新飞轮，https：//runwise.co/dtc/membership-commerce/72209.html.

4. 酒店数字化营销，聚焦品效合一，https：//www.sohu.com/a/479873777_395910.

综合实训练习

1. 请各小组同学谈谈在酒店营销渠道建设中如何提升数字化运营能力？
2. 由教师划分实践小组，选择当地一家知名酒店，实地了解该酒店的营销渠道策略，并对其进行分析，写出分析报告。
3. 选择当地的知名酒店，了解其网络预订与网络直销的实际情况，与所学知识相结合，对网络预订与网络直销两种方式进行比较分析，并形成书面总结报告。
4. 请各小组对携程、飞猪网和Booking.com进行对比分析。
5. 请分小组为一家酒店分别运用OTA平台、微信生态营销系统以及网络视频直播平台等制订一份数字化营销渠道方案。

项目七 酒店促销策略

随着酒店业竞争的日益激烈，降价、打折等促销方式已经打动不了顾客的心，反而会降低酒店在顾客心目中的地位。如何更有效地为酒店促销，已经引起了酒店业从业者的重视和关注。通过本章的学习，可以使读者掌握基本的酒店促销策略和常用促销方法，如广告、人员推销、公共关系、销售促进等，学会策划和组织简单的酒店促销活动。

本章重点阐述了酒店促销的概念与功能、酒店常用的促销策略，同时对人员推销的方式、特点、过程及技巧进行了详细介绍，并对酒店广告的概念及常用的广告策略、酒店公共关系活动进行了详尽的诠释。

思政目标

党的二十大报告指出，要坚持全心全意为人民服务的根本宗旨，树牢群众观点，贯彻群众路线，尊重人民首创精神，坚持一切为了人民、一切依靠人民，从群众中来、到群众中去，始终同人民同呼吸、共命运、心连心。本项目旨在培养学生始终秉承为民服务的宗旨理念，利用多元化的促销策略为消费者提供更满意、更优质的酒店产品和服务。

学习目标

知识目标

1. 理解酒店促销的概念。
2. 熟悉人员推销、销售促进、广告及公关的概念及作用。
3. 掌握各种促销手段的优缺点。

能力目标

1. 理解酒店促销的作用及重要性。
2. 掌握人员推销的技巧、销售促进的方法、广告策略以及公共关系策划。
3. 能够综合应用各种促销手段。

案　例

双十一促销能为酒店成功引流吗

一到双十一，忙着“剁手”的“羊毛党”就如过节一般。对于逢“节”必营销的酒店来说，这是难得的机会，为了吸引消费者煞费苦心。诚意满满的策划，真能带来想象中的效果吗？其实对于急于“回血”的酒店来说，双十一的意义已不再只是卖得多。在市场淡季叠加诸多不确定性因素的当下，酒店希望抓住每一次吸引流量的机会，探索更多新的盈利空间。

新玩法抢占市场

“我很早之前就被各社交媒体平台安利了‘必囤’的酒店房券，也发现德胧、华住、洲际这些酒店集团都有着不小的折扣力度，还想多囤一些，以后总会用到的。”2022 年双十一预热期，“80 后”于女士下单了花间堂的两晚通兑房券和千岛湖洲际酒店 3 天 2 晚亲子套餐。

2022 年双十一，不少酒店早早打出促销“组合拳”，全国多店通兑房券、亲子主题度假套餐、1~2 晚的滑雪套餐……记者发现，在各类玩法与优惠的叠加之下，酒店产品的组合更具灵活性，出现了不少可拆分和多次消费的产品，优惠力度也更大了，这激发了不少消费者的囤货热情。

在飞猪平台上，万豪、希尔顿、万达、凯悦、洲际等酒店集团的“大通兑”套餐成为双十一的热销产品。此外，飞猪还联合商家推出“经济连锁型酒店通兑”产品，打破了以往通兑产品只在同一个品牌下的固有方式，实现了华住、锦江、首旅如家等多个品牌的通兑。

记者了解到，不少酒店集团推出了新玩法和新优惠，比如雅高集团将酒店住宿、折扣房券、餐饮权益、行政酒廊等 14 项会员增值权益组合打包，优化客人的消费场景；德胧集团将房券有效期延长至 2023 年 6 月 30 日，让消费者用淡季价格提前锁定明年旺季客房；首旅如家酒店集团推出了以“旅行新奇趣 酒店任性屯”为主题的 4 类产品，融合了商务、度假、亲子、潮玩等元素，解锁了露营烧烤、动感单车等新玩法。

2022 年双十一酒店市场的变化受到业界人士关注。北京联合大学在线旅游研究中心主任杨彦锋发现，不少酒店的套餐产品在预热阶段就很受欢迎，卖得好的产品销量超过了 3 万份。此外，除了传统的 OTA 平台，抖音、快手、小红书等平台也成为不少酒店营销的主战场。“2022 年双十一，多个品类在各平台上都拉长了预售周期，启动时间更早、持续时间更长。这种宝贵的现金流预支能够有效地帮助酒店行业度过寒冬，解决燃眉之急。”杨彦锋说。

在北京第二外国语学院中国文化和旅游产业研究院副教授吴丽云看来，此前极少参与双十一活动的国际酒店品牌 2022 年也纷纷加入了预售行列。在疫情的冲击下，预售无疑是增加酒店现金流和增强消费者信心的重要途径。

虽然2022年双十一酒店市场产品布局十分热闹，但不少业内人士发现，生意并不好做。参与大促的酒店企业数量变多也使竞争加剧。

杨彦锋分析，不少业者意识到了市场的艰难，双十一部分预热产品刚一开卖便进入了“短兵相接”的状态。酒店纷纷提前到各渠道布局，提高销售量、尽快让钱“落袋为安”。

除此之外，消费需求也在发生变化。德胧集团相关负责人介绍，2022年客人更青睐本地游、周边游的产品，城市周边度假酒店套餐更受欢迎。但是，客人很少会在一家酒店囤过多的产品。

对此，北京金陵饭店总经理夏良也表示认同，他注意到，2022年针对商务客人的产品销售情况不是很好，家庭亲子类产品似乎更受关注。但受到疫情影响，消费者购买热情明显有所减弱。

“如今，消费者更看重酒店套餐产品的灵活性，相较于过去两年，他们对使用周期长的通兑产品组合明显有着更高的接受度和热情度。想要获得消费者的心，还是要更多站在他们的角度考虑。”首旅如家酒店集团营销中心总经理徐文兰说。

杭盖旅业负责人顾晓春认为，双十一市场的确越来越“卷”，酒店企业拿出有吸引力的“硬货”才不会让销售降低。

多渠道精准营销

“我在酒店官方渠道下单了几张通兑券，越是这种时候会员的优势越显现出来了。”“还是跟着流量主播买比较省心，主播团队已经把产品筛过一遍。”“电商平台组合产品的活动力度感觉更大一些。”……随着双十一临近，“羊毛党”更加密集分享“剁手”经验。

2022年双十一酒店的促销大致分两种，一是在自有平台做会员活动，二是与电商平台、流量主播合作做促销。“面对愈发细分的市场，选择单一的渠道未必能实现精准营销。飞猪、抖音、携程每个渠道的用户群体都不一样，根据不同渠道的特点发力可能更适合目前的酒店市场。”采访中，多位从业者向记者表示，为了筹备这次大促活动，他们提前一个多月就开始制订详细的营销方案，双十一已经不再是通过低价清库存的促销日，精准获客是他们更想要的。

“目前来看，官方渠道是我们实现精准营销的重要渠道，我们会提前把专属优惠信息发送给会员，他们的积极参与让我们直销矩阵的单日交易额达到数百万元。”德胧集团相关负责人告诉记者，尽管官方渠道的带货能力不错，他们还是会选择与外部渠道合作，获取更多的流量。包括与本地生活类头部主播互动，单点引爆关注度和交易量。抖音平台就是2022年双十一新增的渠道。

地中海俱乐部Joyview北京延庆度假村总经理李光鹏观察到，现在各平台的玩法也比较多。比如在抖音平台上有专门的达人任务计划，一些旅游达人会到酒店来探店，酒店正好可以借他们的流量增加曝光率。“在不同的平台，我们会选择销售不同的产品，在度假村自己的粉丝群我们会主推一价全包的套餐，老用户的复购率能达到30%。在公域平台，尤其是达人带货的直播间，我们的产品品类会更大而全一些，以此增加外部粉丝对我们的了解。”

对于夏良来说，他更关注的是销售节奏。“2022年双十一，我们选择在不同时段销售不同产品，比如客房类产品提前3周销售，礼盒类产品提前2周销售，自助餐类产品作为本地消费者最感兴趣的爆款选择在双十一当天销售。”夏良坦言，市场在变化，每一个渠道中每件产品的销量都在浮动，何种营销方式更适合大促活动，哪个渠道更具销售力，目前都没有定论。对于酒店而言，就是要多渠道地合作、多形式地尝试，以变应变。

“现在消费者对于商家的打折促销已经习以为常了，酒店还是要以更新更优的内容去吸引消费者。”在心宿度假品牌创始人徐恒勇看来，酒店大促活动也要紧紧围绕目标消费群体需求设计，才能把这个市场做专做深。比如对于高净值的客户，优惠套餐未必主打性价比，超出预期的体验可能更有吸引力。

“双十一是转化私域流量的好机会。”在谈到做大促活动的意义时，几乎所有的受访者都提到了这一点。德胧集团相关负责人感叹，在公域流量愈发分散，获取难度日渐上升的当下，强化流量的精细化运营不失为一种提升流量转化率的有效方式。

经过此次双十一筹备策划，日出酒店集团总经理唐伟良认为，“私域流量＋直播”的形式预计将成为未来一段时间的销售主流。特别是受疫情影响，2022年消费者购买酒店产品时更加谨慎了，根据消费者需求精准组合和推送产品往往更能提高流量的转化率。但也有业者提醒，借双十一做私域流量，还是要看酒店本身的量有多少，如果流量中对标客户不多，就很难有好的效果。

努力提升核销率

每年双十一落下帷幕后，供需双方都会在兴奋之余，隐隐为“核销”这件事捏把汗。消费者担心好不容易抢来的优惠券在想出门的时候核销不掉，商家则担心万一出现过高的产品退货率，这场大促就白忙乎了。如何提高核销率，成为所有人的关注焦点，2022年也不例外。记者了解到，为了避免此类“烦恼”的出现，一些酒店已经做好了准备。

“2022年，我们通过更加简单高效的预约方式，为会员提供核销保障服务。”李光鹏坦言，产品的核销率高不高，除了一些外界影响因素和核销规则外，产品本身是否有影响力是关键。度假村每个月甚至是每个周末，都会定制不同的主题活动吸引消费者。

德胧集团相关负责人坦言，相对于从电商平台吸引过来的消费者，酒店会员对品牌更加了解，核销率也会更高。如何提高公域流量的核销率，关键就在于产品的吸引力。“我们努力让品牌先行，通过品牌触点与消费者建立情感纽带。比如我们会在官方渠道设置周期性的促核销活动提升核销率。”该集团相关负责人举例道。

“经过几年的磨合，在没有特殊情况下，各渠道的预售产品核销率还是比较稳定的。我们在准备产品时，会选择那些适用范围更广，可组合、可拆分、可退，且有较长有效期的产品。"徐文兰介绍。

吴丽云建议酒店主动在当地有特色的活动、节庆，或者在风景优美的季节，通过发送短信、公众号推送等方式吸引消费者及时核销产品。

眼下，市场的稳定性较差，万一客人因外界因素的影响不能核销产品酒店该如何应对？夏良表示，如果遇到这种情况，就需要酒店工作人员主动联系客人，了解他们的具体诉求，并提出可以延长使用期限等解决方案。这样不仅可以提高核销率，还会增加客人满意度。

采访中，几位业者都向记者表示，提高核销率可以帮助酒店实现利润转化，在这个举步维艰的时期，任何能够提高利润的机会都不能错过。"双十一的优惠产品也并非就是'卖得越多亏得越多'，如果酒店能够科学计算，并严格按照财务数据指引进行产品设计以及成本核算等，实现营收与利润最大化并不难。"夏良说。

为了让酒店真正赚得到钱，作为电商平台，飞猪也在设计大促活动时将更多的关注点放在"核销"上。

"提升核销率离不开技术及服务体验的创新。"飞猪相关负责人告诉记者，现在的平台规则是消费者可以先下单囤货，确定出行日期后，直接在飞猪 App 上预约核销，不需要像之前那样凭借券码与商家电话确认是否预约成功。这一规则的改变对于提升套餐商品的核销效率也有比较大的作用。

"另外，提升商品的灵活度同样可以加快核销率。"飞猪相关负责人介绍，2022 年双十一开场活动中，近八成旅游产品均为现货开卖，没有付尾款的等待期，这种"现货销售、直接预约"的方式，不仅满足了消费者即时出行的需求，也令商家进一步提高了核销率。

"酒店客房本身属于不可储存产品，在能抵扣成本、实现一定利润的前提下，酒店可以通过预售、促销等多种方式提盈利能力。"吴丽云说，双十一对于酒店而言，重要的是回收资金，获得一定的现金流，增强企业的可持续发展能力。值得注意的是，这样的大促活动切勿因为核销规则的不合理，伤了消费者的心，失了市场。

——资料来源：https：//baijiahao.baidu.com/s?id=1749116985400580001&wfr=spider&for=pc.

案例分析

酒店促销对酒店运营有哪些作用？请总结你熟悉的酒店促销的做法。

任务一　酒店促销概述

企业在开展市场营销工作时，不仅需要高效快捷的营销渠道、合理的产品定价以及高质量的旅游产品，同时还需要符合酒店企业自身特点的有效促销策略。

一、酒店促销的概念与功能

（一）酒店促销的概念

酒店促销是指酒店通过各种营销宣传手段，与市场进行信息沟通，赢得饭店顾客的注意、了解和购买兴趣，树立酒店企业及其产品的良好形象，从而促进酒店产品的销售。从本质上来讲，酒店促销实际上就是酒店与顾客之间信息沟通的过程。

酒店促销策略是酒店营销策略组合中重要的组成部分，其目的在于扩大酒店在公众和目标市场中的声誉和影响，促进酒店产品销售。酒店促销的手段主要包括人员推销、销售促进、广告和公共关系四种常用手段，有效的酒店促销策略就是这四种手段的多元化整合。

（二）酒店促销的功能

酒店促销的功能主要体现在以下方面：第一，传播信息。通过酒店促销活动使顾客了解酒店产品与服务的有关信息。第二，刺激需求。通过促销活动加深顾客对相关酒店产品的认识，唤起旅游者的消费意识，通过劝说和提示消费者购买有关旅游产品，扩大产品销售。第三，强化竞争优势。酒店促销通过对同类酒店产品某些差别信息的强化传播，使顾客意识到该产品的特殊效用和优势。第四，树立良好的形象。在扩大产品销量的同时，树立酒店和产品在公众心目中的良好形象，从而为酒店的长远发展创造有利条件。

二、酒店的促销策略

酒店的促销策略有很多，结合酒店产品的特点可以分为两类：一类是将产品向市场推广，通过各种手段将产品信息送到消费者面前，即所谓“推”的策略；二是吸引消费者的注意力，引起对产品的关注，从而产生预订愿望，即“拉”的策略。

（一）“推”的策略

“推”的策略强调产品沿着分销渠道垂直地向下推销，即以中间商为主要促销对象，再由中间商转售给最终顾客。

1. 常见形式

包括派出酒店推销人员登门推销产品，设立酒店销售门市部，服务性酒店促销，举办酒店产品推介会等。

2. 适用条件

结合酒店促销工作的特点，当酒店产品及其相关因素满足如表 7-1 所示的条件时，酒店需采取“推”的策略。

表7-1　酒店促销策略的适用条件

从酒店本身看	有很强的酒店产品销售队伍和销售能力，且管理水平较高
从酒店产品看	一般是单位价值比较高的酒店产品，根据顾客需求特点设计制造的酒店产品以及某些当地生产、当地销售的酒店产品
从酒店渠道看	酒店产品一般经过直接渠道或短渠道
从酒店市场看	酒店产品的市场比较集中
从酒店公关看	酒店与目标市场顾客之间的关系亟待解决

（二）“拉”的策略

“拉”的策略是酒店花费大量的金钱做广告对最终顾客推销，使顾客对酒店产品产生需求，从而向旅行社、会议组织机构要求预订客房和餐饮。

1. 常见形式

包括酒店价格促销，酒店广告促销，组织酒店产品展销会，通过试销方式促进销售，酒店公关活动等。

2. 适用条件

（1）酒店的销售人员、酒店销售经验不足时。

（2）酒店的市场范围大。

（3）酒店产品必须以最快的速度告知广大的用户和消费者。

（4）酒店产品已经在市场上有了一定的销路，且酒店市场需求呈现日益增长的趋势。

（5）酒店产品的差异性明显，并富有特色。

（6）酒店产品能够激发消费者的感情购买动机，经过宣传酒店形象，顾客会迅速采取购买行动。

任务二 充分发挥人员推销的魅力

一、人员推销的概念及优缺点

（一）人员推销的概念

人员推销又称派员推销，是企业通过派出推销人员或委托推销人员亲自向顾客介绍、推广、宣传产品，以促进产品的销售。人员推销的形式可以是面对面交谈，也可以通过电话、信函交流。推销人员的任务除了完成一定的销售量以外，还必须及时发现顾客的需求，开拓新的市场，并创造新需求。

（二）人员推销的优缺点

1. 人员推销的优点

（1）人员推销具有很大的灵活性。在推销过程中，买卖双方当面洽谈，易于形成一种直接而友好的相互关系。通过交谈和观察，推销员可以掌握顾客的购买动机，有针对性地从某个侧面介绍商品特点和功能，抓住有利时机促成交易；可以根据顾客的态度和特点，采取必要的协调行动，满足顾客需要；还可以及时发现问题，进行解释，解除顾客疑虑，使之产生信任感。

（2）人员推销具有选择性和针对性。在每次推销之前，可以选择具有较大购买可能的顾客进行推销，并有针对性地对未来顾客做一番研究，拟定具体的推销方案、策略、技巧等，以提高推销成功率。

（3）人员推销具有完整性。推销员的工作从寻找顾客开始，到接触、洽谈，最后达成交易。除此以外，推销员还可以担负其他营销任务，如了解顾客使用后的反应等，是一个完整的销售流程。

（4）人员推销具有公共关系的作用。一个有经验的推销员为了达到促进销售的目的，可以使买卖双方从单纯的买卖关系发展到建立深厚的友谊，彼此信任，彼此谅解。这种感情增进有助于推销工作的开展，实际上起到了公共关系的作用。

2. 人员推销的缺点

（1）单位接触的高成本。人员推销与其他几种促销手段相比，它每次接触的成本比较高。尽管这种促销方式对于顾客购买的推动力比较大，但是涉及大量的附加支出，导致单位接触成本比较昂贵。

（2）推销效果有限。人员推销需要面对面地与顾客进行沟通，但是一些潜在的消费者在面对这种沟通方式时往往会产生抵触情绪，拒绝接受。同时由于地理位置和时间安排上的原因，推销员也不可能接触到所有的潜在顾客。

二、人员推销的方式

派员推销。派员推销是指酒店推销员在确定了拜访对象、了解了顾客的基本情况和可能产生的需求之后，携带酒店产品的介绍、宣传册等走访顾客，并与之当面洽谈，回答顾客的各种问题，处理异议和抱怨，最后在双方都能接受的条件下达成交易。这种方式需要推销员主动出击，因此要求推销员不仅要有较强的积极性，同时还要想方设法消除顾客可能存在的疑虑，与顾客建立良好的人际关系。

营业推销。营业推销是指酒店推销员在顾客消费旅游产品、进店参观或洽谈业务时进行的推销。一方面，顾客的消费过程就是酒店从业人员的推销过程，因此需要树立全员营销的观念。另一方面，顾客来酒店参观或者洽谈业务时，往往是准备购买该酒店的产品和服务的，如果推销员能够做好接待工作，可以较少的费用做成一大笔生意。因此，推销员必须以热情、友好的态度欢迎这部分潜在顾客，满足他们的各种合理要求，不失时机地向他们推销本企业的产品和服务，设法使其产生购买行为。这种推销方式因推销员面对外来顾客进行的推销，顾客有急切获得有关酒店产品和服务的愿望，防御心理较弱，所以推销工作较易成功。

电话推销。电话推销是指推销员通过打电话的方式对顾客进行推销或者推销员接到顾客的咨询电话时进行的推销。推销员的声音和语言对电话推销的效果影响显著，所以在对话过程中应注意清晰、简洁。尤其是接到咨询电话时更应该慎重对待，在详细回答顾客提出的问题的时候，适时地推销本酒店的产品和服务。电话推销与其他推销方式相比所需要的时间少、费用低，因此推销员要充分利用电话进行推销。

会议推销。会议推销是指旅游企业或旅游目的地常常会组织和参加各种旅游交易会、旅游展览会、旅游洽谈会或新品发布会等会议，向与会者介绍和宣传本企业为顾客提供的主要产品和服务。这些会议的参加人员都有可能成为本酒店的潜在顾客，通过这种方式进行推销接触的目标顾客较多，且省时省力，不但有机会吸引更多的顾客，而且有利于扩大企业的影响力。

课堂思考

酒店在举办节假日活动时，常用的推销方式有哪些？

三、酒店人员推销的过程及技巧

（一）推销前的准备

酒店推销员在拜访客户或洽谈业务之前，一定要准备好酒店的简介，如宣传小册子、价目表、酒店设施设备和服务项目图文并茂的介绍、预订单、明信片、销售记录卡、名片及有关酒店产品和服务的各种资料。

重点客户或大客户访问要拟订销售访问计划，要明确访问的目的，访问前要锁定访问的对象及要达到什么目标，拟好要点，按顺序排列，依次执行。例如，访问的目的，或是为了获得订单，或是为了达成某个协议，希望被访者租用酒店的宴会厅、会议室，或是想通过被访者介绍新的客户。

推销员不可能拜访所有的潜在客人，只能通过筛选，排列出顺序，根据具体情况做好准备，明确对方的需求，知己知彼，提高访问的成功率。对客户的筛选要根据酒店销售目标确定，如果商务客人或散客减少，则要加强与旅行社或中间商的联系，争取旅游团队的客源。淡季散客少时，可以多接待一些团体或会议客人。

（二）拜访客户

确定拜访客户的时间、方法，做好谈话提纲，确定销售的方式。拜访过程如下：首先，问好。对老客户问好后顺便提及以前交往的印象如何，有何建议；对新客户，先自我介绍和报名，态度热情诚恳大方，彬彬有礼，递上名片。其次，礼貌和技巧性地客套问话："打扰您了。"或"没打扰您吧？""能占用您几分钟时间吗？"让对方有所准备，不致反感，或回避访问。最后，开门见山，说明来意。对老客户，首先感谢上次预订或客人的支持，顺便递上酒店新产品或服务的介绍资料，征求改进意见；对新客户，应送上酒店详细的介绍资料，要察言观色，揣摩对方心理，赢得对方的好感，引起对方的兴趣，介绍酒店产品和服务，包括优惠及折扣，争取客人对预订的明确答复，随之抓紧时间签约，向客人道谢。推销员在洽谈时不可操之过急，不能让对方产生一种你来推销的印象。特别是针对潜在的客户，必要时可以聊聊双方关心的问题或感兴趣的话题，密切双方的关系，拉近距离。

推销员在销售时说话不能迟疑不决，或是吞吞吐吐，否则会影响到对方对你的信任度。销售时不要采取强迫的推销方式，潜在的客人愿意自己购买，而不是被动地购买。要用循循善诱的方式，比较容易为客人所接受。

客人对酒店产品或服务有抱怨、投诉时，要虚心接受，表示歉意，并表示下次一定让客人满意。不要辩解，不要解释，即使你没有错，或错在客人。处理得当就缓解了矛盾，平息了对方的怨气，争取了再次预订的机会。

（三）拜访后的工作

拜访活动结束后，立即填好记录卡，对预订的情况立刻向有关部门如前台部、客房部、餐饮部、宴会部等通报，做好接待安排计划，对贵宾要填贵宾卡，拟订接待规格。对客人的多种要求，要尽量满足。对客人的投诉，要记录在案，并尽快处理，将书面材料送达相关部门或领导。

（四）销售技巧

推销员要明白一个观点：我们不是在向客人销售房间或餐厅，而是在向客人提供舒适、享受、豪华，在向客人提供一段愉快的经历。对于不同价格的客房应强调其不同的设施和服务。报价时可以采用先报基本房价，再加服务费、税额，不要只报总价格，给人以显得不合理或价格太高的感觉；也可采用“三明治”报价法，即每项服务逐一报价，而不是先报总价。

对于不同的客房要说明其优点和缺点，不要掩盖缺点，更不要欺骗客人。但缺点要一带而过，详细地说明其优点和特点。例如，套房要强调豪华舒适，便于社交或商务活动，有气派；靠近走道或电梯的客房强调进出方便；无窗的客房强调其清静和安全等。

推销附加服务。客人白天入住时，推销员可以向其介绍康乐中心的服务项目、美容厅、桑拿浴及餐饮服务；客人夜间入住时，推销员可以介绍房间送餐服务、娱乐服务项目、餐饮特色项目等。

争取每一个客人。要尽量向客人提供信息，便于客人选择。详细介绍酒店的产品和服务，陪同客人参观房间、营业场所和各种服务设施，让客人身临其境，深刻地感受，才便于选择。对性格内向、不善言辞的客人要耐心介绍，实事求是地提供信息，帮助对方决策；对于有主见的客人，介绍完毕后让他自己考虑并作决定。

向客人销售时，要察言观色，要看销售对象，根据客人的需求来介绍。生动地描述酒店产品的优点，以及能够给予客人的方便和利益，还有附加的心理方面的满足感，会取得较好的效果。

在销售中，要避免讲“我不知道，让我查一查”，那样会让客人感到你业务不熟。要尽快记住客人的名字，称呼其名字，使其感到亲切。

四、人员推销过程中应注意的问题

人员推销是指推销员通过面对面的洽谈业务，向客户提供信息，劝说客户购买本企业产品和服务的过程，由于人员推销有面对面交往、可培养关系和便于直接成交的优点，所以人员推销成为会议促销中最常用的一种手段。通常酒店在收到某公司或集团要举行会议的信息之后就会派推销员前往拜访会议组织者。

在人员推销过程中，推销员应注意以下几点：

善于察言观色。推销员在推销的过程中要细心观察客户的表情和反应，对客户不感兴趣的话题要及时转移，做到适可而止，不可太过强烈地表达出急于成交的心态。

充分展示酒店信息。在与客户面谈时应准备好酒店的各种宣传资料、照片、幻灯片甚至电视宣传片，抓住时机向客户展示，以弥补在酒店以外区域有形证据展示不足的缺陷。

强调酒店在举行会议方面的经验。不失时机地向客户介绍酒店曾举行过的有典型意义的会议，向客户展示举行这些会议的照片和到会的重要人物如领导、名人等，都可强化客户对酒店成功举办会议的信心。

抓住时机提出成交。人员推销的前期所有工作都是为了达成最后的一个目的——成交。若没有达成交易，至少当次促销是失败了（当然，应考虑到已建立起来的关系是以后人员推销的基础）。关于这方面的技巧企业应加强对推销员的培训，使他们善于根据洽谈对象的言行和问题来判断结束推销的机会。此外，人员推销中客户通常会在最后成交前前往酒店参观，酒店应认真对待此环节的各项工作，通知各相关部门认真对待，圆满完成接待任务。

连续促销。在与客户签订合同之后，酒店除认真履行合同的条款之外，还应该继续保持与客户的联系。一方面解决客户提出的新问题，另一方面与客户建立起非业务关系以外的关系，为酒店的关系营销奠定基础。

任务三　选择恰当的广告媒体

一、酒店广告的概念及特点

酒店广告是指酒店通过各种大众传播媒介，如电视、广播、报纸、杂志等，以支付费用的方式向目标市场传递有关酒店信息，展示酒店的产品和服务。广告是饭店促销组合中重要的手段之一，它的作用是长期的，有时甚至是潜移默化的。与其他促销方式相比，广告具有以下几个鲜明的特点：

覆盖面广。广告能在促销人员无法接触到顾客的时间和地点，深入生活的各个方面去面向顾客；通过不同的广告媒体，可以将酒店产品或服务的信息传递给广大目标受众。

高度公开性。广告是一种高度公开的信息沟通方式，这种公开性能够冲淡顾客在购买时对产品的可信度所产生的疑虑。

属于间接传播方式。广告这种方式利用了各种不同的中间媒介传播酒店产品的各种信息，广告主和目标受众并不直接见面，所以属于间接的信息传递方式。

较强的表现力和吸引力。广告充分运用了声音、色彩、影像等生动的艺术手法，这些方面的优势使它具有较强的表现力和吸引力，能在视觉和听觉上给目标受众带来强烈的冲击。

广告效果的滞后性。广告的效果并不是立竿见影的，它往往需要一个比较长的积累才能将效果充分发挥出来。从一定意义上讲，广告不具备即时性的特点。

二、酒店广告的意义

在酒店产品日益标准化的今天，相似性作为标准化的衍生物，已经使其个性几乎消失。如何凸显酒店的特色，如何使消费者选择适合自己的酒店，如何使酒店与消费者在“第一次亲密接触”之前能够有良好的沟通，从而使酒店的需求曲线上移，就是酒店广告所要完成的任务。

（一）广告对消费者的意义

广告是帮助消费者获得信息，减少风险的有效途径。由于接受服务的感受滞后于认知，消费者的购买行为充满了对产品功能和心理上、经济上的风险。避免风险的途径有三种，分别是降低对产品或服务的要求；经常购买同类产品或服务；获得广泛的信息。三种途径中，只有第三种是不以牺牲消费者的利益为代价。因此，广告中关于酒店及其产品、服务和品牌的信息有助于消费者做出最优的选择和决策。

广告是消费者学习消费经验的途径。经验无疑是消费者最好的决策因素。经验曲线告诉我们：单位产品的价格随消费数量的增加而减少。即经验的获得可以提高产品的性能价格比。但是经验的积累却需要付出巨大的时间和精力，甚至以不愉快的记忆为代价。对事先没有经验可借鉴的消费者而言，广告可以提供给他们经验而获得帮助。

（二）广告对酒店的意义

酒店广告是通过购买某种传播媒介的时间、空间或版面来向目标消费者或公众进行宣传或促销的一种手段。酒店广告对酒店的意义体现在以下方面：为酒店或酒店集团及产品树立形象，刺激潜在的消费者产生购买动机和行为。在影响购买决策方面，消费者的知觉具有十分强大的威力。但是人们的知觉并不一定基于真实。广告则是企业校正和引导消费者知觉的一项有力工具。

三、制定酒店广告策略的方法

（一）确定目标市场

目标市场是最有希望的消费者组合群体。目标市场的明确既可以避免影响力的浪费，也可以使广告有其针对性。没有目标市场的广告无异于“盲人骑瞎马”。

酒店的目标市场应具备以下特点：既是对酒店产品有兴趣、有支付能力的消费者，也是酒店能力所及的消费者群。例如，英国汤姆森组织的“阳光饭店和公寓”

产品的目标是满足中档市场的需求，它的顾客是那些较为传统的、想到海外度假的家庭或夫妇，而不是前卫的、寻求冒险的度假者，也不是对度假价格不敏感的社会高阶层。因而后两者都不是它的目标市场。

酒店应该尽可能明确地确定目标市场，对目标顾客做详尽的分析，才能更好地利用这些信息所代表的机会，以便使顾客更加满意，最终增加销售额。常见的细分服务市场有：商务细分市场、享乐细分市场、人口统计细分市场、消费者细分市场、社会阶层细分市场等。

（二）树立具有竞争力的市场定位

一个酒店应该确定：以什么样的方式，为什么人，提供什么样的服务。只有这样，它才具有竞争优势，才有可能被人记住。在众多的酒店广告千篇一律的情况下，与众不同的市场定位使得宣传酒店特色的广告更有必要。

（三）科学制订广告方案

1. 明确广告目标

广告目标是指在一个特定时期内，对于某个特定的目标受众所要完成的特定传播任务和所要达到的沟通程度。广告目标可分为通知、说服和提醒。

（1）通知型广告主要用于产品的开拓阶段，其目的在于引导初级需求，如开业广告；也可以用来产生即时反响，如通知市场有关酒店新增添产品和服务的信息、价格的变化；还可以纠正消费者错误的印象；树立酒店的企业形象；缩短消费者和酒店之间的距离等。通知型广告以短期效应为目标，多用于促销。

（2）说服型广告在竞争阶段十分重要。目的是向一个特定的细分市场宣传酒店的优势或某一项产品，以中期效应为目标。这类广告既可以为酒店塑造形象或突出格调，也可以用来对整修过的酒店进行重新定位。它通过表现酒店的特色和优势，说明能比竞争对手提供更多物有所值的产品与服务。

（3）提醒型广告在产品的成熟期十分重要，目的是保持顾客对该产品的记忆。从而使消费者在需要的时候，关于这个酒店的信息便能在脑海中出现；或者，即使在淡季，也能促使消费者记住它，以保持最高的知名度。

通常，企业要确定广告目标，需要经过详细的市场调查，包括市场机会分析、消费者心理和行为分析、产品和服务分析等。

2. 做好广告预算

确定了广告目标后，酒店可以着手制订广告预算。常用的酒店广告预算的方法有：

（1）量力支出法。酒店根据自己的实际情况，确定达成每笔预期的销售所能承受的支出；估计销售数量，再将二者相乘即形成预算。

（2）按需支出法。选择目标市场，估计它所拥有的潜在消费者数量；预计广告可能带来的货币收益；确定能影响市场的媒体；估计需要传递的信息次数；根据实现沟通目标所需要的金额估算计划成本，形成预算。

（3）按比例支出法。从酒店预期的年度总收入中拨出一定比例的资金用于广告，形成预算。这笔钱分为两部分：形象或定位广告、促销支持及直接的广告活动。这种方式中用到的资金比例可以依据行业的平均数来决定。大型酒店从总收入中拨出用于广告的经费比例较高，因为酒店可以由许多家酒店分担，如洲际酒店、喜来登酒店、希尔顿酒店集团、凯悦酒店集团都是如此。单个酒店做出大笔的广告预算是不合理的，尽管他们可能更需要多宣传以便公众了解。为解决这一问题，许多单个酒店组成一个营销群体，联合做广告。

3. 传递真实可信、打动人心的信息

广告需要突出的竞争优势，可以是别人没有的价格、产品或服务，也可以是酒店所特有的氛围，以此满足消费者希望获得的理性的、感觉的、社会的、自我满足的回报。例如，告知消费者：“您将入住的是一家四星级标准的商务酒店（理性的）；您将感受到家的温暖（感性的）；我们为您提供最好的绿色服务（社会的）；作为正在为事业而拼搏的人，您值得拥有（自我满足）。”“广告信息优先于广告设计”，反映的就是这个道理。

广告信息既应具有愿望性，即说明人们所期待的或感兴趣的事；又应具有独占性，即说明该品牌有别于其他品牌的特色；此外，广告所传递出的信息还应是真实、可信的。

4. 选择适当媒体

广告只有在被消费者看到、听到并对其心理发生影响时才能发挥作用。在选择

媒体时最应关注的就是广告如何尽可能地被人们看见和听见。

酒店业中常用的媒体有：印刷媒体、广播、电视、互联网、户外、交通运输场所招贴画、灯箱、展览会等。选用什么样的媒体最恰当、最有效率是由信息的意图、要传递的信息类型和要传达的市场所决定的。下面简单地对主要媒体的特性进行分析。

（1）印刷媒体：包括报纸、期刊、传单、手册、各类名录和广告黄页等。报纸是廉价、普及面广的读物，适合于酒店发布通知性广告。但是由于报纸具有实时性的特点，使广告的有效性因得不到重复而减弱。期刊一般都有比较有针对性的读者群，如商业期刊、度假旅行杂志、时尚杂志等。因为购买杂志的人有着明确的兴趣倾向，使广告人员能够影响具有极高销售潜力的特定市场。期刊广告由于内容须提前交付（以保证一定的印刷周期）和信息维持时间长的特点，适于长期性定位的酒店广告。

（2）广播媒体：包括电视和电台广播。电视具有可视、动态和色彩等所有的沟通优势。它是通过塑造形象进行定位的一种极佳手段。但是电视的弱点也比较明显。首先，重要公司、专业客户和社会层次较高、经济基础雄厚的人一般不经常看电视。其次，在相当多的地区，电视观众正在被家庭录像、付费点播电视和各种新的娱乐方式抢走。最后，电视广告往往代价不菲，所以选择电视广告时一定要慎重。

电台广播可以用作形象定位，而且对优惠、价格折扣、开业通知等信息的效果一般会更好。由于电台广播的价格相对比较廉价，最好选择一些已经覆盖符合酒店沟通目标市场的电台。

（3）互联网。互联网的兴起为酒店的广告宣传打开了新的通道。酒店可以通过网络服务器和客户浏览，在互联网发布各种信息。消费者可以借助检索工具迅速找到所需要的酒店信息。常用的互联网广告形式有：旗帜广告（Banner）、图标广告（Logo）、文字链接（Text）、电子邮件广告（Mailing List）、新闻组（Newsgroup）、网上问卷调查（Questionnaire）等。

网络广告本身是一种很有潜力的广告载体，它具有传统媒体广告所无法比拟的优势。第一，交互性：它可以使消费者随心所欲地选择自己感兴趣的广告信息，而且传播快速，发布和接收基本同步。第二，广泛性：互联网的全球性使互联网上发布的广告也是全球性的。第三，针对性：可以分析网站访问者的喜好，以精确定位投放广告。第四，易于统计性：互联网广告的发布次数和效果均可以有技术手段精确统计。但是由于我国的网络经济刚刚起步，网络广告还存在着许多不成熟的地方。例如，网络广告的实际效果不易把握；酒店难以在投放广告之前有一个准确的收支估计等。

事实上，没有哪个媒体与某个酒店的目标细分市场丝丝入扣，因而酒店通常会使用多个媒体整合才能提供均衡的覆盖范围。

5. 合理评价广告效果

虽然广告与销售量之间的关系非常紧密，密集的广告通常会带来销售量的提升，但仍然需要对广告的效果进行衡量。优良的广告策略和管理离不开对广告效果的衡量。这既可以作为对即将进行的广告效果作预测，又可以作为对已进行的广告的总结，还可以作为对今后营销计划的借鉴。以下是几种常用的衡量方法：

（1）反馈测量法。如果一则广告的设计是要让受众提出索要信息的要求，或是提供了咨询或预订电话，酒店就可能精确地对照成本对反馈结果进行量化。在实际操作中，酒店多通过发放折扣券来吸引顾客消费，以此来衡量广告是否到位。

（2）沟通效果的市场调查测量法。对于重要的广告活动，可以分别在活动前后对目标客户进行访谈式抽样调查，以此来评估记忆程度和态度的变化。例如，可以就近调查来酒店入住或用餐的客人如何知道本酒店的。如果是了解广告内容的影响，则请他们复述广告的主要内容。

（3）沟通效果的预先测试。如果广告活动的规模较大，值得花钱预先对沟通效果进行测试，通常可以先在目标受众中对 3~4 个替代性的广告创意进行抽样调查，以评价它们所引起的反应。

相关链接 搜索

洲际饭店集团在品牌推广中的广告策略

在品牌营业推广方面，洲际饭店集团重视丰富多彩的营业推广活动对提升饭店品牌知名度的重要作用。例如，从 2005 年 9 月开始，洲际饭店集团开始了新一轮的全球品牌推广活动，以“您是否在享受跨洲际生活”为宣传口号，向顾客展示洲际饭店为顾客带来难忘且独特的经历；开展了一系列的宣传推广活动，包括在悉尼拍摄 Spirit 挑战快艇（1992 年澳大利亚参加美洲杯帆船赛的快艇）电视广告。同时，设计出版了包括在印度尼西亚巴厘岛的海滩及当地市场所拍照片的印刷宣传品。电视广告在美国有线电视新闻网、国际新闻网络以及英国航空、美国联合航空、美利坚航空、阿联酋航空以及新加坡航空的航班节目中播出。平面媒体的广告将刊登于《华尔街日报》《纽约时报》《新闻周刊》《时代杂志》《福布斯》《金融时报》《经济学家》《泰晤士报》《商业周刊》以及各大航空公司的出版物上。这极大地扩大了洲际饭店集团的品牌知名度，取得了良好的市场效果。

——资料来源：http：//travel.sohu.com/20080320/n255819565.shtml.

任务四　策划精彩的销售促进活动

一、销售促进的概念和作用

销售促进又称为“营业推广”，它是对同业（中间商）或消费者提供短程激励的一种活动，目的在于诱导其购买酒店特定产品。销售促进是临时或短期带有馈赠或奖励性质的促销方法。虽然从长期来看，销售促进并不能使销售状况有很大改观，但在较短的时间内，它往往比广告能更有效地促进销售的增长。

销售促进的作用主要表现在以下几个方面：

促使消费者试用产品。在酒店中推出一项新产品时，市场上大多数的消费者对于该产品还不是十分了解，也就不能产生积极的反应和强烈的购买兴趣，但是通过销售促进能在较短时间内将酒店产品推向市场，迅速打开销路。

促使顾客增加消费量。酒店的销售促进活动经常以一些赠券、折价或奖品的方式来进行。这些方式对于顾客有一定的吸引力。有时候消费者可能并没有购买产品的意图，但是赠券、优惠券等往往会使他们觉得此时购买酒店产品会比较划算。

劝诱顾客再次购买。例如，某些酒店推出顾客在本酒店入住累计一定天数后，可获得相应的优惠等。

对抗竞争对手。销售促进通常是针对竞争对手而展开的，活动期内一般可以增强本酒店产品的市场竞争力。

促进本酒店其他产品的销售。一般情况下，酒店对于某项产品的促销在一定程度上也能带动相关产品的销售。

二、销售促进的方法

在现实的促销活动中，销售促进是由刺激和强化市场需求的花样繁多的各种促销工具组成的。销售促进可以针对三类对象展开，即顾客、中间商及推销人员。这些促销工具又有很多的表现形式，如表 7–2 所示。

表7–2　酒店常用的销售促进方法

顾　客	中间商	销售队伍
● 降价或廉价出售	● 额外的佣金和超额奖励	● 奖金和其他
● 折扣券或优惠券	● 抽奖	● 礼品奖励
● 隐性降价	● 竞赛	● 货币或奖励
● 附赠产品	● 免费礼品	● 旅行奖励
● 免费礼品	● 社交集会或招待会	● 抽奖
● 竞赛		
● 常客通行证方案		
● 抽奖		

相关链接　搜索

销售促销的典型范例

1. 最后一分钟促销特惠

例：当日晚上 10 点后，客房以 5 折销售。使用说明：为防止顾客出现期待效应，而且在不影响客房正常销售的情况下，酒店应只针对某些入住率偏低的房型进行促销。截止日期和入住率的标准由酒店根据实际情况决定。

2. 特价房

例：标准间 98 元，双人间 128 元。使用说明：特价房应该是酒店根据之前一段时间的客房销售情况，对某些总体入住率较低的房型进行一种低价销售的方式。此种方式不限时段，起始终止时间由酒店自由确定。

3. 超级团购价

例：买 10 送 1，凡当日一次性同时入住 11 间客房，可减免 1 间价格最低的客房房费。

使用说明：此类促销多用于集团客户和团队客户。

4. 延时促销

例：如果连续住宿 4 夜，则 1 夜的住宿免费。使用说明：此类促销多用于同种房型的续住，而续住不同房型多则不退少则补。

5. 提前预购价

例：提前 2 个月预订某房型并即时确认，可享受 5 折疯狂优惠。使用说明：此种促销手段要求提前预订的时间相隔较长，多出现在淡季促销中，且限定某些房型，对付款或确认也有要求。

6. 常客升级体验价

例：在 3 个月内住宿达到 6 次，第 7 次入住时客房类型可享受免费升级。使用说明：此种促销旨在提高顾客的忠诚度，所以建议以入住的次数而不是房间晚数为标准。而升级的程度，也可由酒店根据当日酒店客房的入住情况作灵活处理。

7. 热点事件促销

例：高考期间，所有考生凭准考证入住酒店可享受 8 折优惠。使用说明：此类促销多以社会事件为契机，如高考、妇女节、奥运会等，但受制于热点的时效性，只能短期使用。

8. 特殊人群促销

例：新住客超值体验价，所有第一次入住酒店的客人均可享受 8 折优惠。使用说明：此类促销多为酒店根据自身特点细分市场而定，并且可以长期使用，但需限定房型。

9. 商家联合促销

例：凡持招行信用卡的顾客入住酒店，结账时可再享受 9 折优惠。使用说明：此类促销多以商家强强联合、互相共享其用户资源，而且可不限房型并长期使用。

10. 限量超值抢购价

例：百元超值体验价。标准房每日限量 10 间且只能预订 1 晚，先确认先得。使用说明：此类促销短期内具有很强的广告效应，但为保证酒店效益，房间不宜过多。

11. 最低承诺价

例：某顾客可以多次以一定价格入住某房型。在有房情况下，规定时段内可多次享受此房价。使用说明：此类促销多用于淡季促销活动，建议预收房费并限定入住次数。

12. 全国 / 全城联通价

例：预付 4000 元，可享受本品牌内所有酒店，限房型数量但不限夜数的优惠。使用说明：此类促销多于连锁酒店，也多用于异地旅游或出差较频繁的顾客。

13. 优惠顾客拓展奖励计划

例：每月只要介绍新顾客累计达 3 名且每位新顾客在当月酒店消费达 200 元，即可获得下次入住房费减免 60 元的超值优惠。使用说明：此类促销需要酒店做好顾客的推荐人相关资料的记录工作（如果有推荐人的话）。

三、销售促进的优缺点

（一）优点

（1）刺激性强，激发需求快。销售促进能产生即刻购买，还能完成大批量的销售。

（2）快速、及时地反馈。大部分的销售促进都提供了在短期有效的激励因素，如赠券等。大部分的赠券必须在一个特定日期之前使用，所以消费者必须做出快速反应，而酒店的市场效果也会得到快速反馈。

（3）增加产品的吸引力。一个具有想象力的销售促进计划能给酒店增加吸引力，激发顾客购买的兴趣。

（4）调节淡旺季需求。这种方法在使用上有较大的弹性空间，一旦需要可以立即被使用，而且在任何时期都能发挥作用。在非高峰期使用尤其能产生显著的效果。

（二）缺点

（1）仅追求短期利益。销售促进通常只能在短期内有效，而不能导致长期的销售增长。一旦销售促进活动结束，销售量就会恢复原状，甚至更低。如果酒店经常采用这种方式，会导致顾客对酒店的产品或服务产生负面的认知。因此，销售促进不适合长期单独使用，应与其他方式相结合使用。

（2）难以建立顾客忠诚度。销售促进能吸引来自竞争对手的顾客，但他们并非会对酒店保持较高的忠诚度。一旦竞争对手也采用同样的方法，他们又会转向竞争对手。销售促进在建立品牌忠诚度方面的效果并不明显。

相关链接　搜索

“敞开式厨房”——招徕顾客的新营销方法

“敞开式厨房”的出现恰恰迎合了对美食需求越来越强烈的消费群体的需求。按传统的习惯，厨师通常在厨房操作，客人点了菜后一般不知道他所点的菜是如何从原料变成美味佳肴的。精明的经营者捕捉到了客人心态，在经营过程中不断改进经营方式，探索新的营销方法招徕顾客，“敞开式厨房”就是一些成功食肆所采用的独特形象推广方法之一。

1. 增强菜品推销的信任度

“敞开式厨房”使厨师直接面对客人，厨师参与推销，因为厨师在烹调方面的权威性，可以直接回答菜色的味道、做法、功效、价格等方面的问题，更能吸引客人。例如，在广东南海的一家渔村，大厨站在敞开的销售档前，对不同需求的客人进行菜式讲解，收到非常好的效果。

2. 直观式的菜品促销

“敞开式厨房”使客人看到了菜品制作的全过程或部分过程，使客人在用餐上更为放心。尤其是当大厨或者名厨在现场操作时，更能增加客人的食欲，刺激客人的消费。

3. 享受用餐的乐趣

当今人们的生活水平不断提高，大家在餐厅消费已不再是单纯地为填饱肚子而去消费，而更希望能从“吃”的消费中享受到一些乐趣。通过敞开式厨房，客人可以陶醉于厨师的烹调过程，同时欣赏带有艺术特色的烹调文化。优秀厨师的举手投足都能给人以美感，让客人感受到烹饪行业中的艺术性，比较常见的火焰菜式、桑拿菜式及西餐烈酒烧菜等，都能起到取悦客人、渲染气氛、创造乐趣的作用，并使客人对食肆留下深刻印象。

4. 满足客人的好奇心

厨师在客人面前烹调时，其操作程序都带有表演性的动作，在动作快捷、利落的前提下有适度的夸张，使其烹调过程更具刺激性。

在场地许可的前提下，顾客可以亲自选料，选厨师，甚至可以亲自烹制，或者在厨师的指导下烹制，制作出自己的“作品”，这样就更能使其既品尝食品又有很高的满足感。

5. 便于客人对餐饮质量的监督

厨师的工作暴露在客人面前，厨师必须认真做好每个动作，从而使烹调过程完善。这样也可以避免出现一些不规范的动作和不良的工作习惯，而且可以促进厨师提高自身业务素质，有利于保障和提高餐饮出品质量，起到无形的监督作用。

敞开式厨房的格局是一种透明开敞式的菜品制作工场，使宾客可以最大限度地融入这种餐饮氛围中去；同时，使客人和厨师之间“隔阂”的范畴性氛围减到最低，达到心理上的快慰和满足。敞开式厨房形式多姿多彩，又各具特色，下面介绍几种经常采用的方式与同业分享。

透明厨房。采用纯通透的玻璃墙幕，将用餐区域与烹调区域分开，让客人在自己的座位上能观赏到厨房的整个烹调过程。

纯展示式厨房。厨房好似展览厅一样，将一部分或整个过程都置于客人视线下，使顾客在就餐过程中看到厨房及厨师的直接操作情况。

多媒体厨房。当今社会科技发达，通过摄像、投影一体化的功能，将操作的过程通过网络与餐厅或 VIP 房连为一体，客人可在 VIP 房内通过电视屏幕观赏到所点菜品的烹调过程。

——资料来源：http：//www.cy186.cn/ypnew_view.asp？ id=6440.

四、销售促进的最新策略——电商直播①

电商直播，是一种购物方式，在法律上属于商业广告活动，“宅经济”成为市场热点，网络零售用户规模达 9 亿，占网民整体的 90% 以上，市场连续七年保持全球第一，为形成新发展格局提供了重要支撑。电商主播与受众的交互和共情，符合互联网时代用户的社交习惯。

电商直播成功应具备四要素：（1）主播——选择人设适宜、画风匹配的主播至关重要。（2）用户（需求侧）——主播是否具有影响用户的能力，即是否具有私域流量。按照私域流量“AIE 标准”，主播要有长期的私域流量，就必须 IP 化，必须有忠实粉丝。（3）货品（供给侧）——直播让产品成为焦点，会极大程度放大瑕疵，商家高效的供应链和过硬的产品是关键。（4）剧本——主播、用户、货品三者是基于场景交互的，需要按照既定剧本控制的剧情形成“场域”，促成大量成交。

飞速成熟的直播行业，正在撬动酒旅业的营销变革。尤其最近一段时间，我们看到越来越多的酒旅企业开始布局“云上”产业。从故宫博物院的系列直播，到各

① 资料来源：https：//new.qq.com/rain/a/20221118A02W1U00.

大酒店策划的“云上派对”“云厨房”等，直播间的产品越来越丰富，花样也越来越多。

不过，相比于普通的快消品，酒旅业直播带货在产出回报上其实还是比较难，特别是酒店类产品在直播间的变现转化，是整个行业面临的痛点。之所以会产生这种情况，从专业角度来看，归根结底是由酒店客单价偏高而使用频率低的属性决定的。但是即便在酒店产品难卖的情况下，也依然有酒店通过附加产品值、消费券或者预售等多种方式，拿下了惊人的营销战绩，快速回血。

究竟怎样做好一场酒店直播呢？什么样的旅游产品适合做直播？酒店直播的流量又如何获取呢？

（一）如何玩转酒旅直播

直播间≈一个网店。有成本，有价值，也要专业度。打造一场酒店直播，其实就如同在网上开了一个店铺。网络上各个渠道进来的观众，都有可能是产生购买的潜在用户。但是酒店直播并没有我们想象中那么简单，需要花费很多心思来打造特色。

云景＋期货，是酒店线上直播的关键。所谓云景，就是“云游酒店”。通过直播间主播的摄像头，为大家展示酒店的客房、服务，或者是一些特色的入住体验，让屏幕前的观众通过镜头产生种草的欲望。而期货，则更多聚焦在了产品的层面，尽可能地减少消费者的顾虑，并让观众产生冲动下单的可能。

为了适应疫情下的市场，酒店就纷纷推出一些标品的套餐，来尽可能地促成订单，帮助酒店在一定程度上增加现金流的收入。这样每一个单独的套餐，就是我们所说的期货，能够让消费者在未来几个月或者某个时间节点内兑换使用。

如今，绝大多数的酒店在直播间推出的期货，还支持不约可退、到期自动退、花呗付款等，来进一步稳固消费者的下单决心。

借助专业力量，优化直播运营。手机＋主播的直播 1.0 时代已经过去了。目前我们所看到的一些成熟的商业化酒店直播，背后其实都有一个强大且专业的直播运营团队。在一些大型的酒店直播间，专业的直播团队人数会更多，分工也会更明细，专门负责推流的、专门负责中控台的，也有专门的在线客服，甚至助播等。

同理，酒店如果想通过一场直播，来展现最精彩的一面，借助专业力量也是非常重要的。酒店直播需要大量地呈现真实场景，那么手持摄像头的拍摄者，应该尽可能是专业的摄影师或者摄像师。他们能够用更专业的角度和更好的审美去表现酒店的方方面面。

所以我们说直播是有成本的、有价值的，也是有专业度的。目前市面上也有很多专门做直播运营的团队，报价也不菲，但是一场成功的酒店直播，也很有可能为酒店创造上百万元的销售额。当然，这个还是要由酒店根据品牌和目标来做进一步衡量和决策的。

另外，直播脚本的设计也在一定程度上决定着酒店直播的结果。要内容为王，也要产品过硬。直播间的观众可能来自各个渠道的流量，这就意味着我们直播所面对的受众层次是高度分散的。直播中也就会存在这样一种情况：观众进入直播间只停留了十几秒，或者一分钟，还没等你讲到重点，他就会因为没有看到自己感兴趣的东西而离开你的直播间。因此，直播的时候必须在 1~2 分钟的时间内，抓住路人观众的吸引力。内容和产品设计，就显得尤为重要了。内容设计丰富有趣，才能更好留存观众。留住观众，才有可能在下一步引导用户去完成下单的行为。

随着酒店直播越来越成熟，酒店直播的玩法也非常多了。利用直升机对酒店进行航空巡礼、酒店的高尔夫体验，甚至水上漂浮晚宴等，都是非常吸引受众目光的新玩法。引起用户的持续兴趣，让他们好奇你下一场直播会有什么样的惊喜。

总而言之，酒店直播就是要把酒店最有趣的一方面展示出来。即便只是一个很普通的酒店，也要努力去挖掘最大的可呈现的亮点和有趣的内容，并尽可能精华地展示在直播间。

对于观众而言，除了内容部分足够吸引人，观看直播的另一个原因则取决于利益引导。现在很多酒店做直播的时候，为了留存用户，有一个很直接的方法——做抽奖。平均每 10~15 分钟，就会进行一次。抽奖的内容也非常丰富，包括但不限于房券、酒店手办玩偶、餐饮券等。用网络上的话来说，就是万物皆可抽。通过这种形式，可以很大程度上吸引路人粉丝来进行互动，整个直播间的氛围也就起来了，从而也就有可能引导更多的订单。直播也变得更有趣，而不是纯粹的卖货吆喝。

打磨产品设计，争取更多潜在订单。在过去行情好的时候，酒店的房间是不愁卖的。但是疫情让酒店发现，他们已经丧失了主动售卖的能力，找不到直客或者能把酒店快速卖出去的分销商。可以说，酒店直播把酒店从实体行业真正拉进了电商领域的战场。因此，酒店产品的包装和质量，都是非常关键的。产品能不能卖掉，关键要看质量好不好，这和内容就没有什么直接关系了。即便内容设计得再好，产品卖不出去也是白说。所以，在对直播间酒店产品的打磨上，各个酒店都要尽可能去想自己的创意，把酒店有价值的卖点展现在酒店直播间。

三亚和云南地区的酒店，就率先紧急推出了一些类似三天两晚特价套餐、赠送下午茶等产品，也取得了非常不错的效果。3 月中下旬，更多的酒店开始将酒店的闲置资源，如温泉、SPA、农场采摘等打包到产品中。

对于酒店而言，这些闲置资源其实成本是非常低的，但是放到产品套餐中，就是有价值的。尽可能把闲置资源拿来赠送，吸引客人的效果也是相当不错的。

但是不同酒店对产品包装的概念是不一样的，也要根据自身的情况来打造适合自己的产品。另外值得关注的一点是，对于产品的定价要把握好。因为现如今，用户在购买商品的时候，对于价格高度敏感，价格稍微贵一点，很有可能直接导致商品卖不出去。所以定价之前，做好跟市场同类产品的比价也很关键。

内外相辅，铺好宣传流，直播间外引流，直播间内导购。关于直播，流量是基础。如果酒店直播能够争取到平台的推荐位或者流量支持，那么酒店直播间的人数就会有所上升了，从而提升成单的可能。但是并不是所有酒店直播就能够得到平台或者流量的支持，这就要求酒店要：① 酒店直播前，做好预热宣传；② 酒店直播中，做好内容和产品；③ 酒店直播后，做好复盘。

直播前的预告非常重要。酒店直播前，酒店要动员所有的平台、员工或者分销渠道等来对直播消息进行转发扩散，想尽所有办法为直播间做引流，确保在直播的时候，能够有一定的流量基础。

另外，也要在酒店直播后做好直播的复盘工作。酒店直播的时候是有观众的，但是他们离开直播间后，其实没有人知道你做的成绩如何。这就需要酒店来对直播的成绩做出主动的总结宣传，要尽可能让更多的人知道关于这场直播的信息。整理复盘，最简单的做法就是一张战报，告诉大家你的一场直播有多少人观看、多少销量、多少订单、有什么特殊的能形成记忆点的特色等。总之，将与直播相关的繁荣、正向的信息传达给更多人，让大家觉得这家酒店做得不错，从而引导用户观看回放二次下单。

（二）怎样获取直播流量

对于酒旅企业而言，直播的门槛其实是很低的。但是真正想做好一场直播，其实并不容易。在衡量直播的好坏上，以飞猪本身的直播平台为例，首先有这样几个衡量标准：

① 直播的内容是不是吸引人，停留时长是最基础的参数；

② 直播后有多少人关注了你并成为粉丝；

③ 几场直播后，有多大比例的观众成为你的铁粉以及他们的停留时长；

④ 直播间商品或者导购的逻辑。

综合以上几个参数，决定了这场直播能否在整个淘宝、飞猪等大的公域流量池中获得更多的曝光。

什么样的旅游产品适合做直播呢？从产品层面上来说，其实任何旅游产品都能够拿来直播。但是在好的旅游直播产品的评定上，我们还是需要加一个定语的，就是客群和酒店的差异化。当前直播的酒旅产品，普遍上都是套餐或者打包的等一些能够降低用户决策门槛的产品类型，但是除此以外，独特性是很重要的一方面。这个独特可能是产品上的独特，也可能是价格因素，也有可能是“人为”因素。这样来说，我们其实在讨论中一直也在提价格因素，性价比很大程度上决定着消费者的决策。

但是直播与平常的营销不同的是，进行营销的主角——也就是主播，是有人设的。用户的喜欢和信任，也是促成产品出售的关键环节。也许你的商品并不是全网最低价，但是却有独到之处。 在价格以外，我们更希望直播的产品是有稀缺性的，给到消费者一种差异化的体验。

如何获取更多直播流量？简单来说，直播的流量主要从三个方向进来。

（1）直播间的粉丝。不管你用什么方法或者途径，其实你每一场直播的第一个观看流量途径就是你的粉丝，私域流量是一个基础。但是需要通过做好内容，来提高加粉和转粉率。另外，在阿里体系中会给你分配一定的公域流量。只要你开一场直播，在服务器上面就一定会有人观看，因为在阿里整个直播体系中，会从公域流量中给你分配一些用户。以飞猪直播平台为例，飞猪的直播是跟整个阿里系各个大的 APP 或者流量阵地打通的，这其实为直播用户打造了一个巨大的公域流量池基础。

（2）付费方式。通过与阿里巴巴或者飞猪平台的合作，酒店可以用采购流量来方式来运作直播。

（3）从私域流量池获取。双微一抖或者线下扫码等，都一定程度上为酒旅企业积攒了私域流量。那么在直播的时候，酒店应该充分将各个渠道的流量尽量导流到直播间，形成联动效应。

但是对于酒旅业而言，在真正进行直播之前，还是需要做好一个长久的规划。直播并不是说播完一场就结束了，而是应该作为酒店对流量进行持续转化的私域阵地。

（三）如何打造营销闭环

酒店做直播，其实就是在做用户转化的事情。在这个过程中，有几个重点方面需要关注：① 产品；② 数据；③营销渠道的流畅。

（1）产品是基础。就当下而言，很多酒店做直播的直接目的就是带货。要想卖出去，产品的质量一定是很关键的。除了说产品本身要足够好以外，也要能够适合于广大的消费群体。毕竟在直播间里，主播所面对的客群层次是非常分散的，大家对于产品的关注度有所不同。因此，要求酒店的产品要有可适性，这也是为什么酒店的套餐类产品往往能够带来不错的销量，因为它涵盖的产品面更广。

（2）数据是前提。我们如今经常在提一个大概念：数字化。那么酒店在做套餐类产品，或者说整合产品内容的时候，一定是有一个庞大的数据来做支撑的。不管是淘宝直播也好，飞猪直播也好，只有前期有足够的数据支撑，才能够帮助酒店更好地分析客源市场，进而再去做产品的打包和分类。然后再去考虑品牌、带货，以及销售的后续一系列的内容流程。

（3）联动上下游，打造营销闭环。随着近两年来抖音、小红书等新型分销平台的崛起，如何优化酒店的分销渠道，打通酒店系统与各渠道之间的直连就显得尤为重要，这也是酒店获取新商业模式下更多机遇的关键。

任务五 灵活运用公共关系策略

公共关系是指企业、组织、个人与公众发展良好关系所使用的方法和所进行的各种活动，良好的公共关系可以加强酒店与外界的联系，提高本企业的知名度，树立良好的市场形象，并通过社会舆论影响旅游者的购买行为。

一、公共关系对酒店的作用

（1）良好的公共关系有助于酒店及时了解影响酒店形象的舆论和信息。在经营活动中，经常会发生酒店与公众之间的矛盾。这些矛盾如认识上的差异、利益上的冲突、信息沟通上的障碍等，对酒店的经营管理会产生不利影响。酒店公共关系工作就是要认识矛盾，分析矛盾，找出解决矛盾的方法。

（2）良好的公共关系有助于传播酒店品牌的良好形象。通过公关、宣传，让公众了解酒店，对酒店的产品、服务、经营理念、价值观等认同，对酒店产生深刻印象，为酒店发展奠定扎实的基础。公共关系还是提高酒店品牌知名度的重要手段。

（3）良好的公共关系能使酒店产生巨大的竞争力和吸引力，从而更有资本塑造酒店形象。酒店竞争取胜的手段之一就是通过公共关系，增加酒店的吸引力，获得更多的经济收入，树立更好的形象，由此形成一个良性循环。

（4）良好的公共关系有助于化解酒店危机，维护酒店和酒店品牌的社会声誉和良好形象，在这种情况下采取的公共关系措施称为危机公关。

二、酒店公关的对象

酒店公共关系的主要对象是“公众”，它包括内部公众和外部公众两方面。因此，内部关系和外部关系构成了酒店公共关系的主要内容。内部关系主要是指内部成员关系，它是酒店搞好一切工作的基础；外部关系包括宾客关系、媒介关系、政府关系、社区关系、名流关系等。这些关系的处理直接影响到酒店的发展。因此，现代酒店的管理者必须通过扎实有效的公关工作，为酒店发展营造积极和谐的内外部环境。

（一）酒店的内部公关活动

一个酒店的存在价值和整体形象在取得社会的认可之前，首先需要得到自己成员的认可；酒店的经营目标和发展理念在获得社会公众的认可之前，必须首先赢得自己所有内部成员的配合与支持。因此，良好的员工关系是酒店公关工作的起点。

酒店内部的公关工作首先要增强内聚力，将全体成员组合成为一个有机的整体。要达到这一目的，就需要将本酒店的成员视作传播沟通的首要对象。尊重酒店成员分享信息的权利，争取他们的理解与支持，形成信任与和谐的内部气氛。如果内部传播有障碍，沟通不顺畅，成员对本酒店的信息没有了解的优先权，甚至于外部社会早已纷纷扬扬，自己的成员还蒙在鼓里，就会在酒店内部产生麻木、忧虑不安、焦急烦恼、猜疑传言等消极情绪和现象，从而形成隔阂冷漠、离心离德的状况。要避免这种情况的发生，就需要健全酒店内部的传播渠道，完善酒店内部的沟通机制，使全体成员在信息分享和感情沟通中与酒店融为一体。

酒店的对外影响力有赖于全体成员的努力与配合。因为酒店的每个成员都是酒店与外部公众接触的触角，都处在对外公共关系的第一线。在对外交往中，酒店每个成员的一言一行，都代表着酒店的形象。在对外交往中，每一位组织成员都是非常重要的公共关系行为主体。酒店如果希望其成员能够时时处处自觉地维护酒店的形象，就应该时时处处善待和尊重自己的成员，将他们作为重要的公共关系对象，努力培养他们对酒店的认同感、归属感，增强他们对酒店的向心力、凝聚力。

酒店内部公关，即对酒店全体员工进行公关管理，即“全员公关”，是对酒店的每个员工在意识上进行公关培养的一种方法和艺术。它要求酒店全体员工一举一动都有代表酒店形象的观念。“饭店从上到下树立正确的公共关系思想，是饭店取得经营成功的基础。”酒店公关的成功，不但依靠专职的公关部门和公关人员的不懈努力，而且有赖于酒店的各个部门和全体员工的整体配合，需要对酒店上至最高领导，下至每个员工实施全员公关管理。

所谓“全员公关”，即通过全员的公关教育与培训，增强全员的公关意识，提高全员公关行为的自觉性，加强整体的公关配合与协调，全面发动全员的公关努力，形成浓厚的组织公关氛围与公关文化。可以在酒店内部普及公关教育，使上至企业高管，下至一线员工都能认识到，酒店的形象、信誉等无形资产比有形资金、设备更为珍贵。良好的酒店形象能使酒店所拥有的实物资产增值；恶劣的酒店形象会使酒店的有形资产贬值。而创造和维护良好的酒店形象和声誉人人有责。

（二）酒店的外部公关活动

1. 面向顾客公众的公关活动

一个酒店的存在价值，很大程度上在于其提供的服务能够得到顾客的接受和认可。酒店要获得发展，必须在目标市场上实现相应的经济效益，能够拥有一定的顾客消费群体。虽然酒店与顾客的沟通并不等同于企业经营中的销售关系，或单纯的买卖关系，但良好的顾客关系却是企业实现经营目标、达到更好的销售成果的重要保障。因此，顾客公众是酒店外部公共关系对象中利益关系最直接、联系最密切的外部公众群体。在酒店与顾客的关系维系中，必须通过有效的信息交流和情感沟通来实现，这样才能使酒店与顾客之间的关系更为持久、稳固。现代酒店业的市场竞争中，公共关系日益成为酒店企业所青睐的市场传播手段。它运用多元化的传播沟通方式去疏通渠道，理顺关系，联络感情，吸引公众，赢取人心，为产品销售营造一个良好的氛围与和谐的环境。

酒店在面对顾客公众时，应始终将顾客的利益和需求摆在首位，通过满足其需求来达到酒店盈利的目的。从酒店的长远发展而言，获得顾客的认同和赞赏是企业获得持续发展的基础。只有赢得顾客的信任与好感，酒店才能获得源源不断的利润。因此，酒店的一切政策和行为都必须以顾客的需求为导向，只有这样才能构建良好的顾客关系，并在顾客心目中树立良好的声誉与形象。

2. 针对媒介公众的公关活动

媒介公众也是酒店外部公众群体中的重要组成部分。媒介又称为新闻界，指新闻传播机构及其工作人员，如报纸、电视、广播、杂志等媒介机构及其编辑、记者等媒体人员。媒介公众是酒店公关工作对象中最敏感、最重要的公众关系。

媒介公众对于酒店而言具有双重意义：一方面，新闻媒介是酒店与公众实现最广泛、最有效沟通的必然渠道，具有工具性的特点；另一方面，新闻媒介也是酒店需要特别重视的特殊公众对象，具有对象性的特点。这种媒介与公众合二为一的双重角色，体现了媒介关系是酒店外部公关工作中传播性最强、最敏感、公关操作意义最大的一类公众关系。

媒介公众决定着各种社会信息的取舍、流量和流向，决定着公众舆论的中心议题，能够赋予被传播者特殊的、重要的社会地位。若与酒店相关的事件或报道能成为媒体关注的热点，那么必然也会引起社会公众的广泛关注，成为舆论的中心。同时来自媒介的报道与评价也会引导公众的评价与态度，对于酒店知名度与美誉度的塑造都有着非常积极的现实意义。因此，酒店务必要与媒介公众建立良好的关系，以此构建与公众进行沟通的传播平台，进而形成良好的公众舆论环境。

酒店要处理好与媒体公众的关系，可以从以下几个方面着手：

（1）熟悉新闻媒体。酒店公关人员应了解并熟悉媒体组织的特点。不同的媒体组织有不同的业务性质和影响范围，对于这些酒店公关人员都应非常清楚。即使对于媒体组织内部的结构、各部门的职责和负责人，也应该掌握得越清楚越好。这样，当酒店需要通过新闻媒体进行公关传播时，就能有的放矢，更有针对性。

（2）保持媒体渠道的畅通。酒店应该与媒体建立经常性的联络渠道，由专人负责随时可以沟通联络。酒店的公关部门应建立与媒体之间经常性的联系渠道，并可安排专人负责此项工作。

（3）要正视新闻媒体的批评报道。新闻媒体对于企业的报道会有正面的赞扬，也不可避免会有负面的批评，在面对这种状况时，酒店应首先承认错误并表示感谢，然后要马上查清真相及原因，并立即采取补救措施，最后再请媒体作正面的宣传报道，以及时挽回不良影响。对于内容失实的批评报道，酒店也应保持冷静，要诚恳地向媒体提供真实的情况，以澄清事实真相，再请媒体做出相应的纠正。

（4）掌握正确的交往原则。酒店与媒体公众进行交往时要以诚相待，提供真实的新闻信息，不文过饰非。同时了解新闻媒体的职业行为准则，切忌以经济手段来影响新闻媒体的独立性和客观性，更不能将自己的观点强加于对方进行不合理的报道，这会背离公共关系真实性的活动原则，最终会破坏双方真诚、持久的合作关系。

3. 面向政府公众的公关活动

政府掌握着制定政策、执行法律、管理社会的权力职能，具有强大的宏观调控力量，代表公众的意志来协调各种社会关系。酒店的政策、行为和服务如果能够得到政府官方的认可和支持，无疑将对社会各个方面产生重大影响，甚至使组织的各种渠道畅通无阻。为此，应该把握一切有利时机，扩大酒店在政府部门中的信誉和影响，使政府了解酒店对社会的贡献和成就。酒店可以利用周年庆等机会，邀请、安排政府主管部门领导及党政要人出席酒店的重要活动，通过种种现场活动，提高政府部门对酒店的好感和重视程度。

政策、法律、管理条例是一个组织决策与活动的依据和基本规范，酒店的一切行为都必须保持在政策法令许可的范围之内。通过良好的政府关系，酒店能够及时了解到有关政策的变动，能够较方便地争取到政策性的优惠或支持。为此，应该主动建立和加强酒店与政府有关部门之间的双向沟通。一方面，酒店的公关部门应该详尽地分析并研究政府的方针、政策、法令，提供给本酒店领导及各部门参考，使组织的一切活动都保持在政策法令许可的范围内，并随时按照政策法令的变动来修正本组织的政策和活动。另一方面，酒店的公关部门应随时将实际工作部门的具体情况上传至政府有关部门，并根据本地区、本行业、本部门的特殊情况，主动地提出新的政策设想和方案，并通过适当的渠道进行说服性的工作，协助发现及纠正政策执行中出现的偏差或失误。

此外，处理政府关系，还需要熟悉政府机构的内部层次、工作范围和办事程序，并与各主管部门的具体工作人员保持良好关系，以免因办事未循正规的程序或越出固定的工作范围而走了弯路，减少人为原因造成的“公文旅行”或“踢皮球”的现象，提高行政沟通的效率。

4. 面向社区公众的公关活动

社区是酒店扎根的土壤，没有良好的社区关系，酒店就会失去立足之地。社区公众是由特定的活动空间所确定的，区域性、空间性很强。酒店的活动直接受到社区公众的制约，社区关系直接影响着酒店其他各方面的关系，如员工家属关系、本地宾客关系、地方的政府关系和媒介关系等。因此，酒店需要将社区作为自身发展的一个组成部分，将社区公众视作“准自家人”。

社区公众涉及当地社会政治、经济、文化、教育等各个方面和阶层，类型繁多，涉及面广，对酒店客观上存在着各种不同的感受、要求和评价；由于处在同一社区，对酒店的某一种评价和看法又极容易相互传播，形成区域性的影响，从而形成组织的某一种公众形象。很显然，酒店社区关系的好坏，直接影响着组织的社会公众形象。酒店要提高自身在社区中的地位，就要树立一个“合格公民”的形象，主动承担必要的社会责任和义务，像爱护自己的家业一样爱护社区，在社区的物质文明和精神文明建设方面发挥中坚作用，为社区造福，为社区公众多做贡献。

5. 面向名流公众的公关活动

与社会名流建立良好关系，能充分利用他们的见识、专长为酒店的经营管理提供有益的意见咨询。社会名流往往见多识广，或是某一方面的权威，酒店的管理人员能够在与他们交往的过程中获得广泛的社会信息或宝贵的专业信息，无形中为企业增添了一笔知识财富、信息财富。

与社会名流建立良好关系，能通过他们良好的社会关系网络为酒店广结善缘。有些社会名流虽然不可能为酒店直接提供所需的专业信息或管理咨询，但由于他们与社会各界有广泛的联系，或对某一方面的关系有特别重大影响，酒店能通过他们与有关公众对象疏通关系，扩大社会交往范围。

与社会名流建立良好关系，一方面，能借助他们较高的社会地位，或具有某方面的权威性，或由于他们对社会的特殊贡献、突出成就等，而具有较高的知名度；另一方面，一般公众往往存在"崇尚英雄""崇拜明星"的社会心理，酒店与社会名流建立良好关系，就能将酒店的名字与社会名流的名望联系在一起，利用公众崇拜名流的心理，提高了酒店在公众心目中的位置。

三、酒店公共关系活动的技巧

（一）巧借媒体造势艺术

借助媒体进行造势，是酒店企业开展公关工作的绝好艺术。酒店一定要充分利用媒体的资源优势，为企业打造良好的品牌和声誉。例如，2008 年北京奥运赛事期间，对于这项举世关注的国际赛事，各国媒体蜂拥而至，媒体的力量不可忽视。在这一背景下，酒店企业可以巧妙地借助媒体对奥运赛事报道的契机来宣传酒店，是酒店公关的一种巧妙的手法。

相关链接 搜索

七星级酒店的公关艺术

全世界最豪华的酒店之一为帆船（Burj Al-Arab）酒店，翻译成汉语又称“阿拉伯塔”，又叫作“阿拉伯之星”，被誉为世界上第一家七星级酒店。它位于中东地区阿拉伯联合酋长国迪拜酋长国的迪拜市。迪拜为了这个代表城市和旅游形象的标志进行了一系列轰动全球的宣传策划，这样的结果其实也是实至名归。

帆船酒店是世界上建筑高度最高的七星级酒店，共有高级客房202间，建立在离海岸线280米处的人工岛Jumeirah Beach Resort上。酒店的工程花了5年的时间，两年半时间在阿拉伯海填出人造岛，2年半时间用在建筑本身，使用了9000吨钢铁，并把250根基建桩柱打在40米的深海下。酒店由英国设计师W.S.Atkins设计，外观如同一张鼓满了风的帆，一共有56层、321米高，是全球最高的饭店。

1999年12月，帆船酒店开业时，迪拜国王举行帆船酒店落成剪彩，邀请世界名流及各大媒体免费参观入住。它的豪华程度令人叹为观止，英国一名女记者回国后，发稿称其为世界上最豪华的酒店，现有标准无法评价，盛赞为“七星级”酒店，含义为“超乎想象，独一无二”。

2004年，为了推动迪拜的旅游业，迪拜人请来泰格·伍兹在帆船酒店的顶层挥杆，将高尔夫球击入阿拉伯海湾。为了请泰格·伍兹参加这个活动，迪拜人花费了500万美元。而据估计，“老虎”伍兹此次活动拍摄的照片所制造的轰动价值为1800万美元。

2005年，帆船酒店的直升机停机坪被临时改造成了一个网球场，网球名将费德勒与阿加西在这里进行的表演赛通过电视传播到全世界。这件事让世界上超过半数国家的人们认识了迪拜，也知道了帆船酒店。

——资料来源：http：//blog.sina.com.cn/s/blog_8a239c990100w7cx.html.

（二）发挥名人效应的宣传艺术

利用名人影响公众，是酒店公关工作的一大创新技巧。利用名人进行公关，要注意以下工作必须做到位：一是收集名人（尤其是已经预订住宿的名人）信息资料并加以整理；二是对名人进行超常服务以获得他（或她）对酒店的最佳印象；三是通过名人住店吸引新闻媒体大力渲染传播，以影响公众。

相关链接　搜索

“星空”为主题的沙漠星星酒店火爆全网

沙漠星星酒店位于宁夏中卫沙坡头景区沙漠区8公里的腾格里沙漠深处，是宁夏“星星的故乡”品牌IP下率先投运的景区复合型休闲度假产品。2019年9月开始运营，旅游旺季平均入住率高达98%，其沙景木屋房更是一房难求。2020年酒店接待游客2.5万人次，收入2000万元左右。

作为宁夏构建“大沙坡头”旅游区中的重点复合型休闲度假产品，沙漠星星酒店以沙漠、星空、禅意为主要设计元素，凸显沙漠文旅体验、倡导亲近自然的旅行生活方式。如今，沙漠星星酒店真正实现了“躺在床上数星星”的全新旅游生活方式，集观光、休闲、度假、娱乐于一体，引领全国大漠星空休闲度假新风尚。

若是追寻其爆红背后的因素，想必除了产品本身的独特性外，营销推广也是重要一环，其中最核心的是明星效应。

2020年，沙漠星星酒店先后承接了湖南卫视《妻子的浪漫旅行4》《哎呀好身材》《女儿们的恋爱》《奔跑吧兄弟·黄河篇》、芒果2020黄河数字音乐节、央视《星光大道》场外等真人秀综艺的取景录制。黄轩、张嘉益也曾在拍摄《山海情》期间到此打卡，绝对是酒店界的“网红”。

——资料来源：https：//zhuanlan.zhihu.com/p/370439831.

（三）利用普通顾客的口碑宣传艺术

酒店通过对普通顾客实施贴心加超常的服务，获得顾客的良好口碑，也能全面地提升酒店的美誉度和知名度。对顾客的贴心加超常服务，能迅速获得顾客对酒店的忠诚，同时通过他的经历、他的好评，也获得他的社交圈朋友对酒店的认可与赞誉。北京长城饭店的一个案例很具有典型性。一次，有位服务员在打扫房间时，发现客人床头摊放着一本书，服务员没有挪动书的位置，也未信手将书合上，而是细心地在书摊开处夹进了一张小字条，以起到书签的作用。事后，客人对服务员细微的服务大加称赞，并将此事告诉了同来的几十名同事以及她所认识的所有朋友。注重细节艺术，让长城饭店受益匪浅。

对普通顾客的服务切实做到“满意 + 惊喜”，从细微处做起，力求无可挑剔，利用顾客的口碑，巧妙地将酒店品牌深入人心。

总之，讲究公关艺术的酒店，其良好的品牌形象定能通过酒店员工自上而下的团结协作、媒体的报道、名人的效应以及普通客人的口碑等多角度、多层次地得到广大公众的认可，从而在竞争中立于不败之地。

四、酒店员工应该具备的公关意识

（一）信誉至上的形象意识

公关是一门塑造形象的艺术，组织形象是公关的核心概念。“形象是个宝，企业少不了”，良好的形象可以提升酒店的社会地位，同时也是酒店无形的资本。20世纪80年代末博雅公关公司副总裁斯坦·索尔哈福特的著作《形象战》一出版就成了畅销书，其形象随即成为人们议论的焦点，当今生产力、销售力、形象力成为企业竞争力的核心。

英国航空公司008号班机准备从伦敦飞往日本东京时，因故障推迟起飞20小时。为了不耽误旅客行程，英国航空公司及时帮助乘客换乘其他公司的飞机。共190名乘客欣然接受了英国航空公司的妥当安排。但一位叫大竹秀子的日本老太太说什么也不肯换乘其他班机，坚持要乘008号班机。一个罕见的情景出现在人们的面前：伦敦至东京的航程达1.3万公里，可是英国航空公司的008号班机上就大竹秀子独享该机的353个飞机座席以及6位机组人员和15位服务人员的周到服务。从表面上看，这的确是个不小的损失。可是，从深一层来理解，它却是一个无法估价的收获。正是由于英国航空公司一切为顾客服务的行为，在世界各国来去匆匆的顾客心目中换取了一个用金钱也难以买到的良好公司形象。从事酒店公关工作，讲求信誉应时刻铭记心中。

（二）“投公众所好”的公众意识

一切公共关系都是围绕着公众展开，不懂得公众的意义和作用，就不懂得什么是公共关系。因此公关人员应该具有公众至上的意识。例如，凯悦饭店的服务宗旨“时刻关心您”以及凯宾斯基酒店的服务宗旨“充分满足客人”，都体现了酒店对于公众的重视。处处时时事事考虑自己的行为对于公众利益的影响，自觉地保持酒店利益与公众利益一起发展。林肯有一句名言："没有公众的信赖，一事无成；有了公众的信赖，无事不成。"这句话就体现了强烈的公众意识。我国《公共关系职业道德准则》的第二条规定：在任何情况下，首先应该考虑社会公众的利益，同时也应考虑到自己所在组织的利益。英国《公共关系协会准则》的第一条就明确规定：在进行专业公关活动时应尊重公众利益和个人尊严。美国一家生意兴隆的酒店，每逢召开董事会或其他重要会议时，在椭圆形会议桌旁边总会放着一张空椅子，椅子的背后写上两个大字"顾客"。这是在提醒酒店的决策者们在思考问题、制定决策时务必要注意照顾到顾客的利益。

（三）真诚互惠的合作意识

在国外的公关界流传着这样一句话：我们要发展，但是更重要的是我们要与我们的公众一起发展。用时下流行的话说就是要实现双赢，甚至是共赢。"诚招天下客"，这句在中国流行很广的话就是要求企业员工队伍以真诚的态度来对待公众，努力赢得公众的好感，得到公众的支持和信赖，只有这样才有助于美好形象的塑造。中国有句俗语"投之以桃，报之以李"，比喻友好往来。这句话也从一个侧面反映了古代人的互惠意识，只有互相尊重，互相关照，共同得益，才能加强往来，促进合作，共谋发展。

1984年，美国总统里根访问中国，访问很成功。在访问的最后，里根总统按照惯例要举办答谢晚宴。当得知这个消息后，刚开业没有多久还没有什么名气的北京长城饭店主动向中美两国礼宾司的首脑及有关执行部门争取接待工作。功夫不负有心人，经过一番努力，长城饭店终于争取到了这一绝佳的机会。获得承办权之后，饭店公关部立即与各大中外新闻机构联系，邀请他们到饭店租用场地，实况转播美国总统的答谢宴会，收费可以优惠，但条件是：在转播时要提到长城饭店。答谢宴会举行的那天，中美首脑、外国驻华使节、中外记者云集长城饭店。电视上在出现长城饭店宴会厅豪华的场面时，各国电视台记者和美国三大电视广播公司的节目主持人异口同声地说："现在我们是在中国北京的长城饭店转播里根总统访华的最后一项活动——答谢宴会……"在频频举杯中，长城饭店的名字一次又一次地通过电波飞向世界各地，长城饭店的风姿一次又一次地跃入各国公众的眼帘。通过这次互惠互利的公关合作活动，北京长城饭店的名声大振。随后，各国访问者、旅游者、经商者慕名而来。

（四）广结人缘的交际意识

著名成功学者卡耐基说过：一个人的成功，25% 靠的是专业知识，75% 靠的是人际关系和处世技巧。中国有句俗话“在家靠父母，出门靠朋友”，这也是一种朴素的广结人缘的交际意识。公关人员应努力建立纵横交错、四通八达、畅通无阻的社会关系网，争取结识尽量多的朋友，互相帮助，互相促进。酒店公关工作就是内求团结、外求发展的一项工作，为酒店创造“人和”的环境。这就要求酒店要与同行、顾客、客源输送机构、媒体、政府、社区等公众保持良好的关系。例如，惠州市巽寮湾喜来登度假村开业前夕，组织全体员工到酒店附近和海滩街道清除垃圾，并明确表示以后会定期组织此类活动。此类活动有利于搞好酒店和社区的关系，同时也彰显了企业的社会责任感和注重环保的理念，可谓一举多得。

（五）传播信息的宣传意识

国外公关专家认为：良好的公共关系 90% 是靠自己做好，10% 是靠宣传。这就是说要建立良好的公共关系，最重要的是“做好”，即通过自身的努力保证产品优质、服务优良、物美价廉，但同时又不能忽视传播信息的宣传工作，尤其是要敢于进行自我宣传，努力提高组织的知名度和美誉度。例如，惠州市金华悦商务酒店，餐厅服务员某天早上发现喝早茶的客人遗忘了一个装有 1.68 万元现金的手提包，及时报告上级主管，酒店打了 5 个电话后终于联系到了包的主人上海客商。酒店公关部主动向媒体爆料酒店出现的这件好人好事，经过媒体的宣传，市民和顾客对酒店的好风气大为赞赏。树立宣传意识，善于进行传播沟通，是开展公共关系活动、塑造企业形象的头等大事。在中国有传统的小农经济意识，长期存在“酒香不怕巷子深”的观念，认为“王婆卖瓜，自卖自夸”不是什么好事。对于公关人员来讲，要坚决摒弃这种观念，树立“酒香也怕巷子深”的宣传意识。

（六）转危为机的危机意识

俗话说：生于忧患，死于安乐。酒店公关工作的开展应有未雨绸缪的防范意识，有了这种意识才能在危机产生的初始阶段迅速采取有效得力的措施来化解危机，帮助酒店渡过难关，甚至给企业创造机会；反之，则可能招致意料不到的损失。曾被美国公关协会推举为世界性的公关范例"35 次紧急电话"，就是得力于强烈的公关意识和及时的公关举措，最终使企业转危机为机会。

相关链接　搜索

35 次紧急电话

一次，一位名叫基泰丝的美国记者，来到日本东京的奥达克余百货公司。她买了一台索尼牌唱机，准备作为见面礼，送给住在东京的婆家。售货员彬彬有礼，特地为她挑了一台未启封包装的唱机。

回到住所，基泰丝开机试用时，却发现该机没有装内件，因而根本无法使用。她不由得火冒三丈，准备第二天一早就去奥达克余百货公司交涉，并迅速写好了一篇新闻稿，题目是《笑脸背后的真面目》。

第二天一早，基泰丝在动身之前，忽然收到奥达克余百货公司打来的道歉电话。50 分钟以后，一辆汽车赶到她的住处。从车上跳下奥达克余百货公司的副经理和提着大皮箱的职员。两人一进客厅便俯首鞠躬，表示特来请罪。除了送来一台新的合格的唱机外，又加送蛋糕一盒、毛巾一套和著名唱片一张。接着，副经理又打开记事簿，宣读了一份备忘录。上面记载着公司通宵达旦地纠正这一失误的全部经过。

原来，昨天下午 4 点 30 分售货员清点商品时，发现错将一个空心货样卖给了顾客。她立即报告公司警卫迅速寻找，但为时已晚。此事非同小可。经理接到报告后，马上召集有关人员商议。当时只有两条线索可循，即顾客的名字和她留下的一张"美国快递公司"的名片。据此，奥达克余百货公司连夜开始了一连串无异于大海捞针的行动：打了 32 次紧急电话，向东京各大宾馆查询，没有结果。再打电话问纽约"美国快递公司"总部，深夜接到回电，得知顾客在美国父母的电话号码。接着又打电话去美国，得知顾客在东京婆家的电话号码。终于弄清了这位顾客在东京期间的住址和电话，这期间的紧急电话，合计 35 次！

这一切使基泰丝深受感动。她立即重写了新闻稿，题目叫作《35 次紧急电话》。

——资料来源：http：//www.labournet.com.cn/funman/scyx44.asp.

课堂思考

酒店的危机处理应如何体现及时性？

? 复习与思考

一、名词解释

酒店促销　人员推销　酒店广告　销售促进　公共关系

二、填空题

1. 酒店常用的促销策略有__________、__________。

2. 常见的促销手段有四种，分别是____________、____________、____________、__________。

3. 销售促进又称为__________。

4. 根据目标不同，广告可以分为__________、__________、__________。

5. 酒店公共关系的主要对象是__________，它包括__________公众和________公众两方面。

三、简答题

1. 简述销售促进的概念及作用。

2. 简述酒店广告的概念及作用。

3. 试比较人员推销及销售促进的优缺点。

4. 公共关系对于酒店发展的重要性有哪些？

5. 酒店公共关系人员应具备哪些公关意识？

四、案例分析

4个方法，让“小”饭店占据送餐“大”市场，挣钱，其实很简单

随着餐饮业竞争的加剧，无论是传统餐饮企业还是互联网餐饮企业都更加注重营销的价值。尤其是现在点外卖的人越来越多，许多商家都已经开始了外卖模式，但是新店相对于老店而言，缺乏一定的竞争力，那么应该如何做，才能让“小”饭店也占据一定的市场呢？

对于外卖营销活动来说，离不开这三种营销模式：前期地推、节假日策划营销、

专场营销。

在外卖营销活动中，树立品牌效应是关键。为了获得品牌竞争优势，活动营销是必由之路。围绕活动开展活动营销，为外卖品牌带来流量和曝光率，使企业获得品牌推广和销售增长。外卖品牌的早期推广更适合本土品牌，它具有更精确的区域和面向人群，以及更多的真实用户。

这里主要来讲讲第一步的地推应该如何做好。地推的四个环节是前期市场调研、宣传品内容的设计、地推的执行、方案调整和优化。

1. 前期市场调研

前期的市场调研至关重要，直接影响到推广效果。可以说，没有调研就没有转化率。第一步，首先要确定地推的区域，它所面对的核心用户，以及这些用户的利益和顾虑是什么。

在新外卖店的推广上，要重点选择送货范围 3 公里以内的主要人口密集区，瞄准周边的主要上班族。例如，望京商家可以优先选择望京 SOHO 的“扫码街”，中关村可以选择创业街。

对近阶段热点话题的收集和适当的组合，将使品牌在当地的推广更受欢迎。

2. 宣传品内容的设计

宣传材料的内容一般以易拉宝和 DM 单两种形式呈现。符合核心用户兴趣的内容和布局，如好看的菜品和图片，可以吸引他们的注意力。内容和格式应具有以下几个特点：突出重点内容，格式简洁大方，既新颖又有趣，符合品牌基调。

DM 单的设计可以参考各行各业的成功店铺。熊猫星厨房的“武林秘籍”、宜家的折叠家居模型和宝马的可撕开式设计都可以作为借鉴。这些新颖有趣的单页更容易被上班族接受。

3. 地推的执行

在实施过程中主要有三个因素：人、物资、说话技巧。在地推人员的选择上，应优先考虑内部人员，以达到更好的实施效果。在选择外部人员时，一定要仔细甄别，确保在能力和素质上都不会损害公司的形象。

在着装方面，至少也应该保证是统一的风格。如果可以采用角色扮演，效果会更好。扮演可以使用公司的吉祥物，也可以选择最近比较流行的卡通形象。

很多餐饮品牌在促销时，都是采取免费小吃、饮料的方式，但对于白领用户来说，吸引力还不够，用户很难为了这一点小奖励而点单。如果把礼物换成实用的电子产品，会更有吸引力。比如 U 盘、数据线，或者通过抽奖的方式，赠送的礼物都是在一定价值以内的电子书、游戏机等。

4. 方案调整和优化

在推进过程中，要对不同地方不同阶段的推广效果进行比较和跟踪。只有不断调整时间、地点、脚本等因素，才能保证我们的地推能达到最佳效果。

——资料来源：https：//www.sohu.com/a/649655327_120012559.

根据以上案例，分析如下问题：

请结合当地餐饮业谈谈你见过的餐饮促销方法，并进行点评。

推荐阅读

1. 好高骛远的酒店数字营销行不通，https：//www.vfuw.cn/news-36943-1.html.

2. 互联网时代，酒店如何开启酒店营销新模式？ https：//zhuanlan.zhihu.com/p/83177891.

3. 兰欧酒店系列聚焦线上营销新阵地，私域流量池焕活增长新动力，https：//new.qq.com/rain/a/20230227A01BW900.

4. 俘获五感，酒店营销还可以这么玩？ https：//new.qq.com/rain/a/20220222A00X0300.

综合实训练习

1. 请各小组同学针对大家熟悉的电商直播平台，谈谈酒店如何更好地发挥主播的影响力，为酒店品牌形象的提升加油助力。
2. 由教师划分实践小组，选择当地一家知名酒店，实地了解该酒店的促销策略，并对该酒店的人员推销策略进行分析，写出分析报告。
3. 选择当地的知名酒店，根据酒店的实际情况为其设计策划一次主题鲜明的酒店公关活动，并形成书面总结报告。
4. 请各小组分别找出抖音、快手上面的酒店服务或促销案例，并进行分析。

项目八

酒店客户关系管理

客户关系是酒店重要的外部关系，良好的客户关系是酒店成功的关键。俗话说“终端制胜”，客户关系管理是酒店对外经营的一项重要工作，是酒店树立品牌、提升知名度和美誉度的关键环节。重视客户关系管理是酒店在市场竞争中取得优势的先决条件。

本章重点阐述了客户关系管理的内涵及作用，并详细阐述了客户关系管理对酒店营销工作的重要性。同时，详细介绍了现代酒店客户关系管理的各种技巧，并就酒店服务营销的概念内涵、服务营销策略等内容对服务营销理念进行了深入探讨。

思政目标

党的二十大报告指出，我们要实现好、维护好、发展好最广大人民根本利益，紧紧抓住人民最关心最直接最现实的利益问题，提高公共服务水平。本项目旨在培养学生在酒店营销工作中坚持“人民利益至上”的原则，立足本岗，笃行实干，以饱满的热情做好接待服务工作。酒店和宾客携手创造美好生活，不断提升宾客对酒店的美誉度，提高宾客的幸福指数。

学习目标

知识目标

1 理解酒店客户关系管理的含义及发展历程。

2 掌握酒店客户关系管理的特征、意义。

3 掌握现代酒店客户关系管理手段。

能力目标

1 能构建科学的客户关系管理理念。

2 掌握一定的客户关系管理技巧。

3 能运用客户关系管理的技巧分析和解决酒店运营中的实际问题。

案例

青岛海景花园大酒店：打造独具特色的“海景流派”

滩阔浪柔，水碧沙净，风光旖旎的青岛，续写着“东方瑞士”的美艳诗篇。这不仅是中国大美海景旅地，更是铸造梦想的沃土。

三十载砥砺前行，三十载春华秋实。隶属国家发展和改革委的青岛海景花园大酒店（以下简称海景酒店）历经从小到大、由弱到强的执着发展过程，从十几年前的国有培训中心发展到今天具有国际化水平的涉外超五星级酒店，打造出了独具特色的“海景流派”。

——荣获国家、省、市、行业等颁发的荣誉近百项；

——亲情服务理念和管理模式史无前例地被纳入美国哈佛商学院；

——酒店每年有将近千家单位、近万人前来参观学习……

海景“亲情一家人”：品牌服务的核心

在海景人看来，“没有给顾客留下美好印象和值得传颂的故事的服务是零服务”。海景服务的个性化、亲情化给每位入住的客人留下深刻印象，如一颗颗熠熠闪光的珍珠，在客人记忆深处留下珍贵的“项链”。

美国斯普林菲尔德商会的一位商务人士入住后给酒店留下表扬信，“酒店对细节的关注体现在我最近的一次的停留，当时正好是我生日，我在中国，离家人很远，酒店工作人员给我一个很大的惊喜——把生日蛋糕、鲜花和小礼物送到房间。非常感激他们，这样的小细节体现了酒店对客人的关心。”一位来中国度假的新西兰客人表示：“在做房间预订的时候，我要求加一张婴儿床，但实际上不只是加了一张婴儿床，还配了婴儿浴盆、婴儿油、两个小公仔玩具，酒店还将房间所有边角都用毛巾包裹起来以保护小孩不被碰伤。这里的餐厅也非常好，如果我要经营一家酒店，这里是我要学习的典范。”曾经有一位客人表示，自己在家时有每天练钢琴的习惯，这次来青岛度假三天就不得不停练，希望酒店帮忙，能否在住店期间让自己使用酒店大堂的钢琴练习。但是大堂面客区域的钢琴不便用于练习。酒店企管部副经理得知此情况后，主动向酒店领导请示，自费联系钢琴搬运公司，次日一早将家里的钢琴搬到酒店儿童活动室，满足了顾客需求，且搬运费用、调琴、练琴费用全免，客人很是感动。这般暖人的故事每天都在发生，海景的管理人员说道，“爱顾客”是海景企业文化的核心，企业文化建设是他们工作中的重中之重。爱顾客，就是“把顾客当亲人，顾客永远是对的”。近年来，随手翻看各大知名旅行网上对海景的评价，分值近乎满分，每位对海景做出肯定的客人都有着一致印象：海景，酒店中的“领跑者”“佼佼者”。

在海景的文化愿景里，顾客是恩人；顾客永远是对的，对顾客的开口需求不能说“不”；不让顾客吃亏，让客人占便宜；向顾客提供个性化、亲情化服务，创造顾客高兴、惊喜、感动；快速化解顾客抱怨，让有抱怨的客人成为回头客。

值得一提的是，2010 年 4 月，美国哈佛商学院派专家对海景酒店进行为期两周的实地考察后，与酒店签署书面文件，将海景的亲情服务理念和管理模式纳入该校教学案例，这在国内高星级酒店业史无前例。海景作为一家完全由中国人自主管理的酒店，已经走在了国际一流酒店的前列。清华大学、复旦大学、新加坡南洋理工大学等国内外知名学府，均将海景的企业文化和管理模式纳入教学案例。

创新深入骨髓，海景在变革中蜕变升华

多年来，海景人努力做到“在学习中践行，在创新中成长”。酒店负责人介绍说，海景认为“对新理念、新机制、新技术和新办法的运用速度，决定着企业的发展速度”。于是海景开始进行系统创新，自成一体，创造了独特的经营管理体系。即五大体系：对客服务文化体系、客户维护体系、团队打造和员工培养体系、机制保障体系、学习创新驱动发展体系，不仅形成了一整套系统性模式，且重在可操作性强，能够落地执行，成为酒店管理制胜的法宝。

海景颠覆了传统的金字塔型管理理念，创造了“倒三角理论”，并获得山东省旅游局颁发的“服务创新一等奖”。随即形成了“倒三角服务观”，即上工序为下工序服务，二线为一线服务，科室、后勤为全体员工服务，总经理为全体员工服务，全员为顾客服务。在服务中，要按照倒三角的上下线关系，每个人都找对自己的位置，上线部门和人员具有绝对的发言权和指挥权，处于下线的部门要完全服从顾客和上线部门指挥。同时海景打破酒店常规的组织机构，进行了全新设置，成立了企业文化部、企业管理部、信息反馈部、稽查部、客户关系部，在渗透企业文化、落实管理机制、收集顾客信息、监督高管人员、处理顾客关系方面都有了强大的力度，为更好地为顾客提供亲情化优质服务奠定了基础。海尔集团董事局主席张瑞敏就曾评价道：“海景的服务是中国服务业的一颗明珠”，并在多次报告会上宣传介绍海景。

产业数字化转型，加速提升文旅融合大发展

随着时代的发展，海景的设备设施逐渐刻上了时光的印记，人们在提及海景的时候，也逐渐倾向于将其归类于“老牌酒店”的标签，而在时光的不断侵蚀下，如何能够继续保有鲜活的生命力，不断开创新的发展方向，则需要海景报以学生心态不断学习行业先进理念，融合数字化先进技术。

海景为提升酒店整体工作效率，近年来，分别引进“蓝豆云智能管理系统”“打卡到位系统”和“钉钉任务追办系统”，成为行业内率先使用数字化技术进行内部管理的酒店。酒店通过管理系统可实现房态实时更新、报修实时跟进、问题实时反馈，在客房与餐饮的员工任务管理方面实现了有迹可循、追本溯源、责任到人、实时动态的便捷功能，全面实现酒店“快速解决问题，稳固基础管理”的发展基石。科学分配房间与人员安排，在精准提高效率的同时避免了人员与资源的浪费。并在后期利用数据分析对管理与实行过程中出现的不足进行整改，在避免浪费与效率提升的同时提升酒店的工作水准。

在个性化对客服务方面，引进“食品打印机”，海景餐厅的客人消费结构中，有很大一部分的收入来自生日宴、百岁宴、寿宴等仪式性的宴会，针对这一类顾客，酒店增设了食品打字机，这让客人能够在蛋糕上看到带自己名字的祝福词，这种仪式感充分契合了宴会举办方想要的感觉。据统计2020年11月仅中餐预订的客人中就有27%是来酒店过生日，远高于2019年11%的比例。添置食品打印机后的顾客回头率明显上升，证实了客人很在乎这种形式。

与此同时，海景深知酒店作为旅游业的先锋行业，本身具备文化传播的义务，文化是旅游的灵魂，旅游是文化的载体。2021年，酒店着重打造“老青岛”品牌印象，让青岛文化注入酒店灵魂，以旅游业态的带动作用实现岛城文化的持续推动，并作为涉外酒店以本土化的形象将中国文化向全世界展示。其中包括“青岛印象长廊”“白果树特色餐厅”，通过对青岛历史与时代特色的发掘，将原本被遗忘在历史角落中的“时代印记”发扬光大，不乏极具青岛特色的古建筑、代表青岛景色的地标性建筑和传承老青岛味道的风味特色菜。

作为扎根于城市发展的酒店，海景有义务担负弘扬岛城文化的责任，在青岛文化的基础上将其以多种形式向客人展示，在文化符号的推动下，海景也受到了来自网络客户的好评，客观推动了酒店新标签的诞生，成为酒店新的品牌特色，带动了酒店经营的提升。

传播正能量，积极践行社会责任

多年来，海景谨遵创造民族品牌，真情回报社会的价值观，认真履行自己的社会责任，为社会培养了一大批的酒店管理人才。同时，海景能够海纳百川，开放式接待同行以及各行各业的人士，周密安排体验入住、参观学习、跟岗培训和授课，慕名前来参观学习的单位平均每年都有近千家、近万人次。其中，中国人保、上海大众、红星美凯龙集团、新东方教育集团、东阿阿胶集团、上海市旅游局、湖北省旅游局、宁夏回族自治区旅游局等领导和知名企业家，都曾带领所在地区四星级、五星级饭店等企业的高管人员来酒店观摩学习、培训。在入住体验酒店个性化、亲情化服务的同时，来店同行一律免费参观，并进行无私授课，分享酒店经营管理方面的经验和心得，有力地促进了国内酒店行业的发展。

闪耀在祖国的黄海之滨的海景酒店，像一个其乐融融的大家庭，温暖着南来北往的中外宾客。回顾多年来海景取得的每一次进步，获得的每一个荣誉、得到的每一声赞许，无不凝聚着全体员工日日夜夜的无私付出、辛勤劳动。不远的将来，海景酒店这一瑰丽的中国民族品牌将放射出更加夺目的光彩。

案例分析

海景花园大酒店在为宾客服务过程中，有哪些成功经验？

任务一 客户关系管理的含义与意义

酒店行业是服务行业，客人就是酒店生存的根本。酒店行业要塑造顾客的忠诚度比任何其他行业都难，因为酒店产品及服务的可模仿性、可复制性太强。但并不是说酒店就对塑造客户忠诚度毫无办法，客户关系管理就是一个很好的手段。

一、客户关系管理的含义

客户关系管理（Customer Relationship Management，CRM）是一个不断加强与顾客交流，不断了解顾客需求，并不断对产品及服务进行改进和提高以满足顾客的需求的连续的过程。其内涵是企业利用信息技术和互联网技术实现对客户的整合营销，是以客户为核心的企业营销的技术实现和管理实现。

客户关系管理注重的是与客户的交流，企业的经营是以客户为中心，真诚对待每一位客户，留住老客户，开发新客户。加强与客户的沟通，为客户提供多种交流的渠道。

客户关系管理目前还没有十分统一的定义。顾名思义，客户关系管理指的是企业与其客户的交流方式，它实施于企业的市场营销、销售、服务与技术支持等与客户有关的领域。

客户关系管理首先是一种管理理念，起源于西方的市场营销理论，产生和发展于美国。其核心思想是将企业的客户（包括最终客户、分销商和合作伙伴）作为最重要的企业资源，通过完善的客户服务和深入的客户分析来满足客户的需求，以求与客户建立长久的合作关系。

客户关系管理又是一种旨在改善企业与客户之间关系的新型管理机制，要求企业从“以产品为中心”的模式向“以客户为中心”的模式转移。也就是说，企业关注的焦点应从内部运作转移到客户关系上来。

客户关系管理也是一种管理软件和技术，它能够提供客户资源及相关数据分析，为企业的销售、客户服务和决策支持等领域提供一个业务自动化的解决方案。它使企业能够基于电子商务去面对客户，从而顺利实现由传统企业模式到以电子商务为基础的现代企业模式的转化。

客户关系管理的目标是：一方面，通过提供更快速和周到的优质服务吸引和保持更多的客户；另一方面，通过对业务流程的全面管理降低企业的成本。设计完善的客户关系管理解决方案可以帮助企业在拓展新收入来源的同时，改进与现有客户的交流方式。据国际客户关系管理论坛统计，国际上成功的客户关系管理系统的实施，能给相应的企业每年带来 6% 的市场份额增长，提高 9%~10% 的基本服务收费。

相关链接 搜索

客户关系管理的发展历程

客户关系管理是伴随着因特网和电子商务的大潮进入中国的。

最早发展客户关系管理的国家是美国，在 1980 年年初便有所谓的接触管理（Contact Management），专门收集客户与公司联系的所有信息。到 1990 年演变为包括电话服务中心支持资料分析的客户关怀（Customercare）。

从管理科学的角度来考察，客户关系管理源于市场营销理论；从解决方案的角度考察，客户关系管理是将市场营销的科学管理理念通过信息技术手段集成在软件上面，得以在全球大规模地普及和应用。

二、客户关系管理对酒店的意义

适应市场竞争环境的需要。当今的酒店业市场竞争越来越激烈，谁能最终留住客户，谁就能在激烈的竞争中站稳脚跟。当今的酒店市场竞争是围绕留住和吸引更多的客户展开的，客户关系管理是抓住客户需求、留住客户的必要和有效的手段。酒店客户关系的处理，直接影响到酒店在行业内的竞争力及经济效益。面对激烈的市场竞争，酒店企业不得不展开强势的客户关系管理来留住客户。

实现客户忠诚度最大化的需要。酒店的客户忠诚度很难塑造及保持，这是由酒店产品及服务的可模仿性及可复制性造成的。酒店为了塑造和实现客户忠诚度的最大化就必须从建立良好的客户关系以及对客户关系进行有效管理着手，积极与客户进行沟通，与客户建立良好的关系，想客户之所想，以客户需求为中心开展经营，为客户提供真诚的服务，只有这样才能塑造和保持客户的忠诚度。

实现客户价值最大化的需要。酒店要实现客户价值的最大化就是要让客户得到他所想得到的最大利益，并且争取与客户的长期合作，让客户在消费中获得最大利益，建立和稳定客户关系。同时，运用其他手段与客户建立良好的关系，争取与每一位客户长期合作，实际上就是把每一位客户都培养成酒店的忠诚客户、大客户和常客，从而实现客户、酒店与社会利益的多赢。

实现酒店利益最大化的需要。酒店所有经营活动的最终目的都是顾客满意、酒店获利。而顾客满意是酒店获利的前提和基础。为了使顾客满意就要与顾客建立良好的客户关系，注重细节，攻心为上。运用服务这个有力的手段建立和稳固客户关系，用细节感动顾客，用心服务于每一位顾客，争取使每一位到酒店消费的客人都能成为回头客，那么酒店利益的最大化也就随之实现了。

三、客户关系管理的作用

降低成本，增加收入。客户关系管理可以降低销售费用和营销费用，并且客户关系管理使酒店与客户产生高度互动，可以帮助酒店实现更准确地客户定位，使酒店留住老客户、获得新客户的成本显著下降。在增加收入方面，由于在客户关系管理过程中掌握了大量的客户信息，可以通过数据挖掘技术，发现客户的潜在需求，增加酒店销售收入。并且由于采用了客户关系管理，可以更加密切与客户的关系，增加客户的消费量和消费的频率，减少客户的流失。

提高业务运作效率。由于信息技术的应用，实现了企业内部的信息共享，使业务流程处理的自动化程度大大提高，从而使业务处理的时间大大缩短，员工的工作也将得到简化，使企业内外的各项业务得到有效的运转，保证以最短的时间、最快的速度使客户得到满意的服务。

保留客户，提高客户忠诚度。客户可以通过多种形式与酒店进行交流。酒店的客户数据库可以记录和分析客户的各种个性化需求，向每一位客户提供“一对一”

的个性化服务，而且酒店可以根据客户的不同消费水平及层次的优惠措施，鼓励客户长期与企业开展业务。

有助于拓展市场。客户关系管理系统具有对市场活动、销售活动的预测和分析能力，能够从不同角度提供有关产品和服务成本、利润数据，并对客户分布、市场需求趋势的变化做出科学的预测，以便更好地把握市场机会。

挖掘客户的潜在需求。每一家酒店都有一定数量的客户群，如果能对客户不同层次的需求进行研究，则可以带来更多的商业机会。客户关系管理过程中产生了大量有用的客户数据，只要加以深入利用就可发现很多客户的潜在需求。抓住客户的潜在需求不但为酒店创造了更多的利润，还有利于为客户提供个性化服务，维护客户关系。

因此，做好客户关系管理是酒店营销部员工的重要职责。它决定了酒店能否与顾客建立良好的客户关系，从而实现顾客、社会、酒店利益的最大化。

课堂思考

结合实例说说客户关系管理对酒店发展的作用。

任务二　现代酒店客户关系管理技巧

客户关系管理对酒店的发展至关重要，酒店销售部门的工作人员应该运用良好的客户关系管理技巧，帮助酒店做好客户关系管理工作，以实现客户、酒店、社会的多赢。

一、建立完善的客户服务管理体系的基础

实施客户关系管理，最根本的是要建立“以客户为中心”的企业运行和管理模

式，而其基础则是要建立规范化和制度化的客户服务管理体系。在客户服务管理体系中，要明确酒店各部门在客户管理中的职责，规范各种业务流程与规章制度，从而使客户管理工作做到有章可循、有据可查。

建立客户服务管理体系的主要环节包括两个方面：第一，明确部门职责。酒店销售部门负责识别顾客的需求与期望，组织有关部门对产品及服务要求进行评审，并负责与顾客沟通。一线部门在做好服务的同时要帮助销售部门征集顾客需求，为顾客提供优质服务，并根据顾客需求的变化及时调整服务内容和形式。第二，识别顾客要求。酒店营销部员工负责发现和满足顾客的需求。可以通过市场调研、顾客满意度测评（含对酒店产品及服务的改进建议、顾客投诉及处理等过程中产生的数据、竞争对手分析）等方式和渠道来获取相应的信息。

明确酒店各部门在客户关系管理中的职责，让各部门都参与到客户关系管理工作中，有利于酒店客户关系管理工作的开展。酒店销售部员工要明确自己的职责，发现及抓住顾客的需求，并将顾客需求的变化及时与其他部门沟通，确保提供给客人最优质的产品及服务，赢得顾客的满意，积极塑造酒店客户的忠诚度。

二、建立完善的客户关系管理软件系统

为了更好地进行客户关系管理，酒店要积极运用现代信息技术及互联网技术，酒店销售人员要很好地跟上这个潮流，做好客户关系管理工作。

酒店一般会安装方便客户关系管理的软件系统，来实现酒店客户资料及信息的共享，以方便各部门协作展开客户关系管理。这样的软件系统操作起来比较简单，信息存储量大，数据齐全，可以为营销策划、制定酒店营销策略提供有力的支持，方便酒店及时调整营销策略，帮助营销部门及时掌握团队的销售力。

（一）酒店客户关系管理软件系统的一般功能

（1）查询客户往来信息，对客户信息进行全面的管理。例如，查询客户的相关详细信息、客户购买酒店产品及服务的信息、客户的反馈信息等。

（2）客户管理。包括客户资料管理、客户交互管理、客户跟进管理、客户提醒管理、客户回款管理、流失客户管理、合同文档管理等。

（3）统计分析。包括客户分析、产品及服务销售分析、利润贡献分析、酒店

销售部销售员业绩分析等。反映出客户、产品销售、利润与销售部销售员之间的关系。

酒店营销部员工要及时对客户信息进行更新，与酒店其他部门协同合作，利用管理软件的统计分析功能，及时做出产品及服务销售分析、酒店销售部销售员业绩分析及相关的各种分析，将分析数据所体现的问题或结论及时向上级及酒店其他部门沟通，以便为酒店营销决策提供强有力的依据。

（二）酒店客户关系管理软件系统的作用

（1）系统内可添加一些常用的客户知识及酒店产品知识，方便全员了解客户和产品知识，为客户关系管理奠定良好的基础。

（2）知识和信息可以全员共享，有利于及时建立和维护客户关系，提高酒店员工建立和维护客户关系的能力，并进一步提高员工素养和工作能力。

（3）有利于营造“以顾客为中心”的经营理念。客户关系管理软件系统可以有效地将“以顾客为中心”的经营理念时刻传递给各员工，形成一种良好的企业文化氛围。

（4）有利于酒店的各项经营决策。软件操作系统的数据分析功能，可以为酒店的各项经营决策提供强有力的依据。

三、酒店营销部员工客户关系管理技巧

（一）树立正确的客户关系理念

酒店营销部人员必须树立正确的客户关系理念，充分认识到客户对于营销部及酒店的重要性，明确在营销工作中建立良好的客户关系对于酒店来说至关重要。酒店销售人员要用真诚去建立和维护客户关系，积极塑造客户的忠诚消费。

（二）开发和建立客户关系的技巧

1. 开发客户的技巧

酒店销售人员开发和建立客户关系的首要任务是如何开发客户，也就是要找到

能到酒店消费的客户，那么如何辨认出能到酒店消费的准客户呢？一般情况下，准客户应具备以下三个条件：

（1）客户的需求。要看客户有没有到酒店消费的需求，如客户并没有到酒店消费的需求，那么无论酒店销售人员如何宣传、销售，客户都不会踏进酒店一步。

（2）消费能力。酒店销售人员要根据酒店所提供的产品和服务的档次来开发符合酒店消费能力的客户。如果客户不具备与酒店相符的消费能力，那么再怎么开发也是徒劳的、毫无意义的。

（3）有没有到酒店消费的决定权。刚开始做酒店销售工作的销售人员最容易忽视这一点。销售人员开发企业客户，需要找到负责企业接待事务的管理人员进行宣传，因为这个负责人对是否到销售人员所在酒店进行消费有决定权。

2. 拜访客户的技巧

（1）在拜访客户之前要准备好名片、宣传资料、协议。宣传资料一定要简洁明了、重点突出、能吸引人，提前准备对产品和服务的口头介绍，介绍一定要做到专业又吸引人，重点突出，通俗易懂，时间不要过长。所带协议要便于当场签订。

（2）根据客户的具体情况决定拜访是不是需要电话预约。如果销售人员要拜访的客户是政府公务员、公司的经理或者是单位的主要负责人，最好提前电话预约拜访时间。因为这类客户时间安排比较紧凑，如不提前预约很有可能扑空，造成时间及其他成本的浪费。电话预约也是对此类客户的尊重。如果是大范围随机性的宣传则不需要进行电话预约。

（3）如果拜访的时间确定了，销售人员一定要准时，绝不能迟到。酒店销售人员一定要准时到达拜访客户的地点，最好能提前几分钟到达。准时是销售人员职业素养和人品的良好体现，迟到是对客户的一种不尊重，也是对自己的不尊重。在拜访客户之前如果还有时间，可以再熟悉一下宣传资料及拜访的程序。如果是没有预约的客户，在确定时间时，一定要选择客户方便会面的时间。切记不要选择客户即将结束工作的时间前去拜访，因为此时客户已没有心思与销售人员交谈，此时去拜访是对客户的不尊重。

（4）在到达与客户会面的地点后，要坐在方便和客户交谈的位置上。销售人员与客户会面时要尽量坐在靠近客户的位置上，如有可能，尽量坐在与客户水平高度相当的位置上，方便与客户进行沟通。如与客户会面的地点已安排了销售人员的座位，那就按照客户的安排入座。

（5）与客户沟通的过程中要简明扼要地直入主题，介绍清楚后确认客户是否愿意签订协议。销售人员在与客户沟通时要直奔主题，不要过多寒暄以免浪费与客户沟通的宝贵时间。在介绍酒店的产品和服务时要简明扼要、主次分明、详略得当。介绍完成后，确认客户是否已经完全了解了酒店要宣传的产品或服务。如已经完全明白，销售人员可以主动询问客户是否愿意签订协议。如果被拒绝，可以请求客户再做考虑，以便为下次拜访埋下伏笔。

（6）第一次拜访客户一定要掌握好时间，不要太长。销售人员第一次拜访客户一定要把握好时间。无论拜访是否成功，销售人员的拜访时间要控制在 1 小时以内，如拜访时间过长，容易引起客户的反感，难以给客户留下一个良好的第一印象。要本着真诚守信的心态介绍酒店的产品和服务，不夸大其词，不说空话，给客户留下一个诚信的好印象。

（7）第一次拜访客户前要设计拜访的流程及话题。见到客户要主动打招呼，在客户未开口之前，以亲切的语调向客户打招呼问候，如“王经理，早上好！”打完招呼后要进行自我介绍，报上酒店名称、自己姓名及所在部门，并将名片双手递出。直奔拜访主题之前可做适量沟通，可稍微聊一点可以活跃气氛的轻松话题，拉近与客户的心理距离，使接下来的沟通更加轻松顺畅。

（三）维护客户关系的技巧

（1）细致入微，攻心为上。销售人员应当熟记客史档案，在客人生日当天为他送上礼物及诚挚的问候。客人到酒店消费时能够熟记客人的口味特点，为客人精心搭配一桌满意的菜品。时刻以细致优质的服务来感动顾客，必要时可以根据客史档案为客人提供个性化的服务，留住客人，把客人塑造成为酒店的忠诚消费者。

（2）替客户着想，多换位思考。酒店与客户合作一定要追求双赢，客户满意，是酒店获利的基础。因此，销售人员要多站在客户的角度去思考问题，多为客户着想，不要把客户不需要的产品或服务介绍给他，也不要让客户花多余的钱，要尽量减少客户在酒店消费时不必要的开支。这样才能赢得客户的信任和尊重，才能有效地维护与客户的关系。

（3）真正地尊重客户。每个人都需要尊重，都需要获得别人的认同。对于客户给予的合作，销售人员一定要心怀感激，并对客户表达出诚挚的谢意。而对于客户的失误甚至过错，不应责备埋怨，而要表示出宽容大度，并立即与其共同研究探讨，找出补救和解决问题的方案。这样，客户才会从心底感激销售人员，感激酒店。

（4）信守原则和职业道德，对所有的客户要一视同仁。一个信守原则和职业道德的销售人员最能赢得客户的尊重和信任。无论客户的消费档次和社会地位，只要是酒店的客人销售人员都应一视同仁，不能厚此薄彼，戴有色眼镜看人。销售人员要用原则和职业道德赢得顾客的信任及尊重，维护建立好客户关系，塑造客人的忠诚消费。

（5）为客户提供优质服务。要想维护好客户关系，高质量的产品及服务是不可或缺的。客人到酒店消费，最想得到的就是优质的产品及服务。酒店各部门都要担负起维护客户关系的职责，酒店的员工都要对全员营销及服务营销有透彻的认识，并能很好地将全员营销及服务营销的理念贯彻到现实工作中去。只有酒店各部门加强协作，才能真正地维护好客户关系。

（6）当工作出现失误时，不要替自己找借口。销售人员在对客服务或沟通过程中如果出现了工作失误，一定不要忙着替自己找借口，这样会给客人留下推卸责任、不顾客人利益的印象。销售人员应坦诚地承认自己的过失，然后尽力弥补过失，把过失给客人造成的不满感降到最低。当销售人员能承担责任并改正过失时，反而会赢得顾客的信任。

（7）销售人员要多学习专业知识及心理学知识。销售人员要多学习相关专业知识，这样可以帮助销售人员更好地维护客户关系，赢得客人的喜爱和信任。除了真诚细致的服务和关怀外，相应的心理学知识也可以帮助销售人员更好地把握客户的心理，从而更好地开发和维护客户关系。

客户关系的开发和维护是酒店销售人员的重要工作职责，客人是酒店的生存之本，没有客人就失去了一切。面对行业内越来越激烈的市场竞争，酒店销售人员要把客户关系管理工作当作重点工作用心去做，争取到更多的客人、维护好客户关系，酒店才能得到长远的发展。

课堂思考

你认为还有哪些技巧可以更好地维护客户关系？

四、服务营销

纵观现代经济的发展过程，一个显著特征是服务业的迅猛发展，其在国民经济中的地位越来越重要。具体表现在：一方面，一半以上的国民生产总值来自服务部门；另一方面，服务部门又为社会创造了大量的就业机会，尤其是在经济衰退时期，这一作用更为明显。因此，有人把后工业化社会称为服务经济社会。旅游业作为世界第一产业，其产品主要是旅游服务，被称为无烟产业，为国民经济做出了重要的贡献，安置了大量的闲置劳动力。

服务营销是企业在充分认识、满足消费者需求的前提下，为充分满足消费者的需要在营销过程中所采取的一系列活动。服务作为一种营销组合要素，真正引起人们重视是在20世纪80年代后期。这个时期，由于科学技术的进步和社会生产力的显著提高，产业升级和生产的专业化发展日益加速，一方面使产品的服务含量即产品的服务密集度日益增大；另一方面，随着劳动生产率的提高，市场转向买方市场，随着消费者收入水平提高，他们的消费需求也逐渐发生变化，需求层次也相应提高，并向多样化方向发展。

旅游服务营销作为一种旅游行业普遍适用的观念的提出在营销理论界尚未见有专著问世，但不少旅游界学者和企业家都认识到旅游服务对旅游企业长期发展和形成竞争优势至关重要，也提出了很多新的旅游服务理念，对于旅游服务营销理论的形成有着重要意义。近十几年出现的关系营销、整合营销、客户关系管理等理论其核心也蕴含着服务营销观念。后来，又有人提出了留住顾客、相关销售、顾客推荐3R理论。所有这些理论都对旅游服务营销观念的形成奠定了理论基础。这些理论都强调了服务在营销活动中的核心地位和全员参与的营销特点，突破了原有营销理论以顾客需求和产品为重的局限。

（一）酒店服务营销的概念

所谓酒店服务营销就是酒店为了满足顾客对酒店产品所带来的服务效用的需求，实现预定的目标，通过采取一系列整合营销策略而达到酒店产品交易的营销活动过程。

酒店服务营销的核心在于：

（1）酒店服务营销揭示了全体员工的参与对整个营销活动的重要意义。全体员工是企业的主体，每个员工做的每件事都将是顾客对企业服务感受的一部分，都将对企业的形象产生一定的影响。应让每位员工都积极主动地参与到企业的经营、管理决策中来，真正发挥员工的主人翁地位。

（2）酒店员工应关注在为顾客提供服务的全过程中，通过互动沟通了解客户在此过程中的感受，使顾客成为酒店服务营销过程的参与者，从而及时改进自己的服务来满足顾客的期望。企业营销也应重视内部各部门之间分工与合作过程的管理，因为营销是一个由各部门协作、全体员工共同参与的活动，而部门之间的有效分工与合作是营销活动实现的根本保证。希尔顿饭店是全球著名的跨国大公司，希尔顿本人也被誉为美国“旅馆大王”。有人询问希尔顿的经营诀窍，希尔顿的回答是：“请你在离开我的希尔顿饭店时留下改进意见，当你再次光临我的饭店时就不会再有相同的意见——这就是我的经营诀窍。”成功的因素是多方面的，但好的服务意识是企业获得成功必不可少的条件。

（二）酒店服务营销观念与传统营销观念的区别

酒店服务营销观念与传统营销观念有着本质的不同。传统营销观念以市场为导向，企业的营销活动是围绕市场需求来做的；虽然它也重视产品的售后服务，但认为售后服务是解决产品的售后维修，售后服务部门是成本中心而不是利润中心，做好售后服务是为了推销出更多的产品。酒店服务营销观念以服务为导向，酒店营销的是服务，服务是企业产品设计、生产、广告宣传、销售、售后服务等各个部门的事，甚至是每一位员工的事；售后服务也不是成本消耗部门，企业的产品经过每一个部门都被赋予了新的增值。在服务营销观念下，酒店关心的不仅仅是产品是否成功售出，更注重的是用户在享受酒店服务的全过程中的感受。

相关链接　搜索

服务营销

服务营销就是针对服务市场的营销活动，其有独有的研究内容及侧重点。营销学界对服务概念的研究是从 20 世纪 50~60 年代开始的。区别于经济学界的研究，营销学以服务作为一种产品为基础进行研究。1960年，AMA最先给服务下的定义为“用于出售或者是同产品连在一起进行出售的活动、利益或满足感”。在这里，服务为一种产品不可分割的一部分。

在市场营销学中，有很多可奉行的营销观念，每一种观念又有其不同的特点和适用条件。在服务市场营销中，服务营销应成为营销人员应有的理念。服务营销是一种全新的营销观念，不同于其他的营销观念。服务营销的核心理念是顾客满意和忠诚，通过取得顾客的满意和忠诚来促进相互有利的交换，最终获得适当的利润和公司长远的发展。与传统的营销相比，服务营销在以下七个方面取得了突破：

- 服务营销侧重于保留与维持现有的顾客，而传统营销侧重于销售产品。
- 服务营销注重长远利益，而传统营销注重短期利益。
- 服务营销将服务的作用凸显出来，而传统营销不注重服务的作用。
- 服务营销向顾客提供足够的承诺，而传统营销只向顾客提供有限的承诺。
- 服务营销强调与顾客的沟通和交流，甚至形成伙伴关系，而传统营销不强调与顾客的接触。
- 服务营销认为质量与产品和服务都有关联，而传统营销认为质量只与生产部门有关。
- 服务营销是产品所提供的利益导向，而传统营销是产品的功能导向。

（三）酒店营销服务策略

经过多年的探索和经验积累，多数酒店自觉地实现了其营销模式由产品导向向服务导向的战略转移，并且部分成功的酒店企业进一步完善和归纳了服务营销过程管理的核心——四大策略，现总结如下：

1. 服务模式策略：服务差异化

“站在顾客的立场上提供服务产品”无疑是酒店业服务营销的核心，但基于以下原因，服务产品与顾客需求之间的关系并不是静止的。第一，在同一时间、地点，不同的客人有不同的服务需求。例如，同一餐厅中客人对背景音乐的选择，国内客人喜欢通俗流行音乐，而欧美客人偏向舒缓的古典音乐。第二，在不同的时间、地点，同一客人的服务需求侧重点不同。例如，旅游者白天需要新奇刺激的活动项目，夜间则需要舒适安静的环境。

随着经济技术的发展和时代的演进，服务产品在质和量两个方面都在不断产生升级换代。旅游服务仅仅靠严格管理、规范操作并不能获得顾客的普遍满意，唯有针对性的服务才能打动顾客的心。然而这种针对性的定制服务要花费较大的服务成本，因此需要在顾客满意与企业效益之间寻求一种最佳结合的服务模式：规范与非规范结合的服务差异化，即以规范服务为主，满足多数顾客的共性需求，确保基本的稳定服务质量，而以非规范服务为辅，满足顾客的个性化需求，从而显示企业具有有吸引力的服务特色。例如，在宏观的地区服务差异上，1990 年国际假日酒店集团在全球不同地区分别推出了旅馆型、快捷型、艺苑皇冠型、度假地型、庭院型等不同档次、风格的酒店系列，满足了不同地区消费群体的差异化需求。而在微观的个人服务差异化方面，如酒店客房部特地为某位过胖客人用两个标准床拼装一个大床的超常服务使客人大为感动。所有这些服务差异化的事例都体现了发自内心的灵活针对不同对象的服务艺术的创造性。

2. 服务传播策略：服务的实体化显示

服务产品所具有的不可感知性特征，虽然在一定程度上妨碍了旅游企业有效地推广服务产品，但顾客仍可通过对服务环境中有形实物的感知，建立对旅游服务企业的印象及服务产品质量的认知评价。例如，初次光临某餐厅的顾客在进入之前，通过餐厅外观、招牌标识等先获得一个初步印象，若感觉尚好则进入，而餐厅内部的装潢、餐具干净程度及服务员的礼仪态度则直接影响其消费信心。因此，旅游服务企业若善于借助服务过程中可以直接传达服务特色及内涵的有形展示手段，将大大有利于服务产品的营销推广。服务过程中的实体化显示要素和相应的措施主要有：

（1）服务的环境与气氛要素。它们通常在顾客的最低期望之内并被顾客默认为构成服务产品内涵的必要组成部分，其存在不会使顾客感到特殊的兴奋与惊喜，但若缺少则会挫伤顾客对服务的兴趣和消费信心，如餐厅的清洁卫生、结账的快速无误等。一般酒店可以通过严格的规范管理确保顾客对此的基本需求，但若在一定程度上适当超越顾客的期望，将提高顾客对服务的满意感。

（2）服务的设计要素。它们通常是用于改善服务的包装，使产品的功能更突出，增加服务的附加值，以建立可感知的赏心悦目的服务形象，如酒店建筑外观的独特造型，以及企业统一的服务形象标识系统等。企业应力求确定与自身服务内涵对应一致的醒目品牌形象。肯德基快餐在此方面是一个成功的典范，门前醒目的红色“KFC”标志和和蔼可亲的“上校”人物标识，引人注目，餐厅内部柔和简洁的色调都体现出其快捷卫生、欢快亲切的服务文化特色。

（3）服务的社交要素。它指服务场所内一切参与及影响服务生产的人，包括服务人员、顾客及其他人士。总的来讲，社交要素对顾客的影响远较其他两类要素显著，因为顾客可由此直接判断服务人员的反应性、处理顾客要求的诚意，以及该企业是否值得依赖。并且由于从众心理，服务场所内其他顾客的评价也会影响顾客的消费期望和干扰对服务质量的判断。值得注意的是在以上三类实体显示中，改进服务社交要素所需的投资相对较低，它只需提供基本的实物如工作制服，并通过相应的服务培训，便可取得明显满意的效果。

3. 服务协调策略：内、外部营销一致化

旅游企业的传统营销实质是针对企业外部顾客的外部营销，内容包括营销调研、产品设计与开发、产品定价、广告促销与人员推销等。其重要功能之一就是通过促销方式向顾客承诺，使其消除对服务产品的风险感并激发其消费期望，然而更深入的研究表明：顾客对服务的最终评价不仅取决于实际的服务水平，关键还在于对承诺的服务与实际提供的服务进行对照；只有当两者一致或后者超过前者水平时，才会使顾客获得服务的满意感。若对外营销人员仅从眼前推销业绩出发，以超越企业实际服务能力的过高承诺迎合顾客，将会误导顾客过高的服务期望水平，引发顾客的抱怨与不满，最终损害企业声誉。

因此，全面意义上的旅游企业服务营销应涵盖外部顾客与内部员工两大方面。员工是服务的核心，在服务接触的过程中员工与顾客的互动直接影响着顾客对服务的评价。针对企业内部员工进行的内部营销正是基于“员工是企业的第一顾客，赢得员工才能真正赢得顾客”的营销理念，通过内部工作的设计去真正满足员工的需求，再通过员工发自内心的真诚服务表现去感染顾客。由此可见，协调的内部营销是外部营销成功的前提。酒店业的内部营销主体是以营销人员为辅助的企业管理层，客体是员工，内容包括：员工的招募、培训、服务设计（员工参与的）、员工激励及内外部营销沟通与协调制度。

4. 服务延伸策略：顾客管理制度

对于强烈依赖顾客消费的酒店业而言，稳定而忠诚的顾客群无疑是企业的宝贵财富。忠诚的顾客给予企业的利益表现在：第一，重复购买次数多，为企业积累了

可观的利润；第二，对服务价格的变动承受力强，能接受和认同企业的价格调整；第三，对服务中的失误和事故持宽容态度。

因此，为了培育企业外围固定的消费群，建设良性经营的社会环境，一些旅游企业开始在传统的面对面服务、一次性成交的基础上，对服务的内涵加以开发和延伸，为顾客提供更完备、周到的售后服务和追踪联系，将原本分散独立的顾客加以整体管理。这种顾客管理的服务营销体系近年来在酒店业中得到了广泛的应用，如对顾客期望的引导、顾客消费行为管理（以便更好地在消费中与服务人员配合）、顾客档案管理（以便针对性地提供个性化服务）、顾客意见追踪、顾客间社会关系的管理等。通过这些系统化的顾客管理措施，将分散的顾客结合成与企业保持紧密联系的社会网络，并且不断强化其品牌忠诚度，这将大大有利于旅游服务产品的营销传播，最终使企业赢得市场中宝贵的顾客资源。

（四）酒店服务营销要点

1. 基本出发点是根据顾客的需求，提供顾客满意的产品和服务

随着社会的进步，人们的物质需求和精神需求都在向着更高层次的方向发展，具体到酒店消费上也充分体现出这种多元化特点。不同层次、不同消费心理和消费习惯的客人，他们的消费标准及对酒店提供的服务的需求是有区别的。这就要求服务人员既要按照规定的服务方式和服务规范来进行服务，又要为客人提供更加有针对性的服务，这样才能够满足客人极具个性化的心理需求。当然，这要求管理人员要加大力度对员工进行相关的知识培训，强化服务意识，提高服务的技巧性。例如，在一家餐馆就餐，服务人员会针对客人的爱好和就餐人数来帮助客人点菜；同时根据客人菜品消费的档次高低来推荐酒水；席间非常讲究上菜的时机和火候，注意服务细节；结账时快速准确。让客人既体会到酒店的热情服务，又深刻感受到酒店的良苦用心和默默关怀，这样的酒店怎么会不让客人感动呢？现代营销学有一句非常通俗的话：“营销不仅是让客人满意，更重要的是让客人感动。”只有这样，客人才会由“头回客”变为“回头客”。

2. 首要表现是“微笑服务”，即营销态度，是对客人最直接的问候与友善

微笑服务是酒店员工最基础的服务礼节和服务规范。微笑是一种待客态度，是酒店产品，更是酒店有效的营销手段。在酒店业中流传着这样一句话：

“菜品不足服务补，服务不足态度补。”这里的态度就是微笑服务。从服务学来看，“微笑服务”在本质上有两层含义：微笑服务既代表了酒店对客人热情欢迎的态度，又代表了服务人员对自身职业的高度的荣誉感和责任心。只有酒店管理者为员工创造一个温暖、和谐、向上的环境，员工才会有发自内心的微笑。所谓“只有满意的员工，才有满意的客人”正是由此而来。同时，酒店应注意培养员工“敬业乐业”的精神。一位资深的酒店员工曾经深有体会地说：“对酒店工作的爱，对客人的爱，是员工热情、真诚的源泉。”因为有了爱，便有了热情，便有了真诚的微笑。当然，管理制度和服务环境的优化也是“微笑服务”的保证。

3. 核心内容是优质服务，它能直接影响酒店的经济效益

优质服务能使顾客有“宾至如归”之感和“宾去思归”之念，使客人高兴而来，满意而去，对酒店留下良好的印象。优质服务应贯穿于酒店服务的每个细节，贯穿于从顾客进店直至客人离开的全过程。客人对酒店服务质量的评价是通过每个部门、每个环节的工作，通过每一件事，甚至极细微的小事，得出结论的，从而据此来确定自己的消费行为和消费标准。优质服务包含几个要点：一是待客公平、公道；二是注重工作效率；三是细微服务，也称为“个性化服务”，即针对客人不同的需求，提供各种细节性的服务，来满足客人的独特需求，体现酒店对客人的人性化关怀。例如，客人在就餐时会对就餐座位、菜品口感、服务细节或对客房朝向、房间布局、布草配置等有各自不同的要求，餐厅或客房服务人员应随时关注到这些并及时更改原有的工作标准，来顺应客户的需求。因此，优质服务是一个全方位的过程，任何一个环节的偏差都会影响客人对酒店的整体评价。国外一位酒店专家说得好：“酒店销售的其实是客人对酒店的感受，是经历，是回忆。”这也正是“服务营销”的关键所在。

4. 重点是建立优质的、高效的客源网络

大量的、细致的一线服务工作，提高了酒店的经济效益，往往受到许多管理者的高度重视。殊不知，通过这种长期的服务营销工作，更为重要的是酒店可以据此建立自己的营销网络。大量的回头客不仅带来了效益，而且为酒店带来了信誉，即客人对酒店的信任。酒店可以据此建立顾客信息档案，不仅专业的销售人员要与之保持联系，而且要通过一线服务人员来加强与客人的沟通，使之在情感上对酒店产生认同和依赖感，进而达到“顾客零距离”的理想销售境界。在竞争激烈的酒店市场，这是一笔无形的财富。这是服务营销的最终目的。

5. 重要补充手段是及时、妥善处理好顾客投诉

当然，由于酒店工作是人与人直接接触，是面对面的相处，所以具有较强的随意性和突然性；再加上服务人员从整体上来看素质不尽相同，管理也存在不尽合理和疏漏之处，所以存在问题是在所难免的。对于问题的存在，要求服务人员要端正对投诉的态度。按照科学的管理理论，“只有投诉的客人才是酒店最忠诚的客人，才是好客人”。酒店最怕那些有意见不投诉，悄悄离开，以后再也不来酒店的客人。因为只有客人投诉的问题，酒店最重视，解决得最快，客人不提的毛病却容易被忽视。所以，国外有些企业会花重金来购买客人的意见，这正是出于对市场的全面考虑。

处理投诉应把握三条原则：一是客人永远是对的，即真心实意帮助客人解决问题，这是基本原则；二是绝不与客人争论，给足客人面子，把“对”让给客人，这是基本技巧；三是善于引导客人，平衡客人和酒店的利益，这是工作标准。俗话说“不打不相识”。投诉是酒店和客人之间的恩怨，是纠纷，更是缘分。化解投诉是双方进一步加深认识的桥梁，也是良好的工作契机。酒店可以借此来完善服务和管理工作，重新获得客人的信赖。这是服务营销的有效补充手段。

以上是服务营销在酒店的实际应用。上至总经理，下至普通员工，都可以通过为客人提供服务来达到营销的目的。酒店管理者要强化对员工的营销意识培训，使员工意识到在服务过程中的营销才是最直接的销售，每位员工都是销售人员；酒店管理者要建立对员工的激励制度，营造“全员营销”的企业文化氛围，在服务中营销，提高酒店的市场竞争力。

（五）服务营销的注意事项

1. 没有满意的员工就没有满意的客人

酒店服务营销要注意以人为本。对于酒店来说，拥有优秀的员工是赢得和保有优秀顾客的关键。“没有忠实的员工做基础，是不可能拥有忠实顾客的。”酒店应该将员工视为内部顾客，为员工的自我实现服务。管理者要告诉员工企业要努力实现的市场目标，并引导他们以企业所选择的细分市场的顾客需求为导向。要为服务

人员提供他们所需要的培训、自主权和支持，以此来保证他们同顾客之间重要的但常常又很短暂的接触能产生令人满意的结果。“管理是一种服务。”只有对内的服务上去了，对外的服务质量才能提高。以满意的员工提供给酒店客人满意的产品和服务，最终赢得客人的满意。

同时，要重视全员营销。以前不在销售岗位上工作的高度接触顾客的员工如今也被要求掌握一些销售技能。这样，酒店的前厅接待员或者收银员都可能被要求向顾客推销新的服务项目，或推荐客人找销售经理。全员营销是指把营销工作涵盖于酒店的每个部门，贯穿于每道工作程序，落实到每个人，所有的工作都紧紧围绕着“营销”二字进行，以全面、优质管理做基本保证，使酒店中每位直接接触顾客的员工都具备强烈的营销意识，在酒店内形成一种人人关心、处处支持营销的工作氛围。通过员工的努力树立企业形象，扩大企业知名度，使更多的顾客前来消费，大幅度提高酒店的经济效益。

2. 注意处理好“产品支持服务”与“酒店形象服务”的关系

前者指围绕产品而开展的服务，后者指围绕企业形象的塑造而开展的服务；前者表现为个别产品的直接附加利益，后者则表现为酒店的附加利益；前者直接促销，后者间接促销。两者有机结合，销售效果才会更好。

3. 掌握不同阶段服务的重点

售前服务的关键是树立良好的第一印象，基础是宣传、公关、启发、引导、咨询。售时服务的关键是交际谈判、说服购买，基础是礼貌与热情。售后服务的关键是坚持、守信、实在，基础是方便、周到、经济及感情。

4. 建立跟踪体系，提供附加服务

（1）重视服务跟踪体系。对于无数不同的服务人员来传递多元素产品的酒店服务来说，其跟踪体系根据市场划分的各个部分最好由专人负责，对口接待，以解决顾客的实际问题并把握每次合作的商机。

（2）提供附加服务。附加服务一般包括：熟客管理体系、“金钥匙”服务、客户主题联谊会、消费积分奖励体系、富有文化内涵的品牌战略及区域性促销服务等。

任务三　酒店 OTA 点评回复及投诉处理技巧

酒店运营者在日常工作中很大一部分时间是面临对客问题，或是一直在解决问题的路上，客户投诉不仅影响品牌声誉，对于线上运营也至关重要。大多数酒店通过携程、美团或其他 OTA 进行销售，几乎每一个酒店都会做点评回复，但回复内容的效果就有天壤之别了。好的回复能扭转负面舆论，而不恰当的回复则有可能加剧客人的流失。那么究竟如何做线上点评回复呢?

一、酒店 OTA 点评管理

点评是影响客人预订的关键因素，大多数客人在通过 OTA 平台预订酒店时会关注酒店的点评情况，比如酒店点评分的高低、点评条数和差评。

各大 OTA 平台也充分考虑到点评的重要性，将点评和平台的排序规则、运营策略和日常维护等机制密切关联，旨在引起商家重视，做好每一个 OTA 客人的接待工作，让客人有良好的入住体验，从而提升客人对平台的信任和认可，增加客户黏性。

酒店要对各 OTA 平台的点评规则有所了解，做好点评维护，吸引客人好评，努力避免差评，积极有效处理差评，让酒店的点评分保持在合理区间，从而充分发挥各平台的获客潜能。同时，酒店也需要不断强化自身的卫生和服务水平，完善酒店各项设施设备，让每一位客人住的满意，从根本上解决问题。

点评管理作为各大 OTA 平台日常维护过程中的重要模块，其重要性不可小觑。主要表现在：

（1）点评是各平台运营指数的重要指标。

（2）点评影响酒店排序。

（3）点评影响转化率。

各大 OTA 平台的点评规则和点评分计算一直都比较“神秘”，毕竟点评规则和算法也属于各平台的商业机密。但是，这并不意味着酒店从业者就要完全受制于 OTA 平台。酒店从业者需要从平台已知的规则和日常实操中了解各平台的点评规则以及点评分的计算方法，重视酒店 OTA 的线上客户评价，提高酒店 OTA 的品牌形象，正所谓“知己知彼，百战不殆”[①]。

二、酒店 OTA 点评回复的重要意义

在激烈的市场竞争中，作为酒店经营者要高度重视客户满意度，不断提高酒店的经营管理水平，尤其是 OTA 的点评回复，是酒店线上营销推广的重要途径之一，非常多的酒店客人都是从客户评价中来选择预订他们的入住房间。所以，在 OTA 的酒店预订页面上，除了对酒店产品、价格、交通等的详细推荐之外，如何回复客人点评就成为酒店 OTA 运营的另一项重要内容。

客人点评的重要性主要表现在：

（1）点评是回复给之后要预订的客人看的，等于二次营销。

（2）每一条点评都需要及时回复，尤其是差评，需要 24 小时之内回复。

（3）将点评“人格化”，打造酒店的品牌资产。

在回复评论的时候，我们需要思考，希望之后的客人了解到哪些内容？哪些内容对酒店客人有着巨大的吸引力？具体来说，主要因素有：

（1）酒店的诚恳与热情。

（2）产品的特性与优势。

（3）优越的地段（物流等）。

（4）近期的活动。

（5）酒店处理问题的积极态度。

这些都可以不动声色地融入回复之中，成为客人了解酒店的无形窗口。所以，永远不要在评论中攻击客人、嘲讽客人，就算确实是客人的错。服务行业需要无限的耐心与包容来解决纠纷，而不是激化矛盾。

① 资料来源：https：//www.xiaohongshu.com/explore/63298d8c0000000008008acc.

三、常见的 OTA 点评服务的误区分析及应对策略

在各种常见的 OTA 点评服务中，有很多点评回复的情况，首先我们需要了解哪些是属于不恰当的点评回复，我们应如何正确地回复这些点评。

（一）粘贴复制回复模板

分析：部分酒店在回复点评时，喜欢偷懒，准备几套模板反复用，或者就直接粘贴上一条回复。这种偷懒的方式千万不要用，这样的回复不仅得不到客人的理解，还会导致客人质疑酒店的经营和管理水平。

正确的做法是：可以根据酒店的特色、客人评论内容，准备多套个性化回复模板，在解决客人问题之外，突出酒店卖点，或者可以根据客人的评论来回复。

（二）回复长篇大论

分析：回复的开头大多没有实际意义，客人一般不会有兴趣看完你的回复。一些平台只展示回复内容的前两行，剩余回复文字会被折叠。如果你的开头全是没有太多意义的话，客人就很难有兴趣点开。

正确的做法是：酒店要把握关键点，语言简洁明了，前两行就要体现出酒店的特色。

（三）针对差评进行解释说明，或者无视客户的不满，答非所问

分析：客人出现差评，应该积极主动地解决问题，而不是针对客人提出的问题进行解释。客人点评中怒火滔天，商家的回复中依旧夸自己有多么多么好，介绍自己的特色与卖点，很不尊重客人。

正确的做法是：对于客人提出的差评，酒店应该及时自查，对于可以立刻改进的问题要第一时间处理，并将改进措施客观展示在回复里，并强调不会再出现此类情况。同时注意回复礼仪，避免冷嘲热讽或辱骂客人。坚决不能无视问题的提出，坚决不能避重就轻、躲避问题、推卸责任。

（四）隔了几天才回复

分析：后台管理一定要及时回复和更新，未回复的差评每多停留 1 小时，被其他客人看到的概率就更大，无回复的差评可能直接导致大量客户的流失。

正确的做法是：对于客人的差评，要及时跟进、及时回复。严格地说，对待差评不能超过 24 小时。

四、常见的 OTA 点评的回复技巧

（一）好评回复

客户对酒店给予好评，说明他对入住酒店的体验是满意或基本满意的，需要酒店用心对待，这样才能吸引更多的潜在客人，表明了我们对待客户的态度，表明我们是在用心做事、用心经营。那么，对于客户的好评，酒店应如何回复呢？

客人给予满分好评，酒店务必要记得回复，以此来表达对客人认可的感谢，同时也可以通过好评回复来进一步强化卖点，回复思路如下：

（1）感谢：简洁真诚表达感谢即可。不用太过啰唆，常见的话术如下：

“感谢您对我们的认可！”

“感谢您对我们服务的认可！”

“感谢您对酒店的认可！”

“感谢您对酒店某某方面的认可！”

（2）强化好评点：提炼客人好评里的关键点。例如，早餐丰富有特色，位置很好，服务温暖等，对这类卖点进一步衍生和丰富。

针对服务温暖好评，可以回复客人：“咱们酒店主要以亲子客人为主，为您和宝贝提供便捷舒心的服务是我们一直追求的目标，感谢您对我们服务的认可，期待您的再次光临。”

针对酒店位置好评的部分回复内容：“咱们酒店正如您所说，位置特别方便，从高铁站 / 机场 / 汽车站打车过来只要 ×× 分钟，坐地铁也只要 ×× 分钟。酒店步行 5 分钟就可以到 ×× 商场，不管是用餐、购买特产、看电影等都很方便。酒店到 ×× 城市最热门的景点开车只要 ×× 分钟，驾车只要 ×× 分钟……”

（3）强调核心卖点。除了客人提及的好评点之外，每家酒店都有自己的核心卖点，比如有酒店带泳池，有酒店靠近景区，有酒店设计风格独特，这些往往是酒店日常营销时主推的核心卖点，在点评回复时也可以补充。

例如："除了您提及的部分，我们酒店房间夜景在 ×× 当地也是数一数二的哦，客房统一采取落地窗，白天坐在窗前的沙发上可以看远处的山景，夜晚可以将城市霓虹夜景一览无余。"

（4）期待再来。表达对客人认可民宿感到开心，真诚希望客人有机会再来，这里的回复话术真诚简单即可：

"您的称赞我已经传达给服务您的同事和领导了，大家都非常开心，期待您再次光临我们酒店。"

"下次您再来 ×× 城市，希望能再次光临 ×× 酒店，相信我们一定会给您更好的住店体验！"

最后特别提醒一下，回复中不要出现错别字，回复时间不能太晚。点评回复不仅仅是表面文章，它也是酒店服务中的一个环节，诚恳地对待每一位客人对方自然能看到你的用心[①]。

（二）非好评的回复方式

中差评的类型主要包含以下几种：

1. 卫生、设施、服务等事实类差评

对于客人提出的与事实相符的差评，酒店本身确实存在问题，在发现点评后应该及时自查。对于可以立刻改进的问题要第一时间处理，及时将改进措施展示在回复中并强调不会出现此类情况。

针对事实类差评的回复思路主要是：

（1）表达歉意。

（2）解释客观原因，不推脱责任。

（3）有针对性地提出具体改进措施。

（4）强调如何保证不再犯此类情况，用词上要缓和。

例如，客人点评：服务虽好，硬件还是有点纰漏：淋浴地板大理石很滑竟然没

① 资料来源：https：//new.qq.com/rain/a/20211123a0aosq00.

有防滑垫；房间厕所的排风是坏的；有个枕头背面黄渍斑斑。

商家回复：非常抱歉给您带来不太好的入住体验！入住房间若是没有防滑垫，是我们服务员的工作疏忽，我们一定加强培训，保证每位客人的体验！厕所排风故障，我们已连夜安排工程部检测维修，目前已恢复良好状态！以后我们也保证定期检修，避免发生类似的体验！房间的床品，每一样我们每天都会经过多次洗涤和高温消毒的，泛黄的枕头应该是旧了，我们会及时更换的！再次抱歉为您带来如此不便，也很感谢您为我们提供了不断改进的建议！欢迎您下次入住与监督！

对于针对环境设施类的差评，建议的回复思路：表达歉意、解释客观原因、提出未来的改进计划。注意：回复的语言尽量和缓，不要直接否定或拒绝客人的诉求。

2. 性价比差、不好吃等主观类评价

这类问题主要在于客人的认知价值，很多偏主观，客人觉得自己花的钱不值得。此时酒店的回复不要急于解释、说教，要表达一定的歉意，同时强调酒店的核心卖点。

针对主观类差评的回复思路：

（1）表达歉意。

（2）客观事实补充让其他客人了解到该评价偏主观性。

（3）表达对客人的尊重和改进决心。

举例说明：客人抱怨早餐品种太少，无法满足自己的需求。

错误的回复：谢谢您给我们提的意见，我们酒店大多数客人对早餐非常满意。

正确的回复：很抱歉我们的早餐不符合您的口味，我们的早餐主要取决当地的时令新鲜蔬菜瓜果，中西式结合，有牛奶、豆浆、咖啡、鲜榨果汁、酸奶、包子、粥、面包、面条、甜品、水果等，早餐包含了40多种餐点，虽然有不少客人给早餐好评，但没能让您满意是我们做得还不够好。我们会持续升级早餐的种类和口味，期待您再次光临品尝，我们一定会给您一个不一样的早餐体验。

3. 夸大问题或歪曲事实的评价

有部分客人在与店家发生冲突后，故意在点评中挑酒店的毛病，甚至故意夸大问题的情况或者歪曲事实。针对这类评价，可以采用以下两种方式：

（1）完全扭曲事实确实属于恶意差评，酒店提供相关证据材料，联系 OTA 平台

申诉。

（2）对于属于主观感受但过于夸大瑕疵的差评，酒店可以先内部调查，了解事情的完整情况，如有确切证据可证实主要责任不在酒店方时，可以直接用事实礼貌回应。多数客人看到点评时能辨别孰是孰非。

例如，客人点评：这家酒店各方面的服务和设施倒是真的没话说，就是规模太大，好几个院子连在一起，在酒店里容易迷路不说，最重要的是描述与事实不符，没有养狗。

商家回复：您好！感谢您的建议和分享，我们现在已经养了一条狗狗的哦！考虑到有家长带小朋友来，所以养了一条金毛，就在B区，喜欢狗可以住在有狗狗的区，不喜欢的也可以住在没有狗狗的区。

4. 不知所云类的差评

部分客人的点评当中，打差评的原因很模糊，或是字数极少，如仅留言“啦啦啦”，对于这类客人，酒店可以通过携程客服联系对方，了解详细的差评原因。对于这类差评回复，可用相对巧妙的语言，让其他客人看到酒店的服务态度。

另外，也存在部分客人，误以为一星是好评，所以酒店在提醒客人点评时，可以多强调一句：“满分好评是五颗星星哦。”

复习与思考

一、名词解释

客户关系管理　服务营销　顾客管理　全员营销

二、填空题

1. 客户关系管理使酒店与________产生高度互动，帮助酒店实现更准确的________定位。

2. 服务营销是企业在充分认识、满足消费者的________前提下，在营销过程中所采取的一系列活动。

3. 建立客户服务管理体系的主要环节包括两个方面：________、________。

4. 酒店客户关系管理软件系统一般含有________、________、________等几种信息。

5. 酒店应关注在为________提供服务时的全过程，通过________了解客户在此过程中的感受。

三、选择题

1. 酒店营销中准客户应具备以下（　）条件。

A. 消费需求　　B. 消费能力

C. 消费决定权　　D. 社会地位

2. 酒店营销人员第一次拜访客户的时间不宜过长，应控制在（　）小时以内。

A.0.5　　B.1　　C.1.5　　D.2

3. 忠诚顾客带给酒店的利益主要体现在（　）。

A. 重复购买　　B. 对价格变动不敏感

C. 服务宽容度高　　D. 单次消费金额高

4. 酒店服务营销的核心内容是（　），它能直接影响酒店的经济效益。

A. 硬件产品　　B. 管理制度

C. 员工素养　　D. 优质服务

5. 全员营销是指把营销工作涵盖酒店的（　）部门。

A. 一线部门　　B. 二线部门

C. 职能部门　　D. 所有部门

四、简答题

1. 客户关系管理的含义是什么？

2. 酒店销售人员应该注意的客户关系管理的技巧有哪些？

3. 您对全员营销及服务营销有何认识？

4. 酒店服务营销的要点有哪些？

5. 常见的OTA点评服务的误区分析有哪些？其应对策略如何？

五、案例分析

酒店服务营销在数字化时代如何创新

服务营销是企业在充分认识消费者需求的前提下，为充分满足消费者需要在营销过程中所采取的一系列活动。酒店业的服务营销主要是指研究如何利用服务作为一种营销工具，通过提升客人满意度和忠诚度来实现营销业绩增长的方法。

传统的酒店服务营销是依赖训练有素的团队在各个接触点上的主动而个性化的服务。在技术工具方面主要借助于酒店管理系统（PMS）的客史档案管理或者客户关系管理系统（CRM），关键在于需要制定精细化的流程和各个部门协力配合去确保客人需求和偏好的数据收集。这对于劳动力流动性非常强的中国酒店尤为困难。酒店服务营销注重的是在关键时间通过互动、主动服务等多种方式为客户打造极致的体验，并贯穿客人搜索酒店、预订酒店、入住酒店、在店消费、离店退房的全过程。

由于数字技术在精准营销与智能化、自动化、可视化、数据化、系统化方面可以发挥有效的作用，移动互联网和社交媒体贯穿客人的整个消费历程。将移动互联网和社交媒体的随时、随地、互动性和自动化、智能化技术相结合，就可以建立服务营销的创新模式。

酒店数字化的服务营销建立流程如下：

（1）服务营销用户数据平台建立。与合作企业联合开发服务营销用户数据运营平台，打通不同业务平台上的数据（微信、网站、PMS、CRM 等），将酒店日益积累但分散的用户行为和消费数据进行统一整合治理。

（2）全消费周期用户画像构建。对客人数据进行全程分析，包括客人线上和线下全场景的行为和消费数据，包括个人数据、线上访问、在店消费、活动参与、互动、服务调研等数据，形成完整的用户画像。

（3）全消费历程的场景化互动。基于用户画像，对客人需求进行理解和预测，在合适的时间、通过合适的数字化工具，向合适的客人定向精准推送合适的服务内容，与客人当下的需求无缝切合，并利用智能化社交媒体工具和客人实时互动。

（4）通过数据洞察对用户体验进行管理。基于 DOSSM MarTech 系统对用户的体验、反馈和交互结果进行数据收集；对用户进行关键接触点的感知调研，以便获悉客人的期望差距，制订改进方案，对服务营销进行不断优化。

（5）形成基于全接触点的服务营销运营标准和流程。数字化时代的服务营销应该是数据化驱动的，并基于消费历程图（Consumer Journey Map）进行精细化设计。

——资料来源：zhttps：//www.sohu.com/a/297917642_120094455.

根据上述案例，回答如下问题：

分组讨论酒店数字化服务营销的建立流程。

推荐阅读

1. 酒店客户关系管理策略研究——以深圳瑞吉酒店为例，https：//www.sbvv.cn/chachong/43803.html.

2. 酒店如何通过体验营销加快业绩增长？ https：//runwise.co/dtc/90 912.html.

3. 5 个实用方法，教你如何维护老顾客关系！ https：//www.sohu.com/a/326602657_120132246.

4. 酒店如何开辟线上营销新阵地？ https：//www.traveldaily.cn/article/160273.

综合实训练习

1. 请各小组同学以酒店客户关系管理为例，讨论如何在酒店服务营销工作中体现“人民利益至上”。
2. 请各小组分别找出一家世界知名饭店的服务营销案例，并分析其服务策略。
3. 请各小组分别找出一个客户服务的案例，并进行现场表演。
4. 请在携程上为当地一家酒店在 OTA 点评服务中的好评、中评和差评分别做出恰当的回复。

项目九 酒店营销实用沟通技巧

酒店作为服务性行业，更是在所有工作中都离不开沟通。一个成功的酒店营销人员，除了要具备完备的营销专业知识以外，还需要依赖一个优秀的营销团队，并掌握一定的对客沟通技巧才能取得成功。

本章重点阐述了酒店营销部工作人员在日常工作中与顾客进行有效沟通的相关技巧、营销部内部团队成员之间进行有效沟通、营销部工作人员与其他部门协作的技巧及团队建设的相关知识。

思政目标

党的二十大报告中指出，推进文化自信自强，铸就社会主义文化新辉煌。我们要以社会主义核心价值观为引领，发展社会主义先进文化，弘扬革命文化，传承中华优秀传统文化，满足人民日益增长的精神文化需求。本项目旨在培养学生在酒店工营销作中增强文化自信自强，提升文明素养，传播中华文化，提高宾客的幸福指数，和谐构建促进社会美好发展。

学习目标

知识目标

1. 理解并掌握酒店营销部人员与顾客进行有效沟通的技巧。
2. 掌握营销部内部团队成员进行有效沟通的技巧。
3. 了解团队建设的相关知识。

能力目标

1. 具备基本的与客沟通的能力。
2. 具备团队协作意识并能有效地与团队内部成员沟通，提高团队绩效。
3. 学会如何打造优秀的团队，树立团队精神。

案 例

忙碌的一天

小王是一家四星级酒店的营销部经理，周一早上开完例会后回到办公室，正巧有一位老客户到营销部来洽谈会议事宜并找到了小王。小王热情地接待了客户，并与客户进行愉快的交谈。其间小王办公桌上的电话响了，小王致歉后接起了电话，是另一位客户打来商谈会议接待事项的。小王热情地和客户洽谈着，大约5分钟后小王想起身旁正在等他的客人，于是便尽量迅速地结束了谈话，马上和在办公室等候的老客户继续沟通。没过几分钟小王的手机响了，也是一位客户，小王就与这位客户寒暄了几句，又交谈了几分钟。刚挂掉手机，销售代表小张进到了小王的办公室，说事情紧急，有一项工作需要小王出面与其他部门协调。这时在小王办公室的老客户起身告辞了，小王赶紧起身相送，并和老客户说好处理完手头上的事马上和老客户联系。奇怪的是当小王办完手头上的事再给刚才这位老客户打电话时却得知会议已经被安排到其他酒店了，而且在今年的会议旺季再没有接到这位老客户所在单位的会议。

小王心想："无所谓了，反正酒店的生意好，不愁没客户。到节日时再去拜访，能拉回来最好，拉不回来就算了。"

案例分析

小王是怎么丢掉了老客户的？小王的想法对吗？小王怎么做可以避免类似情况的发生？

任务一　对客沟通技巧

在人类的生存活动中，“沟通”是一项不可或缺的内容。我们只要留意一下周围的事情就会发现，任何管理活动、商务活动、社交活动甚至家庭活动都离不开人与人的沟通。事实上，人在清醒状态时约 70% 的时间都是在做这样或那样的沟通。酒店作为服务性行业，更是在所有工作中都离不开沟通。酒店的服务与管理人员都需要掌握科学的沟通技巧，以便更好地完成酒店的接待服务工作。

一、沟通概述

对于什么是沟通，众说纷纭，莫衷一是。据统计，有关沟通的定义达 150 多种。从一般意义上讲，沟通就是发送者凭借一定渠道（媒介或通道）将信息发送给既定对象（接受者），并寻求反馈以达到相互理解的过程，具有以下主要内涵。

（一）沟通首先是信息的传递

沟通包含着信息的传递，如果信息没有传递到既定的对象，那么也就没有发生沟通。沟通的信息包罗万象。在沟通中，我们不仅在传递信息，而且在表达着赞美或不快之情，提出自己的意见和观点。信息沟通可以分为两种形式：

语言信息。语言信息是建立在语言文字基础上的，它包括口头语言和书面语言信息。这两者所表达的都是一种事实或个人态度。口语信息沟通是沟通最直接的方式，优点是快速传递和即时反馈。书面语言信息则具有长期保存、有形展示和具有法律依据等优势，在表达上更周密，逻辑性更强，且条理清楚，有利于信息的复制和大面积传播。

非语言信息。非语言信息是指通过某些媒介而非讲话或文字来传递信息，包括副语言信息和身体语言信息等。语言在沟通中只起到了方向性或规定性的作用，而非语言信息才能准确地反映出话语的真正思想和感情。同样一句话，不同的语速、语调，声音的高低，面部表情和体态动作，可反映出不同的思想和感情。

（二）沟通中信息不仅要被传递到，还要被理解

沟通过程中，信息发送者首先要把传送的信息“编码”成符号，接收者则进行相反的“解码”过程。如果信息接收者对信息类型的理解与发送者不一致，则会导致沟通障碍和信息失真。

（三）有效的沟通并不是沟通双方达成一致意见，而是准确地理解信息的含义

在沟通中，你可以明确地理解对方所说的意思，但不一定同意对方的看法。例如，客人对酒店的菜品不满意，要求赔偿。但酒店方认为这只是个别现象，无法按照客人的要求给予赔偿。虽然双方没有达成一致，但双方已经理解了对方所要表达的意思，这就是有效的沟通。

（四）沟通是一个双向的、互动的反馈和理解过程

我们每天都在进行沟通，但这并不表明我们是一个成功的沟通者。沟通不是纯粹单向的个体行为，而是双向的、互动的活动。例如，你已经告诉了对方你所要表达的信息，但这并不意味着对方已经与你沟通了。因为沟通的目的不是行为本身，而在于结果。如果对方并未对你发出的信息做出反馈，那么就没有达成沟通。

酒店营销人员与客人的沟通大多数时候是在客户接待的过程中完成的，如何做好客户接待关系着酒店营销工作的成败。酒店营销人员与客人进行有效沟通的前提就是做好客户接待工作，正确的客户接待技巧是留住客户的必备条件。

二、客户接待过程中的倾听技巧

对一位酒店销售人员来说首先应该掌握的是客户接待过程中的倾听技巧，这是进行有效沟通的前提。

（1）客户开始讲话时，销售人员要停止讲话。这个技巧要求销售人员首先要仔细聆听客户的谈话，从客户的话语中发现并了解客户的需求。只要客户开始讲话，销售人员应立即停止自己的发言，让客户先表达。

（2）不要随意打断客户的讲话。随意打断对方的讲话是一种非常不礼貌的行为。如果没有听明白客户的意图，可以在客户表述完一项需求后进行适当的提问，而不要过多打断对方，以免影响客户表达的思路，无法从客户的表述中发现其需求。

（3）与客户交谈的过程要集中精神。销售人员与客户交谈的过程中要集中精神，仔细聆听，表现出对客户尊重的同时可以抓住客户的需求。尽量不要在客户面前看公文、打电话。如果有非常重要的电话一定要接，要先向正在交谈的客户致歉，并与电话交谈的客户协调一个该客户方便的时间，再回复电话。不要让之前正在交谈的客户久等。销售人员应该有这样的职业素养：应该尽量做到在与客户交谈过程中手机永远不响。

（4）创造让客户轻松的交谈氛围。酒店的经营理念是要让客人感到宾至如归，让客人有一种回到家中的轻松和惬意。酒店销售人员在与客户进行交谈时同样要创造出一种轻松愉快的氛围。例如，在洽谈场所为客人准备舒适的沙发、客人平时喜爱的饮品，接待房间的装修风格要明亮惬意等。酒店销售人员的微笑是创造轻松交谈氛围的法宝，酒店销售人员在与客户交谈的过程中应时刻保持让客户心情放松的微笑，轻松愉快的氛围有利于业务洽谈的成功。

（5）销售人员在与客户交谈的过程中要以听为主，辅之以视。眼睛是心灵的窗口。销售人员在与客户的交流中要恰当运用目光交流的技巧。与客户进行自然的目光交流很重要。不要斜视和扫视客户。要正视客户，不要不视，也不要注视的时间过长，眼神交流以客户喜好和自然为准，让眼神传达出友善与尊重，让眼睛也会微笑。在充分表示出对客人尊重的同时营造和谐轻松的交流氛围。

（6）在聆听过程中，注意抓住客户的主要需求，学会听客户话语中的关键词。客户所说的话不一定都与他的需求有关，这就要求销售人员在与客户交谈的过程中学会抓住客户的主要需求，能够抓住客户话语中的关键词，这些关键词就代表了客户的主要需求。销售人员可以适当记录反映客户主要需求的关键词。

（7）站在客户的立场上考虑问题，学会换位思考。酒店销售人员在聆听完客户的需求后要迅速提供产品及服务来满足客户的需求。在提供产品和服务时要学会换位思考，站在客户的角度考虑客户的需求，为客户提供他们真正需要的产品和服务。销售人员在接待客户的过程中也要站在客户的角度思考问题，关注接待过程中的每一个细节，做到真正尊重客户。

三、客户接待过程中的表达技巧

在客户接待过程中不仅要学会倾听从而抓住客户的需求，还要学会向客户传达信息，从而满足客户的需求。

（1）用客户听得懂的语言向客户传达信息。酒店的销售人员在向客人推销产品时一定要使用客人听得懂的语言，少用专业术语或专有名词，把专有名词和专业术语用最简单直白的语言进行表述，确保客人能真正了解产品的优点及特点。

（2）通过倾听抓住客户的主要需求的同时，提供多种选择给客户，并帮助其做比较。并能根据客户对酒店产品的认知度的不同及性格类型的不同，采用不同的方式接待及推介产品。

（3）酒店销售人员向顾客传递信息时语言要清晰有逻辑，层次分明。酒店销售人员与顾客交流时话语要突出要点、重点，不啰唆、不夸大其词、不讽刺挖苦。还要注意尽量不使用方言，以免造成沟通障碍。

（4）酒店销售人员可利用产品展示的技巧说服客人购买酒店产品及服务。酒店销售人员在面对新客户或推介新产品时，为了让客户对酒店的产品及服务有感性的认识，可引领客人参观，将酒店的新产品或服务直接展示给客人，以增强客人对酒店产品及服务的认知度，从而可以帮助客人尽快做出决定，有效地说服客人购买酒店的产品。

（5）面对客人的投诉要及时、迅速解决，及时给客人答复。用温和的态度缓解客人的焦躁情绪。做到诚恳耐心地倾听，倾听完投诉后立即表明态度，并向客人表示感谢。在倾听的过程中要善于过滤信息，找出客人投诉的事因和具体要求解决的问题。如投诉合理，立即与有关部门联系处理投诉。如不能马上解决，不要轻易许诺，待解决投诉后马上与客人联系，通报处理结果及相关事宜。

（6）摆正心态，真诚、热情、周到地为客人提供服务，接待客人的过程中要做到不卑不亢。

相关链接　搜索

客户类型介绍

- 新顾客：接待新顾客要礼貌、热情，争取给新顾客留下美好的第一印象。推介产品时要热情主动，尽量详细介绍。
- 常客或大客户：接待常客或大客户要凸显热情，营造轻松愉快的氛围。由于常客或大客户对已有酒店产品都比较熟悉，所以酒店销售人员在推介产品时要着重介绍酒店新推出的产品和服务。
- 性急或有急事的顾客：接待性子急或有急事的顾客要快节奏，推介产品时要注意介绍速度与质量相结合。
- 精明的顾客：接待精明型的顾客要做到积极热情。介绍产品时要耐心细致，实事求是，为顾客提供多种选择，可帮助客人多做比较，但不要帮客人做决定。
- 老年顾客：接待老年顾客要热情主动，学会换位思考，多关心、多帮助。要着重推荐既方便老年客人消费又经济实惠的产品和服务。
- 无主见型顾客：接待无主见型顾客要积极热情，推介多种产品和服务，帮助客人做比较的同时成为顾客的参谋，适当的时候可以帮助顾客做决定。
- 主见型顾客：接待主见型顾客要热情和气，向此类型客人推介产品时话语要简洁明了、突出重点，避免介绍过于细致冗长，为客人提供多种满足需求的产品及服务，让客人自己做决定。

四、研究对客沟通技巧的目的——留住顾客

酒店销售人员在接待客户的过程中要运用一定的技巧，要树立一种良好的沟通心态，多换位思考。这样才能站在顾客的立场上去想问题，才能真正理解客户的需求。理解客户的需求才能抓住客人的需求，把符合客户需求的产品及服务推介给客人，并帮助客人进行比较，尽可能说服客人购买酒店的产品及服务。

用一颗真诚的心与客人沟通，才能感动客人，达到良好的沟通效果，从而把新客户变成老客户，把老客户变成大客户，把大客户变成常客。真正留住客人，让客人满意的同时积极塑造客人对酒店的忠诚消费。

课堂思考

你认为在对客沟通中还有哪些技巧要研究和运用？你从本节的内容中得到了什么启示？

任务二　营销部内部沟通技巧

团队协作对酒店任何一个部门以及酒店的整体运营都十分重要，因此研究团队协作的技巧不但可以提高酒店营销部内部的工作绩效，还可以增强营销部与酒店其他部门的协作与配合，从而提高酒店整体的工作绩效，创造更多的经济效益和社会效益。

一、团队的概念

团队（Team）是由员工和管理层组成的一个共同体，它是指合理利用每一位成员的知识和技能协同工作，解决问题，达到共同的目标。

如果我们要更感性地理解团队的概念，那么古典名著《西游记》中唐僧和他的三个徒弟组成的“西天取经项目公司”就是一支非常优秀的团队。之所以能称唐僧师徒为团队，因为这个组织由管理层和基层员工组成。每一位成员的知识和技能各不相同，但都是完成组织目标所必需的，更重要的是组织里的各成员协作得很好，分工明确。“到西天求得真经”这个共同的组织目标把所有成员紧密联系在了一起。团队成员通过良好的协作最终完成了组织目标。

成功的团队不仅使我们可以接触到许多不同的人，获取各种观点，并且也能拿自己的观点、见解和其他成员探讨。这样既可以拓展个人视野，又可以得到更多人的了解，建立良好的人际关系网，也满足了个人的归属感和荣誉感，更容易取得事业上的成功。

二、酒店营销部内部的团队协作技巧

团队协作并不如想象中的那么容易，酒店营销部的管理人员应该首先研究部门内部的沟通与协作技巧，并通过培训等方式带动整个部门的团结协作及配合，提高营销部的工作绩效。

（1）酒店营销部要有明确的工作流程、岗位职责及奖惩制度。酒店营销部要针对各工种制定明确的岗位职责、工作流程及明晰的奖惩制度。对违反规定的团队成员要严格按规章制度进行惩罚，对工作突出的员工按规章制度进行奖励。管理人员要执法严明，不能根据个人喜恶而有偏私。

（2）管理人员要以身作则。营销部管理人员必须以身作则，自觉维护和遵守部门内部及酒店的规章制度。如管理人员违反了规定，必须按规章制度严格进行惩罚，并自觉将惩罚过程及结果公开。对于新出台的制度，管理人员要带头执行，自觉维护及倡导。在部门内部建立一种良好的工作秩序，形成严格务实的工作风气。

（3）培养团队成员的工作责任心及良好的工作习惯。酒店营销部的管理人员要通过身先士卒及培训的方式培养团队成员的工作责任心，帮助团队成员调整心态，正确认识工作的意义，培养团队成员的主人翁意识，促进团队成员融入企业，信仰企业的文化。培养员工积极的工作态度及宽容、感恩的工作心态，让员工养成严格按规章制度工作，不推诿、不拖沓、高效率地完成工作的良好工作习惯。真正做到“领导在或不在一个样”。

（4）建立定期的团队沟通制度。酒店营销部的管理人员要定期与团队成员进行沟通，可以采取轻松的、团队成员比较喜爱的非正式形式，如聚餐、一起去休闲场所等。创造轻松愉悦的氛围，让团队成员在此氛围下拉近距离，多进行沟通交流，缓解工作压力，缓和关系，有利于团队成员加深了解、加强团结，从而促进团队成员的团队协作。另外，营销部管理人员还要注意平时加强培养团队成员良好的团队协作意识、良好的团队成员沟通心态，多包容，多换位思考，以保证团队协作的有效进行。

课堂思考

你认为还有哪些技巧可以有效地促进团队协作？

三、酒店营销部与其他部门的团队协作技巧

酒店营销部与酒店其他部门之间的沟通是水平沟通研究的内容，而水平沟通中部门之间的沟通和协作比部门内部的团队协作难度更大，更能反映一个酒店的整体团队意识和团队精神。

（一）何为水平沟通

水平沟通主要是指酒店职业经理之间的沟通，或者是没有上下级关系的部门之间的沟通。大部分管理人员会有这样的感受：与下属沟通比与上司沟通容易，而与上司沟通却比水平沟通要容易。也就是说，在与上司沟通、下属沟通和水平沟通活动中，水平沟通是最为困难的。水平沟通的效果直接影响着组织整体目标的实现和组织效率，因此管理人员有必要在水平沟通技巧的学习上下功夫。

（二）水平沟通的技巧

由于酒店营销部门的主要任务是将酒店各部门的产品通过有机组合来进行销售，所以营销部处于酒店各业务部门之间，与各部门既保持着紧密的联系，又相对独立。只有在协调好各部门的利益关系时，才能获得相应的客户满意。营销部在与各部门进行沟通时，应注意以下几点：

1. 主动寻求帮助与协作

很多管理者面对水平沟通总是唉声叹气，因为大家都是职业经理人，并不存在领导或被领导的关系，所以协调一件事情总是不太容易，寻求协调和帮助时得小心，不能说错话，更不好意思催促对方，不小心得罪了对方事情就更难办了。实际上这种出发点是错误的。工作尽快完成考虑的是组织的整体利益，任何部门

或人员都应该积极配合，只是在沟通时注意掌握些许技巧，就可以摆脱这种尴尬的境地了。

营销部在寻求其他部门配合和协作时要积极主动，主动说明需协作的工作内容，并紧盯过程，积极协调。在协调时要注意采用温和的沟通方式，并能站在对方立场上思考问题，协调的过程中注意人文关怀，要人性化地去沟通。

2. 学会换位思考

换位思考要求营销部在水平沟通中要多从其他部门的角度来思考问题。理解对方的难处与苦衷，这样才不至于满腹牢骚，总觉得别人是错的，自己是对的。不要总是埋怨其他部门没有考虑自己的立场，要想获得别的部门的理解，首先要去理解对方，体谅了别人的同时也方便了自己。

3. 沟通的过程中要礼貌谦让

谦虚是中华民族的美德，也是沟通中的美德。在水平沟通中任何一位管理者都要注意自己的言谈举止和谦虚谨慎的态度。不能因为资历老而盛气凌人，毕竟沟通的对象与自己在一条水平线上。面对比自己年长的沟通对象，更要以谦虚的态度来对待。只有尊重了他人才能赢得他人的尊重。没有一个人愿意与不懂得尊重他人的人协作、配合。

4. 在别人寻求协作时一定要积极配合

如果想在日后的工作中顺利地与其他部门协作，首先要主动、快速地配合其他部门完成工作，形成一种良性的协作关系。如果在其他部门向你寻求协作时你没有积极配合，那么就不要指望你需要协作时其他部门会积极配合你。

沟通在我们日常的生活和工作中无处不在，我们研究沟通技巧是为了让我们的沟通更加顺畅、更加有效。没有沟通是万万不能的，没有有效的沟通更是万万不能的。我们应该在日常生活和工作中多观察、多体会，把学习到的沟通技巧应用到实践中去，让我们的生活因沟通而美丽，因沟通而精彩。

案 例

天堂与地狱——从寓言故事中看团队协作

有一个人被带去参观天堂和地狱，以便比较之后能聪明地选择好归宿。他先去看了魔鬼掌管的地狱，看到所有的人都坐在酒桌旁，桌上摆满了各种水果、美味佳肴。然而，当他仔细看下去的时候，却十分吃惊，他发现每个人双臂上面都捆着一把一米多长的叉子和一把刀。由于刀和叉子都有一米多长，他们自己用它来吃东西时什么都吃不到。所以，即使每一样食物都在他们的身边，结果他们还是在挨饿。另外，他还发现这里的人都比较沉闷、无精打采的，而且瘦得皮包骨似的，没有一张笑脸。然后，他又去了上帝掌管的天堂，同样的食物、同样的叉子和刀捆在每个人的双臂上，可天堂里的居民却在唱歌、欢笑、用餐，个个满面春风、喜气洋洋！这位参观者迷惑了，他疑惑为什么情况相同的两个地方，结果却如此不同呢？在地狱里的人都挨饿而且可怜，可在天堂的人却吃得很好，而且非常欢乐呢？最后，他终于看到了答案。在地狱里的每个人都是自己想吃而吃不到；在天堂里的每个人都在喂对面的另一个人，而对面的人再反过来喂他对面的伙伴。

——资料来源：http：//www.chinahrd.net/career-manage/career-anecdotes/2005/0628/45452.html.

案例分析

从这个寓言故事中你能感受到团队协作有什么意义和作用？

任务三　团队精神

作为酒店重要的经营性部门，酒店营销部承担着企业相当一部分经营指标，这就需要建立一支团结高效的队伍来完成经营任务。那么如何建立一个高效的团队，并在团队中发挥自己的才能呢？团队精神就成为打造一支优秀队伍重要的法宝之一。

一、团队精神概述

团队精神，是团队成员在共同的活动中形成的共同的、稳定的、人格化的心理特征。例如，共同的奋斗目标、价值观、理念、信念、意志，共同的行为规范，团队的舆论、气氛、团队文化等。

团队精神集中体现为团队的凝聚力。团队凝聚力强，成员之间相互依存、相互协调、相互团结的程度就高，就能够用向心力、忠诚、责任感、团队荣誉等精神力量，使团队成员众志成城、齐心协力，实现共同的理想和目标。

有较强团队精神的团体，具有高度的凝聚力，其主要特征有：第一，良好的团队氛围。成员间沟通快，信息交换频繁，相互了解，关系和谐、民主。第二，较强的吸引力。成员间有较强的归属感、向心力，愿意参加团体活动，出席率高。第三，较强的集体主义精神与责任意识。其成员愿意承担重要的团体任务，主动分担责任，不计较个人得失，关心集体，自觉维护集体荣誉和利益。第四，较强的自豪感。其成员为成为这个团队的一员而感到自豪和光荣。

在运动场上需要团队精神才能取得成功。今天人们越来越清楚地认识到不只是运动场，在学习、生活、工作中的许多地方都需要团队精神，尤其是现代企业，在日趋激烈的竞争中团队精神是求得生存与发展的关键。

二、如何树立团队精神

团队精神是在长期的团队活动实践中形成和发展起来的一种人格化的力量。如何培养团队精神呢？

（1）要配备坚强有力、团结一致的领导班子。民主型的领导核心能使成员有充分表达意见的机会，容易形成较强的参与意识，成员之间也和谐互依，因而有较强的凝聚力，容易形成团队精神。

（2）要制定共同的奋斗目标。成员的共同性越多，团队的凝聚力就越强。因此，团队成员要有共同的追求、理想、信念，一致的价值观和人生观，大体一致的需要、兴趣、动机，相似的团队个性及心理特征。

（3）培养齐心协力、共同对付外部压力的精神。研究表明，当团队受到外部的侵犯、攻击、竞争、威胁，每位团队成员都面临着“生死存亡”的压力和考验，任何人都没有单独逃避的可能时，只有团队成员更加紧密地结合在一起，才能抵御外来的压力。让团队参与竞争，能增强团队的凝聚力，产生团队精神。

（4）在团队内部实行奖励制度。奖励会影响团队成员的情感和期望。研究表明，个人奖励与团队奖励相结合的方式，有利于增强团队的凝聚力，形成团队精神。

（5）开展团队文化娱乐活动。丰富多彩的文化娱乐活动可以使团队成员的精神生活更加充实，增强团队的吸引力和归属感，同时也给团队成员提供了施展才华的机会，增强其成就感。

（6）提高经济效益，努力搞好福利。团队工作成效差，工资及福利待遇低，必然降低团队的凝聚力，因此要创造条件提高效益，改善福利。

（7）控制团队规模。团队规模过大，容易造成意见分歧，降低凝聚力，规模太小又会失去平衡的力量。因此，团队规模适度，才可以增强凝聚力。

（8）控制团队舆论。健康的团队舆论和信息传递、沟通可以形成良好的舆论气氛，净化社会风气，提高团队的凝聚力，对形成团队精神意义重大。因此，要用健康、正确的舆论去感染人、鼓励人、影响人、教育人。

课堂思考

结合自己所在的班组来讨论树立团队精神还有哪些手段。

三、团队合作

（一）合作的概念

合作是人们为了实现共同目标而从事的共同活动，是社会化劳动和活动的一种协作形式；也是个体和团队为了达到某种目的，齐心协力、相互配合，相互促进，奔向共同目标的心理状态和行为能力。因此，合作是人类合群性特征的具体表现。

一般情况下，合作可产生分工和互助两种行为方式。分工，指团队内多人合做一件事，每个人承担其中的一部分工作；互助，指团队成员相互补充，相互影响，相互支持、帮助。研究表明，真诚的合作必须具备一定的条件，即共同目标、共同利益需要，并能以互相补偿的方式促使个体或团体的需要、利益、兴趣等得到满足。此外，合作者必须具有一定的知识和技能以确保合作项目的配合及任务的完成。成功的合作者常常是缺一不可、相互依存的。

（二）团队合作的技巧

由于在合作中人们的认识水平及能力存在差异，过分强调合作可能使有的团体与个体产生依赖心理，造成“吃大锅饭”和“绝对平均主义”的弊端，不利于个体及团体创造精神的发展。因此，需要在合作中引入竞争机制，但是这样团队中就必然出现力求胜过对方的对抗性行为，容易导致冲突、敌对、攻击或本位主义和小团体意识等行为偏差和障碍。有效解决冲突，调解矛盾，协调好人际关系并实现有效的意见沟通，达到合作者之间的心理相容、相通，形成谅解、支持、宽容、友好、融洽的合作气氛，就是合作能力的体现。

在与他人合作的过程中要处理好人际关系，必须做到以下两点：

1. 克制自我，学会驾驭自己的情绪

在日常工作中，我们要让特定的、客观良好的自我状态处于支配地位，对情绪进行自我控制，在任何时候都要表现出沉着稳定、洒脱大方的风度。喜悦而不得意忘形，悲痛而能镇定自若，愤怒而不暴跳如雷，吃惊而不露声色。这不是说一个人不能表现真实的自我，而是要学会驾驭自己的情绪，保持良好的状态，会使我们冷静而客观地看待一个人或一件事，更好地与别人交流，沟通心灵，让我们始终在一种轻松的氛围中工作。

2. 容忍别人，学会双赢

所谓容忍，就是在人际关系中，尊重人与人之间的差异，接受别人的个性，在

一般问题而不是重大问题上宽容大度，谅解别人的过错。

（1）要尊重差异，容忍他人的个性。人与人相处，大家都希望自己被别人接受，希望别人能让自己轻松自在、无拘无束，可以袒露自己的一切。所以我们要尊重差异，容纳别人的个性，给对方保持自我的权利。既接受别人的优点和长处，也要容忍对方的缺点和毛病。正因为人与人不同，我们才需要交流、沟通。

（2）容忍他人的缺点，谅解他人的过错。所以在工作中我们可以指出别人的缺点和过错，帮助其改正，但是不可能强迫或代替别人做出选择，哪怕是完全正确的选择。尊重、容纳别人，并不需要压抑、损害自己。容纳别人的个性，就意味着容纳别人的缺点。

（3）学会赞美，让我们彼此喝彩。大千世界，芸芸众生，每个人都需要在别人的肯定和赞美中发现自己存在的价值，吸取前进的力量。只有当我们为他人的优点和成就热情地喝彩，为他人的美好与幸福真诚地祝福，为他人的不俗表现和难得之处献出赏识的时候，才会从中获得快乐和满足，同时也可以得到他人的认可和赞美，从而可以最大限度地发挥自己的聪明才智。我们给予他人的每一声赞美、祝贺、好评和掌声都展现着我们的胸襟和爱心，也是我们奉献给他人的最好礼物。

复习与思考

一、名词解释

沟通　团队　水平沟通　团队精神

二、填空题

1. 沟通是一个________、________、________的过程。

2. 酒店营销人员面对客人投诉要________为客人解决，及时给予客人答复。

3. 一般情况下，合作可产生________和________两种行为方式。

4. 酒店营销人员在顾客的接待中要注意掌握________技巧和________技巧。

三、选择题

1. 营销人员要与其他同事处理好人际，必须要做到（　）。

A. 克制自我　　B. 学会宽容

C. 学会赞美　　D. 一味顺从

2. 良好的团队精神的表现有（　）。

A. 良好的团队氛围　　B. 归属感强

C. 集体主义精神　　D. 责任意识

3. 水平沟通的技巧有（　）。

A. 主动寻求协作　　B. 学会换位思考

C. 礼貌谦让　　D. 积极提供协作

4. 酒店营销部内部的团队协作技巧有（　）。

A. 明确岗位职责　　B. 管理人员以身作则

C. 培养工作责任心　　D. 定期团队沟通

四、简答题

1. 酒店销售部员工在对客沟通中应掌握哪些技巧？

2. 酒店营销部的团队协作包含哪几个方面？

3. 团队精神对于酒店意义何在？

4. 如何建立有凝聚力的团队精神？

五、案例分析

海景花园大酒店的“团队制胜”

21世纪的今天，随着市场竞争的激烈，现代企业更加强调构建优势团队，发挥团队精神。独具魅力的团队精神能给企业的快速发展提供核心竞争力。酒店的工作和服务是一个有机的整体，任何一个环节的工作质量都直接关系到顾客对酒店的满意度。青岛海景花园大酒店虽然期望服务明星，但是他们更相信要成功必须要有一个优秀的服务团队。在培养本店员工团队精神方面，海景的做法是：

首先，用信仰增强团队凝聚力，用目标激发团队战斗力。这是海景的“制胜法宝”。海景很早就提出要用七八年的时间打造一个和谐的、战无不胜的团队，注重培养员工讲学习、讲诚信、讲责任、讲服从、讲实效、讲团队的意识，注重培养员工不服输的精神、团队精神和创新精神。主张用信仰增强团队凝聚力，用目标激发团队战斗力。海景花园大酒店先后编写、出版了《文化手册》《优质服务手册》《管理理念》《酒店新文化》等系列企业文化丛书，并以团队学习的方式常年坚持学习，360 天从不间断。海景当前的目标是“十年达到国际一流服务水平”。现在，这一目标已成为员工的共同追求。

其次，在共同目标、共同信仰、共同责任的旗帜下，酒店建立了“十字交叉型无障碍沟通”机制，达成相互和谐、相互信任。总经理与分管经理、部门经理与分管主管、主管与属下员工，都要进行单独沟通，保证每月每人一次；同时，职能部门与相关服务部门、科室与相关服务部门、二线和一线，每月设置一次“接待日”活动，面向个人与部门，答疑解惑，听取意见，消除隔阂，增强团队相互理解、相互协作的凝聚力。

最后，在日常工作中，海景花园大酒店始终倡导“上级为下级服务、二线为一线服务，上工序为下工序服务、全员为客人服务”的理念，树立“大顾客、大服务”的理念，强调相互协作。可以说，海景花园大酒店有今天，靠的就是优秀团队的合力——相互认可、相互信任、相互依赖，达成共识，积极共事。

青岛海景花园大酒店以独特鲜明的企业文化、独具个性的企业精神、优质超常的服务赢得了顾客的口碑、同行的认可和良好的经营业绩。酒店的平均房价连续多年位居青岛第一，2007 年被美国《福布斯》评为中国最优商务酒店，是中国酒店业学习的标杆企业，成为清华、北大、南开等著名大学的 MBA 案例。

——资料来源：http：//yjjpkc.sdts.net.cn/07/al.asp.

根据以上案例，回答如下问题：

建立优秀的团队对企业有何重要意义？

推荐阅读

1. 酒店人的“工匠精神”何去何从？ https：//www.traveldaily.cn/article/100494.

2. 酒店如何建设团队精神，https：//www.yjbys.com/edu/tuanduijingshen/361812.html.

3. 酒店人最受欢迎的35种得体说话方式，https://mp.weixin.qq.com/s/d0_FZsAV_Jzgw18mzCrj5w.

4. 酒店如何打造一流的营销团队，https：//www.sohu.com/a/436322191_178081.

综合实训练习

1. 请各小组同学讨论如何在酒店服务营销工作中传播中华传统文化、体现“文化自信”。
2. 请同学们一对一演示餐饮、客房的对客服务程序，内容不限。
3. 请各小组分别归纳总结营销部与前厅部、客房部、餐饮部和工程部等部门进行沟通的要点和要求。
4. 请各班同学进行一次团建活动，谈谈体会。

项目十 酒店营销部的运营与管理

酒店营销管理就是综合运用营销学和管理学的相关理论对酒店营销的各个环节进行有效的组织管理，对整个营销组织内部部门协调理顺，从而达到营销活动效益最大化。通过本章的学习，可以使读者掌握酒店营销部门的工作体系，熟悉营销管理的主要内容和营销绩效考核的知识，培养酒店营销人员的职业素养，为今后步入职业生涯打下坚实的基础。

本章重点阐述了酒店营销管理的主要内容和营销绩效考核的知识，并详细介绍了营销部的具体职责及基本岗位设置、酒店营销部基本岗位的岗位职责及管理制度。同时对营销部的基本工作流程、营销部培训的相关技巧进行了诠释。

思政目标

党的二十大报告中指出，深入实施人才强国战略，强调“人才是第一资源”，要坚持“人才引领驱动”，努力培养造就更多“大国工匠、高技能人才”。本项目旨在培养学生在酒店营销工作岗位上弘扬工匠精神，攻坚克难、用匠心雕琢精品，精心服务顾客，成长为行业企业服务标兵，为我国文旅事业的发展贡献青春。

学习目标

知识目标

1. 了解酒店营销管理的主要内容和营销绩效考核的知识。
2. 熟悉营销部的具体职责及基本岗位设置。
3. 熟知酒店营销部基本岗位的岗位职责及管理制度。
4. 了解营销部的基本工作流程。
5. 掌握营销部培训的相关知识。

能力目标

1. 掌握营销运营、管理系统的构建。
2. 明确营销部各岗位的岗位职责，熟知营销部管理制度。
3. 具备酒店营销部工作人员的职业素养。
4. 具备营销部基层管理人员对岗位职责及工作流程的认知能力。
5. 具备相应的内部培训能力，能够开展以培训为管理手段辅助日常团队的管理。

案　例

遵守制度是天职

小杨是一名刚毕业不久的大学生，在一家四星级酒店做销售代表，这家酒店的营销部管理十分严格。某天，小杨早早地起来准备去拜访客户，临出门前他突然觉得肠胃不适，自己吃药缓解了一下。稍微好些后，小杨准备去酒店签到，可一看表，已经快到与客户约定的见面时间了，于是小杨抓紧时间赶往目的地对客户进行拜访。小杨的这次客户拜访很成功，与客户签了协议。小杨十分高兴地回到酒店。

刚进营销部忽然想起自己还没有补签外勤单，他马上找到主管说明情况："主管，我今天拜访了一位客户，很成功，客户签约了。不过我早上由于肠胃不舒服没来得及到酒店签到。您看，您能不能让我补签一下啊。"主管笑着说道："小杨，我正好想和你谈一下，来，请坐。按照咱们部门的规定，销售人员拜访客户前一定要先填外勤单，如果有特殊情况要先向主管报告。你当时应该先给我打个电话说明情况，而不是现在才说明情况。不过我相信你不是有意违反规定，而是不小心犯了错。可还是要接受相应处罚，这绝不是针对你。小杨，你换位思考一下，如果你是主管，遇到这样的情况，你会怎么做？""我也会按规定处罚下属的，我明白，制度严明，按制度办事才能做好管理工作。"小杨答道。"谢谢你的理解，小杨，不愧是酒店管理专业的高才生，对管理的高度、深度的认识都很到位，职业素养很好。祝贺你这次成功签到客户，希望你再接再厉，多注意工作中的细节问题，多积累经验，争取超额完成工作任务。""谢谢主管，我一定会努力工作的。"小杨激动地回答道。

案例分析

你能理解该酒店营销部的管理制度吗？

任务一　酒店营销管理与控制

酒店管理是酒店经营管理的简称，包括经营和管理两个方面。经营的侧重点在于市场营销，而管理则涵盖了酒店内部各项具体业务的运转效率和成本控制，运用各种管理方法，对酒店所拥有的人力、物力、财力、时间、信息等资源进行计划、组织、指挥、协调、控制等一系列活动来实现酒店的经济效益、社会效益和环境效益。所以，酒店营销管理是实施酒店营销计划的具体保证，也是营销职能部门的日常性工作。

一、酒店营销运营管理

酒店营销是一种持续不断、有步骤地进行的一种管理过程。为了实现“顾客满意，酒店获益”的目标，需要对酒店营销的整个业务运营过程及环节进行有效的监督、控制。酒店营销业务牵涉酒店的各个部门及对客服务环节，范围广泛。营销运营管理的本质就是最大限度地配置多种资源，并实现最大收益。酒店营销运营管理系统主要包括以下三方面的内容：

（一）行政管理系统

酒店营销部门的行政管理系统主要是对酒店营销部门的日常工作秩序进行管理，以保障营销部门提高工作效率而建立的相关制度和要求。

营销部办公室管理。营销部是酒店形象的窗口，既是营销部员工工作的场所，同时也是营销人员接待客户、洽谈业务的重要场所。一间井然有序、整洁明亮的办公室，不仅能使营销人员成功地履行各种职责，而且也会在宾客心中留下良好的印象。一般来说，营销部办公室主要分为三大区域：一是部门总监或经理办公室；二是营销经理办公室，可以用隔断将其按工作任务间隔成若干工作区域；三是客户接待室。这三个区域都要建立相应的管理制度，并有专人负责卫生清理工作。

营销部工作时间管理。由于营销工作的性质不同，营销人员的工作时间相应较为灵活，但是作为部门管理者，一定要规范营销人员作息制度，并实行严格管理。很多酒店规定营销人员必须每天参加部门例会，午餐一律在酒店员工餐厅就餐，如有客户拜访等活动必须提前填写计划单，并由经理签字后方可外出。

营销人员日常行为规范。营销人员作为酒店重要的接待部门，对仪容仪表、着装、出勤、礼节礼貌等日常行为都有着严格的规定。酒店营销部门根据自身工作性质，通常要制定相应的规章制度，作为营销人员一定要严格遵守。

（二）营销业务系统

营销部门是酒店与客户联系的重要部门，为了加强营销部门的管理力度，提升营销效率，酒店营销业务系统是营销管理的主要内容，按照营销工作的规律，通常把营销业务分为三种主要类型：

营销档案。营销档案是酒店进行营销工作的重要凭证和工具，建立营销档案并进行管理是营销部门的重要工作。酒店营销档案包括宾客的全部历史资料、所有签订的合同、营销协议、重要函件等，还包括与宾客达成的特殊价格和优惠措施的文件和记录、酒店所有的营销计划、营销活动档案和经营分析报告、工作总结等。

营销业务报表。营销业务报表是酒店营销部进行日常沟通和管理的重要手段。这些报表有些可用于营销部门与前厅、客房、餐饮、财务等的业务联系，如团队预订单、散客预订单、宴会预订单等；有些可作为营销部工作考核和业绩评估的依据，如客户拜访表、每月 / 季度个人（或部门）营销报表、营销人员考核量表等。

内部联络表。在完成酒店接待工作时，营销部还要根据接待任务的需要和酒店其他部门进行大量的业务联络工作。例如，酒店大型活动的联络单、会议接待指令单等，或是相关接待使用的音响设备、礼仪鲜花、欢迎横幅、席间酒水、接送车队等，都需要和相关职能部门进行联络，并建立相应的成本核算机制。所以，这些表格虽然是在酒店内部使用，但它们同时也具有相应的公文效力。

（三）营销沟通系统

为了提高营销部门的工作效率，营销部门要在部门内部或与其他部门之间建立科学的沟通机制，良好的沟通不仅可以保证部门内部全体成员统一思想、增强凝聚力，还可以加强酒店各部门之间的横向联络，减少分歧和降低内耗，全面提高服务质量。

营销部内部沟通。主要包括各种营销例会、大型活动协调会、经营分析会、客户答谢会、专题营销会、季度或年度营销大会等。定期地、有计划地召开各种营销会议是成功营销的基础之一，所有营销人员必须高度重视。

营销部与其他部门的沟通。酒店营销部虽然不直接负责接待客人的工作，然而作为宾客与酒店接待部门之间的桥梁，必须协调好各部门的对客接待工作，保证提供客人所需要的服务，并保证良好的服务质量。除了采用书面文字、表格等形式以外，营销部与其他部门的沟通还可以采取很多形式，但是一定要注意方式、方法。例如，可以通过营销部经理直接、非正式地同有关部门经理私下沟通，以解决某些紧急问题；或是由营销部经理向酒店总经理汇报，再反馈到部门来解决；当然最通行的方式就是在酒店每日举行的部门经理例会上直接提出问题，以引起所有管理层的重视和关注，从而解决问题。无论采取哪种形式，营销部都应注意态度和方式，以圆满地解决问题为最终目标。

二、酒店营销绩效管理

在酒店中，营销人员是比较特殊的一类员工。他们人数不多，却承担着酒店协调内外关系、沟通经营信息、销售酒店各类产品、招徕客源、参与决策的重要作用，对酒店近期和远期的业务发展有着决定性的影响。优秀的营销人员熟悉市场情况，掌握竞争信息，拥有客户资源，其流动对酒店的影响巨大。所以，对营销人员进行考核时，除了要采取有效的激励措施来增强营销人员的工作积极性外，酒店管理者还要运用科学的方法和手段对其工作态度、工作状况、工作表现和工作业绩等进行系统的考察和分析，从而评价其工作绩效。

相关链接 搜索

绩效考核

绩效考核（Performance Assessment）通常也称为业绩考评或“考绩”，是针对企业中每位职工所承担的工作，运用各种科学的定性和定量的方法，对职工行为的实际效果及其对企业的贡献或价值进行考核和评价。它是企业人事管理的重要内容，更是企业管理强有力的手段之一。业绩考核的目的是通过考核提高每个个体的效率，最终实现企业的目标。在企业中进行业绩考评工作，需要做大量的相关工作。

绩效考核是现代组织不可或缺的管理工具。它是一种周期性检讨与评估员工工作表现的管理系统，是指主管或相关人员对员工的工作做系统的评价。有效的绩效考核不仅能确定每位员工对组织的贡献或不足，而且可以在整体上对人力资源的管理提供决定性的评估资料，从而可以改善组织的反馈机能，提高员工的工作绩效，更可激励士气，也可作为公平合理地酬赏员工的依据。

（一）有效激励

由于营销人员工作性质的特殊，他们不仅承担着繁重的工作压力，而且竞争激烈，工作没有规律，所以酒店要时时处处关心他们，使他们感受到工作和个人的价值。要培养营销人员的归属感和荣誉感，为他们提供更多的晋升机会，关心他们的家庭生活和福利待遇，采用合理的工作与休假制度等。其中，主要的激励手段包括：

权限激励。营销部应有处理客户提出有关要求的权力，如特殊客户的房价优惠权、一定的招待费用使用权、与客户洽谈业务的价格浮动权、个别服务项目的应允权等。当然，这些权力激励是与其责任紧密相连的。

营销定额。酒店可以根据营业收入或利润要求对营销人员制定相应的销售定额。在完成定额的基础上给予高于一般员工的奖励，并把这种“优惠权”向全体员工说清楚。在规定定额时，要考虑营销人员的个人能力和工作资历，还要考虑到不同地区、不同客户群体的差异性等，并根据以往的营业数据来制定个人的销售定额。

荣誉激励。对绩效显著的营销人员要在店内和社会上进行表彰，如颁发奖状、大会表扬、奖励活动、慰问亲属等。有一家知名酒店曾在酒店年终表彰大会上对酒店营销部的优秀员工每人奖励一部价值 10 万元的汽车，这极大地鼓舞了全体营销人员的工作积极性。

关心激励。营销人员日常工作繁忙，没有正常的休息和假期，很难照顾到家人。酒店管理层要关心其家庭生活，嘘寒问暖，主动帮助其解决家庭生活困难。还要考虑到营销人员的职业生涯发展，给予他们更多的提拔和晋升机会。

（二）绩效考核的标准

反映营销人员绩效的主要指标有：每位营销人员平均每天营销访问的次数；平均每次营销访问的时间；每天营销访问所产生的营业额；每次营销访问的平均费用；每次营销访问的招待费用；每次营销访问得到的客户或合同的百分比；每一时间段新客户的增加数；每一时间段失去的老客户数；营销人员费用占总成本的百分比；销售定额完成率。此外，酒店还可以通过客户反映等途径来考核营销人员。由于营销人员的任务不是单一的，因此，应当用综合指标来考核营销人员，促使他们顺利完成各项任务。

（三）绩效考核的方式

考核营销人员的基本方式有工作报告和业绩比较两种形式。通过工作报告，管理人员可以了解销售额、访问次数、新增客户等业务情况，随时掌握工作进度，了解营销人员的开支情况，完善费用管理，控制成本，并且能够搜集宾客信息、竞争状况等相关信息。业绩比较则是将营销成果进行量化，通过数字化的形式来掌握营销人员的业务进展情况，进而确定营销人员的合理报酬。

三、酒店营销控制

所谓营销控制，是指企业营销管理部门依据营销计划的要求，对计划的执行过程进行监控与评估，纠正可能出现的偏差，以保证企业营销目标的实现。因此，营销控制对营销管理有着十分重要的意义。首先，营销控制是使营销计划和实施过程保持一致的手段；其次，营销控制有助于及早发现问题，避免可能出现的失误与损失；最后，营销控制可以起到监督、激励的作用。

当酒店的营销活动开展到一定程度时，因各项条件发生变化，需要对原整体方案进行调整，特别是对市场和产品进行再调研和再定位，目的是检查原定计划的合理性和进展情况，并据此提出改进方案和措施，尽量避免在实施过程中出现失误。如图 10–1 所示，营销控制的主要内容包括：

销售分析。销售分析数据来自三个方面：一是将实际销售额与计划销售额进行对比分析，以确认销售计划的完成情况；二是销售差异分析，即各个因素对销售额影响程度的分析，如价格、销售量等因素对销售额的影响程度；三是个别产品或区域销售额分析，即将总销售计划指标分解为各产品或区域具体指标，可弄清各产品、区域销售的差异，并找出原因所在。

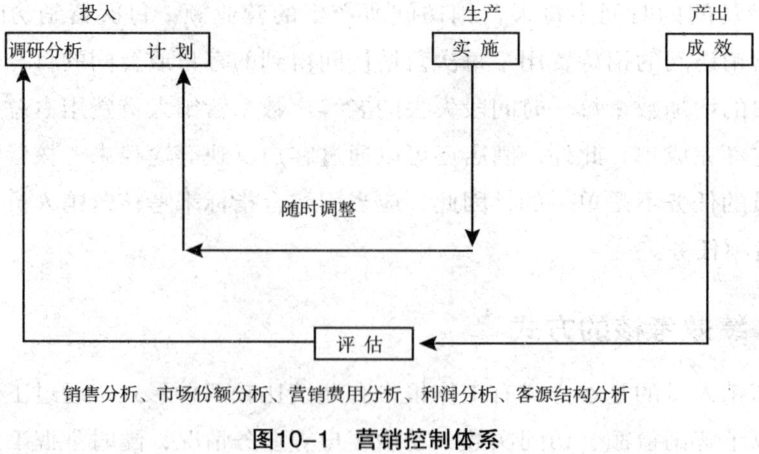

图10–1　营销控制体系

市场份额分析。市场份额分析主要是分析企业在竞争中的地位变化，从而找出原因，采取措施，克服不利因素。

营销费用分析。营销费用分析主要是用来确定营销费用的各项开支是否合理，以克服企业不合理支出的问题。营销费用分析可以按不同地区或不同产品达到的销售额与相应的费用支出进行比较，以确定各地区或产品营销费用支出的差异。

利润分析。利润分析主要是对各个目标市场的获利性进行衡量，对各产品的获利性进行评估，以便对相关目标市场进行取舍、增删或调整。

客源结构分析。客源结构指客人对酒店的了解程度、忠诚度、客人的消费行为和消费能力等。客源质量控制应当与营销目标的要求相一致，考察市场的规模，进行利益细分，从而评估营销成效。

任务二　酒店营销部的具体职责与岗位设置

酒店营销组织是制定和实施酒店市场营销策略和行动的主要负责部门。它与酒店的规模密切相关，也和市场需求和竞争形势有着内在的必然联系。

一、酒店营销部的具体职责

酒店营销部也称“市场与销售部”，负责协调和计划酒店的市场营销活动，搜集酒店市场营销信息，开发酒店客源市场，制定酒店的产品价格，并具体负责酒店客房和其他产品的销售工作。其具体职责有以下几项。

（一）抓住客户需求，积极开发和维护客户从而更好地销售酒店产品

（1）制订酒店旅行社业务的工作计划，保持与当地各大旅行社的联系，并与各大旅行社建立良好的关系。针对旅行社开展日常销售工作，积极完成酒店下达的旅行社业务的销售任务。

（2）制订酒店商务业务的工作计划，拓展、开发、维护企事业单位、行会、协会等商务客户，与客户保持良好的关系。针对商务客户开展日常销售工作，积极完成酒店下达的商务业务的销售任务。

（3）制订酒店会议业务的工作计划，积极开发各企事业单位、政府机关等客户，使之成为酒店的会议客户，维护好与会议客户的关系。针对会议客户开展日常销售工作，积极完成酒店下达的会议业务的销售任务。

（4）制订酒店宴会业务的工作计划，通过各种途径宣传推广酒店宴会业务的产品与服务，积极开发酒店宴会客户，并维护好酒店与宴会客户的关系。针对宴会客户开展日常销售工作，积极完成酒店下达的宴会业务的销售任务。

（5）在日常销售工作中，分析各类客户的实际需求，将市场合理细分，积极为酒店开发各类客户，并努力维护酒店与各类客户的关系，力争将酒店的客户培养成为忠诚客户。在日常销售工作中要多看、多听、多观察、多分析，密切关注顾客需求的变化，为酒店制定或调整营销策略、推出新产品及服务项目。建立、完善客史档案，对客史档案进行及时修改或补充。

（二）处理客户的预订信息并接待好每一位客户

（1）营销部工作人员要热情地处理客户的预订信息，包括客户的预订、改订、取消预订等要求。做好协调工作，及时把客户的预订信息传达到有关部门，以保证对客服务质量。

（2）整理、统计各类销售、预订信息并及时归档。

（三）开展日常销售、促销工作，负责酒店产品的广告宣传，做好酒店公共关系工作

（1）制订各大促销活动的方案，运用宣传手段强化促销效果。

（2）对酒店的产品和服务进行广告宣传，负责酒店新产品的宣传、销售及推广。

（3）建立并维护酒店的销售渠道。

（4）组织和开展各类公共关系活动，取得公众的信任和支持，扩大酒店知名度和美誉度，树立酒店良好的形象。

（5）帮助酒店进行品牌建设，积极树立酒店品牌形象。

（四）及时关注竞争对手的表现，根据竞争对手的变化及时调整营销策略

（1）梳理主要竞争酒店的营业状况，汇总相关数据等资料。

（2）将竞争酒店与自身企业进行分析对比，提取有效的竞争利弊信息，并与相关部门深入研究对策。

（3）根据需要，及时调整经营管理策略和任务方法，灵活地开展营销活动，保障企业实现利益最大化。

课堂思考

你能用 SWOT 分析法对竞争对手进行分析吗？

二、酒店营销部的岗位设置与职责

如图 10-2 所示的是较为常见的酒店营销部的岗位设置情况，也许与有些酒店的营销部岗位设置有不同之处，但是工作内容大体都是相同的。

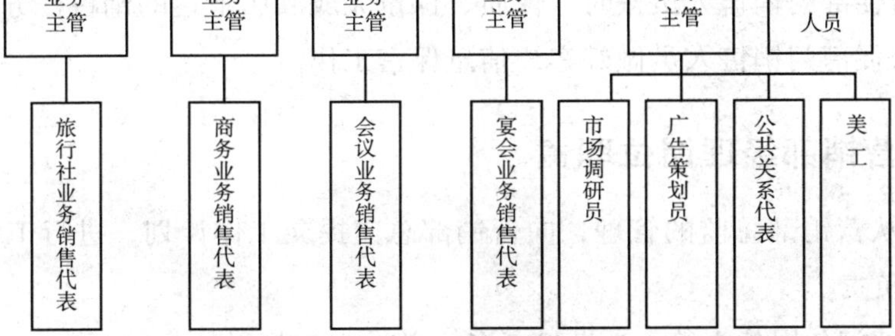

图10-2　酒店营销部的岗位设置

（一）营销部总监岗位职责

（1）制定营销部的管理制度、工作程序，并负责监督营销部工作人员贯彻落实。

（2）营销部总监要以身作则，严格遵守营销部的管理制度和工作程序，按酒店规定进行奖惩。

（3）严格按照酒店规定的标准控制营销部经费开支，控制和监督营销部工作人员的工作经费使用情况，做到公平、公正、公开。

（4）根据酒店总体经营战略及目标，制定酒店市场开发及维护战略与销售策略，并报请上级主管领导审批。

（5）根据酒店市场战略与销售的需要，指导公共关系主管编制公共关系工作计划及活动方案，并监督执行。

（6）根据酒店营销策略与计划，督促营销部经理及各岗位主管编制工作计划，并监督执行。

（7）督促各类公共关系活动按计划开展，维护酒店公共关系形象及品牌形象。

（8）积极督促广告主管推进酒店产品及服务宣传，并按酒店规定的标准审核、控制广告费用。

（9）根据酒店工作的需要，参与营销部经理及主管的招聘与考核工作。

（10）建设酒店营销队伍，加强部门的团队协作与团队精神，促进团队内部的沟通与和谐。有权力核准部门各岗位主管的任免。

（11）监督营销经理定期组织和开展营销部的培训工作，丰富培训内容，提升部门工作人员的工作技能和职业素养，力争为客户提供一流的服务。

（12）指导并监督销售部的客户关系管理工作。定期对酒店的客户关系进行分析。

（13）督促部门销售人员按时、保质、保量完成酒店下达的销售任务。

（14）督促部门销售人员做好客户信息保密工作。

（二）营销部经理岗位职责

（1）服从营销部总监的管理，向营销部总监提交工作计划，进行工作汇报，对营销部总监负责。

（2）向部门各岗位主管下达营销任务，并监督、指导执行。

（3）协同其他部门，根据市场和酒店的经营情况，制定符合市场需求、适合酒店经营发展的产品价格策略和产品组合策略。

（4）按照公共关系计划开展各项公共关系活动，确保达到预期目标。

（5）监督并指导酒店广告计划的执行，保证酒店广告的质量，确保达到预期目标。

（6）指导并监督下属按时完成客户走访与客户关系维护工作，及时处理客户意见。

（7）组织建立客户档案，督促相关工作人员及时整理客户档案，并做好归档、查阅与保管工作。

（8）监督部门员工做好客户信息保密工作。

（9）组织开展部门主管及员工的培训工作，丰富培训内容，不断提高部门员工的销售技能、管理能力与职业素养，并将培训情况及时向营销总监汇报。

（10）监督、指导各岗位主管的日常工作，对他们的工作绩效进行考核。

（11）指导下属按计划、保质、保量完成日常工作，确保销售部完成销售任务。

（三）旅行社业务主管岗位职责

（1）制订旅行社销售策略和旅行社走访计划，并落实执行。

（2）组织销售代表定期走访旅行社，与有意向的客户洽谈合作事宜。

（3）做好旅行社的客户关系维护工作，发现客户意见及时处理。若有重大客户关系问题需上报销售部经理协调处理。

（4）保持与旅行社的联系，及时发现客户需求。

（5）协调好来店消费客户的接待工作，全程跟踪服务，保证服务质量。

（6）记录、整理客户消费信息，形成销售工作笔记，并及时更新客史档案。

（7）关注旅游市场动态，组织做好市场情报的收集和整理工作。及时统计分析各类市场信息，定期向营销部经理提交分析报告。

（8）组织下属定期参加部门培训，对下属工作绩效进行考评。

（9）根据任务需要，协助其他部门开展工作。

（四）旅行社业务销售代表岗位职责

（1）按计划定期走访旅行社客户，与旅行社建立良好的合作关系，做好日常客户关系维护工作。

（2）与有合作意向的旅行社谈判，签署协议或合同，建立合作关系。

（3）保持与旅行社的交流，及时沟通信息。

（4）协调酒店相关部门，做好来店旅行社团队客人的接待工作，并保证服务质量。

（5）对客人住店期间的消费进行跟进，及时向相关部门传达客人的需求、意见或投诉。

（6）时刻关注市场动态，搜集合作旅行社及竞争对手的相关信息，并进行整理。

（7）按时统计、分析收集的资料，定期提交工作报告。

（8）完成酒店下达给个人的销售任务。

（五）商务业务主管岗位职责

（1）制订商务客户的销售目标及走访计划，并监督下属执行。

（2）制订长包房的销售策略和销售计划。

（3）组织下属开展客户走访工作，指导下属做好客户关系维护工作，加强与客户的联系与沟通。

（4）不断开拓酒店的商务客户市场，扩大销售网络。

（5）搜集客户反馈信息，及时发现客户需求的变化，及时解决客户反映的问题。

（6）协调好来店消费客户的接待工作，全程跟踪服务，保证服务质量。

（7）记录、整理客户消费信息，形成销售工作笔记，并及时更新客史档案。

（8）关注旅游市场动态，组织做好市场情报的收集和整理工作，及时统计分析各类市场信息，定期向营销部经理提交分析报告。

（9）组织下属定期参加部门培训，对下属工作绩效进行考评，对下属的培训情况进行考核。

（10）根据任务需要，协助其他部门开展工作。

（六）商务业务销售代表岗位职责

（1）搜集酒店附近区域各类单位、组织的信息资料、联系方式，积极发掘潜在客户。

（2）关注行业趋势和市场波动，开展竞争对手价格策略、销售情况等信息的搜集工作。

（3）维护酒店与政府机关、各类企事业单位的关系，定期拜访客户，做好客户关系维护工作。

（4）积极宣传酒店的产品及服务，开发新客户的同时留住老客户，及时更新客史档案。

（5）按照规定，与商务客户洽谈、签订合同或协议，积极完成销售工作。

（6）对客人住店期间的消费进行跟进，及时向相关部门传达客人的需求、意见或投诉。

（7）时刻关注市场动态，搜集竞争对手的相关信息，并进行整理。

（8）按时统计、分析收集的资料，定期提交工作报告。

（9）协助财务部门做好商务客人的资信调查、结账工作。

（10）完成酒店下达给个人的销售任务。

（七）会议业务主管岗位职责

（1）制订酒店会议服务或产品的销售计划，并监督下属执行。

（2）指导下属定期走访会议客户，积极维护与客户的关系。

（3）积极开发新客户，组织做好有意向客户来酒店参观、咨询、洽谈接待工作。

（4）跟踪会议客户的服务，并根据客户的要求监督指导会议前的准备工作。

（5）组织做好客户资料的收集、整理、分析工作，以便全面掌握客户消费需求的变化，及时更新客史档案。

（6）积极听取客户对酒店会议设施及服务的反馈意见，并及时反映给相关部门。

（7）关注旅游市场动态，组织做好市场情报的收集和整理工作。及时统计分析各类市场信息，定期向营销部经理提交分析报告。

（8）组织下属定期参加部门培训，对下属工作绩效进行考评，对下属的培训情况进行考核。

（9）根据任务需要，协助其他部门开展工作。

（八）会议业务销售代表岗位职责

（1）按计划完成客户联系、走访工作。根据实际情况，积极开展会议服务及产品的宣传及推介。

（2）在授权范围内，开展会议预定的洽谈、签约工作。

（3）接待来酒店参观、咨询的会议客户，热情地介绍酒店的会议设施及服务。

（4）积极与客户联系，做好会议接待前的准备工作。落实并定时检查会议接待所需要的各项设施、设备及服务的准备工作。

（5）在会议接待过程中，全程跟进服务，协助酒店各部门完成好会议服务工作。及时处理客户的意见及提出的问题。

（6）及时整理会议销售及会议接待中的各类资料信息、客户反馈意见等，建立客户档案，并及时对客户档案进行更新。

（7）时刻关注市场动态，搜集竞争对手的相关信息，并进行整理。

（8）按时统计、分析收集的资料，定期提交工作报告。

（9）协助财务部门及时催收会议客户所欠账款。

（10）完成酒店下达给个人的销售任务。

（九）宴会业务主管岗位职责

（1）制订酒店宴会业务的销售计划，并组织销售人员按时完成。

（2）指导并监督销售代表定期走访目标客户，维护客户关系。

（3）指导并监督下属做好客户来酒店咨询参观的接待工作。

（4）检查宴会前准备工作的落实情况，及时与餐饮部同事沟通、联系，确保宴会服务事项的落实。

（5）及时解决宴会进行过程中出现的问题，及时处理客户意见及投诉，并及时与相关部门联系，确保为客户提供优质服务。

（6）积极监督下属参与培训，并对培训效果进行考评。

（7）参与下属的绩效考核工作。

（8）关注旅游市场动态，组织做好市场情报的收集和整理工作。及时统计分析各类市场信息，定期向营销部经理提交分析报告。

（9）根据任务需要，协助其他部门开展工作。

（十）宴会业务销售代表岗位职责

（1）按销售工作计划积极完成任务。

（2）定期拜访客户，维护客户关系。

（3）负责来访客户参观、咨询的接待工作，向客户详细介绍酒店宴会业务的服务、产品及相关销售政策。

（4）负责与有意向的客户洽谈并签订协议。

（5）接待前实地检查会场布置等前期准备工作，与相关部门沟通、协调相关服务事项，保证为客户提供优质服务。

（6）全程跟进宴会接待，及时解决宴会接待过程中出现的问题，并及时协调相关部门调整产品或服务使客户满意。

（7）宴会结束后，向客户发函致谢，并征求客户对宴会服务的改进意见和建议。并及时整理、更新客史档案。

（8）时刻关注市场动态，搜集竞争对手的相关信息，并进行整理。

（9）完成酒店下达给个人的销售任务。

（十一）公共关系主管岗位职责

（1）制订公共关系工作的工作计划，并指导和监督下属按计划完成工作。

（2）完善公共关系岗位的管理制度，监督下属执行。

（3）根据市场调研的情况，制订详细的调研实施方案。

（4）根据酒店市场拓展的需要，组织开展市场信息、客户资料的调查、收集工作。

（5）对收集到的信息资料及时加以整理分析，做好市场分析、市场预测工作，为公共关系工作和销售工作的开展提供依据。

（6）根据公共关系工作计划，组织开展各类公关活动，确保活动顺利开展并达到预期效果。

（7）参与各类媒体的接待工作，参与处理各类危机事件，并向营销经理和总监及时汇报工作进度。

（8）监督广告实施的质量，对广告投放效果进行检测评估。

（9）关注旅游市场动态，组织做好市场情报的收集和整理工作。及时统计分析各类市场信息，定期向营销部经理提交分析报告。

（10）积极监督下属参与培训，并对培训效果进行考评。

（11）参与下属的绩效考核工作。

（12）根据任务需要，协助其他部门开展工作。

（十二）市场调研员岗位职责

（1）根据公共关系主管的调研任务安排，按调研方案进行市场调研，负责收集情报和资料。

（2）根据公共关系主管的安排，对酒店公关活动、广告宣传的效果进行调研及效果测评。

（3）整理、分析收集的信息及资料，按时提交市场调研报告。

（4）补充、完善酒店营销信息，为营销决策和其他部门开展业务提供信息支持。

（十三）广告策划员岗位职责

（1）协助公共关系主管完成酒店各类广告创意及策划工作。

（2）根据广告创意，完成广告方案的编写。

（3）与营销部美工人员合作完成广告的平面设计工作。

（4）对于需要外部专业制作单位制作的宣传品，负责及时联系制作单位制作，并将合作单位的收费标准报公共关系主管审批。

（5）联系广告制作公司，完成广告的制作，并监督制作过程。

（6）根据预算，选择合适的广告媒体，与各广告媒体及制作单位维持好关系。

（十四）公共关系代表岗位职责

（1）负责接待来访参观客人，向客人介绍酒店情况，增加公众对酒店的认知度。

（2）具体落实各级别贵宾的接待工作。

（3）协助公共关系主管完成公关活动方案的策划与拟定工作。

（4）与各部门协调，协助公共关系主管完成公共关系活动前的准备工作。

（5）负责跟进酒店的各类公共关系活动，并及时处理发现的问题，维护好客户关系。

（6）负责接收、发送来往的公文及信件，收集客人反馈意见，形成报告及时提交给公共关系主管。

（7）将搜集到的客户信息及时整理归档。

（8）定期对客户资料进行分析，为酒店公共关系活动方案的策划与实施提供依据。

（十五）美工岗位职责

（1）负责酒店横幅、广告牌、指示牌、招贴、工艺美术品的设计工作。

（2）负责酒店服务指南、酒店简介、画册、菜单、明信片、纪念品、广告等的设计，并负责印刷品的印刷质量。

（3）制作可独立完成的广告宣传品，确保质量。

（4）根据公共关系主管的安排，负责完成酒店各大活动、庆典会场的布置美化工作。

（5）负责酒店内举办的所有活动的摄影工作。

（6）保管好工作设备和器具。

（7）妥善安置和保管所有用过或展出过的广告宣传品。

（十六）内勤人员岗位职责

（1）对营销部经理负责，全面处理营销部内勤工作。

（2）整理文字资料，归类装订成册，存档备查。

（3）收集部门资料，负责文件、材料的编写。

（4）了解部门人员工作材料、用品的需求，领发办公用品。

（5）负责部门材料打印、复印、分发工作。

（6）负责部门各类会议纪要的记录、整理、存档工作。

（7）负责部门来电、来函的拆阅、整理及回复、备案工作。

（8）负责部门报纸杂志的分发、归类、整理、保管工作。

（9）完成上级交办的其他任务。

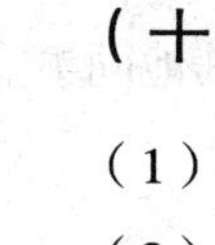

课堂思考

你觉得自己适合酒店营销部哪个岗位的工作？

任务三　酒店营销部管理制度及工作流程

一、营销部常用管理制度

（一）营销部员工工作制度

（1）营销部工作人员要坚持勤勉、团结、坚韧的工作态度，以服务社会、客户、企业为工作宗旨。

（2）在酒店区域工作时必须着工装，外出销售时可着便装。

（3）严格考勤制度，每日上岗、外出工作必须签到。凡由于工作不能及时签到的，必须提前通知部门管理人员。

（4）当离开部门办公室到酒店营业区域内工作时，需将所去目的地告知其他同事。

（5）非工作需要进入酒店大堂时不得走酒店正门，可走员工通道。

（6）非接待客户需要，严禁搭乘客梯。

（7）注意使用礼貌用语，见到客人或同事要主动问候。

（8）无紧急事件严禁在办公区域打私人电话。接听私人电话不得超过 5 分钟。

（9）补休、事假必须提前报部门经理审批，严禁先休后补。病假必须出示医院病历。

（10）按国家及酒店规定处理外事工作，遇事多请示多汇报，不要擅自做决定。

（11）在销售谈判及合作中不得有私下交易行为。

（12）不得接受客人的贵重礼品及回扣。

（13）工作期间不得饮用烈酒。

（14）不得利用工作时间忙私事。

（二）营销部客户拜访管理制度

（1）按照酒店的实际情况制订客户拜访计划，并明确规定销售人员拜访客户的数量和时间。

（2）拜访客户前必须填写外勤单。写明客户的姓名、职务、单位名称及地址、预计抵达时间、拜访时长、拜访目的等。

（3）拜访结束后按规定填写拜访记录，汇报所拜访客户的姓名、职务、单位名称及地址、拜访内容等。

（4）拜访客户时需携带工作证、名片、宣传资料等，注意个人仪容、仪表。

（5）严格遵守与客人约定的时间，如因意外延误，需及时与客户沟通，争取客户的谅解。

（6）不得擅自接受客户宴请、收受客人礼物。特殊情况应向营销部经理及时汇报，征求处理意见。

（7）部门经理必须每日阅读拜访记录，并依据记录内容及每周累计工作量对营销人员进行绩效考核。

二、营销部工作项目的工作流程

在上一节内容中已对酒店营销部各岗位的职责进行了介绍。从各岗位的职责中我们可以了解酒店营销部各岗位工作人员的工作内容。接下来就对营销部基本工作项目的工作流程做简单介绍。

（一）客户拜访工作的流程及关键点

1. 工作流程

第一步：做好拜访前的准备工作，充分了解要走访的客户情况。

第二步：准备拜访客户时所需的各种资料。

第三步：与客户及时联系、沟通，对客户进行拜访。

第四步：拜访时记录各种信息。

第五步：拜访结束后对记录的各种信息进行整理、归档。

第六步：撰写拜访工作的总结报告。

第七步：向上级提交工作报告，并存档。

2. 关键点

（1）掌握客户的详细资料，掌握客户所在单位的运营情况。

（2）准备好酒店的宣传资料、工作记录本、名片、礼品等，出发前仔细检查有无遗漏。

（3）拜访时要向客人详细介绍酒店的产品及服务，积极介绍酒店的最新销售政策，争取或稳定客户与酒店的合作意向。

（4）一定要对拜访记录进行整理，形成报告提交上级。

（5）撰写的报告中一定要有对市场动态、客户需求等的分析。

（二）对客销售工作的程序及关键点

1. 工作程序

第一步：研究分析市场情况，了解顾客需求变化。

第二步：明确销售目标。

第三步：与目标顾客取得联系并开展推销工作。

第四步：推销过程中尽力争取客户的合作意向。

第五步：与有合作意向的客户签订协议或合同。

第六步：接待客人来店消费。

第七步：后续跟进。

2. 关键点

（1）销售人员要定期按时对市场变化进行分析。定期通报客户信息，根据酒店实际情况确定目标顾客。

（2）销售人员一定要对目标顾客进行电话拜访或上门拜访，建立对客日常联系机制。适时推介酒店产品及服务，逐步建立目标顾客群。

（3）有技巧地向客户介绍酒店的特色、产品及服务、各项优惠政策。

（4）销售人员在接待客户来店消费时，尤其是第一次到店消费的客户，一定要提前做好准备，与各部门协调合作，保证服务质量。在接待过程中要全程跟进，及时处理和解决出现的问题，保证客户的满意度。多做总结。

（5）客户消费结束后要征求客户的消费意见，及时加以改进，并保持与客户的后续联系。

课堂思考

你认为怎样才能做好客户接待前的准备工作？

（三）大型活动组织程序与关键点

1. 工作流程

第一步：策划活动内容。

第二步：制订实施方案。

第三步：进行具体的工作分配。

第四步：准备活动的物资。

第五步：拟定邀请嘉宾名单，向嘉宾发送邀请函，并进行确认。

第六步：正式开展活动。

第七步：总结活动经验。

2. 关键点

（1）活动方案的内容主要包括：活动主题、活动形式、活动规模。一定要做好活动费用的预算。明确参加人员的要求、分工，环境布置要注意的问题，环境布置所需物品的供应情况及价格等。

（2）对参加活动的工作人员进行细化分工，并进行相应的培训。

（3）准备活动所需的设备、器材、陈列物、宣传品等，并在规定时间内完成设备、器材等的安装调试工作，在规定时间内完成场地的布置。

（4）成立专门的接待处、签到处。

（5）做好防火防盗、交通疏导及环境保护等工作。

（6）向嘉宾发出邀请函后要及时确认嘉宾到会的情况。

（7）活动中一定要做好跟进服务，发现问题及时解决，保持与相关部门的沟通、联系。

（8）活动后要有总结报告，要对活动的开展情况进行总结，分析问题、总结经验。

课堂思考

如何才能策划出有创意的营销活动?

任务四 酒店营销部培训技巧

培训是现代酒店日常管理中一种有效的管理手段，酒店营销部的管理人员可以运用日常培训帮助部门员工融入企业，更加深刻地理解企业文化，增强部门员工的团队协作意识，增进部门团结，提高部门员工的个人素养及业务能力。所以，营销部管理人员必须要掌握一定的培训技巧，让员工正确认识培训，从培训中得到快乐和提升，以增强部门的管理绩效。

一、培训的概念及其内容

培训就是向新员工或现有员工传授其完成本职工作所必需的相关知识、技能、价值观念、行为规范的过程，是由企业安排的对本企业员工所进行的有计划、有步骤的培养和训练。

员工培训的内容主要有两个方面：职业技能和职业品质。职业技能方面主要包括基本知识技能和专业知识技能。企业应把培训的重点放在专业知识和技能上。职业品质方面主要包括职业态度、责任感、职业道德、职业行为习惯等，这些必须和本企业的文化相符合。在现代企业中，员工的知识水平和技能已不再是影响工作绩效的唯一重要因素，员工的态度、观念对企业生产力及企业效益的影响日益加强。因此，企业不仅应该要求员工有良好的职业知识、技能，还应要求员工有良好的职业品质，这样才能保证员工不仅有能力，而且有动力做好工作。员工培训应注重职业品质方面的教育和引导，通过培训，建立起企业和员工、员工和员工之间的相互合作、相互信任的关系。

二、管理人员要树立正确的培训意识

销售部管理人员在日常培训中要对培训工作有正确的认识。只有这样才能正确掌握和运用培训技巧。

（1）不要奢望每个人都喜欢自己的培训。正所谓众口难调，管理人员不要把让每位员工都满意、都喜欢作为自己的目标，这是不可能实现的。因为每位员工喜欢的受训方式和受训风格都是不同的，只要大部分员工受益了、满意了，就是一次成功的培训。管理人员需要做的是不断调整自己的授课内容和方式以适应部门员工的需求，只要这一次比上一次做得更好即可，无须过度追求完美。

（2）培训员工时不要怕丢脸。没有培训经验的管理者最容易出现的心理障碍是怕自己在下属面前丢脸。如果培训效果不好，怕下属瞧不起自己，领导不赏识自己，有损自己的威严。这种心态容易使管理者在培训时过分自卑或过分自大，束缚思维和表达。管理者必须克服这样的不良心态，正确认识自己和自己的培训。要意识到越是怕丢脸就越会丢脸，而以平常心面对，把培训当作是与员工的一次沟通交流，是一种辅助自己管理的手段，正常发挥自己的水平，保持自己自然、和蔼的风格即可。管理者要总结历次的培训经验，多与员工沟通，虚心听取员工意见，及时调整自己的培训模式，不断提升自己的培训技能。

（3）要从受训员工的角度思考问题。一方面，管理者要选取员工需要并且实用的知识或理念作为培训内容，要让员工能够从培训中切实得到自己需要的知识和经验。另一方面，管理者要学会尊重受训员工。管理者在培训中要忘记自己是管理层领导，要从为员工服务的角度去认识自己的培训师身份。切忌在培训中摆官架子、要官腔。在培训中管理层和受训员工是平等的，不存在领导与被领导的关系。所以，管理者在培训时态度要和蔼，风格要自然，授课语言要文明礼貌，培训时要想员工所想，给员工所需，充分尊重员工的人格。

（4）调动受训员工的积极性很重要。部门的员工大多不太喜欢参加培训，这就需要管理者及时与员工沟通，汇总员工对培训模式的意见和建议，并及时进行改进。否则，将会影响员工参加培训的积极性，使培训失去了应有的效力和功能。

三、充分了解成人培训学习的特点

酒店营销部门的员工都是成年人，成年人在学习过程中会表现出不同的心态，对管理人员的培训会有不同的需求，更重要的是成年人有独特的学习特点。

（1）反感培训师说教式的教学。营销部的员工大部分具有丰富的经验和感性认识。如用传统的“填鸭”式加说教式的教学必定会引起员工的反感，从而造成培训的无效。管理人员应该运用多种培训手段，引导员工进行学习，同时要注意在培训中营造轻松愉快的氛围，让员工在愉快中学习。

（2）员工渴望通过培训有所收获。营销部的员工在工作中会遇到很多实际问题，如对客沟通、推销技巧的问题等。员工急切需要这些实用的知识来提高自己的业务能力和水平。管理人员在安排培训内容上要注意实用性。培训内容既可以满足员工的实际需求，又可以激发员工的学习兴趣，并最终提升员工的业务能力与水平。

（3）喜欢既有专业知识又有丰富案例或经验的培训师。营销部员工喜爱有专业知识及丰富经验的培训师。营销部的管理人员有着丰富的实践经验，但有时缺乏相关的专业理论知识。因此，营销部管理人员不但要在自己的日常工作中多总结经验及案例以便于充实培训内容，还要在业余时间多阅读一些相关专业书籍或定期参加相关的培训，成为一位专业知识与实践经验兼具的出色管理者和培训师，只有这样才能满足员工日益增长和不断变化的培训需求，增强酒店在行业中的竞争力。

四、营销部管理人员针对部门员工的培训技巧

（1）充分利用多媒体教学手段。只要条件允许，营销部管理人员可以使用多媒体教学手段来提高部门人员的学习兴趣，管理人员可以制作 PPT，加入视频、音乐等多种信息，丰富培训内容的同时，有利于塑造轻松的培训氛围，有利于部门员工的学习。

（2）加强与员工的沟通并在培训中设置相关互动环节。管理人员可以运用案例教学法、角色扮演法或游戏法让员工参与到培训中。实践证明，此类培训方法可以有效地活跃培训课气氛，激发受训员工的学习兴趣，员工对培训内容的记忆会很深刻。

相关链接 搜索

两种重要的培训方法

1. 案例研究法

案例研究法是针对某个特定的问题，向受训员工展示真实性背景，提供大量背景材料，由受训员工依据背景材料来分析问题，提出解决问题的方法，从而培养受训员工分析、解决实际问题的能力。

2. 角色扮演法

采用角色扮演方法时，受训员工身处模拟的日常工作环境之中，按照他在实际工作中应有的权责来担当与其实际工作类似的角色，模拟性地处理工作事务。通过这种方法，受训员工能较快熟悉自己的工作环境，了解自己的工作业务，掌握必需的工作技能，尽快适应实际工作的要求。角色扮演的关键问题是排除受训员工的心理障碍，让受训员工意识到角色扮演的重要意义，减轻其心理压力。

（3）注意聆听员工的反馈。征求员工对培训的意见，然后在此基础上多做改进，以适应员工的培训需求。

培训对于营销部来说十分重要。管理者必须对培训有正确的认识，研究部门员工对培训的需求，掌握相应的培训技巧，真正把培训工作做好，积极激发部门员工的学习兴趣及热情，营造轻松愉快的学习氛围，让员工在快乐中提升工作能力和职业素养。

课堂思考

你觉得培训营销部员工处理客人投诉时需掌握的技巧这项内容时，可以采取哪种培训方法？

复习与思考

一、名词解释

酒店管理　酒店营销　绩效考核　营销控制　培训

二、填空题

1. 酒店运营管理系统主要包括________系统、________系统、________系统。

2. 对营销人员进行考核时，酒店管理者要运用科学的方法和手段对其__________、__________和__________等进行系统考察和分析，从而评价工作绩效。

3. 有效激励主要包括__________激励、__________激励、__________激励和________激励。

4. 酒店营销控制主要包含的内容有________、________、________、________、________。

5. 营销部管理人员针对部门员工的培训技巧有________、________。

三、简答题

1. 酒店营销经理的岗位职责有哪些？

2. 客户拜访工作的工作流程有哪些？

3. 组织策划酒店营销活动需要注意哪些问题？

4. 管理人员应树立怎样的培训意识？

5. 成人学习的特点有哪些？

推荐阅读

1. 为什么要进行酒店创新，怎样创新？ https://www.sohu.com/a/527908732_121123777.

2. 面对社会餐饮的巨大冲击，酒店餐饮该如何向前，https：//zhuanlan.zhihu.com/p/62112298.

3. 从 7 个问题，看酒店如何制定 2023 年市场营销计划，https：//new.qq.com/rain/a/20220915A01D3R00.

4. Z 时代来临，捕捉酒店年轻消费群体的营销创新该怎么做？ https：//www.traveldaily.cn/article/144527.

综合实训练习

1. 请各小组同学讨论如何在酒店营销工作岗位上弘扬工匠精神、提高职业素养，成为卓越的酒店服务与管理人才。
2. 请各小组分别找出一家酒店的营销部机构设置。
3. 请各小组分别了解一家酒店营销部对营销人员的激励措施，并进行分析。
4. 各自谈谈对酒店营销工作的看法。

附录

酒店营销部常用工作表格

酒店营销部常用工作表格如下（见表 1~ 表 10）。

表1　客户信息统计

拜访时间：

客户名称	地　址	电话 / 传真 / 手机	行政接待联系人	主要领导	曾入住酒店及协议价格	主要部门负责人	反馈信息

填表人：

表2　团队预订单

预订日期：

抵店日期		抵店时间		离店日期		离店时间	
团队名称				人数		国籍	
旅行社公司名称							
联系人				电话		传真	
房量		豪华标准间					
房价				付款方式			
叫醒时间				出行的时间			
早餐时间		用餐地点				用餐人数	
用餐标准				付款方式			
晚餐时间		用餐地点				用餐人数	
用餐标准				付款方式			
特殊要求							
备　注							

接单人　　　　　　　　　　　　　　　　　　　　接单日期

审　批：

表3　散客预订单

No.

宾客姓名		**人 数**	**男： 人** **女： 人**		**户籍地** **或国籍**	
抵店时间	年 月 日 时			航班 / 车次		
离店时间	年 月 日 时			航班 / 车次		
拟住天数	天	接待标准		元 / 间 · 天		
房间要求			特殊要求			
付款方式	直接付款	现付 □　优惠券 □ 支票 □　消费券 □ 信用卡 □	间接付款	金卡 □ 托收 □	有效签字人	
单 位			联系方式			
房务部	财务部		签 发		接待人	
备 注						

年　　月　　日

表4　会议设备使用通知单

设备名称	出租期限	费　用	设备情况	承租人	经办人	备　注
	月　日—　月　日					
	月　日—　月　日					
	月　日—　月　日					
	月　日—　月　日					
	月　日—　月　日					
	月　日—　月　日					
	月　日—　月　日					
	月　日—　月　日					
	月　日—　月　日					
	月　日—　月　日					
	月　日—　月　日					
	月　日—　月　日					
	月　日—　月　日					
	月　日—　月　日					
	月　日—　月　日					
	月　日—　月　日					
	月　日—　月　日					
	月　日—　月　日					
	月　日—　月　日					
	月　日—　月　日					
	月　日—　月　日					
	月　日—　月　日					
	月　日—　月　日					

表5　会议接待指令单

编号　　　　　　签发：

一、活动名称：____________________

二、活动时间：__________**会议地点：**__________**人数：**__________

三、主办单位：____________________

四、有效签字人：______________**会务组：**______________

五、内部协调第一责任人：________________ 联系电话：____________________

内部协调第二责任人：________________ 联系电话：____________________

六、接待规格：□ VIP 级　□ 常规

七、会议安排

1. 会议时间：______年___月___日______时至______时

______年___月___日______时至______时

______年___月___日______时至______时

______年___月___日______时至______时

备注：____

2. 参加人数：__________人

3. 会议地点：

□ 5F 多功能厅　□ 5F 第一会议室　□ 5F 第二会议室　□ 5F 西餐厅　□ 3F 华夏厅

□ 3F 维也纳厅　□ 3F 山东厅　□ 2F 芙蓉堂　□ 1F 贵宾厅　□其他会场

备注：____

4. 场租：_____元 / 天，计费天数：_____天，合计场租：_____元

5. 会场形式：□课室式　□剧场式　□ U 形会场　□回形会场　□其他形式

备注：____

八、各部门分工

1. 前厅部

（1）于_______年___月___日___时前预留：

房型：______　间数：______　价格：______元 / 间 · 天（13% 服务费　□加收　□免收）

房型：______　间数：______　价格：______元 / 间 · 天（13% 服务费　□加收　□免收）

房型：______　间数：______　价格：______元 / 间 · 天（13% 服务费　□加收　□免收）

房型：______　间数：______　价格：______元 / 间 · 天（13% 服务费　□加收　□免收）

（2）房卡：□预制　□不预制

（3）宾客入住形式：□散客　□团队　□分配客房　□自理　□代办（附名单及要求）

（4）宾客到店车次（航班）：________　到店时间：________　接站服务：□是　□否

（5）代订车票（机票）：□是　□否　车次（航班）：______　数量：______　目的地：______

（6）行李服务：□是　□否______________________

（7）总机服务：

a. 长话：□开　□关　市话：□开　□关

b. 叫醒服务：□是　□否　时间：__________　房号：______________

2. 客房部

（1）提前清扫房间：□是　□否　时间：________　房号：____________

（2）房间小酒吧：□保留　□撤除

（3）房内其他要求：□花插：________　□果盘：________

（4）会场盯厕服务：□是　□否

（5）洗衣服务：____

（6）其他：____

3. 康乐部

（1）会议服务要求：

□茶水： □绿茶 □花茶 □红茶 □乌龙茶 □其他

□果盘：标准：____元 / 个，数量：____个，共计：____元

□茶歇：标准：____元 / 位，人数：____人，共计：____元

（2）会议所需物品及设备：

□白板 □白板擦 □水性白板笔____只 □信纸 □铅笔 □圆珠笔

□激光教鞭 □有线麦克____只 □无线麦克____只 □录音____元 / 小时

（3）绿色植物品种数量及摆放要求：

（4）康乐服务：

a. □保龄球：消费时间：________ 价格：______ 服务费 □加收 □免收

b. □游泳池：消费时间：________ 价格：______ 服务费 □加收 □免收

c. □桑拿浴：消费时间：________ 价格：______ 服务费 □加收 □免收

d. □健　身：消费时间：________ 价格：______ 服务费 □加收 □免收

e. □棋牌室：消费时间：________价格：______ 服务费 □加收 □免收

f. □歌舞厅、KTV：消费时间：________ 价格：______ 服务费□加收 □免收

（5）其他：____

4. 餐饮部

（1）会议服务要求：

□茶水：□绿茶 □花茶 □红茶 □乌龙茶 □其他

□果盘：标准：____元 / 个，数量：____个，共计：______元

□茶歇：标准：____元 / 位，人数：____人，共计：______元

（2）会议所需物品及设备：

□白板 □白板擦 □水性白板笔____只 □信纸 □铅笔 □圆珠笔 □激光教鞭

（3）用餐要求：

a. 用餐形式：□零点 □宴会 □自助餐 □会议桌餐

b. 用餐地点、标准及人数：______________________________

□ 2F 餐厅 标准：____元 / 人 用餐人数：____人 桌数：____桌

□ 3F 餐厅 标准：____元 / 人 用餐人数：____人 桌数：____桌

□ 5F 餐厅 标准：____元 / 人 用餐人数：____人 桌数：____桌

c. 服务费：□加收 □免收

（4）其他：

5. 工程部

（1）会议所需设备的安装：________________ 会议接待部门确认安装调试结果：________________

□有线麦克____只 □无线麦克____只 □领夹式麦克____只 □电脑投影仪____元 / 天

□笔记本电脑____元 / 天 □电视 □ VCD □音响

（2）条幅的安装：位置：____________________ 安装完成时间：______________________________

（3）保证设施、设备的正常运转

6. 财务部

（1）房价：□公开 □保密

（2）杂费：□自理 □会议结算 □免收 □其他形式

（3）押金收取：会议消费总额的□ 15% □ 30% □ 50%

（4）结账方式：□现金 □支票 □金卡 □担保

（5）服务费：□加收 □免收

（6）电脑房：

电脑刻字：

内容：________________________

规格：_____cm×_____cm　　　制作完成时间：________________________

（7）其他：________________________

7. 安全部

（1）停车位：□预留　　□不预留

（2）制定紧急事件处理方案：□是　　□否

（3）交通协调：会议用车车号（车型）________________________

5 座以上车号（车型）________________________

抵店时间：______日____时____分

（4）其他：________________________

8. 营业部

（1）指示牌 / 路标：数量____个，规格：□大　□小，摆放位置：__________

内容：________________________　费用：__________元

（2）条幅：内容：________________________

规格：____m×____m　　　费用：______元

（3）桌签：内容：________________________

数量：____________　　　费用：______元

（4）□投影屏幕　□胶片投影仪____元 / 天　□摄影____元 / 小时　□摄像____元 / 小时

（5）会议期间负责与会务组协调随时补充未尽事宜，做好服务工作

（6）其他：________________________

9. 车队

（1）租用车型：

□依维柯　（车号：鲁 A×××××）　　费用：______元

□桑塔纳　（车号：鲁 A×××××）　　费用：______元

□丰田佳美（车号：鲁 O×××××）　　费用：______元

（2）其他：________________________

计划拟定：__________　营业部经理：__________

时　　间：__________　时　　　间：__________

会议准备情况完成记录：

	计划发放	会场布置	设备安装	房卡制作	用餐安排	客房准备	路标指示	车辆使用	车辆停放	押金收取
完成时间										
工作人员										
检查人员										

表6　会议接待所需物品及服务清单

（会议时间：　年　月　日至　年　月　日）

一、报到

会　标：☐主楼门口　☐会堂门口　☐贵宾楼门口　☐南风阁门口
☐拱北楼门口电子屏
内容：
挂撤时间：
签到台：☐主楼大厅　☐会堂大厅　☐贵宾楼大厅　☐南风阁大厅
☐拱北楼大厅　☐会场外
①1桌3椅　②2桌5椅　③3桌8椅　④4桌10椅
摆撤时间：
指示牌：☐主楼大厅　☐会堂大厅　☐贵宾楼大厅　☐南风阁大厅
☐拱北楼大厅　☐重华堂楼梯口　☐餐厅门口
内容：
摆撤时间：
背景板：☐签到处背景板　☐室外背景板
摆撤时间：
拱　门：☐主楼门口　☐会堂门口　☐贵宾楼门口　☐南风阁门口
☐拱北楼门口　☐正门道路　☐大舜像前广场　☐地球仪南侧
内容：
摆撤时间：
空　飘：☐主楼门口　☐会堂门口　☐贵宾楼门口　☐南风阁门口
☐拱北楼门口　☐大舜像前广场
内容：
摆撤时间：
鲜　花：☐桌花　☐花篮
其　他：☐签到簿　☐易拉宝　☐网线
☐接线板　☐抽奖箱　☐会务费收取　☐验钞机
☐礼仪服务　☐行李服务　☐票务服务

二、客房

☐鲜花　☐果盘　☐客房网线　☐客房商品
☐上网　☐笔记本电脑

三、餐饮

①时间：　地点：　人数：　标准：　形式：
②时间：　地点：　人数：　标准：　形式：
③时间：　地点：　人数：　标准：　形式：
④时间：　地点：　人数：　标准：　形式：
鲜　花：☐桌花（　盆）☐瀑布花（　个）☐花篮（　个）　☐胸花（　个）
绿　植：☐常规绿植　☐特需绿植

麦　克：☐有线（　个）　☐无线（　个）
☐席签　☐菜单　☐餐券　☐餐间演出
☐音响　☐投影仪　☐投影幕布　☐激光笔
☐演讲台　☐地台　☐酒水　☐背景音乐
☐特殊要求

四、会场

①时间：　地点：　人数：　形式：
②时间：　地点：　人数：　形式：
③时间：　地点：　人数：　形式：
④时间：　地点：　人数：　形式：

会　标：☐主会标　☐尾标　☐侧标
①内容：
②内容：

鲜　花：☐桌花（　盆）　☐瀑布花（　个）　☐花篮（　个）　☐胸花（　个）
☐主题造型花卉

绿　植：☐常规绿植　☐特需绿植

麦　克：☐有线（　个）　☐无线（　个）　☐胸麦（　个）
☐合唱话筒（　个）　☐会场内背景板　☐主席台（　人）
☐演讲台　☐地台　☐红旗背景台
☐音响　☐电影放映机　☐电影幕布
☐投影仪　☐投影幕布　☐激光笔
☐会场电子屏　☐白板及白板笔　☐笔记本电脑
☐液晶电视　☐屏蔽器　☐接线板
☐抽奖箱　☐录音　☐会场上网
☐会场外线电话　☐演出　☐颁奖
☐背景音乐　☐茶水　☐矿泉水
☐香巾　☐果盘　☐茶歇
☐席签　☐纸、笔　☐礼仪服务
☐提前布置会场　☐室外场地租用

五、其他

☐合影　☐租车服务　☐旅游服务　☐手机短信服务

六、备注事宜

宾客签字：　销售经理：
年　月　日

表7　某酒店会议报价

一、客房

房型		数量	门市价格（元/间/天）	会议优惠价（元/间/天）	备注
主楼	标准间	用房总数不低于30间			净价
	单人间				净价
	套间				净价
贵宾楼	标准间	用房总数不低于5间			净价
	单人间				净价
	复式间				净价
	套间				净价

二、会议室

名称	半天/全天门市价格（元）	半天/全天优惠价格（元）	形式	人数	备注

三、就餐

地点	人数	早餐（元/人）		午餐（元/人）	晚餐（元/人）	形式	备注
		门市价	优惠价				

另：正餐需加收消费总额的10%服务费及1%副食调节税；如自带酒水需加收消费总额的20%服务费及1%副食调节税。

联系电话：　　　　　　传真：　　　　　　网址：

某酒店营销部

表8　某酒店营销部销售人员拜访客户日报

SG/BG.YX/18.00-002

销售经理：　　　　　　　　　　　　　　　　　　　　年　月　日

序号	客户名称	时间	内容	被拜访人	职务	电话	意见（信息）反馈	客户类别					拜访形式			
								企业	市直	省直	公司	其他	电话	登门	店内	其他

注：本表每周一至周五下午 5 时交营销部文员，填写字迹要工整，内容要翔实。意见（信息）反馈项必须填写，如内容填写不开在“其他”栏中补充，客户类别处打√后，新客户用 N 表示，老客户用 O 表示。

表9　营销部合同一览

编码：SG/BG.YX/005　　　　　　　　　　　　　　　　　　　　No.

序　号	合　同　名　称	合同种类			合同编号	下单日期	抵离日期	店内陪同	更改内容	备　注
		重　大	特　殊	普　通						

表10　营销部已确认综合类预订评审记录

日　期	活动名称	人　数	用房数量	会场时间地点	餐厅时间地点	销售经理	评审人	预订时间	备　注

参 考 文 献

[1] 刘晓琳，孙赫 . 酒店市场营销 [M] .2 版 . 北京 ：中国旅游出版社，2020.

[2] 徐公仁 . 酒店数字化营销 [M] . 郑州 ：郑州大学出版社，2023.

[3] 汪京强，黄昕 . 酒店数字化营销 [M] . 武汉 ：华中科技大学出版社，2022.

[4] 邓俊枫 . 酒店数字化营销 [M] . 北京 ：清华大学出版社，2023.

[5] 胡敏 . 酒店营销与数字化实务 [M] . 北京 ：中国人民大学出版社，2021.

[6] 孙健，王海燕，李伟 . 酒店数字化营销 [M] . 北京 ：旅游教育出版社，2022.

[7] 李勇，钱晔 . 数字化酒店 ：技术赋能 + 运营变革 + 营销升级 + 管理转型 [M] . 北京 ：人民邮电出版社，2021.

[8] 李勇 . 互联网 + 酒店 ：传统酒店的战略转型、营销变革与管理重构 [M] . 北京 ：人民邮电出版社，2016.

[9] 陈学清，徐勇 . 酒店市场营销 [M] .2 版 . 北京 ：清华大学出版社，2018.

[10] 崔波，胡顺利 . 酒店市场营销 [M] . 北京 ：化学工业出版社，2021.

项目策划： 段向民
责任编辑： 张芸艳　李文静
责任印制： 谢　雨
封面设计： 武爱听

图书在版编目（CIP）数据

酒店数字化营销 / 刘晓琳，孙赫编著. -- 北京 : 中国旅游出版社，2023.10

中国旅游院校五星联盟教材编写出版项目　中国骨干旅游高职院校教材编写出版项目

ISBN 978-7-5032-7133-5

Ⅰ. ①酒… Ⅱ. ①刘… ②孙… Ⅲ. ①饭店－数字化－市场营销－高等职业教育－教材 Ⅳ. ①F719.2-39

中国国家版本馆CIP数据核字(2023)第108007号

书　　名： 酒店数字化营销

作　　者： 刘晓琳　孙赫
出版发行： 中国旅游出版社
（北京静安东里 6 号　邮编：100028）
http://www.cttp.net.cn　E-mail:cttp@mct.gov.cn
营销中心电话：010-57377103，010-57377106
读者服务部电话：010-57377107
排　　版： 北京旅教文化传播有限公司
经　　销： 全国各地新华书店
印　　刷： 三河市灵山芝兰印刷有限公司
版　　次： 2023 年 10 月第 1 版　2023 年 10 月第 1 次印刷
开　　本： 787 毫米 ×1092 毫米　1/16
印　　张： 22.25
字　　数： 384 千
定　　价： 49.80 元
I S B N　978-7-5032-7133-5

“十四五”职业教育国家规划教材

旅游职业道德

第四版

主　编◎魏　凯　曹常玲　宿翠萍
副主编◎宁顺颖　王伟亚　张琳琳　陶　喆　李姬贤

中国旅游出版社

项目策划：段向民
责任编辑：孙妍峰
责任印制：孙颖慧
封面设计：武爱听

图书在版编目（CIP）数据

旅游职业道德 / 魏凯，曹常玲，宿翠萍主编 ； 宁顺颖等副主编． -- 4版． -- 北京 ： 中国旅游出版社，2023.7（2024.1重印）
“十四五”职业教育国家规划教材
ISBN 978-7-5032-7187-8

Ⅰ．①旅… Ⅱ．①魏… ②曹… ③宿… ④宁… Ⅲ．①旅游业－职业道德－职业教育－教材 Ⅳ．①F590.63

中国国家版本馆CIP数据核字（2023）第140597号

书　　名：旅游职业道德（第四版）

主　　编：魏　凯　曹常玲　宿翠萍
副 主 编：宁顺颖　王伟亚　张琳琳　陶　喆　李姬贤
出版发行：中国旅游出版社
（北京静安东里6号　邮编：100028）
http://www.cttp.net.cn　E-mail:cttp@mct.gov.cn
营销中心电话：010-57377103，010-57377106
读者服务部电话：010-57377107
排　　版：北京旅教文化传播有限公司
经　　销：全国各地新华书店
印　　刷：北京工商事务印刷有限公司
版　　次：2023年7月第4版　2024年1月第2次印刷
开　　本：787毫米×1092毫米　1/16
印　　张：19.5
字　　数：320千
定　　价：49.80元
I S B N　978-7-5032-7187-8

第四版前言

《旅游职业道德》自2011年首次出版以来，在教材内容上打破学科体系、知识本位的束缚，加强与生产生活的联系，突出应用性与实践性，并通过配套数字化教学资源，形成“纸质教材+多媒体平台”的新形态一体化教材体系，得到了广大师生的广泛认可，也陆续入选教育部“十二五”“十三五”“十四五”职业教育国家规划教材。此次修订，是在深入学习、领悟“十四五”职业教育国家规划教材评审专家反馈意见的基础上进行的。

一是顺应数字化发展趋势，增加了二维码在内的教学内容数字化呈现方式，便于读者通过扫二维码方式获取相关知识链接及教学资源，使其可听、可视、可练、可互动、可考核。

二是更新了书稿中的大量案例和链接资料，新的案例资料在内容选取上重点凸显旅游职业精神塑造与旅游产业发展新形态、新理念、新标准的紧密结合，同时大量丰富了新时代下先进工作者和劳动模范典型案例，以榜样力量，激发学生学习兴趣，提升职业素养。

三是补充完善了社会主义核心价值观的内容。增加了绪论，绪论内容主要包括：深刻认识党的二十大胜利召开的伟大意义，提升新时代大学生政治站位；深刻把握党的二十大主题，激发新时代大学生爱国热情；深入学习领悟过去五年工作和新时代十年伟大变革的重大意义，增强新时代大学生民族自豪感；深刻领会“两个结合”是推进马克思主义中国化时代化的根本途径，加强新时代大学生弘扬中华优秀传统文化教育；牢牢把握全面建设社会主义现代化国家开局起步的战略部署，指引新时代大学生守正创新促发展；深入把握党的二十大关于文化和旅游工作的部署要求，推动文旅融合高质量发展；深刻把握团结奋斗的新时代要求，为文旅行业培养高素质人才。

由于作者水平有限，不足之处在所难免，敬请广大读者批评指正！

编者

2023年7月

第三版前言

2021年是“十四五”开局之年，“十四五”是我国全面建成小康社会、实现第一个百年奋斗目标之后，乘势而上开启全面建设社会主义现代化国家新征程、向第二个百年奋斗目标进军的第一个五年。我国已进入高质量发展阶段，高质量发展离不开高素质人才。世界旅游组织曾提出，高质量的服务，高质量的员工，高质量的旅游。党的十九大报告指出，要建设知识型、技能型、创新型劳动者大军，弘扬劳模精神和工匠精神，营造劳动光荣的社会风尚和精益求精的敬业风气。要深入实施公民道德建设工程，推进职业道德建设。

习近平总书记指出：“核心价值观，其实就是一种德，既是个人的德，也是一种大德，就是国家的德、社会的德。国无德不兴，人无德不立。”“人类社会发展的历史表明，对一个民族、一个国家来说，最持久、最深层的力量是全社会共同认可的核心价值观。”

社会主义核心价值观的内容为倡导富强、民主、文明、和谐，倡导自由、平等、公正、法治，倡导爱国、敬业、诚信、友善。核心价值观，承载着一个民族、一个国家的精神追求，体现了一个社会评判是非曲直的价值标准。社会主义核心价值观是从国家、社会、公民层面提出的价值目标、价值取向、价值准则，是旅游从业人员职业行为的基本准则，也是旅游人才职业道德培养的基本遵循。

旅游职业道德规范是社会主义核心价值观在旅游从业者从事职业活动过程中的思想道德与行为规范的具体体现，具有丰富的理论内涵和重要的现实意义。旅游从业者应自觉遵守旅游职业道德规范，深刻理解社会主义核心价值观的理论内涵，内化于心，外化于行，在工作的具体实践中坚守理想信念，礼敬传统文化、传承民族精神，涵养道德品行，增强文化自信，大力弘扬中华优秀文化、革命文化和社会主义先进文化，做到恪尽职守、诚实守信、热情友善，努力成为旅游职业道德规范的践行者，使自觉践行社会主义核心价值观成为工作生活的行动指南，走好旅游职业生涯中的每一步。

工匠精神是一种职业精神价值取向和职业道德文化，也是职业能力与职业品质的体现，是企业“软实力”的核心体现，是塑造企业文化的重要精神内涵。“精益求精”的品质精神，“追求卓越”的创新精神，“用户至上”的服务精神，“淡泊名利”的奉献精神，都是当代中国工匠精神和职业精神的体现。加强对大学生工匠精神培育和职业道德教育，是大学生实现其自我价值的应有之义，是培育社会主义核心价值观的必然要求，是实现中华民族伟大复兴的基本要求。

《旅游职业道德》由中国旅游出版社于2011年9月初版，2017年6月第二版。作为“十二五”职业教育国家规划教材，“十三五”职业教育国家规划教材，本教材以理论与实践的有机融合和行业背景而具有鲜明特色，理念先进、体例新颖、内容丰富，集名言警句、案例分析、实践拓展、推荐阅读为一体，为广大高职院校认可，受到学生和行业人士的好评。曾先后荣获教育部第二届旅游管理类优秀教学成果奖二等奖，山东省级教学成果三等奖，山东高校思想政治教育研究优秀成果二等奖等。

随着旅游业的快速发展和国家经济社会发展，教材需要与时俱进，及时反映旅游行业新情况、新发展，体现旅游行业和国家发展的新思想、新理念、新格局。为此，本教材做了新的调整，主要体现在以下两方面。一方面是进一步优化教材内容。删除了不合时宜的陈旧案例，增加了旅游行业的最新案例；体现了旅游行业的新思想、新观念、新政策。另一方面是体现了时代性、广泛性、典型性。增加了新形势、新时期涌现的道德模范、先进人物事迹，为培养学生坚定理想信念、服务人民、拥护党的领导，努力做社会主义合格建设者和接班人起到了引领作用。

编者

2021年3月

第二版前言

《旅游职业道德》由中国旅游出版社于2011年9月初版。本教材以理论与实践的有机融合和行业背景而具有鲜明特色，经过几个学期的使用，为广大高职院校认可，获得学生和行业人士的好评。

随着旅游行业的快速发展，本教材内容有必要做与时俱进的调整，以及时反映旅游行业的新情况、新发展，体现旅游行业的新思想、新观念、新需要；同时，体现出新的教育方式方法、增加新的教学手段，适应学校教学改革的需要。通过修订工作，可以进一步完善原有的教材内容，丰富教材特色，运用案例分析、名言警句、故事讲述等方式，让学生更直观地感受旅游行业职业道德的要求，更加切合教育教学的实际需要，使本书成为一本优秀的教材。

本次调整，主要从三个方面进行修改和完善。第一，进一步优化教材内容。在上一版的基础上，结合各院校的反馈意见，根据旅游业发展的实际，增加了自觉遵守旅游公共道德等新的内容；删去了上一版中表述容易出现歧义的内容。第二，进一步丰富了教材体例。本教材的内容具有一定的抽象性，需要通过更多的案例和情境分析来分散教学难点，因此，本次修订中进一步丰富了编写体例和结构，如根据教材内容，增加了漫画表现。使学生在进行抽象的理论学习的过程中能够通过漫画、故事、案例、名言警句等通俗易懂的形式来进行学习，掌握要领。第三，增加了电子课件。

“旅游职业道德”是旅游管理及相关专业的必修课。旅游行业迫切需要高素质的具有良好品行的新型专业服务人才来适应行业发展。作为教育重要组成部分的职业教育，以培养行业应用型人才为已任，抓好职业道德的培养，将使学生更好地服务于行业企业，同时在职业规划和发展空间上，更具有竞争力、适应力和上升力的有效保障。

本教材获评“十二五”职业教育国家规划教材是对我们编写工作的最大肯定，也期待在使用过程中广大读者多提宝贵意见，我们将不断努力提高教材质量。

编者

2017年3月

前　言

随着全球经济一体化的发展，旅游业已经成为全球经济中发展势头最强劲和规模最大的产业之一。旅游业被称为窗口行业，世界旅游组织1994年提出“高质量的服务，高质量的员工，高质量的旅游”的口号。不断培养高素质的旅游从业人员，以保证旅游业的高速、持续发展，是世界旅游业发展面临的共性问题。

改革开放以来，中国旅游业经过了30多年的发展，从小到大，由弱到强，已经完成了从旅游资源大国向亚洲旅游大国进而向世界旅游大国的跨越，并将向世界旅游强国的目标迈进。旅游业的发展前景是广阔的，摆在广大旅游从业人员面前的任务也是繁重而艰巨的。国务院在《关于加快发展旅游业的意见》中指出，要转变发展方式，提升发展质量，把旅游业培育成国民经济的战略性支柱产业和人民群众更加满意的现代服务业。我国旅游业起步较晚，但发展迅速，旅游业在我国城市经济发展中的产业地位、经济作用逐步增强，旅游业对城市经济的拉动性、社会就业的带动力以及对文化与环境的促进作用日益显现。

要把旅游业培育成为国民经济的战略性支柱产业，不断增强综合竞争力，离不开“硬件”与“软件”的建设。近年来，我国旅游业的“硬件”建设已经有了很大的发展，旅游接待设施和条件得到根本改善，特别是饭店建设的规模和质量已经达到了相当的水平，有了长足的进步。但是，旅游管理和服务意识等“软件”建设方面却仍然存在着明显差距。近年来，旅游业竞争日益激烈，竞争已经不仅仅停留在产品竞争、服务竞争、品牌竞争上，21世纪竞争的核心是对人才的竞争。而人才素质中最重要的要素就是从业人员的职业操守，对待职业的精神、态度等。所以，提高旅游专业队伍的素质，提升全行业的职业道德素质和水平，是加强旅游业“软件”建设的关键。着力提高全体旅游从业人员的素质更是中国旅游业发展的重中之重。作为为行业和企业输送人才的职业院校，如何培养具有优秀的职业道德素养、具有敬业乐业奉献精神、忠于职守的旅游专业人才，成为当今职业教育的重要课题。

本书凝结了编者多年的教学理论和实践经验，凝聚了山东旅游职业学院多年来对人才素质教育的智慧和成果。在体例上进行了大胆创新，打破了20多年来《旅游职业道德》教材一贯的单一体例，以及重理论阐述，轻实践应用的传统模式，合理整合了当今社会以及旅游行业中的前沿理论、实践经验。全书共分六章，每章分为四个单元，即名言荟萃、背景知识、复习思考、推荐阅读，架构了完整的知识和实践体系。书中还融入了大量形象直观的案例、漫画、图示等，对枯燥、晦涩的理论知识呈现了多元化、多视角的解读形式，令人耳目一新，凸显了当代素质教育的特色和重点，对职业道德教育起到了引领性的作用。

在本书的编写中借鉴了国内外教育界、业界同人的研究成果和相关学术著作，在此向作者深表感谢。由于水平所限，本书的编写难免会有疏漏、谬误之处，恳请广大专家、读者不吝赐教，致谢！

编者

2011年8月

目录
CONTENTS

绪　论

党的二十大是在全党全国各族人民迈上全面建设社会主义现代化国家新征程、向第二个百年奋斗目标进军的关键时刻召开的一次十分重要的大会，是一次高举旗帜、凝聚力量、团结奋进的大会。党的二十大在政治上、理论上、实践上取得了一系列重大成果，就新时代新征程党和国家事业发展制定了大政方针和战略部署，是我们党团结带领人民全面建设社会主义现代化国家、全面推进中华民族伟大复兴的政治宣言和行动纲领，对于全党全国各族人民更加紧密团结在以习近平同志为核心的党中央周围，万众一心、接续奋斗，在新时代新征程夺取中国特色社会主义新的伟大胜利，具有极其重大而深远的意义。学习贯彻党的二十大精神，习近平总书记强调的“五个牢牢把握”是最精准的解读、最权威的辅导。要从战略和全局高度完整、准确、全面理解把握党的二十大精神，增强学习贯彻的政治自觉、思想自觉、行动自觉，为实现党的二十大确定的目标任务不懈奋斗。

一、深刻认识党的二十大胜利召开的伟大意义，提升新时代大学生政治站位

党的二十大担负起全党的重托和人民的期待，从战略全局深刻阐述了新时代坚持和发展中国特色社会主义的一系列重大理论和实践问题，科学谋划了未来一个时期党和国家事业发展的目标任务和大政方针，在党和国家历史上具有重大而深远的意义。

（一）这是中国共产党在百年辉煌成就和十年伟大变革的高起点上创造新时代更大荣光的大会

中国共产党在百年历程中共召开了十九次全国代表大会。党的二十大是我们党

在建党百年后召开的首次全国代表大会，也是在新时代十年伟大变革的时间坐标上召开的全国代表大会，具有特别的里程碑意义。

（二）这是推进实践基础上的理论创新、开辟马克思主义中国化时代化新境界的大会

马克思主义中国化时代化既是马克思主义的自身要求，又是中国共产党坚持和发展马克思主义的必然路径。中国共产党为什么能，中国特色社会主义为什么好，归根到底是马克思主义行，是中国化时代化的马克思主义行。党的二十大深刻阐述了习近平新时代中国特色社会主义思想的科学内涵和精神实质，深入阐释了开辟马克思主义中国化时代化新境界的重大命题并提出了明确要求，具有重大理论意义。

（三）这是谋划全面建设社会主义现代化国家、以中国式现代化全面推进中华民族伟大复兴的大会

现代化是各国人民的共同期待和目标。百年来，我们党团结带领人民进行的一切奋斗、一切牺牲、一切创造，就是为了把我国建设成为现代化强国，实现中华民族伟大复兴。在新中国成立特别是改革开放以来的长期探索和实践基础上，经过党的十八大以来在理论和实践上的创新突破，我们党成功推进和拓展了中国式现代化，创造了人类文明新形态。党的二十大明确提出以中国式现代化全面推进中华民族伟大复兴的使命任务，精辟论述了中国式现代化的中国特色、本质要求和重大原则，深刻阐释了中国式现代化的历史渊源、理论逻辑、实践特征和战略部署，大大深化了我们党关于中国式现代化的理论和实践。

（四）这是致力于推动构建人类命运共同体、携手开创人类更加美好未来的大会

当前，世界之变、时代之变、历史之变正以前所未有的方式展开，人类社会面临前所未有的挑战。世界又一次站在历史的十字路口，何去何从取决于各国人民的抉择。党的二十大深刻把握世界大势和时代潮流，宣示中国在变局、乱局中促进世界和平与发展、推动构建人类命运共同体的政策主张和坚定决心，为共创人类更加美好的未来注入强大信心和力量。

（五）这是推动解决大党独有难题、以党的自我革命引领社会革命的大会

全面建设社会主义现代化国家、全面推进中华民族伟大复兴，关键在党。党的二十大明确提出：我们党作为世界上最大的马克思主义执政党，要始终赢得人民拥护、巩固长期执政地位，必须时刻保持解决大党独有难题的清醒和坚定。

二、深刻把握党的二十大主题，激发新时代大学生爱国热情

党的二十大的主题，正是我们党对这些事关党和国家事业继往开来、事关中国特色社会主义前途命运、事关中华民族伟大复兴战略性问题的明确宣示，是大会的灵魂。习近平总书记在党的二十大报告中，开宗明义指出大会的主题："高举中国特色社会主义伟大旗帜，全面贯彻新时代中国特色社会主义思想，弘扬伟大建党精神，自信自强、守正创新，踔厉奋发、勇毅前行，为全面建设社会主义现代化国家、全面推进中华民族伟大复兴而团结奋斗。"这一主题明确宣示了我们党在新征程上带领人民举什么旗、走什么路、以什么样的精神状态、朝着什么样的目标继续前进等重大问题。《中国共产党第二十次全国代表大会关于十九届中央委员会报告的决议》指出："报告阐明的大会主题是大会的灵魂，是党和国家事业发展的总纲。"学习理解党的二十大精神，必须把握这一"灵魂"，抓住这一"总纲"。大会主题中的六个关键词语值得我们高度重视。

（一）旗帜

新时代新征程党高举的旗帜就是"中国特色社会主义伟大旗帜"。大会主题写入这一根本要求，既体现了中国特色社会主义历史演进的连续性、继承性，又体现了新时代党坚持和发展中国特色社会主义的坚定性、恒久性。

（二）思想

大会主题所指示的"全面贯彻新时代中国特色社会主义思想"，就是要求在新时代新征程必须全面贯彻习近平新时代中国特色社会主义思想。党的二十大报告对

此作出全面部署。

（三）精神

继在庆祝中国共产党成立 100 周年大会上习近平总书记提出并号召继承发扬伟大建党精神后，党的二十大主题写入了“弘扬伟大建党精神”的要求，新修改的党章载入了伟大建党精神“坚持真理、坚守理想，践行初心、担当使命，不怕牺牲、英勇斗争，对党忠诚、不负人民”的内涵，这是党在自己最高权力机关及最高章程上的庄严宣示，明确回答了党以什么样的精神状态走好新的赶考之路的重大问题，不仅是贯穿大会报告的重要红线，也是今后党的全部理论和实践的重要遵循。

（四）现代化

“现代化”即“全面建设社会主义现代化国家”。这一重要主题彰显了当前和今后一个时期党的中心任务。党的二十大庄严宣告：“从现在起，中国共产党的中心任务就是团结带领全国各族人民全面建成社会主义现代化强国、实现第二个百年奋斗目标，以中国式现代化全面推进中华民族伟大复兴。”“中国式现代化”成为这次大会的重要标识。

（五）复兴

在党的二十大主题中，前后用了三个“全面”，即“全面贯彻新时代中国特色社会主义思想”“全面建设社会主义现代化国家”“全面推进中华民族伟大复兴”。第一个“全面”规定了新时代党的创新科学理论的指导地位，第二个“全面”规定了新时代新征程的中心任务，第三个“全面”规定了党在新时代新征程的奋斗目标。大会主题中的前两个“全面”，以及报告全文使用的其他一百多个“全面”，都是为了实现“全面推进中华民族伟大复兴”这一根本目标。

（六）团结奋斗

“团结奋斗”是党的二十大主题的鲜明特色。除了在主题中要求“为全面建设社会主义现代化国家、全面推进中华民族伟大复兴而团结奋斗”外，“团结奋斗”一词还体现在党的二十大报告的标题、导语、正文、结束语各个部分。报告全文共使用7次“团结奋斗”、27次“团结”，突出表达了这次大会的主基调。

三、深入学习领悟过去五年工作和新时代十年伟大变革的重大意义，增强新时代大学生民族自豪感

过去五年和新时代以来的十年，在党和国家发展进程中极不寻常、极不平凡。习近平总书记在党的二十大报告中全面回顾总结了过去五年的工作和新时代十年的伟大变革，深刻指出新时代十年的伟大变革，在党史、新中国史、改革开放史、社会主义发展史、中华民族发展史上具有里程碑意义。学习宣传、贯彻落实党的二十大精神，必须深入学习领悟过去五年工作和新时代十年伟大变革的重大意义，坚定历史自信、增强历史主动，自觉在思想上政治上行动上同以习近平同志为核心的党中央保持高度一致。

党的二十大报告在总结党的十九大以来五年工作基础上，用“三件大事”、三个“历史性胜利”高度概括新时代十年走过的极不寻常、极不平凡的奋斗历程，从16个方面全面回顾党和国家事业发展取得的举世瞩目的重大成就，从4个方面总结提炼新时代十年伟大变革的里程碑意义。新时代十年的伟大变革，充分证明中国特色社会主义道路不仅走得对、走得通，而且走得稳、走得好。

四、深刻领会“两个结合”是推进马克思主义中国化时代化的根本途径，加强新时代大学生弘扬中华优秀传统文化教育

党的二十大报告提出，中国共产党为什么能，中国特色社会主义为什么好，归根到底是马克思主义行，是中国化时代化的马克思主义行。100多年来，我们党洞察时代大势，把握历史主动，进行艰辛探索，坚持解放思想和实事求是相统一、培元固本和守正创新相统一，把马克思主义基本原理同中国具体实际相结合、同中华优秀传统文化相结合，不断推进理论创新、进行理论创造，不断推进马克思主义中国化时代化，带领中国人民不懈奋斗，中华民族迎来了从站起来、富起来到强起来的伟大飞跃，实现中华民族伟大复兴进入了不可逆转的历史进程。

马克思主义理论不是教条，而是行动指南。习近平总书记在党的二十大报告中

指出："我们坚持以马克思主义为指导，是要运用其科学的世界观和方法论解决中国的问题，而不是要背诵和重复其具体结论和词句，更不能把马克思主义当成一成不变的教条。"坚持和发展马克思主义，必须同中国具体实际相结合。100 多年来，我们党把坚持马克思主义和发展马克思主义统一起来，既始终坚持马克思主义基本原理不动摇，又根据中国革命、建设、改革实际，创造性地解决自己的问题，不断开辟马克思主义中国化时代化新境界。坚持和发展马克思主义，必须同中华优秀传统文化相结合。只有植根本国、本民族历史文化沃土，马克思主义真理之树才能根深叶茂。中华优秀传统文化源远流长、博大精深，是中华文明的智慧结晶，其中蕴含的天下为公、民为邦本、为政以德、革故鼎新、任人唯贤、天人合一、自强不息、厚德载物、讲信修睦、亲仁善邻等，是中国人民在长期生产生活中积累的宇宙观、天下观、社会观、道德观的重要体现，同科学社会主义核心价值观主张具有高度契合性。中国共产党之所以能够领导人民成功走出中国式现代化道路、创造人类文明新形态，很重要的一个原因就在于植根中华文化沃土，不断推进马克思主义中国化时代化，推动中华优秀传统文化创造性转化、创新性发展。

五、牢牢把握全面建设社会主义现代化国家开局起步的战略部署，指引新时代大学生守正创新促发展

党的二十大站在党和国家事业发展的制高点，科学谋划了未来五年乃至更长时期党和国家事业发展的目标任务和大政方针，发出了全面建设社会主义现代化国家、全面推进中华民族伟大复兴的动员令。

"全面建成社会主义现代化强国，总的战略安排是分两步走：从二〇二〇年到二〇三五年基本实现社会主义现代化；从二〇三五年到本世纪中叶把我国建成富强民主文明和谐美丽的社会主义现代化强国。"党的二十大对全面建成社会主义现代化强国两步走战略安排进行了宏观展望，又围绕统筹推进"五位一体"总体布局、协调推进"四个全面"战略布局，从 11 个方面对未来五年工作作出全面部署，全面构建了推进社会主义现代化建设的实践体系。特别是把教育科技人才、全面依法治国、维护国家安全和社会稳定单列部分进行具体安排，充分体现了抓关键、补短板、防风险的战略考量，是党中央基于新的战略机遇、新的战略任务、新的战略阶

段、新的战略要求、新的战略环境做出的科学判断和战略安排，必将引领全党全国各族人民有效应对世界之变、时代之变、历史之变，推动全面建设社会主义现代化国家开好局、起好步。

六、深入把握党的二十大关于文化和旅游工作的部署要求，推动文旅融合高质量发展

党的二十大作出推进文化自信自强、铸就社会主义文化新辉煌的重大战略部署，要准确把握社会主义文化建设的指导思想和原则目标、战略重点和主要任务以及中国立场和时代要求。

（一）要准确把握社会主义文化建设的指导思想和原则目标

报告指出："全面建设社会主义现代化国家，必须坚持中国特色社会主义文化发展道路，增强文化自信，围绕举旗帜、聚民心、育新人、兴文化、展形象建设社会主义文化强国，发展面向现代化、面向世界、面向未来的，民族的科学的大众的社会主义文化，激发全民族文化创新创造活力，增强实现中华民族伟大复兴的精神力量。"报告明确提出了社会主义文化建设的根本指导思想、基本原则和奋斗目标，坚持为人民服务、为社会主义服务，以社会主义核心价值观为引领，发展社会主义先进文化，弘扬革命文化，传承中华优秀传统文化，满足人民日益增长的精神文化需求，巩固全党全国各族人民团结奋斗的共同思想基础，不断提升国家文化软实力和中华文化影响力。

（二）要准确把握社会主义文化建设的战略重点和主要任务

党的二十大报告提出了建设具有强大凝聚力和引领力的社会主义意识形态、广泛践行社会主义核心价值观、提高全社会文明程度、繁荣发展文化事业和文化产业、增强中华文明传播力影响力五个方面的战略任务，准确把握、全面落实好这些战略重点和主要任务，对于推进文化自信自强，铸就社会主义文化新辉煌具有重要基础支撑作用。

（三）要准确把握社会主义文化建设的中国立场和时代要求

党的二十大报告指出："中华优秀传统文化源远流长、博大精深，是中华文明的智慧结晶。"要把马克思主义基本原理与中华优秀传统文化相结合，不断推进马克思主义中国化，增强中华文明的传播力和影响力。

（四）以文塑旅、以旅彰文、推进文化和旅游深度融合发展

党的二十大报告明确提出："加大文物和文化遗产保护力度，加强城乡建设中历史文化保护传承，建好用好国家文化公园。坚持以文塑旅、以旅彰文，推进文化和旅游深度融合发展。"这些重要论述，为文旅行业把握新发展阶段，贯彻新发展理念，构建新发展格局，推动高质量发展点明了方向，指明了路径，是未来5年乃至更长一段时间内文旅行业融合发展实践的根本遵循和行动指南，对文旅行业实现理念重构和实践创新具有非常重要的现实指导意义。

七、深刻把握团结奋斗的新时代要求，为文旅行业培养高素质人才

在党的二十大上，习近平总书记宣示新时代新征程党的使命任务，发出了全面建设社会主义现代化国家、全面推进中华民族伟大复兴的动员令。从现在起，中国共产党的中心任务就是团结带领全国各族人民全面建成社会主义现代化强国、实现第二个百年奋斗目标，以中国式现代化全面推进中华民族伟大复兴。

美好的蓝图需要埋头苦干、团结奋斗才能变为现实。习近平总书记的铿锵宣示充满信心和力量——"党用伟大奋斗创造了百年伟业，也一定能用新的伟大奋斗创造新的伟业"。让我们更加紧密地团结在以习近平同志为核心的党中央周围，全面贯彻习近平新时代中国特色社会主义思想，坚定信心、同心同德，埋头苦干、奋勇前进，深入贯彻落实党的二十大精神和党中央决策部署，为全面建设社会主义现代化国家、全面推进中华民族伟大复兴而团结奋斗，在新的赶考之路上向历史和人民交出新的优异答卷！

相关链接1

关于党的二十大报告，必须知道的“关键词”

2022年10月16日，中国共产党第二十次全国代表大会开幕，习近平代表第十九届中央委员会向大会作报告。一起学习报告里的这些“关键词”。

【大会的主题】

大会的主题是：高举中国特色社会主义伟大旗帜，全面贯彻新时代中国特色社会主义思想，弘扬伟大建党精神，自信自强、守正创新，踔厉奋发、勇毅前行，为全面建设社会主义现代化国家、全面推进中华民族伟大复兴而团结奋斗。

【三个“务必”】

中国共产党已走过百年奋斗历程。我们党立志于中华民族千秋伟业，致力于人类和平与发展崇高事业，责任无比重大，使命无上光荣。全党同志务必不忘初心、牢记使命，务必谦虚谨慎、艰苦奋斗，务必敢于斗争、善于斗争，坚定历史自信，增强历史主动，谱写新时代中国特色社会主义更加绚丽的华章。

【极不寻常、极不平凡的五年】

党的十九大以来的五年，是极不寻常、极不平凡的五年。党中央统筹中华民族伟大复兴战略全局和世界百年未有之大变局，就党和国家事业发展作出重大战略部署，团结带领全党全军全国各族人民有效应对严峻复杂的国际形势和接踵而至的巨大风险挑战，以奋发有为的精神把新时代中国特色社会主义不断推向前进。

【三件大事】

十年来，我们经历了对党和人民事业具有重大现实意义和深远历史意义的三件大事：一是迎来中国共产党成立一百周年，二是中国特色社会主义进入新时代，三是完成脱贫攻坚、全面建成小康社会的历史任务，实现第一个百年奋斗目标。

【新时代十年的伟大变革】

新时代十年的伟大变革，在党史、新中国史、改革开放史、社会主义发展史、中华民族发展史上具有里程碑意义。

【归根到底是两个“行”】

实践告诉我们，中国共产党为什么能，中国特色社会主义为什么好，归根到底是马克思主义行，是中国化时代化的马克思主义行。拥有马克思主义科学理论指导是我们党坚定信仰信念、把握历史主动的根本所在。

【中国共产党的中心任务】

从现在起，中国共产党的中心任务就是团结带领全国各族人民全面建成社会主义现代化强国、实现第二个百年奋斗目标，以中国式现代化全面推进中华民族伟大复兴。

【中国式现代化】

中国式现代化，是中国共产党领导的社会主义现代化，既有各国现代化的共同特征，更有基于自己国情的中国特色。

——中国式现代化是人口规模巨大的现代化。

——中国式现代化是全体人民共同富裕的现代化。

——中国式现代化是物质文明和精神文明相协调的现代化。

——中国式现代化是人与自然和谐共生的现代化。

——中国式现代化是走和平发展道路的现代化。

中国式现代化的本质要求是：坚持中国共产党领导，坚持中国特色社会主义，实现高质量发展，发展全过程人民民主，丰富人民精神世界，实现全体人民共同富裕，促进人与自然和谐共生，推动构建人类命运共同体，创造人类文明新形态。

【全面建设社会主义现代化国家开局起步的关键时期】

未来五年是全面建设社会主义现代化国家开局起步的关键时期。

【五个“坚持”】

我国发展进入战略机遇和风险挑战并存、不确定难预料因素增多的时期，各种“黑天鹅”“灰犀牛”事件随时可能发生。我们必须增强忧患意识，坚持底线思维，做到居安思危、未雨绸缪，准备经受风高浪急甚至惊涛骇浪的重大考验。前进道路上，必须牢牢把握以下重大原则。

——坚持和加强党的全面领导。

——坚持中国特色社会主义道路。

——坚持以人民为中心的发展思想。

——坚持深化改革开放。

——坚持发扬斗争精神。

【加快构建新发展格局】

必须完整、准确、全面贯彻新发展理念，坚持社会主义市场经济改革方向，坚持高水平对外开放，加快构建以国内大循环为主体、国内国际双循环相互促进的新发展格局。

【发展经济着力点】

坚持把发展经济的着力点放在实体经济上，推进新型工业化，加快建设制造强国、质量强国、航天强国、交通强国、网络强国、数字中国。

【实施科教兴国战略】

必须坚持科技是第一生产力、人才是第一资源、创新是第一动力，深入实施科教兴国战略、人才强国战略、创新驱动发展战略，开辟发展新领域新赛道，不断塑造发展新动能新优势。

坚持创新在我国现代化建设全局中的核心地位。完善党中央对科技工作统一领导的体制，健全新型举国体制，强化国家战略科技力量，优化配置创新资源，提升国家创新体系整体效能。

【全过程人民民主】

全过程人民民主是社会主义民主政治的本质属性，是最广泛、最真实、最管用的民主。必须坚定不移走中国特色社会主义政治发展道路，坚持党的领导、人民当家作主、依法治国有机统一。

【全面依法治国】

全面依法治国是国家治理的一场深刻革命，关系党执政兴国，关系人民幸福安康，关系党和国家长治久安。必须更好发挥法治固根本、稳预期、利长远的保障作用，在法治轨道上全面建设社会主义现代化国家。

【文化自信自强】

全面建设社会主义现代化国家，必须坚持中国特色社会主义文化发展道路，增强文化自信，围绕举旗帜、聚民心、育新人、兴文化、展形象建设社会主义文化强国，发展面向现代化、面向世界、面向未来的，民族的科学的大众的社会主义文化，激发全民族文化创新创造活力，增强实现中华民族伟大复兴的精神力量。

【为民造福】

治国有常，利民为本。为民造福是立党为公、执政为民的本质要求。必须坚持在发展中保障和改善民生，鼓励共同奋斗创造美好生活，不断实现人民对美好生活的向往。

【完善分配制度】

坚持按劳分配为主体、多种分配方式并存，构建初次分配、再分配、第三次分配协调配套的制度体系。努力提高居民收入在国民收入分配中的比重，提高劳动报酬在初次分配中的比重。坚持多劳多得，鼓励勤劳致富，促进机会公平，增加低收入者收入，扩大中等收入群体。规范收入分配秩序，规范财富积累机制，保护合法收入，调节过高收入，取缔非法收入。

【推动绿色发展】

大自然是人类赖以生存发展的基本条件。尊重自然、顺应自然、保护自然，是全面建设社会主义现代化国家的内在要求。必须牢固树立和践行绿水青山就是金山银山的理念，站在人与自然和谐共生的高度谋划发展。

【总体国家安全观】

国家安全是民族复兴的根基，社会稳定是国家强盛的前提。必须坚定不移贯彻总体国家安全观，把维护国家安全贯穿党和国家工作各方面全过程，确保国家安全和社会稳定。

【新安全格局】

我们要坚持以人民安全为宗旨、以政治安全为根本、以经济安全为基础、以军事科技文化社会安全为保障、以促进国际安全为依托，统筹外部安全和内部安全、国土安全和国民安全、传统安全和非传统安全、自身安全和共同安全，统筹维护和塑造国家安全，夯实国家安全和社会稳定基层基础，完善参与全球安全治理机制，建设更高水平的平安中国，以新安全格局保障新发展格局。

【开创国防和军队现代化新局面】

实现建军一百年奋斗目标，开创国防和军队现代化新局面。

如期实现建军一百年奋斗目标，加快把人民军队建成世界一流军队，是全面建设社会主义现代化国家的战略要求。必须贯彻新时代党的强军思想，贯彻新时代军事战略方针，坚持党对人民军队的绝对领导，坚持政治建军、改革强军、科技强军、人才强军、依法治军，坚持边斗争、边备战、边建设，坚持机械化信息化智能化融合发展，加快军事理论现代化、军队组织形态现代化、军事人员现代化、武器装备现代化，提高捍卫国家主权、安全、发展利益战略能力，有效履行新时代人民军队使命任务。

【坚持和完善“一国两制”，推进祖国统一】

“一国两制”是中国特色社会主义的伟大创举，是香港、澳门回归后保持长期繁荣稳定的最佳制度安排，必须长期坚持。

坚持贯彻新时代党解决台湾问题的总体方略，牢牢把握两岸关系主导权和主动权，坚定不移推进祖国统一大业。

解决台湾问题是中国人自己的事，要由中国人来决定。我们坚持以最大诚意、尽最大努力争取和平统一的前景，但决不承诺放弃使用武力，保留采取一切必要措施的选项，这针对的是外部势力干涉和极少数“台独”分裂分子及其分裂活动，绝非针对广大台湾同胞。国家统一、民族复兴的历史车轮滚滚向前，祖国完全统一一定要实现，也一定能够实现!

【人类命运共同体】

中国提出了全球发展倡议、全球安全倡议，愿同国际社会一道努力落实。我们真诚呼吁，世界各国弘扬和平、发展、公平、正义、民主、自由的全人类共同价值，促进各国人民相知相亲，尊重世界文明多样性，以文明交流超越文明隔阂、文明互鉴超越文明冲突、文明共存超越文明优越，共同应对各种全球性挑战。中国人民愿同世界人民携手开创人类更加美好的未来。

【新时代党的建设新的伟大工程】

全面建设社会主义现代化国家、全面推进中华民族伟大复兴，关键在党。我们党作为世界上最大的马克思主义执政党，要始终赢得人民拥护、巩固长期执政地位，必须时刻保持解决大党独有难题的清醒和坚定。全党必须牢记，全面从严治党永远在路上，党的自我革命永远在路上，决不能有松劲歇脚、疲劳厌战的情绪，必须持之以恒推进全面从严治党，深入推进新时代党的建设新的伟大工程，以党的自我革命引领社会革命。

【五个“必由之路”】

全党必须牢记，坚持党的全面领导是坚持和发展中国特色社会主义的必由之路，中国特色社会主义是实现中华民族伟大复兴的必由之路，团结奋斗是中国人民创造历史伟业的必由之路，贯彻新发展理念是新时代我国发展壮大的必由之路，全面从严治党是党永葆生机活力、走好新的赶考之路的必由之路。

【战略性工作】

青年强，则国家强。当代中国青年生逢其时，施展才干的舞台无比广阔，实现梦想的前景无比光明。全党要把青年工作作为战略性工作来抓，用党的科学理论武装青年，用党的初心使命感召青年，做青年朋友的知心人、青年工作的热心人、青年群众的引路人。

资料来源：人民网 · 中国共产党新闻网 .

相关链接2

9个重要表述，带你理解高质量

习近平在党的二十大报告中提出，必须完整、准确、全面贯彻新发展理念，坚持社会主义市场经济改革方向，坚持高水平对外开放，加快构建以国内大循环为主体、国内国际双循环相互促进的新发展格局。

中国式现代化

报告原文

在新中国成立特别是改革开放以来长期探索和实践基础上，经过十八大以来在理论和实践上的创新突破，我们党成功推进和拓展了中国式现代化。

中国式现代化，是中国共产党领导的社会主义现代化，既有各国现代化的共同特征，更有基于自己国情的中国特色。

高水平社会主义市场经济体制

报告原文

构建高水平社会主义市场经济体制。坚持和完善社会主义基本经济制度，毫不动摇巩固和发展公有制经济，毫不动摇鼓励、支持、引导非公有制经济发展，充分发挥市场在资源配置中的决定性作用，更好发挥政府作用。

现代化产业体系

报告原文

建设现代化产业体系。坚持把发展经济的着力点放在实体经济上，推进新型工业化，加快建设制造强国、质量强国、航天强国、交通强国、网络强国、数字中国。

乡村振兴

报告原文

全面推进乡村振兴。坚持农业农村优先发展，坚持城乡融合发展，畅通城乡要素流动。扎实推动乡村产业、人才、文化、生态、组织振兴。全方位夯实粮食安全根基，牢牢守住十八亿亩耕地红线。深化农村土地制度改革，赋予农民更加充分的财产权益。保障进城落户农民合法土地权益，鼓励依法自愿有偿转让。

区域协调发展

报告原文

促进区域协调发展。深入实施区域协调发展战略、区域重大战略、主体功能区战略、新型城镇化战略，优化重大生产力布局，构建优势互补、高质量发展的区域经济布局和国土空间体系。

高水平对外开放

报告原文

推进高水平对外开放。稳步扩大规则、规制、管理、标准等制度型开放。加快建设贸易强国。营造市场化、法治化、国际化一流营商环境。推动共建“一带一路”高质量发展。有序推进人民币国际化。深度参与全球产业分工和合作，维护多元稳定的国际经济格局和经贸关系。

新领域新赛道

报告原文

必须坚持科技是第一生产力、人才是第一资源、创新是第一动力，深入实施科教兴国战略、人才强国战略、创新驱动发展战略，开辟发展新领域新赛道，不断塑造发展新动能新优势。

共同富裕

报告原文

我们要实现好、维护好、发展好最广大人民根本利益，紧紧抓住人民最关心最直接最现实的利益问题，坚持尽力而为、量力而行，深入群众、深入基层，采取更多惠民生、暖民心举措，着力解决好人民群众急难愁盼问题，健全基本公共服务体系，提高公共服务水平，增强均衡性和可及性，扎实推进共同富裕。

和谐共生

报告原文

大自然是人类赖以生存发展的基本条件。尊重自然、顺应自然、保护自然，是全面建设社会主义现代化国家的内在要求。必须牢固树立和践行绿水青山就是金山银山的理念，站在人与自然和谐共生的高度谋划发展。

资料来源：http://finance.people.com.cn/n1/2022/1018/c1004-32547280.html.

相关链接3

高举中国特色社会主义伟大旗帜
为全面建设社会主义现代化国家而团结奋斗
——在中国共产党第二十次全国代表大会上的报告（节选）

八、推进文化自信自强，铸就社会主义文化新辉煌

全面建设社会主义现代化国家，必须坚持中国特色社会主义文化发展道路，增强文化自信，围绕举旗帜、聚民心、育新人、兴文化、展形象建设社会主义文化强国，发展面向现代化、面向世界、面向未来的，民族的科学的大众的社会主义文化，激发全民族文化创新创造活力，增强实现中华民族伟大复兴的精神力量。

我们要坚持马克思主义在意识形态领域指导地位的根本制度，坚持为人民服务、为社会主义服务，坚持百花齐放、百家争鸣，坚持创造性转化、创新性发展，以社会主义核心价值观为引领，发展社会主义先进文化，弘扬革命文化，传承中华优秀传统文化，满足人民日益增长的精神文化需求，巩固全党全国各族人民团结奋斗的共同思想基础，不断提升国家文化软实力和中华文化影响力。

（一）建设具有强大凝聚力和引领力的社会主义意识形态

意识形态工作是为国家立心、为民族立魂的工作。牢牢掌握党对意识形态工作领导权，全面落实意识形态工作责任制，巩固壮大奋进新时代的主流思想舆论。健全用党的创新理论武装全党、教育人民、指导实践工作体系。加强全媒体传播体系建设，塑造主流舆论新格局。健全网络综合治理体系，推动形成良好网络生态。

（二）广泛践行社会主义核心价值观

社会主义核心价值观是凝聚人心、汇聚民力的强大力量。弘扬以伟大建党精神为源头的中国共产党人精神谱系，用好红色资源，深入开展社会主义核心价值观宣传教育，深化爱国主义、集体主义、社会主义教育，着力培养担当民族复兴大任的时代新人。推动理想信念教育常态化制度化，持续抓好党史、新中国史、改革开放史、社会主义发展史宣传教育，引导人民知史爱党、知史爱国，不断坚定中国特色社会主义共同理想。用社会主义核心价值观铸魂育人，完善思想政治工作体系，推进大中小学思想政治教育一体化建设。坚持依法治国和以德治国相结合，把社会主

义核心价值观融入法治建设、融入社会发展、融入日常生活。

（三）提高全社会文明程度

实施公民道德建设工程，弘扬中华传统美德，加强家庭家教家风建设，加强和改进未成年人思想道德建设，推动明大德、守公德、严私德，提高人民道德水准和文明素养。统筹推动文明培育、文明实践、文明创建，推进城乡精神文明建设融合发展，在全社会弘扬劳动精神、奋斗精神、奉献精神、创造精神、勤俭节约精神，培育时代新风新貌。加强国家科普能力建设，深化全民阅读活动。完善志愿服务制度和工作体系。弘扬诚信文化，健全诚信建设长效机制。发挥党和国家功勋荣誉表彰的精神引领、典型示范作用，推动全社会见贤思齐、崇尚英雄、争做先锋。

（四）繁荣发展文化事业和文化产业

坚持以人民为中心的创作导向，推出更多增强人民精神力量的优秀作品，培育造就大批德艺双馨的文学艺术家和规模宏大的文化文艺人才队伍。坚持把社会效益放在首位、社会效益和经济效益相统一，深化文化体制改革，完善文化经济政策。实施国家文化数字化战略，健全现代公共文化服务体系，创新实施文化惠民工程。健全现代文化产业体系和市场体系，实施重大文化产业项目带动战略。加大文物和文化遗产保护力度，加强城乡建设中历史文化保护传承，建好用好国家文化公园。坚持以文塑旅、以旅彰文，推进文化和旅游深度融合发展。广泛开展全民健身活动，加强青少年体育工作，促进群众体育和竞技体育全面发展，加快建设体育强国。

（五）增强中华文明传播力影响力

坚守中华文化立场，提炼展示中华文明的精神标识和文化精髓，加快构建中国话语和中国叙事体系，讲好中国故事、传播好中国声音，展现可信、可爱、可敬的中国形象。加强国际传播能力建设，全面提升国际传播效能，形成同我国综合国力和国际地位相匹配的国际话语权。深化文明交流互鉴，推动中华文化更好走向世界。

资料来源：http://www.gov.cn/xinwen/2022-10/25/content_5721685.htm.

第一章 道德概述

道德作为规范人们行为的准则，代表着社会的正面价值取向，起着引导、促进人们向善的作用。因为有了道德的力量，我们的社会才变得温馨和谐。

本章内容揭示了道德的内涵与本质，并通过道德与政治、道德与法律、道德与文化、道德与文艺不同意识形态之间的比较与联系，表明了在规范人们行为和实现社会和谐中，道德的作用是无法取代的；明确了道德的功能和社会作用；通过对不同历史时期道德的内容与特征的分析，证明了一个道德沦丧的社会是没有希望的，社会主义社会的道德规范是我们必须长期践行的。

学习目标

知识目标

1 理解道德的内涵。

2 明确道德的重要意义。

3 掌握道德的基本要求。

能力与情感目标

1 能正确理解道德的本质。

2 能运用道德的功能和作用来指导自己的行为。

3 能努力提高自身的道德修养，传承中华民族传统美德的精华。

名言荟萃 搜索

夫君子之行，静以修身，俭以养德，非淡泊无以明志，非宁静无以致远。

——诸葛亮

君子之修身也，内正其身，外正其容。

——欧阳修

人在智慧上应当是明豁的，道德上应该是清白的，身体上应该是清洁的。

——契诃夫

道德能帮助人类社会升到更高的水平，使人类社会摆脱劳动剥削制。

——列宁

案 例

县委书记的好榜样——焦裕禄

“焦裕禄同志是人民的好公仆，是县委书记的榜样，也是全党的榜样。”习近平总书记强调：“亲民爱民、艰苦奋斗、科学求实、迎难而上、无私奉献的焦裕禄精神，过去是、现在是、将来仍然是我们党的宝贵精神财富，永远不会过时。”

焦裕禄同志1962年12月到河南省兰考县工作，1964年5月积劳成疾病故。一年多时间，他在群众心中铸就了一座永恒的丰碑。兰考县饱受风沙、盐碱、内涝之患，他身先士卒、以身作则，带领全县人民开展封沙、治水、改地的斗争。从风沙最大时、大雨瓢泼中带头查风口、探流沙、看水势，到铺天盖地的风雪中率领干部访贫问苦；从衣、帽、鞋、袜补了又补、缝了又缝，到起草《干部十不准》对干部廉洁自律做出具体规定；从靠一辆自行车和一双铁脚板走访和蹲点调研120多个生产大队，到用手甚至硬物顶住剧痛的肝部坚持下乡、忘我工作……焦裕禄同志用自己的实际行动，塑造了一名优秀共产党员和优秀县委书记的光辉形象，铸就了亲民爱民、艰苦奋斗、科学求实、迎难而上、无私奉献的焦裕禄精神。虽然焦裕禄同志离开我们50多年了，但焦裕禄精神是永恒的，永远都是激励我们求真务实、开拓进取的宝贵精神财富。

习近平总书记深刻指出：“生命有限，很多英雄模范人物崇高精神的形成过程也是有限的，但形成了一种宝贵精神财富，是一个永恒的定格。焦裕禄精神，同井冈山精神、延安精神、雷锋精神、红旗渠精神等都是共存的。任何一个民族都需要有这样的精神构成其强大精神力量，这样的精神无论时代发展到哪一步都不会过时。”

“百姓谁不爱好官？把泪焦桐成雨。”“生也沙丘，死也沙丘，父老生死系。”“为官一任，造福一方，遂了平生意。”一首《念奴娇·追思焦裕禄》，写出了焦裕禄同志的为民情怀与英雄本色，也道出了无数人心中优秀中国共产党人的良好形象与精神风貌。深学、细照、笃行焦裕禄精神，学习弘扬焦裕禄同志对群众的那股亲劲、抓工作的那股韧劲、干事业的那股拼劲，锤炼坚强党性，牢记初心使命，忠诚履职尽责，一定能团结凝聚起亿万人民的磅礴伟力，让中华民族伟大复兴在奋斗中梦想成真。

——资料来源：共产党员网 https://www.12371.cn/2021/08/20/ARTI1629416109601458.shtml

案例分析

你认为焦裕禄同志身上具有哪些优秀的道德品质？新时代我们应该如何去弘扬这些优秀的道德品质？

第一节　道德的起源和本质

在中国古代文化中，“道德”一词可以追溯到先秦思想家老子所著的《道德经》一书。老子说：“道生之，德畜之，物形之，势成之。是以万物莫不尊道而贵德。道之尊，德之贵，夫莫之命而常自然。”其中，“道”是指自然运行与人世共通的真理，而“德”是指人世的德行、品行、王道。在当时“道”与“德”是两个概念，并无“道德”一词。“道”“德”二字连用始于《荀子·劝学篇》：“故学至乎礼而止矣，夫是之谓道德之极。”

相关链接　搜索

黄大年：心有大我，至诚报国

2017 年 5 月 24 日，习近平总书记对吉林大学地球探测科学与技术学院原教授黄大年同志先进事迹做出重要指示强调，黄大年同志秉持科技报国理想，把为祖国富强、民族振兴、人民幸福贡献力量作为毕生追求，为我国教育科研事业做出了突出贡献，他的先进事迹感人肺腑。我们要以黄大年同志为榜样，学习他心有大我、至诚报国的爱国情怀，学习他教书育人、敢为人先的敬业精神，学习他淡泊名利、甘于奉献的高尚情操，把爱国之情、报国之志融入祖国改革发展的伟大事业之中、融入人民创造历史的伟大奋斗之中，从自己做起，从本职岗位做起，为实现“两个一百年”奋斗目标、实现中华民族伟大复兴的中国梦贡献智慧和力量。

为深入学习贯彻习近平总书记重要指示精神，表彰先进、弘扬正气，引导广大党员、干部胸怀理想、坚定信念，开拓进取、敬业奉献，在改革开放和社会主义现代化建设各项事业中发挥先锋模范作用，党中央决定，追授黄大年同志“全国优秀共产党员”称号。

——资料来源：共产党员网，https://biaozhang.12371.cn/2017/07/23/ARTI1500801954518578.

一、伦理学史上的争论

神启论把道德起源归结于神秘的天启和神的意志；理念论伦理学认为道德起源于至高的理念和精神；教育论、环境论和社会关系论所指的外在条件和外部的事物已是属人的事物和条件，这些思想已具有了唯物主义的萌芽和倾向；先天论认为，道德属于人生而有之的东西；本能论认为，道德属于人的本能和本性；人性论认为，道德属于人类自然的天性，人的自然本性、本能决定共同的人性，决定社会本质的共同的东西，因而也决定道德的根本层次。所以道德的产生和形成都是与人的自然本性密切相关的，人的本性不仅决定了道德的产生，而且决定了道德发展的总趋势。道德正是为了满足人们的本能欲求和自然感觉而产生的一种工具性的方式。需要论认为，道德是人根据自己的生存发展需要，自己为自己立法的产物。道德作为人类社会的重要成果源于人的需要。人类社会产生了道德，就是因为道德满足了人类的某种需要；人类通过各种对世界的掌握方式来满足自身的各种需要，以实现对自己的肯定和发展。而道德作为人类理性的结晶，不是为表达个人的偏爱和欲求，而是表现出了人们的共同愿望和需要。

从道德发生的历史看，道德产生于人们调节社会群体内部各种关系以维护一定社会秩序以及个人自我肯定、自我发展的需要。这通过千百年来客观存在的道德协调性因素和进取性因素就可以证明。

二、道德的起源

经济关系决定道德的产生是唯物史观的基本观点。归根到底，道德的根源是经济关系。一方面，说明决定道德产生的要素都是在经济关系的不同作用下产生的；另一方面，从根本上来理解经济是道德的根源，可以避免对经济决定道德这一观点产生简单的、机械的理解。道德的产生最终只能从经济关系中找到根源，经济关系是道德产生的根本原因。

劳动实践是道德产生的动因。首先，劳动实践是人的创造性的体现。其次，经济关系对道德的决定作用是通过劳动实践来体现的，劳动实践是道德产生的根本动力。另外，劳动实践的创造推动了道德的产生。

伦理关系是道德产生的前提。道德是对利益的调节，而利益关系和矛盾是存在于广泛的社会关系中的。没有社会关系就不会有人与人、人与社会之间的利益冲突，也就不会有道德的发生。只有在伦理关系中，在人与人的交往中，才存在调节和规范的问题。将道德视为社会关系中的社会分工，是道德作为一种社会现象发生的关键。

人的生存与发展需要是道德产生的诱因。首先，人类生存的需要是道德发生的直接原因。为了调节人们的利益需要，最初便形成了一些最简单的行为规范和准则，以缓和利益冲突和矛盾。其次，随着生产力水平的提高，当人的生存需要不再是社会利益的主要矛盾时，由人的发展需要所引发的矛盾冲突就会成为道德所要调节的主要内容。

意识水平是道德产生的主观条件。人类的意识是在实践中产生的，但一经产生就具有了相对独立性。这种独立性一方面表现在它使社会实践中存在的经济关系、社会关系服从于人的需要；另一方面表现在意识由不自觉到自觉的过程中所形成的能动作用。

三、什么是道德

在西方古代文化中，“道德”（Morality）一词起源于拉丁语“Mores”，意为风俗和习惯。《论语·学而》载：“其为人也孝弟，而好犯上者，鲜矣；不好犯上，而好作乱者，未之有也。君子务本，本立而道生。”钱穆先生的注解是：“本者，仁也。道者，即人道，其本在心。”可见，“道”是人关于世界的看法，应属于世界观的范畴。

在我国的文物古迹中，“道”与“德”单用较多、较早，连用较少、较晚。“道”字在古汉语中从“道”，从“行”，可能与“行”字相通，表示人人涉足四通八达的街道或道路。引申开来，在先秦思想史上，“道”主要是指一种普遍的最高原则。“德”字在《卜辞》中为“值”或“悳”，与“得”字相通。许慎认为“外德于人，内得于己”即为得。所以，德，也就是人们对最高原则有所得。“道”与“德”连用，始于春秋战国时的《管子》《庄子》《荀子》诸书。荀况在《荀子·劝学篇》中说“故学至乎礼而止矣，夫是之谓道德之极”；在《正论》中说“道德纯备、智慧甚明”，等等。荀况不但将“道”与“德”二字连用，而且赋予了它特定的意义，即指人们在各种伦常关系中表现的道德境界、道德品质和调整这种关系的原则和规范。

究竟什么是道德？可以从质和量两个方面来考察：从质的规定性来看，所谓道德，就是在人类社会现实生活中，由经济关系所决定，用善恶标准去评价，依靠社会舆论、内心信念和传统习惯来维持的一类社会现象。它属于社会上层建筑和社会意识形态。从量的规定性来看，道德是相当广泛的，有时指道德规范或道德意识，有时指道德品质，有时指道德教育、道德修养，有时又指道德原则。

四、道德的本质

（一）道德是一种社会意识形态，它由社会经济关系所决定

道德和其他社会意识形态一样，都是由一定的社会经济基础决定的，并为一定的社会经济基础服务。有什么样的经济关系，就必然会有什么样的道德意识和道德行为。原始社会，人们的经济关系是以个人尚未成熟、尚未脱掉同其他人的自然血缘联系的脐带为基础的，所以，与之相适应的道德，便是同风俗习惯浑然一体的淳朴道德。人类进入私有制社会以后，形成了不同阶级的阶级道德，而且随着私有制具体历史形态的改变，阶级道德也不断更换着它的社会内容和阶级实质。道德是一种特殊的社会意识形态，受到社会关系特别是经济关系的制约。社会经济关系对道德的决定作用具体表现在以下几个方面：

（1）**社会经济结构的性质直接决定各种道德体系的性质。**自有人类以来，社会经济结构有两种最基本的类型：一种是以生产资料公有制为基础和核心的社会经济结构；另一种是以生产资料私有制为基础和核心的社会经济结构。与此相适应，并由此决定了社会伦理体系也相应划分为不同的历史类型：原始社会的道德是同风俗习惯浑然一体的淳朴道德；生产资料私有制社会，形成了不同阶级的阶级道德；生产资料公有制社会，将最终形成作为全人类道德的共产主义道德。

（2）**社会经济关系所表现出来的利益，直接决定着道德的基本原则和主要规范。**伦理的基本原则和主要规范，都是从利益中引申出来的。各种社会的伦理体系

如何处理个人利益和整体利益之间的关系，决定了它的基本原则和主要规范；利益决定伦理原则和规范所适用的范围。

（3）**在阶级社会中，人们在同一经济结构中的不同地位和不同利益，也决定着各种道德体系的阶级属性、社会地位和彼此间的矛盾斗争。**在阶级社会中，各种不同伦理体系之间的对立和斗争，从根本上说，是由当时社会生产关系体系内的矛盾和冲突所决定的。道德领域内的对立和斗争，首先是为了经济利益而进行的；各个阶级在生产关系体系中的地位，决定着他们在伦理体系中的社会地位；人类公共生活规则的命运，受当时经济关系领域状况的制约。

（4）**经济关系的变化必然引起道德的变化。**在人类历史上，一切伦理体系的兴衰起落、进退消长，归根到底，都是起源于社会经济结构状况的。社会经济结构的根本变革，迟早会导致社会或阶级的伦理体系进行新旧更替；同一经济结构内部的某些重大变化，也会引起相应伦理体系内部的某些变化。

（二）社会生产力和科学技术是道德发展的源泉

按照唯物主义历史观，社会上层建筑和社会意识形态是由生产关系决定的，而生产关系又是由生产力决定的。在这个意义上，生产力无疑是整个意识形态发展和变革的最原始的动因。但是生产力和科学技术水平不能成为判断社会道德情况的直接标准。生产力和科学技术水平，是人在对自然的认识、支配和改造自然方面所具有的能力及其实现的程度。而一个社会的道德水平，表明的是这个社会的成员，在个人与他人的关系上所采取的态度和所达到的境界。需要指出的是，强调社会经济条件对道德的决定作用，并不是否认其他社会因素对道德观念及其发展变化的制约和影响，并没有否定道德的相对独立性及其对社会生活的作用。

（三）道德是特殊的调节规范体系

首先，道德规范是一种非制度化的规范，道德规范不同于政治规范、法律规范。其次，道德规范没有也不使用强制性手段为自己开辟道路，教育、宣传等都是道德规范转化为人们实际行为的重要手段。最后，道德规范是一种内化的规范，内化的道德规范也就是良心。

（四）道德是一种实践精神

道德是社会意识，是一种思想关系，因此它是一种精神。但道德作为精神又不同于科学、艺术等其他精神，而是一种以指导行为为目的、以形成人们正确的行为方式为内容的精神，因此它具有实践性。道德作为实践精神是一种价值，是道德主体的需要同满足这种需要的对象之间的价值关系。道德作为实践精神不仅是价值，而且是实现价值的行动，是有目的的活动。目的性是人类活动的最基本特征，也是人类精神能够进入实践的主要依据。道德源于现实，又超越现实，它是理想与现实的统一体。道德作为实践精神，以其理想性、目的性指引人们的行为，将理想转化为现实。学习伦理学不仅仅在于掌握相关的理论知识，更在于将这些理论知识应用于实践。我们需要将它们诉诸理智、情感，更要诉诸行动，自觉修养，成为一个道德高尚的人。

第二节　道德与其他意识形态的关系

一、道德与政治的关系

在社会生活中，除了经济活动之外，最重要的就是政治活动。因此，道德与政治之间有着最直接的关系，二者既相互联系又相互区别，在反映和调节人们社会生活的过程中发挥着重要的作用。主要表现在：

（一）道德与政治相互联系

（1）**政治制度和道德类型互动互进**。一定社会的政治制度的确立总是有相应的道德基础，而一定历史时期的道德类型的形成又总是为一定的政治制度服务的。反映某种社会经济关系和阶级利益关系的国家政治制度的形式一旦确定，这个社会的道德关系也就随之确立。

（2）**政治思想和道德观念相互渗透**。在历史上，伦理学与政治学密切相关。从西方思想史来看，正义的伦理道德思想贯穿着整个古希腊政治思想发展的始终，并且影响到现代。就中国而言，政治与道德从来就是相互渗透、相得益彰的。

（3）**个人政治觉悟与道德品质相辅相成**。一般来说，社会政治觉悟高的人，道德境界往往比较高。道德境界高的人，社会政治觉悟也往往会比较高，两者相得益彰、相辅相成。

（二）道德与政治相互区别

（1）**两者的调节对象和研究内容不同**。政治主要反映的是社会关系中的阶级关系，因此，其调节对象既包括对抗性阶级之间的关系，也包括非对抗性阶级之间的关系，还包括国家之间、民族之间的关系；其研究的中心问题是社会各阶级、阶层在国家中的地位和作用问题。

（2）**两者对经济关系的反映程度和作用方式不同**。政治不是分散地、个别地表现出人们之间的经济关系，而是最集中、最直接地反映着各阶级的经济利益。而道德对社会经济关系的反映就不那么直接和集中，而是凭借舆论、教育和示范，诉之于人们的良心和觉悟，以唤起人们的责任感和义务感。并且，道德没有类似政治那样强有力的机构和设施，因而对社会经济关系的干预往往不是强制性的。

（3）**两者的历史发展过程和趋势不同**。道德和政治在长期的历史发展中，各自经历了不同的形成、发展和演化的过程，并且有着不同的发展趋势和归宿。政治是阶级社会的产物，随着阶级的产生而产生，也必将随着阶级的消亡而消亡。而道德则与人类社会共存亡，只要有人类社会，就会有道德。

二、道德与法律的关系

道德与法律同属社会行为规范，两者在反映社会生活、调节社会关系等方面，既相互联系又相互区别，有着十分密切的关系。主要表现在：

（一）道德与法律相互联系

（1）**两者在内容上相互渗透、相互包容**。一方面，法律中包含道德，这主要反映在法律的产生、法律的制定、法律的执行等过程中。在法律条文中，有许多内容来源于道德规范。另一方面，道德规范也会具有法律上的内容和具有类似法律的效力，如我国道德规范中的爱国主义就具有法律内涵，一个人不爱国要受到道德的谴责，严重的有损国家民族尊严的行为，则要受到法律的制裁。从某种角度上讲，法律是道德的深化和条理化，具有强制性；道德是法律的基础和习俗化，具有自律性。

（2）**两者在功能上相互补充、相互依托。**在阶级社会，道德与法律是统治阶级维护统治的"左右手"。如果仅有道德的感化和劝诫，而无法律的强制手段作为后盾，那么，是无法制裁已经发生的违法行为的；如果仅有法律的强制而无道德的感化和劝诫，又无法防范尚未发生的违法行为。两种情况是：要么无法可依，只有道德戒律；要么因道德水准普遍低下，而不能自觉守法。其结果必然导致社会秩序的混乱。

（二）道德与法律相互区别

（1）**两者借以维持的社会力量不同。**法律是由国家制定并由国家强制力保证实施的具有普遍效力的行为规范体系，因而，法律对人们行为的约束具有强制性。而道德主要依靠社会舆论、传统习惯、内心信念以及教育、示范，来引导和规范人们的行为，因此从本质上说并不是外在的强制；即使构成一定的外在强制作用，也要通过内在的自觉来实现。

（2）**两者对社会关系的作用方式和范围不同。**法律侧重于惩治和追究既往，而道德侧重于抑恶扬善和防患于未然。就调节范围而言，道德涉及社会生活的一切领域，其作用的范围要比法律广泛得多，而法律所要调节的只是人们某些特定的行为。一般来说，法律所要调节的范围，也是道德所要调节的范围，而道德所要调节的范围，则不全属于法律调节的范围，如公共场所的举止文明问题，不是法律调节的范围，但可以进行道德干预。

（3）**两者表现的具体形式不同。**法律有着具体的、规范的表现形式，是由国家制定或认可的，一般有各种正式的文字记载，是一种成文的表达方式；法律的制定颁布和修改废止都要通过一定的法定程序。而道德体现在人们的意识和信念中，一般没有特定的表现形式，由人们提倡或反对来决定其兴衰，不必通过行政命令或法定程序。

（4）**两者的社会要求不同。**道德对人们的行为要求比法律高得多。法律要求人们"必须做什么"，而道德倡导人们"应该做什么"，其中包含着许多预期的成分和理想的内容。因此，在某种意义上说，道德的社会价值比法律大得多。一般来说，符合道德的行为是不违反法律的行为，而守法的行为不一定是道德的行为。

（5）**两者的产生条件和发展趋势不同**。法律主要是反映统治阶级的利益和意志，而道德却不同，不同阶级有不同的道德。同时，法律与政治一样，是阶级社会特有的现象，有其产生、发展、消亡的过程；而道德则贯穿于整个人类社会的始终。法律会消亡，而道德是永存的。

三、道德与文化的关系

（一）文化的含义

文化是一个解释人类行为和人类历史的含义甚广的词语，它甚至比“社会”一词还要包含更多的东西。因此，千百年来人们对究竟什么是文化形成了种种不同的看法。在西方，最先把文化作为一个专门性术语来使用的是19世纪的英国人类学家泰勒。他在《原始文化》一书中指出：“文化是一种复合体，它包括知识、信仰、艺术、道德、法律、风俗以及其余从社会上学得的能力和习惯。”在中国，古籍《周礼》中“观乎人文以化成天下”就含有“文化”的意思；汉朝刘向的《说苑》中有“文化不改，然后加诛”的话，这里的“文化”实际上是文治教化的意思，与“武功”相对而言；近代思想家梁启超在《什么是文化》一文中指出“文化者，人类心能所开释出来之有价值的共业也”；蔡元培在《何谓文化》的讲演中，指称“文化是人生发展的状况”，并指出这种人生发展的状况包括衣食住行、医疗卫生、政治、经济、道德、教育、科学等；梁漱溟在《东西文化及其哲学》一书中认为，文化乃是“生活的样法”，这种人类生活的样法分为精神生活、物质生活和社会生活三方面的内容；胡适在《我们对于西洋近代文明的态度》一文中称“文化是文明所形成的生活的方式”。

（二）道德与文化的关系

（1）**文化对道德的影响作用**。首先，文化能够造就人的道德心理和道德人格。人类道德生活中的正义感、羞耻感、荣誉感、良心和人格观念，都不是天生的，而是社会的熏陶和文化的产物。其次，文化氛围能影响到社会的道德规范。一个社会形成什么样的道德原则和规范，往往受到文化背景和文化环境的制约。最后，文化改造人的习气和气质，使人成为真正意义上的人，从而也促进着道德的进化和完善。人只有在创造文化的活动中才能成为真正意义上的人，也只有在文化活动中，才能获得真正的自由。

（2）**道德对文化的支撑作用。**首先，在内容上，在人类文化的形成、发展过程中，熔铸了人类的伦理精神、道德实践精神、人格力量和价值目标。其次，在功能上，道德的评价职能和价值取向可以激励或抑制某一文化层面的发展。最后，在道德与人的关系上，道德是人的本质力量的一种展示；人要在复杂的文化和社会背景中决定自己的行动，就必须借助伦理来调节自己。

四、道德与文艺的关系

在现实生活中，道德与文艺往往体现着一个民族、一个国家的文明程度，两者的关系常常表现为善与美的关系。因此，道德与文艺之间既相互联系又相互区别，有着密不可分的关系。主要表现在：

（一）道德与文艺相互联系

（1）**道德对文艺的影响。**文艺对人们的道德情感、道德品质具有感化和教育的作用。文艺总是通过典型形象向人们显示生活中什么样的人和事是善的、美的，什么样的人和事是恶的、丑的，从而激发人们心灵中的是非感、荣辱感、羞耻感和神圣感，促使人们在社会生活中自觉抑恶扬善，养成高尚的道德情操和良好的道德品质。

（2）**道德对文艺的影响与作用。**一方面，一定社会的道德生活和人们的道德精神面貌是文艺创作的重要源泉，离开现实的道德生活，文艺创作就失去了对象和动力。另一方面，文艺创作者自身的道德意识、道德品质对文艺创作也有重要的影响；一名文艺工作者，无论他是否意识到，他的文艺作品总会被打上个人的道德意识、道德品质和道德情感的烙印。

（二）道德与文艺相互区别

（1）**两者反映社会现实的范围不同。**道德主要从人与他人、人与社会的伦理关系上反映社会现实；而文艺除了反映人们的道德关系外，还要反映其他诸如阶级、政治、法律等社会关系，因而比道德反映的社会生活面要广泛得多。

（2）**两者反映现实的方法和作用的方式不同。**文艺更多地借助形象思维的形式来反映和再现社会生活；它强调以情动人、陶冶情感、净化心灵，给人以美的享受。而道德则主要通过范畴、规范、原则等抽象的逻辑思维形式来反映和再现社会生活；它强调以理服人，主张通过逻辑的力量，给人以理性自觉，从而帮助人们树立正确的价值观，指导人们进行正确的行为选择，养成高尚的道德品质。

第三节　道德的功能和作用

一、道德的功能

所谓道德的功能，是指在揭示道德结构的基础上所展现出来的，道德对人自身生存、发展和完善的功效及其意义。如果说道德结构表征着道德内部诸要素的有机整合及其关系相互转换的脉络、过程与发展趋势，那么道德功能则表征着道德诸要素相互作用的机制及其表现出来的功效、能量与力度。

（一）道德的认识功能

道德能够运用善恶、荣辱、义务、良心等特有的道德概念和范畴反映社会现象，尤其是反映人类的道德实践活动和道德关系，从中揭示出其内在规律，为人们进行道德选择提供指南。虽然其他社会意识形态诸如法律、政治、宗教、文艺也具有反映社会现实的认识功能，但道德的认识功能与它们相比，有其自身的特点。

（1）**在道德认识中交织着理性与感性因素。**与其他社会意识形态不同，道德的认识功能不仅在于向人们提供关于客体本身的知识，反映社会现实生活的内在矛盾及其运动规律，预测社会现实状况的未来走向，而且能为人们指出周围环境对其生存与发展的价值，引导人们按照向善避恶的原则去积极创造完美社会关系和自身完美的人格。在这当中，情感发挥着重要的作用，因为人们往往凭借道德上的好恶感情选择自己的行为，对社会现象进行谴责或赞许，并反映造成这种现象的经济关系和社会制度的落后或先进。当然，要想正确反映社会现实，光靠情感因素是不够的，还必须依靠理性认识，形成清晰的概念和理论体系，因为善必须以真为前提，假与丑是不可分的。而在道德认识中不仅有情感因素的存在，更有理智对情感的控制。

（2）**在道德认识中存在自觉和直觉两种形式。**自觉形式是指人们基于对一定社会的道德原则和规范的深刻理解，在实践过程中主动依据这些道德原则和规范去行事，自愿履行道德义务。所谓直觉形式，是指人们基于一定的道德常识，仅凭对一定社会道德原则和规范的直观感受去支配自己的行为，被动或盲目地履行道德义务。比如，一名大学生在公共汽车上主动让座位给老人，这是一种自觉，源于他对“尊老爱幼”有深刻的理解；但是，如果是一名小朋友让座，因为他对道德规范还没有比较深入的了解，而全是由于老师、家长每天在身边教育的结果，至于为什么要让座，则全然不知，这就是一种直觉行为。在社会生活中，作为道德活动的主体，人们一方面凭借社会普遍接受的道德准则与自身道德经验的直觉感知，来观察、分析、评价自己及周围所发生的一切道德现象；另一方面，通过自身的道德实践和理论学习来深化对道德原则和规范的理解，将其凝结为内心命令、信念和理想，使直觉的道德认识上升到自觉的道德认识，从而提高其实践的主动性与自觉性。

（3）**在道德认识中包含着现有和应有两种评价方式。**现有评价方式是指道德作为一种判断和认识，首先是对社会现实状况的反映，并根据一定社会现有的道德原则和规范来评判社会道德现象。应有评价方式是指人们从一定的理想原则出发，对未来社会发展前景以及现实中人们行为所应达到一定境界的某种预见。道德认识除了反映现实之外，还有对现实应当怎样设想以及对未来应如何勾画，具有极强的预见性。这种预见性主要表现在：一个社会的变革往往是从对这个社会或其中某些现象进行道义上的谴责开始的。人们运用两种评价方式，通过对社会道德现象的“现有”善恶评价而表明“应有”的价值取向，道德往往以道德要求、道德理想的形式反映出社会变革的大致方向和未来社会的一般轮廓。尽管道德评价的两种方式在论证的严谨性、预测的准确性上不能与科学相比，但其可靠性依然存在，其作用是科学所不能代替的。因为科学对新社会的预见和论证的课题往往要由道德预见来提供，一旦“这种或那种经济事实评价为不公正的，那就证明这个事实本身已经过时了”。

（二）道德的调节功能

道德的调节功能，是指道德具有通过评价方式来指导和纠正人们的行为和实际活动，以协调人际关系、维护社会秩序的能力。调节功能是道德的最主要功能，与其他社会意识形态相比，具有其自身特点。

（1）**调节范围的广泛性和调节对象的特殊性**。道德不仅调节人与人之间的关系，而且调节人与自然以及人与自身的关系。在原始社会里，社会关系完全靠道德来调节，此时期的道德往往与风俗习惯结合在一起，对人们的行为有强大的约束力。随着社会的发展，社会关系日益复杂，出现了政治关系、法律关系、经济关系等社会关系。尽管如此，伦理关系依然存在，道德调节的范围虽然没有原始社会那样广泛，但仍渗透到社会生活的各个领域，并产生相应的约束与激励机制。从调节对象来看，在现实生活中与利益有关的一切关系和活动，尤其是涉及个人对他人、对社会利益态度的关系和活动，是其调节对象，这与其他社会意识形态所调节的对象有很大的不同。

（2）**道德调节尺度的独特性**。法律是以“必须怎样”的法律准则为调节尺度；而道德以“应当怎样”的道德准则为调节尺度，既包括对当时全体社会成员和全体当事人必须达到的最基本、最起码的要求，也包括非基本、更高层次的要求。也就是说，不论人们的社会身份、社会地位和道德觉悟有多大差别，在道德面前都只有一个要求——“合道德性”，只做一种裁决——“合道德性”（善）和“不合道德性”（恶）。

（3）**调节方式的多样性**。道德调节人们的关系和活动，并不像法律那样，诉诸国家机器和惩罚手段，其方式灵活多样。从道德调节的强制程度来看，道德调节可以分为自律调节与他律调节；从调节的手段来看，道德调节可以分为社会舆论调节、传统习惯调节和内心信念调节。

案　例

《感动中国》2020 年度人物——王海

“在朝阳下俯冲，迎着西风开火。空中的尖刀，以一当十；疆土的坚盾，巡天卫国。山河已无恙，祖国的雄鹰已飞得更高，你刻在机身上的星星，是战士们的巡航坐标。”

“鹰击长空，鸟兽就不能横行！”人民空军孕育于革命战争年代，成立不久就奔赴战场，为保卫祖国而战，取得击落击伤敌机3818架的辉煌战绩，捍卫了共和国天空的和平与尊严。一代代空军官兵用青春、热血和生命书写强军战歌，把忠诚和使命镌刻在祖国的蓝天。

有我无敌，威震九天。当年抗美援朝战场上，王海带领一支年轻的飞行大队发扬“空中拼刺刀”精神，与号称“世界王牌”的美国空军激战 80 余次，击落击伤敌机 29 架，被誉为英雄的“王海大队”。随着抗美援朝战争的胜利，王海的英雄事迹“传遍祖国的四面八方、震惊大洋彼岸”。

“一个有希望的民族不能没有英雄，一个有前途的国家不能没有先锋。”进入新时代、踏上新征程的今天，你有没有意识到，英雄人物受崇敬、英雄事迹在传扬、英雄血脉正传承、英雄精神励后人，我们以生活在英雄的国度而自豪。

——资料来源：共产党员网，https://www.12371.cn/2021/02/18/VIDE1613582880753891.shtml.

案例分析

如何看待案例中王海的事迹？谈谈你的感想。

（三）道德的教育和激励功能

（1）**道德的教育功能**。道德是社会教育和自我教育的重要手段，因而具有教育的功能。道德的教育功能是指道德通过评价、命令、指导、示范等方式和途径，运用塑造理想人格和典型榜样等手段，来培养人们的道德信念、道德情感和道德品质。由于任何人的道德信念和道德品质都不是天生的，任何人自我调节和干预社会道德生活的能力的形成都不是一次完成的，也不是一经形成就一劳永逸的，这就决定了道德教育的特殊性。教育者在教育过程中，一方面要根据一定社会或阶级的道德要求对受教育者进行系统的灌输，使其形成相应的道德认知；另一方面，要充分调动受教育者作为道德主体的积极性，把对人的严格要求和对人的个性、愿望的尊重相结合。受教育者改变和完善自己、改变和完善社会的热情，使其自觉地将外在的道德知识变成内在的道德情感、道德信念，把社会的客观要求变成自己的内在要求。因此，就个人人格塑造而言，道德教育决定着个人的发展方向和精神面貌。

（2）**道德的激励功能**。道德的激励功能是指道德具有激发人们的内在积极性和主动性，促进人们自我肯定、自我发展、自我完善，使社会关系进一步人道化的功能。在社会生活中，道德不仅包括人们“现有”的行为规范，也包含“应有”的行为规范。如果“应有”的行为规范在一定程度上反映了社会发展的客观必然性，那么，就能引导和激发人们的历史主动性和社会积极性，从而达到调节社会整体和个人关系的目标。道德激励功能的实现机制可以分为两类：一是指道德的激励功能的外在社会机制，主要由道德理想、道德榜样和道德监督三个要素构成；二是指道德激励功能的内在心理机制，主要由成就感、认同感和荣誉感三个要素构成。道德激励功能的社会机制是实现道德激励功能的外在保障，心理机制是实现道德激励功能的内在基础。

二、道德的社会作用

道德的社会作用，简单地说，是指道德的能动作用。具体来说，是指道德作为上层建筑和社会意识形态对其赖以产生的经济基础以及社会生产力和科学技术的反作用。

（1）**马克思主义道德观**。马克思主义伦理学充分肯定道德对社会经济关系的重大能动作用，认为某种道德一经形成，就会对产生它的社会经济关系发生这样或那样的影响。当一种新的经济关系发展起来，并力图取代旧的生产关系时，由这种新的经济关系所产生的道德，一方面会以其特有的善恶标准，从道义上为产生它的经济关系作辩护，论证它的合理性和正义性；另一方面又会以自己的善恶标准去评价、谴责和否定与之相对立的社会关系，以加速其灭亡，从而唤起人们为消灭旧的经济关系、建立和发展新的经济关系而斗争。当这种新的关系取得了统治地位并建立了相应的政治制度之后，由它产生的道德便会形成完整的规范体系，将人们的行为尽可能地予以巩固和发展。同时，新道德还必须与遗留下来的旧的经济关系和政治制度相适应的传统心理和旧道德进行反复较量，消除其对新的经济关系及其政治制度巩固和发展所起的阻碍甚至破坏作用。我们现在提倡的社会主义道德就是巩固和发展社会主义经济基础的道德。

（2）**道德的社会作用具有不同的性质**。道德反作用于经济关系是社会普遍的现象，但在作用的性质上却有进步与反动、革命与保守之分。一般来说，凡是符合历史发展规律和社会前进方向、有利于解放和发展生产力的道德，其作用便是进步与革命的；相反，凡是违背历史发展规律和社会前进方向、阻碍和束缚生产力的道德，其作用便是反动或保守的。

（3）**道德对其他社会意识形态有重大影响**。道德作为一种特殊的社会意识形态，同其他社会意识形态既相互区别又相互联系、相互作用。在阶级社会中，统治阶级总是赋予它的政治和法律以道德的外观，力图让它们深入到人们的道德意识形态中，以便获取“道义”上的支持。所以道德对政治和法律起着重要的辅助作用。当然，如果社会道德风尚沦丧，对其他意识形态则会产生不良的影响。

（4）**道德是影响社会生产力发展和科技进步的重要精神动力。**人是生产力中最活跃的因素，是进行物质生产的主体。生产工具的改进和劳动对象的扩大是由参加生产的人来实现的，而人的活动总是要受一定思想尤其是道德观念的支配。人的道德面貌和精神状态直接影响人们的劳动态度、工作效率和生产积极性。在科技发展中，高尚的道德是科技人员协作攻关的凝聚力，能激发科技人员的劳动热情和为真理而献身的勇气。纵观整个科技发展史，那些致力于改革生产工具、在科学技术上做出重要贡献的人，一般都具有为人类服务的高尚道德品质和道德理想。相反，没落和腐朽的道德不仅不能推动生产力发展和社会进步，反而会成为障碍；少数别有用心者不是利用科技为人类造福，而是为了实现个人的私利，甚至为了个人私利而不惜损害他人、国家以及人类社会的利益。因此，我们既要发挥进步道德对生产力发展和科技进步的推动作用，又要消除落后腐朽道德的消极作用，为培养和提高全民族思想道德觉悟提供强大的精神武器。

第四节　道德的历史发展

在人类历史上，在社会发展的不同历史阶段和历史条件下，相继出现过不同的道德类型，主要有原始社会的道德、奴隶社会的道德、封建社会的道德、资本主义社会的道德和社会主义社会的道德。不同类型的道德源于不同的社会物质生活条件，具有不同的内容和特征，而且都是人类道德发展过程中的必经阶段。

一、原始社会的道德

（一）原始社会道德的主要内容

原始社会的道德是人类社会道德发展的开端。在原始社会，生产工具十分简陋，生产力极其低下，氏族集体成为最重要的天然生产力。人们共同占有和使用生产资料，以平等的身份协作劳动，没有剩余物品，没有私人财产，当然也就没有阶级。

（1）**维护氏族、部落的共同利益**。在原始社会，人们必须依靠氏族和部落的群体力量才能生存下去，这就决定了原始社会人们的个人利益和集体利益的完全一致性，个人在感情、思想和行动上始终是无条件服从氏族、部落的。因此，氏族和部落成员的共同利益成为评价人们一切思想和行为的天然标尺。

（2）**共同劳动、团结互助**。原始人在斗争实践中，逐步认识到个人的能力极为有限，必须结成集体，共同劳动，团结互助，才能获取物质生活资料，维持个人、氏族和部落的生存。

（3）**维护氏族内部的自由与平等**。在原始社会，生产资料公有制和集体劳动形式，决定了每一个人都以平等的身份出现在氏族集体中，酋长或部落的首领也只是一些才能出众的领导者，他们和其他氏族成员的地位是完全平等的。在原始社会里人与人之间没有贫富、贵贱之分，人与人之间是平等的、自由的关系。这种关系不仅表现在氏族首领和普通成员之间、男女之间的地位平等，也表现为人们享受权利和履行义务的平等，还表现在人们选举权和被选举权的平等。

（二）原始社会道德的基本特征

（1）**淳朴性和野蛮性共存**。在原始社会，人们的意识还处于原始状态，社会意识并未分化为各种独立的形式。虽然在当时，宗教、道德、艺术等社会意识在劳动发展到一定阶段时已经萌芽，然而由于脑力劳动与体力劳动还没有分离，人的意识还没有从氏族统一认识中分离出来，表现出一定的淳朴性。但原始社会道德也有其粗野残暴的一面，最突出地表现为氏族复仇、食人之风和血缘群婚。

（2）**直观性和狭隘性共存**。由于原始人的思维能力、语言能力和自我意识低下，他们的道德观念是没有经过理性思考的，是在感性实践中、在典型示范和直接传授中形成的，表现出直观性。与这种直观性同时存在的是它的狭隘性。原始道德只是在氏族、部落的范围内才有意义，这种狭隘性突出地表现为部落、氏族之间的冲突与复仇。

（3）**自发性与外在性共存**。原始社会的道德浸润着大量的自发因素，它萌芽于人类早期劳动和简单交往，形成于社会分工出现之际。在生产实践中，由于共同劳动、彼此协作，相互间发生了各种联系和关联，产生了个人利益与整体利益的矛盾。此时，就出现了调节个人利益与整体利益的要求，因而原始社会道德的发生表现出自发性。

原始社会道德作为人类最早的道德类型，我们既不能将其理想化、全盘肯定，也不能采取历史虚无主义的态度全盘否定，应以辩证的、科学的态度去评价它的社会历史地位。一方面，原始人以维护氏族整体利益为核心，以诚实、刚强、勇敢、团结等为美德，为人类道德的发展奠定了良好的基础；另一方面，他们有些习俗和行为却是野蛮的，是文明社会必须坚决否定的。

二、奴隶社会的道德

奴隶社会是在原始社会的基础上发展起来的人类历史上的第一个阶级社会。奴隶社会的生产关系是生产资料奴隶主占有制，奴隶主不仅占有生产资料，而且占有奴隶。

（1）**维护奴隶对奴隶主的绝对服从和人身依附关系**。在奴隶社会，奴隶与奴隶主的关系是绝对服从关系。奴隶主对奴隶的奴役、买卖、虐待，以致任意杀戮被认为是合乎道德的。如我国周朝孝王时，一个奴隶仅值60文；至于以活奴隶殉葬，更是当时普遍流行的风气。

（2）**鄙视劳动和劳动者**。在奴隶社会，奴隶主自己不从事劳动，而把全部社会劳动的重担都压在奴隶身上。在奴隶主眼中，劳动只是奴隶的事情，而劳动又是最卑贱的事。

（3）**男尊女卑，男主女从**。在奴隶社会，妇女被看作男子的附属品，歧视、压迫妇女成为社会的普遍现象。在日常生活中，妇女只能同妇女交往，不能同男子交往；丈夫对妻子不忠是合法的，而妻子对丈夫不忠则要受到严厉惩罚。

奴隶社会的奴隶也有自己的道德。奴隶的道德是在反抗奴隶主阶级的长期斗争中逐步形成的，保存和发扬了原始社会淳朴高尚的道德，如顽强、勇敢、团结互助、热爱劳动等。

三、封建社会的道德

封建社会的道德是在封建社会生产方式的基础上形成和发展起来的，相对于奴隶社会来讲，是社会的一大进步。在封建社会，占统治地位的道德是地主阶级的道德，它的主要内容是：

（1）**维护封建宗法等级制度**。封建社会是一个等级森严的社会，它把统治阶级和被统治阶级的关系用等级制度固定下来，整个社会被分成若干等级。在封建社会的中国，主要有天子、诸侯、卿、大夫、士、庶民等。这种宗法等级制度把社会上的所有人都纳入统一的等级体系中，并要求每个人都必须逐级服从，最终服从于最高的等级——天子（皇帝）。

（2）**忠孝**。所谓忠，就是要求臣对君主（皇帝）、诸侯对国王、农民对地主尽忠，要绝对服从，所有人都要忠于、服从国王的命令。孝，是指儿子对父亲要绝对服从。封建地主阶级往往把“忠”与“孝”结合起来，作为整个封建道德的两根支柱。我国历代统治者都十分重视忠孝两全，并把它们视为“修身”“齐家”“治国”“平天下”之本。

（3）**男尊女卑**。在封建社会，妇女被压在宗法等级社会的底层，她们除了要受神权、族权、政权的支配外，还要受到夫权的束缚。我国汉代董仲舒提出“三纲”，将“夫为妻纲”与“君为臣纲”“父为子纲”并列。宋朝统治者又提出“三从”（在家从父，出嫁从夫，夫死从子）、“四德”（妇德——一切言论都要符合忠孝节义；妇言——说话要小心谨慎；妇容——打扮要整洁；妇功——做好家务，服侍好公婆、丈夫），并将其作为评价妇女行为的唯一标准，其核心思想，就是要求妻子绝对忠于丈夫，为丈夫牺牲自己，从而维持男子对妇女的统治地位。

（4）**轻视体力劳动，轻视劳动者**。在封建社会，由于地主占有生产资料，他们依靠土地收缴地租，不劳而获，坐享其成。因此，在封建地主阶级眼中，劳动是可耻的，是下等人——农民的事情。他们极力倡导“万般皆下品，唯有读书高”等思想，鼓励统治阶级成员走“学而优则仕”之路。

与封建地主阶级道德相对应，农民阶级的道德是在反抗地主阶级的压迫和剥削、冲破封建道德束缚的基础上形成的。在斗争中，农民提出了“均贫富，等贵贱”“杀富济贫”等绝对平均主义的道德原则和规范，形成了勤劳俭朴、团结互助等美德，这对无产阶级道德的形成有重要影响。但是，受到小农经济的限制，农民的道德容易受到封建地主阶级道德的影响，含有不少消极因素。

四、资本主义社会的道德

在资本主义社会，由于生产资料被资本家私人占有，工人一无所有，除了出卖自己的劳动力外，别无他路；而资本家可以凭借手中的生产资料，压迫、剥削无产者，无偿占有工人创造的剩余价值。这种生产关系决定了资本主义社会的道德有如下内容：

（1）**个人主义与利己主义**。资本主义私有制是资产阶级个人主义、利己主义的基础，在此基础上产生的个人主义与利己主义是维护生产资料资本主义私人占有最有力的思想武器和基本原则。当然，个人主义、利己主义价值原则的提出，对于人们摆脱宗教禁欲主义、封建蒙昧主义和专制主义的束缚有进步的意义，尤其是个人主义在激发道德主体的个体自觉、捍卫个性的尊严与独立，合理利己主义在调动劳动者积极性和创造性等方面具有积极的作用；但是也容易导致极端利己主义和享乐主义，使人变成自己本能和欲望的奴隶，变成只为个人利益而活着的动物。

（2）**自由、平等、博爱**。自由、平等、博爱是资产阶级在反对封建制度的斗争中提出的。它否定了封建的人身依附关系，肯定了人身自由；否定了等级、特权，肯定了平等；否定了非人道主义，肯定了人道主义、人间博爱，因而这种理论在当时对动员群众、组织群众参加反封建斗争，推动资本主义社会发展起到了积极作用，标志着道德发展进入了一个新的阶段。但是，资产阶级的自由、平等、博爱，是从资产阶级的个人主义、利己主义出发的，因此，在现实生活中必然表现出流于形式和虚伪性。在资本主义社会，自由只意味着资本家购买和剥削工人劳动力的自由，劳动者却没有不出卖劳动力的自由；平等只是货币所有者和劳动力所有者在交换市场中形式上的平等，而实质上他们之间仍是剥削与被剥削的关系；博爱则是资本家对工人假惺惺的慈善和救助，实质上却是以榨干工人的血汗为目的。

（3）**拜金主义、金钱万能**。在资本主义社会，人与人之间的关系变成了赤裸裸的金钱关系，变成了冷酷无情的“现金交易”，一切都可以作为商品，一切都可以买卖。资产阶级道德作为对封建道德的变革和发展，在历史上曾发挥积极的作用。一方面，它无情地冲击了封建社会墨守成规的劳动方法、与世隔绝的民族文化，促进了人们之间的社会交往，推动了生产力的发展，使人类的道德文明前进了一步。另一方面，资本主义的高速发展也给人类带来了更多的道德难题，如由于精神空虚引发的精神病、家庭解体甚至犯罪、吸毒等一系列的社会问题。

五、社会主义社会的基本道德规范

扫码观看《新时代公民道德建设实施纲要》主题公益广告

2019年10月，中共中央、国务院印发《新时代公民道德建设实施纲要》。加强公民道德建设要以习近平新时代中国特色社会主义思想为指导，紧紧围绕进行伟大斗争、建设伟大工程、推进伟大事业、实现伟大梦想，着眼构筑中国精神、中国价值、中国力量，促进全体人民在理想信念、价值理念、道德观念上紧密团结在一起，在全民族牢固树立中国特色社会主义共同理想，在全社会大力弘扬社会主义核心价值观，积极倡导富强民主文明和谐、自由平等公正法治、爱国敬业诚信友善，全面推进社会公德、职业道德、家庭美德、个人品德建设，持续强化教育引导、实践养成、制度保障，不断提升公民道德素质，促进人的全面发展，培养和造就担当民族复兴大任的时代新人。

坚持马克思主义道德观、社会主义道德观，倡导共产主义道德，以为人民服务为核心，以集体主义为原则，以爱祖国、爱人民、爱劳动、爱科学、爱社会主义为基本要求，始终保持公民道德建设的社会主义方向。

坚持以社会主义核心价值观为引领，将国家、社会、个人层面的价值要求贯穿到道德建设各方面，以主流价值建构道德规范、强化道德认同、指引道德实践，引导人们明大德、守公德、严私德。

坚持在继承传统中创新发展，自觉传承中华传统美德，继承我们党领导人民在长期实践中形成的优良传统和革命道德，适应新时代改革开放和社会主义市场经济发展要求，积极推动创造性转化、创新性发展，不断增强道德建设的时代性和实效性。

坚持提升道德认知与推动道德实践相结合，尊重人民群众的主体地位，激发人们形成善良的道德意愿、道德情感，培育正确的道德判断和道德责任，提高道德实践能力尤其是自觉实践能力，引导人们向往和追求讲道德、尊道德、守道德的生活。

坚持发挥社会主义法治的促进和保障作用，以法治承载道德理念、鲜明道德导向、弘扬美德义行，把社会主义道德要求体现到立法、执法、司法、守法之中，以法治的力量引导人们向上向善。

坚持积极倡导与有效治理并举，遵循道德建设规律，把先进性要求与广泛性要求结合起来，坚持重在建设、立破并举，发挥榜样示范引领作用，加大突出问题整治力度，树立新风正气、祛除歪风邪气。

相关链接　搜索

崖畔的桂，雪中的梅

2021 年 2 月 17 日，张桂梅被评为感动中国 2020 年度人物。颁奖词是这样写的："烂漫的山花中，我们发现你。自然击你以风雪，你报之以歌唱。命运置你于危崖，你馈人间以芬芳。不惧碾作尘，无意苦争春，以怒放的生命，向世界表达倔强。你是崖畔的桂，雪中的梅。"

颁奖典礼上的张桂梅，皱纹满面，头发灰白。她的双手缠满了膏药，因为关节太疼了，不缠膏药手指根本伸不开。主持人白岩松对她说："我们做一个约定吧，10 年，20 年，只要您有需要，一定告诉我！"张桂梅犹豫了一下说："我会不会失约啊？"白岩松说："不会，我们都不会，您一定要健健康康的！"听到这里，我流泪了。张桂梅的身体实在太差了！为了维持生命，她每天要吃 10 多种药。而她之所以病成这样，都是为了自己的学校和学生，她是在用自己的生命工作！

在网上看到过张桂梅年轻时的一张照片，梳着刘海儿，扎着小辫儿，目光明亮，嘴角上翘。她开心地笑着，青春又靓丽。那时，她有着美丽的容颜，亦有着美好的爱情。她和丈夫在大理相识相爱，他们是同一所学校的老师。她爱唱爱跳，爱玩爱笑，那是她这一生中最幸福的时光。1996 年，她的丈夫因病去世，深受打击的她主动要求调到了偏远的丽江市华坪县中心学校。2001 年，张桂梅兼任了华坪县儿童福利院院长。在福利院，她看到了很多因为愚昧而产生的家庭悲剧，萌生了要建一所全免费女子高中的想法。她说："一个女孩会成为妻子、妈妈，教育好一个女孩就是改变了三代人的命运！"

筹建过程的艰难，真的是超出了她的想象。为了筹款，她被人谩骂、吐口水，甚至被放狗咬过。5 年的时间，她只筹到了 1 万元。2007 年，有位女记者听说了她的故事，便写了一篇题为《我有一个梦想》的报道，引起了全社会的关注，华坪女子高级中学终于在 2008 年成立。但是，因为重男轻女的封建思想，即便是免费，很多女孩也很难将学业完成。张桂梅就挨家挨户地家访、做工作。十几年间，她走了十几万公里的家访路，走访了

1000 多个家庭。在路上，她发过高烧，摔断过肋骨，却从没有停止前行。这一路的坎坷，换来的是 1000 多名女孩的求学坦途，是 1000 多个家庭里三代人的命运改变。她说，值得！

最艰难的时候，她也想过放弃："不干了！明天就不干了！"但是当第二天太阳升起，她咬咬牙，又挺过来了。因为长期超负荷的工作，张桂梅患上了肺气肿、肾囊肿等 20 多种疾病。但她拒绝住院，只靠吃药止疼。张桂梅说："别人给我医药费了，但我用医药费干别的了。我的病拖成这样，我不后悔。只要孩子们有学上，就值得！我会战斗到我最后一口气！"

华坪女高的校训是这样写的："我生来就是高山而非溪流，我欲于群峰之巅俯视平庸的沟壑。我生来就是人杰而非草芥，我站在伟人之肩藐视卑微的懦夫。"张桂梅，用她的坚强和坚持，给了一个个女孩自信和未来。

今天的张桂梅，无儿无女。但是，她心系 1000 多名孩子。她的学生，就是她的孩子！待到山花烂漫时，她在丛中笑。她，就是崖畔的桂，雪中的梅！

资料来源：《中国妇女报》，2021-02-26.

（1）**遵守社会公德**。公共生活需要公共秩序，公共秩序是由一定规范维系的人们公共生活的一种有序化状态。公共生活中的道德规范，即社会公德，是指人们在社会交往和公共生活中应该遵守的行为准则，是维护公共利益、公共秩序、社会和谐稳定的起码的道德要求。网络生活中的道德要求是人们在网络生活中为了维护正常的网络公共秩序需要共同遵守的基本道德准则，是社会公德在网络空间的运用和扩展。公民应践行以文明礼貌、助人为乐、爱护公物、保护环境、遵纪守法为主要内容的社会公德，在社会上做一个好公民。

（2）**恪守职业道德**。职业生活是人们参与社会分工，用专业的技能和知识创造物质财富或精神财富，获取合理报酬，丰富社会物质生活或精神生活的生活方式。公民应树立崇高的职业理想，服从社会发展的需要，树立正确的择业观和创业观。无论从事什么劳动，都要干一行、爱一行、钻一行。只要踏实劳动、勤勉工作，在平凡岗位上也能干出不平凡的业绩。公民应践行以爱岗敬业、诚实守信、办事公道、服务群众、奉献社会为主要内容的职业道德，在工作中做一个好建设者。

（3）**弘扬家庭美德**。家庭是社会的基本细胞。历史和现实告诉我们，家庭的前途命运同国家和民族的前途命运紧密相连。千家万户都好，国家才能好，民族才能好。家风是指一个家庭或家族世代相传的风尚、作风，即一个家庭当中的风气。良好的家风，对家庭成员的个人修养产生重要的作用，也对整个社会道德风尚的形成产生着重要的影响。公民应践行以尊老爱幼、男女平等、夫妻和睦、勤俭持家、邻里互助为主要内容的家庭美德，在家庭里做一个好成员。

（4）**锤炼个人品德**。个人品德是通过社会道德教育和个人自觉的道德修养所形成的稳定的心理状态和行为习惯。加强道德修养，提升个人品德，应借鉴历史上思想家们所提出的学思并重、省察克治、慎独自律、知行合一、积善成德等各种积极有效的方法，并结合当今社会发展的需要身体力行，不断提高自己的道德素质和精神境界。公民应践行以爱国奉献、明礼遵规、勤劳善良、宽厚正直、自强自律为主要内容的个人品德，在日常生活中养成好品行。

复习与思考

一、简答题

1. 什么是道德？
2. 道德的本质是什么？
3. 道德具有哪些特点？
4. 简述道德与法律的关系。
5. 简述道德与文化的关系。
6. 道德的功能和作用是什么？
7. 社会主义社会的基本道德规范是什么？

二、案例分析

中国肝胆外科之父——吴孟超

2021 年 5 月 22 日，99 岁的吴孟超院士走了，走得悄无声息。人们的哀思，穿过淅淅沥沥的细雨，回荡在黄浦江畔。人们记得，那一年，《感动中国》颁奖词这样形容吴孟超：手中一把刀，心中一团火，他是一匹不知疲倦的老马，把病人一个一个驮过河。

一个人，找到和建立正确的信仰不容易，用实际行动捍卫信仰，更是一辈子的事。吴孟超说，他“一辈子做了一件事”。

救了 1.6 万人，创下肝胆外科无数个第一

披肝沥胆、书写传奇，吴孟超创造了中国医学界乃至是世界医学肝胆外科领域的无数个第一：他主刀完成了我国第一例成功的肝脏手术；他和同事将英文版《肝脏外科入门》译著出版，成为我国第一本系统介绍肝脏外科的中译本；他制作了中国第一具肝脏血管的铸型标本；他创造性地提出人体肝脏“五叶四段”的解剖学理论；他为一名仅 4 个月大的女婴切除了肝母细胞瘤，创下了世界肝母细胞瘤切除年龄最小的纪录……

78 年的从医生涯里，他拯救了超过 1.6 万名患者的生命。即使摘获了国家最高科学技术奖，吴孟超也未曾停下前进的脚步，他将国家和军队奖励的 600 万元全部捐出，又联合 6 位院士向国务院提交了“集成式研究乙型肝炎、肝癌的发病机理与防治”的建议案，被列入国家科技重大专项。

一把手术刀，一握就是一辈子

“外科医生，就是一双手一把刀。”在吴孟超看来，手是刀的支点，刀是手的延伸。在很多肿瘤患者心里，吴孟超的双手象征着生命的希望。吴孟超曾经说过：“我是一名医生，更是一名战士，只要我活着一天，就要和肝癌战斗一天。即使有一天倒在手术台上，也是我最大的幸福。”

日本同行来过，端着摄像机把吴孟超的手术从头拍到尾，也没能弄清楚他那双神奇的手为啥像长了眼睛一样；美国同行曾连续 3 天现场观摩手术，若非亲眼所见，他根本不相信八九十岁的外科医生还能站上手术台。直至 2019 年 1 月 14 日，已经 97 岁高龄的吴孟超才退休。

游刃于肝胆之间，也与患者肝胆相照

82 岁那年，吴孟超接了一个特殊的病人。那名患者长了一个篮球那么大的肿瘤，要做切除手术，难度非常大。之前，患者去过多家大医院，都被拒收了。没有医生敢动这个手术，怕一着不慎，搭上自己的名誉。有人劝吴孟超别做这个手术：“你现在可是肝脏外科界的泰斗，万一出了事，名誉就毁了。”吴孟超只回答了这么一句话：“我名誉算什么？我不过是一个吴孟超嘛。”

吴孟超曾说：“我看重的不是创造奇迹，而是救治生命。医生要用自己的责任心，帮助一个个病人渡过难关”。他诠释了何为医者仁心，何为仁者寿。如今，他培养的 260 多名博士、硕士研究生已成为我国肝脏外科的中坚力量。

璀璨的星河上，有颗编号 17606 号的“吴孟超星”，一直供人们仰望，肝胆相照济苍生。这星光，与日月同辉。

——资料来源：共青团中央微信公众号，2022-05-22.

根据上述案例回答如下问题：

谈一谈你读过吴孟超大夫事迹后的感受。

三、实践与拓展

1. 以日记的形式观察记录一周生活里发生在自己身边的文明道德的行为，以“生活中的一抹亮色”为题写一篇文章，不少于800字。

2. 以小品的形式，在班级开展校园文明小品晚会，以道德典故、新闻热点和生活例子为素材开展小品表演活动。

3. 搜集有关道德文明的诗歌，在班级开展校园文明朗诵会。

4. 以小组为单位，开展“校园文明从我做起活动”，每个小组策划一个有意义的文明道德行为方案并展开实施，记录心得体会。

四、推荐阅读

樊锦诗：“我心归处是敦煌”

“舍半生，给茫茫大漠。从未名湖到莫高窟，守住前辈的火，开辟明天的路。半个世纪的风沙，不是谁都经得起吹打。一腔爱，一洞画，一场文化苦旅，从青春到白发。心归处，是敦煌。”这是2020年，中央广播电视总台“感动中国2019年度人物”栏目写给樊锦诗的颁奖词。

樊锦诗，1938年7月生，1986年被评为“全国优秀共产党员”，现任敦煌研究院名誉院长。樊锦诗把敦煌文化遗产保护、研究、弘扬、管理工作当作终身事业，在敦煌莫高窟永久保存与永续利用等方面做出重大贡献，被誉为“敦煌的女儿”。

“我这一生只做了一件事，就是守护、研究、弘扬世界文化遗产——敦煌莫高窟，这是最大的幸福。”当记者问她，如果要用一句话概括自己，她会怎么说？樊锦诗停顿了片刻，轻轻说出7个字：“我心归处是敦煌。”

“国家的需要就是我的志愿”

樊锦诗出生在北京，成长于上海，1958年考入北京大学历史系考古专业。当时，年轻的樊锦诗根本没想到自己毕业后会到地处大漠戈壁的敦煌莫高窟工作，更不会想到一去就是50多年。

敦煌莫高窟是诞生在古代丝绸之路上的无价之宝，是建筑、彩塑、壁画三者结合的立体艺术，是公元4世纪至14世纪的古人用智慧创造出的文化艺术宝库，见证了中西方文化的交流。中华人民共和国成立后，敦煌文物研究所成立。1984年，扩建为敦煌研究院。

那时候，莫高窟几乎是废墟，洞窟里堆满黄沙，有的根本进不去。这里没有电，没有自来水，没有交通工具，信息也特别闭塞。当樊锦诗的父亲知道女儿工作分配的消息后，担心她羸弱的身体无法适应大漠戈壁的恶劣环境，就给学校写了封信，恳请北大不要派她去这么艰苦的地方工作。可这封信被樊锦诗悄悄扣下了。樊锦诗说："报效祖国，服从分配，我选择去敦煌，因为，国家的需要就是我的志愿。"

不过，最令她难以置信的是，前辈们已经在这种艰苦条件下工作生活了20余年。樊锦诗深受触动。"他们治流沙、搞临摹、做研究，为研究院打下了坚实基础。"樊锦诗说，"他们也让我明白了自己的使命和责任，从此，守护敦煌是我一生的志向。"

"我为敦煌尽力了"

"敦煌定若远，一信动经年。"1967年，樊锦诗与大学时的恋人彭金章结婚，当时的彭金章在武汉大学工作，虽然成了家，但夫妻二人过着天各一方的日子。

樊锦诗说："我丈夫明白我对敦煌的感情，他知道我已无法舍弃敦煌。"为了成全妻子的事业，1986年，彭金章决定舍弃自己在武汉大学的事业，陪妻子扎根敦煌。结婚19年后，他们一家终于团聚，那时的樊锦诗年近五旬，每天仍忙碌不休。

在她的倡导下，敦煌研究院在中国文化遗产地中率先开展游客承载量研究，建成了莫高窟数字展示中心，实行"总量控制、网上预约、数字展示、实地看窟"的莫高窟旅游开放新模式，实现了文物保护和旅游开放的双赢。游客可以先观看数字电影，了解莫高窟的前世今生，再前往洞窟领略千年前古人留下的慧心妙笔。将敦煌文物"永久保存，永久利用"是樊锦诗给"数字敦煌"的定位。而在这项巨大工程最终落地时，樊锦诗已经78岁。

劳累奔波半个多世纪，樊锦诗用尽一生守望着莫高窟。在她瘦弱的身躯里，包裹着一颗倔强的心。"一代人有一代人的使命"，樊锦诗用一生的痴守，诠释了她这一代人为国家担负的使命，也诠释了一名合格的共产党员应有的精气神。她对记者说："如果我死时让我留一句话，我就留这句：我为敦煌尽力了。"

"我相信年轻人会做得更好"

守护敦煌，其实是一场依然在进行中的"接力赛"。在樊锦诗坚守大漠的半个多世纪里，她获奖无数。从全国优秀共产党员、全国文化系统先进工作者、全国先进工作者，到"100位新中国成立以来感动中国人物"；从2018年12月党中央、国务院授予她"改革先锋"称号，颁授改革先锋奖章，到2019年9月习近平主席签署主席令，授予她"文物保护杰出贡献者"国家荣誉称号，再到2019年9月被授予"最美奋斗者"称号……荣誉虽多，但无论何时何地，她都一如既往地保持着淡然与谦逊。

樊锦诗说："'坚守大漠、甘于奉献、勇于担当、开拓进取'，这16个字是我概括的'莫高精神'。这是前辈们给我们留下的宝贵精神财富，感召着一代又一代的敦煌守护者坚守在自己的岗位上，默默奉献。"

“相较于莫高窟的伟大，我觉得自己是微不足道的。莫高窟是历时千年的文化瑰宝，而我才仅仅守护了它50多年。”樊锦诗说，“从常书鸿先生到段文杰先生，再到我，我们一直在接力，把守护莫高窟这根接力棒一代代传下去。我白天想敦煌，晚上梦敦煌。只要一息尚存，就要为敦煌努力。”樊锦诗说，“更多的事业还要靠年轻人去做，我希望年轻人能继承‘莫高精神’。只要莫高窟存在，敦煌研究院就要陪伴它，不断探索前进。接力棒总要一代代传下去，我相信年轻人会做得更好。”

——中国网文化中国，http://cul.china.com.cn/2022-08/19/content_42076000.htm.

第二章 公共生活中的道德规范与法律规范

个人、家庭、社会组织按照由小到大排列都是社会的基本构成元素，与其相对应的行为规范我们称为个人品德、家庭美德、职业道德、社会公德，四德之间依次承接、补充，又互相影响。公共生活是人类生活的重要方面，维护一定的秩序是提高公共生活质量的重要条件。自古以来，人类维护公共生活秩序的手段多种多样，其中道德和法律是基本手段。

本章通过对公共生活中道德规范与法律规范内容、特征的阐述，积极倡导当代大学生自觉加强道德修养，遵守社会公德，养成良好的文明习惯；自觉增强法律意识，遵守法律法规，成为维护社会公共秩序的模范。

学习目标

知识目标

1. 理解社会公德的内涵。
2. 明确社会公德的重要意义。
3. 掌握社会公德的基本要求。

能力与情感目标

1. 能正确理解社会公德的重要意义。
2. 能在人际交往中践行社会公德。

名言荟萃 搜索

君子以仁存心，以礼存心：仁者爱人，有礼者敬人。爱人者人恒爱之，敬人者人恒敬之。

——孟子

礼尚往来。往而不来，非礼也；来而不往，亦非礼也。

——《礼记·曲礼上》

礼之于正国也，犹衡之于轻重也，绳墨之于曲直也。

——荀子

君子欲讷于言，而敏于行。

——孔子

令在必信，法在必行。

——欧阳修

教养是有教养的人的第二个太阳。

——赫拉克利特

道德常常能填补智慧的缺陷，而智慧却永远填补不了道德的缺陷。

——但丁

案　例

让见义勇为引领社会新风

近日，中央政法委在京发布2023年第二季度见义勇为勇士榜，共有50位勇士光荣上榜。这些勇士，虽然每个人身后的故事不同，但他们的目标是相同的，都是在安与危、生与死面前，把个人生死置之度外，义无反顾地拯救他人的生命和国家财产。他们的事迹，感人至深、令人钦佩。

人无精神不立，国无精神不强。一个民族要有点精神，否则就会失去脊梁骨，不能自强自立；一个人如果没有一种昂扬向上的精神，没有使命般的激情，不思进取，生命就失去了存在的价值和意义。这次公布的50位见义勇为勇士和前两次选树的139名勇士都是有一种崇高精神，有一种英雄气概，他们用舍己为人的无私爱心展现了人间大爱，用舍生取义的英雄壮举诠释了人生最美价值，用荡气回肠的浩然正气践行了社会主义核心价值观，用鲜血和生命谱写了一曲曲壮歌。他们不愧为中华民族的优秀儿女，不愧为保护人民生命，维护人民利益的英雄。

榜样的力量是无穷的。榜样是旗帜，鼓舞斗志；榜样是灯塔，指引方向。这些见义勇为榜样不仅能够感染人、鼓舞人、带动人，将优秀品质人格化、具体化、形象化，把先进思想作风转化为可触摸、可感知、可学习的鲜活样本，而且更能让人以典型为镜，反复检视自己、透视自己，激励自己，追逐梦想，扬帆起航。通过学习、宣扬他们的英雄事迹，充分发挥他们的示范引领作用，必将在全社会形成“弱者有人扶、难者有人助、危者有人救、遇犯罪有人斗”的正义自觉，努力营造崇尚见义勇为精神、关爱见义勇为勇士、争当见义勇为英雄的浓厚氛围。

——资料来源：李忠勇．让见义勇为引领社会新风[N]．人民法院报，2023-07-10.

案例分析

你如何看待见义勇为这种行为？生活中你见过哪些见义勇为的人和事？

第一节　社会公德

一、社会公德的含义

道德中的社会公德，是维护公共秩序的重要手段。在人类社会发展的进程中，社会公德作为社会公共生活中的行为准则，成为整个社会道德体系的基础层次。今天，社会公德在维护公共秩序方面的作用更加突出。

社会公德，是指社会全体成员都必须遵守的维护社会正常生活秩序的最基本的公共生活准则，是调节公共生活领域中人与人之间关系的行为规范。社会公德涉及人们社会生活的各个层面。它依靠社会舆论、习俗和人们信念的力量，调节人与人、人与社会、人与自然之间的关系，规范人们的言行，起着维护社会秩序稳定，促进社会风气好转的重要作用。社会公德如何，在一定程度上反映着一个国家、一个地区、一个城市、一个单位的道德水平和文明程度。一个人社会公德意识的强弱，也在一定程度上反映着他的精神境界和思想素质。

相关链接　搜索

“北燕云依”诉某派出所拒绝办理户口登记案

一、弘扬的价值：公序良俗

公民行使姓名权，应当符合法律规定，不得损害公序良俗。本案原告的父母在为其办理户口登记时，取名“北燕云依”，既未随父姓或母姓，也没有其他正当理由。公安机关拒绝对“北燕云依”进行户口登记，符合法律规定，恪守了公序良俗的要求，维护了正常社会管理秩序，得到了人民法院的依法支持。

二、基本案情

吕某、张某两夫妻在决定为女儿取名为“北燕云依”后，吕某前往某派出所为女儿申请办理户口登记，该派出所依照法律规定和法定程序，拒绝为其办理户口登记。吕某认为此行政行为侵犯其女儿的姓名权，遂以其女儿“北燕云依”的名义提起了行政诉讼，请求确认被告拒绝以“北燕云依”为姓名办理户口登记的行政行为违法。人民法院经审理认为，根据全国人大常委会《关于〈中华人民共和国民法通则〉第九十九条第一款、〈中华人民共和国婚姻法〉第二十二条的解释》的规定，公民行使姓名权，应当尊重社会公德，不得损害社会公共利益。在父母姓氏之外选取其他姓氏，应有不违反公序良俗的正当理由。本案原告“北燕云依”并不符合上述规定的情形，故判决驳回原告的诉讼请求。

三、法律指引

全国人民代表大会常务委员会《关于〈中华人民共和国民法通则〉第九十九条第一款、〈中华人民共和国婚姻法〉第二十二条的解释》

公民依法享有姓名权。公民行使姓名权，还应当尊重社会公德，不得损害社会公共利益。

公民原则上应当随父姓或者母姓。有下列情形之一的，可以在父姓和母姓之外选取姓氏：

（一）选取其他直系长辈血亲的姓氏；

（二）因由法定扶养人以外的人扶养而选取扶养人姓氏；

（三）有不违反公序良俗的其他正当理由。

少数民族公民的姓氏可以从本民族的文化传统和风俗习惯。

二、社会公德的特点

社会公德作为共同的道德，是人的最基本、最广泛、最一般的社会关系的反映。它具有以下特征：

（1）在内容上具有全民性和基础性。社会公德是人类社会公共生活的必然产物，是人们在长期的社会实践中逐渐形成并保存下来的公共生活准则，具有全民性。社会公德不是某一特定阶级利益的反映，而是全社会共同利益的反映；不是特定行业或者婚姻家庭才应遵守的道德，而是全社会所有人都应当遵守的行为规则。社会公德旨在维护社会秩序，保障社会生活正常进行，因而最能为广大群众接受、认同和支持。那些违背社会公德、破坏公共生活准则的行为必定成为“过街老鼠”，受到社会舆论的普遍反对和谴责。正是在此种意义上，我们说社会公德在人民群众中有着深厚的基础。同时，由于社会公德是人类社会生活中最起码、最普遍、最简单的行为准则，是维护社会公共生活正常、有序、健康进行的最基本的条件。因此，社会公德在整个社会的道德规范体系中处于最基础的层级，也就是说，它是判断一个人是否是一个合格社会成员的标准，它是衡量个人或群体是否达到人类道德发展水平的尺度。

（2）**在范围上具有广泛性和普遍性**。社会公德反映的内容、渊源和所适用的范围，是以社会公共场所、公共生活为中心的人们之间的一般关系，因而为社会上大多数成员共同接受、认可并遵照执行，具有广泛的实用性、普遍性和有效性。社会公德适用的范围是人们的公共生活，几乎包括了所有人。在这个范围内，发生交往的人们的身份不是原来的身份，而是由场所的性质所赋予的身份。比如，在车船上，人们的身份是乘客；在商店里，人们的身份是顾客。虽然社会公德的适用范围是有区别的，有的适用范围大些，适用于整个社会或全人类；有的适用范围小些，仅适用于某个地区或民族，但并不排斥社会公德在其相适用范围内的普遍适用性。

（3）**在结构上具有沿袭性和传统性**。社会公德同社会意识形态一样，是由社会的经济条件决定的。经济生活发展的连续性决定了社会公德的沿袭性和传统性。社会公德是人类在长期共同生活中逐步积累起来的，是维护社会正常生活的经验结晶，是社会文明、人类进步的标志之一。特别是那些反映在千百年来流传下来的处世格言、民风民俗中的优秀传统美德，将作为人类道德的优秀遗产世代相传。

（4）**在功能上具有渗透性和易行性**。由于社会公共生活、职业生活和婚姻家庭生活是人类生活不可或缺的有机组成部分，三种生活之间存在广泛的联系。因而社会公德与职业道德、婚姻家庭道德存在相互渗透、相互融合的关系，三者共同规范和调节人们的社会行为；其中社会公德可以影响和促进民俗、习惯、职业道德、婚姻家庭道德等向更高的水平发展，同时社会公德世代相传、反复被提炼，其内容、要求以及表达形式变得简明扼要，通俗易懂，便于施行。在一般社会生活中，无论是老人还是小孩，不论是在日常生活、社交活动中还是在公共场所，人们只要一看到社会公德规范，就知道它的含义，无须多加说明就能做到，比如“不说粗话、脏话”等。

三、社会公德的主要内容

《公民道德建设实施纲要》用“文明礼貌、助人为乐、爱护公物、保护环境、遵纪守法”20个字，对社会公德的主要内容和要求做了明确规范。

（一）文明礼貌

文明礼貌是中华民族的优良传统，是人们在日常人际交往中应当共同遵守的道德准则。讲文明懂礼貌是社会文明和个人道德修养的标志之一。人的行为举止最能反映一个人的道德修养和文明程度。文明礼貌包含的内容和要求很多，这里需要指出的是，文明礼貌的要求和内容不是一成不变的，它会随着社会的进步而不断更新。

在社会公共生活中，文明礼貌是一条重要的道德规范。文明是表示人类社会的开化程度和进步状态，是人类改造自然界的物质成果与改造主观世界的精神成果的统一。礼貌主要是指人们在与他人交往和交际的各种行为中所应有的品行和礼仪，礼貌的核心是对他人的关心和尊重。

西方有句谚语：你是别人的地狱，别人就是你的地狱；你是别人的天堂，别人就是你的天堂。尊重，应该是相互的，只有尊重别人，才会赢得别人对你的尊重。

文明礼貌对人的行为准则的要求是：

（1）**以礼待人**。以礼待人就指在社会交往和公共生活中，待人态度和气、举止大方、诚恳、和善、彬彬有礼。自觉遵守礼貌礼节，实质是对他人的尊重。只有尊重他人的人格和感情，才能被他人所尊重，从而在互相尊重的基础上构成文明的交往。

（2）**举止端庄文雅**。人的行为举止总是在社会中进行，个人的行为举止总要产生一定的影响：会影响到自己能否健康成长，成为有道德的人；影响到他人的人格和利益是否得到尊重；影响到社会能否保持正常的秩序，形成良好的社会环境。因此，在公共生活中，每一个公民在待人、接物、处事时，应力求言行举止端正、庄重、落落大方。在外事活动中，既要体现出热情友好，又要有民族尊严，不做有损于国格和人格的事。

（3）**语言文明**。语言是人们进行交往、表达思想的一种必不可少的工具。语言表现说话者的心灵，也调节着人与人之间的关系。只有使用准确、优美、文雅的语言，才能实现以礼相待的生活准则，养成互相尊重的社会风气。

（二）助人为乐

助人为乐，就是在社会生活中，能把别人的困难当作自己的困难，乐于为别人排忧解难；同时对别人的错误能及时指出，善意帮助。在现实社会中，每个人都要在一定的人际交往中生活，每个社会成员都不能孤立地生存。而在生活中人人都会遇到一些困难、矛盾和问题，都需要别人的关心、爱护，更需要别人的支持、帮助。如果在社会生活中，每个人都能主动关心、帮助他人，从自己做起，从小事做起，从现在做起，使助人为乐在社会上蔚然成风，那么，你就能随时随地得到他人的帮助，感受到社会的温暖。从这个意义上讲，“助人”也就是“助己”，因此，人人都应该发扬助人为乐的精神，积极主动地爱护他人、帮助他人。具体来说应做到：一是我为人人。每个人都应该从乘车让座、帮助残疾人过马路等小事做起，养成关心他人的习惯。二是遇难相帮。天有不测风云，人有旦夕祸福。当他人发生不幸、出现困难时，要热情帮助，为其分忧解难。三是见危相救。比如，在遇到歹徒行凶时，遇到有人恃强凌弱时，遇到意外险情等危急情况时，每个公民都应该挺身而出、舍己救人、弘扬正气。四是热心公益。社会公益反映了社会主义的新型人际关系，与每位公民息息相关。每个公民都要关注和支持社会公益，多献一点爱心，多添一份真情。在社会生活中做一个热心人，如赈灾救荒、捐资助学、义务献血、为社会福利事业捐款捐物等，做到有钱出钱、有力出力。

（三）爱护公物

公共财物包括一切公共场所的设施，它们是提高人民生活水平，使大家享有各种服务和便利的物质保证。对待公共财物是爱护、保护还是浪费、破坏，是一个公民有没有社会主义道德的反映。每个公民都应该自觉遵守社会公德，爱护公共财物。一要爱护本单位的公物，要做到公私分明，不占用公家的财物，不化公为私。但在实际生活中，有些人不爱护机器、设备；有些人在家里千方百计节约用电、用水，在单位却对“长明灯”“长流水”满不在乎、视而不见；有些人甚至化公为私，随意占用公家财物，并认为“公家的东西不拿白不拿”。二要爱护公共设施，如电话亭、路灯及有关通信线路、交通设施等，还要保护文物古迹，使其为更多的人服务。在校学生应当爱护教室的桌椅，不在上面随意刻画；出去旅游，应当爱护景区的一草一木，不采摘花朵，不在景点上乱刻乱画；图书馆的书籍，不能撕坏损毁；公共服务设施不能暴力使用，等等。总之，公共设施，国家财产，要保护，要爱护。这些都是社会公德的体现。三要敢于同侵占、损害、破坏公共财物的行为作斗争。有些人经常抱怨公共设施差，但是对随意破坏、损害公共设施的行为却无动于衷、视而不见、见而不问。每一个公民都有责任和义务，同侵占、损害、破坏公物的行为作斗争，时时、处处关心和爱护公共财物。

（四）保护环境

环境问题，是当前国际社会普遍关注的热点问题。近年来，黄河的长时间断流，沙尘暴的频频发生等一系列环境问题所带来的危害，使人们越来越清醒地认识到：环境和资源是人类生存和发展的基本条件。能不能有效地保护环境，关系到每个公民的生活质量和切身利益，关系到人们的安居乐业，关系到我们的子孙后代能否可持续发展。保护环境，就是保护我们自己。因此，保护环境不仅是我国的一项基本国策，也是社会公德的一项基本要求。

党的十一届三中全会以后，党和政府开展了以“五讲四美”为中心的全民文明礼貌月活动，以及创建国家级卫生城市的活动。这些活动的开展，不仅使我国城乡面貌发生了很大的改观，还使广大人民群众进一步认识到爱清洁、讲卫生已经不是个人生活的小事，而是每个人都应该树立起来的公共生活准则；是移风易俗，改造世界的大事。

突飞猛进的现代科学技术向人们提出的新的社会公德要求是：维护生态平衡，建立节约型社会。

（五）遵纪守法

纪律是一定的阶级、社会团体和各级组织为了维护自身利益和保证正常工作、学习和生活秩序而制定的，要求其所属成员共同遵守的各种规章制度、章程、命令、守则等的总和，是人们言行的规范。法律是国家立法机关依照立法程序制定的、有一定文字形式的、由国家强制力保证实施的规范；法律体现的是统治阶级的意志，是阶级专政的工具。

俗话说：没有规矩，不成方圆。对一个公民来说，是否自觉维护公共场所秩序，纪律观念、法制意识强不强，体现着他的精神道德风貌。遵纪守法同时也是保护社会健康、有序发展的基础。

在社会公德的规范中，文明礼貌是社会公共生活的基础性规范，助人为乐是社会主义公民的应有品质，爱护公物是社会主义道德的重要内容，保护环境是社会可持续发展的内在要求，遵纪守法是社会存在和发展的前提条件。

要在整个社会形成一个人人讲社会公德的氛围，每一个社会成员都有义务，都应该以实际行动做到“从我做起”“从现在做起”，自觉遵守社会公德。

四、自觉遵守社会公德的意义

社会公德作为人类社会生活中最起码、最简单的行为准则，是和广大人民群众的切身利益密切相关的，是适应社会和人的需要而产生的。它对人们的社会生活具有特殊且广泛的社会作用。每个社会成员都应该自觉遵守社会公德。

（1）**遵守社会公德是维护社会公共生活正常秩序的必要条件。**社会公德是维护公共场所正常秩序和安定环境、维护现实社会生活的最低准则，是人们现实社会生活稳定发展的基本条件。

（2）**遵守社会公德是成为一个有道德的人的最基本要求。**社会公德发挥着维护现实的稳定、公道、惩恶扬善的功能，在社会生产和生活中起着强大的舆论监督作用和精神感召作用。社会公德的这种作用体现在：一方面，肯定、维护和促进一切有利于或有助于社会以及个人生存、发展和完善的思想与行为；另一方面，否定、抑制和阻止一切有碍于或有害于社会以及个人生存、发展和完善的思想与行为。这主要是通过社会公德的规范方式来促进社会和个人弃恶扬善，扶正祛邪，从而指导人们的思想和行为，非强制性地调节和规范着社会生活中人们的言论和行动，维护社会公共生活秩序，有效地为满足社会与社会成员的需要服务。

（3）**社会公德建设是精神文明建设的基础性工程，也是精神文明程度的“窗口”。**社会公德是社会道德的基石和支柱之一，社会公德对社会道德风尚的影响稳定而深刻、广泛而持久。社会道德又是社会精神文明的重要组成部分，所以从人们实践社会公德的自觉程度和普及程度，可以看出整个社会精神文明建设的状况。因此，如果社会公德遭到了践踏和破坏，整个社会的道德体系就可能会瓦解，整个社会的安定团结也将被破坏，社会主义精神文明建设也就不可能真正搞好。社会的精神文明包括多方面的内容，但在一定的历史发展阶段，社会的道德风尚通常是衡量一个社会精神文明发展水平的重要标志，是整个人类社会精神文明发展的一种反映和体现。因为，一个地区或一个国家的精神面貌总是先从社会风尚中表现出来。总之，从一定意义上说，社会主义社会的社会公德是社会主义社会的基础，是现代社会必须高扬的基本道德。每个社会成员都应该增强社会公德意识，自觉地以社会责任感考虑自己的行动，遵循体现社会群体利益和他人利益的公共规范。

五、社会公德的实践和养成

毋庸讳言，受各种不良因素的影响，社会中部分成员以自我为中心，一味追求个人利益最大化；缺乏守法意识，缺少爱心和良知，将遵守公共秩序、爱护公共财物等社会成员应当遵守的基本社会公德抛之脑后、弃之不顾。井盖频繁失窃、景观灯被打碎、果皮箱被踢翻……这些与文明行为格格不入的社会现象无一不在考问着市民的素质——文明，究竟离我们有多远?

现在各地都在建高楼大厦，都在修草坪广场，是不是这些条件具备了，城市文明就自然而然提高了呢？显然不是。如果说宽阔的街道、漂亮的高楼等基础设施建设是城市的“硬件”，那么良好的举止、文明的市民则是城市的“软件”。离开了良好的“硬件”，城市则不能称为城市；但是如果没有良好的“软件”做支撑，则“硬件”的功能将大打折扣。

我们应该看到，自己不仅是组成社会的一分子，更应该是建设文明城市的主力军。只有全体市民都以主人翁的姿态来保护、呵护我们生活的精神家园，从身边做起、从点滴做起、从小事做起，我们的城市才能实现“软件”“硬件”的良好匹配，我们的城市才能在文明的光环下正常运转、日新月异。

高等学校是建设社会主义精神文明的重要阵地，大学生具有较高的文化知识和科学素质，对宣传、维护社会主义社会公德负有义不容辞的责任。社会公德与人们在公共生活中的实践活动有着紧密的联系。因此，培养公德意识离不开社会实践活动，大学生应当在实践中不断增强公德意识，努力做社会公德规范的传播者和践行者。

应当积极参与各种社会活动，在实践中培养公德意识和责任意识。参加志愿者服务等公益事业和社会实践活动对大学生了解社会、拓展实际工作能力，尤其是增强社会责任感有极大的帮助。大学生培养公德意识的实践活动有很多具体方式，既可以通过社会公德的宣传活动普及公德规范，传播文明新风，也可以结合自身的专业特点服务社会、回报社会；既可以参加学校组织的各种社会公益活动，也可以结合自己的兴趣爱好加入各种社会公益组织。大学生参与公德实践活动本身就是一种学习，可以从实践中体会到什么是符合社会公德规范的言行，什么是不符合社会公德规范的言行，从而在实践中不断提高自身的公德素养，并带动他人、影响社会。

应当从小事做起、从小节改起，带头践行社会公德规范。社会公德所规范的行为包括社会公共生活中最微小的细节，这些细节极容易被人们忽略；而它一旦被社会群体中的大多数人忽视，往往就会在不知不觉中形成不良的社会风气，造成严重的道德后果。因此，崇高的公德意识要靠在点点滴滴的日常小事中培养，古人云“勿以善小而不为，勿以恶小而为之”，讲的就是这个道理。其实，践行公德并不难，提升敬人礼让境界同样不难，比如，见到老师、长辈主动问候是讲公德；乘坐公交车主动让座是讲公德；在银行、邮局等公共场所排队时站在“一米线”外是讲公德；最后离开教室时随手关灯是讲公德；外出旅游时不在景点设施上随意刻画是讲公德……公德的境界就是在这些不起眼的举手投足间慢慢升华的！

课堂思考

为什么要爱护公共财物？

第二节　网络生活的道德规范

随着互联网的飞速发展，网络技术的应用越来越多地融入人们的生活中。但是，一些不法之徒却利用互联网上的一些漏洞进行不道德的甚至是违法犯罪的活动。

一、网络道德失范行为

（1）**危害国家安全**。世界上存在对立的政治制度和意识形态，并不是到处充满善意。一些国家通过互联网发布恶意的反动政治信息、散布谣言，利用信息“炸弹”攻击他国，破坏其国家安全；甚至出于一定的政治目的，突破层层保密网，直接对其核心的系统中枢进行无声无息的破坏，以达到不可告人的目的。

（2）**网络犯罪**。一些“黑客”时常会非法潜入网络进行恶性破坏，蓄意窃取或篡改网络用户的个人资料，利用网络进行赌博，甚至盗窃电子银行款项。通过网络传播侵权或违法的信息等网络犯罪行为日益增多，互联网已成为不法分子犯罪的新领域。

（3）**网络文化侵略**。互联网信息环境的开放性，使多元文化、多元价值在网上交会。近年来，一些西方发达国家凭借网络优势，倾销自己的文化，宣扬西方的民主、自由和人权观念，这就加剧了国家之间、地区之间道德和文化的冲突，对我国的精神文明建设造成干扰和冲击。

（4）**色情和暴力风暴席卷而来**。信息内容具有地域性，而互联网的信息传播方式则是全球性、超地域的，这使得色情和暴力等问题变得突出起来。由于互联网是全球共享的，这就使某些人、个别国家的色情信息和暴力情节能够无障碍地在世界范围内传播。网络成为色情和暴力信息的传播媒介，提供色情资料，灌输暴力思想，从而导致与传统优良文化道德的冲突。由于文化传统、社会价值观和社会制度不同，它对我国的危害更加严重。

综上所述，互联网正处于起步时期，在传统现实社会中形成的道德及其运行机制在网络社会中并不完全适用。我们不能为了维护传统道德而拒斥虚拟空间闯入我们的生活，但我们也不能听任网络道德处于失范无序状态，或消极地等待其自发的道德运行机制的形成。我们必须通过分析网络社会道德不同于现实社会生活中的道德的新特点，提出新的道德要求，加快对网络道德的引导、宣传和推广，倡导道德自律。

二、网络道德的特点

网络道德由于虚拟空间的出现而产生新的要求，与根植于物理空间的现实道德相比，它具有以下特点：

（1）**自主性和自律性**。网络道德需要自主性和自律性。相比较而言，传统社会由于时空限制，交往面狭窄，在一定意义上是一个“熟人社会”。依靠真实社会中朋友、亲戚、邻里、同事等的监督，慑于道德中传统习惯、社会舆论、内心信念等手段的强大力量，传统道德得到相对较好的维护，人们的道德意识较为强烈，道德行为也相对严谨。而以往人们的道德行为常常是做给他人特别是做给可能对自己有影响的人“看”的。由此我们可以认为，传统社会的道德主要是一种依赖型道德，是一道由熟人的目光、舆论和感情构筑成的道德防线。

相比之下，“网络社会”更大程度上是“非熟人社会”，互联网是人们为了满足各自的需要而自发自愿连接建立起来的。在这个以网络技术为基础的，少人干预、过问、管理、控制的网络道德环境中，人们进入了“无人认识我”的领域，只能依靠自身的道德水准对自己负责，管理自己，并根据自己的需要独立地选择网络服务的项目和内容、发布和接收信息。在“网络社会”里，个体的自主性得到了前所未有的体现；但同时，由于网络道德规范是人们根据既得利益和需要制定的，因此增强了人们遵守这些道德规范的自觉性，要求人们的道德行为具有更高的自律性。要做到自我主宰、自我约束、自我控制，真正体现出人格的尊严和道德的觉醒。也就是说，随着“网络社会”的到来，人们建立起来的应该是一种自主自律型的新道德。

（2）**开放性和多元性**。在现实社会中，虽然道德因生产关系的多层次性而有不同的存在形式，但每一个特定社会只能有一种道德居于主导地位。现实社会的道德是单一的、一元的；而网络道德却呈现出一种在不同的道德意识、道德观念和道德行为之间，不受时空限制的经常性的冲突、碰撞、融合和重构。互联网把不同国家和地区的人们联结起来，导致了多元文化价值的共存。一方面，使具有不同个人信仰、价值观念、风俗习惯和生活方式的人们增进了相互之间的沟通和理解，达到了融合；另一方面，也使各种文化冲突日益表面化和尖锐化，落后的道德意识、道德规范和道德行为与先进的道德意识、道德规范和道德行为并存，呈现出表面化、开放性的趋势。而在开放的网络社会中，人们作为道德的主体，具有自由选择道德取向的权利；经常对处于冲突之中的各种价值取向作出及时的取舍选择，网络社会正是这样逐渐走向真正意义上的“价值多元化”。例如在涉及每一个网络成员切身利益和网络秩序的正常维护方面存在同一的道德规范；而在各个不同国家、民族和地区，又有着各自特殊的道德准则。这些规范与准则由于彼此之间并没有实质性的利害关系而能够求同存异，因此，网络道德的多元性和开放性是相统一的。

三、网络道德的作用

（1）**网络道德是对网络使用者的道德规范。**道德研究的最终目的不只是向人们揭示道德规范和标准，而是将其切实贯彻在道德实践中，使那些具有“普适性”的道德原则，成为人们在行动抉择和结果预测时的一种准则，成为主体行为选择时的一种依据。网络道德就是用于调整、规范网络使用者的思想、言论和行为的道德准则。网络道德一旦形成，就会像传统道德一样，依靠人的内心信念和自制自律来约束自己在使用网络过程中的行为，使自己的行为合乎网络的伦理道德，合乎国际通用法则和社会发展利益。

相关链接　搜索

《中华人民共和国网络安全法》是为保障网络安全，维护网络空间主权和国家安全、社会公共利益，保护公民、法人和其他组织的合法权益，促进经济社会信息化健康发展而制定。由全国人民代表大会常务委员会于2016年11月7日发布，自2017年6月1日起施行。《网络安全法》的亮点很多，从实际工作需求看，以下亮点值得关注：

一、提出了个人信息保护的基本原则和要求，相当于一部小型的“个人信息保护法”，使后续的相关细则、标准有了上位法；

二、对网络产品和服务提供者提出了要求，针对的是当前一些企业任性停止服务或依靠垄断优势要挟用户、随意收集用户信息等问题；

三、在反恐法确立的电信用户实名制基础上，规定了信息发布、即时通讯等服务的实名制要求，但这个实名是指“前台匿名、后台实名”，不影响用户隐私；

四、规范了重要网络安全信息的发布服务，现在很多企业或机构都在发布漏洞、安全事件等信息，有一些不实信息造成了很大范围的不良影响，国家将制定这方面的规定；

五、明确了网络运营者的执法协助义务，这是国际惯例，但我们以前多依靠“红头文件”，这一局面将改变；

六、从法的层面规定了对网上非法信息的清理，使国家的互联网管理系统有了明确的法律依据；

七、确立了国家关键信息基础设施保护制度，特别是规定了运营者的强制性义务，并为主管部门开展监管作了授权；

八、建立了网络安全监测预警、信息通报和应急处置工作体系，有利于解决目前存在的多个部门各自发布预警通报、应急预案体系不完整不协调等问题；

九、建立了通信管制制度，以支持重大突发事件的处置，但同时也将通信管制的权限严格限制在了国务院；

十、进一步理顺了网络安全工作体制，规定国家网信部门负责统筹协调网络安全工作和相关监督管理工作。

（2）**网络道德建设有利于发挥网络的积极作用**。如前所述，网络中的道德失范行为已经危及网络自身的存在和健康发展，只有坚决遏制和消除这种消极现象，才能扬长避短，维护网络安全，增进文化的交流与发展，使网络更易为人们所接受，更好更快地走入人们的生活，提高人们的生活质量和促进经济的发展。网络道德建设成为发挥网络积极作用的前提条件，因为网络道德规范着网络使用者的思想、言论和行为，它调整着网络使用者的内心活动，然后通过内心的选择和决定而付诸符合人类利益的网络行为，使之自觉抵制不道德的行为；这样就从根本上消除了人的因素在产生网络消极现象中所起的作用。目前，国外一些计算机和网络组织为其用户制定了一系列相应的规则。这些规则涉及网络行为的方方面面，如网络监控、电子信件使用的语言格式、通信网络协议、匿名邮件传输协议，等等。这些协议制定得相当具体，连字母的大小写、信息长短、主题要集中、电子邮件要签名等细节都有详尽的规定。

（3）**网络道德建设是对网络法制建设的重要补充**。网络发展必然要求加强网络法制化建设，如果没有法律，网络必然陷入混乱无序的状态。针对网络中存在的问题，从20世纪60年代开始，许多西方国家根据各自的实际情况，制定了计算机安全法规。如早在1978年8月，美国佛罗里达州通过了《佛罗里达计算机犯罪法》，对包括侵犯知识产权、侵犯计算机装置和设备、侵犯计算机用户等项犯罪以及惩处办法做出规定。我国也从 1981 年起开始关注计算机安全问题。1987 年 10 月制定的《电子计算机系统安全规定（试行草案）》是我国第一部有关计算机安全工作的法规。1998 年 3 月，国务院信息化工作领导小组正式颁布《中华人民共和国计算机信息网络国际互联网管理暂行规定实施办法》，建立健全了网络法律法规正成为各国政府势在必行的一件大事。但是，由于网络社会的全球性、隐匿性、开放性、自由性和异化性，决定了不可能完全依赖法律来约束网络行为。因为即便有了非常详尽和严密的法律，面对众多的边缘行为和网上犯罪，法律往往鞭长莫及，防不胜防。由于道德是人们在社会生活中经过长期实践自然形成的，并依靠社会的舆论、传统的习惯力量和人们的信念来维持，而且道德规范所调整的范围要比法律所调整的范围广泛，所以网络行为更多的也更为重要的是必须由道德这个更具有普遍约束力和影响力的行为规范来调整。因此，网络道德建设就成为网络法制建设的重要补充，只有将两者结合起来，才能真正维护网络安全和保障网络的健康发展。

（4）**网络道德建设有利于社会主义道德建设的向前发展。**社会主义道德体现着精神文明建设的性质和方向。社会主义道德建设是发展先进文化的重要内容，是提高全民族素质的一项基础工程；它对弘扬民族精神和时代精神，形成良好的社会道德风尚，促进物质文明和精神文明协调发展，全面推进建设有中国特色的社会主义事业有着重要的意义。网络道德建设作为社会主义道德建设的内容之一，有利于社会主义道德建设的向前发展和精神文明建设整体目标的实现。首先，网络道德建设应该是社会主义道德建设的重要内容。要教育网络使用者增强对全球网络文化的识别警觉能力、自律抗诱能力；要在五光十色的网络文化面前坚定信念、把握方向、守住良知、维护公德、拒绝道德堕落；要教育网络使用者把网络道德规范和网络技术置于同样重要的层面加以学习、掌握，培养自觉的网络道德意识、道德意志和道德责任，提高网络道德自我教育能力。其次，网络应该成为道德教育的前沿阵地。我们在网络这种先进的技术面前不应裹足不前，相反，我们应该充分利用其传递速度快捷、传播信息密度大、传播内容量大和传播效率极高的优点，使其成为思想道德教育的新载体。只要加强网络思想道德教育的理论研究，同时培养出一批网络思想教育工作者和建立起完善的思想道德教育计算机网络体系，网络完全可以成为我们思想道德建设的有力的新阵地。

总而言之，网络已经逐渐成为思想道德建设的新途径和新手段，网络空间业已逐渐成为思想道德建设的新阵地和新载体。因此，大力进行网络道德建设，在改革开放和网络信息科技革命形势下加强社会主义精神文明建设，就具有特别的重要性和紧迫性。搞好网络道德建设将有利于社会主义道德建设和精神文明建设在新形势下继续向前发展并取得更大的成就。

第三节　公共生活中的法律规范

一、公共生活与法律规范

在公共生活中，由于个人的行为会影响他人的生活，因此约束个人行为的公共生活规则有很多。其中，法律是最权威的规则，既有国家强制性，又有普遍约束力。它不仅是具有法律约束力的公共生活准则，能引导人们自觉守法，自觉维护公共生活的正常秩序，而且可以通过制裁破坏公共秩序的违法行为，强制人们遵守社会公共生活准则。只有政府、社会和公民都具有明确的公共生活规范意识，并自觉地遵守公共生活准则，才可以建立起和谐的现代生活方式。每一个公民都要充分认识法律规范在公共生活中的作用，树立崇尚法律的理念，在公共生活中做守法的模范。

根据法律规范作用的指向和侧重，可以将公共生活中法律规范的作用分为指引作用、预测作用、评价作用、强制作用和教育作用。

（1）**指引作用**。法律的指引作用是指法律所具有的、能够为人们提供一种既定的行为模式，从而引导人们在法律范围内活动的作用。指引作用是法律的首要作用。法律的首要目的并不在于制裁违法行为，而是在于引导人们正确的行为，使人们合法地参与社会生活。法律的指引作用主要是通过授权性规范、禁止性规范和义务性规范三种规范形式实现的。与之相应的指引形式分别为授权性指引、禁止性指引和义务性指引。授权性指引是指运用授权性法律规范，告诉人们可以做什么或者有权做什么；禁止性指引是指运用禁止性法律规范，告诉人们不得做什么；义务性指引是指运用义务性法律规范，告诉人们应当或者必须做什么。

（2）**预测作用**。法律的预测作用是指法律通过其规定，告知人们某种行为所具有的、为法律所肯定或否定的性质以及它所导致的法律后果，使人们可以预先估计到自己行为的后果，以及判断他人行为的趋向与后果。

（3）**评价作用**。法律的评价作用是指法律所具有的、能够评价人们行为的法律意义的作用。法律的评价客体是人们的行为。这里所说的人们，既包括自然人，也包括法人和其他社会组织。法律评价的标准是合法与不合法；国家机关及其公务人员的公职行为只有合法，才能获得法律的保护，否则就是非法，就应当承担相应的法律责任。对于社会民众来说，法律对其要求是不能违反法律，如果违反了法律规定，就必须承担法律责任，受到法律制裁。行为评价标准有法律、道德、纪律等，它们是可以同时适用的。但应该注意的是，既不能用法律评价取代道德评价、纪律评价，也不能用道德评价、纪律评价代替法律评价。

（4）**强制作用**。法律的强制作用是指法律能运用国家强制力制裁违法和犯罪，保障法律自身得以实施的作用。法律的强制作用是对法的其他作用的保障。没有强制作用，法律的指引作用就会降低，预测作用就会被怀疑，评价作用就会在很大程度上失去意义，教育作用的效力也会受到严重影响。法律强制的主体是国家、社会成员与社会组织。国家是强制的主动主体，作为被强制对象的社会成员或社会组织则是被动主体。法律的强制手段是国家强制力，包括警察、法庭、监狱等。法律的强制目的在于实现法律权利与法律义务，即实现法律，确保法律的应有权威，维护良好的社会秩序，维护社会正义。从强制作用的角度看，法律对于义务者来说是一种强制约束，对于权力者来说则是一种强制保障。

（5）**教育作用**。法律的教育作用是指法律所具有的、能通过其规定和实施而影响人们思想、培养和提高人们法律意识、引导人们依法行为的作用。法律的教育作用的实现主要有三种方式：一是法律作出规定，通过人们对法律的了解和学习，发挥教育作用；二是法律通过对各种违法犯罪行为的制裁，使违法犯罪者和一般社会成员受到教育；三是法律通过对各种先进人物、模范行为的嘉奖与鼓励，为人们树立良好的法律上的行为楷模。

法律的指引作用、预测作用、评价作用、强制作用都有一定的教育意义。法律的教育作用普遍存在于法律作用中，可以通过多个方面和多种形式得以实现与体现。法律的教育作用有利于使法律获得人们的内心认同，进而自觉遵守。

二、公共生活中的一些法律规范

（一）《中华人民共和国道路交通安全法》的基本精神和主要内容

《中华人民共和国道路交通安全法》（以下简称《道路交通安全法》）是为了维护道路交通秩序，预防和减少交通事故，保护人身安全，保护公民、法人和其他组织的财产安全及其他合法权益，提高通行效率而制定的。

1.《道路交通安全法》的立法目的与基本原则

《道路交通安全法》的立法目的是：维护道路交通秩序，预防和减少交通事故，保护人身安全，保护公民、法人和其他组织的财产安全及其他合法权益，提高通行效率。其基本原则主要有依法管理原则和以人为本、与民方便原则。《道路交通安全法》在机动车通行规则、交通事故的责任认定、交通事故快速处理和抢救费用的支付等方面都体现了以人为本、与民方便的原则。

2.《道路交通安全法》的主要内容

《道路交通安全法》规定了道路通行规则：机动车、非机动车实行右侧通行；行人应当在人行道内行走，没有人行道的靠路边行走；乘车人不得携带易燃易爆等危险物品，不得向车外抛撒物品，不得有影响驾驶人安全驾驶的行为；机动车行经人行横道时应当减速行驶，遇行人通过人行横道时应当停车让行；机动车行经没有交通信号的道路，遇行人横过道路时应当避让；在道路上发生交通事故，造成人员伤亡的，车辆驾驶人应当立即抢救受伤人员；交通警察赶赴事故现场后，应先组织抢救受伤人员；对交通事故中的受伤人员，医疗机构应当及时抢救，不得因抢救费用未及时支付而拖延救治。

《道路交通安全法》规定了对于以下 7 种严重的交通违法行为实施拘留处罚：

- 对酗酒后驾驶机动车或营运机动车的；
- 对未取得机动车驾驶证、机动车驾驶证被吊销或者被暂扣期间驾驶机动车的；
- 造成交通事故后逃逸，尚不构成犯罪的；
- 强迫机动车驾驶人违反道路交通安全法律法规和机动车安全驾驶要求驾驶机动车，造成交通事故，尚不构成犯罪的；

- 违反交通管制的规定强行通行，不听劝阻的；
- 故意损毁、移动、涂改交通设施，造成危害后果，尚不构成犯罪的；
- 非法拦截、扣留机动车辆，不听劝阻，造成交通严重阻塞或者较大财产损失的。

（二）《中华人民共和国治安管理处罚法》的基本精神和主要内容

为维护社会治安秩序，保障公共安全，保护公民、法人和其他组织的合法权益，规范和保障公安机关及其人民警察依法履行治安管理职责，中华人民共和国第十届全国人民代表大会常务委员会第十七次会议于2005年8月28日通过《中华人民共和国治安管理处罚法》（以下简称《治安管理处罚法》），自2006年3月1日起施行，并于2012年10月26日进行了修正。

《治安管理处罚法》一方面规范、引导社会成员的行为，使人人懂法、守法，既实现自身的合法权益和自由，又不对他人的合法权益和自由造成侵害；另一方面，规范、指导公安机关和人民警察的执法行为，在有效惩治违法行为的同时充分保障人权。该法是新形势下加强社会治安管理、维护公共生活秩序、构建社会主义和谐社会的重要法律保障。

1.《治安管理处罚法》的基本精神

《治安管理处罚法》的立法目的是：维护社会治安秩序，保障公共安全，保护公民、法人和其他组织的合法权益，规范和保障公安机关及其人民警察依法履行治安管理职责。其基本原则主要有：治安管理处罚必须以事实为依据，与违反治安管理行为的性质、情节以及社会危害程度相当；实施治安管理处罚，应当公开、公正，尊重和保障人权，保护公民的人格尊严；办理治安案件应当坚持教育与处罚相结合的原则。

2.《治安管理处罚法》的主要内容

《治安管理处罚法》规定的违反治安管理行为是指扰乱社会秩序，妨害公共安全，侵犯公民人身权利，侵犯公私财产，情节轻微尚不够刑事处罚的行为。《治安管理处罚法》第三章将“违反治安管理行为”细分为“扰乱公共秩序，妨害公共安全，侵犯人身权利、财产权利和妨害社会管理”共四类110多种行为。《治安管理处罚法》不仅对违法行为做了较为合理的分类，而且扩大了“违反治安管理行为”的范围。违法行为范围界定的扩大，意味着对私权保护力度的加大。在新纳入处罚范围的行为中，有不少是随着社会经济的发展而新出现或日益严重的社会现象。这些行为实际上已经对私权构成侵害，对社会秩序造成干扰。将它们纳入处罚范围，顺应了社会发展的需要。

《治安管理处罚法》规定的治安管理处罚种类有警告、罚款、行政拘留、吊销公安机关发放的许可证、限期出境或者驱逐出境（对违反《治安管理处罚法》规定的外国人适用）等。同时，《治安管理处罚法》缩减了罚款和行政拘留处罚的自由裁量幅度。将行政拘留处罚按照不同的违法行为的性质，区分为5天以下、5天至10天、10天至15天，并规定合并执行最长不超过20天。行政拘留适用的细分体现了对限制人身自由的处罚的慎用，本质上是对人权的尊重。

综上所述，《治安管理处罚法》涉及面广，与普通老百姓的生产、生活息息相关，对公民权利影响非常大。同时它也对规范公安机关执法活动提出了更高要求，强化了对公安机关、人民警察执法活动的监督，并针对新情况增加了新的危害社会治安的行为，适当提高了处罚的力度。它的颁布、实施对维护社会秩序，保障公共安全，保护公众合法权益，规范和保障公安机关、人民警察依法履行治安职责，构建和谐社会发挥了巨大的作用。

（三）《中华人民共和国环境保护法》的基本精神和主要内容

《中华人民共和国环境保护法》（以下简称《环境保护法》）是调整因保护环境和自然资源、防治污染和其他公害而产生的各种社会关系的法律规范的总称。

1.《环境保护法》的产生与发展

在世界范围内，18世纪末19世纪初的产业革命，使社会生产力大发展，也使大气污染和水污染日趋严重。20世纪以后，化学和石油工业的发展对环境的污染更为严重，一些国家先后采取立法措施，以保护人类赖以生存的生态环境。一般先是地区性立法，后发展成为全国性立法；其内容最初只限于工业污染，后来发展为全面的环境保护立法。随着全球性的环境污染和破坏的发生，国际环境法应运而生。

在中国，1979年，全国人民代表大会常务委员会通过并颁布了《中华人民共和国环境保护法（试行）》。1982年以后，全国人民代表大会常务委员会先后通过了《中华人民共和国海洋环境保护法》《中华人民共和国水污染防治法》和《中华人民共和国大气污染防治法》。1989年12月26日第七届全国人民代表大会常务委员会第十一次会议通过了《中华人民共和国环境保护法》。另外，国务院还颁布了一系列保护环境、防治污染及其他公害的行政法规。

2.《环境保护法》的立法目的和原则

《环境保护法》的立法目的是：保护和改善生活环境与生态环境，防治污染和其他公害，保障人体健康，促进社会主义现代化建设的发展。其基本原则主要有：一是经济建设与环境保护协调发展原则；二是预防为主、防治结合、综合整治原则；三是谁污染谁治理、谁开发谁保护原则。

3.《环境保护法》的主要内容

《环境保护法》将环境界定为影响人类社会生存和发展的各种天然因素和经过人工改造的自然因素的总体，包括大气、水、海洋、土地、矿藏、森林、草原、野生动物、自然古迹、人文遗迹、自然保护区、风景名胜区、城市和乡村等。该法在明确了依法保护环境范围的同时，特别强调一切单位和个人都有保护环境的义务，并有权对污染和破坏环境的单位和个人进行检举和控告。

相关链接 搜索

最高人民法院公布的弘扬社会主义核心价值观典型案例

周某诉某公安分局拖延履行法定职责案

一、弘扬的价值：社会公德

"文明健身、和谐生活"，既是社会主义精神文明的体现，也是法治精神的体现。广大群众积极参加健身活动，有利于身心健康、增强体魄，但不能因此损害他人的合法权益。本案原告周某因社区居民在其楼下跳广场舞，严重影响生活安宁，向某公安分局报案处理未果后提起行政诉讼。人民法院依法判决该公安分局对周某的报案作出行政处理。本案也提醒广大群众：强身健体，也要尊重他人权利，这样才能真正保证健身的"幸福指数"，提升和谐共处的"文明指数"。

二、基本案情

原告周某居住在长沙市某社区，部分社区居民经常在晚上8点左右到其楼下的人行道上跳广场舞，音响器材音量过大，严重影响其安静生活。周某报警要求某公安分局依法进行处理。某公安分局接警后，多次到现场劝说跳舞居民将音响音量调小，或者更换跳舞场地，但一直未有明显效果。此后，原告向人民法院起诉，要求某公安分局依法处理。人民法院经审理认为，某公安分局对于原告报警所称的部分居民在原告楼下跳广场舞并使用音响器材这一行为是否存在违法事项，是否需要进行行政处罚等实质问题并未依法予以认定，遂判决某公安分局依法对周某的报案作出处理。判决生效后，该公安分局又数次对跳舞的人进行劝解、教育，并加强与当地社区的合作，引导广场舞队转移至距离原处百米之外的空坪上。原告所住的社区也在政府部门的积极协调和支持下，与长沙某汽车站达成一致，将在车站附近建设一块专门用于广场舞等娱乐活动的健身场所，既避免噪声扰民，又给跳舞健身爱好者提供了自由活动的场所。

三、法律指引

《中华人民共和国环境噪声污染防治法》

第五十八条　违反本法规定，有下列行为之一的，由公安机关给予警告，可以并处罚款：……（二）违反当地公安机关的规定，在城市市区街道、广场、公园等公共场所组织娱乐、集会等活动，使用音响器材，产生干扰周围生活环境的过大音量的……

《中华人民共和国治安管理处罚法》

第七条　国务院公安部门负责全国的治安管理工作。县级以上地方各级人民政府公安机关负责本行政区域内的治安管理工作。

治安案件的管辖由国务院公安部门规定。

第五十八条　违反关于社会生活噪声污染防治的法律规定，制造噪声干扰他人正常生活的，处警告；警告后不改正的，处二百元以上五百元以下罚款。

（四）《集会游行示威法》的基本精神和适用范围

1989 年 10 月 31 日第七届全国人民代表大会常务委员会第六次会议通过《集会游行示威法》，1989 年 10 月 31 日正式公布施行。

1.《集会游行示威法》的立法目的和原则

《集会游行示威法》的立法目的是：在维护社会安定和公共秩序的前提下，充分保障宪法赋予公民的集会、游行、示威的权利，各级人民政府应当依法予以保障。其原则主要有：政府依法保障原则；权利义务一致原则；和平进行原则。

2.《集会游行示威法》的适用范围

在中华人民共和国境内举行集会、游行、示威，均适用《集会游行示威法》。

该法所谓集会，是指聚集于露天公共场所，发表意见、表达意愿的活动；所谓游行，是指在公共道路、露天公共场所列队行进、表达共同意愿的活动；所谓示威，是指在露天公共场所或者公共道路上以集会、游行、静坐等方式，表达要求、抗议或者支持、声援等共同意愿的活动。露天公共场所是指公众可以自由出入的或者凭票可以进入的室外公共场所，不包括机关、团体、企事业组织管理的内部露天场所；公共道路是指除机关、团体、企事业组织内部专用道路以外的道路和水路。

文娱、体育活动，正常的宗教活动，传统的民间习俗活动，不适用《集会游行示威法》。

集会游行示威必须通过申请和许可。申请举行集会、游行、示威的，有下列情形之一的，不予许可：第一，反对宪法所确定的基本原则的；第二，危害国家统一、主权和领土完整的；第三，煽动民族分裂的；第四，有充分根据认定申请举行的集会、游行、示威，将直接危害公共安全或者严重破坏社会秩序的。

（五）《维护互联网安全的决定》的基本精神和主要内容

2000 年 12 月 28 日第九届全国人民代表大会常务委员会第十九次会议通过《维护互联网安全的决定》，从保障互联网的运行安全、维护国家安全和社会稳定、维护社会主义市场经济秩序和社会管理秩序和保护个人、法人和其他组织的人身、财产等合法权益等方面，规定了网络违法和犯罪行为的法律责任。

1.《维护互联网安全的决定》的立法目的和基本原则

《维护互联网安全的决定》的立法目的是：兴利除弊，促进我国互联网的健康发展，维护国家安全和社会公共利益，保护个人、法人和其他组织的合法权益。其基本原则主要有：促进网络发展与加强监管相结合的原则；信息自由与社会公共利益有机结合的原则；与现代网络发展相适应、与传统法律规范相协调的原则。

2.《维护互联网安全的决定》的主要内容

（1）**保障互联网的运行安全。**《维护互联网安全的决定》规定，有下列行为之一，构成犯罪的，依照《刑法》有关规定追究刑事责任：侵入国家事务、国防建设、尖端科学技术领域的计算机信息系统；故意制作、传播计算机病毒等破坏性程序，攻击计算机系统及通信网络，致使计算机系统及通信网络遭受损害；违反国家规定，擅自中断计算机网络或者通信服务，造成计算机网络或者通信系统不能正常运行。

（2）**维护国家安全和社会稳定**。有下列行为之一，构成犯罪的，依照《刑法》有关规定追究刑事责任：利用互联网造谣、诽谤或者发表、传播其他有害信息，煽动颠覆国家政权、推翻社会主义制度，或者煽动分裂国家、破坏国家统一；通过互联网窃取、泄露国家秘密、情报或者军事秘密；利用互联网煽动民族仇恨、民族歧视，破坏民族团结；利用互联网组织邪教组织、联络邪教组织成员，破坏国家法律、行政法规实施。

（3）**维护社会主义市场经济秩序和社会管理秩序**。有下列行为之一，构成犯罪的，依照《刑法》有关规定追究刑事责任：利用互联网销售伪劣产品或者对商品、服务进行虚假宣传；利用互联网损坏他人商业信誉和商品声誉；利用互联网侵犯他人知识产权；利用互联网编造并传播影响证券、期货交易或者其他扰乱金融秩序的虚假信息；在互联网上建立淫秽网站、网页，提供淫秽站点链接服务，或者传播淫秽书刊、影片、音像、图片。

（4）**保护个人、法人和其他组织的人身、财产等合法权益**。有下列行为之一，构成犯罪的，依照《刑法》有关规定追究刑事责任：利用互联网侮辱他人或者捏造事实诽谤他人；非法截获、篡改、删除他人电子邮件或者其他数据资料，侵犯公民通信自由和通信秘密；利用互联网进行盗窃、诈骗、敲诈勒索。

另外，该决定还规定利用互联网实施其他犯罪行为的，依照《刑法》有关规定追究刑事责任；利用互联网实施行政违法行为和民事侵权行为的，分别依法追究行政责任和民事责任。

？复习与思考

一、简答题

1. 什么是社会公德？
2. 简述社会公德的主要内容。
3. 简述社会公德的特点。

4. 公共生活中的法律规范有哪些?

5. 如何保障自己的网络安全?

二、案例分析

守护人人有责的社会公德

私德若是“光着脚”,公德注定“无法跑”。私德的意义不在于独善其身,而是以公共空间为坐标锚定私人领域的界限。

从集体哄抢到景区泡脚,从高铁占座到公交“动手”,违反公德的事件屡屡在网上引发热议。令人遗憾的是,不文明行为把自我凌驾于社会之上;但值得欣慰的是,每一次关于事件的深入讨论,都是一次道德教育的过程,也是自我反思的良机。经过人们的讨论,模糊的概念愈发清晰,抽象的条文愈发具体,应对的手段愈发明确。对类似行为持续“曝光”、向不文明现象勇敢说“不”的人越来越多,凝聚起全社会振聋发聩的正义呼声。

习近平总书记指出,必须加强全社会的思想道德建设,激发人们形成善良的道德意愿、道德情感。今天,现代化进程马不停蹄,社会文明的建设也驶上了“快车道”。守护公德,理应出于内心的道德戒律,而不是做给人看,更不是有利可图。如果每次都要靠惨痛的教训“撞过南墙才回头”,提升文明素质的代价未免太大。这种道德自觉,并不来自玄奥的说教,恰恰是父母的言传身教、老师的谆谆教诲和身边人的率先垂范构成的良好社会风尚,为每个人定下了道德的基调。

党的十八大以来,随着公民道德建设工程的深入实施,不断涌现的榜样扮靓了时代的道德天际线。托举哥、夺刀侠、小红帽、绿丝带,这些个人和集体激发了向上向善的道德热情;交警和司机接力为救护车开道,网友留言鼓励并报警拯救轻生女孩,市民自发设立并守护“爱心冰箱”,一件件暖心事为社会风气刷上了清爽的底色。与此同时也要看到,众人拾柴易,自告奋勇难;精神支持易,切实践履难。相比隔着屏幕义愤填膺,老人摔倒扶不扶、目睹行窃管不管等具体场景仍会让一些人犹豫踟蹰。道理其实都明白,但“知而不行”的困境背后,既有对价值的判断,更有对利益的考量。

有人认为:只要不违反公德,在私德领域可以任性而为。事实上,人处在各种社会关系之中,与世隔绝的“世外桃源”无从寻觅。尤其身处人人都有“麦克风”、处处都是“直播间”的时代,个人学术失信,对其他人不公平;明星绯闻频出,形成负面示范……习近平总书记深刻指出,核心价值观，其实就是一种德，既是个人的德，也是一种大德，就是国家的德、社会的德。在洒扫应对中涵养道德的涓涓细流，将汇聚成文明社会的汪洋大海。

在私利与公益的张力面前，是否维护公德，是我们面临的第一个考验。如果挺身而出，怎样做好则是第二个考验。乘客干扰公交车司机驾驶，是言语说服还是紧急制止？公共场合遇到“熊孩子”，是告知家长还是替人管教？遇到人员受伤，是参与急救还是呼叫求救？很多情况没有标准答案，但过程失之毫厘，结果谬以千里。无论是急救教育进校园、应急知识进社区，还是普法教育、安全教育的深入，都旨在提高道德实践能力尤其是自觉践行能力。我们常说：见义勇为还需见义智为、见义善为。光凭一腔热忱，难免“好心办坏事”；如果酿成意外，反而会挫伤向善的积极性。

当然，不能苛责千钧一发时事事决策周密，侠肝义胆本身就是耀眼的人性光辉。免除见义勇为者的后顾之忧，需要法律为道德护航，为合理的善行兜底。近年来，关于文明出游、公共场所禁烟等内容被纳入法律范畴，司法审判对家暴、虐待、遗弃等问题态度不断明确，《民法总则》专门设置了见义勇为不担责的相关条款……这些可喜的改变释放着法治的善意。一方面，对不文明行为划定红线，通过法律的力量倒逼人们敬畏规则；另一方面，法律为公德撑腰，保证行善机制不贬值褪色。让良法推动善治，发挥制度法律与公序良俗的合力，文明大厦的基座才会越筑越牢。

“道德是社会关系的基石，是人际和谐的基础。”在道德践履的路上，没有人可以置身事外。以良好风气的软引导呼唤公德，以制度法律的硬约束护佑公德，文明的沃土就不会沙化。更关键是你我共同呵护，点点滴滴磨砺道德自觉，危急关头果断施以援手，这样，社会公德就不会遭遇破窗效应，文明的幼苗就能长成参天大树。

资料来源：《人民日报》，2018-11-15.

根据上述案例回答如下问题：

1. 为什么要遵守社会公德？

2. 如何取舍、选择私德和公德？

3. 在私利与公益的张力面前，是否维护公德？

在《最高人民法院公布10起弘扬社会主义核心价值观典型案例》中，其中一个案例就体现了邻里之间的友善互助。

原告张某夫妇及其子与被告杨某的父亲是邻居关系。自20世纪五十年代以来，张某夫妇给予杨某父亲很多照顾，双方一直相处较好，往来较多。杨某多年未与父亲来往，直至2011年11月，才取得联系，并探望了父亲。此后，杨某父亲在住院期间，口头表示将其房屋遗赠给张某的儿子，并有多位证人在场证明。2012年3月，杨某父亲去世。后原、被告因杨某父亲的遗产继承问题发生诉讼，人民法院依法判决杨某父亲的房屋归张某的儿子所有，其他财产由杨某继承。

——资料来源：济南铁路运输中级法院，http://jntlzy.sdcourt.gov.cn/jntlzy/365212/365213/9251198/index.html

1. 读完这篇《最高人民法院公布10起弘扬社会主义核心价值观典型案例》后，你有何感想？

2. 俗话说“远亲不如近邻”。在现今社会，你认为邻里关系应该是怎样的？

3. 随着中国经济的发展，由现在的购买商品房取代了以前的单位宿舍，邻居之间会有陌生感的存在，你认为社区建设有哪些重要内容？

三、实践与拓展

1. 依次列出令你深恶痛绝的10种校园（或社会）不道德现象（可以用文字表达，也可以用图片做成PPT，或采用录像形式）。

2. 课堂辩论

日前，河北省邯郸市公交公司在11条公交线路中推出“有奖让座”活动——乘坐公交车时，如果你主动为“老、弱、病、残、孕”等特殊人群让座，就会获得公交公司送出的“爱心让座致敬卡”和纪念品（公交线路图），志愿者还将记下让座者的相关信息。待活动结束后，根据让座次数，评选出“文明爱心使者”，并奖励每人一个可乘坐50次的公交IC卡。

——资料来源：新京报，2007-06-23

消息，某日上午，绍兴市公交总公司正式向外宣布，公交乘车“爱心卡”将于4月1日启用。据介绍，凡是在该公司所属的公交车上主动给老、弱、病、残、孕及抱婴儿者让座的，可向司乘人员领取“爱心卡”一张（同一车次重复让座限领一张）。市公交总公司将对获得“爱心卡”的市民进行奖励，凭卡可以获得公交IC卡0.5元的充值金额。

——资料来源：大江论坛，http://bbs.jxnews.com.cn

辩论题目：

爱心是否有价？助人为乐应不应当、需不需要得到经济回报？请根据以上材料，以“‘有奖让座’是美德褒扬还是道德侮辱”或“爱心有价还是无价”为辩题，开展一次辩论。

3. 以小组为单位，开展一场公德剧表演。

4. 收集世界各国社会公德案例，并谈谈我国该怎样加强公民道德建设。

5. 请你（或以小组为单位）做一件维护公共秩序或公共利益的事情并写出心得体会。

四、推荐阅读

人民论坛：做讲社会公德的好公民

“人而无德，行之不远。”一个社会文明有序，既靠先善其身的私德，也离不开相善其群的公德。

新时代公民道德建设，“要把社会公德、职业道德、家庭美德、个人品德建设作为着力点”。近日，中共中央、国务院印发《新时代公民道德建设实施纲要》，明确阐释新时代公民道德建设的总体要求、重点任务，鼓励人们“在社会上做一个好公民”“在工作中做一个好建设者”“在家庭里做一个好成员”“在日常生活中养成好品行”。这就为不断提高人民思想觉悟、道德水准、文明素养提供了遵循，对于培养担当民族复兴大任的时代新人，推动全民道德素质和社会文明程度达到一个新高度，具有重大指导意义。

道德是社会关系的基石、人际和谐的基础，社会公德作为社会交往和公共生活的基本准则，是新时代公民道德建设的重要内容。纲要提出，“推动践行以文明礼貌、助人为乐、爱护公物、保护环境、遵纪守法为主要内容的社会公德，鼓励人们在社会上做一个好公民”。五个方面的社会公德内容，涵盖了维护社会关系、促进社会和谐的最起码的道德要求，既针对全体公民也面向领导干部，有着重要的现实针对性和实践指导性。把这些社会公德要求融入日常生活，强化制度保障特别是法律法规保障，使之成为人们日用而不觉的道德规范和行为准则，促进社会全面进步、人的全面发展。

“每个人都不是一座孤岛，都是广袤大陆的一部分。”培护社会公德，关键在于引导公众超越个人狭隘眼界和功利目的，从公益众利层面实现小与大、私与公、家与国的融洽协调。“环保是别人的事情，与我无关”“大善做不了，小善不想做”“凭啥自己冒风险助人为乐”……公德遇阻，说到底是因为公共意识、规则意识、群己权界观念等的缺失。张扬社会公德的要诀，就在于唤起人们的公共责任心、公民义务感，破除“事不关己，高高挂起”的狭隘心理。广大民众明礼守法的公共文明意识，其实正是最宝贵、最强大的道德资源。

道德是生活的哲学。道德建设既注重对孰善孰恶的辨析，更注重知行合一。从公共场所举止文明到邻里相处和睦互助，从举手之劳保护环境到心底无私为民服务，人人谨守社会公德，努力实现精神之美、行为之善、思想之真，就能让道义的力量汇流成河，润泽社会和谐有序运转。加强新时代公民道德建设，必须坚持提升道德认知与推动道德实践相结合，引导人们向往和追求讲道德、尊道德、守道德的生活。对个人而言，激发“见善如渴，闻恶如聋”的意愿，增进“己所不欲，勿施于人”的行动力，就能成为一个“精神富有”的人，成为一个有益于他人和社会的人。

每个人心底都蕴藏着善的种子，“人皆可以为尧舜”。《新时代公民道德建设实施纲要》强调：“加强新时代公民道德建设，是推进中国特色社会主义事业的一项基础性、战略性工程。”高举光照世道人心的公德火炬，培护引领社会和谐的公德高地，激励人们行动起来守卫心中的道德律，一定可以奏响新时代的精神文明和声，让德耀中华、德佑未来成为现实。

扫码观看视频：社会公德宣传片

资料来源：《人民日报》，2019-10-29.

《治安管理处罚法》实施案例

因小狗追赶，导致小女孩摔跤，为此小女孩的妈妈和狗主人闹进派出所，坚持要按照新实施的《治安管理处罚法》进行处罚，最后以狗主人赔礼道歉尴尬收场。

前天下午，顾女士带着6岁的女儿去莲花公园散步，没想到女儿被一只小狗追吓，摔青了小腿不说，事后还一直处在惊吓中。顾女士说："当时，女儿正和其他小朋友一起玩耍，狗突然冲过来，女儿逃跑时被石块绊倒在地，紧跟着小狗就要扑到孩子身上去。"顾女士慌忙将狗踢开。这时，狗主人不高兴了，骂顾女士没有爱心。顾女士发现女儿的小腿青了一小块，想到新实施的《治安管理处罚法》中把放任狗咬人列为新的处罚范围，顾女士拉着狗主人到嘉莲派出所讨要说法。顾女士说："主人既没给狗办证，遛狗时又没拴上狗链，把我的孩子吓成这样，说什么也不能就这么算了。"嘉莲派出所民警了解情况后，让狗主人给顾女士道了歉。可顾女士觉得这远远不够。

据悉，3月1日起正式实施的《治安管理处罚法》规定：饲养动物，干扰他人正常生活的，处警告；警告后不改正的，或者放任动物恐吓他人的，处200元以上500元以下罚款。

——资料来源：法律快车，http://www.lawtime.cn

退休干警民间巡河十五年

贵阳阿哈湖国家湿地公园良好的生态环境（贵阳市林业局供图）

贵州是中国首批国家生态文明试验区。2023年6月18日，是第七个"贵州生态日"，贵州省王武监狱的一名退休干警周余庆带着队员们又到鸭池河进行巡河行动与科普宣讲。

虽是古稀之年，周余庆却走路带风。在她眼里，"捡垃圾不仅是为了'捡'，而是用实际行动带动大众，为生态环境保护出一份力，让我们的山更绿，水更清。"

2008年退休后，因参加生态故事分享会，周余庆选择做一名环保志愿者，没想到她一干就是十几年，还带出了一支"队伍"。她说："原本想用工作经验帮邻里空巢老人提供一些帮助，没想到参与的人越来越多，从邻里互助一路做到了环境保护志愿团队。”

周余庆说的团队叫“花溪区圆梦爱心社”，2014 年发起成立，作为爱心社会长，她带领身边的离退休人员、老年志愿者开展环保科普宣传、巡河护河、净滩、垃圾分类等志愿服务活动。

“爱心社成立后很重要的一项公益活动是巡河，一开始做得并不专业。”周余庆坦言，真正投入其中，才发展巡河是个“细致活”，“小到垃圾处理，大到登记上报都需要分类规范。”在保护生态道路上，周余庆接触到不少生态环境保护公益团队，了解更多的专业知识，巡河越做越专业。

“学习水环境与河长制知识、贵阳河湖水系、贵阳贵安民间河长工作内容、工作原则、巡河工具使用、环保宣传倡导、环境问题跟进机制等知识，在培训讲师的带领下开展巡河实践，还掌握了取水器、检测水质、巡河工具的使用。”周余庆介绍，“哪里有垃圾，就往哪里跑。”不管多忙，她和团队都坚持每月到花溪河、小车河、南明河等河道巡查。

巡查中，他们记录厂区排污情况、农民焚烧秸秆情况，并对水生外来物种开展监测，及时登记巡河发现的环境问题，报送属地职能部门跟进处理。爱心社在全省各地已巡过 100 多条（个）河流和湖泊，组织各类河湖保护活动 200 余场，捡拾垃圾近千公斤。

“不仅要追着垃圾跑，更要学会打交道。”周余庆说道。环境保护，劝阻不文明行为、宣传环保理念是她退休工作的常态，为此，周余庆自学考了社工，把所学推广到爱心社队员，不论是志愿服务还是出行旅游，看到不文明行为总能和颜悦色劝阻，妥善处理。

“生态环境保护要一棒接一棒。”2020 年开始，周余庆带领志愿者把环保科普宣传带进校园、社区，开展了“生态文明故事会”“贵州河湖生态环境保护科普图片展”30 场，已到 5 所幼儿园、20 所中小学校、5 个社区传播生态文明知识，宣传环保理念。爱心社团队的志愿者累计志愿服务时长超过 13000 小时，默默守护着贵州的碧水蓝天，团队也从最初的 20 人发展到登记注册 180 人。

2022 年 6 月，周余庆入选生态环境部、中央文明办评选的“百名最美生态环境志愿者”；2023 年 4 月获得了“贵阳贵安 2022 年—2023 年优秀民间河长”称号。她说：“看到河道越来越漂亮心里很有成就感，生态环境保护工作得干到走不动那天。”

——资料来源：中国日报网，2023-07-06.

第三章 旅游职业道德概述

职业是社会分工的产物，在社会分工造就职业差异的条件下，每一种职业都有着相应的特定职责和技能，一定职业的从业者在履行其职责的过程中所应遵循的道德规范和行为准则即是职业道德。

本章重点阐述了职业道德及旅游职业道德的内涵，概括了职业道德与旅游职业道德形成和发展所经历的不同历史阶段。通过对旅游职业道德的作用与基本要求的阐述，明确了旅游职业道德对旅游业的发展、从业人员素质的提高、社会良好风尚的形成有重大作用。

学习目标

知识目标

1. 了解职业和职业道德产生的条件和历史过程。
2. 理解旅游职业道德的重要作用。
3. 把握旅游职业道德的基本要求。

能力与情感目标

1. 正确认识职业领域里的不正之风，增强遵守职业道德的自觉性和主动性。
2. 学习榜样人物，增强对旅游职业的认同，培养良好的职业道德情感。

名言荟萃 搜索

任何职业都不简单，如果只是一般地完成任务当然不太困难，但要真正事业有所成就，给社会做出贡献，就不是那么容易的。所以，搞各行各业都需要树雄心大志，有了志气，才会随时提高标准来要求自己。

——谢觉哉

历史把那些为了广大的目标而工作，因而使自己变得高尚的人看作是伟大的人；经验则把使最大多数人幸福的人称赞为最幸福的人。

——马克思

世上没有卑贱的职业，只有卑贱的人。

——林肯

一个人若没有热情，他将一事无成，而热情的基点正是责任心。

——列夫·托尔斯泰

不能爱哪行才干哪行，要干哪行爱哪行。

——丘吉尔

工作是一个施展自己才能的舞台。我们寒窗苦读来的知识、我们的应变力、我们的决断力、我们的适应力以及我们的协调力都将在这样一个舞台上得到展示。除了工作，没有哪项活动能提供如此高度的充实自我、表达自我的机会以及如此强的个人使命感和一种活着的理由。工作的质量往往决定生活的质量。

——约翰·洛克菲勒

工作将深深影响你的一生，它可能造就你，也可能毁灭你。

——戴尔·卡耐基

如果只把工作当作一件差事，或者只将目光停留在工作本身，那么即使是从事你喜欢的工作，你也依然无法持久地保持对工作的激情。但如果把工作当作一项事业来看待，情况就会完全不同。

——比尔·盖茨

案　例

最美导游：文花枝和韩滨

23 岁的文花枝是湖南湘潭新天地旅行社的导游。2005 年 8 月 28 日下午 2 点 35 分许，文花枝所带团队乘坐的旅游大巴在陕西延安洛川境内与一辆拉煤的货车相撞。这是一次夺走 6 条生命，造成 14 人重伤、8 人轻伤的重大交通事故。当可怕的瞬间过去，坐在前排的文花枝清醒过来时，发现和自己同坐前排的司机以及西安本地导游已经罹难。她自己左腿胫骨断裂，骨头外露，腰部以下部位被卡在座位里不能动弹。营救人员迅速赶来，他们想将坐在前排的文花枝抢救出来，她却平静地说："我是导游，后面都是我的游客，请你们先救游客。"长达两个多小时的艰难营救对于伤者无疑过于漫长，数次昏迷的文花枝只要一醒过来，就又给自己的游客打气。文花枝是最后一个被营救的伤员，由于伤势严重，8 月 29 日，文花枝的左腿从膝盖以下被截掉，一位年轻的姑娘就这样失去了自己的一条腿。主治医生李军教授惋惜地说："太可惜了，若早点做清创处理，不耽误宝贵的抢救时间，她这条腿是能够保住的。"劫难之后，对于未来的憧憬和设想都被打乱。记者问她："你后悔吗？"文花枝笑着说："我只是做了自己应该做的。"在文花枝看来，自己只是做了一件很平凡的事情。但在许多人眼里，她那一瞬间的选择，无疑是一个英雄的壮举。她无悔的选择震撼了许多人的心灵……

韩滨同志是焦作市友谊旅行社的一名导游。2016 年 7 月 1 日下午，韩滨受旅行社委派接待来自北京的 47 人旅游团队，在河南省三门峡市境内发生严重交通事故，造成 1 人死亡，6 人重伤。当时，坐在离车门最近的韩滨被变形严重的汽车挤压卡住，双腿骨折，内脏出血。重伤之下，他不忘导游职责，第一时间喊话安抚大家，组织游客有序撤离，提醒游客用安全锤砸开车窗逃生，在生命垂危之际及时报警，向单位报告车祸情况。虽经当地医护人员全力救治，韩滨终因伤势过重不幸辞世，年仅 34 岁。韩滨同志，是我国旅游战线涌现的一个新榜样。韩滨在生命最后时刻的英雄壮举，感动了每一个网友。网友纷纷感叹韩滨是最美导游，是英雄。网友"中国风"说："生死之际，他却心系游客，你是最美导游，你是河南的骄傲！"

案例分析

1. 文花枝、韩滨在生死关头把生的希望让给游客，把死的威胁留给自己，是什么成就了他们那一瞬间的选择？

2. 他们不惜生命、先人后己的行动彰显了怎样的职业品格？

第一节 职业道德的含义、形成与发展

有社会分工才有职业生活，每一种职业都有着相应的特定职责和技能，形成特殊的职业责任和职业纪律，从而产生特殊的行为规范和准则，即职业道德。

一、职业道德的含义和特点

职业，是指人们由于特定的社会分工或生产内部的劳动分工而长期从事的、具有专门业务和特定职责，并以此作为主要生活来源的社会活动。人的一生中，总要从事某一种或几种具有专门业务和特定职责的社会性活动，并从中获得稳定的经济来源和精神满足。职业是人的相对稳定的社会角色。在社会分工造就职业差异的条件下，每一职业都有着相应的特定职责和技能，这决定了人在选择某一职业的时候，也就有了相对确定的社会角色。

人类的职业活动有着悠久的历史。职业作为一种社会现象，从根本上说是社会分工的产物，社会分工是职业产生的前提。原始社会氏族公社初期，生产力极为低下，劳动的过程只能进行简单的自然分工，谈不上什么职业。随着生产力的发展，人类出现了两次具有重大意义的社会分工，从而也就出现了最初的职业，如农夫、工匠、商人等。而人类真正意义上的职业活动则是伴随着工业化的进程出现的，工业化把人类引入了职业化的时代，人的社会活动逐渐以职业类别的形式出现。

相关链接 搜索

我国职业的分类

所谓职业分类，是指按一定的规则和标准把一般特征和本质特征相同或相似的社会职业，归纳到一定类别系统中去的过程。《中华人民共和国劳动法》中明确规定："国家确定职业分类，对规定的职业制定职业技能标准，实行职业资格证书制度。"1986 年，我国国家统计局和国家标准局首次颁布了中华人民共和国国家标准《职业分类与代码》（GB6565—86），在此基础上，1998 年 12 月我国编制完成了《中华人民共和国职业分类大典》，并于 1999 年 5 月正式颁布实施，这是我国第一部对职业进行科学分类的权威性文献，它把我国职业划分为由大到小、由粗到细的四个层次：大类（8 个）、中类（66 个）、小类（413 个）、细类（1838 个）。细类为最小类别，亦即职业。8 个大类分别是：第一大类：国家机关、党群组织、企业、事业单位负责人；第二大类：专业技术人员；第三大类：办事人员和有关人员；第四大类：商业、服务业人员；第五大类：农、林、牧、渔、水利业生产人员；第六大类：生产、运输设备操作人员及有关人员；第七大类：军人；第八大类：不便分类的其他从业人员。

由于经济社会的不断发展，我国社会职业构成发生了很大变化。为适应发展需要，2015 年 7 月 29 日，国家颁布了新版《中华人民共和国职业分类大典》，维持 8 个大类不变，增加 9 个中类、21 个小类，减少 547 个职业（新增 347 个职业，取消 894 个职业）。2022 年 11 月，人力资源和社会保障部发布新修订的《中华人民共和国职业分类大典（2022 年版）》，以 2015 年版大典为基础，将近年来已发布的新职业纳入其中，保持大类体系不变，围绕数字经济、绿色经济、制造强国和依法治国等要求，增加或取消了部分中类、小类及职业（工种），优化调整了部分归类，修改完善了部分职业信息描述，充分反映了经济社会和科技发展带来的实际业态变化。据统计，新版大典包括大类 8 个、中类 79 个、小类 449 个、细类（职业）1636 个。与 2015 年版大典相比，增加了法律事务及辅助人员等 4 个中类，数字技术工程技术人员等 15 个小类，碳汇计量评估师等 155 个职业（含 2015 年版大典颁布后发布的新职业）。

——资料来源：百度百科.

（一）职业道德的含义

职业道德，是指从事一定社会职业的人们，在履行其职责的过程中理应遵循的道德规范和行为准则。职业一旦产生，某一职业之间以及不同职业之间的人们必然要发生职业关系，对于这种职业关系，除了用法律加以调节外，还需要道德的自律。由于从事某种特定职业的人们有着共同的劳动方式，经历着共同的职业训练，因而往往具有共同的职业兴趣、态度、爱好、心理习惯和行为方式，这些共同特征联结成某些特殊的关系，形成特殊的职业责任和职业纪律，从而产生特殊的行为规范和准则，即职业道德。职业道德反映了一定社会或一定阶级对从事各类职业的人们的道德要求，是一般社会道德在职业活动中的具体表现。每一种职业对其从业者都有着具体的道德要求，不同的职业有不同的道德要求，社会上有多少种职业就有多少种职业道德。一般来说，职业道德的内容由两部分因素复合而成：一部分是做人的基本素养；另一部分是履行职责的特殊素养。二者融为一体，构成职业道德。

相关链接 搜索

希波克拉底誓言

希波克拉底（Hippcrates，前 460 ~ 前 377），古希腊医学黄金时代的缔造者，西方医学之父、人类医学史上最伟大的人物。希波克拉底誓言最初是他个人的行医道德准则，后来成为古希腊所有立志从医的年轻人成为医生时必须宣誓的誓言。希波克拉底誓言传承了 2400 年，成为自古至今医生这个职业的最神圣的道德准则。作为职业道德圣典，希波克拉底誓言的规范作用又远远超出医学界，成为适合政府组织、公司企业等一切人类组织抑制人性之恶的道德标准。今天，希波克拉底誓言几乎成为职业道德、事业良知的代名词。希波克拉底誓言朴实、简练，层次分明，作为普适的职业道德标准，它给出了四项道德标准：

- 对知识传授者保持感恩之心；
- 为服务对象谋利益，干自己会干的事；
- 绝不利用职业便利做缺德乃至违法的事情；
- 严格保守秘密，尊重个人隐私。

——资料来源：[古希腊] 希波克拉底．希波克拉底誓言：警诫人类的古希腊职业道德圣典 [M]．綦彦臣译．北京：世界图书出版公司，2004.

（二）职业道德的特点

职业道德具有不同于其他道德的特点，具体表现在：

1. 内容上的稳定性和继承性

职业道德是在特定的职业实践基础上形成的，其内容总是着重反映和表达本职业特殊的利益和要求，鲜明地体现本职业特殊的职业义务、职业责任以及职业行为上的道德准则，具有强烈的具体职业特征，往往表现为某一职业特有的道德传统、道德习惯和道德心理。即使在不同的社会经济发展阶段，同样一种职业所要调整的基本的道德关系也都大致相同，服务对象、服务手段、职业利益、职业责任和义务相对稳定，职业道德要求的核心内容被继承和发扬，从而形成了被不同社会发展阶段普遍认同的职业道德规范。因此，职业道德一经形成就具有历史的连续性和较大的稳定性。如军人在不同的历史时期，主要职责都是抵御入侵、保家卫国，他们的职业道德都是要求忠诚、勇敢、奉献。对医生的职业道德的要求就是救死扶伤，努力解除病人的痛苦；对教师的职业道德的要求就是要以循循善诱、诲人不倦为美德；法官则应该以秉公执法、铁面无私为美德。

2. 表达形式上的灵活性和多样性

职业道德是同各种不同职业活动相联系的。人们的职业活动包括职业目的、责任、手段、技能、纪律、对象、效果、环境等，这些都是具体的，因而道德要求也是具体的。所以职业道德大多是针对职业活动的某些具体关系、具体情况而定的，同时还要适应本职业的具体条件和人们的接受能力。因此，它往往不仅仅是原则性的规定，而是包含非常具体而明确的要求，在表达形式上灵活机动。它通常用体现各职业特征的言简意赅的形式，如章程、守则、公约、誓词、保证、条例、须知等表达职业道德的要求。这样易于记忆，便于实际操作，有利于培养从业人员形成良好的职业心理、职业作风和职业习惯，同时也很容易被该职业的服务对象所掌握，用来作为评价该职业从业者职业道德优劣的标准。

3. 调节范围上的确定性

职业道德作为一定职业范围内的道德，它的观念、规范和内容是由各种职业的具体利益、义务和职业内容决定的。它规定着特定职业的工作人员的内部关系及对整个社会的责任和义务。因而，每一种职业道德只能在特定的职业范围内起作用，主要用来约束从事本职业的工作人员；而对于不属于本职业的人员，或本职业人员在该职业以外的行为活动，它往往起不到约束和调节作用。如律师的道德要求是以事实为根据，以法律为准绳，仗义执言，据理力争，而对运动员、演员则不能这样要求。至于有些职业的特殊道德规定，如医生为病人病情保密，演员在演出中可以扮演各种角色并逼真地表现其感情等，更是被严格限制在特定的职业范围内。

相关链接 搜索

像保护生命一样，保住职业道德

某一天，重庆观音桥智成人才市场现场招聘会上，因为一句话不慎，非常被看好的注册会计师文女士被一家全球500强企业当场拒绝。

注册会计师文女士辞职已有月余，一直希望进入这家知名外企工作。昨日，她终于等来该企业公开招聘。文女士满怀信心地坐到招聘台前，随着交流的深入，招聘方负责人不停地点头对文女士表示赞同，不停地用笔记录文女士的介绍，后面排队等候应聘的人都对文女士投来羡慕的目光。

面试接近尾声，招聘方似乎很随意地问了一句："公司财务状况如何？""不行，贷款已经近8亿元了。"文女士顺口回答。

招聘方两名负责人对视一眼，沉默了几秒钟，退回她的简历说："对不起，我们觉得你不适合这份工作！"该公司招聘人员后来告诉记者，文女士确实很优秀，遗憾的是她没能做到保守企业秘密。

文女士后来沮丧地告诉自己的家人，自己话一出口就后悔万分，怎么能把原公司的商业机密随便透露给其他公司呢？可见，一名优秀的职业经理不论任何时候，都不可以把公司的商业秘密脱口而出！

——资料来源：北斗成功网，http://www.beidouweb.com

二、职业道德的形成和发展

任何道德都是一定社会经济关系的产物，职业道德的产生有两个基本条件：生产力的发展和社会分工的出现，它们是职业道德形成的历史条件；人们从事的各种职业活动，其实是各种职业道德形成和发展的实践基础。职业道德的产生和发展有一个历史过程，经历了原始社会、奴隶社会、封建社会和资本主义社会四种形态的历史演变，最终发展到今天的社会主义职业道德。

（一）职业道德萌芽于原始社会末期

社会发展历程表明，职业作为一种社会现象，是与社会分工和生产内部的劳动分工相联系的。它对人们的道德意识和道德行为，对整个社会的道德习俗和道德传统，都会产生重大影响。人们在一定的职业生活中能动地表现自己，就形成了一定的职业道德。职业道德的产生是以社会分工为基础的。

1. 原始社会职业道德的发展

人类从古猿转变为真正的人距今已有300万年的历史。人类首先进入了原始社会的蒙昧时代，此时人类处于童年期，不会用火，不会制造工具。进入蒙昧时代的高级阶段，人类学会了打制石器工具，并逐渐进入磨制石器工具时期。其时，生产力水平极其低下，人们靠挖野菜、采野果、打鱼狩猎为生。男女老少一起参加劳动，没有专门的社会分工就没有专门的职业，也就不存在职业道德。

之后人类进入了野蛮时代的低级阶段，出现了最原始的分工，即按性别来划分的自然分工：男子负责打仗、狩猎、捕鱼、获取食物并制作工具；女子负责管家、养儿育女、制作食物、缝制衣服。在当时还没有社会分工，同样也就谈不上职业活动和职业道德的产生。到了野蛮时代的中期，一些先进的部落开始驯养动物、种植谷物，最后终于从野蛮人群中分离出游牧部落，从而在人类历史上出现了第一次社会大分工，即畜牧业和农业的分离。这次社会大分工的结果，使低下的劳动生产率得以提高，财富不断增加，生产场所逐渐扩大。进入野蛮时代的高级阶段后，人们学会了制造金属工具，金属加工业开始出现。同时，原始的纺织业、制陶业等手工业也有了发展。这些彼此独立的手工业的出现及其发展，显示出生产日益多样化和生产技术的日益改进，促进了生产力的发展。除了种植谷物、豆科植物和水果以外，人们开始制作植物油和葡萄酒，于是出现了第二次社会大分工，即手工业和农业的分离。与第一次社会大分工相比，第二次社会大分工在性质上发生了很大变化。如果说第一次社会大分工只是简单的部落内部和部落之间的物品交换，那么第二次社会大分工就使得交换产品成为社会生活的必要手段。农业为手工业提供谷物、水果、植物油和葡萄酒，手工业则为农业提供各种金属工具、纺织品、陶器等，这样，就自然而然地形成了不同的职业集团。由于人们长期过着不同的职业生活，从事着不同的职业实践，承担着不同的职业责任，以及在同其他职业集团交换劳动产品时产生了应有的责任感，于是就形成了不同的劳动习惯、生活习惯，产生了各自的职业利益和需要，形成了因行业不同而产生的职业联系和职业关系，从而慢慢地萌发了调节、指导、约束人们职业行为的职业道德。由于原始社会的生产力还不发达，分工也比较简单，调整人们之间职业分工的职业道德较少，所以原始社会的职业道德尚处于萌芽阶段。当然这种职业道德还仅仅是某些与职业有关的道德习俗和风尚。

2. 原始社会职业道德的特点

（1）职业道德是由职业生活中的风俗习惯逐渐演化而来的，是在职业生活中自然而然形成的。

（2）职业道德不是从来就有的，而是在社会分工产生的基础上产生的。

（3）原始社会的职业分工还十分简单，只有农业、畜牧业、手工业三类，因此职业道德规范较少。

（4）职业道德的目的是维护由血缘家庭组成的部落，并维护以部落为主体的职业集团的共同利益；维护集团内全体成员的自由平等，互相帮助，团结协作，共同劳动，是原始社会职业道德最主要的内容和要求。

（5）职业道德观念贫乏、直观、含混，是原始社会职业道德的又一显著特点。在原始社会，人们的思维和语言尚不发达，还不能用丰富多彩的道德观念来把握社会的道德现象，而且也没有更多的语言词汇能用来描述道德观念和行为，仅能从感情和感觉的直观形式上来加以概括。当时，仅能区分"好的"和"坏的"，"有利的"和"有害的"，"自己的"和"别人的"等简单概念，用来说明"善""恶"的观念。"好的""有利的""自己的"，就是善的；"坏的""有害的""别人的"，就是恶的。

（6）由于没有文字记载，原始社会职业道德是一代代人通过长期生活经验逐步积累而形成的，并以行为方式如动作、语言，以及民族禁忌、宗教仪式、外在的简单手段、模仿老人的行为等形式表现出来。

（二）职业道德真正形成于奴隶社会

1. 奴隶社会职业道德的发展

由于生产力的发展，铁器工具的使用，使得生产的剩余物品慢慢多起来。这时，社会已能养活一部分专门从事艺术、科学、商业活动和公共事务的管理活动者，从而出现了更加深刻的具有决定意义的第三次社会大分工，即农业和商业，以及脑力劳动和体力劳动的分离。与此同时，人类历史上第一个阶级社会——奴隶社会产生，于是，不仅出现了调整阶级关系的阶级道德，而且出现了调整行业和职业关系的职业道德。中国古代著名思想家孔子曾说："百工居肆以成其事，君子学以致其道。”意为各种工人居住在其制造场所完成他们的工作，君子则用学习获得道。在古希腊奴隶社会，职业道德也得到明确阐述。古希腊著名哲学家、思想家柏拉图在其著作《理想国》中谈到，哲学家的道德是“智慧”，武士的道德是“勇敢”，自由民的道德是“节制”，当这三个阶级在国家里各做各的事而不互相干扰的时候，便有了正义。这里的“智慧”“勇敢”“节制”是有职业道德的意义，或者说是阶级道德在不同职业中的体现。

相关链接　搜索

战国时期的职业分工

据战国时期成书的《周礼·考工记》记载，战国时期大的职业分工有六种，即王公、士大夫、百工、商旅、农夫、妇工，并指出，王公（高级统治集团）之职是“坐而论道”；士大夫（官僚和小贵族）之职是“作而行之”；百工（手工业者）之职是“审曲面势，以饬五材，以辨民器”；商旅（坐商行贩）之职是“通四方之珍异”；农夫之职是“饬力以长地材”；妇工（家庭女工）之职是“治丝麻以成之”。其中的百工就有攻木之工七种，攻金之工六种，攻皮之工五种，设色之工五种，刮磨之工五种，共计30余种。攻木之工等又分很多种。

2. 奴隶社会职业道德的特点

（1）奴隶社会的职业道德，主要是奴隶主和自由民的职业道德，不包括奴隶。因为在奴隶社会，奴隶没有人身自由，统治阶级根本不把奴隶当作人来对待，而只看作“会说话的工具”；不把奴隶从事的不同工作看作不同职业，而只看作某种工具或物件在不同场合的使用。奴隶主可以随意奴役、奸淫、买卖、屠杀奴隶，或将奴隶当作殉葬品，我国古代文献中有些方面记载的史料很多。西周孝王时有一个青铜鼎，上面记载着人口贩卖的价格是五个奴隶抵“一匹马一束丝”。

（2）奴隶社会的统治者比较重视上层社会人们的职业道德，特别是与统治阶级的切身利益有关的职业道德，而对直接从事物质生活资料生产的体力劳动者的职业道德则比较轻视。如我国各朝各代的统治阶级历来奉行“礼不下庶人”的信条，而且鄙视劳动、鄙视劳动者，把劳动看作卑贱的、只有“小人”才去干的事。在历史文献中反映较多的也是有关政治、军事、文化、教育、医生等方面的职业道德，譬如从政为官者的职业道德，历来为统治阶级所重视，我国最早的一部史书《尚书》中就特别强调“敬德保民”的政治思想。孔子也对从政者提出“其身正，不令而行；其身不正，虽令不从”的职业道德要求。再如柏拉图所概括的智慧、勇敢、节制等道德要求，也主要是对统治集团、武士、商人的道德要求。

（3）奴隶社会的职业及职业道德已显示出比较明晰的特征，比原始社会有了长足的进步。除了农业、畜牧业、手工业以外，还出现了如医生、教师、士兵、官吏等职业，并相应地出现了各自的职业道德。如被誉为西方医学之父的古希腊著名医生希波克拉底提出了医生应具有的职业道德，他在《誓词》中说：“无论至于何处，遇男或女，贵人及奴婢，我之唯一目的，为病家谋幸福。”“我一定尽我的能力和判断力来医治病人，而不损害他们”，以及“我不得将危害药品给予他人”等。我国伟大的思想家、教育家孔子提出了教师应具有“学而不厌，诲人不倦”“不耻下问”“有教无类”等方面的职业道德要求。军事家孙武还提出了作为将帅的职业道德，即“智、信、仁、勇、严”等。

（三）职业道德在封建社会得到了一定程度的发展

1. 封建社会职业道德的发展

职业道德在封建社会得到初步发展。因为农民在封建社会占多数，故农民的职业道德成为封建社会职业道德的主体。因为绝大多数农民租赁地主的土地进行耕种，向地主交租和服劳役，所以农民既是私有者，又是劳动者、受剥削者。农民的职业道德具有两重性的特点：一方面，他们在长期的、艰难的劳动生活中养成了勤劳节俭、团结互助、富有人道和憎恶剥削、压迫等优良道德品质，如东汉《太平经》所说的“夫人各自衣食其力”，“力强者当养力弱者”。另一方面，由于农民所处的经济地位和当时社会一家一户自给自足的生产条件的限制，决定了其自私狭隘、保守散漫、只顾眼前、贪图小惠、安于官令、崇拜偶像的职业道德特点。

除了农民这个最主要的社会职业外，其他各行业在封建社会也有了进一步的发展。在西欧的中世纪就出现了各种行业帮会。在我国，从隋唐到明清，也出现了各种各样的帮会，如手工业行帮、商人行帮等。在行帮内部的师徒之间、学徒之间、行帮会员以及同整个社会成员之间都形成了一些协调相互关系的职业道德准则。

相关链接 搜索

封建社会的职业

清末国学大师章太炎曾把我国封建社会的职业总结为16种，即农人、工人、稗贩、坐贾、学究、艺士、通人、行伍、胥徒、幕客、职商、京朝官、方面官、军官、差除官、雇译人。并说："其职业凡十六等，其道德之第次亦十六等；虽非讲如划一，然可以得其概略矣。"其中"农人于道德为最高"。

2. 封建社会职业道德的特点

由于自给自足自然经济和等级更加森严的政治制度的共同作用，使得封建社会的各种职业道德不可避免地带有浓厚的封建色彩。其特点是：

（1）统治阶级把各行各业安于本分、忠于职守的职业道德看作保护现有职业分工和维护其统治秩序的长治久安之方，认为人们只要"安其居，乐其业"，国家就能出现"太平之象"。

（2）各种职业道德大都维护家长制统治，这是因为许多职业是世袭的，特殊的技术是"父子相传"的秘密，而且职业道德也以"子受父训"的方式世代相传，从而形成职业道德的家长制传统。

（3）在封建社会中，职业被分为三六九等，各种手工业者、医生、乐师等职业的社会地位十分低下。唐代文学家、哲学家韩愈在《师说》一文中说："巫医乐师百工之人，君子不齿。"其意是说，从事巫医乐师百工职业之人，是不能和有地位的仁人君子相提并论的。至于商人，在我国的地位就更为低下，他们甚至把商人纳入奸人之列。汉代史学家司马迁对商人的看法是"行贾，丈夫贱行也"，代表了当时的人们对商人的基本态度和认识。商人地位低下，和中国封建统治阶级历来实行重农抑商、重本抑末政策有很大关系。

（四）职业道德在资本主义社会获得充分发展

1. 资本主义社会职业道德的发展

纵观职业道德的发展史，只有到了资本主义的历史时期，职业道德才获得了充分发展。这是因为从18世纪开始，欧美资本主义国家开展了工业革命，资本主义进入了机器大工业的发展时期，推动了资本主义工业的快速发展，社会分工和生产内部的分工越来越明确具体，形成了更大规模的职业活动。在人和人的道德关系中，不但保持了工业、农业、商业、学者、医生、军队等古老传统职业及其职业道德规范，而且出现了诸如律师、工程师、新闻记者等新的职业，并形成了一些新的职业道德规范。例如，对新闻记者的道德要求，根据国际大多数新闻机构的协商，确认新闻职业道德规范最重要的是要“公正”“真实”“要向读者负责”“保持正直和独立”“尊重职业秘密”等；在资本主义商业道德中有“文明经商，注重社会效益”的原则，以及“宾至如归”“见客面带三分笑”的服务态度等。18~19世纪，欧洲出现了各种地方性的职业协会；到20世纪，世界性的职业协会也出现了。各种职业协会普遍制定了包含有职业道德的规章、守则等，各种研究职业道德的职业伦理学也应运而生。资本主义社会是职业道德形成和发展的重要历史时期。

2. 资本主义社会职业道德的特点

（1）资本主义社会的职业已具备相当规模，大大超越了以往的任何历史时期。一些职业道德规范更加接近或已经完全具有了现代意义上的职业道德的含义。

（2）资本主义社会生活的职业化，使得各个职业集团之间和各职业集团内部的人与人之间的关系越来越具有重大意义。人们相互间的交往和联系日益频繁，职业道德对人类维系、调节、规范、约束的作用愈加显现。因此，引起人们对职业道德的重视，出现了研究各种职业道德的职业伦理学，如律师伦理学、工程师伦理学、科学工作者伦理学、新闻记者伦理学、体育工作者伦理学等。职业道德在此时期有了较高程度的发展。

（3）由于资本主义仍然是以私有制为基础的社会，各种职业道德要受到资本主义利己主义、个人主义道德原则的影响；因而，仍带有很大的局限性，在实践中表现为唯利是图、尔虞我诈、损公肥私、损人利己等。

（五）职业道德在社会主义社会发生了质的飞跃

在社会主义条件下，各种社会分工和劳动分工已经消灭了阶级剥削和阶级压迫的不平等现象，生产资料公有制在社会经济结构中居于支配地位，国家政权掌握在劳动人民手中，这不仅为社会主义职业道德的形成创造了良好的社会条件和广泛的社会基础，尤其是制度基础，而且使职业道德在社会主义社会发生了质的飞跃。

（1）**以生产资料公有制为主体的经济基础和社会主义国家人民当家做主的政治制度，是社会主义职业道德形成的经济和政治条件**。职业道德作为一种社会意识，属于上层建筑的范畴，是一定的社会存在和经济基础的反映。社会主义职业道德就是建立在以公有制为主体的经济基础上的一种社会意识，亦属于上层建筑的范畴。在这样的社会里，它必然要与经济基础相适应。所以，社会主义社会实现了生产资料公有制和按劳分配，消灭了剥削与被剥削、雇佣与被雇佣的阶级关系和职业关系；各个职业集团之间、各个职业集团内部个人与集体及其相互之间所建立起来的关系都是同志式的平等、团结、互助、合作关系；各种职业只有分工不同，没有高低贵贱之分；人们不论从事哪种职业，都不仅仅是为个人谋生，都贯穿着为社会、为人民、为集体服务这一根本要求。

（2）**社会主义职业道德是在社会主义、共产主义道德指导下形成和发展起来的**。在社会主义社会，职业道德是社会主义道德体系的重要内容，而社会主义道德又与共产主义道德是同一道德体系，是在经济发展水平不同阶段的表现。因此，社会主义职业道德亦是共产主义道德的有机组成部分，是社会主义、共产主义道德在职业活动中的具体化。社会主义职业道德无一不贯穿着共产主义道德和社会主义道德的基本要求和规范。

（3）**社会主义职业道德还是在对古今中外职业道德摒弃的基础上逐步形成和发展起来的**。社会主义职业道德具有特定的时代内容和阶级内容，它是人类历史发展以来的最高成果。但任何一个社会的职业道德体系的构建都不能完全脱离本民族的道德传统，社会主义社会同样不能脱离以往社会而单独存在，它是从旧社会发展而来的，所以，职业道德必然与以往的职业道德有着不可分割的、千丝万缕的联系。这种联系首先表现在社会主义职业道德和历史上劳动人民的传统美德有着内在的必然联系，是历史上劳动人民职业道德的直接继承和发展。如劳动人民对剥削与压迫现象的强烈义愤与革命精神，自强不息、勤劳节俭的道德品质，都是社会主义职业道德不可缺少的准则和规范。其次，这种联系还表现在对以往社会统治集团和其他阶级职业活动中所产生的职业道德间接的继承上。如我国封建社会中一些清官“鞠躬尽瘁，死而后已”“先天下之忧而忧，后天下之乐而乐”的高尚道德情操，以及古代的商德、师德、军德、医德都在经过摒弃之后被社会主义职业道德继承下来。社会主义职业道德还批判性地继承了西方职业道德的精华。

（4）**社会主义职业道德亦是在同各种腐朽的道德思想不懈斗争的过程中建立和发展起来的**。发展社会主义职业道德必须注意同各种腐朽思想和道德观念作斗争。没有斗争，就没有发展。在斗争中，总是以劳动人民的道德为主流，在善与恶、正与邪的较量中总是善与正赢得最终的胜利。现阶段，在经济大潮的冲击下，人们的道德观、价值观发生了很大变化，积极进取、锐意改革、勇于开拓、注重实效等观念正在迅速萌生。但是长期历史传统积淀下来的一些道德心理与世俗观念，如平均主义、嫉贤妒能、排斥竞争、重农抑商、因循守旧、安于现状等总是阻挠新的道德观念的成长。特别是封建道德和资产阶级道德中的一些观念，如宗法观念、特权思想、专制作风、以权谋私、损人利己等还在很大程度上毒化和影响人们的思想和道德。因此，社会主义职业道德要健康迅速地得到发展，就必须不断地同形形色色的腐朽思想和道德作斗争。

（5）**社会主义职业道德只有各级领导干部率先垂范、带头遵守才能得到迅速发展**。领导干部有权力、责任重，在群众中影响也大，而目前社会风气存在的严重问题，在很大程度上是受一些领导干部不正之风的影响，因此良好的党风是形成良好社会道德风尚的主要导向，对社会风气的变化，起着引导、制约和决定的作用。党和国家机关干部要遵守职业道德，要公正廉洁、忠诚积极、全心全意为人民服务，反对官僚主义、弄虚作假，反对利用职权谋取私利。只有党政领导机关率先提倡和遵守职业道德，才能促进社会上其他各行各业提倡和遵守职业道德，才能纠正带有行业特点的不正之风，才能推动整个社会道德风气的进一步好转，提高全社会的道德水平。

课堂思考

下面是一家公司对新员工入职的道德测试。假如你是其中的一位新员工，你会如何回答下面的问题？

一、你在以往若干年的工作中，有没有未经许可拿过公司的东西回家？

A. 从来没有　　B. 价值不超过 5 元

C. 价值不超过 20 元　　D. 价值不超过 100 元

二、你的一名同事拿了公司 1 元钱而没有申报，你认为老板以下哪种做法合适？

A. 批评　　B. 阻止其提升或者给予其降职

C. 开除　　D. 报警，起诉该员工

三、你在商店买了东西回家，一看营业员少收了你 1 元钱，你会开车回去还给他吗（开车的费用超过 1 元）？

第二节　旅游职业道德的形成与发展

一、旅游职业道德的内涵

旅游职业道德是旅游从业人员在旅游职业活动中所形成的道德观念、道德情操、道德品质以及所应该遵循的与其特定职业活动相适应的道德规范。

旅游业是旅游从业人员为旅游者服务的行业。与旅游者相比，旅游从业人员在旅游活动中处于主动地位，掌握着信息优势。如果旅游从业人员旅游职业道德欠缺，旅游者的合法权益就难以得到保证。因此，旅游从业人员培养良好的旅游职业道德，自觉地遵守旅游职业道德规范，是维护旅游者权益，使旅游业健康发展的重要条件。

二、旅游职业道德的形成与发展

旅游业是旅游职业道德产生的基础，旅游职业道德是随着旅游业的发展变化而发展起来的。

旅游

（一）旅游业的产生与发展

1991 年，世界旅游组织（WTO）在加拿大渥太华召开的国际旅行与旅游统计大会上将旅游定义为：旅游是指人们为了消遣、商业和其他目的离开通常环境去往他处并在那里逗留连续不超过一年的活动。旅游业是以旅游者为对象，为旅游活动创造便利条件并提供其所需商品和服务的综合性产业。旅游业的范围极为广泛，涉及许多经济部门和非经济部门，其中最直接的部门是旅行社、旅游饭店、旅游交通等。

旅游业产生的前提是人们的旅游活动。旅游是人类社会生产力发展到一定阶段才出现的历史产物。原始社会以及更早的上古时代，人们在非定居生活中，受自然因素（如气候、自然灾害）或特定的人为因素（如战争）的威胁而被迫进行迁徙，出于生存需要的空间转移不能被看成是现代旅游的开端。旅游的发展历史和人类社会物质生产以及精神生活的提高息息相关。

人类开展旅游活动的历史，可以追溯到奴隶社会时期。伴随着商品经济的产生和日渐发展，交换作为一种社会职能有了明显的加强，于是出现了专门从事商品交换的商人，他们为了到异地他乡交换产品，成了最早的旅行者。进入中世纪，人类由奴隶制社会跨入封建制社会。此时，无论是在东方还是在西方，都出现了一大批中央集权的封建王国和王朝，它们采取了一系列推动社会发展的政策与措施，有力地促进了商品经济发展与旅行活动的进行，出现了以商务旅行、宗教旅行、学术考察旅行、公务旅行和帝王巡游等为主的多种旅游活动形式。

19 世纪 30 年代末，英国产业革命基本完成。产业革命使社会结构发生了根本变化，产生了工业资产阶级、无产阶级和中产阶级，导致旅游需求大增；产业革命使机器大工业取代了手工劳动，人们有了更多的休息日和假期；产业革命加速了城市化进程，紧张、快节奏的生活使城市里的人们产生了回归自然的愿望。为了满足人们的需求，19 世纪中叶，在欧洲、北美等国家陆续出现了一批现代化的饭店；1844 年世界上第一本旅游指南手册《瑞士导游指南》出现；1845 年世界第一家旅行社——托马斯·库克旅行社在英国诞生；随后职业导游队伍逐渐形成；旅游活动的金融支付凭证——旅行支票产生，这些标志着一个具有完整意义的近代旅游业兴起了。

相关链接　搜索

托马斯·库克

1808年11月22日，托马斯·库克（1808—1892年）出生于英格兰德比郡墨尔本镇。1828年托马斯·库克成为一名传教士，后来又成为一位积极的禁酒工作者。1841年7月5日，托马斯·库克包租了一列火车，运送了570人从英国莱斯特前往拉夫巴勒参加禁酒大会。往返行程约35公里，团体收费每人1先令，免费提供带火腿的午餐及小吃，还有一个唱赞美诗的乐队跟随。这次短途旅游活动标志着近代旅游及旅游业的开端。此后，他率先在英国正式创办了托马斯·库克旅行社，即通济隆旅行社，专门经营旅游服务业务。之后，托马斯·库克与他的旅行社的名字蜚声英伦三岛。为此，托马斯·库克被世界公认为商业性旅游的鼻祖。

第二次世界大战结束后，世界经济逐渐得到恢复，和平与发展逐渐成为时代主流，宏观环境的改观，推动现代旅游活动迅速崛起。现代经济进步迅速，人们的支付能力大大加强；交通工具的进步再次大幅缩短了时空距离，使闲暇时间的限制进一步缩小；生产力的迅速进步使人们的工作时间不断缩短，闲暇时间的增加为旅游的发展创造了良好的客观条件；世界范围内出现的城市化进程的加快，使得人们在心理上产生了更多的旅游需求欲望；教育的发展和人们生活观念的变化，以及时尚消费方式的调整，使旅游更加大众化和生活化；人口基数的增长，为旅游者的产生提供了更大的潜在基础；政府的支持促进了整个旅游业的发展，世界旅行社业和饭店业进入快速增长时期，以上诸因素使旅游业迅速发展成为世界上最大的产业之一。

（二）旅游职业道德的形成以及发展

旅游活动是人类社会经济发展的产物，同时也是一种社会文化现象。旅游是人类物质文化生活和精神文化生活的一个最基本的组成部分。它是以在更大的自然和社会空间中获取新的感受和心理快感为宗旨的审美过程和自娱过程，在旅游的过程中享受美感和愉悦感，是每个旅游者的基本需求。为了满足旅游者的需要和谋求行业自身的发展，旅游业不但要为旅游者提供食、住、交通、安全等方面的服务，而且还必须讲究服务方式、服务态度和服务质量等。于是，以职业道德为核心的经营之道、行业规范和企业文化等职业伦理也就随之形成和发展起来了。

早在20世纪上半期，对世界饭店业发展做出杰出贡献的一代旅馆管理大师恺撒·里兹就提出了“客人永远是对的”的经典格言。他将“提高服务质量，尽可能让顾客满意”放在第一位，管理轴心始终围绕着顾客运转。今天，人们在长期的旅游实践活动中又概括、总结、提炼出了许多调节旅游活动中人与人之间关系的、提高服务质量的行为准则，如“顾客至上，服务第一”“顾客是衣食父母”“诚实无欺、信誉至上”“微笑服务”等。这些行为准则就是旅游职业道德的基本要求。旅游业是21世纪最充满竞争的世界性行业，被誉为“朝阳产业”。为了保证旅游业的顺利发展，旅游职业道德必须不断注入新的内容，并成为旅游从业人员学习、理解和用以指导自己实践的重要内容。

第三节　旅游职业道德的作用与基本要求

一、旅游职业道德的重要作用

社会主义旅游职业道德的作用，是道德功能在旅游职业范围内的具体表现。它对旅游业的发展、对我们从业人员的素质提高，以及对社会良好风尚的形成有重大作用。随着改革开放的深入发展，职业道德的作用也表现得更加明显。社会主义旅游职业道德的具体作用有其自身的特点。

（一）有利于提高旅游专业队伍的素质

世界旅游组织1994年提出“高质量的服务，高质量的员工，高质量的旅游”的口号。不断培养高素质的旅游从业人员，以保证旅游业的高速、持续发展，成为世界旅游业发展面临的共性问题。我国旅游业起步较晚，但发展迅速，从业人员数量也随之猛增，由此导致从业人员素质参差不齐，成为目前制约我国旅游业发展的“瓶颈”。旅游从业人员的素质要求体现在多个方面，如良好的职业道德，较好的文化修养，必要的服务常识和服务技能，较强的识别能力和活动能力，良好的心理素质和健康的体魄等。其中良好的职业道德素质又是第一位的，它是对一个合格的旅游工作者的基本要求。

（二）有利于改善经营管理

案　例

春秋航空：文化认同吸引年轻人聚集

自2004年经中国民用航空总局批准成立，春秋航空创造了许多“第一”：中国第一批民营航空公司之一；中国第一家个性化航空公司，第一家在A股上市的民营航空公司等诸多荣誉。到如今，提起个性化航空，不少旅客的第一选择就是春秋，春秋航空已然成为“个性化民营航空”领域的执牛耳者。也正是因为其多年来累积起来的独特经验模式和许许多多春秋人的不懈奋斗，使得原本看似有些昂贵的空中出行飞入寻常百姓家，让“人人能飞”不再是梦。

春秋人一直秉承“敢为人先，勇争第一”的信念，公司不断激励春秋人恪守“没有困难要春秋人干嘛”的信条，在“个性化民营航空”领域不断前行。例如春秋航空最引以为豪的自制除冰器，就是春秋人节俭、创新的产物——由于正规除冰器十分昂贵，春秋航空的工程师就自己设计、自己装配，用极低的成本，制造了一台并不智能的“土炮”。这台完全靠人力抽动皮带才能转起来的“土炮”在2008年的一场大雪中大显神威，使春秋航空所有飞机在9点之前都飞了起来。其实，机务人员早上两三点就起床烧开水，将水与除冰液混合后灌入“土炮”进行手动喷洒。5点开始，所有人争先恐后爬上飞机，扫雪、用抹布擦飞机，公司领导也全部到场。而由于除冰设备不够，大部分航空公司只得一架一架除冰后放行，有些飞机到中午前后还未能起飞。“除冰液的水洒到了他们身上、脸上，冰天雪地里浑身湿透，这些孩子没有一个向后退的，全都抢着干。”公司的“领头羊”王正华欣慰地说，“谁说‘80后’、‘90后’是垮掉的一代？人都是可塑的，要通过环境来改变他们。”正是对春秋文化的认同让这些年轻人聚集在王正华的周围，为公司奉献着自己的青春与热血。

在招聘过程中，春秋航空更青睐于热爱民航、能吃苦、不好高骛远的人才；对于非航空专业的求职者，春秋往往更倾向于具有国际视野的、咨询和综合分析能力强的数据分析和IT技术方面人才，有助于更好地为公司发展贡献力量。肖飞建议广大毕业生：“‘做事先做人’，人格品质会在工作上成为自己能否获得认可的关键因素；其次，幸福都是靠奋斗创造出来的，要勤于学，愿做小螺丝钉，避免眼高手低。”

——资料来源：新民晚报数字报，

http：//xmwb.xinmin.cn/campus/html/2018-09/19/content_6_3.htm.

随着现代化旅游业的迅速发展，旅游市场竞争愈加激烈，旅游者已不仅仅满足于一般的旅游服务，他们对旅游业的服务态度、服务质量提出了更高的要求，这为现代化旅游业的经营管理提出了新的课题。要想使旅游业的管理机制正常而高效地运转，除需要很多经济法则和行政手段外，在很大程度上还需要管理者有高度的协调艺术。经营管理需要内部关系的协调与外部关系的协调，要靠集体的努力和协作才能成功。具体来说，搞好旅游业的经营管理，必须正确处理好企业与旅游者的利益关系、旅游企业与其他行业的利益关系以及企业内部的关系，建立良好的人际关系和公共关系。这就要求旅游业的经营管理必须结合旅游职业道德教育，让员工树立起职业责任心、道德责任感，做到敬业、乐业。

（三）有利于提升旅游服务质量

随着全面建成小康社会，我国旅游需求大众化不仅是规模化，而且呈现细分化和中高端化发展势头。传统旅游消费模式将因消费主力的代际更替和收入水平的提高而发生巨大的变化。温饱阶段“排浪式到此一游”的消费模式将日益式微，小康阶段“多样化深入体验”消费模式磅礴兴起。品质化和中高端化将成为新时代旅游消费的突出特征。旅游消费需求的变化对旅游服务质量提出了更高要求。为此，文化和旅游部在2019年专门出台了《关于实施旅游服务质量提升计划的指导意见》，提出一揽子政策举措，大力推动旅游业供给侧结构性改革，推进优质旅游发展。同时，针对虚假宣传、强迫消费、安全卫生等突出问题开展了一系列专项整治，为提升旅游服务质量建章立制保驾护航。旅游企业和从业人员应自觉将提升发展质量作为目标和手段，加强职业道德建设，增强服务意识，做到全心全意为旅游者服务，时时处处为旅游者着想，始终把旅游者的需求放在第一位，提升旅游景区、旅行社的服务水平，规范和优化旅游住宿、在线旅游经营服务，提升旅游服务质量。

案 例

海底捞的特色服务

海底捞始终从顾客体验出发。创新性地为顾客提供愉悦的用餐服务。门店全部的个性化服务都来自服务员的创意。这些充满温度的个性化服务也真正让顾客的每一次用餐都成为一场欢乐时光。

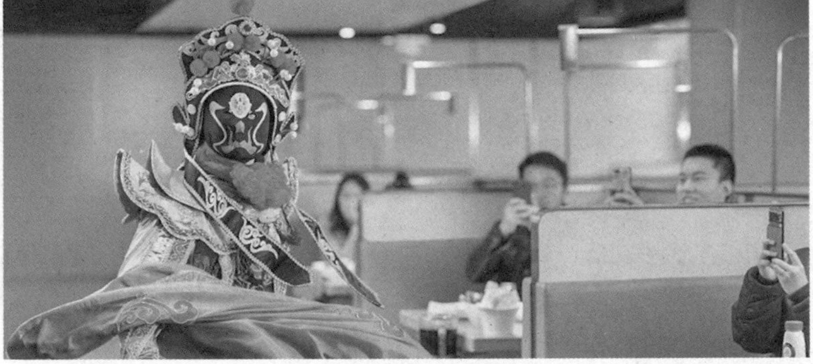

四川特色的国粹变脸表演

融合中华武术的捞面表演

等位期间为顾客准备各种零食，水果，游戏

部分门店设有儿童游乐园，并有专人陪护

为女性顾客提供免费美甲（工作日）和手护（休息日）

——资料来源：海底捞官网，https：//www.haidilao.com/about/manage/#floor3

（四）有利于弘扬社会主义核心价值观

社会主义核心价值观是当代中国精神的集中体现，是凝聚中国力量的思想道德基础。核心价值观要真正发挥引领作用，必须融入社会生活，吸引群众广泛参与，让人们在实践中感知它、领悟它，从而内化为精神追求，外化为自觉行动。旅游业作为综合性行业，涉及多个领域利用到多种资源，在弘扬社会主义核心价值观方面有着天然优势。旅游本身是包含文化内涵的审美性活动，随着文化产业与旅游产业的进一步融合，大众旅游品质不断提升，精神需求含量不断加重，文化需求成为旅游活动的重要动因，旅游成为现代人追求自由与实现和谐，追求自身发展与完善人格的高层次审美活动，这为旅游业传播中国特色社会主义文化、弘扬社会主义核心价值观提供了有利机会和市场。文旅企业应以社会主义核心价值观为引领，充分发挥旅游业产业性强、旅游公众参与多、传播范围广的优势，丰富文化产品供给方式、供给渠道、供给类型，提升旅游行业服务品质，使新时代旅游业成为践行社会主义核心价值观的示范窗口，成为宣传中华文明和现代化建设成就的窗口，成为弘扬社会主义核心价值观教育的重要载体和途径，每一个旅游业从业者都能成为中国故事的生动讲述者、社会主义核心价值观的自觉传播者，这是文旅企业和旅游从业者义不容辞的社会责任。

（五）有利于抵制精神污染和反对、纠正带有行业特点的不正之风

加强职业道德建设是纠正行业不正之风，形成良好社会道德风貌的重要手段。人类社会的各种职业活动往往都同一定的权力、财富、利益相联系。因此，社会上的种种不正之风也常常和一定的职业活动有关，带有行业的特点。在国际国内形势深刻变化、我国经济社会深刻变革的大背景下，由于市场经济规则、政策法规、社会治理还不够健全，受不良思想文化侵蚀和网络有害信息影响，旅游行业领域中拜金主义、享乐主义、极端个人主义仍然比较突出，道德失范现象如非法从事旅游经营活动，不正当竞争和地方保护主义、“零负团费”、虚假广告、强迫或变相强迫消费等欺诈行为久治不绝，直接损害了旅游者的合法权益，降低了产品质量和服务质量，扰乱了旅游市场秩序，严重地制约着旅游业的健康持续发展和社会的进步。抵制和纠正行业不正之风，需要政府不断完善旅游法规建设，加强旅游市场监管，更需要旅游行业协会和文旅企业强化自律管理，积极开展旅游职业道德教育，加强旅游诚信体系建设，同一切违法现象和行业不正之风作斗争，提高行业自律水平，维护游客合法权益，促进旅游业可持续发展。

二、旅游职业道德的基本要求

社会主义旅游职业道德坚持以社会主义核心价值观为引领，坚持全心全意为旅游者服务的根本宗旨和集体主义的基本原则，基本要求是：热爱旅游业，在旅游实践中发扬爱国主义精神。

（一）热爱旅游业

案 例

因为我在那个位置上

美国著名心理学博士艾尔森曾对世界100名各领域中的杰出人士做了一项问卷调查，结果让他十分地惊讶——其中61%的成功人士承认，他们所从事的职业并非他们内心最喜欢做的，至少不是他们心目中最理想的。

一个人竟然能够在自己不大理想的领域里取得那样辉煌的业绩，除了聪颖和勤奋以外，靠的还有什么呢？

带着这样的疑问，艾尔森博士又亲自走访了多位商界英才。其中，在纽约证券公司的金领丽人苏珊极具代表性的经历给了他一个满意的答案。

苏珊出身于中国台北的一个音乐世家，她从小就受到了很好的音乐启蒙，她也非常喜欢音乐，期望自己能够一生遨游在音乐的广阔天地中，但她阴差阳错地考进了大学的工商管理系。一向认真的她，尽管不喜欢这一专业，但她学得很认真，每学期各科成绩均是优秀。毕业时被保送到美国麻省理工学院，攻读当时许多学生可望而不可即的MBA，后来成绩突出的她又拿到了经济管理专业的博士学位。

如今她已是美国证券业界的风云人物，但她依然心存遗憾地说："老实说，迄今为止，我仍说不上喜欢自己所从事的工作。如果能够让我重新选择，我还是会毫不犹豫地选择音乐，但我知道那只能是一个美好的'假如'了，我只能把手头的工作做好……"

艾尔森博士问她："你不喜欢你的专业，为何你学得那么棒？不喜欢眼下的工作，为何又做得那么优秀？"

"因为我在那个位置上，那里有我应尽的职责，我必须认真对待。"苏珊的眼里闪着坚定，"不管喜不喜欢，那都是自己必须面对的，都没有理由草草应付，都必须尽心竭力，那是对工作负责，也是对自己负责。"

在艾尔森博士随后的走访中，更多的成功人士所谈的认识，与苏珊的思考大致相同——由于种种原因，我们常常被安排到自己并不十分喜欢的领域，从事了一份自己在内心并不十分爱好的工作，而又一时无法更改。这时，任何的抱怨、消极、怠惰，都是不可取的。唯有把那份工作当作一种不可推卸的责任担在肩头，全身心地投入其中，才是正确的选择。而那些成功，就是从那份对职业的忠诚与认真中一点一点地演绎出来的……

苏珊的话很耐人寻味——"因为我在那个位置上"，凝聚了她对自己所从事工作的敬重，凝聚了她不甘平庸的理念。正是这种"在其位，谋其事，成其事"的敬业精神，让她赢得了令人瞩目的成功。很多人常常无法改变自己在工作和生活中的位置，但完全可以改变自己对所处位置的态度和方式，自然，也会因此找到许多乐趣，因此拥有一个骄傲的人生。

案例分析

1. 苏珊的成功给了我们什么样的启示？

2. 结合案例谈谈怎样培养对旅游业的热爱。

热爱本职工作，是一切职业道德最基本的道德原则。它要求员工明确工作的目的和意义，热爱自己从事的工作，要“干一行，爱一行，专一行”，忠实地履行自己的职业职责。热爱旅游业作为旅游职业道德的一项基本要求，其具体内容包括三项：

1. 正确认识旅游业的性质和任务

旅游业是现代服务业的重要组成部分，对于经济的增长、社会的发展、文化的繁荣以及国际交往都肩负重要的任务，发挥着重要的作用。随着我国经济的迅速发展，旅游日益成为我国人民物质生活和精神文化生活不可缺少的重要组成部分，成为爱国主义教育、社会主义精神文明建设以及提高国民素质的重要途径。

经过多年发展，我国旅游业从主要承担外事接待任务逐步向经济产业转变，产业规模持续扩大，生产要素全面发展，产业体系不断完善，产业链条逐步完善，旅游业已融入经济社会发展全局，成为我国国民经济的战略性支柱产业。旅游业资源消耗低，带动系数大，就业机会多，综合效益好，改革开放以来，不管是入境旅游时期的创汇导向，还是大众旅游时代拉动消费、促进增长和增加就业，旅游业都发挥了积极的作用。旅游业在中国减贫事业中也扮演着重要角色，通过将旅游业发展成为当地大部分人口都能参与的产业，并进一步延伸旅游产业链条，融合带动相关产业发展，是很多地方脱贫致富的典型经验。

文化和旅游部组建以来，先后确立了“能融则融，宜融尽融；以文塑旅，以旅彰文”的工作思路，这充分说明了旅游业在国民素质提升、国家认同和人类命运共同体建设中的功能与作用。同时，旅游业也是对外开放的重要窗口。国之交在于民相亲，民相亲在于常来往。国外游客因旅游更好地认识中国，中国游客也将中国文化、中国形象展示给全世界。

旅游业也是幸福产业，与人民的幸福感息息相关。旅游是高质量生活的重要标志，随着 2019 年中国人均 GDP 迈上 1 万美元台阶，全国 GDP 总量超过 99 万亿元人民币，大众的消费升级已成长期趋势，当下旅游市场的消费特点已发生深刻变化，从“购买商品”转向“购买体验”，游客的文化消费正在持续升级，参观经典景点、品尝地方特色饮食等传统的文化体验已不能满足游客的需求，他们更希望能在旅游中探寻文化内涵，获得更深层次的精神文化体验。旅游业应积极应对消费需求的变化，增强职业自豪感和责任感，主动以人们对文化和旅游的美好生活需求为导向，促进旅游提质升级，推动文化和旅游业更好融入经济社会发展全局，积极提供高品质文化和旅游供给，增强人民群众的文化幸福感，在满足大众文化需求的同时获得自我发展，实现旅游业社会与经济效益的双赢。

2. 培养敬业、乐业的道德情感

热爱旅游业作为职业道德的一项基本原则，不仅是对道德认识方面的要求，更重要的是对道德情感方面的要求。因为仅仅知道旅游业的重要性，并不等于真正热爱它，只有当我们在思想感情上发生了深刻的变化，达到了以从事旅游业为荣、以做好本职工作为乐的思想道德境界，才称得上是真正热爱旅游业。这就必须解决“敬业”和“乐业”的问题。

案　例

“从事旅游业是一件能让人穷尽一生的事情”

2022 年 5 月 25 日，文旅部正式通报 2021 年全国特级导游考评结果。根据相关规定，我国的导游分为初级导游、中级导游、高级导游和特级导游。中国旅游业发展至今，我国只评选过三批国家特级导游。1995 年，原国家旅游局开展首批特级导游评定工作，全国只有 2 名导游获评；1998 年，我国开展第二批特级导游评定，共 22 名导游获评。时隔 24 年后，第三批全国特级导游名单再度出炉，共 16 名导游获评。其中，中国旅游集团旗下中旅旅行所属的香港中国旅行社吴巧凌（Gloria Wu）位列其中。

吴巧凌有多重身份——香港理工大学酒店及旅游管理博士，持有国家普通话、粤语、闽南语与英语导游证书，29 岁便被评为国家高级导游、也是唯一一名同时获得香港执业导游牌照的国家特级导游，她曾任香港中国旅行社内地游客中心总经理，具有超过十年的港澳目的地管理经验，在香港中国旅行社电商中心总经理任内，被集团推荐为中组部第 22

届博士服务团成员在湘西凤凰县挂职。

以下为吴巧凌分享的她三十余年从业生涯中，从参与到深度投入的感悟和体会——“从事旅游业是一件能让人穷尽一生的事情”。

回看从业的起点，自走出校门进入酒店实习工作开始，我就成为一名旅游从业者。今年是第32年。如果要用一句话来形容这段历程，那便是“痴心一点难轻抛”。在20世纪90年代，旅游是件非常奢侈的事情，而我喜欢玩，喜欢旅游。当时我想，从事旅游业或许可以节省不少旅费。入行后，没想到在30岁之前，我就已经踏遍了神州除了台湾地区以外的所有地方。1989年，我国正式建立了全国导游资格考试制度、导游人员等级考核制度，导游逐渐开始规范化管理。1990年，踏入社会的第一步我进入了当时福州最好的五星级酒店——福州西湖大酒店，从客务部基层开始做起。因酒店在接待大型会议时经常面临导游不够的情况，我在1991年顺利取得了普通话与闽南语导游证书。根据1985年颁布的《旅行社管理暂行条例》，90年代初期旅行社根据经营范围的不同，分为一类社、二类社、三类社。当时我所在酒店的旅游部属于二类旅行社，主要做的是地接以及为酒店住店游客提供福建省内的观光导览安排等具体工作。我在这家酒店整整工作了6年，在连夺福州、福建导游比赛第一，又获得全国导游比赛第二的成绩后，应邀转往福建省旅游有限公司工作，开始从事入境游、出境游，以及导游管理等一线业务，当时基本上跑遍了半个地球。这个行业每天都让我感觉像海绵吸水一样，总是觉得自己所掌握的知识还不够，这也更加坚定了我在这个行业“一条胡同走到黑”的想法。

从事旅游业是一件能让人穷尽一生的事情，也是不断追逐、不断丰富自己人生的一份工作。当导游给我最大的成就感，是开拓了我的眼界。读万卷书，行万里路，导游这个职业把我读的书具象化了，由于不断地“行万里路”，我就不得不去读更多的“书”。这个过程也在不断地锻炼我的应变能力以及与人交往的能力。当导游让我的每一天都充满了挑战，让我感受到每一天醒来太阳都是新的。

吴巧凌在苏州调研

——资料来源：环球旅讯，https://baijiahao.baidu.com/s?id=1740019934002782223&wfr=spider&for=pc

案例分析

是什么让从业32年的吴巧凌对旅游业仍然“痴心一点难轻抛”？又是什么成就了吴巧凌使她成为全国特级导游？谈一谈你从中获得的感悟。

敬业，就是敬重我们自己所从事的旅游业，即职业荣誉感。以业为荣，就是除了要知晓我国旅游业的性质、任务、社会作用和道德价值外，还必须在职业实践中不断克服各种陈腐偏见，树立劳动光荣、旅游服务工作光荣等新的职业道德观念。

乐业，就是以主人翁的姿态，热爱旅游业，乐于为广大旅游者服务，并且以做好本职工作为自己最大的快乐，即职业幸福感。乐业精神，体现在职业活动中就是能够正确对待苦与乐、劳动与报酬的问题。把服务、为社会多做贡献看成是人生价值所在和人生的最大乐趣，而不应该追求金钱、权力和个人享受。不论何种行业、何种岗位，都是有苦有乐的，应该不怕吃苦、乐于吃苦，在奋斗中实现自己的人生理想。

3. 发扬勤业、创业的优良传统

热爱旅游业，还体现在勤业、创业的道德行为和习惯上。有了明确的道德认识和高尚的道德情感，必然会见之于行动；同时，只有见之于行动的道德认识和道德情感，才具有真正的道德价值。

勤业，就是要为发展我国的旅游业刻苦学习，勤奋工作；在平凡而琐碎的旅游服务过程中，兢兢业业，尽心尽责；在职业实践中养成忠于职守、克勤克俭的良好习惯。

所谓创业，就是要以高度的主人翁精神进行创造性的劳动，并积极参与企业管理，推动改革开放，使我国的旅游业得到更大、更健康的发展。抓住机遇，加快发展，尤其需要发扬积极开拓、继往开来的创业精神。

旅游业本质是服务业，对服务业来说，质量就是生命线，对品牌质量、服务水准、专业化水平、游客体验、精细管理的追求是服务业核心竞争力所在，也是发展优质旅游的题中应有之义。我国旅游业短短几十年间就形成了观光旅游、休闲旅游等多种业态，推出了文化旅游、研学旅游、体育旅游、会展旅游等新产品，产生了在线旅游、定制旅游等新模式，呈现出蓬勃发展态势。这充分体现了旅游业与时俱进，不断创新的优秀品质，这种品质也必然使旅游业更加具有活力、生命力。可以说旅游业有没有发展的问题已经基本解决，好不好的问题越来越突出，这表现在旅游产业结构与市场需求不适应，低端供给过剩与中高端供给不足并存，适应群众需要的旅游景区还不够多，景区收入过多依靠门票，旅游产业链不够长，旅游衍生品开发不够，旅游的便利度、舒适性、体验感有待提升等多个方面。解决这些问题，需要政府部门加强服务、引导管理，创造良好的发展环境，更需要广大文旅企业发挥主体作用，按照“创新、协调、绿色、开放、共享”的发展理念，勇于创新创造，善于经营管理，乐于精益求精，推动旅游生产方式、服务方式、管理模式创新，丰富旅游产品业态，拓展旅游消费空间，培育适应大众旅游消费新特征的核心竞争力，做旅游业高质量发展的引领者，旅游与科技融合的推动者，产、学、研、用相结合的实践者，不断开创旅游业发展新局面。

案　例

苏州博物馆：用一粒种子掀起文创热潮

480 年前，吴中才子文徵明（号衡山）亲手为友王献臣种植了一株紫藤，雅称“文藤”。几百年后的今天，这株饱经风雨沧桑的文藤，苍劲遒健地生长在苏州博物馆内，不仅被称为“活的文物”，更是“苏州三绝”之一。而令文徵明无论如何没想到的是，文藤的种子竟成了当代人争相购买的镇馆文创品，甚至还衍生了一系列的火热爆款。当今如此“内卷”的文创市场，为何文藤能够脱颖而出？爆款文创频频涌现，苏博究竟如何实现？

紫藤种子

起因要从 2013 年说起，苏州博物馆举办了一次有关文徵明主题大展的国际研讨会，会后要准备一份特别的伴手礼，文创研发部门思来想去，最终将目光锁定在博物馆内那株紫藤上。“将文藤的种子赠予他人，寓意生生不息的美好祝愿。用种子象征文徵明的文人精神与风骨，我们觉得这是一种文脉的传承。”苏州博物馆文化创意部主任蒋菡向记者介绍。令人意想不到的是，当年一份小小的伴手礼竟引发了购买热潮，往后每年都有人询问文藤种子何时推出。文创研发部门由此受到启发，便与宣传部门相互配合，将文藤每年开花、结种、制作成产品的过程宣传出去，并围绕文藤主题做了系列产品的开发。

紫藤首饰

文藤种子手工皂是将筛选下的紫藤种子放置在一块透明皂内，皂体的一面刻上“衡山”印章，提取洒金纸灵感将金箔添加在皂体之中，几道工序下来让平平无奇的香皂增添了文人雅韵。为了延续文藤盛开的美好景色，文创研发部门便将文藤花瓣运用到香氛、口罩、首饰、书签、雨伞等产品中。其中，紫藤胸针与知名中式珠宝设计师马荆棘合作，通过纯手工珐琅工艺搭配素雅的色彩，将紫藤花摇曳的姿态、灵动雅致的造型展现得淋漓尽致。此外，苏博近年推出了“文藤仙子”IP形象，利用可爱文雅的仙子造型寓意她是文藤的守护者。由该IP形象做成的书灯、杯垫等文创品，收获了一众好评。接下来苏博还将做哪些文藤主题的开发，蒋菡说道：“我们即将推出文藤种植套装，里面包含文徵明人偶、盆器、土壤、种植说明等，还会将文藤边上由清代人书写‘文衡山先生手植藤’的石碑复刻成迷你版一并放入种植套装里，这是限量发售的。”

扫码观看视频：苏州博物馆蒋菡讲述：博物馆文创的密码丨从一颗种子开始

紫藤种子手工皂

从一颗小小的种子开始，文藤主题产品遍地开花，均受到大众的喜爱与认可。文创品的衍生让这株原本仅是苏州古树名木的紫藤，在 2021 年作为苏州博物馆选送的三件文物之一登上《国家宝藏》节目。文藤不仅变成了“活着”的文物，也被赋予了文脉传承的象征意义。

经过十余年的探索，有关文藤主题的文创品爆款频出，这源于苏博始终坚持以“创意、设计、情怀”作为产品研发的基本要素，坚持四不做——不做贴图式的产品、不做复刻品、不做牵强附会的产品、不做华而不实的产品。“如何做一件有灵魂的文创产品，我认为最重要的在于诠释文化的内涵。每选取一件文物，我们都会量体裁衣找到适合嫁接这件文物的产品载体，这也是我们在开发思路方面有别于他人的地方。”蒋菡说道。

目前，苏州博物馆已研发超过 1500 款原创产品，文创品的零售额在 2016 年至 2019 年，实现了连续三年 50% 以上的增幅。《2018 年天猫博物馆文创数据报告》显示，苏州博物馆的文创销售收入在入驻天猫的中国博物馆中仅次于故宫博物院、中国国家博物馆，排名第三。2021 全年实现文创产品销售额 4305.89 万元，再创新高。“目前，苏州博物馆入馆观众消费文创产品的人均金额已由2013年的不到3元，达到人均12元。”蒋菡认为，人均消费金额能直观体现观众对文创产品的认可程度。

一株古树成为苏州博物馆的特殊展品，一颗种子掀起文创开发的强烈热潮，文藤主题系列文创品使苏州博物馆成功“破圈”，打破博物馆文创品“严肃死板”的刻板印象。保护传统文化最好的方式，就是让它再次流行起来，用创意点亮创造力，博物馆也能轻松“带回家”。

——资料来源 :《江南时报》，2022-08-19.

（二）发扬爱国主义精神

爱国主义是中华民族的民族心、民族魂，是中华民族最重要的精神财富，是中国人民和中华民族维护民族独立和民族尊严的强大精神动力。爱国主义精神深深植根于中华民族心中，维系着中华大地上各个民族的团结统一，激励着一代又一代中华儿女为祖国发展繁荣而自强不息、不懈奋斗。习近平总书记指出："历史深刻表明，爱国主义自古以来就流淌在中华民族血脉之中，去不掉，打不破，灭不了，是中国人民和中华民族维护民族独立和民族尊严的强大精神动力，只要高举爱国主义的伟大旗帜，中国人民和中华民族就能在改造中国、改造世界的拼搏中迸发出排山倒海的历史伟力！"爱国主义所反映和调节的是人们对中华民族和国家整体利益的关系和行为，是集体主义对接中华民族和国家利益的准则，是旅游职业道德的基本要求之一。

1. 培养爱国主义情感

爱国，是人世间最深层、最持久的情感，对每一个中国人来说，爱国是本分，也是职责，是心之所系、情之所归，是一个人立德之源、立功之本。习近平总书记高度重视爱国主义教育，指出："要把爱国主义教育贯穿国民教育和精神文明建设全过程。要深化爱国主义教育研究和爱国主义精神阐释，不断丰富教育内容、创新教育载体、增强教育效果。要充分利用我国改革发展的伟大成就、重大历史事件纪念活动、爱国主义教育基地、中华民族传统节庆、国家公祭仪式等来增强人民的爱国主义情怀和意识，运用艺术形式和新媒体，以理服人、以文化人、以情感人，生动传播爱国主义精神，唱响爱国主义主旋律，让爱国主义成为每一个中国人的坚定信念和精神依靠。"作为中国故事中国精神的讲述者和传播者，旅游工作者理所应当是一个坚定的爱国主义者。

当代中国，爱国主义的本质就是坚持爱国和爱党、爱社会主义高度统一。习近平总书记指出："我国爱国主义始终围绕着实现民族富强、人民幸福而发展，最终汇流于中国特色社会主义。祖国的命运和党的命运、社会主义的命运是密不可分的。只有坚持爱国和爱党、爱社会主义相统一，爱国主义才是鲜活的、真实的，这是当代中国爱国主义精神最重要的体现。"2016 年 11 月 11 日，习近平总书记在纪念孙中山先生诞辰 150 周年大会上指出："爱国主义是具体的、现实的。在当代中国，弘扬爱国主义就必须深刻认识到，中国共产党领导和中国社会主义制度必须长期坚持，不可动摇；中国共产党领导中国人民开辟的中国特色社会主义必须长期坚持，不可动摇；中国共产党和中国人民扎根中国大地、借鉴人类文明优秀成果、独立自主实现国家发展的大政方针必须长期坚持，不可动摇。”习近平总书记的讲话为旅游工作者培养爱国主义情感指明了方向。

旅游工作者培养爱国主义情感，要加强对中国特色社会主义理论体系的学习，学好党史、新中国史、改革开放史、社会主义发展史，深刻认识历史和人民选择中国共产党、选择马克思主义、选择社会主义道路、选择改革开放的历史必然性，深刻认识我们国家和民族从哪里来、到哪里去，坚决反对历史虚无主义，深刻认识改革开放是党和人民大踏步赶上时代的重要法宝，是坚持和发展中国特色社会主义的必由之路，是决定当代中国命运的关键一招，也是决定实现“两个一百年”奋斗目标、实现中华民族伟大复兴的关键一招，加深对中国共产党、中国特色社会主义的思想认同、理论认同、情感认同，增强中国特色社会主义道路自信、理论自信、制度自信、文化自信。

对祖国悠久历史、深厚文化的理解和接受，是爱国主义情感培育和发展的重要条件。旅游工作者要了解中华民族的悠久历史和灿烂文化，增强民族自尊心、自信心和自豪感，反对文化虚无主义，树立和坚持正确的历史观、民族观、国家观、文化观，不断增强中华民族的归属感、认同感、尊严感、荣誉感，厚植爱国主义情怀。

2. 爱国主义的基本要求

习近平总书记强调：“爱国，不能停留在口号上，而是要把自己的理想同祖国的前途、把自己的人生同民族的命运紧密联系在一起，扎根人民，奉献国家。”1935年，在中华民族危急存亡之际，著名教育家张伯苓在南开大学开学典礼上问了三个问题：你是中国人吗？你爱中国吗？你愿意中国好吗？振奋了师生爱国斗志。这三个问题是历史之问，更是时代之问、未来之问，我们要一代一代问下去、答下去。每个旅游工作者要把爱国情、强国志、报国行自觉融入坚持和发展中国特色社会主义、建设社会主义现代化强国、实现中华民族伟大复兴的奋斗之中，既要增强民族自尊心和自信心，关心社会主义祖国的前途和命运，热爱本职工作，为建设祖国和保卫祖国而英勇奋斗，又要尊重各国的历史特点、文化传统，尊重各国人民选择的发展道路，善于从不同文明中寻求智慧、汲取营养，增强中华文明生机活力，共同推动人类文明发展进步。具体来说要做到：

- 坚持祖国利益高于一切；
- 自觉维护祖国的独立、领土完整、统一和尊严；
- 坚持总体国家安全观，自觉维护国家安全；
- 自觉维护各族人民的安定团结；
- 自觉为祖国的繁荣昌盛奋发进取；
- 坚持弘扬爱国主义精神与扩大对外开放相结合，立足民族又面向世界。

案　例

爱国爱港的典范——霍英东先生

霍英东先生是香港一位传奇人物，有着辉煌的人生，为国家为香港做出了重大贡献。霍英东祖籍广东番禺，1923 年 5 月 10 日出生在香港贫穷的水上人家，他早年失兄丧父，母亲带着全家艰难生活。他曾满怀深情地讲，自己一辈子最感激的人是母亲，一是母亲带着全家毅然离船上岸生活，二是母亲不管多么艰难都供自己上学读书。可惜时运不济，他少年时遭遇日军占领香港，不得不中途辍学。离开学校后，他先后当过船上的烧煤工、糖厂学徒、修建机场的苦力、开过小杂货店。20 世纪 40 年代末，从事海上驳运业务，开始了创业生涯。抗美援朝期间，在西方国家对新中国实施全面禁运、港英当局武力“缉私”的情况下，霍英东在香港组织了颇具规模的船队，运送大量急需物资支援祖国抗美援朝。周恩来总理曾用“患难之交”来高度评价以霍英东为代表的港澳同胞在新中国最困难时期所提供的帮助。20 世纪 50 年代，霍英东开始发展房地产业，短短几年时间就成为香港最大的华资房地产商之一。他还先后创办多家企业，业务范围涉及地产、建筑、航运、建材、石油、百货、旅馆、酒楼等。20 世纪 70 年代末，国家改革开放伊始，霍英东就积极着手筹划到内地投资。1983 年，他与广东省有关部门合作兴建的广州白天鹅宾馆开始试营业，成为我国第一家由中国人自己设计、施工、管理的大型现代化酒店。白天鹅宾馆工程在国家质量奖评比中获得了设计、组织建设、施工三项金质奖章，特别是大厅“故乡水”景观，感动了许许多多海外游子。白天鹅宾馆以先进的现代化经营管理和出色的服务质量赢得了宾客的广泛赞誉，成为“国际一流酒店”组织成员，也是中国参加这一组织的第一家酒店。2003 年，白天鹅宾馆合作期满，这时宾馆资产已逾 20 亿元，但他履行承诺，毫无条件地将宾馆全部交给广东省政府。霍英东还合资兴建了北京贵宾楼饭店，独资兴建了广州南沙大酒店。他说，我是一个中国人，我爱我的祖国，爱我的家乡，能为祖国和家乡的建设事业做一点贡献，就是我的平生夙愿。霍英东倾力支持国家的教育事业，捐出巨款设立各种基金会支持内地教育，兴建大批教学设施，累计达 7.6 亿港元。霍英东讲，“我们在内地多方投资捐赠，目的只有一个，就是希望国家兴旺、民族富强。”作为杰出的社会活动家和中国共产党的亲密朋友，他热心全国人大和全国政协工作，始终关注两岸关系的发展变化，为祖国和平统一大业尽心竭力。2006年10月28日，霍英东先生在北京病逝，国家为他在香港举办了隆重的追悼会。当年，他荣膺中央电视台选出的“感动中国”年度人物。

——资料来源：赵东科．爱国爱港的典范——纪念霍英东先生诞辰100周年．学习强国，2023-05-08.

复习与思考

一、名词解释

职业　　　职业道德　　　旅游职业道德

二、简答题

1. 简述职业道德产生的基本条件。
2. 简述社会主义旅游职业道德的作用。
3. 简述社会主义旅游职业道德的基本要求。

三、案例分析

案例一　生命的最后一分钟

大连市公汽联营公司702路422号双层巴士司机黄志全，在行车途中突然心脏病发作，在生命的最后一分钟里，他做了三件事：把车缓缓地停在路边，并用生命的最后力气拉下了手动刹车闸；把车门打开，让乘客安全地下车；将发动机熄火，确保了车和乘客的安全。他做完了这三件事，趴在方向盘上停止了呼吸。这只是一名平凡的司机，他在生命的最后一分钟里所做的一切也许并不惊天动地，然而许多人却牢牢地记住了他的名字。

——资料来源：新浪网，http://news.sina.com.cn

根据上述案例回答如下问题：

一名普通的公交巴士司机何以能在生命的最后一分钟里彰显出如此高尚的职业道德境界？

案例二　有问必答的行李员

两位客人走进一家三星级饭店大堂，正好碰上刚送完行李的行李员。行李员以为客人要住店，就指引他们去总台登记。未料客人并不是住店，而是来就餐的。

客人问："你们旋转餐厅很有名，在几层？"

行李员答："28层。请乘左边的快速电梯上去。"

问："是广帮菜吧？"

答："有粤菜，也有淮扬菜。实际上，像上海这样开放的城市酒店，菜肴已是集各帮之长，这里也有北京烤鸭，也有四川火锅。很难绝对说只是哪一帮。你们不妨上去试一试。"

客人又提出第三个问题："价钱贵不贵？"

答："旋转餐厅和二层的潮州餐厅一样很豪华，档次高，价格比较贵。一般吃吃，平均每位的消费总要100多元，如果点海鲜或高档菜的话恐怕要200多元了。底楼东侧的百花厅也可以吃，价格适中。你们两人去吃，100元出头就差不多了。"

两位客人得到了准确的信息，相互商量了一下，决定还是直奔28层旋转餐厅。拔腿之前，又问行李员一句："旋转餐厅开到几点？""晚上11点。"行李员不假思索地回答。

根据上述案例回答如下问题：

1. 如果一位客人来到饭店，在饭店里向任何一位员工打听任何一项服务项目，都能得到及时满意的回答，他会做何感想？

2. 首问负责制，即第一个接受客人咨询或要求的人，就是解决客人咨询和要求的第一责任者。请结合旅游职业道德的基本要求谈谈怎样才能将首问负责制贯彻到位。

四、实践与拓展

1. 课堂辩论

微软用人理念

河南南阳理工学院软件学院学生李文怡，在大一时就被选拔到微软中国的集训营集训，最终成为30名实习生之一。通过努力，她最终成为30名实习生中留在微软中国总部工作的3人之一。

微软竟然在莘莘学子中挑选一个普通院校的大专女生作为正式员工，实在让人感到惊奇。为什么微软选择录用来自高职院校的一名大专女生呢？

微软有一个著名的用人理念：求人不求才。他们认为，信息时代知识更新快，任何刚毕业的大学生很难是完全适应的“才”，因而微软并不重视所谓名校品牌或高学历。他们认为只要是一个“人”，就可以在进入公司后，边干边学，并很快成“才”。微软所谓的“人”，是指聪明、好学、踏实、自信、具备高尚道德和较强的团队合作精神的人。

微软特别青睐“三心”人才。一是热心的人。对公司充满感情，对工作充满激情，对同事充满友情；能够独立工作，有许多新奇想法，又以公司整体利益、长远利益为重，视公司为家，能和同事团结协作、荣辱与共。二是慧心的人。脑子灵活、行动敏捷，能够对形势准确把握、从容应对、尽快适应，能在短期内学会并掌握所需的知识和技能。三是苦心的人。工作非常努力、勤奋，能吃得了苦。

——资料来源：人民网，http://finance.people.com.cn

辩论题目：

职业人最基本的是职业道德还是职业能力？

2. 开展一次献爱心活动

或在校内为学习困难的同学提供帮助，或在社区为老人购物，或结合旅游专业的特点在旅游景点为游客义务讲解，体验为人民服务、无私奉献的感受，培养爱岗敬业、热情服务的职业道德品质。活动结束后，教师指导全体学生利用上课或班会时间，展示活动成果，进行交流、总结和评价。

五、推荐阅读

敬业与乐业

我这题目，是把《礼记》里头“敬业乐群”和《老子》里头“安其居，乐其业”那两句话，断章取义造出来。我所说是否与《礼记》《老子》原意相合，不必深求；但我确信“敬业乐业”四个字，是人类生活的不二法门。

本题主眼，自然是在“敬”字和“乐”字。但必先有业，才有可敬、可乐的主体，理至易明。所以在讲演正文以前，先要说说有业之必要。

孔子说：“饱食终日，无所用心，难矣哉！”又说，“群居终日，言不及义，好行小慧，难矣哉！”孔子是一位教育大家，他心目中没有什么人不可教诲，唯独对于这两种人便摇头叹气说道：“难！难！”可见人生一切毛病都有药可医，唯有无业游民，虽大圣人碰着他，也没有办法。

唐朝有一位名僧百丈禅师，他常常用两句格言教训弟子，说道：“一日不做事，一日不吃饭。”他每日除上堂说法之外，还要自己扫地、擦桌子、洗衣服，直到80岁，日日如此。有一回，他的门生想替他服劳，把他本日应做的工作悄悄地都做了，这位言行相顾的老禅师，那一天便绝对不肯吃饭。我征引儒门、佛门这两段话，不外证明人人都要有正当职业，人人都要不断劳作。倘若有人问我：“百行什么为先？万恶什么为首？”我便毫无迟疑地答道：“百行业为先；万恶懒为首。”没有职业的懒人，简直是社会上的蛀米虫，简直是“掠夺别人勤劳结果”的盗贼。我们对于这种人，是要彻底讨伐，万不能容赦的。有人说：“我并不是不想找职业，无奈找不出来。”我说：职业难找，原是现代全世界普遍现象，我也承认。这种现象应该如何救济，别是一个问题，今日不必讨论。但以中国现在情形论，找职业的机会，依然比别国多得多；一个精力充沛的壮年人，倘若不是安心躲懒，我敢信他一定能得相当职业。今日所讲，专为现在有职业及现在正做职业上预备的人，告诉他们对于自己现有的职业应采取何种态度。

第一要敬业。敬字为古圣贤教人做人最简易的法门，可惜被后来有些人说得太精微，倒变得不实用了。唯有朱子解得最好。他说：“主一无适便是敬。”用现在的话讲，凡做一件事，便忠于一件事，将全部精力集中到这事上头，一点不旁骛，便是敬。业有什么可敬呢？为什么该敬呢？人类一面为生活而劳动，一面也是为劳动而生活。人类既不是上帝特地制来充当消化面包的机器，自然应该个人因自己的地位和才能，认定一件事去做。凡可以名为一件事的，其性质都是可敬。当大总统是一件事，拉黄包车也是一件事。事的名称，从俗人眼里看来，有高下；事的性质，从学理上解剖起来，并没有高下。只要当大总统的人，信得过我可以当大总统才去当，实实在在把总统当作一件正经事来做；拉黄包车的人，信得过我可以拉黄包车才去拉，实实在在把拉车当作一件正经事来做，便是人生合理的生活。这叫作职业的神圣。凡职业没有不是神圣的，所以凡职业没有不是可敬的。唯其如此，所以我们对于各种职业，没有什么分别抉择。总之，人生在世，是要天天劳作的。劳作便是功德，不劳作便是罪恶。至于我该做哪一种劳作呢？全看我的才能何如、境地何如。因自己的才能、境地，做一种劳作，做到圆满，便是天地间第一等人。

怎样才能把一种劳作做到圆满呢？唯一的秘诀就是忠实，忠实从心理上发出来的便是敬。《庄子》中记佝偻丈人承蜩的故事，说道："虽天地之大，万物之多，而惟吾蜩翼之知。"凡做一件事，便把这件事看作我的生命，无论别的什么好处，到底不肯牺牲我现做的事来和他交换。我信得过我当木匠的做成一张好桌子和你们当政治家的建设成一个共和国家同一价值；我信得过我当挑粪的把马桶收拾得干净和你们当军人的打胜一支压境的敌军同一价值。大家同是替社会做事，你不必羡慕我，我不必羡慕你。怕的是我这件事做得不妥当，便对不起这一天里头所吃的饭。所以我做这事的时候，丝毫不肯分心到事外。曾文正说："坐这山，望那山，一事无成。"我从前看见一位法国学者著的书，比较英法两国国民性质，他说："到英国人公事房里头，只看见他们埋头执笔做他的事；到法国人公事房里头，只看见他们衔着烟卷像在那里出神。英国人走路，眼睛关注脚下，像全神贯注于走路这件事；法国人走路，总是东张西望，像不把走路当一回事。"这些话比较得是否确切，姑且不论；但是可以为"敬业"两个字下注脚。若果如他所说，英国人便是敬，法国人便是不敬。一个人对于自己的职业不敬，从学理方面说，便是亵渎职业之神圣；从事实方面说，一定把事情做糟了，结果自己害自己。所以敬业主义，于人生最为必要，又于人生最为有利。庄子说："用志不分，乃凝于神。"孔子说："素其位而行，不愿乎其外。"所说的敬业，不外这些道理。

第二要乐业。"做工好苦呀！"这种叹气的声音，无论何人都会常在口边流露出来。但我要问他："做工苦，难道不做工就不苦吗？"今日大热天气，我在这里喊破喉咙来讲，诸君扯直耳朵来听，有些人看着我们好苦；反过来，倘若我们去赌钱、去吃酒，还不是一样劳神、费力？难道又不苦？须知苦乐全在主观的心，不在客观的事。人生从出胎的那一秒钟起到咽气的那一秒钟止，除了睡觉以外，总不能把四肢、五官都搁起不用。只要一用，不是劳神，便是费力，劳苦总是免不掉的。会打算盘的人，只有从劳苦中找出快乐来。我想天下第一等苦人，莫过于无业游民，终日闲游浪荡，不知把自己的身子和心子摆在哪里才好，他们的日子真难过。第二等苦人，便是厌恶自己本业的人，这件事分明不能不做，却满肚子里不愿意做。不愿意做逃得了吗？到底不能。结果还是皱着眉头，哭丧着脸去做。这不是专门自己替自己开玩笑吗？

我老实告诉你一句话："凡职业都是有趣味的，只要你肯继续做下去，趣味自然会发生。"为什么呢？第一，因为凡一件职业，总有许多层累、曲折，倘能身入其中，看它变化、进展的状态，最为亲切有味。第二，因为每一职业之成就，离不了奋斗；一步一步地奋斗前去，从刻苦中将快乐的分量增加。第三，职业性质，常常要和同业的人比较骈进，好像赛球一般，因竞胜而得快感。第四，专心做一职业时，把许多游思、妄想杜绝了，省却无限闲烦闷。孔子说："知之者不如好之者，好之者不如乐之者。"人生能从自己职业中领略出趣味，生活才有价值。孔子自述生平，说道："其为人也，发愤忘食，乐以忘忧，不知老之将至云尔。"这种生活，真算得人类理想的生活了。

我生平受用的有两句话：一是"责任心"；二是"趣味"。我自己常常求这两句话之实现与调和，常常把这两句话向我的朋友强聒不舍。今天所讲，敬业即是责任心，乐业即是趣味。我深信人类合理的生活应该如此，我望诸君和我一同受用！

——资料来源：梁启超．饮冰室合集［M］．北京：中华书局，1989.

"传递快乐"——获终身成就奖的邮差

日本有一项国家级的奖项，叫"终身成就奖"。在素来都把荣誉看得比自己的生命更为重要的日本人心目中，这是一项人人都梦寐以求却又高不可攀的至高荣誉。在日本，有无数的社会精英、博学人士一辈子努力奋斗的目标，就是希望能够最终获得这项大奖。但有一届的"终身成就奖"却在举国上下的期盼和瞩目中，出人意料地颁发给了一位名叫清水龟之助的小人物。

清水龟之助是东京的一名普通邮差，他每天的工作就是将各式各样的邮件快速而准确地投送到每一个相关的家庭。与那些长期从事能够推动人类历史快速发展的高尖端科技研究的专家学者相比，清水龟之助所从事的工作简直就是微不足道、不值一提的事。然而，就是这位长期从事着如此平淡无奇的邮差工作的清水龟之助，却无可争议地获得了这项殊荣。

在他从事邮差工作的整整 25 年中，清水龟之助的工作态度始终和他到职第一天的那种认真和投入没有什么两样。在不算短暂的 25 年中，他从未有过请假、迟到、早退、脱岗等任何不良情况。而且他所经手投递的数以亿计的邮件，从未出现过任何差错。不论是狂风暴雨，还是天寒地冻，甚至在大地震的灾难中，他都能够及时而准确地把邮件投送到收件人的手中。

是什么样的力量支持着清水龟之助几十年如一日持之以恒地把一件极为平凡普通的工作铸造成了一项伟大无比的成就呢？清水龟之助对此不无感慨地说："是快乐，我从我所从事的工作中，感受到了无穷的快乐。"

清水龟之助说，他之所以能够 25 年如一日地做好邮差这份很普通的工作，主要是他喜欢看到人们在接获远方的亲友捎来的讯息时，脸上出现的那种发自内心的快乐而欣喜的表情。自己微不足道的工作，竟然能够给别人带来莫大的心灵安慰和精神快乐，这使他感到更大的欣慰和快乐，所以他觉得自己的工作神圣而有意义。他说，只要一想起收件人脸上荡漾开来的那种快乐表情，即使再恶劣的天气、再危险的境况，也无法阻止我一定要将邮件送达的决心。

正是这种快乐的力量，支持清水龟之助完成了这项伟大的成就；也正是这种在极其平凡的工作中能够感受到生活快乐的精神，感动了这个轻易不会被感动的民族。

人生的四阶层

我认为人生可分为职业、闲暇、理想与道德之四阶层。

“职业人生”，也可称为工作人生，或服务人生，或规律人生等。“职业”含义古今不同。中国古人认为人莫不有职有业，如为父有父职，为子有子职。有职即有业，慈是父业，孝是子业。近代社会一切以经济为指导中心，故以偏于生产谋利者为职业。此观念甚有病，将来仍应有改变。今专就目前现状言，则人生第一大事，首在求得一谋生活命之职业。故我列职业人生为人生之第一阶层。

人生第二阶层，可称为“闲暇人生”，亦可称为消遣人生，或自由人生，或艺术人生等。就目前现状言，职业工作，亦只占人生活动中一部分。此外，有其业余闲暇的时间。闲暇时间可由人自由支配使用。此项自由闲暇人生，至少与职业工作人生，有其平等之重要性。

而且，生活之享受与乐趣，多半寄托在自由闲暇中，不在职业工作上。

更重要的，是人品之高下贵贱，亦多半判定在其自由闲暇的生活方面，而并不专在其职业工作方面。而且，每一人之职业工作之进退成败，有时亦视其人之闲暇自由活动而定。更深言之，人类文化之演进动力，亦常在自由闲暇中，远胜过其在职业工作中。从来历史上大人物、大事业，亦都在自由闲暇中产生，很少在职业工作上产生。因此，每一人固然急需于争取其一份职业与工作，但既得之后，则更应注意争取并善为运用其业余之闲暇。就每一社会言，除却为其社会中各分子发展职业工作外，亦更应注意保留其各分子之业余闲暇与自由，而设法诱导其善为利用。但正因此项闲暇，属于各人之自由，故更应多留余地，好让各人好好自为调度；而不应由社会来作强制规定。如何调度使用此闲暇，乃一项极精微之人生艺术，故我又特称之为“艺术人生”。工作人生是粗浅的，艺术人生始是精微的。工作人生是共通的，艺术人生始是个别的，惜乎人们不知注重此艺术人生之一阶层，此乃人生一大憾事。

第三是“理想人生”，亦可称为创造人生，或精神人生，或未来人生等。上述两项人生，职业的与闲暇的，其实还都是眼前现实的。人生若长陷在眼前现实中，便易起厌倦，成堕落。欲救此弊，须在现实人生外，另有超现实的理想人生。上述职业与闲暇两人生，其本身也应接受理想人生之指导。现实人生多属物质的，理想人生则是精神的。现实人生即在眼前，是具体而肯定的。理想人生则展望到将来，并不具体，并不肯定，而多留着各人心情上之自由想象与自由创造之余地。唯其能超现实，有创造，人生始不断有进步，不生厌倦与堕落。而且，有了自由而没有理想，这样的自由，是空洞的、贫乏的。换言之，此项自由实是要不得。又若有了眼前现实，没有未来展望，此一现实亦是浅薄、短命的，仅如昙花一现，易变易动，实是靠不住。因此，有了第一、第二人生，必须更有第三人生，即理想的人生。但理想有属于个人的，有属于团体、社会或民族与时代的。最理想的理想，是合此五者而为一。

第四人生是“道德人生”，或可称之为真理人生。此乃一种理想与现实，自由与规律，同时兼顾并重的人生。前三项人生，有一共同限制，即必须其人生为道德的。亦有一共同目标，亦即是必须其人生为道德的。所谓道德乃人生真理，和与人生真理的，始是道德的。无职业非人生真理，不自由非人生真理，无理想也非人生真理。因此，道德人生亦只在此三者之内。人们不知道德亦由学问来，遂误认学问自学问，道德是道德。好像学问是自我追求的，道德只是在外约束来的。其实道德更应从学问中来，乃是人生学问中一项最高最大的学问。

——资料来源：钱穆．历史与文化论丛［M］．贵州：贵州人民出版社，2018.

第四章 旅游职业道德规范

旅游职业道德规范是每个旅游从业人员在职业活动中必须遵循的行为准则，也是评价和判断他们职业道德行为的标准。凡是符合这些规范的行为，就是高尚的行为，是值得人们予以肯定和赞扬的；凡是不符合这些规范的行为，就是不道德的，应当受到社会公众的批评和谴责。

旅游职业的特点对旅游职业道德规范提出了更高、更全面的要求，主要包括以下几项内容：真诚公道、信誉第一；热情友好、宾客至上；文明礼貌、优质服务；不卑不亢、一视同仁；钻研业务、提高技能；锐意创新、勇于竞争。本章通过对旅游职业道德规范的内涵、意义与基本要求的阐述，加深了我们对旅游职业道德规范的认识；通过大量的实例分析，使理论与实践相结合，有助于进一步规范我们的职业行为，提升职业素养。

学习目标

知识目标

1. 理解旅游职业道德规范的内涵。
2. 明确旅游职业道德规范的重要意义。
3. 掌握旅游职业道德规范的基本要求。

能力与情感目标

1. 能正确理解旅游职业道德规范的重要意义。
2. 能运用旅游职业道德规范指导职业行为。
3. 能逐步将具有外在约束性的职业规范转化为潜在意识，衍生职业情感，继而形成良好的职业习惯。

名言荟萃 搜索

服务是企业发展之本，以良好的服务创造价值，是成功的秘诀。

——邹金宏

我们为祖国服务，也不能都采用同一方式，每个人应该按照资禀，各尽所能。

——歌德

生活就是服务，只有给予他人更多一点、更好一点的人，才能不断进步！

——斯塔特勒

生活就是服务，我们时时刻刻都生活在为别人服务和被别人服务的环境当中。

——马里奥特

创新是企业家的具体工具，也就是他们借以利用变化作为开创一种新的实业和一项新的服务的机会的手段。……企业家们需要有意识地去寻找创新的源泉，去寻找表明存在进行成功创新机会的情况变化或其征兆。他们还需要懂得进行成功创新的原则并加以运用。

——彼得·德鲁克

如果你有智慧，请奉献你的智慧；如果你没有智慧，请奉献你的汗水；如果两者你都没有，就请你离开公司。

——松下幸之助

案　例

全国道德模范导游刘萌刚：用诚信打开世界了解中国的窗口

“在导游工作中能获得多国政要、世界旅游组织秘书长及无数普通游客的赞扬，让我倍受鼓舞。”荣获第五届全国道德模范称号的广西桂林导游刘萌刚认为，对于旅游行业，诚信比黄金贵。

“刘萌刚同志先进事迹报告会”4日在广西民族大学举行，来自广西旅游行业代表、高校师生、机关干部300多人聆听了当天的报告会。

刘萌刚是本届全国道德模范中唯一一位旅游行业代表。在旅游业备受质疑的今天，刘萌刚的诚信坚守显得更加难能可贵。从事旅游工作13年，接待近2万名国内外游客，无一例投诉，他一直严格按照旅游合同，遵守不进购物店、不增加自费景点的约定，用良好的服务赢得游客的信任与尊重。

刚踏入导游行业不久，刘萌刚就曾接到过一位毛里求斯的华侨游客3000美元的货款。原来这名游客在桂林旅游时，看中了一对石狮子。在去机场的路上，游客把3000美元和一张名片交给刘萌刚，请他按照名片上的地址把石狮子寄到毛里求斯，当时他们才认识3天。

3000美元当时相当于两万多元人民币，是一笔不小的数目。刘萌刚觉得那名游客如此信任他，可能自己是在导游时的言行举止让对方觉得值得托付。后来，刘萌刚不仅及时将石狮子寄出，还把剩下的钱如数退还，这名游客专门写了一封感谢信。

时至今日，说起三次援藏的经历，刘萌刚依然豪情满怀。自2003年起，国家旅游局决定连续10年、每年从全国内地骨干旅行社中选派100名优秀导游员，在西藏旅游旺季（4—10月）开展导游援藏工作，广西每年只有两三个名额。2006年，刘萌刚在广西约两万名导游中脱颖而出，成为广西导游援藏的代表。

2006年，刘萌刚第一次来到西藏，呕吐，头晕、失眠……这些高原反应在几天后才渐渐消除。由于对当地情况不熟悉，刘萌刚花了20多天熟悉景点，学习相关藏文化。为了更好地向外国游客介绍西藏，接团前，他顶着高原反应带来的不适，每天花费近10个小时用于踩点和背英语单词。在他看来，介绍寺庙等景点需要用到英语专有名词，对外国游客讲解，必须做到准确而专业。他也因此获得了外国游客“Excellent（完美）”的评价。

2007年，刘萌刚再次援藏时，遇到一位质疑西藏民族政策的美国游客大卫。刘萌刚没有一味地跟这名先入为主的外国游客说理，而是带大卫去博物馆、图书馆、当地居民家家访，用大量的历史资料和大量鲜活的事例向他展示真实的藏民生活。

活生生的现实让大卫对中国的民族政策大为改观：“谢谢你让我看到的一切，我相信我的所见所闻，回国后我会告诉我的朋友们，西藏会越来越好。”

2009 年，刘萌刚第 3 次踏上援藏之路。3 次援藏，他都努力用专业与真诚向国外友人展示一个真实的西藏，以构建起世界与西藏沟通的桥梁。

桂林是中国重要的国际旅游城市，每年来自世界各地的游客近 200 万人次，具有英语专长的刘萌刚接待最多的是外国游客。“都说桂林山水甲天下，我们的导游人员，也都已整装待发，恭迎八方宾客。”刘萌刚表示，导游将是自己的终生事业，将始终坚守诚实守信的良好品德，给游客提供最优质的服务，为世界打开了解中国的窗口。

——资料来源：中国新闻网，2015-11-04.

案例分析

导游被誉为“民间大使”，在全国道德模范刘萌刚身上是如何体现的？在旅游职业工作中我们应遵循哪些职业道德规范为游客提供满意的服务？

第一节　真诚公道　信誉第一

诚信是人生的命脉，是心灵的花朵，是智慧之路的第一乐章，是通向荣誉之路的桥梁。注重信誉，讲究信用，既是优良的商业传统，也是旅游行业起码的职业道德要求。旅游工作者只有诚实守信，维护行业、企业声誉，才能吸引广大顾客，保持生意兴隆，从而提高企业的社会效益和经济效益。

一、“真诚公道、信誉第一”的道德含义

在旅游职业活动中，真诚就是真心实意，讲究信用，信守承诺，遵守合同条款，不弄虚作假，不欺骗和刁难旅游者。

公道，即公平合理，买卖公道，价格合理，赚取利润合法、合理，在不损害企业利益的前提下，自觉维护旅游消费者的合法权益。

真诚公道在宣传、质量、价格、服务等问题上表现得最直接、最敏感，所以，每一家旅游企业、每一名旅游工作者必须本着认真维护旅游者实际利益的原则，为旅游者提供货真价实、质好量足、质价相符的产品和服务，严格遵守同质同价、次质次价、按质论价的原则，做到真诚相待、公道经营。

信誉是企业的生命，信誉第一就是必须把企业的声誉放在第一位。旅游行业只有真诚公道地对待每一个旅游者，向他们提供优质的服务，才能树立起良好的信誉和形象，才会稳定和扩大客源市场。

二、“真诚公道、信誉第一”的重要性

（1）**“真诚公道、信誉第一”是衡量旅游企业经营管理水平的重要尺度。**企业信誉是企业无形的资本，良好的信誉是企业立足市场、求得发展、获得竞争优势的法宝，有利于企业降低成本、改善经营管理、提高社会知名度、扩大市场份额。一个企业进行组织与管理时，如果不将信誉放在第一位，不维护顾客的利益，仅一味地强调经济效益，忽视社会效益，是不可能有强大生命力的。近年来，游客在旅游过程中，被强迫购物、擅自修改旅游行程、降低食宿标准等现象频发。面对这些情况，相关企业如果无动于衷，不积极采取措施挽回形象和声誉，那么必将随着失去顾客而逐渐失去曾经拥有的市场。反观那些严格管理、注重企业形象和信誉的企业，它们本着真诚为顾客着想、对客人负责到底的宗旨，认真了解和解决客人在售前、售中、售后遇到的各种问题，始终如一地为顾客提供全面、全程、诚实、优质的服务，真正让顾客满意、放心，因而也获得了丰厚的市场回报。海尔集团在短短的数年中，在家电行业全线出击，以其高品质、合理价位进军世界家电市场，其崛起速度令人惊叹。这与其管理者信誉第一的经营理念是密不可分的。

（2）**“真诚公道、信誉第一”是评价旅游行业员工道德水平高低的重要尺度。**旅游行业员工职业素养的高低，很大程度上取决于能否做到以旅游者的利益为中心，时时、处处、事事都能自觉维护企业的信誉；在自己的工作范围内，从商品的质量、数量、价格等方面保证货真价实；介绍旅游产品实事求是，不言过其实，不滥用“第一”“最低”“最低价格”等名词欺骗、误导旅游者；对旅游者的任何承诺都要保证兑现。

（3）**“真诚公道、信誉第一”是我国旅游业经营原则的具体体现。**我国旅游业

的经营原则之一是“按质论价，收费合理”。这是全心全意为旅游者服务的宗旨在价格问题上的体现，是直接关系到旅游业经济利益和我国旅游业声誉以及客源的敏感问题。每个企业、每个部门和每个旅游工作者，只有认真、自觉地履行“真诚公道、信誉第一”这一规范，才能使我国的旅游业真正赢得信誉，在竞争激烈的国际市场中求得生存与发展。

（4）**“真诚公道、信誉第一”是实现旅游企业经济效益快速增长的有效途径。**诚信无欺，买卖公平，历来是搞好经营，取信于顾客的重要手段，也是旅游企业获取经济效益的正当途径。在世界旅游发达国家，衡量一个旅游企业管理与服务水平高低的一个非常重要的因素即为旅游者的“回头率”。能让客人“回头”，证明了该企业在旅游者心目中具有良好的信誉，企业以真诚公道赢得了客人的信任。同时，英国旅游协会调查发现，1 个旅游者平均要影响 9 个人，如果把一家旅游企业 1 年接待人数乘以 9，这是一个非常可观的数目。由此可见，企业信誉影响着众多的潜在顾客，并直接关系到企业的社会效益和经济效益。

三、“真诚公道、信誉第一”的具体要求

（1）**以满足顾客需要为中心，以维护顾客利益为前提。**“真诚公道、信誉第一”这一职业道德规范在旅游接待与服务工作中较为集中地体现在旅游从业人员能否在实际工作中做到以顾客的需求为中心，以维护顾客利益为前提。如在向客人介绍、宣传产品时，是否只顾及企业产品的推销和企业赢利，而忽略了客人的具体要求、实际的经济承受能力等因素，或者是否一味地夸大产品的优点，对产品的缺陷、不足避而不谈，甚至诱导客人走入消费误区。

（2）**广告宣传，实事求是。**借助媒体进行广告宣传与促销，是旅游行业扩大社会影响和企业知名度及推销产品的一项十分重要的措施。但广告宣传一定要实事求是，恰如其分，不得弄虚作假或夸大其词，欺骗和愚弄旅游消费者。言过其实的宣传虽然会一时取悦旅游者，但最终会带给旅游者更大的失望，久而久之，必然失信于客人，从而失去客源市场。

（3）**信守合同，履行承诺。**合同是买卖双方或发生其他经济关系的双方，在平等原则下，为维护自己的合法权益，保证经济活动顺利进行而缔结的一种契约。它受法律保护，一经签订，必须严格履行。现代旅游业的经营方式常常是通

过包团、预订的方式来进行的，旅游业要取信于人，重要的一条是能否信守合同。在旅游活动中尽管有一些不确定的因素，但要尽最大的努力，按时保质保量地履行合同，让我们的服务使客人满意。要以诚实守信为荣，以见利忘义为耻。如旅行社不能任意改变旅游线路、取消某些旅游项目或降低服务标准。至于口头承诺，虽不具有法律效力，但“一诺千金”乃是取信于人的根本。尤其是旅游企业的管理者，一旦承诺，则必须说话算数，履行诺言，这样才能树立和维护企业的形象和信誉。

案　例

出境游被加收老人团费

近日，年逾六旬的南京市民马老先生想到澳大利亚旅游，他在某旅行社交付了定金，在他准备交付全款的时候，旅行社工作人员对马老先生说，“60 岁以上的老人去澳大利亚要加收 2000 元人民币的费用。”马老先生认为这很不合理，“为什么对老人加收费用？”对于马老先生的不满，旅行社工作人员解释为，对 60 岁以上的老人要加收 500 澳元（约合人民币 2000 元）的团费，原因是澳大利亚地接旅行社认为 60 岁以上的老人购买力比较弱，而地接旅行社的利润主要靠游客购物，60 岁以上老人在购买力上的弱势需要用额外的团费补偿。

这个解释令马老先生“哭笑不得”，他坚决表示自己是不会交这笔钱的。但该旅行社也态度强硬地表示，不交钱就不得去游玩。据了解，为了让这多出的 2000 元人民币更能为消费者接受，该旅行社对消费能力较高的群体实行 8000 元左右的澳大利亚游优惠价，而对 60 岁以上的游客则收取 1 万元左右的费用。该旅行社还强调：“现在旅行社都是这样收费。”

案例分析

1. 你认为旅行社向 60 岁以上老人加收团费是否合理？

2. 对于旅行社产品的定价，如何才能做到既能招徕顾客又能维护企业信誉，对此请提出你的意见与建议。

（4）**按质论价，收费合理**。按质论价、收费合理是“真诚公道、信誉第一”这一职业道德规范的具体要求。切实维护旅游者的利益主要表现在收费上能否做到按质论价，收费合理。这不仅是一个经营方法问题，而且是一个职业道德问题。旅游职业道德要求每个旅游工作者在保证质量的前提下，一定要自觉做到严格执行物价政策，不随意提价或变相提价，更不能乱收费或者用其他方式扣押旅游者的财物，搞见利忘义的“一锤子买卖”。

（5）**实事求是，知错就改**。在工作中即使我们力求把服务做得尽善尽美，但失误往往是难以避免的；从客人一方来说，也常常会出现一些差错或误解。因此对于纠纷、争议，我们应本着实事求是的态度来解决。如果确系我们的失误，应主动承担，勇于认错，以诚意赢得客人的谅解；如果是客人的差错，也要设法帮助其解决，使客人感到满意；如果是无法预料的原因，要从主观上多努力，争取对方的谅解和协助。

（6）**诚实可靠，拾金不昧**。诚实可靠就是真诚踏实地工作，使旅游者感到旅游企业和每个旅游企业职工是诚实可信的。旅游者出门旅游，人地生疏，加上随身带有一定数量的金钱和贵重物品，因此，确保安全对于他们而言是最为重要的。而能够让他们拥有这种安全感的，除了我们的旅游接待与服务部门给他们提供安全、可靠、舒适的环境外，另一个十分重要的方面则是我们的接待与服务人员通过实际工作中的一言一行在客人心目中建立起的信任。因此，每个旅游工作者都应以真诚踏实的工作，赢得旅游者的信任。拾金不昧是获得客人信任、建立企业信誉的另一个重要方面。

总之，我们要靠真诚公道、信誉第一来建立社会主义旅游业的信誉，提高中国旅游业在国际旅游市场中的竞争能力。

第二节　热情友好　宾客至上

案　例

不能让客人把遗憾带走

10月5日夜里9点，成都锦江宾馆客房部服务员小吕正在楼层值班，服务台内骤然响起电话铃声。他忙拿起电话，听筒里传来客房值班经理急促的声音：“今天下午退房的863

房客从北京打来长途，说她遗忘了一个翡翠戒指在房内，让我们赶快去找一下，她在北京等消息。”

客情就是命令。放下电话，小吕三步并作两步迅速冲上8层，此时，服务员刘姐和小邓已经等在863房内了。小邓简短追述了下午863房的退房情况和打扫卫生时的情况，说她当时并未发现有遗留的戒指。

“客人还在北京等回话，大家快些再找一遍。”服务员刘姐边说边打开房间内所有的灯具，顿时房内灯光明亮。大家对可能会藏下一枚戒指的地方都一一搜索，行李柜后、抽屉内、卫生间的边边角角，甚至床下、床后全不放过，但哪里有戒指的影子呢。

正当大家准备放弃寻找时，服务中心来电话说客人想起当时她是将戒指包在一张卫生纸内的，可能随手将它扔到垃圾里也说不定。

“对，还有垃圾尚未翻过。”三位服务员不约而同地想到了一起。于是迅速走出房间，快步向北头垃圾井走去。

北头垃圾井边，灯光昏暗，黑漆漆、深深的井道内发出刺鼻的臭味儿，大家都不约而同地皱了皱眉。想到北京客人焦急的心情，也顾不上许多了。小邓挽起袖子戴上手套，从垃圾中找到当天送来的那一袋垃圾。小吕和刘姐也弯下腰，伸手拨弄起大袋中的一些小袋垃圾。垃圾袋里橘子皮、柿子皮、污水和着烟灰糊满了的报纸，大大小小的纸团还真不少。筛选过的垃圾越来越多地堆放到了一边，一个个纸团被打开，但客人的戒指在哪里呢?

找完最后一个纸团，三位员工艰难地直起腰，凑近窗户，猛吸了几口新鲜空气。“如果真的找不到，只有尽快向客人如实反映了。”小邓说。刘姐望着垃圾默想：“如此贵重的东西丢了，客人是不可能乱说的，即使记忆不准确，但它肯定还‘藏’在我们客房的某个角落里。”

“会不会扔垃圾时，有些小东西掉到大垃圾袋中了？”小吕提出她的看法。刘姐恍然大悟，马上说：“有可能。再在大垃圾袋中找找看。”一声令下，他们三个再次弯下腰来，将大垃圾袋中的垃圾一件件地摊开在地上，继续寻找。突然，小邓轻声“啊”了一声。小吕和刘姐的目光几乎同时投在小邓那戴着红手套的手上，一个五分钱硬币大小的纸团映入眼帘。只见小邓轻轻地剥开上面的一层卫生纸，一枚很大的翡翠戒指在昏暗的灯光下闪耀着夺目的光芒。

“找到了，找到了。”小邓欢呼雀跃。刘姐一手轻拭着脸颊上的汗水，一手接过戒指，像是埋怨一个淘气的顽童道：“戒指呀戒指，你再不出来，真要把人急死了。走，快给客人回电话去。”

客房部员工掏垃圾找翡翠戒指的事，当晚就报到了宾馆值班总经理那里。当时正与总经理交谈的美国富顿集团亚太地区副总裁孙丽薇小姐听了此事后，非常惊讶地问总经理：“客人扔进垃圾井里的东西都能找回来，你们宾馆是怎样培训员工的？”

——资料来源：职业餐饮网，http://jiudian.canyin168.com

案例分析

1. 你认为是什么力量让客房部员工不怕脏、不怕累，到垃圾井为客人寻找丢失的物品？

2. 你认为五星级饭店应该具备怎样的服务标准？

"有朋自远方来，不亦乐乎！"2000多年前孔子的这句话一直广为流传，它集中地体现了中国这个古老的东方民族热情好客的优良传统。正是这些传统美德，为中国赢来了"礼仪之邦"的美誉。"热情友好、宾客至上"，既成为中国旅游企业接待服务工作的精髓，也成为旅游从业人员职业道德的主要内涵，直接体现了全心全意为旅游者服务的宗旨。

一、"热情友好、宾客至上"的道德含义

热情友好，是一种道德情感。它要求旅游从业人员在对客服务工作中投入积极的个人情感，对每一位客人怀有一种关爱之情，并由衷地欢迎客人的到来。这种情感会转化为具体的行动，如主动热情，面带微笑，耐心、周到地为客人提供服务。

宾客至上是指在旅游接待与服务中，一切都要以宾客为中心，一切都要为宾客着想，一切服务均以使宾客满意为宗旨，切实履行每一位旅游从业人员应尽的职业责任和道德义务。

相关链接 搜索

酒店行业员工的三条座右铭

在酒店行业中，作为员工行为指南的三条座右铭：

其一，客人就是上帝。

其二，客人永远是对的。

其三，永远不要对客人说"不"。

案 例

不能说不——没有婴儿床怎么办

酒店1818房住着一对夫妇和他们的一个年幼的女儿。在交谈中，服务员小袁得知，他们夫妇二人都十分热衷于外出游山玩水，这次难得遇上双方都有假期，夫妇俩就兴冲冲地带着小女儿一同出来游玩。第一天晚上他们计划得好好的，1818房是一间标准双人房，先生独自睡一张床，太太和女儿睡另一张床。但是，一晚过去后，太太发现女儿与她一同睡在一张床上似乎挤了些，夜里醒了好几次。于是，太太询问楼层服务员小袁是否有什么办法能帮她解决这个问题。

小袁听后建议客人借用客房服务中心的婴儿床，客人觉得这是一个好办法，就请小袁为她联系。但是，事不凑巧，当小袁匆匆地来到服务中心时，服务中心的服务员告诉她备用的两张婴儿床都已经借给其他客人了，小袁只好空手而归。

在返回的路上，小袁心里一直在想如何将此信息告诉客人，她不能简单地向客人说没办法，要多做些解释。但是，毕竟客人的问题没有得到解决呀，有没有什么补救措施和其他办法来解决客人的难题呢？突然，她有了一个主意。一会儿，小袁回到了客人的房间，她先向客人解释了酒店客人借用婴儿床的实际情况，并向客人诚恳致歉，然后她又向客人提出了另外一个建议，把房间里的两张床合并成一张特大床铺，这样一来，大人没有影响，小孩也可以睡得比较宽松些。最后，小袁还从身后拿出了一件小礼物——一个精致的洋娃娃，代表酒店送给小女孩，作为对她的小小补偿。这一切令客人十分感动，他们实在没有想到，自己一点小小的想法和要求服务员都是如此的重视，他们对小袁、对酒店表示非常感激。

——资料来源：范运铭．客房服务与管理案例选析［M］．北京：旅游教育出版社，2005.

案例分析

1. 为什么服务员不能对客人说“不”？
2. 这个案例给了我们哪些启示？

二、“热情友好、宾客至上”的重要性

（1）**“热情友好、宾客至上”是旅游企业赢得客人信赖与支持的基础。**旅游动

机来自旅游需要。恩格斯曾把人类生活需求分作生存、享受和发展三类。旅游多为满足人类享受和发展的需要。同时，美国著名心理学家亚伯拉罕·马斯洛提出了著名的需要层次理论，把需要分成生理需要、安全需要、社交需要、尊重需要和自我实现需要五类，依次由较低层次到较高层次排列。旅游需要是人类最高层次的需要之一。所以每一位旅游者都希望得到热情友好的礼遇，希望受到尊重、重视，从而达到自我实现层次，这是旅游者最基本的情感需要。这就要求服务人员用热情的话语、亲切的微笑和耐心周到的服务，竭尽全力去满足宾客的合理需求，使宾客的这种情感需求得到满足。在旅游接待与服务工作中，要想赢得客人的信赖与支持，满足客人最基本的情感需求是基础。

（2）**“热情友好、宾客至上”是旅游企业在竞争中取胜的法宝。**随着旅游业的不断发展与旅游企业硬件设施设备的日趋完善，旅游业竞争的焦点将会集中到软件服务上来。以饭店业为例，1982 年北京建国饭店引进香港半岛集团管理模式，为中国饭店业带来了先进的管理水平、硬件设施水平和服务理念，之后外资饭店纷纷入驻，截至 2010 年，据不完全统计，已有 40 多家国际饭店管理集团的 70 多个品牌进入中国，共管理 1000 多家饭店，至 2022 年年末，据全国星级旅游饭店统计调查报告显示，我国星级饭店数量超过 6000 家，其中五星级饭店 700 余家，锦江国际、华住、北京首旅等民族品牌饭店集团快速崛起。我国饭店业如何在激烈的品牌竞争中立于不败之地？在硬件设施、档次大致相当的情况下，最终的竞争焦点将落到服务上来。

（3）**“热情友好、宾客至上”是旅游企业取得良好声誉和经济效益的重要保证。**一个行业、一个企业的信誉，就是形象、信用和声誉，是指企（行）业及其产品与服务在社会公众中的信任程度，提高企（行）业的信誉主要靠产品质量和服务质量。好的企业形象是一笔巨大的无形资产，它可以为企业带来无尽的财富。只要我们的旅游从业人员不断提高自己的职业道德水平，热情友好地接待和服务客人，千方百计地满足客人的需求，宾客就会对我们的服务满意。宾客的满意程度越高，企业的声誉、社会形象就会越好，经济效益也会随之提高。

相关链接 搜索

游客服务部迅速行动帮助游客寻回证件

2分钟顺利入园，15分钟完成后续处理，近日，游客服务部帮助游客解决证件掉落难题的迅速行动，再一次展现出上海欢乐谷的“乐嗨服务”与“欢乐速度”。

8月13日下午，一名来自东北的女大学生与小伙伴一同来到上海欢乐谷。在闸口检票时，游客从挂包里拿出身份证准备验证入园，或许是因为心情急切，游客的证件未能拿稳，掉落后恰好滑进地面排水沟的缝隙里。为了不耽误游客行程，闸口员工小丁通过其他验票方式帮助游客快速刷票入园，并叮嘱她出园时记得到客服中心领取证件。

游客开心入园后，闸口员工立即开始尝试取出掉落的证件。因水沟较深、排水口狭窄，且石制盖板用水泥封固，一直没能成功。于是闸口向工程部求助，工程部师傅携带专业工具前来帮忙，经过一番努力顺利将证件取出并清理干净。

游客向闸口员工求助后，只用了2分钟便完成入园，随后员工耗时15分钟取出证件，员工反应迅速、部门间支援配合高效，整个行动灵活高效又体贴入微。游客游览结束拿回证件时，发自内心的笑意与感谢为一日旅程画上了圆满的句号。

在暑期旺季的攻坚时期，游客服务部的谷民们将继续活跃在各个岗位，从小处着手，以真情和细心帮助游客解决难题，用实际行动续写优质服务的动人篇章。

——资料来源：上海华侨城欢乐之声微信公众号，2022-08-15.

三、“热情友好、宾客至上”的具体要求

旅游从业人员在对客服务中，要始终满怀对客人的高度热忱，主动、热情、周到、耐心地为宾客服务。

（1）**热情主动，为客人着想。**主动向客人问好，主动提供服务与帮助，想客人之所想，急客人之所急，预见客人的需求并予以满足，这是热情友好、宾客至上的一种重要表现形式。

相关链接 搜索

一封特别的“感谢信”

炎炎夏日，总会因为一个人的某个小小的举动，而感到一丝丝沁人心脾的凉意，或许是一句话，或许是一张照片，都能收获满满的感动。这不，戚继光纪念馆的王鹏就因为她的一个小小的善举，收到了一封特别的“感谢信”。

微信中，一名来自长沙的游客与景区工作人员王鹏之间的对话真诚而朴实，字字句句表达着对蓬莱阁服务工作的由衷认可。原来前一天傍晚临近下班时，忙碌了一天的王鹏依照惯例开始了防疫消毒打扫卫生的闭馆准备工作。伴随着景区清场音乐的播放，她走到戚继光纪念馆五进院西厢展厅准备关门时，突然发现一位年轻时尚的女士仍驻足在那里，十分出神地浏览着室内的展板和播放着的多媒体，丝毫没有离开的意思。见这位游客看得投入，王鹏不忍心上前打扰，心想着等游客看完了再关门，于是在一边静静等候着。哪知一直到六点一刻游客还没有离开的意思，这时夜值接班的贾师傅也来到了门口。沉浸浏览的女游客这才注意到了站在门口的两人，她抬腕看了一眼手表，十分抱歉地说：“哎呀，不好意思，是不是要关门了？”王鹏没有催促，微笑着说：“您好，我看您看得特别认真，有什么可以帮您的吗？”客人是从湖南长沙过来的一名中学老师。从小就对戚继光的事迹感兴趣，也看过很多关于他的书籍。这次来到蓬莱，看到有专门介绍戚继光的纪念馆很感兴趣。本来想在这里多了解一些他的英雄历史事迹，回去以后作为学生爱国主义教育的素材，可惜来晚了，明天一早就要离开蓬莱。听了游客的述说，王鹏迅速收回马上要回家的心情，心想游客这么远来到蓬莱阁，不能让她带着遗憾离开，于是热情地回应说：“戚继光是伟大的民族英雄，您如果只是想了解一下这个展厅的内容，我可以给您做个讲解，但是如果想要了解整个纪念馆对戚继光的全面介绍，那肯定是来不及的。要不这样吧，您如果信任我的话，咱们彼此加个微信，明天我上班后可以把戚继光纪念馆的展览内容拍下照片和视频发给您，再附上语音介绍怎么样？”游客听王鹏这么说特别惊喜，连连表示感谢！十分爽快的与王鹏互相添加了微信。第二天上班后，王鹏仍惦记着对长沙游客的承诺。她利用巡岗服务的机会，依次拍下了纪念馆的平面图、各展厅主题内容介绍的照片、视频，并配上了语音讲解，通过微信发给了尚在旅途中的长沙游客。

于是就有了那封特别的“表扬信”。客人说，她把王鹏制作的图片、视频、语音从头到尾仔仔细细视听了好几遍，不仅对戚继光的历史功绩有了全新的认识，也对蓬莱阁工作人员热情细致的服务也有了深切的感受，真是受益匪浅，非常感谢！客人还表示，这次戚继光纪念馆之旅让她感受到了超值的服务，对蓬莱阁留下极为美好的印象。以后一定会推荐亲戚朋友来蓬莱阁，而且一定要到戚继光纪念馆来参观。

——资料来源：蓬莱阁（烟台市蓬莱区）旅游有限责任公司官网，http：//www.plg.com.cn/.

（2）**不怕麻烦，尽量满足客人的合理要求。**要善于观察，从客人的言谈举止中发现客人的需求。对于客人提出的合理要求，应不怕麻烦，予以满足；不能满足的，应向客人耐心解释，并提出合理化建议。

（3）**尽心尽责，服务周到。**旅游从业人员应该明白，在为宾客提供满意服务的过程中，也为企业和个人赢得了合理的利益，即我们通常所说的经济效益和社会效益。因此，在旅游服务过程中，接待人员与服务人员应时刻想到认真履行自己的职责，让客人满意，才能让企业满意，从而让自己满意。

第三节　文明礼貌　优质服务

旅游是人的一种活动，旅游服务就是为旅游者服务。对人的服务，只有从细节做起，才能使人觉得周到、感到温暖。细节化的服务具体而言就是要做到文明礼貌、优质服务，这是旅游职业道德的一个极其具有行业特点的道德规范，也是旅游从业人员必须具备的素质之一。

一、“文明礼貌、优质服务”的道德含义

文明礼貌是社会公德的基本内容和重要道德规范，是正确处理人们之间相互关系的一种最起码，同时也是必不可少的行为准则。对于旅游业来说，文明礼貌不但是进行一般交往的手段，而且也是旅游从业人员服务态度、服务规范和服务内容的

重要组成部分。

优质服务是一切服务行业的共同规范，是旅游业职业义务的集中体现，是旅游从业人员最重要的道德义务和责任。

案 例

多角度为游客服务

一位对景区不甚了解的游客来到西溪天堂游客服务中心，工作人员微笑着接待了他，并亲切地询问：“您好！请问您有什么需要？”

游客说：“我们住在喜来登酒店，常年生活在国外。我们家有两个孩子特别喜欢参加自主性比较强的活动，听说你们这儿有很多亲子游的项目。”

工作人员听了游客的回答后说：“先生您好，西溪湿地有各类套餐活动，您可以取一份我们这边的旅游产品宣传折页，大概了解一下，让孩子们选一选，对产品有任何需要咨询的，我这里都可以为您解答。”

游客翻阅宣传折页后，再次询问：“这个渔夫之旅不错，是可以去菜地自己摘菜，还可以自己捕鱼吗？费用多少？”

工作人员答：“您好，渔夫之旅是西溪湿地最受欢迎的体验类亲子游产品，包括跟随渔夫前往蔬果园采摘时令蔬菜，乘坐手摇船撒网捕鱼，中午前往烟水渔庄餐厅就餐，下午乘坐电瓶船自由游览湿地风光，当然，已经包含了四位的船票费用，费用是 1350 元 / 船，最多是五位，您四位是可以参加这个套餐的，不过套餐需要提早预约，您确定要的话，我得去确认现在是否可以提供船只。”

游客说：“你们这个是五个人的价格为 1350 元 / 船，我现在是四个人，是不是可以优惠？”

工作人员答：“您好，很抱歉，我们这个活动是以船为单位计费的，孩子按照成人计费，不过套餐已经是优惠价，而且包含了一整天的游览行程。”

游客说：“那你现在就给我安排吧，我们现在就要，你赶紧确认。”

工作人员拨打电话后，确认可以提供渔夫之旅体验套餐。

工作人员说：“您好，先生，已经帮您确认现在可以参加渔夫之旅，您现在所处的位置在西溪天堂游客服务中心，果蔬园和摇橹船出发点在周家村区域，我这边先给您开单，您需要支付 5 元 / 人的电瓶车费，我们将安排专车带您至渔夫之旅码头开始体验活动，如果您对价格和行程没有问题的话，我这边马上安排。”

游客说：“那你现在就给我安排吧。”

——资料来源：温燕．旅游景区服务与管理［M］．武汉：华中科技大学出版社，2017.

案例分析

以上案例中，工作人员不仅为游客解决了问题，还为景区赢得了什么？

二、“文明礼貌、优质服务”的具体要求

人的性格千差万别，每个人的喜好、需求都不同。正所谓万两黄金容易得，游客之心最难求。要想赢得游客的心，就要始终坚持文明礼貌、优质服务。

案　例

不懂日本客人习惯导致的失礼

几位日本客人来到北京某饭店的中餐厅用餐。领位员将他们带到一张餐桌前，请客人入座。谁知他们却不肯坐下，一位客人边说边用手指了指桌子和墙，并示意同伴离开。领位员忙请一位懂日语的服务员来帮忙，经询问才知道，原来客人忌讳餐桌上花瓶里的梅花，以及“9”号餐桌牌和墙上的荷花图案。

给客人换了座位，端上茶水和手巾后，服务员开始请客人点菜。由于语言不通，无法向客人解释，只是凭借他们在菜单上的指点和手势点了几道菜。服务员还用手点了肥肠和扣肉等当天的厨师推荐菜，客人对她推荐的菜不置可否，意思可能是说，随她处理。

上菜后，客人对服务员推荐的菜不动筷子。一位客人在尝了一口“干煸牛肉”后眼泪都辣出来了，非常生气地用日语对服务员叫嚷。服务员听不懂他的意思，又去把那位懂日语的同事请来圆场。

“我们根本就没有要这位小姐点的内脏和肥肉（指肥肠和扣肉），是她为我们推荐的。牛肉又放了这么多辣椒，根本不符合我们的口味！”这位客人不客气地对懂日语的服务员讲。

——资料来源：程新造，王文慧．星级酒店餐饮服务案例选析［M］．北京：旅游教育出版社，2005.

更换牛皮沙发的原因

在一次印度官方代表团前来我国某城市进行友好访问时，为了表示我方的诚意，有关方面做了积极准备，就连印度代表团下榻的饭店里也专门换上了宽大、舒适的牛皮沙发。可是，在我方的外事官员事先进行例行检查时，这些崭新的牛皮沙发却被责令立即撤换掉。原来，印度人大多信奉印度教，而印度教是敬牛、爱牛、奉牛为神的，因此无论如何都不应该请印度人坐牛皮沙发。

——资料来源：薛建红．旅游服务礼仪［M］．郑州：郑州大学出版社，2006.

案例分析

1. 第一个案例中引起客人不满的主要原因是什么？
2. 作为服务员应从以上案例中得出哪些经验与教训？

（一）尊重客人

尊重他人是做人起码的社会公德，是旅游从业人员最基本的道德规范，也是优质服务的基本要求。尊重客人，一是要尊重客人的人格、信仰以及生活习惯。因此，旅游从业人员需要深入了解东西方文化的特点、价值观念的差异和各地区人群在信仰、习俗上的不同，才能在提供服务的过程中充分体现出对客人的尊重。二是要注意保护客人的自尊。人往往都有虚荣心，从业人员应当避免因经验不足而使客人“出洋相”的情况。例如，避免让客人当众说出“买不起”“吃不起”或“住不起”等字眼，尽量不要直言不讳地揭穿客人的过错。

（二）仪表整洁

仪表整洁既是个人修养问题，又是服务态度和服务质量的一部分，也是旅游从业人员重要的道德规范组成之一。旅游行业的从业人员每天要面对来自四面八方的客人，从业人员的仪容仪表会给客人留下深刻印象，在一定程度上体现了企业的形象，反映出企业的管理水平和服务水平。有位旅游管理专家曾经说过：一进饭店大堂，只要看一下员工的形象，再告诉我客房的数量，基本上能评估出这家饭店的营业收入和利润。从业人员的仪容仪表要做到：在工作岗位上要穿工作服，衣冠容貌要整洁，头发、胡须、指甲不宜过长，并要修理整齐。

相关链接 搜索

某酒店员工仪容仪表标准

1. 容貌

（1）头发梳理整洁，前不遮眉，后不过领。男服务员不得留鬓角、胡须；女服务员如留长发，应用统一样式发卡把头发盘起，不擦浓味发油，发型美观大方。

（2）按酒店要求，上班不佩戴项链、手镯、戒指、耳环等贵重饰物。

（3）不留长指甲，不涂指甲油，不浓妆艳抹，淡妆上岗。

（4）男服务员坚持每天刮胡须。

2. 着装

（1）着规定工装，洗涤干净，熨烫平整，纽扣要齐全扣好，不得卷起袖子。

（2）领带、领花系戴端正；佩戴工号牌（戴在左胸前）。

（3）鞋袜整齐，穿酒店指定鞋，袜口不宜短于裤、裙脚（穿裙子时，要穿肉色丝袜）。

3. 个人卫生

（1）做到“四勤”，即勤洗手、洗澡；勤理发、修面；勤换洗衣服；勤修剪指甲。

（2）上班前不吃生葱、生蒜等有浓烈异味的食品。

4. 每日自查

服务员每日上班前要检查自己的仪容仪表。不要在餐厅有客人的地方照镜子、化妆和梳头，整理仪表要到指定的工作间。

5. 站立服务

站立要自然大方，位置适当，姿势端正，双目平视，面带笑容，女服务员两手交叠放在脐下，右手放在左手上，以保持随时可以提供服务的姿态。男服务员站立时，双脚与肩同宽，左手握右手背在腰部以下。不准双手放在腰间、抱在胸前，站立时不旁倚或前扶他物。

6. 行走

步子要轻而稳，步幅不能过大，要潇洒自然、舒展大方，眼睛要平视前方或宾客。不能与客人抢道穿行，因工作需要必须超越客人时，要礼貌致歉，遇到宾客要点头致意，并说“您早”“您好”等礼貌用语。在酒店内行走，一般靠右侧（不走中间），行走时尽可能保持直线前进。遇有急事，可加快步伐，但不可慌张奔跑。

7. 手势

要做到正规、得体、适度、手掌向上。做“请姿”时一定要按规范要求，五指自然并拢，将手臂伸出，掌心向上。不同的“请姿”用不同的方式，如“请进餐厅时”用曲臂式，“指点方向时”用直臂式。在服务中表示“请”用横摆式，“请客人入座”用斜式。

8. 服务员应做到“三轻”

说话轻、走路轻、操作轻。递茶、上菜、撤菜、上饭时要轻拿轻放，动作要有条不紊；开、关门不要用力过猛，要始终保持餐厅安静。

9. 服务员的举止应做到

在宾客面前不可交头接耳、指手画脚，也不可有抓头、搔痒、挖耳朵等一些小动作，要举止得体。

10. 服务中递交物品

应站立，双手递交，态度谦逊，不得随便将物品扔给或推给客人。

（三）语言优美

语言优美、谈吐文雅是文明礼貌、优质服务这一道德规范的重要内容和要求。“良言一句三冬暖，恶语伤人六月寒”这几乎是所有人的共同感受。只有优美的语言、文雅的谈吐才能使人与人之间以礼相待的公共道德准则成为现实。

语言文明亲切就是做到“和气”“文雅”“谦逊”。不讲粗话、脏话，不强词夺理，不恶语伤人。和气就是心平气和，与宾客应对自然得体，语气要关切，语调要柔和，强词夺理、盛气凌人、颐指气使、高声斥骂则违反了这一要求。文雅就是文明有礼，使用文雅的语言，去掉粗鄙的语言，才显示出从业人员的修养水平。谦逊就是要尊重客人，多用讨论、商量的口气说话，服务或征询意见时多用“请”“您”等词语。

语言文明还要求讲好礼貌用语。与客人谈话时应注意：第一，说话声音不宜过大，以使对方能听清为宜，尤其注意讲话时不要溅出口水。第二，不要谈客人忌讳的事情。一般不要询问对方履历、物品价钱、年龄、女宾婚姻等，也不要谈疾病等不愉快的话题。第三，与客人谈话要实事求是，不知道的事情不要随便答复或允诺。第四，用好敬语。在接待活动中要得体地称呼客人。在国际交往中一般对男宾称先生，对女宾称夫人、女士或小姐。对外国部长以上的高级官员，按国家情况称“阁下”或“先生”。第五，与客人谈话时，不要总是自己讲，别人讲话时要双目注视对方，注意聆听，不要随便插话。宾客之间交谈时，不要趋前旁听，不要在一旁窥视，更不要插话干扰。

（四）微笑服务

微笑是热情友好的表示，真诚欢迎的象征。微笑是旅游者感情的需要，是旅游业发展的需要，是旅游从业人员对自己职业价值的肯定。俗话说“诚于内，形于外”，只要对客人真诚，为客人着想，就会有自然、由衷、亲切的微笑。

（五）细节服务

“泰山不拒细壤，故能成其高；江海不择细流，故能就其深。”所以，大礼不辞小让，细节决定成败。大事业往往以小事为起点，小事做不好，也就失去了做大事的机会和基础。做好细节服务，要求每一位旅游从业人员在旅游服务过程中一切从细微处做起，哪怕是一句问候，一张便笺，都应让客人感到温馨，给客人留下深刻印象。

（六）标准化服务与个性化服务相结合

标准化服务与个性化服务相结合是优质服务的前提。标准化服务是旅游服务质量的基础；个性化服务是使宾客满意的服务。标准化服务是每个服务员都可以做到的，但个性化服务则需要服务员细心去体察。现在的客人更喜欢符合自己个性的服务产品，有了个性化的需要，就应有个性化的服务。个性化服务就是根据宾客不同的个性需求，对每一位不同的宾客提供针对性的、超出客人期望值的服务。

案　例

烫金的名字

比利时某电脑公司董事长穿梭于北京与布鲁塞尔之间已有多年，每次来京，他都下榻在北京某饭店6层的一个豪华套间内。今天他风尘仆仆地从机场赶来，饭店派往机场的代表早就举着牌子在出口处迎接。一阵短暂寒暄之后，汽车即载着董事长风驰电掣般地朝着首都市中心驶去。

比利时客人自己都说不清已经来过该饭店几次了，他熟门熟路地来到早就为他准备好的套间里。一切与往常一样，他照例先沐浴，再稍事休息。当他从条形衣柜取出睡衣时，令他眼前一亮的是睡衣左胸绣着他的名字，因为是金线绣的，所以特别耀眼。他记得上次来北京还是两个月之前的事，那时也是这样一件睡衣，但胸前没有任何字样。顷刻间，一种自豪感油然而生，沐浴时愈发觉得舒坦透心。

比利时客人从洗手间走出，到沙发上坐下，抽出一支烟，随手从茶几上拿起火柴，发现他的名字又被印在了火柴盒上，且是烫金的，这更使他感到一份少有的惊喜。他走南闯北，到过世界各地许多五星级饭店，这样高档次的礼遇还是平生首次享受到。他前后左右仔细端详起火柴盒来，烫金工艺还真精巧。他不由得赞叹道："真难为了饭店的真心实意。"

董事长一手夹着香烟，站起身慢慢踱到桌前，那本《服务指南》他是再熟悉不过了，但今天出于好奇，他还是下意识地打开了。又是一个惊喜！信纸信封上他的名字赫然在目，也是烫金的！

——资料来源：范运铭. 客房服务与管理案例选析［M］. 北京：旅游教育出版社，2005.

案例分析

1. 谈谈你阅读本案例后的感受。
2. 旅游企业为何要在规范化服务的基础上，积极开展个性化服务？

课堂思考

以往的旅游经历中给你留下深刻印象的旅游服务有哪些？分享一下你的感受。

第四节 不卑不亢 一视同仁

明代朱之瑜在《答小宅生顺书十九首》中写道："圣贤自有中正之道，不亢不卑，不骄不谄，何得如此也！"1972 年美国总统尼克松访华时，时任国务院总理的周恩来同志对中国外交人员提出了"不卑不亢，落落大方"的要求。

"不卑不亢、一视同仁"是一种优秀的处事态度，作为社会主义旅游职业道德的规范要求，它是爱国主义、国际主义和人道主义原则在旅游职业活动中的具体体现。旅游从业人员应当具备不卑不亢的品质，这是实现平等待人并争得平等待我的必要条件。在旅游接待与服务工作中，不应以客人身份的高低或职业的等级作为衡量一切的标准，要尊重客人、热情友好、谦虚谨慎，尽到自己的职业道德和道义责任。尤其是在涉外活动中，既不可妄自尊大，也反对奴颜媚骨、卑躬屈膝，为了追求经济利益而置国格、人格于不顾，应当做到自尊、自信、自重、自强。

一、"不卑不亢、一视同仁"的道德含义

在旅游接待与服务工作中，旅游从业人员应当正确处理好主客关系。"不卑不亢、一视同仁"正是正确处理这一关系的行为准则。

不卑不亢，卑即自卑，亢即高傲，其道德含义是指旅游从业人员在工作中要维护自己的人格、国格，坚持自己的信念，要谦虚谨慎，但不要妄自菲薄；要为客服务，但不低三下四；要热爱祖国，但不妄自尊大；要学习先进，但不盲目崇拜。强调不卑不亢，就是要反对民族自卑感，反对金钱拜物教。

一视同仁是指旅游从业人员在职业活动中对待客人应做到不分厚薄、同等对待。它要求从业人员不论客人的国籍、种族、身份、贫富等，都能友好地相待，一样地尊重他们的人格、习惯以及宗教信仰等，满足他们正当的服务需求。旅游从业人员在任何客人面前应该不分厚薄，维护他们的合法权益，关心他们的切身利益，

真诚地为他们服务，杜绝服务中的两副面孔，即：对外宾热情，对内宾冷淡；对衣着华贵者热情，对普通着装者冷淡；对高消费者热情，对低消费者冷淡。

二、“不卑不亢、一视同仁”的重要性

（一）不卑不亢是自觉捍卫民族尊严，维护国格、人格的具体表现

作为一个有着强烈民族自尊心和深厚民族感情的旅游工作者，无论何时何地，都应该保持自己的民族气节，自觉维护民族尊严，这是旅游职业道德对每一个从业人员最基本、最起码的要求。凡是见利忘义，不顾国格和人格的思想和行为，都违背了旅游工作者最起码的职业道德，是为旅游行业所不齿的。

怎样才能体现出旅游工作者的爱国主义精神和民族尊严呢？最关键的一点就是要做到不卑不亢。

中国是一个发展中的社会主义国家，与发达国家相比，在许多方面还存在一定的差距。所以从事涉外接待与服务工作的旅游从业人员在与外国客人打交道时，不论他们来自什么样的国家，都应当始终保持一个中国人应有的风度；要自信、自尊、自重，要爱我国家、爱我民族、爱我传统、爱我自身。有些人在看待问题时以偏概全，以为国外的一切都好，所以与外国人交往时，总有一种自卑感，缺乏自信；有的人对外国人盲目崇拜，认为他们什么都对，个别人甚至为了索取一点微不足道的小费，在外国人面前表现得奴颜媚骨，失去了起码的自尊。这些都必须予以反对。

但在对外交往中，既不要有自卑感也不要有傲气，特别是不要看不起从经济发展相对落后的国家来的客人。应平等待客，即使对人有所帮助，也不要认为是恩赐，更不必常挂在嘴上。总之，从事涉外旅游接待工作，傲气不可有，骨气不可无，原则问题不可退让，要始终做到不卑不亢、落落大方。

（二）“不卑不亢、一视同仁”在社会交往中对营造良好的人际关系有积极作用

一视同仁，是体现中国社会主义旅游业特色的一个十分重要的方面。它对创造平等、团结、友爱、合作、互助等新型的人际关系和营造和谐、祥和的道德氛围起着积极作用。见利忘义、厚此薄彼，是被社会主义旅游职业道德规范所不齿的。它

违背了最基本的平等需求，在满足一部分人虚荣心理的同时，却损害了大多数人的自尊。这样做的结果，只能是顾此失彼，在客人心中失去自己的商业信誉。

案　例

玻璃碴引发的投诉

一天清晨，某酒店内，一对年轻夫妇吃过早餐后，找到酒店餐饮部贺经理，投诉在凉菜中吃出了玻璃碴。

看到客人递过来的餐巾纸里一个麦粒大小的玻璃碴，贺经理平静地说："这样吧，如果玻璃碴出自我们的菜肴，肯定是我们的责任，该怎么处理就怎么处理。不过，接下来的一句话，你们可能不爱听，能让我说吗？"

"但说无妨。"客人回复道。

贺经理小心翼翼地说道："由于你们没有保留玻璃碴在菜里的原始状态，只是事后告知，无法证明玻璃碴就是出自我们餐厅的菜肴。所以，我想调看监控，您看可以吗？"

这对夫妇并没有生气，并表示，"没问题。"

此时，贺经理心里判定他们没说假话，接着说："相信你们说的是事实，不用看监控了。我立即送你们去本地最好的医院检查。"

在医院，医生对吃到玻璃碴的男顾客做了口腔检查，没有发现口腔有被割伤的情况。贺经理以为检查结束，可以松一口气了。没想到，顾客向医生提出进一步做胃镜检查的要求。医生迟疑片刻未做回应。贺经理立即表示："我们还是听从医生安排吧。如果医生认为需要做胃镜检查，我一定支持，费用照付。"

后来这对夫妇听医生说，可以排除有咽下玻璃碴的可能，而且做胃镜检查比较难受，便作罢了。

回到酒店后，这对夫妇提出两点要求：第一，日后若发生身体不适，并证实因为此事引起，酒店必须负责。第二，根据食品安全法，酒店提供的食品中混入异物，尽管没造成严重后果，也必须按照销售额 10 倍的标准赔偿顾客。

贺经理回答道："对于第一条，我想如果有问题应当在这几天就会表现出来，刚好这几天你们还住这里。"

贺经理接着说："因为酒店为住客提供的早餐不完全属于销售品，所以不能同意您的第二条要求。不过，为表达酒店的歉疚，可以通过其他形式给予补偿。"

后来，酒店为这对客人免去了一晚房费，并在随后几天免费送水果。

在随后的内部调查中，贺经理发现，冷菜厨师在开罐头时，没有按照规定用瓶盖中间十字开口法开启，而是使用金属起子撬开瓶盖，无意中碰破瓶口导致玻璃碴掉入容器，引发了此次事故。随后，酒店对厨师长、当事厨师、餐厅领班以及菜台理菜服务员做了处罚。同时，要求他们制订改进计划和措施，接受后续检查。

——资料来源：《中国旅游报》，2022-09-01.

案例分析

案例中，贺经理哪些方面的处理值得学习？他的做法为自己和酒店赢得了什么？

三、“不卑不亢、一视同仁”的基本要求

（一）谦虚谨慎，自尊自强

谦虚，是指谦逊虚心，平等待人，尊重他人；谨慎，是说作风严谨细致，工作一丝不苟，精益求精，慎重小心。自尊自强，即自我尊重，自我勉励，奋发图强。旅游行业从业人员应做到谦虚谨慎、自尊自强，就是要做到尊重同事、尊重宾客、尊重领导，虚心学习同行的经验，学习国外的先进经验，博采众长，形成自己的优势与特色。

（二）一视同仁，以礼相待

作为旅游接待服务工作中的平等原则，一视同仁、以礼相待应重点体现在以下“三个一样”上：

（1）**高低一样**。对高消费客人和低消费客人应一样看待，不能重“高”轻“低”。

（2）**内外一样**。对外国客人和国内客人一样看待。

（3）**新老一样**。对新来的客人应和老客人一样看待。

旅游职业道德要求做到一视同仁的“三个一样”，并不是机械的、绝对的，更不是在具体工作中不分先后、不分内外、不分档次；在同等条件下，我们还必须做到“三个照顾”，即照顾先来的客人；照顾外国客人和少数民族客人；照顾妇女、

儿童和老弱病残客人。

在接待与服务工作中，优先原则已为旅游者普遍接受与认可，它并不违反一视同仁的道德规范。特别要强调的是照顾妇女、儿童和老弱病残客人，这本身就是社会公德的基本要求。为妇女、儿童提供专门的服务设施和服务项目，为残疾客人准备轮椅，为生病的客人免费送餐等，这既是个性化服务的要求，也是人道主义的直接体现。

案 例

过火的VIP接待

酒店新的经营理论认为，对不同客人应区别对待，应突出提供个性化服务。接待VIP，尤其是酒店请来的VIP，其接待规格当然应与普通宾客有别，对重要客人表示特别的敬重也是理所当然的事。但在提供个性化服务的同时，绝不能忽视一视同仁的接待原则。

某侨乡举行一次大型招商会，吸引了大批华侨回乡参加投资洽谈。一家被誉为当地最好的酒店成为活动的主要接待单位。酒店除了接待大批回乡华侨外，还接待不少地方政府高级官员。酒店将地方官员视为VIP，房内鲜花、水果自不必说，在许多公共场合，酒店中高层管理者对官员更是热情有加，见面握手问好，餐餐上桌敬酒，嘴上这个“长”那个“长”地叫着。相比之下，对那些回乡华侨就视同路人，无人上前照应。就连服务员也顾此失彼，连起码的“对客一视同仁”也抛之脑后，面对远方归来的华侨们难以一展笑容。不少华侨见此情形，甚为不满，一气之下，纷纷退房改住他店。

——资料来源：职业餐饮网，http://jiudian.canyin168.com

案例分析

在旅游接待工作中，在公众场合应如何表现及怎样把握热情程度？如何做到既不怠慢VIP，又不让众顾客产生亲疏有别之感？

课堂思考

在生活中，你有没有受到过不平等的待遇？谈一下你当时的感受。

第五节　钻研业务　提高技能

职业技术水平不仅仅是个人能力大小和知识水平高低的问题，还涉及职业道德问题。宏观而言，一个人从业成功需要职业技能与职业道德两种素质，无论是缺乏职业技能还是缺乏职业道德，人们都难以取得事业的成功。提高职业道德与提高职业技能是相辅相成的，职业道德是推动职业技能发展的重要因素，而职业技能又是提高职业道德水平的重要表现，是不断增强自身就业竞争力的重要途径。

相关链接　搜索

他们都是维修工

某饭店205号房是间长包房，住着两位德国客人，他们是一家合资企业的德方工程技术专家。一天晚上，两人从餐厅搬来一箱易拉罐啤酒及几个冷盘菜，各自坐在自己的床沿上，靠着电控柜兴致十足地对饮起来。突然，整个房间的电灯熄灭了，一团漆黑。原来是他们喝酒时不小心打翻了一罐啤酒，酒水倒在电控柜台面上，顺着缝隙渗进柜内，造成了短路。此时，两位客人尚未喝醉，他们打开房门，大声呼叫服务员。

当班服务员小严闻讯赶来，得知205号房发生断电事故，当即安慰德国客人，请他们放心，他一定设法尽快修复。小严马上跑到办公室，找到正在值班的客房部孟经理和主管小郑，报告了刚才的意外事故。孟经理和小郑二话没说，打开旁边一只工具箱，这只“百宝箱”里各种工具、用品及零配件几乎应有尽有。他们熟练地取出螺丝刀、手电筒、接线板、电吹风等工具，赶到205号房。

只见他们打着手电筒，麻利地拆下电控柜侧面的盖板，用干布、卫生纸把柜内的水分吸干，再从外面楼层引进电源接通电吹风，对准受潮处使劲猛吹，只用5分钟就吹干了，刹那间房间里一片光明。

客房电控柜短路造成的断电事故能在短短5分钟内便圆满解决，这是极其了不起的；更难能可贵的是，维修人员不是工程部的专业人员，而是客房部的管理者和服务员。

——资料来源：范运铭．客房服务与管理案例选析［M］．北京：旅游教育出版社，2005.

一、“钻研业务、提高技能”的道德含义

职业技能是指从业人员从事职业劳动和完成岗位工作应具有的业务素质，包括职业知识、职业技术、职业能力。职业知识是包含基础知识、专业知识，以及包括人文素养在内的其他知识。职业技术是指驾驭本职业或岗位的科学技术。职业能力包括一般能力和特殊能力，它不仅指某种与职业相关的技能，还指从业人员需要具备的综合能力，包括学习能力、组织能力、交往与合作能力、专业能力、自主性和承受能力等。

“钻研业务、提高技能”，就是要求一切从业人员钻研自己所从事的专业，孜孜不倦、锲而不舍，不断扩展职业知识、提高职业技术、提升职业能力。这既是向客人提供优质服务，履行职业责任，维护国家利益和为社会做贡献的前提，又是旅游工作者求得自身发展、进步的重要基础之一。

二、“钻研业务、提高技能”的重要性

社会主义的职业道德十分重视职业技能的职业意义，把努力提高职业技能作为敬业原则的一条基本道德要求，这是由于职业技能是人们履行职业职责的基础和前提。职业水平如何，直接关系到职业活动的质量优劣和效率高低以及贡献大小，因此，也直接关系到国家和企业的利益。因此，为搞好本职工作，职业工作者必须刻苦地学习各种有关的科学文化知识，不断提高业务水平和解决实际问题的能力，做到对技术刻苦钻研，精益求精。

（一）“钻研业务、提高技能”是旅游从业人员履行工作职责、实现自身价值的手段

（1）**“钻研业务、提高技能”是履行工作职责的重要前提**。一个人不管从事何种职业，都对社会和他人承担着一定的责任，这是由职业的本质特征所决定的。一个人能否履行自己的岗位职责，不仅由从业人员的职业态度来决定，更由他的职业技能来体现。他必须掌握一定的职业技能，并通过服务于社会、服务于顾客得以充分展示出其精湛的技艺；相反，如果缺乏与职业或岗位要求相匹配的职业技能，只会夸夸其谈，无论他在口头上谈自己的职业责任有多么重要，均是纸上谈兵，既不能切实履行自己应尽的职业责任，也不能对社会发展起到任何促进作用。所以，在职业生活中，增强职业责任感、切实履行职业责任，就必须不断钻研业务，提高技能。

（2）**“钻研业务、提高技能”是实现自身价值的手段**。美国著名的社会心理学家马斯洛认为，一个人只要活着，就希望得到社会和他人的肯定、认同和尊重，达到自我实现的目标。追求自我价值的实现，是人们行动的强大动力。自我价值的实现，主要通过个人在职业活动中履行的职业责任、为社会和他人贡献的大小来体现。一般来说，具有较高职业技能水平的人往往能够更好地履行职业责任并为社会和他人做出更大贡献，从而能够更大限度地实现自我价值。

随着旅游业的不断发展和旅游者消费层次、消费需求的逐步提高，旅游者逐渐由主要对“物”的低层次需求向追求高层次的精神上的满足和享受转变。这就对员工的专业知识、专业技能和职业能力提出了更高的要求。如员工的文化素质和礼仪素养决定了其对宾客的服务态度，员工的语言水平决定了其能否根据客人的个性特点有针对性地为客人提供优质服务，员工的专业知识丰富与否决定了他的工作效率。所以，如果我们的旅游从业人员不去努力钻研业务、提高业务能力，就无法保质保量地完成工作任务。一名管理人员，如果没有扎实的管理知识和广博的学识以及丰富的管理经验，就难以运用科学的方法和手段进行管理，当然，管理质量也就难以得到保证了。一名翻译导游人员，如果不懂礼仪和接待规则，不会流利、准确的外语，不熟悉游览线路，缺乏有关游览景点的知识，就难以胜任本职工作，更无法实现其自身的价值。

（二）“钻研业务、提高技能”有助于增强竞争力

（1）**“钻研业务、提高技能”有助于增强个人竞争力。**随着市场经济迅速、深入的发展，旅游市场竞争的日趋激烈，当旅游设施的质量水准逐步达到国际化标准时，旅游业将逐步进入管理水平、管理能力的竞争。而人才综合素质的高低则是旅游企业管理水平高低的集中体现。旅游从业人员要在激烈的竞争中脱颖而出，必须不断加强自己的职业技能。只有掌握了较高的职业技能，才能更好地完成工作任务，取得突出的工作业绩。掌握了较高的职业技能，就更容易抓住发展机遇，踏上通往成功的旅途。

（2）**“钻研业务、提高技能”有助于增强旅游企业竞争力。**21世纪，以劳动密集型为特点的旅游接待与服务工作将会注入越来越多的科技含量。譬如，信息产业的发展，散客旅游群体的增加，推动了旅游饭店、旅行社建立网络宣传与营销系统，实现了旅游企业经营管理的信息化和旅游产品预订的网络化。这就要求旅游企业与时俱进，及时掌握现代技术发展动态，不断引入现代化管理理念，改进服务方式，使旅游产品真正成为“理解宾客需求”的产品，使旅游企业在不断变化的市场竞争中立于不败之地。

三、“钻研业务、提高技能”的具体要求

（一）学会在工作中学习，不断提高自己的各项能力

陶行知说“学问是一切前进活力的源泉”。无止境的学习，是每一个智者所必需的，人要想不断地进步，就得活到老、学到老。正所谓：吾生也有涯，而知也无涯。尤其在信息技术高度发达的知识经济时代，更应做到追求本心，在实践中做学问，树立终生学习的观念。

旅游业不同于其他行业，知识涵盖更为广泛，能力要求更加综合。以导游员为例，其知识结构涉及了地理、历史、美学、心理学、建筑学等各个领域，同时还要具备良好的执行策划、语言表达、组织协调等方面的能力，这就要求旅游从业人员立足于本职工作，努力学习，学会在工作中学习。

相关链接 搜索

如何让旅程更幸福丨曹震：用深度有内涵的讲解打动游客

“只有不断‘升级’讲解技能，‘输出’精品讲解，为游客提供有深度、有内涵的讲解内容，才能让游客感到不虚此行，有更多幸福感。”在第 13 个“中国旅游日”到来之际，“金牌导游”曹震接受中国旅游报社记者专访时说。

近年来，曹震专注于线上讲解故宫，他说，导游好比游客的行程管家，对游客的出行体验有着至关重要的作用。“导游要了解游客想听什么、对什么感兴趣，打磨好讲解词，才能给游客带来更好的旅游体验。”

曹震表示，人们受教育程度普遍提升，信息获取渠道越来越多，旅游观念也发生了变化，“走马观花打卡式”出游方式较难获得市场认可。

“很多游客在参观前已经对某段历史有了基本的认识。这就需要导游挖掘历史背后的故事，给游客带去更新鲜、更丰富的内容。比如，在介绍故宫乾清宫正大光明匾额的时候，除了讲它的外观和来历，还要讲相关掌故。不光要讲密建皇储的故事，还要讲对后世的影响等。”曹震说，从游客的反馈来看，听到更有深度、更有趣的内容时，很多游客就会连连称赞，对旅程的满意度也会提高。

过去三年，旅游行业的低迷让众多导游经历了沉寂、转行、转型的过程。随着旅游市场加快复苏，许多导游已经回归并开始带团，还有一些导游开辟了线上直播业务。

“想在业内站稳脚跟，就要不断提高自身技能，让游客‘记住’自己。”曹震说，“导游自身的知识储备十分重要。在带团过程中，经常会有一些游客提出各种问题。导游必须加强学习，增加知识储备。只有不断充电，才能更好地与游客交流。”

正值旅游旺季，许多人想要到北京感受“京味”底蕴。曹震认为：“导游可以借此契机深度了解游客需求，打磨出更多精品讲解内容，让游客认识北京、爱上北京。这样，当他们回忆起这段旅程时，才会有满满的获得感、幸福感。”

——资料来源：中国旅游新闻网，2023-05-17.

作为旅游从业人员应当从以下几个方面提高自身的素质：

（1）**要认真学习文化基础知识，打下坚实的文化基础。**文化素养是一个人综合素质的基础和底蕴，扎实的文化基础能够使学习者在涉及其他学科领域时轻松自如、事半功倍。而文化基础不扎实，其理解力、悟性就会比较低，会给学习专业知识带来困难，所以要想全方位提高自身素质，应首先从提高文化素质入手。

（2）**要努力提高自己的语言表达能力**。语言是交流的工具、沟通的媒介，很难想象一个语言能力较差的人能够具备较高的旅游职业素养。与客人交流和沟通，是旅游接待与服务工作的核心，所以旅游工作者一定要在语言能力上狠下功夫。要讲好普通话，做到准确、流畅。要掌握一些方言，如粤语、上海方言等。至少要熟练掌握一门外语，旅游从业人员要接待来自世界各地的旅游者，因语言不通而引起的误会、闹出的笑话比比皆是，外宾为此投诉的事件也时有发生，严重影响了中国旅游业的形象和服务质量。

（3）**自觉学习礼节礼貌方面的知识**。东、西方文化不同，在礼貌规范上存在一定差异。不同的国家、不同的民族都有本民族自身的礼貌规范。旅游从业人员应自觉地学习礼节礼貌方面的知识，使自己的接待与服务工作在行为规范上符合礼貌要求，做到得体大方，彬彬有礼。

（4）**要加强对美学知识的学习，不断提高审美能力**。旅游活动的最高境界就是娱悦身心和获得旅游活动所能够给人的美感享受，因此审美修养对旅游从业人员综合素质的提高十分重要。审美修养包括对美的感知能力、鉴别能力、理解能力和创造能力。只有懂得美，并能够按照美学的原则美化我们的旅游环境、塑造我们旅游工作者健康的美的形象，才能够使客人从中获得美感享受。

相关链接　搜索

全国特级导游部晓磊：做好游客的审美引导者

温煦的语调、热情的招呼，简单的几句话就拉近了与他人之间的关系；坚持原则而又有礼有节，就连提醒游客注意事项的语句，也让客人听得十分舒适……初见全国特级导游、甘肃康辉国际旅行社导游部晓磊，很多游客就对他产生了十足的信任感。

今年40岁的部晓磊，看着比实际年龄年轻，他有着同青年一样的热情和赤诚。“可能是导游这份职业要求从业者要有更多热情和耐心投入，而长久地从事这份工作，也不断塑造着我的内心，让自己保持了年轻的心态。”他说。

部晓磊毕业于西北师范大学旅游学院。读大二时，他就考取了导游资格证，成为一名持证上岗的年轻导游。大学期间，在老师的支持下，他一边读书，不断提高自己的基础知识，一边利用业余时间带团讲解，不断提升自己的实践能力。“我是在不断的学习中逐渐喜欢上这个职业的。看到游客在我的讲解下能够了解到景点的文化历史，从中有所受益，我就觉得很有成就感。”部晓磊说。

部晓磊在甘肃省博物馆做志愿讲解 受访者供图

大学毕业后，部晓磊毫不犹豫地将导游作为自己的职业。工作期间，他主要从事港澳台、东南亚和各国华人游客在省内各条旅游线路游览时的陪同接待工作。“在旅游旺季时，以兰州一日游为例，从早上5点到火车站接团开始，一般忙到晚上12点才能回家休息，一周只休息一天。”回想起年轻时带团的经历，部晓磊说：“那真是痛并快乐着。”

2010年5月，甘肃省举办第一届导游大赛，部晓磊积极参赛。最终，他赢得了普通话组第一名，并获得“甘肃省明星导游”“甘肃省旅游行业（导游）优秀技术能手”称号。

部晓磊在敦煌研究院兰州分院敦煌艺术馆为孩子们做讲解 受访者供图

好学好问是郜晓磊提升知识储备和讲解技能的一大法宝。面对自己不了解的知识点，他总是第一时间去学习和了解。有一次，为了记住公交车上一句优美的宣传标语，他忘记下车，坐过了站。他并没有因此而懊恼，而是高兴地将记住的语句融入自己的讲解词中，讲给更多的游客听。

现在，郜晓磊不仅是导游行业的行家里手，更是"讲好甘肃故事"的践行者。近年来，他坚持从事志愿讲解服务，在甘肃省博物馆、敦煌研究院兰州分院敦煌艺术馆等场所为广大群众义务讲解，通过专业的讲解宣传展示甘肃文化，用热情的态度服务广大群众，怀抱感恩之心回馈社会。

早在 2011 年，郜晓磊就成为甘肃省博物馆的一名志愿讲解员。2021 年 12 月底，重新布展后的敦煌研究院兰州分院敦煌艺术馆开馆，身为该馆志愿讲解员的郜晓磊在很短时间内，就将变动后的信息一一熟悉掌握，并融入自己的讲解中，介绍给前来参观的游客。

多年的工作经历，让郜晓磊对导游这份职业有了自己的认识。他说："导游的功能就是带领游客在参观游览中发现美、审视美，享受美带来的乐趣。导游与游客最大的区别，就是导游要在自己司空见惯的事物中找到美的所在，要学会在一遍又一遍的讲解中抵抗审美疲劳，还要真诚地与游客沟通，建立信任关系，才能做到'感动自己'继而'感动别人'。"

因有丰富的实践经验和扎实的专业知识，郜晓磊也被一些院校邀请做旅游专业的教学工作和职业培训。"我现在除了做专题讲解外，还要做一些教学培训工作，目的是把自己的专业学识和技能教授给更多有导游梦的学子，希望能够为西北的旅游行业发展贡献自己的能量。"郜晓磊建议想要从事导游工作的人，要善于学习，丰富理论知识和实践技能，要在导游工作中真诚待人，提升共情能力，想游客之所想，急游客之所急，以真诚和热情对待每一次导游服务。

——资料来源：中国旅游新闻网，2022-06-01.

（5）**要关心时事，关心政治，关注社会热点，关注世界各个领域的风云变幻。**旅游工作者要始终注意将自己融入社会，使自己成为社会的一分子，关注一切与社会发展、进步息息相关的事情。只有这样，我们的思想才不会落伍，我们才能把握时代发展的脉搏，不断更新自己的知识结构。

（二）树立远大的奋斗目标，持之以恒，勇于进取

不想当将军的士兵不是好士兵。同样，一个没有崇高理想追求的旅游行业从业人员，也很难成为一名优秀的员工。"心有多大，舞台就有多大"，面对全球化旅游

大发展的趋势，每一位旅游从业人员都应把握这个机会，树立国际化的职业观，用发展的眼光看待旅游工作，不局限于仅仅完成现有的工作，应不断提升个人职业水平、综合素质，进行合理的职业规划，积极谋求自身的发展。

有了远大的奋斗目标，还要坚持不懈，持之以恒。旅游从业人员为旅游者所提供的服务，多数是直接的、面对面的，在服务的过程中往往会出现一系列的不可预知的事件或问题，这就要求旅游从业人员除具备良好的知识、技能外，还应具备良好的心理素质和处理突发事件的能力。初入职场的旅游从业人员，面对旅游行业中纷杂的事务和各异的服务对象，往往不能进行良好的处理或沟通。对此，要坚持不懈，持之以恒，在投身工作以前，要练就扎实、过硬的基本功；在实际工作中，要勇于面对问题，面对挫折，不断学习，不断完善自己。只有这样，才能成长为一名合格的旅游工作者。

总之，“钻研业务、提高技能”作为旅游从业人员的职业道德规范要求，为旅游从业人员在职业素养的自我提高方面指明了努力的方向。只有刻苦钻研业务，掌握现代化科学文化知识，不断提高业务技能及职业素养，才能适应未来旅游业发展的需要，才能在优胜劣汰的竞争中经受住考验。

课堂思考

在课堂学习之外，你最近有没有利用课余时间主动学习与专业相关的知识，例如听一场讲座、读一本书？

第六节　锐意创新　勇于竞争

近年来，中国旅游业的迅速崛起令世人称奇。加入世界贸易组织后，中国旅游业面对的是来自世界的激烈的行业竞争。这对每一个旅游从业人员提出了新的、更高的要求——如何面对未来？自然，答案应该是以积极的态度去迎接挑战，在建设有中国特色的社会主义旅游业实践中，把自己锻炼成为锐意创新、勇于竞争的人。

案　例

云南大理：景区智慧化建设让旅游服务更贴心

经过近年来的建设和布局，在云南大理，旅游景区中的“智慧”元素正逐渐向游客体验的方方面面延伸，智慧景区建设让游客感受到全新的体验，也为景区管理带来了诸多新的改变。

信息基础设施是旅游基础配套设施建设的重要内容之一，据介绍，为提升旅游综合服务功能，近年来，大理古城不断加强信息基础设施建设，目前大理古城核心区范围内已实现 4G 深度覆盖，覆盖率达 100%；已完成 18 个 5G 基站建设，核心区域及主要道路已实现 5G 网络覆盖，古城整体 5G 覆盖率达 75%。

依托于 5G 网络的快速布局，智慧文旅的应用场景也更加丰富。位于大理古城北的大理崇圣寺三塔文化旅游区是集苍洱风光、文物古迹、休闲度假为一体的国家 5A 级旅游景区。出于文物保护的目的，崇圣寺三塔已不再允许游客登塔。而如今，“5G+ 数字三塔”项目，使游客“登塔”体验成为可能。

据悉，“5G+ 数字三塔”技术使游客可以通过 VR 虚拟现实技术观看三塔内部景观，“体验”登塔过程，让“高冷”的历史文化得以借助科技近距离呈现在游客面前。“景区的智慧化建设不仅使景区的服务品质和管理效能得到提升，同时也为游客提供了放心、自由的游览体验。”大理崇圣寺三塔文化旅游区副总经理马良敏表示，下一步，景区还将进一步在 5G 配套产品和游客体验方面下功夫。

在景区智慧管理方面，大理也有诸多尝试，例如，为整治大理景区拉客、揽客、尾随兜售等突出问题，基于公安人脸识别系统，大理古城建立了拉客、揽客涉旅重点人群监管平台，凡是已被处理过两次及以上的拉客、揽客人员将被纳入黑名单进行监管，一旦黑名单上的人员出现在古城核心区域，就会被人脸识别系统抓拍，同时推送预警信息到指挥中心管控平台。指挥中心工作人员通过视频监控判断是否存在拉客、揽客、尾随兜售等行为，并可根据情况实时调度城管人员前往处理，有效解决了景区管理中取证难的问题。据统计，目前大理古城已有 112 人被纳入黑名单管理。

与此同时，目前大理古城已累计投入 500 万元用于“一部手机游云南”建设，并已制作了大理古城景区手绘地图，对主要景点、街道、厕所、停车场等进行了定位，完成了 25 座智慧厕所和 10 个智慧停车场建设，以及 10 个景点的 AI 实景搭建等，游客通过“游云南”App 可体验周到且多样化的旅游服务。

——资料来源：新华网，http：//www.yn.xinhuanet.com/travel/2021-01/21/c_139686499.htm.

案例分析

1. 云南大理的景区智慧化建设提升了哪些旅游服务与游客体验？

2. 为什么要进行智慧景区建设？

一、“锐意创新、勇于竞争”的道德含义

创新，是以新思维、新发明和新描述为特征的一种概念化过程。它起源于拉丁语，原意有三层含义：更新；创造新的东西；改变。创新是人类特有的认识能力和实践能力，是人类主观能动性的高级表现形式，是推动民族进步和社会发展的不竭动力。中国旅游业要与国际旅游业接轨，必须锐意创新，勇于摒弃不合理的旧传统，改掉因循守旧的经营管理和服务接待方式，结合不断发展的旅游大环境，通过产品创新、生产工艺创新、市场营销创新、企业文化创新、企业管理创新等，积极开创旅游业发展的新局面。

勇于竞争，就是要发扬积极进取的精神，不断前进；要勇于面对改革创新中遇到的各种困难，不退缩，争做时代发展的“弄潮儿”。

勇于竞争的职业道德原则要求旅游从业人员在自己的工作岗位上发挥主观能动性，积极开拓，大胆创新，勇于进取，不怕冷嘲热讽，敢于承担责任，善于纠正错误，以高度的事业心、进取心和创造精神去做好自己的本职工作。

二、“锐意创新、勇于竞争”的重要性

（1）“锐意创新、勇于竞争”是中国旅游业参与国际旅游市场竞争的必经之路。“逆水行舟，不进则退。”中国旅游业在持续、稳定发展的同时，面临着许多亟待解决的问题，如丰富的旅游资源还没有得到合理、充分的开发；传统旅游管理模式已经远远不能适应现代化科学管理的要求；旅游管理人员和服务人员的素质亟待提高；旅游业的接待、服务水平与发达国家相比还有相当大的距离。另外，在市场开拓、企业形象策划、对外公关意识的提高、服务观念的改变、工作效率的提高以及

竞争观念、创新意识的树立等方面还有许多工作要做。要改变目前的滞后状况，只有在行业内锐意创新、勇于竞争，才会有中国旅游业可持续发展的前景。

（2）**"锐意创新、勇于竞争"是促进旅游工作者尽快成长的重要举措。**传统的旅游行业用人机制往往是"从一而终"，员工提拔按部就班，管理人员能上不能下；不是唯德是举、唯才是举、唯贡献是举，而是走后门、凭关系；有的甚至搞家族裙带关系，使得许多国有企业人际关系复杂，人浮于事，企业缺乏团队精神，更不用说凝聚力和向心力，因而严重干扰和影响了旅游企业的健康发展；有的企业甚至被人际关系搞得举步维艰，旅游人才人心思动、大量流失。

"锐意创新、勇于竞争"就是要打破传统的用人机制，能者上、庸者下，让真正德才兼备的旅游人才能够脱颖而出；并通过竞争营造一种"比、学、赶、帮、超"积极奋发的工作氛围，让人才在竞争中获得施展才华的机会，让每一名旅游从业人才在竞争中进步、成长。

相关链接　搜索

清明节 济南导游这样"云追思"

"两位主播太专业了""活动有意义有水平""get 到了清明小知识"……4 月 2 日，山东济南导游义工一场题为"全民网课——你不知道的清明节"的直播，吸引了近 50 万网友的关注。

据了解，清明节期间，在济南市文化和旅游局的指导下，济南市导游协会向行业与社会发起"勿忘历史，清明云追思"系列活动。"清明本是踏青的好时节，可由于疫情，大家不能像往常一样去郊外春游和祭扫。为了让各位在家中同样也能了解中国传统节日的历史和魅力，导游义工特意组织了一场线上的清明节活动，由我们两位导游义工与大家一起聊聊清明节的习俗和咱们济南的名士文化……"作为此次线上直播活动的主播，宰秀连、朱晓宽两位主播自 3 月底接到清明直播任务后，便立即开始着手收集准备整理相关资料。"我们以清明节与济南的名士文化为主线，讲述清明节的历史渊源，细数济南几千年的文化传承中汇聚的名人名士。从舜耕历山到禅让制、从唐代秦琼和房玄龄到宋代济南'二安'（曾巩、苏辙）再到元曲名家张养浩等。在众多济南名士中，辛弃疾是我们着重介绍的一位，不仅因为他的文学地位，更因为其忧国忧民的家国情怀。"宰秀连说。

"因为疫情期间不能祭扫，所以希望用这种直播的方式让广大市民、游客了解清明节的历史，回忆济南历代名人。虽然因为疫情，导游员暂时歇业，但我们还是尽量做到'停岗不停训'。希望通过自己的专业知识，一方面让公众对清明节有更深的了解，一方面帮助其他导游员学习，增加专业知识、提高技能水平，为疫情过后重回工作岗位打好基础，用崭新的面貌继续投身导游事业。"朱晓宽说。

济南市导游协会利用微信公众号平台开辟清明学习专栏，向行业从业者发布了国家金牌导游张爱文老师整理的《济南的英雄之山》。文中着重介绍了革命烈士陵园、革命烈士纪念塔、赤霞广场等红色场馆场所。"济南英雄山是一座英雄铸成的山。这里是国内较早的烈士陵园之一，也是一处青少年爱国主义教育基地，英雄的事迹激励了一代又一代济南人。清明至，祭英魂，希望用这个文章让大家一起走进这座英雄之山，缅怀先烈、寄托哀思。"张爱文说。

济南市导游协会秘书长孙钧厚介绍，此次直播活动是协会发挥职能作用，搭建交流平台，服务社会、市民一次积极的尝试。清明节前期，协会还发出倡议，希望广大导游员从疫情防控大局出发，在这个特殊的清明节选择居家追思等绿色祭扫方式。此外，协会还通过微信公众号、小程序、微课等方式，开展学习培训、线上锻炼实操以提升导游素养，累计上传 204 节线上课程，涵盖了新导游执业、现场带团指导、研学培训、金牌导游课堂、导游等级考试、导游义工培训、导游知识拓展、导游技能提升、导游分享等内容，积极为广大导游争取权益、完善服务，为疫情过后，导游业务全面重启储力蓄能。

济南市文化和旅游局市场管理处相关负责人介绍，济南深厚的历史底蕴与现代城市发展深度融合，传统文化与现代文化的张力越来越强。如今，这种文化自信已经转变为城市发展的优势，又不断推动城市文化的进一步繁荣发展。这就要求广大导游员在传承济南精神、讲好济南故事的过程中，大力弘扬中华优秀传统文化，弘扬英雄的崇高精神，用社会主义核心价值观引领社会新风尚。

——资料来源：中国旅游新闻网，http：//www.ctnews.com.cn/.

三、"锐意创新、勇于竞争"的基本要求

（一）树立竞争意识

竞争意识是一种充分发挥主观能动性的自主精神。伴随着商品经济的发展和改革开放的不断深入，这种意识在逐步强化，这是现代社会逐步发展、不断进步的结果。它由创业、立志、应变、勤奋、机敏、奋斗等积极向上的道德素养所组成，而良好的职业素质是正确开展竞争的保证。

旅游企业、旅游从业人员应树立积极、健康的竞争意识，应努力从提高企业的社会形象和知名度、提高服务质量和员工的素质入手，坚持以质量求生存、以信誉求发展，将质量第一、宾客至上的思想贯穿于服务的全过程；要反对一切不正当的竞争手段，如利用回扣来向有关人员行贿，故意压低价格，与同行不协作，甚至故意拆台，尔虞我诈，明争暗斗，用克扣客人钱财来降低成本等，因为这些都严重违反社会主义的公平竞争原则，违反职业道德。

旅游从业人员要有远大的职业理想。既然投身到了这一充满挑战性的行业中，就要有为旅游业的发展做贡献的信心和决心。随着旅游行业对人才素质的要求越来越高，每一位旅游工作者都应当“居安思危”，要以竞争的心态不断学习，不断提高自己的素质和能力。选择了这一行，就要精这一行、专这一行，让自己成为行业骨干、行家里手。

（二）赋予创新精神

创新精神是能够综合运用已有的知识、信息、技能和方法，提出新方法、新观点的思维能力和进行发明创造、改革、革新的意志、信心、勇气和智慧。创造海尔文化的张瑞敏说过，企业不断高速发展，风险非常大，好比行驶在高速公路上的汽车，稍微遇到一点屏障就会翻车；而要想不翻车，唯一的选择就是要不断创新。创新就是要不断战胜自己，也就是明确目标，不断打破现有平衡；在新的不平衡的基础上，再建一个新的平衡。

21 世纪是高科技时代，是信息网络飞速发展的时代，也将是一个竞争更趋激烈的时代。创新精神正逐渐成为企业文化的精髓，变为企业长盛不衰的法宝。随着迪士尼、环球影城娱乐集团等世界知名集团企业的大量进入，其先进的管理理念、经营方式给中国旅游企业带来了挑战与机遇。作为旅游从业者，在改革的浪潮中一定要保持奋发进取、努力争先的心态，要敢于面对一切可能遇到的困难，并努力去克服和战胜它们。在借鉴与学习的同时，时刻保持创新精神，积极发展具有中国特色的旅游业，以大无畏的精神迎接来自 21 世纪的挑战。

扫码观看视频：全国文化和旅游系统劳动模范李招蓉
（资料来源：浙江省文化和旅游厅官方网站，http：//ct.zj.gov.cn/.）

复习与思考

一、简答题

1.“真诚公道、信誉第一”的重要性有哪些？

2.“热情友好、宾客至上”的道德含义是什么？

3.“文明礼貌、优质服务”的具体要求有哪些？

4.“不卑不亢、一视同仁”的道德含义是什么？

5.“钻研业务、提高技能”的重要性有哪些？

6.“钻研业务、提高技能”的具体要求有哪些？

7.“锐意创新、勇于竞争”的道德含义是什么？

8.“锐意创新、勇于竞争”的基本要求是什么？

二、案例分析

案例一　对老年夫妇的导游服务

地陪张明按接团计划陪同一对老年教授夫妇参观游览。在游览某景点时，他向客人做了认真细致的讲解。老人提出了有关该景点的一些问题，张明说：“按计划还要游览三个景点，时间很紧，现在先游览，在回程路上或回饭店后对此再作详细回答。”游客建议他休息一下，他都谢绝了。虽然很累，但他很乐意，认为自己出色地完成了导游讲解任务。但出乎意料的是那对老年夫妇不仅没有表扬他，反而写信给旅行社领导批评了他。张明很委屈，但领导在了解情况后找他谈话时说老年游客批评得对。

——资料来源：中华管理学习网，http://www.100guanli.com

根据上述案例回答如下问题：

1. 领导为什么说老年游客批评得对？
2. 张明在导游服务过程中忽视了旅游职业道德规范的哪一条？
3. 作为一名优秀的导游员应该怎样为这对老年夫妇进行导游服务？

案例二 经济型酒店惊现小虫

日前，一名来上海参观世博会的游客在入住一家经济型酒店期间的不愉快经历，引起了业界的热议。

据中国质检网7月7日消息，6月24日携子在沪参观世博会的赵女士在当晚回到所入住的上海某经济型酒店延安路店时发现“虫子满床爬”。报道称，“当她们进入房间，打开房灯，掀开被褥，就发现床上有许多虫子在爬动。细心的赵女士掀开床单，又看见更多这样的虫子。”

据报道，赵女士向总台投诉后，酒店服务员以“酒店经理下班，自己无权换房”为由拒绝了其换房的要求。在赵女士的再三要求下，另一位酒店服务员来到房间内，先是在床上掸了掸，然后拿着喷雾器给床四周围喷了喷除虫剂，说不碍事，连床单都没有更换。一个多小时后，赵女士的换房要求才得以满足。

一直广受追捧的经济型酒店为何会出现该类事件？《每日经济新闻》记者致电该连锁酒店总部，据公关部马经理称，此事件只是一起个例，纯属误会。

“只是一两个小虫而已，根本就没有爬满床那么夸张，在汉庭连锁酒店的其他门店暂时没有接到类似的投诉。我们已经就这件事对赵女士造成困扰的第一时间向她作出了道歉。”上述人士称，酒店内部管理设置明晰，有授权值班经理可全权负责门店的事务，不会产生当班者无权做主的情况。

而该经济型酒店上海城区营销经理潘小姐也向记者表示，“当天晚上从事件发生到最终换房解决，前后只有半小时左右。”她表示，“酒店内部有着一套详细的卫生和服务流程，所有事件都记录在案。这其中就包括了每周2次的除虫记录，流程的细化程度甚至严格到每块抹布擦什么地方。”

此外，据悉，为了消除客户的疑虑，该经济型酒店还将请长宁区卫生防疫部门进行检验。马经理表示：“先求做好，再求做大。每家门店都要维持同样的服务质量，不会为求速度而牺牲质量。”

——资料来源：肖芬. 汉庭酒店曝小虫事件成本和服务的双重拷问［EB/OL］. 中国新闻网，http://www.chinanews.com

根据上述案例回答如下问题：

1. 酒店管理方对此事件的处理是否及时、有效？

2. 面对世博期间巨大的接待量，酒店服务能否跟得上？

3. 呈“井喷式”发展的经济型酒店在成本控制与顾客体验之间面临怎样的挑战？

案例三 这样的闲事管不管

昆仑饭店是上海锦江国际酒店管理有限公司在北京的旗舰店，1988 年昆仑饭店正式营业。1996 年昆仑饭店被国家旅游局评为“全国 50 佳星级饭店”，同年，还被美国优质服务科技学会授予其最高荣誉——第 36 届五星钻石奖；2009 年、2010 年昆仑饭店连续两年荣获《时尚旅游》中文版“读者票选旅游金榜”的北京首选商务酒店。

一日，一位先生打来长途电话说，有一件非常棘手的事情，希望北京昆仑饭店总机的话务员给予帮助。总机领班说：“请您不要着急，慢慢说，看我是否能帮您解决问题。”这位先生说他有一位朋友出差现住在北京丰泽苑宾馆，因有急事需要立即与他取得联系，但北京市电话局 114 查号台说查不到丰泽苑宾馆的号码。他听说北京昆仑饭店总机的服务热情、周到，能够帮助客人解决各种困难，因此抱着试试看的想法打长途电话来寻求帮助。总机领班马上安慰这位先生，请他不要着急，并问清了他朋友也在北京市电话局查号台查不到丰泽苑宾馆的电话。总机领班又找出电话簿仔细查询，终于查到了丰泽苑宾馆的电话号码，马上打电话与丰泽苑宾馆核对，证实这位先生的朋友确实住在这家宾馆。总机领班立即打长途电话将查询结果告诉这位先生，这位先生连连道谢，说：“昆仑饭店是一流的酒店，昆仑饭店的总机是一流的总机，我要告诉我的朋友们以后到北京一定要住昆仑饭店。”

——资料来源：职业餐饮网，http://jiudian.canyin168.com

根据上述案例回答如下问题：

1. 昆仑饭店总机服务人员的行为践行了职业道德规范的哪几项？

2. 结合昆仑饭店总机服务人员的卓越服务表现，谈一下旅游职业道德对旅游企业的重要意义。

三、实践与拓展

1. 课堂辩论

一起住宿纠纷的背后

来乌镇之前，乔先生在网上搜索了半天，找到一家名为“桐城楼客栈”的民宿，价格合适，而且看网上描述不错，有院子有草坪，房间宽敞，可以免费上网等。乔先生遂预订了两个房间。

7 月 24 日，乔先生和朋友入住了“桐城楼”。据他说，到了之后才发现，旅馆与网上所描述的有些出入。没有看到所谓的院子和草坪，浴室里只有洗发膏没有沐浴露。不提供开水或矿泉水，也没有可以烧水的热水壶……

乔先生说，他们在归途中发现有一个行李包落在了民宿，所乘坐客车的司机师傅好心帮忙联系了乌镇汽车站的下一班车司机，只要行李包送到汽车站，就可以给乔先生带过来。但当乔先生与民宿的老板联系，想请他们帮忙将行李包送到汽车站时，老板却几番推托。最后，还是司机师傅联系车站的朋友去民宿取了行李包。

乔先生是一肚子火。网上介绍说老板热情好客，他们也就是奔着这点去的，没想到网上描述和事实不一致，败了游兴。

7 月 30 日，记者跟随乌镇工商所的工作人员，到乔先生所说的“桐城楼客栈”了解情况。“我们没撒谎，客栈后头是一所中学，那草坪就是操场呀。”老板倒是实话实说。当记者问起为什么没有提供沐浴露和开水时，老板表示：“可能是工作失误，放了两包洗发膏，没放沐浴露。但开水我们是提供的，每个客房都送，矿泉水也是可以购买的。”

至于没有帮助送回行李包的原因，老板解释道：“当时正是中午退房的时候，特别忙，实在是没有多余的人手。其实按以往的做法，我们会用快递把行李包寄还给游客的，绝不可能私吞他的东西。而且他遗留的行李只是一个简易的手拎袋（类似于超市的购物袋），应该没什么贵重物品。”老板娘也表示，这些都是小事，是游客过于计较。

辩论题目：

上例中，究竟是乔先生过于计较，还是民宿的服务存在问题，你是怎样看待客栈老板所认为的“小事”的？请班内持不同意见的同学进行辩论发言。

2. 情景模拟

班内分组围绕职业道德规范自编小品并表演，从而增强履行微笑服务、文明服务、优质服务的自觉性，把职业道德内化到学生日常言行中。

3. 实践调查

选择一家饭店或旅行社、景点进行一次或几次暗访，调查旅游职业道德规范的践行情况，并就如何从职业道德层面提高管理水平和服务质量提出建设性意见。

四、推荐阅读

在平凡工作中创造不平凡业绩

8月13日，习近平总书记给安徽黄山风景区工作人员李培生、胡晓春回信，对他们继续发挥“中国好人”榜样作用提出殷切期望。习近平总书记在回信中说，你们长年在山崖间清洁环境，日复一日呵护着千年迎客松，用心用情守护美丽的黄山，充分体现了敬业奉献精神。

连日来，习近平总书记的回信在安徽省文化和旅游业界引发热烈反响，迅速掀起一股学习热潮。大家纷纷表示，将牢记总书记嘱托，干在实处、走在前列、勇立潮头，弘扬敬业奉献精神，向上向善，在平凡工作中创造不平凡的业绩，把黄山建设得更加美好，奋力谱写安徽文旅高质量发展新篇章。

安徽省文化和旅游厅第一时间召开厅党组中心组专题学习会，组织机关党员干部学习贯彻习近平总书记回信精神并进行研讨交流，研究布置全省文化和旅游系统深入学习贯彻落实习近平总书记回信精神，号召全省文旅干部职工立足岗位做奉献、攻坚克难促发展，积极传播真善美、传递正能量，为推动文旅行业复苏振兴贡献自己的光和热。

安徽省文化和旅游厅党组成员、副厅长丁光清表示，习近平总书记的回信，不仅是对李培生、胡晓春两位“中国好人”的鼓励，也是对安徽文化和旅游系统全体工作人员的鼓励，对所有在平凡工作中创造不平凡业绩的普通劳动者的殷切期望。下一步，安徽省文旅系统将深刻领会习近平总书记回信精神，结合安徽工作实际，深入开展文明旅游建设，大力弘扬敬业奉献精神，有效提升旅游服务质量，充分发挥好李培生、胡晓春等“中国好人”的榜样作用，通过先进模范激励广大基层工作者把敬业奉献精神落实到日常工作和生活中，以更加高昂的热情、务实的态度、扎实的作风，推动文旅行业复苏振兴，以优异的成绩迎接党的二十大胜利召开。

“习近平总书记的回信，必将成为引领黄山风景区精神文明建设和高质量发展的行动指南。”黄山市委常委、黄山风景区党工委书记、管委会副主任叶建强说，黄山风景区将迅速掀起学习贯彻习近平总书记回信精神的热潮，努力做到学懂弄通做实，确保回信精神在景区落地生根，开花结果。

“习近平总书记的回信饱含对我们基层工作者的深厚情感。这样的回信，令人感动，催人奋进。”安徽黄山迎客松第19任“守松人”胡晓春说，“守护迎客松已经十二年，我将以收到习近平总书记的回信为新起点，牢记总书记的嘱托，当好‘哨兵’，守护好国宝迎客松，让迎客松延年益寿、广迎四海宾朋。”

“习近平总书记的回信让我内心感到莫大的幸福感。”安徽黄山玉屏环卫所放绳工李培生激动地说：“在今后工作中，我将时刻牢记总书记的嘱托，扎根黄山，服务黄山，和大家一起把黄山建设得更加美好，以实际行动回报总书记，回报党的关怀，相信‘人不负青山，青山定不负人’。”

“从回信的字里行间里，我感受到习近平总书记对我们工作的肯定，心里感到特别温暖。”黄山玉屏环卫所管理员刘飞说，黄山环卫团队有近 200 人，从事放绳工作的共 18 人，“在今后的工作中，我们将牢记总书记的殷殷嘱托，鼓足干劲，心往一处想、劲往一处使，发挥自己最大能力为建设生态黄山、美丽黄山贡献一分力量。”

黄山玉屏环卫所环卫工、李培生放绳作业的搭档程国伟说：“我将以李培生、胡晓春两位‘中国好人’为榜样，以山为家，与路为友，宁脏一人，不污一处，守护好黄山这片绿水青山，为建设美丽中国，发挥自己的一份光和热。”

“习近平总书记始终惦记着我们基层工作者，自始至终关心着群众的生活。作为一名普通劳动者，能得到总书记如此高度的评价，我感到非常幸福。”在黄山从事了 25 年环卫工作的玉屏管理区防火队员丁丁激动地说：“我将继续扎根黄山，服务黄山，积极传播真善美、传递正能量，做好传帮带，和大家一起把黄山建设得更加美好。”

在离黄山 300 多公里之外的安庆宿松白崖寨景区，习近平总书记回信的内容已传至这个红色旅游景区的各个角落。“虽然无法触摸到信件原件，但我在网上反复观看信件内容，内心依然澎湃不已。信中的一字一句饱含着人民领袖对我们旅游工作者的深情，每读一遍心里都是热乎乎的。”安徽白崖寨景区总经理宋涛表示，将牢记习近平总书记的嘱托，用心、用情为游客提供周到服务，在平凡的岗位上绽放不平凡的人生。

安徽行知学堂教育科技公司总经理李梅表示，习近平总书记的回信，让无数依然坚守在旅行社行业的从业者受到了巨大鼓舞。“我们将继续坚持‘以人为本、不忘初心’的理念，加快业务转型脚步，不断提升服务质量，积极树立行业标杆，共同迎接美好的未来。”

“习近平总书记的回信，让我感受到国家对旅游行业的重视和关心。”安徽省交通控股集团酒店管理有限公司党支部书记、董事长牛守华表示，“我们将认真学习总书记回信中的指示精神，积极开展提高员工职业道德素质的学习教育活动，进一步提升员工专业技能和服务水平，引导员工在平凡岗位上谱写敬业奉献之歌。”

——资料来源：《中国旅游报》，2022-08-16.

小事大做——情人节的祝福

来自上海某公司的赵小姐住在酒店的502房间，她只身旅居汕头，经常一住就是一个月。

这天，适逢西方的情人节。她刚刚送走一些来探望的朋友，看着大家送给她的一朵朵鲜艳的玫瑰花，像是在向她微笑似的，她心里美滋滋的。突然，她想起什么来了，立刻在房间里忙乎起来。她要找一个花瓶把花养起来，好好地欣赏它们。然而，除了原来的一个单枝花瓶外，她一无所获。最后，她想了个办法，用玻璃杯也未尝不可。就这样，她把玫瑰花插在了两个玻璃杯里。

在赵小姐外出后，服务员小吴进来整理房间，看到杯中插花，细心的她觉察到这有一点不平常。于是，她找来了一个精致的中号花瓶，把玫瑰花从杯中取出，依花瓶的高度修剪了每枝玫瑰花的长度，认真地插入花瓶中，并将花瓶摆在床头柜上。

晚上，赵小姐回房，她看到在柔和的床头灯光下那束玫瑰花显得格外的美丽，上面还夹着服务员写的一个小卡片："祝您节日快乐。"

——资料来源：范运铭主编.《客房服务与管理案例选析》，旅游教育出版社.

景区接待游客应该量力而行

不管是黄金周还是节假日，对景区景点来说，都是属于"非常时期"，游客数量出现井喷式增长也很正常。但是作为景区景点的管理者和经营者，却应该保持理性的头脑，切不可单纯为了追求经济效益而罔顾其他，更不能为了多收取门票而损害游客的权益，破坏景区景点的生态环境和历史古迹。

据报道，6日是国庆黄金周的第六天。记者从成都市假日办获悉，虽然黄金周已接近尾声，但游客的旅游热情仍然很高。城市公园、近程主要景区景点、乡村旅游区成了游客们的主要选择。

不管是站在一个旅游从业人员的角度，还是站在一个普通游客的角度来看，我觉得目前全国景区景点都存在一个突出的、迫切需要解决的问题，那就是景区景点不顾自身条件，为了多收门票多挣钱而对游客采取多多益善、来者不拒的错误态度。这种做法带来的后果是多方面的，不能不引起我们的重视。

首先是游客多花了钱，但旅游质量却大大下降。本黄金周，我被单位安排在广西市内一家5A级景区值班，对这个问题有着深刻的认识。在这家公园门口，光是排队检票入园就要耗费半个多小时，而进到公园里，到处人山人海，连拍个风景照都找不到地方。更要命的是，因为景区内公厕有限，很多需要方便的游客都在厕所前面排着长长的队伍，有些人实在憋不住了，只能躲到树林草丛里去方便。

其次是超负荷接待让景区景点不堪重负，对生态人文环境和历史古迹造成了严重破坏。黄金周期间，游客数量成倍增加，而景区景点的服务管理却跟不上，结果就造成景区景点的生态环境和历史古迹不堪重负，损毁严重。

——资料来源：苑广阔．景区接待游客应该量力而行．人民网·天津视窗，http://www.tianjinwe.com

全国特级导游孙树伟：做行业的守望者

“希望通过我们的努力，让更多同行看到希望、看到未来，我愿意做这个行业永远的守望者。”今年5月，来自山东青岛的导游孙树伟与来自全国各地的15位同行一起被评为全国特级导游。

领奖台对于孙树伟来说并不陌生，全国模范导游员、“全国名导进课堂工程国家师资库”成员、“青岛旅游活字典”……在导游一线岗位上，孙树伟坚守了33年，获得了诸多荣誉。“特级导游对我来说，是一份沉甸甸的责任，今后要发挥更大能量，讲好中国故事，坚守好自己的责任与使命。”如今的他一如刚入行时那般坚定。

不言放弃

1989年，孙树伟还是一名工人，当他得知全国导游资格考试启动的消息时，便毫不犹豫地报了名，这让他与导游结了缘，从此转变了人生轨迹。

虽然考取了导游证，但孙树伟的从业之路依旧艰辛。20世纪80年代末，我国旅游业以入境游为主，国内旅游尚未兴起。“很多人感觉看不到希望，转行离开了，但我不想就这样走掉。”

孙树伟暗下决心：必须坚持到底，做足准备。他发现青岛很多景点在书本上的介绍只有短短两三行字，便开始在完善景区导游词上下功夫。“当时没有网络资源，也缺少专业书籍，想要获取一手资料只有向当地人请教。”孙树伟就从青岛出发，蹬自行车到崂山采风，每一趟都要花费15至16个小时。找渔民、果农等“老崂山”聊天，到各村庄、景点踩点，记录所见所闻，来来回回走了3趟，孙树伟终于整理出6多万字的崂山导游词。

功崇惟志，业广惟勤。面对接下来没团带的困境，孙树伟一家挨一家地找旅行社。“我想应聘导游，能不能给我一个机会讲一讲。”孙树伟回忆道，从业初期，他花了很长时间自荐，却遭到了多次拒绝。后来，他买了20盘当时质量最好的录音带，把讲解词一句句录好，请旅行社收下，盼着自己的才华能早些被“听到”。

凭着一股不服输的韧劲，孙树伟终于接到了中国国际旅行社青岛分社的电话。“你讲得太棒了，国内旅游慢慢起步了，我们要成立国内部，你愿意来试试吗？”那一刻，孙树伟的激动之情难以言表。

为了做好导游，孙树伟“狠得下心”。由于当时没有电话和传呼机，带团期间，为了让客人随时能够找到自己，他几乎“长”在了宾馆，曾经一年中有328天没有回过家。

功夫不负有心人，慢慢地，孙树伟赢得了越来越多的认可，甚至有客人点名要他讲解。1997年，孙树伟成为全国高级导游。

不负热爱

“用脚步丈量青岛，将一街一景纵情于山海之间。他是那个最会讲青岛城市故事的人。”这是孙树伟获评青岛十大微笑人物时的颁奖词。

孙树伟告诉记者，导游要做到随机应变，把客人最感兴趣的内容讲给他们听。“必须做足准备，有时一个景点都要准备5至6套导游词备选。说教式的讲解没人爱听，导游要通过自己擅长的方式把家乡的美真真切切地展示出来。”

为了实现讲解“车到景停”的效果，孙树伟花了大量心思。一次次确认景点间的距离，根据车速和行驶路线确定讲解内容，练就合适的语速……孙树伟的准备工作会精确到讲解词的每一个字。“沿途基本每半分钟变换一个建筑，都需要卡到点上。”孙树伟说。不少游客为他竖起了大拇指，“我们非常信任孙导，就算蒙上眼睛，他也能做到准确无误。”

孙树伟发现，虽然青岛的鞋业在国内比较有名，但海外游客却不了解，他想到用报菜名的方式把各种鞋类品牌串联起来。他跑遍了青岛的各大商场，收集了200多种鞋类品牌，创作了朗朗上口的贯口导游词，后来还在全国导游词征集大赛中获了奖。

然而，香港客人听普通话讲解不太适应，团内游客告诉孙树伟，只能听懂讲解内容的30%。“为客人解惑是我的责任，一定要想办法弥补。”于是，孙树伟开始自学，仅一年时间，他就能够熟练地用粤语讲解山东的所有景点，连评书和贯口都创作出了粤语版本。

青岛消防栓的数量、道路的长度、当年高考考生的人数……入行至今，孙树伟把这些看似冷门的知识牢牢刻在了脑子里。“没有不愿听的客人，只有不会讲的导游。当导游就必须要成为一个‘杂家’。”多年以来，他从未停止积累，读书、剪报，从电视节目中和网上找热点，上一秒是趣事，下一秒或许就被他编进了导游词。

除了拥有导游身份，很多人还会用“民间厨神”来称呼孙树伟。作为全国烹饪大赛的获奖选手，他不仅把厨艺修炼得炉火纯青，还用创新报菜名的方式推介青岛美食。“我希望能把旅游与美食结合在一起，借助美食宣传青岛的文旅资源。”他说。

不惧将来

获评全国特级导游之后，孙树伟接到了济南市导游协会的电话：“孙老师，能不能让我们的金牌导游去跟您学习一段时间，感受特级导游讲解的风范。”

帮助和培养新人是孙树伟多年以来一直在做的事情。早在 2003 年，他就成立了“孙树伟导游工作室”，不仅培养了大量导游人才，还为 2008 北京奥运会、青岛世界园艺博览会、上海合作组织青岛峰会等大型活动培养了大量人才。

“我有义务去给各地的导游们讲解带团技巧、做好示范工作，让更多人讲好山东故事和中国故事，真正为客人服务好。”他说。

孙树伟告诉记者，当前形势下，导游必须做出改变。“如今，不少景区都推出了智能讲解，只会讲景点的导游未来会被慢慢取代。”孙树伟常提醒学生，在网上搜索某个词条，可能会弹出 1 万条解释，而导游需要去其糟粕、取其精华，将最精彩的内容浓缩在半分钟之内讲清楚。

眼下，孙树伟正带领团队研究“好客山东”导游服务标准。“导游带团服务要规范，要把细节做优做精，小到带团举旗时用哪只手、举旗高度、讲解时麦克风离嘴多远等。只有规范才能形成导游群体独有的风格。”

“当然，导游也要做好跨界的准备，实现‘导游 +’。”在孙树伟看来，导游要成为多面手，要讲得了故事、做得了直播，跳出导游自身，用己所长、尽己所能。“比如深耕‘导游 + 文艺’‘导游 + 美食’‘导游 + 建筑’，发挥自身价值，赢得更大的市场。”

“疫情防控常态化下，太多东西值得思考，获此殊荣，绝对不是自己奋斗的终点，而是新的起点。”采访结束时孙树伟如是说。

——资料来源：《中国旅游报》，2022-06-30.

第五章 职业精神概述

人们在一定的职业生活中能动地表现自己，就形成了一定的职业精神。职业精神是与职业活动紧密联系、具有自身职业特征的精神。这就决定了职业精神同时具有丰富的实践内涵，是个体精神运动与其实践活动的有机统一，具体体现在敬业、勤业、创业、立业四个方面。社会主义职业精神与社会主义职业构成和社会主义伦理体系相适应，是社会主义精神体系的重要组成部分，其本质是为人民服务。

职业精神对个人的成长和职业发展具有不可替代的促进作用，我们有必要结合实践对其进行深刻的理论分析。鉴于此，本章第一节概述职业精神的含义与特征；第二节介绍职业精神的基本要素，包括职业理想、职业态度、职业责任、职业技能、职业良心、职业纪律、职业信誉、职业作风。本章学习将使大家加深对社会主义职业精神体系的理解，从而更好地在实践中养成良好的职业精神，促进良好职业习惯的形成，提升个人和集体干事创业的能力。

学习目标

知识目标

1. 掌握职业精神的含义、特征。
2. 理解社会主义职业精神的基本要素。

能力与情感目标

1. 能够理解良好职业精神对个人职业发展的重要意义。
2. 能够通过对职业精神的理解和掌握分析某一具体职业中各职业精神要素所占比重。
3. 能够不断内化职业精神要求，形成良好的职业习惯。

名言荟萃 搜索

凡事都要脚踏实地去做，不驰于空想，不骛于虚声，而惟以求真的态度做踏实的工夫。

——李大钊

功崇惟志，业广惟勤。

——《尚书》

案　例

放心的合作

A、B 两家公司正在进行激烈的商业谈判。A 公司的谈判代表发现，B 公司的谈判代表非常坚持，而且不肯亮出自己的底线，如此下去无法按照计划取得谈判成功，将会使谈判陷入僵局。

因此 A 公司谈判助理说："实在不行，我们设法收买他们的谈判人员，事成之后给他们高额回报。"A 公司谈判主席说："可以，而且我想证明一个问题。"

谈判助理认为，重赏之下，必有勇夫，于是满怀信心去找 B 公司的谈判代表，没想到却遭到了坚决拒绝。谈判助理悻悻而归，把消息告诉了谈判主席，谈判主席却笑了。

第二天谈判开始的时候，没有人说话。A 公司谈判主席说话了："我同意贵公司提出的价钱，就按你们说的价钱办。"两家公司的谈判人员都感到很意外。

谈判主席接着说："我的助理做的事情我是知道的，我当时没有反对，就是想证明一件事情，最终证明了，贵公司的谈判人员不仅谈判技巧高，而且协作非常好。最重要的一点是，你们对自己的公司非常忠诚，这很令我敬佩。我们是对手，成交的价钱是我们分胜负的标准。但是，一个企业的生存并不仅仅依靠钱的多少，员工的忠诚和责任对于一个企业而言是命脉。和你们合作，我们放心。"

他的话没说完，全场就响起了热烈的掌声。

——资料来源：郝凤茹．职业精神［M］．北京：北京大学出版社，2006.

案例分析

你认为案例中 B 公司的谈判代表是凭借什么获得了 A 公司谈判主席的认可？如果你是 B 公司的谈判代表，当时你会怎样做？

第一节　职业精神的含义与特征

一、职业精神的含义

在全面建成小康社会，不断推进中国特色社会主义伟大事业，实现中华民族伟大复兴的征程中，从事不同职业的人们都应当大力弘扬社会主义职业精神，尽职尽责，贡献自己的聪明才智。社会发展的进程表明，人类的职业生活是一个历史范畴。一般来说，所谓职业，就是人们由于社会分工和生产内部的劳动分工而长期从事的具有专门业务和特定职责并以此作为主要生活来源的社会活动。人们在一定的职业生活中能动地表现自己，就形成了一定的职业精神。

职业作为社会关系的一个重要方面，对社会成员的精神生活和精神传统产生着重大影响。其一，职业分工及由此决定的从事不同职业的人们对社会所承担的责任不同，影响着人们对生活目标的确立和对人生道路的选择，以致很大程度上影响着人们的人生观、价值观和职业观。其二，人们的职业活动方式及其对职业利益和义务的认识，对职业精神的形成有着决定性作用。一个人一旦从事特定的职业，就直接承担着一定的职业责任，并同他所从事的职业利益紧密地联系在一起；他对一定职业的整体利益的认识，促使其产生对具体社会义务的文化自觉。这种文化自觉，可以逐步形成职业道德，并进而升华为职业精神。其三，职业活动的环境、内容和方式，以及职业内部的相互作用，强烈影响着人们的情趣、爱好以及性格和作风。其中包含着特定的精神涵养和情操，反映着从业者在职业品质和境界上的特殊性。可见，所谓职业精神，就是与人们的职业活动紧密联系、具有自身职业特征的精神，反映出一个人的职业素质。社会主义职业精神是社会主义精神体系的重要组成部分，其本质是为人民服务。

职业精神的实践内涵体现在敬业、勤业、创业、立业四个方面。

（一）敬业

敬业是职业精神的首要实践内涵，即社会成员特别是从业者对适应社会发展需要的各类职业特别是自己所从事的职业的尊敬和热爱。敬业本质上是一种文化精神，是职业道德的集中体现；是从业者希望通过自身的职业实践，去实现自身的文化价值追求和职业伦理的观念。敬业与人的存在方式、人的本质、人的全面发展都有着直接的联系，并共同构成职业精神的完整价值系统。从事职业活动，既是对社会承担职责和义务，又是对自我价值的肯定和完善。职业精神所要求的敬业，承载着强烈的主观需求和明确的价值取向，这种主观需求和价值取向构成从业者实践活动的内在尺度，规定着职业实践活动的价值目标。马克思在中学毕业论文《青年在选择职业时的考虑》中写道："在选择职业时，我们应该遵循的主要指针是人类的幸福和我们自身的完美。不应认为这两种利益是敌对的、互相冲突的，一种利益必须消灭另一种。人类的天性本来就是这样的：人们只有为同时代人的完美、为他们的幸福而工作，才能使自己也过得完美。""如果我们选择了最能为人类服务的职业，我们就不会为任何沉重负担所压倒，因为这是为人类而献身。那时，我们所感到的就不是可怜的、有限的、自私的乐趣，我们的幸福将属于千百万人，我们的事业虽然并不显赫一时，但将永远发挥作用。当我们离开人世之后，高尚的人将在我们的骨灰上洒下热泪。"马克思在青年时期就树立的为全人类服务的崇高敬业精神，为我们树立了光辉的榜样。

扫码观看视频：《万里空域，怀揣民航强国之愿——记第七届全国道德模范、"英雄机长"刘传健》，来源：中国文明网 https：//haokan.baidu.com/v?pd=wisenatural&vid=4453710057024836241.

相关链接 搜索

人民日报人民时评：奇迹时刻，是专业在闪光

被网友称为"奇迹返航"的川航迫降还在引发更多的讨论。机长刘传健日前在接受采访时表示，自己飞过上百次该航线，对当时出现故障的飞机状况较有把握。中国民航局也为这位机长点赞，表彰他"高超的技术水平和职业素养"。一次化险为夷的航行让人看到，

专业精神和专业能力，总能在关键时刻闪光。

据刘传健的妻子介绍，丈夫的每次飞行、每个动作，“回家后还会不断总结反思”；即使做了教员，还是经常看书翻手册做笔记；每天都坚持训练、认真学习操作，妻子住院的时候在飞行，孩子出生的时候也在飞行……透过种种细节不难发现，能够在生死一线之际成为英雄，正是因为在日常工作中保持了一丝不苟的专业精神、培养出精益求精的专业能力。

何为专业精神？这是严格甚至苛刻的自我要求，是追求每一个细节都执行到位、烂熟于心的职业习惯。何为专业能力？就是在专业精神的基础上，锤炼而成的能够迅速适应变化的环境、能够迅速处理突发的问题，确保自己所在的岗位、所做的工作万无一失的能力。重视专业能力，倡导专业精神，是社会主义核心价值观中“敬业”的体现，是托举行业进步乃至社会进步的一种重要文化因子、精神素养。

透过川航机长的日常工作生活可以发现，关键时刻的成功迫降，都来源于点滴的积累而成的专业素养。正如此次遇险后的成功返航，不仅需要专业的机长，全体机组人员在遇险时严格按照标准程序应急处置、地面救援人员的及时出动与妥善安排等，同样功不可没。另一方面，虽然事故原因尚在调查之中，但不管是哪个环节出了问题，都可能是不专业、不细致造成的风险隐患。

专业能力源于专业精神支撑之下的自我历练。日复一日的坚持，年复一年的专注，才能换来奇迹时刻的神来之笔。2014 年北京 APEC 峰会上，我国送给各国元首的国礼纯银丝巾果盘，让中国古老的錾刻工艺惊艳世界。錾刻师孟剑锋即使右手被烫出大泡，也不愿违背纯手工的诺言，从不同角度进行上百万次的錾刻敲击，雕刻出令人叹为观止的“丝巾”。正是因为不抄近路、不减物力的专业精神，才能让日常的积累最终绽放出灿烂的光华。老想投机取巧反而欲速不达，一意日积月累方可灵光乍现，“专业”二字背后，专注与浮躁的对比引人深思。

诚如郎平在女排再夺奥运金牌时所言，不管输赢，女排精神始终都在。这个精神里面，最不缺少日常的汗水与努力，最不缺少对实力、技术、心理、科学等专业能力的严苛追求。进入新时代，“高质量发展”成为经济社会发展的关键词，比以往任何时候都更需要专业精神和专业能力。平时的专注与专业成就了川航机长在关键时刻的力挽狂澜，以同样的专注与专业，每个人都可以在具体的工作领域展现静水流深的力量，成就属于自己的奇迹时刻。

“我不过是握紧了驾驶器而已”，影片《萨利机长》中的机长谈到成功迫降时如是说。沉下心来好好做事，才是推动我们前进的现实力量。“静而后能安，安而后能虑，虑而后能得”，力戒浮躁，砥砺志趣，拥有专业能力、职业道德、敬业精神，人生自会别有洞天。

——资料来源 :《人民日报》，2018-05-23.

（二）勤业

古人说“业精于勤”，职业精神必须落实到勤业上。毛泽东在《纪念白求恩》一文中对“勤业”给予了充分的肯定和高度的评价。他指出“白求恩同志毫不利己、专门利人的精神，表现在他对工作的极端负责任，对同志、对人民的极端热忱。白求恩同志以医疗为职业，对技术精益求精，在整个八路军医务系统中，他的医术是很高明的。这对于一般见异思迁的人，对于一般鄙薄技术工作以为不足道、以为无出路的人，也是一个极好的教训”。为了做到勤业，我们不仅要强化职业责任，端正职业态度，还需要努力提高职业能力。在新世纪、新阶段的今天，想要提高职业能力，就要在推进改革开放和现代化建设的实践中去提高，在驾驭社会主义市场经济的实践中去提高，在解决复杂矛盾和突出问题的实践中去提高，在应对各种挑战和风险的实践中去提高。

（三）创业

所谓创业，就是要以高度的主人翁精神，进行创造性的劳动，并积极参与企业管理，推动改革开放，使我国社会得到更快更健康的发展。我们正在进行的全面建成小康社会的事业是一项全新的事业。这意味着我们仍处在持续不断的创业进程之中，需要继续发扬创业精神。创新是一个民族的灵魂，是一个国家兴旺发达的不竭动力。职业发展的动力在于创新。面对世界科技日新月异的挑战，面对我国现代化建设提出的巨大需求，我们的职业活动必须开阔眼界，紧跟世界潮流，抓住那些对经济、科技、国防和社会发展具有战略性、基础性、关键性作用的重大课题，抓紧攻关，自主创新，不断有所发现，有所发明，有所创造，有所前进。历史证明，推进职业发展，关键要敢于和善于创新；有没有创新能力，能不能进行创新，是当今世界范围内经济和职业竞争的决定性因素。我们要坚持解放思想、实事求是，一切从实际出发，主观与客观相一致，理论与实践相统一，及时提出适应职业实践发展要求的方针政策，及时改革生产关系中不适应生产力发展、上层建筑中不适应经济基础发展的环节，不断从人民群众创造的新鲜经验中吸取营养，改进和完善我们的工作。

（四）立业

当人类社会跨入 21 世纪的时候，全面建成小康社会是我们所要“立”的根本大业，各行各业的职业精神必须服从和服务于这个大业。需要清醒地看到，我国正处于并将长期处于社会主义初级阶段，现在达到的小康还是低水平的、不全面的、发展很不平衡的小康，人民日益增长的物质文化需要同落后的社会生产之间的矛盾仍然是我国社会的主要矛盾。巩固和提高目前达到的小康水平，还需要进行长期的艰苦奋斗。纵观全局，21 世纪头 20 年，对我国来说，是一个必须紧紧抓住并且可以大有作为的重要战略机遇期。我们一定要发扬社会主义职业精神，集中力量，全面建设惠及十几亿人口的更高水平的小康社会，使经济更加发展、民主更加健全、科教更加进步、文化更加繁荣、社会更加和谐、人民生活更加殷实。我们核心的职业任务就是用“三个代表”重要思想指导职业实践，全面推进社会主义物质文明、政治文明和精神文明建设，努力开创中国特色社会主义事业新局面。

二、职业精神的特征

（一）内容方面

职业精神总是鲜明地表达职业根本利益，以及职业责任、职业行为上的精神要求。也就是说，职业精神不是一般地反映社会精神的要求，而是着重反映一定职业的特殊利益和要求；不是在普遍的社会实践中产生的，而是在特定的职业实践基础上形成的。它鲜明地表现为某一职业特有的精神传统和从业者特定的心理和素质。职业精神往往世代相传。

（二）表达形式方面

职业精神比较具体、灵活、多样。各种不同职业对于从业者的精神要求总是从本职业的活动及其交往的内容和方式出发，适应于本职业活动的客观环境和具体条件。因而，其不仅有原则性的要求，而且往往很具体、有可操作性。

（三）调节范围方面

职业精神主要调整两方面的关系：一是同一职业内部的关系，二是同一职业内部的人同其所接触的对象之间的关系。从历史上来看，各种职业集团为了维护自己的利益，为了维护自己的职业信誉和职业尊严，不但要设法制定和巩固体现职业精神的规范，以调整本职业集团内部的相互关系，而且还要注意满足社会各个方面对于该职业的要求，调整该职业同社会各方面的关系。

（四）功效方面

职业精神一方面使社会的精神原则"职业化"，另一方面又使个人精神"成熟化"。职业精神与社会精神之间的关系，是特殊与一般、个性与共性的关系。任何形式的职业精神都不同程度地体现着社会精神；同样，社会精神在很大程度上又是通过具体的职业精神表现出来的。社会精神寓于职业精神之中，职业精神体现或包含着社会精神。职业精神与职业生活相结合，具有较强的稳定性和连续性，形成具有导向性的职业心理和职业习惯，以至在很大程度上改善着从业者在社会和家庭生活中所形成的品行。社会主义职业精神不同于其他社会制度下的职业精神，具有以下三个重要特征：

（1）**它是社会主义精神体系的重要组成部分。**人们的社会生活分为三大领域，即家庭生活、职业生活和公共生活。社会主义职业精神就是在职业领域内对社会主义精神的特殊要求。

（2）**它的本质是为人民服务。**社会主义社会消除了人与人之间剥削与被剥削的关系，从根本上使职业利益同社会利益、同广大人民群众的根本利益一致起来，各种职业都成为社会主义事业的有机组成部分。因此，各行各业可以形成共同的精神追求，即为人民服务，并使之在调整人与人之间的关系上发挥前所未有的重要作用。

（3）**它的形成和发展具有"灌输性"。**社会主义社会的职业精神是在以公有制经济为主体的基础上形成的。它的主体内容不像旧的职业精神那样可以自发产生，而是在马克思主义的教育下，通过有觉悟的职业成员的努力建立起来的。从职业本身的要求到社会理想的追求，这种意识只能从外面灌输进去。

第二节　职业精神的基本要素

社会主义职业精神由多种要素构成，它们相互配合，形成严谨的职业精神模式。这些要素分别从特定方面反映着社会主义职业精神的特定本质和基础，同时又相互配合，形成严谨的职业精神模式。

一、职业理想

职业理想是人们在职业上依据社会要求和个人条件，借想象而确立的奋斗目标，即个人渴望达到的职业境界。它是人们实现个人生活理想、道德理想和社会理想的手段，并受社会理想的制约。

职业理想是人们对职业活动和职业成就的超前反映，与人的价值观、职业期待、职业目标密切相关，与世界观、人生观密切相关。

社会主义职业精神所提倡的职业理想，主张各行各业的从业者放眼社会利益，努力做好本职工作，全心全意为人民服务、为社会主义服务。这种职业理想是社会主义职业精神的灵魂。一般来说，从业者对职业的要求可以概括为三个方面：维持生活、完善自我和服务社会。这三个方面在社会主义初级阶段的职业选择中都是必需的。社会主义社会的公民在选择职业时应该把服务社会放在首位。因为，只有从社会的整体利益出发，分别从事社会所需要的各种职业，社会才能顺利地前进和发展。也只有在此基础上，广大社会成员包括从业者自身，才能过上幸福的生活。

对于即将毕业的大学生来说，职业理想与“饭碗”的矛盾更会经常发生，一旦发生这种现象，既不要怨天尤人，也不要心灰意冷，而是要冷静地看待。

第一，职业理想要实际，职业素质要符合所选择职业的要求。职业理想因人而异，没有绝对的标准。但是，必须指出的是，理想职业必须以个人能力为依据，超越客观条件去追求自己的所谓理想是不现实的。这就要求大学毕业生在选择职业之前一定要正确估价自己，给自己一个合理的定位。

第二，要懂得职业理想不等于理想职业。一般认为当个人的能力、职业理想与职业岗位最佳结合时，即达到三者的有机统一时，这个职业才是你的理想职业。只要你的职业理想符合社会需要，而自己又确实具备从事那种职业的职业素质，并且愿意不断地付出努力，迟早有一天会实现自己的职业理想；而理想职业却带有很大的幻想成分。

第三，特殊情况下可以放低对职业理想的要求。如果你所选择的职业岗位已无空缺，而你又需要立即就业，那就先降低一点自己的要求。因为如果没有工作，即意味着没有实现职业理想的可能。而就业以后，可以在主观作用下向自己的职业理想靠近，如对自己的兴趣、爱好进行一定的调整。

二、职业态度

职业态度是指个人职业选择的态度，包括选择方法、工作取向、独立决策能力与选择过程的观念。简而言之，职业态度就是指个人对职业选择所持的观念和态度。

（一）职业态度的意义

树立正确的职业态度是从业者做好本职工作的前提。职业态度具有经济学和伦理学的双重意义，它不仅揭示从业者在职业生活中的客观状况、参与社会生产的方式，同时也揭示他们的主观态度。其中，与职业有关的价值观念对职业态度有着特殊的影响。一个从业者积极性的高低和完成职业的好坏，在很大程度上取决于他的职业价值观念。职业伦理学研究表明，先进生产者的职业态度指标最高。因此，改善职业态度对于培育社会主义职业精神有着十分重要的意义。

相关链接 搜索

“时代楷模”其美多吉

1989 年，其美多吉成功应聘当地邮局邮车驾驶员，实现了儿时的“邮车梦”。他长年往返的康定—德格邮路是全国最危险的邮路之一，沿途要翻越 17 座海拔 4500 米以上的大山，被人们称为“雪线邮路”。邮路从四川甘孜县城向西行进，便是海拔 6168 米、有着“川藏第一险”之称的雀儿山。这里的道路几乎开凿在绝壁上，曲折险峻，危险重重，最窄处仅有 4 米。道路一面是碎石悬挂，一面是万丈深渊，路面随着海拔攀升不断收窄并越发颠簸。其美多吉每次经过这里，就仿佛在与死神博弈。这样的线路，其美多吉坚守了 30 年。“只要有邮件，邮车就得走；只要有人在，邮件就会抵达。”抱着这样的信念，其美多吉 6000 多次往返于甘孜与德格之间，行程 140 多万公里，相当于绕赤道 35 圈。

30 年坚守初心，其美多吉不仅要面对恶劣天气的危险，还要随时应对突发事件，但他从不向危险和困难低头。2000 年 2 月，其美多吉和同事在雀儿山遭遇雪崩。为确保邮件安全，他们死守邮车，一点点铲雪，一公里路硬是走了两天两夜。2012 年 7 月，其美多吉驾驶邮车返回甘孜，遭遇 12 名歹徒持刀抢劫。他身中 17 刀，肋骨被打断 4 根，头盖骨被掀掉一块，昏迷了三天三夜，在重症监护室被抢救一周后，才保住性命。出院后，因左手断裂的肌腱无法合拢，其美多吉不得不暂别岗位。为尽快重返邮路，他四处求医，强忍疼痛坚持两个月的康复训练，左手才基本复原。

30 年艰苦付出，其美多吉亏欠家人很多，但从没想过放弃。自从开始跑邮车，其美多吉只在家里过了 5 个除夕。两个孩子出生时，他都在邮路上。就连大儿子突发心肌梗死撒手人寰，90 岁的老父亲去世，他都因为奔忙在邮路上没有见到最后一面。即便如此，家人对其美多吉也是非常理解。受父亲影响，小儿子如今也选择了这个行业，是甘孜县邮政分公司网运调度员，与父亲一起成了邮路上的“父子兵”。

——资料来源：中国文明网，2019 年 6 月 26 日。

（二）影响职业态度的因素

（1）**自我因素**。自我因素包括个人的兴趣、能力、抱负、价值观、自我期望等。职业态度的自我因素与职业发展过程有相当密切的关系，因为个人因素的形成多与其成长背景相关，个人价值观是在成长过程中一点一滴慢慢养成的。个人若能对自我的各项因素有深入的了解，就能了解何种职业比较适合自己，并作出明确的职业选择。个人在选择职业时所表现出来的态度，也是对个人兴趣、能力、抱负、价值观、自我期望的一种反映。但若只是依照自我因素来选择职业，有时难免会产生与社会格格不入的感觉，因此，在选择职业时仍须考虑其他相关因素。

（2）**职业因素**。职业因素包括职业市场的需求、职业的薪水待遇、工作环境、发展机会等。就理想而言，兴趣、期望、抱负，应该是个人选择职业的主要依据，但是事实上，却必须同时兼顾自我能力，以及外在的社会环境、职业市场动态等。对职业世界有越深的认识，就越能够掌握正确的职业信息，也可以获得比较切合实际的职业选择。相反，对职业认知有限的人，可能连何处有适合自己需要的工作机会都不清楚，更何况要做出明确的职业选择呢。因此，个人对职业的认知会影响到个人的职业态度。

（3）**家庭因素**。家庭因素包括家庭的社会地位、父母期望、家庭背景等因素。由国内外研究来看，家庭教育对个人发展影响的数据并不明显，但是，不论父母的学历高低、社会地位如何，大多数的父母都希望自己的子女能拥有比自己高的学历，从事更有发展的工作。因此，在做职业选择时，家人的意见通常会影响个人的职业态度。

（4）**社会因素**。社会因素包括同事关系、社会地位、社会期望等因素。在职业发展的过程中，个人的最终目标是在其职业上能有所表现，有更多的人希望自己能成为社会中有身份、有地位的人。以目前的社会现象为例，一般人认为医生、律师、艺术家有较高的社会地位，清洁工作好像就是不入流的工作；虽然这并不是正确的观念，但或多或少也影响了个人的职业态度。

三、职业责任

职业责任是指人们在一定职业活动中所承担的特定的职责，它包括人们应该做的工作和应该承担的义务。职业活动是人一生中最基本的社会活动，职业责任是由社会分工决定的，是职业活动的中心，也是构成特定职业的基础，往往通过行政甚至法律方式加以确定和维护。

职业责任包括职业团体责任和从业者个体责任两个方面。例如，企业是拥有生产经营所必需的责、权、利的经济实体。在国家与企业的责、权、利关系中，责是主导方面。现代企业制度不仅正确划分了国家与企业的责、权、利，将三者有机地结合起来，而且也规定了企业与从业者的责、权、利，并使三者有机地结合起来。

这里的关键在于，要促进从业者将客观的职业责任变成自觉履行的道德义务，这是社会主义职业精神的一个重要内容。

相关链接 搜索

民航“夫妻档”的长情告白

王栋是长安航空的一名飞行员，他与同为一家公司的空乘妻子王铠佳在万米高空邂逅。

“隔一阵子就能碰到她一起飞航班，慢慢地也熟悉起来了。”两人通过工作间隙聊天，聊出来了很多共同话题，一来二去，慢慢地走在了一起。

因为工作的特殊，除了一周凑巧一两天的同时休假日。两人最期盼的事就是在客舱工作的分配中，遇到对方。

“上飞机前，我们是夫妻，上了飞机便是同事。”一起工作中，虽然二人相隔不远。但也只有在航班大过站的间隙，才可以寒暄问候。

李豆豆和乔玲子是长安航空两名“90后”乘务员，2020年领证结婚的他们自此加入了民航“双飞家庭”的队伍。

二人大学时期便相识相恋，后又因爱情来到同一家公司干着同一种工作。从校服到工作服又到婚纱。二人成了许多人向往的“爱情范本”。

“我们虽然身处同一个岗位，但在航班上却有着不同的任务和职责，大多数时候，一个人的航班深夜落地，另一个人已经准备登机了。”这么多年来，他们的爱情中不仅仅有甜蜜与同在，还有许多的擦肩而过。

“双飞家庭”因飞行时间不固定、工作繁忙，导致聚少离多。长安航空针对这一情况专门研究制定保障政策，比如乘务员“双飞家庭”可申请同飞或同休，也适用于外站派驻、过夜航班、子女生日等情况。

2022年8月4日，正值中国传统佳节——七夕节。对于相爱的人来说，这是团聚享受甜蜜的日子，但对那些坚守在民航一线的员工，特别是“双飞家庭”来说，节日或许只是一个普通的工作日，他们将过节的喜悦藏于心底，履行“云端摆渡人”的职业责任，服务旅客顺利、愉快地度过航程，用扎根岗位的坚守谱写万米高空中的别样浪漫。

——资料来源：新华网，https：//m.gmw.cn/baijia/2022-08/04/35931756.html.

四、职业技能

当今社会既处于知识与信息爆炸的时代，也处于职业技术迅猛发展的时代。报纸、电视、街头广告，总会传播许多职业技能培训方面的信息，职业技能培训已经成为中国最具发展潜力的市场。

相关链接 搜索

国家级技能大师张雪松

张雪松，中车唐山机车车辆有限公司铝合金厂工人。工作27年来，张雪松始终坚持学习钻研，在高速动车组生产中不断攻克技术难关，完成技术革新109项，制作工装卡具66套，形成工艺文件和操作指导书72项，摸索技术参数、形成核心技术，是用科技创新提升“中国速度”的“高铁工匠”。

1992年，张雪松从技校毕业，成为中车唐山公司的一名技术工人。2005年，中车唐山公司与德国西门子公司合作研发时速350公里动车组制造技术，张雪松因此与高速动车组结缘。他作为铝合金车体铆钳班班长，面临的第一重考验就是提高铝合金车体焊接精度。动车组的高速运行对车体焊接要求相当高。焊接后一旦产生变形或缺陷，后果将不堪设想。他带领技术攻关团队，历经上千次试验，制作出焊接夹具、装配定位板、反变形工装卡具等，形成了一系列工艺文件和操作指导书，保障了首列CRH3“和谐号”动车组在唐山顺利下线。

高速动车组开始批量生产，生产线上的设备、工装缺陷等问题，制约着生产顺畅进行。为解决问题、保证生产，10多年来，张雪松先后完成30多项设备、工装的技术改造，修复加工中心高速专用进口刀具30余把，修复进口数显伸缩尺300余次，多次出手解决生产线的停工状态，保证了动车组车体的正常生产。他还为铝合金车体生产线30多台进口大型数控设备建立完善的系统周期保养体系，通过量化指标，制定合理的国产备件和润滑油脂的替代方案，降低维护成本和润滑油的储备需求，大大减少数控设备的故障率。

这些年来积累的绝招、绝技，张雪松都毫无保留地通过现场演示、导师带徒等方式传授给工友。他领衔的“张雪松国家级技能大师工作室”，每年完成100多项创新，多项技术填补国内空白。

——资料来源：中国文明网，2019-06-26.

（一）职业技能的内涵

职业技能是指从业人员从事职业劳动和完成岗位工作应具有的业务素质，包括职业知识、职业技术和职业能力。职业知识包含基础知识、专业知识以及人文素养在内的其他知识。职业技术是指驾驭本职业或岗位的科学技术。职业能力包括一般能力和特殊能力，它不仅指某种与职业相关的技能，还指从业人员需要具备的综合能力，包括学习能力、组织能力、交往与合作能力、专业能力、自主性和承受能力等。

职业知识、职业技术、职业能力三者有机联系，密不可分，共同构成从业人员职业技能的素质体系。在职业技能体系中，职业知识是基础，如果没有充分的职业知识储备，职业技术就难以发挥，职业能力也就难以进一步发展；职业技术是保证，没有专业技术，职业知识便无法转化为现实生产力，职业能力就是一句空话；职业能力是关键，没有职业能力，职业知识和职业技术就难以得到有效的运用进而发挥出切实的作用。

（二）职业技能的特点

职业技能反映了职业存在与发展对从业人员的客观要求，其具有以下特点：

（1）**职业技能具有时代性。**职业技能不是一成不变的，一般来说，它总是与时俱进、不断发展的。随着时代的进步，职业的发展会对从业人员职业技能提出更高的标准和要求。

（2）**职业技能具有专业性。**职业技能与特定职业和岗位相联系，是从业人员履行特定职业责任所必备的业务素质。不同的职业需要不同的技能，不同的岗位对职业技能提出不同的标准和要求。例如，教师的职业技能不同于医生的职业技能，医生的专业知识也不同于饭店员工的职业技能要求。在同一饭店，不同的岗位也需要不同的专业知识和技能。

（3）**职业技能具有层次性。**职业技能的层次性受两个因素的影响。首先，在同一职业领域的相同岗位上，由于工种的级别要求和技术含量存在客观差异性，导致职业技能出现层次差异性。例如，一个企业的同一种工种，根据技术含量和作业标准的不同要求，可以划分为初级工、中级工和高级工。其次，由于个人的天赋和主观努力不同，导致人们的职业技能存在一定的差异。比如，同样是高级工，在同样的岗位做同样的工作，其职业技能水平也往往有高下之分。

（4）**职业技能具有综合性。**许多工作任务的完成和职业责任的履行，仅仅依靠某项技能是远远不够的，而是多种素质综合作用的结果。例如，要成为一名成功的营销人员，不仅要掌握推销商品的一般性理论技巧，还要对所推销的产品性能、操作原理和售后服务，特别是顾客的消费心理等有所了解；同时，自身还要有良好的心理素质，以及一定的应变能力。

在社会主义现代化建设中，职业对职业技能的要求越来越高。不但需要科学技术专家，而且迫切需要千百万受过良好职业技术教育的中、初级技术人员，管理人员，技工和其他具有一定科学文化知识和技能的熟练从业者。没有这样一支劳动者大军，先进的科学技术和先进的设备就不能成为现实的社会生产力。我国经济建设的实践证明，各级科技人员之间以及科技人员和工人之间都应有恰当的比例，生产建设才能顺利进行。因此，良好的职业技能具有深刻的职业精神价值。

五、职业良心

马克思主义伦理学认为，良心就是人们在履行对他人和社会的义务过程中所形成的道德责任感和自我评价能力，是一定的道德观念、道德情感、道德意志和道德信念在个人意识中的统一。

（一）职业良心的内涵

职业良心是从业者对职业责任的自觉意识，在人们的职业生活中有着巨大的作用，贯穿于职业行为过程的各个阶段，成为从业者重要的精神支柱。职业良心能依据履行责任的要求，对行为的动机进行自我检查，对行为活动进行自我监督。在职业行为之后，能够对行为的结果和影响作出评价。对于履行了职业责任的良好后果和影响，从业者的职业良心会使从业者得到内心的满足和欣慰；反之，则会进行内心的谴责，表现出内疚和悔恨。

（二）职业良心在职业活动中的重要作用

（1）**在从业人员做出某种行为之前，职业良心具有动机定向的作用。**一个从业人员具有职业良心，就能根据履行职业义务的道德要求，对行为的动机进行自我检查：凡符合职业道德要求的动机就予以肯定，凡不符合职业道德要求的动机就进行抑制或否定，从而作出正确的选择或决定。

（2）**在职业活动进行的过程中，职业良心能够起到监督的作用。**对符合职业道德要求的情感、意志和信念，职业良心就给予激励并促使其坚持下去；对于不符合职业道德要求的情绪、欲望或冲动，职业良心则予以抑制，促使从业人员自行改变其行为方向和方式，纠正自私欲念或偏颇情感，避免产生不良后果。

（3）**在职业活动结束以后，职业良心具有评价作用。**职业良心能够对自己的职业活动及其结果作出自我表现评价。当从业者履行了职业义务并产生了良好的结果和影响时，从业者会得到内心的满足和欣慰；当他们因为没有履行职业义务而产生不良后果和影响时，职业良心会对他们进行内心谴责，使其表现出内疚、惭愧和悔恨，并促使其主动自觉地纠正错误。

（三）职业良心的作用形式

职业良心通常以两种方式作用于从业人员的职业道德实践，一种是直觉的作用形式，另一种是理智的作用形式。

直觉的作用形式是指职业良心以一种无形的力量，甚至是下意识的本能、顿悟，使人的行为沿一定的方向进行。理智的作用形式是指经过职业道德情感的冲突而做出的深思熟虑的、合乎理性的选择，自觉遵守职业道德规范，履行自己的职业道德义务。这种作用形式，是使从业人员的内心世界服从于职业道德的自我法庭。

职业良心对从业人员的职业活动有着重大的影响，往往左右着从业人员职业道德生活的各个方面，贯穿于职业活动的全过程，成为从业人员的重要精神支柱。因此，必须重视培养从业人员的职业良心。

六、职业纪律

职业纪律是劳动者在从业过程中必须遵守的从业规则和程序，它是保证劳动者执行职务、履行职责、完成自己承担的工作任务的行为规则。

加强从业人员的职业纪律教育，是职业道德建设的题中之意。作为组织的一员，遵守职业纪律是从业人员的基本义务。在职业活动中，从业人员不仅要树立强烈的责任意识、敬业意识、诚信意识，努力提高职业技能，更要树立强烈的纪律意识，以遵纪守法为荣，以违法乱纪为耻，自觉加强职业纪律修养，做一名合格员工，以实现自己的职业理想。美国管理学家彼得·杜拉克指出："管理是任务，管理是纪律，管理也是艺术。管理者的眼光、奉献精神和管理手段决定着企业的兴衰成败。"

为了保证职业活动有目的、有组织、有效率地进行，必须加强职业纪律建设。

（一）职业纪律影响到企业形象

制定和执行纪律是树立企业形象的现实需要。职业纪律是维系企业组织健康、保持良好企业形象的基本规矩。只有遵循这个基本规矩，每个组织成员才能准确把握自己的位置，懂得自己该做什么，必须做什么；不该做什么，坚决不能做什么。如果该做、必须做的事情没有人去做，不该做、不能做的事情人人敢做，这样的企业组织自然陷入混乱，失去希望。职业纪律折射着员工的劳动态度和敬业精神。例如，饭店职业纪律规定，从业人员要站有站相、坐有坐相，面带微笑、双手下垂、目视前方。为什么要制定这样具体的纪律和规范呢？显然，严守上述纪律规范，给人的直观感受是："我"已经做好为"您"服务的准备，"我"的心中只有"您"。它体现了对顾客的热情、尊重，展示了整个公司的形象。若相反，服务人员勾肩搭背、歪歪斜斜，对到来的客人爱理不理、冷眼斜视，必然会令顾客产生不快的情绪。谁愿花钱买不舒服、冷眼呢？因此，我们能够得出这样一个结论，严格的纪律等于优质的产品、严格的纪律等于优质的服务。同样，执行纪律松松垮垮，给人的印象也只能是从业人员只会提供粗糙、劣质的产品和服务。俗话说：没有规矩，不成方圆。对企业来说，职业纪律十分重要，它直接影响到企业的形象，影响到企业的市场竞争力，必须高度重视。

（二）职业纪律关系到企业的成败

职业纪律不仅影响着企业的外在形象，而且还关系到企业的生存和发展。职业纪律搞不好，会给企业发展带来危机。微软公司这样警示自己："微软离破产永远只有 18 个月。"海尔集团认为，抓企业管理必须"永远战战兢兢，永远如履薄冰"。在蒙牛乳业集团，员工形成了制度至上的理念，强化了维护制度和纪律权威的自觉性。"你可以贬低我个人，你甚至可以把我个人的利益全部拿走，但是无论是谁，都不能毁害我们企业的制度。"这是蒙牛集团员工对职业纪律的感受，职业纪律成为企业的生命所在。

成功的企业有许多共同之处，其中之一是丝毫不懈怠职业纪律。不懈怠纪律，就是抓纪律的贯彻和落实。回顾历史，那些纪律严明、步调一致、管理有序的企业，总能取得令人心悦诚服的管理成效。甚至，许多企业把纪律建设强调到极致，为了打造铁的组织，它们大量吸收军队建设的理念、方式，以此管理企业，增强了企业的市场竞争力。联想集团的柳传志、海尔集团的张瑞敏、华为技术有限公司的任正非、万科集团的王石都曾有着军人的背景，他们把军队纪律和管理方式运用到企业经营实践中，取得了成功。

失败的企业各有各的失败，成功的企业各有各的成功。但从某个角度说，看一个企业是否有希望，只要观察其员工的纪律观念和表现便可略见一斑，正所谓"尝一脔肉而知一镬之味"。一个团结协作、富有战斗力和进取心的团队，必然是一个纪律严明、赏罚有度、令行禁止、有凝聚力和战斗力的团队；反之，如果纪律得不到有效贯彻执行，企业组织就会斗志松懈、纪律松弛，组织目标就难以实现。

（三）遵守职业纪律是企业选择员工的重要标准

在企业选择员工的多种视角和标准中，接受企业文化，遵守职业纪律是最起码的要求。职业纪律是企业文化的重要内容，是支撑企业文化的骨架。有没有职业纪律观念、认同与不认同职业纪律的状况，反映了一个从业人员对企业文化的接受程度和执行程度，这在一定程度上成为企业选人用人的标准。美国通用电气公司前总裁杰克·韦尔奇曾经说过这样一句话："什么样的人企业坚决不能用？是有业绩、有能力，但不认同你公司的文化，也就是说和企业的价值观不同的人，这样的人坚决不能用，坚决不能在企业待着，更不能进入高层。”此话寓意深刻，耐人寻味，认同企业文化是企业选人的首要条件。

按照纪律要求做事的人，体现了对事业忠诚、老实、本分的职业追求，有助于赢得同事的信任；反之，便难以为企业所接纳，难以在企业立足。因为任何一个企业都不会容忍肆意违背其组织纪律的人员存在。纪律是企业的“高压线”“禁区”，是触摸不得的。例如，某大学生毕业后来到一家外企工作，他充满朝气和活力，很受领导赏识。但是，就是这位员工对职业纪律熟视无睹，不注意改正自己的一些小毛病，晚上不睡，早上不起，上班经常迟到。将上司的提醒、劝告置之脑后，我行我素。后来，将上司的批评、警告当作故意刁难，经常与上司发生冲突，最终被企业除名。

作为企业的一名员工，对自己负责，就要严格遵守公司的一切规章制度和纪律。西方职业经理人玛丽·凯·阿什这样看待纪律：“我每次遇到员工不遵守纪律时，都采取一种与他人十分不同的处理方法。我的第一个行动，是同这个员工商量，采取哪些具体措施以改进工作，我提出建议并规定一个合情合理的期限。这样也许会获得成功，不过，如果这种努力仍不能奏效，那我必须考虑采取对员工和公司可能都是最好的办法。当我发现一个员工不遵守纪律、工作老出差错时，就决定不要他！因为遵守纪律没商量。”

（四）遵守职业纪律关系到员工个人事业的成功与发展

任何从业人员都不会仅仅为了保住“饭碗”而满足于“干一天工作，拿一天报酬”的现状。要使职业生涯有所发展，就应该更加严格地要求自己，在遵守职业纪律上表现出比其他员工更高的标准。试看，优秀员工、成功的职业经理人都是严格执行职业纪律的模范。因此，是否遵守企业职业纪律，不仅关系到从业人员能否在企业立足，而且关系到员工个人事业的成功与发展。一个缺乏职业纪律修养的人，不会在一个组织、一个企业获得更多的发展机会。

七、职业信誉

职业信誉是职业责任和职业良心的价值尺度，包括对职业行为的社会价值所做出的客观评价和正确的认识。从主观方面看，职业信誉是职业良心中知耻心、自尊心、自爱心的表现。职业良心中的这些方面，能使一个人自觉地按照客观要求的尺度去履行义务，宁愿做出自我牺牲也不愿违背职业良心，做出可耻、毁誉和损害职业精神的事情。在这个意义上，职业信誉鲜明地体现着“全心全意为人民服务”的职业理想和主人翁的职业态度。从客观方面说，职业信誉是社会对职业集团和从业者的肯定性评价，是职业行为的价值体现或价值尺度。同时，职业信誉又要求从业者提高职业技能，遵守职业纪律。社会主义职业精神强调职业信誉，更重视把社会的客观评价转化为从业者的自我评价，促使从业者自觉发扬社会主义职业精神。

相关链接 搜索

88.3% 受访者购物时看重品牌信誉 坚决抵制失范品牌

电商平台和物流的迅速发展，使网购成为人们日常生活的重要部分。在选购商品时，除了产品质量、价格等因素，品牌口碑信誉成为越来越多消费者考虑的指标。更有不少消费者明确表示，拒绝购买有失范行为的品牌产品。

中国青年报社社会调查中心联合问卷网，对 2005 名受访者进行的一项调查显示，选购商品时，88.3% 的受访者将品牌信誉作为重要考虑指标，坚决抵制失范品牌。71.5% 的受访者对虚假宣传行为忍无可忍，直接拉入“黑名单”。69.8% 的受访者感到如今消费者更加理性了，62.6% 的受访者感到消费者权利意识提高了。

49 岁的某国企职员籍芳有着多年网购经历，最频繁时每周会收 5 件快递，每两周都会有购买记录。她表示，品牌信誉是她在消费过程中考虑的第一个指标，“如果品牌出现失德失信行为，我对它的印象会大打折扣。”她认为，品牌方刻意营造的“包装”形象只是表面，信誉才是一个品牌的内核。

——资料来源：《中国青年报》，2022-06-16.

八、职业作风

职业作风是指从业者在其职业实践和职业生活中所表现的一贯风格。

（一）职业作风是敬业精神的外在表现

敬业精神的好坏决定着职业作风的优劣，而职业作风的优劣又直接影响着企业的信誉、形象和效益。从某种意义上讲，职业作风关系到企业的兴衰成败，关系到企业的生死存亡。优化职业作风，就要反对腐败和纠正行业不正之风，以职业道德规范职业行为。

相关链接 搜索

30 多年“深海梦” 只为“钻”到最深处

万步炎，全国人大代表、湖南科技大学海洋矿产资源探采装备与安全技术国家地方联合工程实验室主任，“海牛”科研团队负责人。30 多年，逐梦深海，从领衔研发中国首台深海钻机，到研制“海牛Ⅱ号”，不断刷新世界深海海底钻机钻探深度。

在万步炎的人生词典里，“祖国”一词分量最重。

“祖国需要就是神圣的召唤，就是伟大的使命。”20 世纪 90 年代初，响应国家战略需求，怀着对海洋资源勘探事业的热爱，他谢绝日方高薪挽留，毅然回国。

30 多年，万步炎废寝忘食，潜心研究，在他的带领下，我国钻机不仅实现了从无到有，而且创造了海底钻机从跟跑、并跑到领跑的跨越。

2021 年，万步炎领衔成功研制首台“海牛Ⅱ号”，在南海超 2000 米深水成功下钻 231 米，刷新世界深海海底钻机钻探深度，标志着我国在这一技术领域已达到世界领先水平。

海上科考，一年六分之一的时间在海上，无惧风浪，迎难而上，万步炎和他的团队在世界各大洋海域实施超过 2000 次海上钻探，完成 20 多座国际海底矿山的普查勘探，为国家海洋强国战略的实施和维护我国国际海洋权益做出了突出贡献。

坚信“国家每一个落后于人的地方，都应该是我们努力的方向”，一直以来，努力把科研事业做到极致，填补了一项项技术空白，万步炎始终坚持着梦想，向着更深、更广阔的海底挺进。

——资料来源：湖南省人民政府门户网站，2023-03-03.

（二）职业作风是职业道德在从业者职业行为中的习惯性表现

从总体上看，职业作风是一种习惯势力。社会主义的优良职业作风具有积极的潜移默化的教育作用。它好比一个职业道德的大熔炉，能把新的成员迅速锻炼成有良好职业道德的从业者，使老的从业者继续保持优良的职业道德传统。一个职业团体有了优良的职业作风就可以互相教育、互相影响、互相监督，形成良好的职业舆论和职业风尚。这样，就可以使符合职业道德要求的好思想、好品质、好行为发扬光大，使不符合职业道德要求的坏思想、坏品质、坏行为受到抵制。

总之，职业作风具有深刻的道德意义。甚至可以说，职业作风就是职业道德。

第三节　职业精神的作用

职业精神是衡量旅游从业人员综合素质高低的关键指标。高等职业院校的大学生作为即将走向社会就业的职业人，塑造良好的职业精神，正确处理个人与行业、个人与社会的关系，对社会经济发展及个人的成长进步具有不可替代的推动作用。总的来说，职业精神的作用主要体现在以下几个方面：

一、为社会主义市场经济发展提供了必要条件

在社会主义市场经济已基本形成的我国，职业对知识化和智能化的要求越来越高，市场经济对人的素质要求也越来越高。具体体现在知识、技能和劳动者的职业道德素质的全面提高，这是市场竞争要求人才具备的基本素质。建立社会主义市场经济的新体制，必须学会尊重价值规律，按价值规律办事，必须讲求职业道德，确立符合市场经济的职业道德观和价值观，必须培育适应社会主义市场经济发展需要的职业精神。在激烈的市场竞争中，只有人们的职业道德观念增强了，职业道德高尚了，才能保证和促进社会主义市场经济的健康发展，才算是完整的社会主义市场经济体制。反之，如果人们的职业道德观念淡薄，职业道德败坏，诚实守信丧尽，社会充满虚假和欺诈，那么社会主义市场经济必然会走上邪路。因此，必须以培养职业精神为重点，全面提高职业素质，成为符合社会主义市场经济要求的、具备良

好职业精神和职业素养的人才。

二、有助于促进构建和谐社会，全面实现小康社会

目前，我国总体上进入了小康社会。但是，目前的小康，还是低水平、不全面、发展很不平衡的小康。这一现实状况，是和我国现阶段生产力发展水平相适应的，是和我国社会主义初级阶段基本国情相吻合的。我国仍然处在由农业国向工业国转变的历史时期，我国社会的主要矛盾依然是人民日益增长的物质文化生活的需要与落后的社会生产之间的矛盾。低水平、不全面、发展不平衡，必然会存在矛盾和问题，产生差别。构建社会主义和谐社会，全面实现小康社会就是一个从根本上解决矛盾和问题，逐步缩小差别的伟大实践的过程。其目标任务是要实现经济更加发展、民主更加健全、科教更加进步、文化更加繁荣、社会更加和谐、人民生活更加殷实。这一目标落实到旅游从业人员，就是要努力服务社会，成为高技能、高素质的社会主义事业的建设者，弘扬社会主义良好道德风尚，无私奉献，努力奋斗。因此培养职业精神成为工作的重中之重。

三、有利于更好地满足行业、企业对高素质人才的需求

大学生职业精神是企业发展的软实力。职业精神是世界知名企业能够长寿的真正“秘密”。以“敬业”为核心的职业精神是弥补“市场失灵”的一剂良药。一个民族如果没点“精神”，这个民族就绝对不会是一个强大而优秀的民族；一个企业如果没点“精神”，这个企业也不会成为强大的企业；一个人如果没点“精神”，这个人也不会成为对社会、对企业有用的人。这种精神蕴藏的是使命感、责任、团队合作态度、敬业精神和良好的职业道德等核心元素。这些核心元素构成了职业精神，良好的职业精神对企业发展有着至关重要的作用。实践证明，职业精神是企业软实力，影响着企业发展的速度，左右着企业发展的质量。

四、有利于提高从业人员的自身修养

社会价值的多元化导致一些人存在不恰当的价值取向，缺乏社会理想和信念，

缺乏社会责任感和使命感。加强培养职业精神，可以使从业人员树立正确的人生观、价值观，认识自我价值与社会价值、自我发展与社会发展的辩证关系，在实现自我的同时为社会做出贡献。加强培养职业精神，确认自己所选择的专业和将要从事的职业是一项光荣而又神圣的事业，带着这种崇高的使命感端正学习态度，促进自身的学习和发展。加强培养职业精神，可以激发强烈的竞争意识与迎接挑战的勇气，从而克服惰性，形成百折不挠、积极进取的健康心理品质，在即将面临的社会激烈竞争中，抓住机遇，赢得未来。因此，职业精神的培养可以提高从业人员自身的内在修养，塑造出德才兼备的职业人。

五、有利于增强个人就业竞争力

根据对 600 多家企业的调查，大部分企事业单位对青年就业人员的最大希望和要求是：懂得做人的道理和具备工作责任心。这些单位几乎一致认为，经验、知识和能力可以在工作实践中逐步培养，但是为人、工作责任心等基本素质必须从早抓起，逐步形成。在某些毕业生招聘会上，人们发现，在本科生和研究生面临着严峻就业压力的同时，高职生却成了人才市场上的“香饽饽”。企业招聘负责人都表示，“务实肯干”是高职生的突出特点，也是他们所看重的。所谓“务实、肯干”一方面指能深入到企业最基层的岗位，另一方面主要指能吃苦耐劳，不怕脏、不怕累的职业精神，所以加强培养职业精神有利于增强就业竞争力。

六、有利于提高人力资本的附加值

纵观发达国家如日本、德国、美国等，其制造的产品总体上都做工精细而考究。其原因是企业员工对待自己所从事的工作勤奋、认真和执着，常常把本职工作做得是好是坏与自己的人格荣辱联系在一起，对工作有着严肃认真的态度，哪怕是十分不起眼的工作，也力求尽善尽美。我国也必须注重培养学生的职业精神，这样才能提高人力资本的附加值。

复习与思考

一、简答题

1. 职业对人们生活的影响有哪些？
2. 职业精神的含义是什么？
3. 社会主义职业精神的特征有哪些？
4. 如何处理职业理想与现实的矛盾？
5. 影响职业态度的四个因素是什么？
6. 职业技能的特点是什么？
7. 职业良心在职业活动中的重要作用是什么？
8. 职业纪律的重要性是什么？
9. 职业信誉的含义是什么？
10. 培养职业精神的必要性和作用是什么？

二、案例分析

案例一　服从安排是企业员工的基本要求

服从是员工职业精神的精髓。每一位员工都必须服从上级的安排，就如同每一个军人都必须服从上级的指挥一样。服从是行动的第一步。大到一个国家，小到一个企业、部门，其成败很大程度上取决于是否完美地贯彻了服从的观念。

A 公司的主要业务是为各品牌轿车生产汽车座椅。某年 9 月 25 日，公司接到了一张订单。根据订单要求，公司需要在一个月内为客户出货。时间紧、任务重，更麻烦的是，在这期间还有国庆的 7 天假期，但在激烈的企业竞争环境中，订单就是号角，订单就是命令。为了完成生产任务，公司领导经研究决定，国庆期间不休息，加班加点完成订单。

由于距离国庆长假只有几天时间了，员工大多早已为自己的假期做好了安排。小张也不例外，他早在一个月前就和女朋友约好，要在长假里和她到海南旅游。可公司要求加班，难道这个向女朋友求婚的大好机会就这样错过了？小张没有公开反对加班，继续努力工作。9 月 29 日早上，开生产班组会的时候，小张缺席了。10 点钟左右，小张从医院打来电话，说自己生病了，正在检查。下午上班时，小张拿着医院的病假条，来向班组长请假。虽然企业有很重的生产任务，但在人性化管理思想的指导下，公司还是批准了小张的病假。

但事情并没有就这样结束，当小张 10 月 9 日回到公司上班的时候，等着他的是班组长、车间主任和公司的人力总监。原来，公司在 10 月 1 日的时候，特意派了人力资源管理部门的一位同事到小张的家里去看望他。看到铁将军把守的大门，一切就都已经清楚了。

——资料来源：中华励志网，http://www.zhlzw.com

根据上述案例回答如下问题：

1. 小张的行为体现了他怎样的职业态度？

2. 你如何评价小张？

3. 讨论：如果你面临同样的情况，你会怎样做？

案例二　选择承担责任还是选择寻找借口

李克是一家家具销售公司的部门经理。有一次，他听到一个消息：公司高层决定安排他们这个部门的人到外地去处理一项非常难办的业务。他知道这项业务非常棘手，难度很大，所以便提前一天请了假。第二天，上面安排任务，恰好他不在，便直接把任务交代给他的助手，让他的助手向他转达。当他的助手打他的手机向他汇报这件事情时，他便以自己身体不适为借口，让助手顶替自己前去处理这项事务。同时他也把处理这项事务的具体操作办法在电话中交代给了助手。

半个月后，事情办砸了，他怕公司高层追究自己的责任，便以自己已经请假为借口，谎称自己不知道这件事情的具体情况，一切都是助手办理的。他想，助手是总裁安排到自己身边的人，出了事，让他顶着，在公司高层面前还有一个回旋的余地，假若让自己来承担这件事的责任，恐怕有被降职罚薪的危险。但是，纸是包不住火的，当总裁知道了事情的真相后，便毫不犹豫地辞退了他。

可以说，只有敢于担当起自己应尽责任的人，才能获得成长；而那些总喜欢找借口的员工肯定是失败的员工，很难得到大家的信赖和尊重。

——资料来源：陈浩，王洪凯．职业精神［M］．北京：中华工商联合出版社，2010.

根据上述案例回答如下问题：

1. 结合案例思考为什么说寻找借口就是推卸责任。

2. 在遇到问题的时候你是选择承担责任还是选择寻找借口？你是一个有责任感的人吗？

案例三　不要把问题丢给别人

甲、乙、丙三个人供职于同一家公司。虽然公司的产品和销路不错，但由于经营出现了一些问题，产品销售后总是无法及时收回货款。

公司有一位大客户，半年前购买了公司10万元的产品，但总是以各种理由迟迟不肯支付货款。公司决定派甲业务员去讨账。那位大客户说那些产品销得一般，让甲过一段时间再来。甲知道这位大客户不好惹，心想他欠的又不是我的钱，跟我没什么关系，于是便返回了公司。

甲业务员无功而返，公司又派乙业务员去要账。乙找到那位客户，那位客户说他这段时间资金周转很困难，还承诺说等他的资金到位了一定还钱。于是乙业务员也无功而返。

没办法，公司只得派丙业务员去讨账。丙刚跟那位客户见面，就被客户指桑骂槐地教训了一顿，说公司三番两次派人来逼账，摆明了就是不相信他，这样的话以后就没法合作了。丙业务员并没有被客户吓倒，他见招拆招，想尽了办法与那位客户周旋。那位客户自知磨不过丙业务员，最后只得同意给钱，他承诺了开一张10万元的现金支票给丙。丙业务员很开心地拿着支票到银行取钱，结果却被告知账上只有99920元。很明显，对方又耍了个花招，那位客户给的是一张无法兑现的空头支票。第二天就是春节了，如果不及时拿到钱，不知又要拖延多久。

遇到这种情况，一般人可能只好退回支票。但是丙业务员却觉得要让问题到此为止，因为这是他的工作。最后他灵机一动，自己拿出100元钱，把钱存到客户公司的支票里去。这样一来，支票里就有了10万元。他立即将支票兑了现。

可以想象，要是丙也像甲和乙那样没有责任心，遇到问题不努力去想办法解决，而是随便找个借口，不尽力、不坚持就回来了，那他绝对不可能追回货款。

所以，我们在遇到困难的时候，一定要记得这句话：让该解决的问题到此为止。可以说，没有任何一个老板愿意自己安排的任务被人当成皮球踢来踢去。

——资料来源：陈浩，王洪凯．职业精神［M］．北京：中华工商联合出版社，2010.

根据上述案例回答如下问题：

1. 三个业务员的故事说明了什么？
2. 在遇到此类问题的时候，你会怎样解决？

三、实践与拓展

1. 课堂辩论

辩论题目 1：

一些员工认为，“职业纪律不重要，提高职业技能最重要”。这样的看法正确吗？请以“职业纪律重要还是职业技能重要”为题，开展一次辩论。

辩论题目 2：

有些员工认为，自己只是普通的打工者，干好活，拿到薪水，对得起良心就行了。奉献是劳动模范、先进人物的事，与一般人关系不大，也不是一般人所能做到的事。奉献只是劳动模范、先进人物的事吗？请以“职业奉献是不是必需的”为题，展开辩论。

2. 情景模拟

把自己置身在这样一个场景：到野外去玩，正巧下雨了。这个时候你看到了一个摇摇欲坠的草屋，你会不会进去避雨？可是这个草屋由于受不了风的力量，马上就要倒了，需要你去扶住它，不让它倒，因为它倒了，你就没有地方避雨了。那么这个时候，是你需要草屋，还是草屋需要你？

3. 职业精神测试

（1）你是一个有责任感的人吗？

① 与人约会，你通常准时赴约吗？

② 你认为自己可靠吗？

③ 你会未雨绸缪提前准备吗？

④ 发现朋友犯法，你会通知警察吗？

⑤ 外出旅行，找不到垃圾桶时，你会把垃圾随地乱扔吗？

⑥ 你经常运动以保持健康吗？

⑦ 你忌吃脂肪过高和其他有害健康的食物吗？

⑧ 你永远将正事列为优先，然后再做休闲活动吗？

⑨ 你从来没有错过任何选举权利吗？

⑩ 收到别人的信，你总会在一两天内就回信吗？

⑪ “既然决定做一件事情，那么就要把它做好。”你相信这句话吗？

⑫ 与人相约，你从来不会失约，即使自己生病时也不例外吗？

⑬ 在求学时代，你经常按时交作业吗？

⑭ 小时候，你经常帮忙做家务吗？

说明：选择“是”得1分，选择“否”得0分。分数在9~14分：你是个非常有责任感的人，行事谨慎，懂礼貌，为人可靠，并且相当诚实。分数为3~8分：大多数情况下，你都很有责任感，只是偶尔率性而为，没有考虑得很周到。分数为2分及以下：你是个完全不负责任的人，你一次又一次地逃避责任，造成每份工作都干不长，手上的钱也总是不够用。

（2）测一测，你是一个敬业的人吗？

仔细思考下面的问题，写下你认为自己存在的不足和下一步的改进计划。

① 工作中遇到问题和困难时，你是否总是千方百计找方法，将工作保质保量地完成，而从不推卸责任？

② 你的工作质量如何？是否总能让上级和自己满意？

③ 你是否经常在工作细节上出现问题？为什么？

④ 工作中你是否总是自动自发地为公司节约成本？

⑤ 你的工作效率如何？你是否积极追求最快的工作速度？

⑥ 对任何一项工作，你的表现是否总能超出公司的期望？

⑦ 你抱着什么样的心态工作？是用心工作还是用命工作？

⑧ 接到上级安排的工作任务，你是否总是马上去做，从不拖延和敷衍？

⑨ 对于工作你是否总能怀抱满腔热情，有着浓厚的兴趣和愿望去实现工作目标？

⑩ 你是否能够主动检查自己的工作状况，做到不断改进，不断超越自我？

四、推荐阅读

焊接领域的“大国工匠” 响当当的“大师傅”

艾爱国，男，汉族，1950年3月出生，中共党员，湖南华菱湘潭钢铁有限公司焊接顾问，精通技艺，是焊接领域的“大国工匠”。他在焊工岗位上工作50多年，攻克焊接技术难关400多个，改进工艺100多项，多次参与我国重大项目焊接技术攻关和特种钢材焊接性能试验。指导实施参与某试验型导弹焊接工艺，将中碳调质钢弹壳与发射座焊接相连，X射线检验100%达到一级标准。海军某在研先进舰艇的推进动力装置，要在仅0.2平方米的紫铜导板上密集施焊，制造方历时半年也没能拿下来。艾爱国受邀前往，采用熔化极氩弧焊接工艺重新制定焊接方案，并现场指导，成功解决了产品一直焊缝渗漏、质量不合格的技术难题。

传承技术，是响当当的“大师傅”。他主持的湘钢板材焊接实验室，被湖南省列为焊接工艺技术重点实验室，被全国总工会命名为“全国示范性劳模创新工作室”。多年来，他带过的徒弟有600多名，湘钢高级技师、技师、高级工以上级别的焊工，80%都跟艾爱国学过艺。他的徒弟中，有的获得全国五一劳动奖章、有的成为湖南省劳动模范、“三八红旗手”“十佳青年”等。艾爱国还无偿向200多名下岗工人和农村青年传授焊接技术，其中有100多人进入南方电力机车集团、三一重工集团等大型企业，凭借过硬的技术基础和自身的努力逐渐成为企业骨干。

坚定本色，是扎根一线的“老黄牛”。艾爱国在湘钢工作一辈子，最高职务就是焊接班的班长，领导曾经多次想提拔他，艾爱国都婉言谢绝了。退休之后，女儿想把他接过去安享晚年，但艾爱国选择了留在湘钢。如今，70多岁的艾爱国，早上7点半前上班，下午6点半后下班，几十年不变地骑着他那辆破旧自行车，继续奋战在焊接工艺研究和操作技术开发第一线。

——资料来源：中国经济周刊，2023-04-17.

常香玉：戏比天大　忠心报国

在河南省巩义市河洛镇南河渡村常香玉故居，一架名为“香玉剧社号”的米格—15喷气式飞机模型特别引人注目。“这是‘香玉剧社号’飞机模型，是常香玉家国情怀最具代表性的体现……”讲解员为参观者讲述人民艺术家常香玉的一生。

常香玉原名张妙玲，1923年出生在河南巩义一个贫苦家庭，为了不当童养媳，9岁起随父学戏。在漫长的艺术生涯中，常香玉取百家之长，集豫剧之大成，融合豫东、祥符各调，并吸收曲剧、坠子、山西梆子、河北梆子、京剧等唱腔，形成了深受广大群众喜爱的常派艺术。

为了让戏“顺民心，反映时代”，常香玉和丈夫陈宪章一起，在改造传统题材的同时，积极演绎现代戏。所改编的《拷红》《白蛇传》《大祭桩》等传统剧目，成为常派艺术传世之作；《朝阳沟》《李双双》《红灯记》等现代戏的探索，让常派艺术焕发出新光彩。

从艺70年，常香玉共演出剧目100多部，在舞台上塑造了红娘、白素贞、花木兰、佘太君、穆桂英、李双双等经典妇女形象，使豫剧从一个地方戏成为全国性的大剧种。

“戏比天大”、德艺双馨是常香玉一生的承诺和追求。常香玉和她带领的剧团一直坚持“三三三制”演出——三个月在农村，三个月在工矿，三个月在部队，为最基层的观众和官兵巡回演出。

1951年，全国上下掀起抗美援朝热潮，常香玉迸出这样一个念头：在全国巡演、义演，给抗美援朝的志愿军捐飞机。

常香玉的弟子、今年82岁的韩玉生回忆，巡演、义演出发前，常香玉卖掉了剧社的运输卡车，把自己所有的首饰及多年积蓄拿了出来，还把自己的3个孩子送进托儿所。半年时间里，她带领香玉剧社成员走遍了大半个中国，行程逾万里，终于完成了这个心愿。这件事，极大鼓舞了当时全国军民的爱国心。

1953 年，常香玉又随赴朝慰问团到朝鲜进行慰问演出。1959 年，常香玉加入中国共产党。如今，“香玉剧社号”飞机陈列在中国航空博物馆，成为凡人壮歌的永远见证。

2004 年 6 月 1 日，常香玉因病逝世，享年 81 岁。2004 年 7 月，国务院追授这位豫剧大师“人民艺术家”荣誉称号。2009 年，常香玉当选“100 位新中国成立以来感动中国人物”。2019 年 9 月，荣获“最美奋斗者”荣誉称号。

人去声尚在，清香犹伴人。“常香玉抗美援朝捐献飞机的爱国义举，一直为世人所敬仰；她艺不惊人誓不休的执着、戏比天大的敬业精神，为戏剧界树立了一座丰碑；她服务群众、奉献社会的高尚品德，永远值得我们学习。”南河渡村支部书记张继伟说。

如今，常香玉故居，这个由四孔窑洞、三间平房组成的农家院落成为当地爱国主义教育基地，每年有上万人前来瞻仰、学习。

——资料来源：《光明日报》，2021-06-02.

为游客着想　讲好旅行故事

“在我们相处的 7 天时间里，范导给我们留下了深刻的印象。他不仅让我们看到甘肃、青海的大好美景，听到很多奇闻趣事，还让我们受到了一次爱国主义教育。”这是黑龙江游客姚永光在游玩甘青大环线后，写给甘肃省文化和旅游厅感谢信上的话语。信中的“范导”，便是负责带团的甘肃省旭日假期旅行社有限公司导游范刚。

今年 51 岁的范刚是土生土长的兰州人。早年间，他南下广州、深圳闯荡，还曾长期在海南做导游。近年来，西北旅游发展火热，范刚回到家乡，凭借多年积累的导游经验，做了一名导游，向游客讲述家乡的风景、历史人文故事，让游客领略家乡的魅力。

7 月 14 日，姚永光与其他 21 名游客参加了甘肃青海大环线旅游，负责地接的导游正是范刚。在接下来的 7 天里，在长达 3000 多公里的旅途中，范刚用热忱的语言、真诚的陪伴以及细致的服务，打动了姚永光和其他游客。

“范导知识面广、业务熟练，不但把导游该讲的知识都讲到了，还引古、引传说、引名人，把甘肃、青海的景点讲活了。虽然旅途劳顿，但是很多游客都不觉得累，在大巴车上听范导讲故事听得津津有味，一点也没有睡意。”姚永光说。

在旅途中，范刚的一些细节处理让姚永光印象深刻。“每到一个地方，范导会向我们介绍当地如今的发展，讲述老百姓是如何在党的带领下，用好惠民政策和各种资源，建设美丽家园。他用事实说话，用情动人，让我们对当地的发展有了比较深刻的了解。”

范刚说，每次带团，他都会结合旅游团的实际情况，对讲解做一些对应性调整。在这次带团讲解中，他除了调整讲解词外，还准备了很多当地的图片，在向游客讲述小故事时，展示这些图片，让游客有直观印象。

行程中，范刚还不忘传递爱国等“正能量”。“范导将爱国、爱人民与当地的风景名胜、红色景点完美结合，让我们从一个个美丽动人的故事中体会到党的伟大、国家的伟大、人民的伟大，使此次旅行得到了升华。”姚永光说。

行程中，在行走艰难的景点处，范刚会提醒游客注意人身安全；在人多拥挤时，他会提醒游客注意财产安全；在欣赏高原美景时，他时刻打量每位游客的脸色，确保游客没有出现高原反应；在体验当地特色餐饮时，他会提前了解游客的饮食禁忌，确保游客吃得放心、吃得开心……

“我在全国各地旅游的次数较多，也接触过很多导游，范导的服务让我觉得非常满意。一些本不是导游职责范围内的服务项目，只要游客有需要，他都会像当地朋友一样去安排，甚至游客没想到的事，他都做得很到位，让我们真正感受到一名优秀导游的职业精神和个人魅力。”姚永光说。

——资料来源：中国旅游新闻网，http：//www.ctnews.com.cn/news/content/2021-08/18/content_110227.html.

“90后”女医生与死神赛跑 15分钟救3人

李容，女，1990年12月生，重庆市妇幼保健院儿童保健科住院医师。2022年3月13日上午11时，两江新区康美街道某下水道工地突发异常情况，造成4名工人沼气中毒、昏迷不醒。李容恰巧路过，第一时间冲上前去，跪地对刚从下水道救出的工人进行抢救。在120救护车到达前十几分钟里，李容一刻不停，连续抢救3人，直到把患者都送上救护车，她才默默离开现场。

危急时刻方显英雄本色

“快说是不是你？”14日这天，重庆市妇幼保健院儿童保健科医生李容，收到不少亲朋好友的“逼问”。就在前一天，李容跪地连救3人后，悄悄地离开了。

3月13日上午11时许，重庆两江新区康美街道，疏通下水道的4名工人因沼气中毒昏迷在井下。此时，李容和丈夫恰好在附近。她扒开人群，看到一名男子从井下被救上来，昏迷不醒。

“我去摸颈动脉，脉搏非常微弱，得马上进行心脏复苏抢救。”李容解开男子的上衣扣子，开始做心肺复苏。外胸按压和人工呼吸交叉，五六分钟后，男子终于有了意识。紧接着，她又爬到第二个刚升井的工人身边。“第二个人我记忆最深刻。”

李容说，那是个四五十岁的男子，上来时呼吸已停止，颈动脉和心跳都已察觉不到。她跪在地上，双臂按压一阵，再俯下身为男子做人工呼吸，如此不断交替。“我那时就一个念头：不能停！他可能是一个家庭的顶梁柱。”终于，经李容的紧急抢救，第二个男子恢复了微弱的心跳和呼吸，李容也累得快要瘫倒在地。按照心肺复苏每分钟 100 至 120 下的频率，救援前两人的这十几分钟，她双臂已用力按压上千下。

第三个升井的工人是个年轻的小伙子，看到他还有意识，在场的人都松了一口气。第四个工人升井时，120 救护车恰好抵达现场。此时，李容双臂酸软，已经没有力气。她爬到第四个男子身边，操作“呼吸囊”打氧气，全程配合急救医生做心肺复苏。终于，第四个男子恢复了血压和脉搏。把四名工人都送上急救车后，李容找到丈夫，二人悄悄离开了。第二天，好多同事、同学从短视频社交平台上，刷到了她跪地救人的身影，这才出现开头的一幕“逼问”。

李容今年 31 岁，从重庆医科大学毕业后，参加工作 3 年多。此次救援，是她第一次将课堂知识用在实践中。“遇见这一幕，我也迷茫与害怕。但是从穿上白大褂的那一刻起，这便就是我们的使命，生命稍纵即逝，容不得任何犹豫。希望这 4 人，平安！”回忆这场惊心动魄的救援，她由衷感叹。事故现场的 4 名男子，现在均已脱离生命危险。

兢兢业业在平凡中坚守

当李容救人的事迹传到同事圈子的时候，大家纷纷表示并不意外。“李医生对同事和患者都非常热心，我们在工作上有什么问题向她咨询，她从来都是积极地帮助我们，即使有时她自己很忙，也会在下班时候专门抽时间来回复我们。”和李容共事 3 年多的助理医师王瑶如此评价，“有时候碰到加号的病人，她宁愿个人加班，也会先解决号源的问题。”李容总是给孩子的家长留下自己的电话号码便于他们咨询，不怕被打扰，也时常忘了饥饿、忘了疲惫，提供温馨的专业指导和咨询。

在 2021 年重庆市举办的全市医疗机构“三基三严”大比武活动中，李容在初赛即获得一等奖。心肺复苏是“三基三严”的重要内容之一，这次的急救，是理论结合实际的一次完美演练。

“敢于承担、善于学习”是科室主任王念蓉对李容的评价。2020 年 1 月，新冠肺炎疫情暴发之初，重庆市妇幼保健院成立发热门诊，李容和科室同事主动请缨，去发热门诊支援了 2 个多月。面对未知病毒，每天穿着厚厚的防护服，浑身热出疹子也从不叫苦、抱怨。同年底，医院开辟专门的诊室为儿童注射新冠疫苗，很多人都还不太接受。在本职工作之外，李容又积极组织公益讲座、科普课堂，做一些宣讲动员、答疑解惑的工作。“经过大家的努力，我们医院获得了全市的预防接种先进单位，李容也获得了优秀志愿者的称号。”王念蓉说。

不论是在惊心动魄的“高光时刻”，还是在日复一日的平凡工作中，李容始终用实际行动践行新时代医疗卫生的职业精神。

——资料来源：中国文明网，http：//www.wenming.cn/sbhr_pd/zghrb/jyyw/202205/t20220530_6391002.shtml.

青年在选择职业时的考虑

一个选择了自己所珍视的职业的人，一想到他可能不称职时就会战战兢兢——这种人单是因为他在社会上所居地位是高尚的，也就会使自己的行为保持高尚。

在选择职业时，我们应该遵循的主要准则是人类的幸福和我们自身的完美。不应认为，这两种利益是敌对的、互相冲突的，一种利益必须消灭另一种的；人类的天性本来就是这样的：人们只有为同时代人的完美、为他们的幸福而工作，才能使自己也达到完美。

如果一个人只为自己劳动，他也许能够成为著名的学者、大哲人、卓越诗人，然而他永远不能成为完美无疵的伟大人物。

历史承认那些为共同目标劳动因而自己变得高尚的人是伟大人物；经验赞美那些为大多数人带来幸福的人是最幸福的人；宗教本身也教诲我们，人人敬仰的理想人物，就曾为人类牺牲了自己——有谁敢否定这类教诲呢？

如果我们选择了最能为人类福利而劳动的职业，那么，重担就不能把我们压倒，因为这是为大家而献身；那时我们所感到的就不是可怜的、有限的、自私的乐趣，我们的幸福将属于千百万人，我们的事业将默默地，但是永恒发挥作用地存在下去，面对我们的骨灰，高尚的人们将洒下热泪。

——资料来源：卡尔·马克思.马克思恩格斯论教育［M］.北京：人民教育出版社，1986.

第六章 旅游职业精神

不同职业的职业精神既有相同之处，又有不同之处。旅游职业精神既体现了各行各业职业精神的共同要求，也体现了旅游业自身鲜明的个性特点。

旅游职业精神主要包括：人文精神、服务精神、敬业精神、精业精神、主动精神、忠诚精神、团队精神、执行精神等。本章通过对旅游职业精神的内涵、意义、要求等问题的分析，进一步明确了旅游职业精神的特点，丰富了旅游职业精神的内容，对于我们了解旅游职业精神的主要内涵，积极培养旅游职业精神具有非常重要的意义。

学习目标

知识目标

1. 了解旅游职业精神的内涵。
2. 理解旅游职业精神各项内容的含义。
3. 掌握旅游职业精神各项内容的意义及要求。

能力与情感目标

1. 能深刻理解旅游职业精神的重要意义。
2. 能运用旅游职业精神知识对相关案例进行分析、评价。
3. 能形成对旅游职业精神的认同感，努力加强个人修养，积极培养旅游职业精神，树立正确的职业价值观，在实践中养成良好的职业态度和职业行为，为成为一名合格的、优秀的旅游从业者奠定基础。

名言荟萃 搜索

业精于勤，而荒于嬉。行成于思，而毁于随。

——韩愈

愉快只是幸福的伴随现象，愉快如果不伴随以劳动，那么它不仅会迅速地失去价值，而且也会迅速地使人们的心灵堕落下来。

——康斯坦丁·乌申斯基

人只有献身于社会，才能找出那短暂而有风险的生命的意义。

——爱因斯坦

一个真正而且热切地工作的人总是有希望的——只有怠惰才是永恒的绝望。

——卡莱尔

公司不能保证你的饭碗，只有顾客满意才能保住饭碗。

——杰克·韦尔奇

案　例

近年来，在以习近平同志为核心的党中央坚强领导下，全国文化和旅游系统广大干部职工坚持以习近平新时代中国特色社会主义思想为指导，贯彻落实习近平总书记关于文化和旅游工作重要论述精神和党中央、国务院决策部署，围绕举旗帜、聚民心、育新人、兴文化、展形象的使命任务，以推动高质量发展为主题，以改革创新为动力，以社会主义核心价值观为引领，以满足人民文化需求和增强人民精神力量为着力点，努力创作优秀文艺作品，提供优秀文化产品和优质旅游产品，推动文化建设和旅游发展取得显著成效，涌现出一大批政治坚定、事迹突出、群众认可的先进典型。

——资料来源：人力资源社会保障部 文化和旅游部关于表彰全国文化和旅游系统先进集体、先进工作者和劳动模范的决定（人社部发〔2021〕91 号），2021-11-18.

庄李冰，嘉兴市南湖名胜发展有限公司副总经理、经济师。2021 年被评为全国文化和旅游系统劳动模范。

2005 年参与到南湖景区旅游营运工作，始终以饱满的工作热情，严谨的工作态度，甘于奉献，勇于创新，以在南湖边、红船旁干事创业的责任感与使命感，全心全意致力于发展嘉兴的旅游事业。

扫码观看视频：全国文化和旅游系统劳动模范庄李冰

——资料来源：浙江省文化和旅游厅官网　全国文化和旅游系统先进集体、先进工作者和劳动模范专栏 .

案例分析

庄李冰的事迹体现了社会主义核心价值观的哪些内容？庄李冰具有怎样的职业精神？旅游从业者应该如何培养职业精神？

第一节　旅游职业精神概述

一、旅游职业精神的内涵与内容

职业精神是在特定职业实践基础上产生的，它不仅是对一定社会精神的反映，更是对特定职业的特殊利益和要求的反映。不同职业的职业精神既有相同之处，又有不同之处。例如，爱岗敬业精神、无私奉献精神、团结协作精神等是各行各业对从业者的共同要求；而救死扶伤、治病救人是医生职业精神的体现，传道授业、热爱学生是教师职业精神的体现。

旅游职业精神是旅游从业者在从事旅游经营、管理和服务的过程中形成的，并为旅游企业群体所认同的特有价值观和精神面貌的总和。

旅游职业精神的内容主要包括：人文精神、服务精神、敬业精神、精业精神、主动精神、忠诚精神、团队精神、执行精神等。伴随着旅游业的发展，旅游职业精神越来越受到人们的普遍关注。旅游职业精神的形成不是一朝一夕的事，而是一个漫长的过程，它体现在旅游从业者的行为举止和工作实践中。

二、旅游职业精神与旅游企业文化的关系

旅游职业精神孕育在旅游企业文化之中，没有旅游企业文化就没有旅游职业精神。旅游企业文化为旅游职业精神的形成提供了肥沃的土壤。旅游企业文化与旅游职业精神是包含与被包含、整体与部分的关系：一方面，旅游职业精神是旅游企业文化的重要组成部分，它体现了旅游企业员工的思想境界和整体精神风貌；另一方面，旅游企业文化是旅游企业在经营、管理、服务实践中逐步形成的，为全体员工所认同并遵守的、带有本组织特点的使命、愿景、宗旨、精神、价值观和经营理念，以及这些理念在经营实践、管理制度、员工行为方式与企业对外形象的体现的总和。因此，旅游企业文化的内涵更为丰富。

同时，它们之间也存在细微的差异：旅游职业精神是每个旅游企业员工所必须拥有的并使之成为在旅游经营、管理、服务中长期追求的方向；旅游企业文化对于每个旅游企业而言又有所不同。

第二节 人文精神

一、人文精神的内涵与核心

在西文中，“人文精神”一词是humanism，通常译作人文主义、人本主义、人道主义。是指对人的生命存在和人的尊严、价值、意义的理解和把握，以及对价值理想或终极理想的执着追求。人文精神主要表现为世界观、价值观和人生观。

人文精神的核心就是“以人为本”，以人为本的科学内涵需要从两个方面来把握。

（一）“人”的概念

在中国，春秋时期的政治家管仲第一个明确提出了“以人为本”的思想，认为“夫霸王之所也，以人为本，本理则国固，本乱则国危”（《管子·霸言》）。中国历史上的人本思想，主要是强调人贵于物，“天地万物，唯人为贵”。

（二）“本”的概念

“本”在哲学上可以有两种理解：一种是世界的“本原”；另一种是事物的“根本”。以人为本的本，不是“本原”的本，是“根本”的本，它与“末”相对。提出以人为本，是要回答在我们生活的这个世界上，什么最重要、什么最根本、什么最值得我们关注。以人为本，就是与物相比，人更重要、更根本，不能本末倒置，不能舍本逐末。

“以人为本”的人文精神其要旨在于尊重人的生命、尊重人的价值、尊重人的权利，肯定人的作用，关注人的生存和发展，将人置于至尊至重的地位，人类的一切活动与创造，只有在为了人的时候才具有意义。

二、旅游企业人文精神的要求

旅游企业文化首先是人本文化，以人为本的理念应该成为旅游企业文化塑造的出发点和归宿。旅游业是一种服务性行业，提供的产品是员工对顾客面对面的服务，人在旅游企业中起着非常重要的作用。因此，旅游的灵魂就是以人为本。旅游企业中的人文精神要求旅游开发、旅游经营与服务都要坚持以人为本。以人为本要做到以顾客为本、以员工为本、以公众为本。

（一）以顾客为本

“以顾客为本”是指旅游企业的经营活动应该以顾客为中心，尊重顾客、关注顾客，满足顾客的需求，按照顾客的需求来设计产品。顾客是企业生存的依据，市场的竞争就是企业对顾客的竞争。沃顿学院的一项跨行业研究发现：只要每年的顾客流失率能降低 5% ~ 10%，公司的利润便可以增加 25% ~ 75%。关注顾客需求、留住顾客并使顾客产生忠诚度将是未来商业发展和竞争的关键。旅游者是旅游的主体，不被旅游者认可的旅游是没有价值和意义的。“以顾客为本”实际上就是提高顾客满意度。只有旅游企业所提供的服务和产品能够满足消费者的需求，才可以增强旅游企业的生命力。

（二）以员工为本

企业是由人组成的群体，人是企业生产力诸要素中最积极、最活跃的因素。旅游业的产品和服务是由旅游从业人员提供的，旅游从业人员的素质直接影响着旅游企业的形象，是旅游企业无形资产的重要构成。旅游从业人员是旅游企业的主体，是旅游企业的效益之本、人才之本。每一个从业者娴熟的技能，优质的服务和扎实的工作是旅游企业形象的保证。只有通过对“人”的有效管理，全面提高“人”的素质，才能使旅游企业保持良好的形象，在竞争中立于不败之地。因此，旅游企业的管理水平直接关系到旅游服务的质量，关系到旅游企业的生死存亡。ES 理念即由此而生。

ES，是英文“Employee Satisfaction”的简称，中文译为“员工满意”。它是在CS（Customer Satisfaction，顾客满意）经营基础上发展起来的新型企业管理方法。一般来说，企业的顾客有两种：一是外部顾客；二是内部顾客。外部顾客通称为消费者，“以客为尊，满意至上”是赢得他们青睐与忠诚的不二法门。内部顾客其实就是员工。目前的人力资源管理理论已由支配、控制、命令，代之以尊重、包容、沟通、服务的员工满意管理。ES强调，企业在做好外部CS经营的同时还应当开展有效的内部员工营销。即把员工当作顾客，通过转变领导观念，找对具备服务态度的员工、改善条件、培训其服务技能，再激励他们为顾客提供优质服务，进而形成热心、专注的CS精神，使企业达到可持续发展。

ES理念以“让员工满意”为核心，即在管理中，充分重视和最大限度地满足员工的物质和精神需求，调动员工的积极性、主动性和创造性，挖掘员工的潜在能力，从而真正赢得发展。这种思想从人本观念的角度理顺了这样一个传递关系：在管理者心中——员工第一，在员工心中——顾客第一，即“以满意的员工产生满意的顾客”。假日酒店的创始人威尔逊曾经说过：“没有满意的员工，就不会有满意的顾客。有幸福愉快的员工，才会有幸福愉快的客人。”日本企业家松下幸之助在其著作《实践经营哲学》一书中指出：“事业在人，经营的组织、手段固然重要，但掌握并使之发生效力的仍旧是人。”日本本阳公司总经理尚一郎积从多年经营管理的经验总结中得出：“人不是机器，如果一个工厂把人和自动化机器置于同等地位，这个企业是不会长久的。”

旅游企业内部“以员工为本”，就是旅游企业管理者对员工要进行人文化关怀、进行人性化管理，让员工感受到自己对企业的价值和意义，培养员工对企业的归属感、责任感和忠诚感，只有这样才能充分调动内部员工工作的积极性，发挥员工劳动的能动性，激发员工内在的潜能，从而提升旅游服务质量。

旅游企业以员工为本要做到以下三点：

（1）**关心和爱护员工**。旅游企业管理者应该热爱员工、关心员工，给员工以温情，关心员工需要，心里时刻想着员工，让员工有种“归属感”，把企业当成自己的家。一个企业要想对社会做出贡献，让自己昌盛地发展下去，其关键在于爱护企业中的每一个人。

（2）**尊重和信任员工**。美国心理学家马斯洛提出了需要层次理论，即人在生理、安全、社交需要得到满足的基础上，还有被尊重的需要，这是人较高层次的需要。人的尊重需要包括自尊和受人尊重两个方面。在旅游工作中，职位的不同只是工作的内容责任不同，人都是平等的，没有贵贱之分。所以，旅游企业中每一个人都必须受到同等的尊重。员工的尊重需要得到满足，能使员工对自己充满信心，对工作充满热情。尊重需要一旦受挫，就会使人产生自卑感、软弱感、无能感等情感，有的甚至会使人失去对生活的基本信心。尊重和信任员工，可以使员工在工作中有更多的自豪感、自信心和责任心，从而极大地激发员工的工作积极性和主动性，挖掘他们的潜力，充分发挥他们的创造力，使他们心甘情愿地、愉快地为实现组织提出的目标而不断努力，从而为组织做出更大的贡献。

（3）**培养和激励员工**。人不仅有尊重的需要，还有自我实现的需要。员工不仅有物质方面的需求，还有对个人发展、学习知识等方面的需求。以员工为本，还要求旅游企业对员工进行职业生涯规划培训，为员工提供自我发展的空间。员工在清楚了解自己和职业前景的情况下，能够对自己设定的目标有更大的信心。管理者应结合员工的兴趣、能力、价值观等，建立员工满意的培训体系，营造持续学习的良好环境。同时还要通过改革创新人事管理制度，改善工作环境、生活环境、人际关系等，建立完善的激励机制，增强员工的主人翁责任感、自豪感，激发创优争先、争做贡献的工作热情。

课堂思考

旅游企业中，你认为“员工满意”和“顾客满意”哪个更重要？

（三）以公众为本

以人为本要求企业不仅要以顾客和员工为本，还要承担社会责任。企业社会责任意味着一个企业要为自己影响人们、社会和环境的任何行为承担责任。企业必须超越把利润作为唯一目标的传统理念，承担对环境、对社会的责任。旅游企业是一个经济实体，其存在的目标是追求利润。但旅游企业同时也是社会的一个小细胞，一个微观群体，应肩负起对整个社会公众的责任。旅游企业应充分发挥资本优势，为发展社会事业，为成为一个好的企业公民而对外捐助。旅游企业对社会负责，就是“以公众为本”的旅游企业文化的体现。

第三节　服务精神

一、服务精神的内涵与意义

（一）服务精神的内涵

“服务精神”是通过为某种事业、集体、他人提供良好的服务，实现双向互动、双边共赢的精神、意识。在社会中，我们每一个人对别人而言都是服务者，在某些时候我是你的服务者，而在另外一些时候你又是我的服务者。

从本质上讲，服务是一种企业哲学、一种领导形式、一种集体的精神、一种视品质与顾客价值为引导原则的经营方式和企业行为。一流的企业卖服务，二流的企业卖产品。在优秀企业中，服务的优化表达了某种卓越企业文化的精髓。这种文化的精髓展现在实际的服务中，就是可以吸引和打动顾客的服务精神。

课堂思考

1. 谈谈你知道的旅游企业“以公众为本”、勇于承担社会责任的事例。
2. 作为新时代的旅游工作者，你将来应承担怎样的社会责任，如何履行社会责任？

（二）服务精神的意义

市场竞争日益激烈，产品不断趋于同质化，企业对服务的重视程度越来越高。对企业而言，有服务精神的企业才能真正吸引消费者，甚至锁定消费者，用优质的服务建立强大而稳定的品牌。因此，提升服务品质已经不仅是提升企业竞争力的重要手段，而且已经成为决定现代企业成败的关键因素。为客户提供持续的优质服务是企业竞争中的一把利器，是打造核心竞争力的重要内容。在西方企业界有这样一句名言：现代企业生产，只有服务，没有产品。无数的事例已证明：服务决定企业的生死存亡。在如今的时代，从一定意义上说，产品已经成为服务的附属品，客户要买的不仅仅是你的产品，还有你的服务。所以，对企业来讲，一流的服务水平变得越来越重要，具有优秀服务能力的员工也越来越受到企业的青睐，他们往往会因自身杰出的服务水平而获得更好的发展空间。提升服务品质不仅是一个人发展的动力，也是一个企业的立足根基。

美国民营企业家玛丽安娜·拉斯马森提出一个著名的公式，她说，提供优质服务、处理好消费者的投诉就等于提高消费者满意度，等于增加消费者认牌购买的倾向，等于更高的价值和利润回报。你的客户服务水平越高，就越能吸引更多的客户光顾，也就会吸引到更多的忠实客户，而企业也能相应获取更多的利润。

二、服务质量是旅游业的生命线

旅游服务是旅游业的核心和本质。旅游服务是指旅游从业者借助旅游设施和一定手段向旅游者提供便利的活劳动，是旅游活动的软件媒体。旅游服务同旅游资源、旅游设施一样，也是旅游消费产品；它们都是旅游活动的媒体，其中，旅游设施是旅游活动的“硬件”媒体，而旅游服务是旅游活动的“软件”媒体。旅游设施与旅游服务只有密切地结合在一起，才能使旅游者在旅游活动中得到一定程度的物质享受和精神满足。但是，旅游服务与旅游设施并不是平分秋色、并驾齐驱，而是一种主从关系——旅游服务为主，旅游设施从属于旅游服务。由此可见，旅游服务是旅游业的核心和实质，是旅游业中最本质的东西。因此，服务性是旅游业的本质特征。

旅游业是以出售劳务为特征的服务型行业，生产者与消费者直接面对面接触，服务主体和服务对象都是“人”。旅游产品不同于一般产品。在一般产品中，人的劳动价值物化在物质产品中，生产者与消费者之间的关系被具体的物所掩盖。而在旅游产品中，人的劳动价值不仅物化在物质产品中，而且以人对人直接服务的形式体现出来，服务者的每一个细节，甚至一个微笑，都是一种服务，都包含在旅游产品之内。这个特点决定了旅游从业人员个人素质的高低、服务态度的好坏将会对旅游产品、对消费者的旅游经历和体验产生极其深刻的影响，甚至决定着一次旅游消费活动的成败。实践证明，旅游服务人员热情、周到、礼貌、诚挚的服务可以在一定程度上弥补旅游硬件设备存在的某些不足。这些都说明了服务在旅游业中具有极其重要的地位。虽然科技越来越发达，但在旅游业的运行过程中，其“员工”向“顾客”提供的面对面、高接触的服务却无法被机器或物质生产过程所替代，“员工”提供的服务对于旅游产品给顾客带来的体验感受起着关键作用。美国市场营销专家菲利普·科特勒曾说：“旅游企业的外部营销把顾客吸引到酒店或旅游地，但如果企业员工提供的服务达不到顾客的预期水平，再好的外部营销也白搭。”顾客是旅游企业最宝贵的资源，是决定旅游企业生死存亡的关键，只有为顾客提供满意的服务，赢得顾客的支持和信赖，旅游企业才能生存发展，焕发勃勃生机。因此，服务质量是旅游业的生命线。

三、培养服务精神、追求卓越服务

（一）树立服务意识

服务意识是指企业全体员工在与一切企业利益相关的人或企业的交往中所体现的为其提供热情、周到、主动服务的欲望和意识。即自觉主动做好服务工作的一种观念和愿望，它发自服务人员的内心。服务意识有强烈与淡漠之分，有主动与被动之分。

服务意识至关重要。美国相关消费者机构调查的资料显示，有近70%的顾客不再回头的原因是由于服务人员对顾客的态度不佳。之所以如此，这与服务人员在工作中推三阻四、老是抱怨、视客户服务如儿戏的态度是分不开的。他们不以服务为自己的工作，不愿意尽最大努力、最大限度地满足顾客的要求，也根本不想尽力超出顾客预期。

旅游从业人员应该树立这样的观念：“服务，是我的工作职责。”只有旅游企业的所有员工都具备为顾客服务的理念，认识到服务对于工作和生命的价值，才会认真服务于顾客，真诚地听取顾客的意见，并向上司提出积极的改进措施。因此，优秀的员工不但要具有负责、投入的服务理念，还要有以服务为工作全部的价值观。对每一位员工而言，服务就是自己的工作，这种观念代表的是根植于内心的对服务的一种永久的追求。顾客满意更是永远的心愿，每一名员工应该把服务当作一种习惯，把服务视为一种修行，一种表达感谢的行动。

相关链接 搜索

“家”一般的服务

有一次，我在北京出差。一天中午，因为临时有点事，我就在宾馆点了一碗清汤面。

在点餐的时候，宾馆的餐饮部经理就问我：“先生，您还需要加点什么？”我说：“那就加一点蔬菜，再加一个单面煎蛋。”这时，她犹豫了一下说：“先生，您点的一个是中餐，一个是西餐……”（其意是有点麻烦）但是，她马上意识到话没说好，便紧接着说：“先生，不要紧，我来帮您处理。”

挂了电话后，我心想：她这个话说得有点意思。她让我知道，我给她们的工作带来了难度，但同时她也让我知道，他们把这个问题解决了。

当他们把面送来，我吃完之后发现餐桌上摆着一张非常精致的小卡片。刚开始，我没怎么注意，因为一般宾馆都会有这样的小卡片。等我拿着小卡片一看，发现在它的背面是这么写的：“您的点单我都亲自过目，请您放心享用。”后面的签名是餐饮部经理。

回长沙之后，我就把我经历的这个事情告诉了酒店界的朋友。他们说，要办到这一点不容易。因为，每个客人点的餐，餐饮部经理都亲笔签了名，这就是说她必须整天都守在餐厅，否则签名就是假的。这充分体现了他们对顾客的尊重，给顾客提供的是“家”一般的服务。

（二）加强职业责任心和道德义务感

职业责任心是个人对实现职业责任所持的态度；道德义务感是个人对履行某种道德要求的高尚情感。一个对社会有价值的职业的从业人员，只有正确认识本行业在整个社会生产中的地位、性质、职责、意义等，才有形成和提高自身道德品质的思想基础。有了这样的思想基础，从业人员才会自觉遵守道德规范，产生做好本职工作的强烈责任心。

道德义务感的建立，主要取决于对人生价值的理解。人生价值主要取决于对社会的贡献，也就是个人能为满足社会需要做有益的事情。人生最有意义的是工作。工作的过程就是服务的过程，工作为企业和顾客创造了价值，向社会传播了一种文明，实现了自己的人生价值。服务带给他人满足与快乐，也带给自己快乐与收获。

案　例

他们用汗水绘就绿色美景——记生态环境领域做出突出贡献的功勋模范

又一年春风吹绿大地，甘肃省古浪县八步沙林场里，绿芽正悄悄钻出；宁夏灵武白芨滩这片“塞上绿洲”，渐渐恢复的绿意带来春的生机；浙江省安吉县余村青峦叠翠，踏春的游客徜徉在竹海与绿树间……

近年来，我国持续推进大规模国土绿化行动，累计造林 9.6 亿亩，种草改良草原 1.65 亿亩，森林覆盖率由 21.63% 提高到 24.02%。

这幅大规模增绿的壮美画卷，离不开扎根土地的功勋模范们——林业英雄、全国劳动模范、“时代楷模”郭万刚，“人民楷模”国家荣誉称号获得者王有德，“改革先锋”鲍新民……在治沙造林、绿化荒山、推动绿色发展的事业中，他们坚持不懈、无私奉献，助力共建美丽家园。

八步沙林场管护区内，一条南北长 10 公里、东西宽 8 公里的绿色长廊蔚为壮观。这是甘肃省武威市古浪县八步沙林场场长郭万刚带领林场三代治沙人四十年如一日，战风沙、斗荒漠、治沙造林完成的壮举。

八步沙是古浪县最大的风沙口。曾经，移动的沙丘吞噬着周围的村庄、农田，“秋风吹秕田，春风吹死牛”是这里的写照。“不能让沙给欺负死，就算是豁了命，也要把沙给治住！”从 20 世纪 80 年代起，以郭万刚为代表的三代治沙人前赴后继，走上了艰难的治沙之路。

沙漠不退人不退，草木不活人不走。经过不断摸索尝试，他们研究出麦草固沙、保护树窝的方法，让树苗成活率大大提高。现在，八步沙林场管护区内植被覆盖率由治理前的不足 3% 提高到 70% 以上，古浪县的沙化土地 90% 得到了治理，完成了从“沙进人退”到“绿进沙退”的生态巨变。

2020 年 11 月 24 日，郭万刚荣获“全国劳动模范”称号；2023 年 2 月，郭万刚被授予“林业英雄”称号。“作为普通农民，我们只是做了一件简简单单的事情。古浪变绿是我们全县人民艰苦奋斗的结晶。”如今，郭万刚依然没有停下步伐，他说，“今后，我们一定要把沙化土地彻底治理好，让乡亲们过上安居乐业的好日子。”

在浩瀚的毛乌素沙漠西南边缘，宁夏灵武市马家滩镇的村民们也曾经饱受风沙侵袭之苦，先后有 20 多个村子、3 万多人被迫迁移。“一定要把毛乌素沙漠侵吞的土地夺回来。”看到风沙一天天逼近家园，王有德誓与沙漠抗争。

王有德担任白芨滩林场场长后，带领职工大力开展防沙治沙。夏天，他带领职工顶着高温推沙平田，挖坑种树；冬天，为了抢抓树苗灌冬水的时机，全场职工日夜吃住在水渠边。由于风沙肆虐，刚栽好的树苗常常一夜之间就被掩埋，他们就不停补种，直到树木连成片，把流沙牢牢锁住。

经过多年奋战，王有德带领林场职工累计治沙造林 60 多万亩，在浩瀚的毛乌素沙漠边缘筑起了一道东西长 47 公里、南北宽 38 公里的绿色屏障，控制流沙近百万亩，有效阻止了毛乌素沙漠南移和西扩。

2019 年 9 月 29 日，北京人民大会堂的领奖台上，王有德获得“人民楷模”国家荣誉称号奖章。“这份至高无上的荣誉不是我一个人的，属于宁夏 680 多万人民，属于每一个治沙人！”回想起当时的场景，王有德激动地说。

不仅要让山更绿，水更清，也要让民更富。在浙江省湖州市安吉县天荒坪镇余村，鲍新民带领村“两委”班子，把靠矿山吃饭、灰尘漫天的余村，打造成了“绿水青山就是金山银山”的样板。

面对村里环境污染严重的状况，2005 年 3 月，新任村党支部书记鲍新民带着新班子全体成员向村民宣布：关闭全村所有矿山企业，彻底停止“靠山吃山”，调整发展模式，还村民绿水青山。

在绿水青山就是金山银山理念指引下，余村修复冷水洞水库，拆除溪边违章建筑，改造老厂房、旧农居，不断提升村庄环境。同时，尝试绿色休闲经济，村民们发展起农家乐，逐渐走出了一条适合自身的绿色发展之路。

2018 年 12 月 18 日，党中央、国务院授予鲍新民“改革先锋”称号。“现在山也青了，水也绿了。”每当讲到余村转型发展经验时，鲍新民总会欣喜地说，“这条路，余村是走对了，我们还要坚定走下去。”

除了郭万刚、王有德、鲍新民，还有全国道德模范李洪占、“七一勋章”获得者石光银、“七一勋章”获得者廷·巴特尔……在生态环境领域，在治沙造林一线，一大批功勋模范矢志不渝、无私奉献，让一座座荒山变绿、一个个沙丘止步、一条条河流变清。

——资料来源：姚亚奇，尹泽人. 他们用汗水绘就绿色美——记生态环境领域做出突出贡献的功勋模范 [N]. 光明日报，2023-03-16.

案例分析

以上案例中职业责任心和道德义务感体现在哪些方面？作为新时代的大学生，应该学习他们的哪些精神？

（三）培养优良的服务态度

服务态度是指服务人员在对服务工作认识和理解基础上的对顾客的情感和行为倾向。良好的服务态度，会使客人产生亲切感、热情感、朴实感、真诚感。具体来说，为客人服务要做到：

（1）**认真负责**。要急客人之所需，想客人之所求，认认真真地为客人办好每件事。无论事情大小，均要给客人一个圆满的结果或答复；即使客人提出的服务要求是不属于自己岗位的服务，也要主动与有关部门联系，切实解决客人的疑难问题，把解决客人之需当作工作中最重要的事，按客人要求认真办好。

（2）**积极主动**。要掌握服务工作的规律，自觉把服务工作做在客人提出要求之前；要有主动“自找麻烦”、力求客人完全满意的思想，做到处处主动，事事想深，助人为乐，时刻为客人提供方便。

（3）**热情耐心**。要待客如亲人，初见如故，面带笑容，态度和蔼，语言亲切，热情诚恳。在川流不息的客人面前，不管服务工作多繁忙、压力多大，都应保持不急躁、不厌烦，要镇静自如地对待客人。客人有意见，虚心听取；客人有情绪，要尽量解释，决不与客人争吵；发生矛盾要严于律己，恭敬谦让。

（4）**细致周到**。要善于观察和分析客人的心理特点，懂得从客人的神情、举止发现客人的需要；正确把握服务的时机，服务于客人开口之前，效果超乎客人的期望之上；力求服务工作完善妥当，体贴入微，面面俱到。

相关链接 搜索

清洁车打造的“防盗门”

一次，我应邀给一家外地的五星级饭店做培训。课间休息时，我回宾馆房间取一份资料，正好碰上服务员在打扫卫生，房门被工作车挡着，我推了几下，根本推不动。没办法，我只好叫服务员。服务员应声从卫生间出来，很礼貌地请我出示了房卡，经过确认后，才将工作车移开让我进去。

我经常出差住饭店，这样的事情还是第一次碰到，很想问服务员为什么要这么做，不仅增加了自己的工作量，也让客人觉得麻烦。但因为上课的时间快到了，所以没来得及多问。

而饭店客服部经理和大家分享了自己亲身经历的一件事，恰好解开了我心中的谜团。

不久前，这位客服经理参加一个同行聚会，一位同行给大家讲了一件刚刚发生在自己饭店的事：

服务员在给一位外出的客人打扫卫生时，一个小偷绕过放在门口的清洁车，大摇大摆地走进了房间，对服务员说："抓紧时间清理，我得马上休息！"然后拿起床头的电话，假装给某个客户打电话，一边打电话还一边做手势，示意让服务员赶紧打扫。

服务员一看，以为是客人回来了，于是赶紧打扫完，关上房门出去了。

就这样，小偷轻而易举地拿走了客人放在房间里的2万元现金和一台笔记本电脑。

客人回来后发现自己的财物被盗，于是报了警。

尽管饭店后来给予了客人赔偿，但因为这件事情，饭店的声誉还是大大受损。

很多人听了这件事，也就是感叹一番而已，唯有这位饭店客服经理认真琢磨：虽然我们饭店营业10年来从未发生过这样的事情，但过去没有发生并不意味着永远不会发生，不怕一万，就怕万一。作为客服部经理，怎么做才能防患于未然呢？

就这样琢磨了好几天，他突然想到了一个好主意：将清洁车打造为临时"防盗门"。在和清洁车生产厂家的技术人员仔细沟通后，他请厂家过来给每一辆清洁车做了一点改造，安装了固定装置，规定所有的服务员在给外出客人打扫房间时，必须将清洁车从房间里面将房门堵上，并固定好。如果客人回来，要先请客人出示房卡，经过确认后，方可移开清洁车。

刚开始，也有客人抱怨不方便，但只要听了服务员的解释，都会很感动。尽管只是一个小细节，却让客人真正感觉到了饭店处处为他们着想的贴心服务，口碑相传之下，饭店的生意也越来越好。

——资料来源：吴甘霖，邓小兰.做最好的执行者［M］.北京：北京大学出版社，2010.

（5）**文明礼貌**。要有较高的文化修养，语言健康，谈吐文雅，衣冠整洁，举止端庄，待人接物不卑不亢；要尊重不同国家、不同民族的风俗习惯、宗教信仰和忌讳，时时处处注意表现出良好的精神风貌。

（6）**宽容厚道**。要心胸宽广、大度容人、待客真诚、表里如一。宽容是人类的一种美德，它意味着理解和通融，它是融合人际关系的催化剂，是拉近你和顾客之间距离的一把钥匙。对顾客宽容，可以让顾客更趋于感激和忠诚；一名优秀的服务人员要学会对别人宽容，因为那也就是善待自己。

旅游服务人员要牢记：顾客永远是对的。不管顾客要求什么，如何挑剔，都不应该与顾客争辩。平静、宽容和耐心，是旅游服务人员必须修炼的道德修养和良好素质。一个优秀的旅游服务人员应该把顾客的挑剔当成是提高服务质量的一次机会，从无理中找出道理，能使一个找碴者转变成为一个满意者。

在服务工作中应该杜绝推托、应付、敷衍、搪塞、厌烦、冷漠、轻蔑、傲慢、无所谓的态度。

相关链接 搜索

支票风波

几年前，他在一家饭店担任大堂经理。有一天，他突然听到前台传来争吵的声音，于是马上走了过去。原来是一位客人想要兑换外币，但是在签支票的时候，不小心把名字写错了位置。按照规定，这样的支票无法兑现外币。服务人员请他再重新签一张支票，这让客户很不高兴，因为他只带了一张支票，于是大声责怪服务员为什么不事先告诉他名字要写在哪里。服务人员也觉得挺委屈，小声嘀咕说："明明是你自己写错了，凭什么全怪在我头上？"客人一听，火气更大了。大堂经理一看，连忙上去道歉，并且让客人先别着急，等他给银行打电话，看有没有什么办法可以解决。于是他马上给银行打电话，几经周折，终于弄清楚了解决的方法并不难，客人不需要重新签支票，只要在正确的位置再写一下名字就可以了。一听这么容易解决，加上看到大堂经理的态度那么好，客人火气一下子消了一大半，说："太感谢你了，要不我就要拨打投诉电话了。"

就这样，一场风波被他化解了。

——资料来源：吴甘霖，邓小兰．做最好的执行者［M］．北京：北京大学出版社，2010.

（四）追求卓越服务

卓越服务是随着顾客期望值一次又一次地提高，持续不断地提供超越顾客期望值的服务。卓越服务的核心是不断追求超越，使服务质量由"标准"提升到"无可挑剔"，是一种使顾客愉悦的艺术。

哈佛大学教授、营销学界的元老特德·莱维特曾有一句著名的论断："没有商品这样东西，顾客真正购买的不是商品，而是解决问题的办法。"所以说，顾客在消费时，他们买的不是商品，而是期望。在顾客使用产品或享受服务的过程中，产品或服务中任何的细枝末节都有可能引起他们足够的关注，并成为下次是否再购买该品牌的其他产品或是否进行产品更新时的理由。因此，企业要追求卓越，最大限度地满足顾客的期望。任何一名员工都应该明白，服务顾客不是一朝一夕的事情，而是长久之计。一个受过良好培训、能够提供优质服务的员工在每一次与顾客接触的过程中都会牢牢地把握住机会，让顾客感到他得到了比期望得到的服务更好的服务。而那些只是机械地进行服务，对顾客十分冷淡的员工就会浪费这些机会。卓越的服务需要每一个员工充分理解“人们买的不是东西，而是他们的期望”“我们卖的不只是产品，更重要的是服务”这样的认知，把超越顾客期望作为优质服务的出发点。卓越的服务是长期性的，应该始终如一地保持着，将对顾客一视同仁、视顾客为上帝的行为培养成一种习惯。如果始终能够带给顾客以温馨、周到、礼貌的服务，就能够创造公司持久的辉煌。赢得顾客的好感和信赖，是与顾客成交和保持顾客忠诚度的根本途径，而为顾客提供超越他们期待的服务更能让顾客感动。一个优秀的服务人员总是能够以富有创意的服务来超越顾客的期待。因此，卓越服务是一种创新服务、一种个性服务、一种超值服务。

第四节　敬业精神

一、敬业精神的内涵与意义

（一）敬业精神的内涵

敬，原是儒家哲学的一个基本范畴，孔子主张“执事敬”“事思敬”“修己以敬”，即人在一生中始终要勤奋、刻苦，为事业尽心竭力。北宋程颐更进一步说：“所谓敬者，主之一谓敬；所谓一者，无适（心不外向）之谓一。”朱熹指出，敬业就是“专心致志以事其业”，即用一种恭敬严肃的态度对待自己的工作，认真负责，一心一意，任劳任怨，精益求精。

敬业精神是指人们基于对工作、事业的热爱，以高度的责任感和使命感，对自己所从事事业的积极投入和执着追求的精神，是社会对人们工作态度的一种道德要求。敬业精神的核心、本质是无私奉献。古往今来，事业上有所成就者，都离不开两个条件：一是有强烈的事业心和责任感；二是锲而不舍的勤奋和努力。这两个条件有机结合，就是敬业精神。

敬业精神有不同层次：

（1）**为了谋生而敬业**。这是一种被动的敬业，但它是高度爱岗敬业的基础，这主要是由职业的竞争性决定的。从业者意识到职业对于生存的意义和社会职业竞争的残酷，不得不珍惜已有的工作岗位。

（2）**为了责任而敬业**。这里的责任感首先表现为对自己的责任，对家庭的责任，而后是对社会的责任。前者是自我责任，后者是社会责任。我们强调社会责任，但是个人责任感强的人社会责任感也会更强一些。一个人只有对他自己负责任，才能对社会负责任。自我责任感支配下的爱岗敬业，虽然也有被动的成分，但主动的成分会更多一些。

（3）**因为兴趣而敬业**。一个人如果能够从事自己喜欢的工作是一件非常快乐的事情。兴趣激励下的工作状态是最佳状态，从业者不但更富有创造性，而且会不计报酬自觉主动地工作，不知疲倦。

（4）**为了精神满足而敬业**。敬业的最高层次是为了实现个人的社会价值，从而获得精神上的满足。低层次的即功利目的的敬业由外在压力产生，是被动的；高层次的即发自内心的敬业，会把职业当作事业来对待，是自觉主动的，从业者会感觉工作是快乐的、幸福的。

课堂思考

谈谈你对“今天工作不努力，明天努力找工作”的理解。

（二）敬业精神的意义

敬业是我国劳动人民的一个优良传统，也是十分可贵的精神。敬业精神无论是对于个人的发展还是对于社会的进步都具有非常重要的意义。

（1）**敬业是人生成功的秘诀**。现代经济生活中，每个人要想获得他人的尊重和企业的认可，就必须对自己所从事的工作保持虔诚敬仰之情，视工作职业为天职。如果一个人以一种尊敬、虔诚的心灵对待职业，甚至对职业有一种敬畏的态度，并上升到视自己职业为天职的高度，他就会对自己的职业有一种神圣感和使命感，会把自己的生命信仰与自己的工作联系在一起。具有这种敬业精神的人，无论职位高低，从事的工作是不是自己所爱，都会兢兢业业、全心全意地投入。他们会在自己的工作岗位上勤勤恳恳，尽职尽责，不断钻研，一丝不苟，精益求精。如果把工作比作航船的话，敬业的员工总是坚守着航向，即使有大风大浪，他们也能镇静地掌稳船舵，驶向远方。相反，那些缺乏敬业精神的员工，他们的航向一会儿往东，一会儿往西，他们的许多时间都浪费在寻找工作上，却一次次被拒之于工作的大门外。因此，敬业精神是优秀员工的职业基准，是职场从业者的基本价值观和信念。具有敬业精神，才能在工作中实现自己的人生价值，才能获得丰厚的薪水、更高的职位和更完美的人生。

（2）**敬业是企业的灵魂**。企业需要人人敬业才能顺利地运转，任何一家想在竞争中取胜的公司都必须设法使每个员工敬业。没有敬业精神的员工就无法给顾客提供高质量的服务，也就无法让公司在市场竞争中获胜。是否具有敬业精神已成为用人单位挑选人才的一项非常重要的标准。一个员工能力再强，如果他不愿意付出，他就不能为企业创造价值；而一个愿意为企业全身心付出的员工，即使能力稍逊一筹，也能够为企业创造最大的价值。一个人是否有能力固然很关键，但最关键的还是这个人是否具有敬业精神。对一个公司来说，员工是老板最重要的资本——品牌、设备或产品都无法和他们相比。员工创造了一切，包括产品、服务、客户等。员工的敬业态度是公司顺利发展的保证。如果他们拖拖沓沓、做事漫不经心、缺乏向上的斗志，那么这些消极因素最终都会在公司的生产和销售中表现出来，影响公司的长远发展。

（3）**敬业精神是社会发展进步的精神动力**。国家的发展、社会的进步，离不开一种文化精神对人类总体力量的整合和对实践活动的引导。作为伦理道德体系的重要组成部分，敬业精神在人类道德的发展进程中占有十分重要的地位，是一定社会文化精神在社会职业道德领域里的集中反映。一个国家、一个社会的发展，绝不能缺少敬业精神，它是动员、鼓舞和推动社会发展的无形力量。中国作为世界文明古国，在长期的历史过程中，逐步形成了民族传统的敬业精神，如奋发图强、鞠躬尽瘁等，这些已成为维系、协调和推动中华民族生存和发展的巨大精神力量。

二、敬业精神的基本要求

敬业精神要求从业者有巩固的专业思想，热爱本职工作，忠于职守，持之以恒；有强烈的事业心，尽职尽责，全心全意为人民服务；有勤勉的工作态度，脚踏实地，无怨无悔；有旺盛的进取意识，不断创新，精益求精；有无私的奉献精神，公而忘私，忘我工作。

案　例

最傻的员工成功了

杨丽是一个只有高职学历的女孩，令人吃惊的是，她竟然只用了短短三年的时间，就从普通的前台接待成为部门经理。让她迅速脱颖而出的，正是她身上那种"傻乎乎"的精神。

第一点"傻"：别人都怕吃亏，而她却是主动找"亏"吃。

杨丽刚到这家人才云集的大公司求职时，最后一轮考查要求她在人力资源部实习三天，任务是将公司去年的部分文件整理归类并在电脑里建档保存。然而，就在杨丽忙碌了一天之后，下班前却传来了坏消息，总公司紧急通知暂停招聘新员工。这个消息让参加实习的其他人都很愤愤不平，而杨丽却心平气和地继续工作，并对部长说："这些文件我都整理了一半了，如果换成别人又要从头开始。活儿没干完心里不踏实，我明天再来，一个上午就足够了。"第二天，杨丽果然又来到公司，把剩下的工作认真完成后才离开。

公司都已经明确表示不会招收她为员工了，她居然还不赶紧去找工作，而是白白给人家做工，相信大多数人看到这里都会觉得杨丽实在是很傻。但是故事的发展出人意料，两个月后，当这家公司完成调整，重新招聘员工的时候，部长第一个电话就打给了"傻乎乎"的杨丽。于是，杨丽这个"最傻的求职者"正式迈入了这家公司的大门。

第二点"傻"：别人在应付，她却下苦功。

一开始，杨丽在公司里的职位是前台接待。在大家眼里，这是公司里最"垃圾"的岗位，平时只要接听电话、做个来客登记就行了，虽然轻松，却毫无前途可言，这种工作只要应付一下就可以了。然而，杨丽却毫无怨言，她给自己立下了目标，要"问不倒、答得快"。不仅是公司所有的电话号码和房间号，甚至连公司的各种信息她全部背了下来。而且她还多做了不是一般的前台会做的工作：详细记录每次例会、年会时各个部门报告的业务情况。这样，无论客户在电话里提出什么问题，她都能够立即解答，做到让客户满意。为了给来访客户最好的印象，她每天中午都把大厅打扫得干干净净。为了不错过客户的电话，她还少喝水，减少去厕所的次数。

知道的人都说她这么做简直是在犯傻劲，不值得。到底值不值得，她用成绩回答了这些人。在一次接待客户的时候，杨丽发现客户对公司的业绩不太了解，就礼貌地把公司的业绩等情况一一介绍清楚。客户觉得一个前台接待员都能把公司的业绩说得这么详细，可见这家公司的确值得信赖，由此增加了合作的信心。

正是以这样出色的工作表现，仅仅一年的时间，杨丽便获得了优秀员工的称号和丰厚的奖金。

对没有前途的工作采取应付的态度，大概是很多"聪明人"都会做的事。但是，只有最好的执行者才能想到：没有不重要的工作，只有不重要的人，即使是不起眼的工作也要做到最好。

第三点“傻”：别人走过场，她却加倍认真。

按照公司的要求，年末的时候，每个员工都要写一份年终述职报告，大家都觉得上千份报告摆在老总面前，老总肯定没时间看，所以都敷衍了事。

而杨丽却不这么想，她觉得自己工作这一年确实有很多的感想，而且她也想借此机会向公司提出自己的意见和建议。

于是，她精心制作了一份图文并茂的年终总结，分别阐述了自己的工作经验和对公司的看法、建议，每一部分都有详细的数据和直观的图表来作为依据。

这份报告获得了老总的赏识，结合这一年来杨丽的工作表现，他认为这个犯傻劲的员工应该在更适合的岗位上成长，决定大力提拔她。

杨丽没有让老总失望，在新的岗位上她一如既往地以“傻乎乎”的精神把每项工作都努力做完、做好，很快就担任了部门经理这样重要的职务。

——资料来源：吴甘霖，邓小兰. 做最好的执行者［M］. 北京：北京大学出版社，2010.

案例分析

1. 杨丽的“傻”精神体现了哪些做人的美德与职业精神？
2. 谈谈本案例给你的启示。

三、积极培养敬业精神

培养敬业精神，要求正确处理和职业相关的“责、权、利”关系。人们如何看待自己所从事的职业和岗位，是否认同和追求岗位的社会价值，是敬业精神的核心。如果没有任何认同，就不会有尊重和忠实于职业的敬业精神，而认可程度不同，也会产生不同的敬业态度。培养敬业精神至少要做到以下几点：

（一）树立正确的、崇高的职业理想，把工作视为生命的信仰

职业理想是敬业精神的思想基础。社会发展的需要是职业理想的客观依据，凡是符合社会发展需要和人民利益的职业理想都是高尚的、正确的。每个旅游工作者都应把自己的职业看成是为社会做贡献、为人民谋福利、为企业创信誉的光荣岗

位，看成是社会、企业运转链条上的重要环节。只有这样才能树立起富有时代精神、健康向上的职业理想和目标，并以最顽强、最持久的职业追求把它落实在职业岗位上。大学生的职业理想应把个人志向与国家利益和社会需要有机地结合起来，把服务社会、奉献社会作为生命的最大价值和意义，把工作视为生命的信仰。工作是上天赋予每个人的使命，是人类幸福和欢乐的源泉，它和所有有价值的事情一样，值得我们用一颗真诚的心去对待。只有真正理解工作的价值和生命的意义，才会敬畏自己的工作，热爱自己的工作；才会觉得自己的工作具有神圣感和使命感；才会不甘平庸、不甘落后；才敢在逆境中拼搏，在奋斗中成功；才会使生活过得更加充实，人格变得更加完美，生命变得更有意义！因此，崇高的职业理想和对理想的信仰具有稳定而持久的激励作用，是敬业精神的源头与动力。

相关链接　搜索

下一站，到基层去——
2019 年“最美基层高校毕业生”先进事迹

有这样一群人，他们走出大学校门后的第一站，便是乡村或基层。

在农村这片广阔的土地上，他们有的坚守三尺讲台，耕耘乡村教育沃土；有的驻守边疆海岛，呵护人民群众健康；有的守护绿水青山，践行绿色发展理念……扎根基层，以奋斗的青春报国，他们就是新时代的基层高校毕业生。

举家南迁，耕耘乡村讲台

“老师是最有文化、最值得尊敬的人。”小时候，李晶的父亲常给她这么说。长大后，她也成为这样的人。

远离城市的繁华喧嚣，婉拒企业的高薪聘请，2009 年，24 岁的吉林姑娘李晶从湖北文理学院毕业后来到湖北省十堰山区胡家营小学支教。3 年的艰苦锻炼，让李晶更坚定了一个信念：到教育最需要的地方去，做一名乡村教师，为农村孩子点燃希望之灯。

2012 年，李晶顺利通过湖北省农村义务教育新机制教师招聘考试，来到沙洋县一所偏远乡村学校——拾回桥镇老山小学任教。学校距离集镇 11 公里，90 多名学生中多是来自云南、河南、湖北恩施地区的移民家庭，而全校 8 名教师都已年过半百，她是学校唯一念过大学的女老师。于是，她一个人担负 4 个年级 3 门课程的教学任务，只为不让山区孩子输在起跑线上。

在农村学校，留守儿童比较多，更需要老师的关怀。平日里，李晶就常陪孩子们在校园里的“菜地”种菜、浇水、施肥，和他们捉迷藏、玩游戏。有一年教师节，有的孩子看到电视上的学生给老师送花，也学着给李晶送“花”——一棵白菜。但李晶觉得这是世界上最美的花。

学生放学或放假，李晶就去家访和上门辅导。发现班上的一名学生家里困难，同快90岁的太奶奶和60多岁的奶奶一起生活，李晶便做了这孩子的“爱心妈妈”，给镇领导写信为他进行爱心救助，通过“众筹”平台募集助学资金。

“在乡村，还有一些这样的孩子，这些贫困家庭的孩子，更需要老师的关心与帮助，他们理应享受公平教育。”这也更加激发了李晶作为一名乡村教师的使命感。

李晶的妹妹李双在姐姐的影响下，也放弃在大城市工作，报考了湖北省的农村教师，和李晶成为扎根拾回桥镇农村教育的“姐妹花”。

2015年春节，李晶的父母也做出了一个重要决定：举家迁至沙洋县拾回桥镇，好让她们能有更多精力投身工作。3年后，李晶的爱人李建伟也成为一名乡村教师。如今，李晶一家都在沙洋县扎了根。

坚守11年，做孤岛上的“健康卫士”

2008年，对于王辉来说是特殊的一年。这年，她从山东中医药高等专科学校中医专业毕业，报考了山东省的“三支一扶”计划，成为山东省长岛县小钦岛乡卫生院的一名志愿服务者，也是全卫生院唯一的一名医生。

初到这个距离陆地40多公里、仅有1.14平方公里和900余人口的小岛，王辉极不适应。一方面，淡水资源不足、交通不便、环境艰苦、物资不充裕；另一方面，岛上检查仪器少，看病全靠经验，这对于刚毕业的大学生来说尤为困难。她有些力不从心，有过无数次“打道回府”的念头。

一天上午，卫生院的门被“咣”地一声推开，一个人急匆匆地走进来说有渔民在出海作业时受了伤，王辉马上拿着急救箱和担架去了码头。在现场，她第一次独立处理肢体多发性骨折，一时不知从何下手。可看到患者痛苦的表情，她让自己尽快镇定下来，上前做初步检查、止血固定，然后用最快的时间向乡里领导汇报、申请救援。

当时她想，作为海岛上唯一的医生，承担的不仅仅是救治伤患的工作，更多的是给他们希望。就这样，她坚持了下来，每天除了出诊，就一直待在卫生院。即使出诊，她也要跟附近小卖部的大姐交代好她去了哪里，以便有急事能够迅速找到她。她想尽自己最大的努力做好服务。

渐渐地，王辉和海岛居民熟悉起来，那些患有慢性病的老人每次来买药，即使他们不张口，她也知道他们需要什么药。后来，王辉利用闲暇时间无偿为因突发性脑出血成为植物人的患者进行推拿按摩、鼻饲，不少患者家庭早已把她当成家庭中的一员。

其实，在3年志愿服务期满后，王辉可以离开，但在当地老百姓的挽留下，她又干了3年。2014年，她成为小钦岛卫生院正式员工。有人说王辉傻，因为她把人生最好的11年给了这个只有1.14平方公里的小岛，为她感到不值；也有人说她不孝，因为作为家里的独生女，她一年也陪不了父母几天。

但王辉觉得，青春需要的就是做自己想做的事，做自己认为正确的事，她在这里学到了许多在学校学不到的东西。以后，她会一如既往地站在基层，行走在第一线。

跋涉山间，守卫绿林青山

一辆摩托车、一把镰刀、一个喇叭和一本工作记录簿，每天7点，广东省河源市国有坪山林场工作人员刘天娇便开始了一天的工作。

无论酷夏还是寒冬，刘天娇都坚持巡护山林，排查火灾隐患，宣讲森林防火知识，每天至少要走十几公里山路。林区山路陡峭崎岖，杂草荆棘密布，他拿着镰刀开路，走累了在林中打个盹，饿了靠干粮充饥，渴了喝山泉解渴，晴天经常一身灰，雨天则是一身泥。一年下来，走坏五六双鞋，换几把镰刀，写完两本工作记录簿，完成一篇调研报告。

对于刘天娇来说，白天还好说，忙个不停，到了晚上就十分难熬，周围静得出奇，没有人，没有娱乐活动，实在睡不着，他就到楼顶上去望着林场发呆，盼着天亮。这样的工作枯燥，甚至煎熬，但祖国大地的绿林青山需要他们守护。

比如在清明、重阳与春节等节日，扫墓祭拜、烧香点烛、燃放烟花爆竹和放孔明灯会增多，森林防火工作压力极大。每次遇到这种情况，刘天娇和同事只能极力劝阻；有时劝阻不成，就在旁看守，直到村民祭拜完毕，消除火灾隐患，才放心离开。

2015至2018年间，刘天娇的足迹遍布红星林场下坝工区两万亩森林的每一个山头、每一条防火线，到林区及农户家中宣讲森林防火知识20次，发放森林防火手册1000多份，张贴宣传标语30多份，拉挂横幅12条等。

“来到基层就要努力转变角色，脚踏实地办实事。”刘天娇说，这也是他到这里工作的初衷。他希望，通过回乡就业，在祖国需要的地方贡献青春力量。

——资料来源：孙庆玲．下一站，到基层去——2019年“最美基层高校毕业生”先进事迹（上）[N]．中国青年报，2019-12-31.

（二）培养积极的、强烈的职业情感，全心全意热爱旅游工作

职业情感，是指人们对自己所从事的职业所具有的稳定的态度和体验。从性质上讲，职业情感有积极与消极之分。积极的职业情感，是指从业者从自身工作的社会意义和性质上去认识职业，不计较个人得失，怀有满腔的热忱和执着的爱心，并善于克服各种困难，表现出强烈的职业责任意识，并能以高度的敬业精神付诸行动。积极的职业情感对个体履职尽责行为有重大的动力和强化功能，表现在外就是对职业的赞扬、热爱、尽力和完善等，能促使个体不断激发内心本能，散发个体潜能，以良好的心态、稳定的情绪和坚定的意志，努力实现客体职业与主体生命的完美结合。消极的职业情感，是指从业者把自身工作仅仅当作谋生的手段，较多地考

虑个人得失和物质待遇，流露出对职业的不满情绪，对工作怀着消极的情感，缺乏强烈的职业责任感。消极的职业情感对职业行为产生着负面影响，起着减力的作用。集中表现为缺乏冲劲和拼劲，稍遇阻力便止步不前，半途中止，患得患失，得过且过。消极的职业情感使人与职业产生离心力，让人从感情上厌恶、抵触职业，同时，这种消极的情感易“污染”健康的职业环境，影响同职业人员的情感情绪，从而大大降低工作效率。

旅游从业者只有努力培养积极的、强烈的职业情感，对旅游工作充满热情，全心全意热爱旅游业，才可能竭尽全力、积极进取，以高度的工作热情和忘我的精神，全身心地投入到工作中去。

课堂思考

有人说，吃亏是福。你认为这种观点对吗？谈谈你对工作、生活中吃亏（付出）与获得之间关系的认识。

（三）自觉遵守职业纪律，认真履行岗位职责

敬业的最基本实践，是自觉遵守职业纪律。不同的职业有不同的行为规范或劳动规则。充分理解和正确履行这些规则，直接反映了一个从业者的职业道德水平。在任何一个行业或岗位上，一个不遵守职业纪律的人，都不能被认为是具有敬业精神的人。

严格的组织纪律是搞好旅游服务接待工作的保证。这是因为：其一，旅游工作是为人民服务的工作，旅游者构成的多样性和复杂性使旅游部门在实施服务的过程中，需要一定的组织纪律来约束员工的言行；其二，旅游工作的分工很细，不同岗位、不同部门的工作内容、要求不同，需要一定的组织纪律来统一和协调；其三，旅游业，特别是饭店，人员众多，如何使员工按照规范要求进行工作，也需要组织纪律来保证。所以，旅游工作者应具有严格的组织纪律观念和法制观念，自觉遵守规章制度和员工守则，尤其要注意培养严于职守的工作作风和自觉的服从意识，一丝不苟、严谨认真地按岗位规范要求履行职责，保证工作质量，维护旅游者的人身安全、财产安全。

第五节　精业精神

一、精业精神的内涵

精业精神是指对业务熟悉，对工作专精，在工作中有着科学严谨、精益求精的态度和作风。它要求人们刻苦钻研业务技术，熟练掌握职业技能，对工作质量一丝不苟，对本职工作求精、求细、求实，完成每一项任务时都力求做精、做专、做强、尽善尽美。未来的竞争对人才的要求将越来越高，精业将成为首要条件。古人云，业精方可事成。因此，我们只有不断学习，努力提高自己的综合业务素质，做到学有所长、干有所精，才能够适应形势发展的要求。

课堂思考

敬业与精业有何关系？

相关链接　搜索

做敬业又精业的人

敬业精神是竞争力的重要基础，却不是竞争力的全部。在科技日新月异、一日千里的今天，我们不仅要敬业，还要专业、职业、精业，这样才能从尽职尽责跨越到尽善尽美，才能从优秀跨越到卓越。

在我们身边，大体有四类人。有的人既敬业又职业，是企业的核心人才、核心竞争力。有的人敬业不职业，这样的人吃苦耐劳、精神可嘉，遇到紧急情况招之即来，可是，来了却不一定能战。有的人职业不敬业，虽然业务素质高、解决问题的能力很强，却三心二意、毛手毛脚，容易“大意失荆州”，一失足成千古恨。有的人既不敬业又不职业，每天浑浑噩噩混日子，误己误人。

敬业不易，精业更难。梅兰芳在舞台上顾盼生辉、流光溢彩，可是很少有人知道，为了让眼神活起来，眼睛近视的他每天早晨放飞鸽子，极目苍穹，苦练眼功。邓亚萍打球快速凶狠，可是，很少有人知道，为了增强手腕的力量，身材娇小的她曾用铁拍子练球。成功没有捷径，辉煌的背后，是鲜为人知的努力和付出。

在职场上，既敬业又精业的人永远是供不应求的“抢手货”，既不敬业又不精业的人，常常成为被淘汰的“处理品”。同样，在国际舞台上，如果一个国家的人民既勤勤恳恳又有创新能力，就能引领科技、创造品牌，走在时代的前沿；如果一个国家的人民对工作敷衍了事、应付差事，就很难拿出有品质、有创意、有科技含量的产品，落伍是早晚的事。

不断强大的国家、民族，无不有着不断进取、精益求精的精神。在这个以实力说话的时代，在应对国际金融危机的今天，只有秉承敬业、职业、专业、精业的精神，才能迎接挑战、后来居上，中华民族伟大复兴的梦想才能变成现实。

二、旅游服务与精业精神

旅游服务的独特性决定了旅游从业人员更需要培养精业精神。同其他行业相比，旅游服务具有以下特点：

（1）**服务对象的多样性**。旅游业的服务对象是国内外广大的旅游者。在这些旅游者中间，他们的身份、年龄、国籍、政治态度、宗教信仰、风俗习惯、语言文字、品德修养、兴趣爱好、消费水平等各不相同。要接待好这些旅游者，为他们提供优质服务，必须具备丰富的知识、较高的专业技能、高尚的职业道德。作为旅游工作者，无论对任何客人都要做到宾客至上，热情友好，耐心细致，竭尽全力使客人感到方便、舒适、满意、愉快。

（2）**服务内容的多样性**。旅游业的服务内容是由旅游活动的内容决定的。旅游活动的内容极其丰富，有观光游览、探亲访友、学习考察、商务旅游、国事访问、民间交往以及体育比赛、登山探险等。

（3）**服务方式的多样性**。旅游业的主要任务是要为旅游者提供食、住、行、游、购、娱等一条龙服务。这必然牵涉很多行业，形成许多分工细致的部门。如旅游业由旅行社、旅游交通、旅游饭店三大支柱构成；三者缺一不可，相互依赖。其中旅游饭店内部又有许多部门，如餐饮部、娱乐部、客房部等。

正是由于旅游服务对象、服务内容、服务方式的多样性，决定了旅游服务的综合性、复杂性、灵活性、不可捉摸性，增加了服务的难度。任何一个环节或细节出现问题，都会影响旅游服务的质量，影响旅游者的满意度，甚至会影响企业的信誉，危及企业的生存发展。所以，旅游服务过程中，更需要旅游工作者培养科学严谨、精益求精的精业精神，为旅游者提供卓越优质的服务。

三、积极提升精业精神

（1）**要有丰富的专业知识和娴熟的专业技能**。精业首先必须具备科学知识、科学思想、科学方法、科学精神。它要求我们用丰富的科学知识、诚恳的科学态度和正确的思维方式把自己所从事的工作做得精益求精。只有专业才可能做到精业，如饭店服务工作人员必须掌握丰富的饭店服务知识：语言知识、社交知识、旅游知识、法律知识、心理学知识、服务技术知识、商业知识、民俗学知识、管理经营知识、生活常识等；具备了丰富的服务知识，掌握了娴熟的服务技能，服务员才能在饭店这个万花筒式的世界里，应对自如，得心应手。否则，服务员就不可能很好地回答顾客提出的各种问题，也不可能提供优质的服务。

（2）**注重工作中的细节**。细节决定成败。老子云："天下难事，必作于易；天下大事，必作于细。"20 世纪世界上最伟大的建筑师之一的密斯·凡·德罗，曾用一句话描述他成功的原因，他只说了五个字——"魔鬼在细节"。员工的竞争，企业的竞争，更多的是细节的竞争。细节影响品质，细节体现品质，细节显示差异。只有把小事做精，细节做细，才能在竞争中立于不败之地。旅游服务内容丰富，环节多而复杂，每一个细节都很重要，比如旅游合同可能会因为一字之差而招致游客投诉。旅游服务工作细致周到才能赢得顾客的满意。

（3）**脚踏实地，从小事做起，把平凡的事做得不平凡**。工作无小事，平凡见伟大。世界上能做大事的人，一般都能把小事做细、做好。据世界心理协会测试，愿意从小事做起的人，往往不怕挫折，具有较强的忍耐力和意志力。每个人的工作，都是由一件件小事构成的，大多数人的工作都是平凡的。饭店服务员每天的工作就是对顾客微笑、回答顾客的问题、打扫房间、整理床单等小事、平凡事。能把小事、平凡事坚持做到最好，必须具备锲而不舍的精神、脚踏实地的务实态度、坚持到底的信念。只有这样，才有可能成为行业的精英。

第六节　主动精神

一、主动精神的含义与特征

主动精神是指以主人翁的态度，随时准备把握机会，展现超乎他人要求的工作表现，主动自发地采取行动完成工作目标，以及拥有“为了完成任务，必要时不惜打破常规”的智慧和判断力，同时为自己的所作所为承担责任的精神态度。

主动精神包括以下特征：一是自发性。员工要实现的目标不是由上司或他人设定的，而是由本人自身设定的；同时这些目标要符合工作实际，与公司总体目标一致。二是前瞻性。员工要努力通过周密思考去预测可能出现的情况，可能发生的困难，努力通过相关征兆去寻找背后规律，控制事态发展。三是坚持性。在完成长期目标的时候，员工要能够提出创新性解决方案。即使该方法可能会遇到多种困难、挫折，可能会遇到来自上司、同事的反对质问，但员工应该依然能够坚持不懈，直至成功。要有一种不达目的不罢休的精神。

二、主动精神是成功的基础

主动是一个人能否成功的基本条件。一个人能否成功的因素很多，但最具决定性的还是是否具有“主动”的心态，即在没有人要求、强迫的情况下能否出色地做好自己。主动的意义是：在没有人要求的情况下，付出超乎工作预期和原有需要层级的努力，这些付出可以改善及增加效益，以及避免问题的发生，或创造一个新的机会。如果想登上成功之梯的最高阶，就得永远保持主动率先的精神，纵使面对缺乏挑战或毫无乐趣的工作。当一个人养成这种自动自发的习惯时，他就有可能成为老板和领导者。因为，老板不在身边却更加卖力工作的人，将会获得更多奖赏。如果你对自己的期望比老板对你的期许更高，那么你就无须担心会失去工作。同样，如果你能达到自己设定的最高标准，那么升迁晋级也将指日可待。那些成就大业的人和凡事得过且过的人之间的最根本的区别在于，成功者懂得为自己的行为负责，主动积极地参与工作，得过且过者则相反。

几乎每个人都知道，要想获得成功就必须寻找到一个合适的机会；但是，还是有很多人因为各种各样的原因最终失败了。究其原因，是因为他们太被动了，一味地等待着机会的到来，一味地期盼着上天的眷顾。其实，只要他们主动一些，再主动一些，一切都会因此而变得有所不同。竞争环境越激烈，被动的人所经受的打击就越多，只有主动才可以占据优势地位。

因此，主动自发地做事，同时为自己的所作所为承担责任，是一个人能否成功的基础。

相关链接 搜索

金牌导游张娟：登上 APEC 演讲台的“泰山娟姐”

7 月 19 日至 22 日，亚太经合组织（APEC）虚拟研讨会举办。会议期间，山东省金牌导游张娟进行了题为“数字文旅促使导游技能迭代、跨界融通——数据化工具为导游带来的机遇”的演讲。

“我是一名来自中国泰山的导游员，同时也是一名户外旅游主播。一场疫情改变了旅游行业，也深刻地影响了一群人的‘饭碗’，这其中也包括我。但正因如此，我成了数字文旅时代的受益者之一。”在演讲中，张娟介绍，面对疫情的冲击、数字化时代的机遇和对这个职业的热爱，她毅然选择成为一名“云导游”，成为大家眼中的“景区最美逆行者”。“我经常凌晨 3 点起床，直播泰山日出，曾在零下 20 摄氏度的天气里连续直播 6 个小时。艰辛的过程最后成了一串很有成就感的数字——两年开展户外直播超 1000 场，总时长达 3000 小时；拍摄泰山文化旅游相关短视频作品 800 多个，浏览量突破 20 亿人次；全网累计粉丝量突破 150 万。”

在谈到如何利用数字化工具实现传统导游向互联网时代导游的转变时，张娟认为，在传统旅行社行业，导游服务在旅游团队价格表里明码标价，导游讲解一般按照天或小时为服务周期收费，但随着各种互联网平台和 App 的推出，快速推动优秀导游讲解成为独立的服务，并以此吸引游客。

"2019 年，我带领泰安市其他 4 位国家金牌导游成立了讲解队伍，把讲解作为服务在携程、途牛、马蜂窝、美团等线上平台进行销售，实现了导游讲解的优质优价，获得了游客的好评。"

"数字经济时代，唯一的不变就是变化。快速反应、快速应对、快速改变，我们导游应对时代发展就要做到技能迭代、跨界融通。"张娟表示，作为一名平凡的导游员，运营数字自媒体的这两年，她深刻认识到导游应该与时俱进，在新形势和新机遇下积极拥抱自媒体时代；应该用全新的视角观察文旅产业发展，用全新的途径为文旅发展破局，勇当先行军。

2002 年，考取导游证，成为一名导游员；2017 年，被评为我国首批国家金牌导游；2021 年，被评为山东省十佳导游主播……目前，张娟已经由线下带团导游成功转型为线上"云导游"，被网友亲切地称为"泰山娟姐"，是疫情下导游成功转型的典范。

——资料来源：李晶媛．金牌导游张娟：登上 APEC 演讲台的"泰山娟姐"［N］．中国旅游报，2022-07-29.

课堂思考

材料体现了张娟的哪些职业精神？谈谈你的认识。

三、积极培养主动精神

培养主动精神的关键是树立主人翁意识，以主动、积极、负责、奉献、坚持的精神态度投入工作。具体来说，要做到以下几点：

（一）学会换位思考，胸怀大局

换位思考，就是设身处地地为他人着想，即想人所想，急人所急，理解至上的一种处理人际关系的思考方式。人与人之间要互相理解、互相宽容、互相信任，并且要学会换位思考，多站在别人的角度思考，这是人与人之间交往的基础。

（1）换位思考要求旅游从业人员要拥有老板心态，像老板一样思考。旅游公司、企业是一个集体，身为集体的领军人物，老板要时时站在公司的全局考虑问题，因为公司里的事往往牵一发而动全身，自然要思考全面。然而，仅有老板站在全局角度思考问题是不够的。在企业内部，部门之间经常会出现推诿、扯皮现象，由此造成协作困难、效率低下的后果，出现这些情况是因为各级管理人员缺乏全局意识与老板心态。当个人利益与集体利益、部门利益与公司利益发生冲突时，每个员工都要从全局出发，像老板一样，把大局放在第一位，协调一致，采取行动。

对于公司里每一位员工而言，都要学会换位思考，也就是说，员工要站在老板的角度去思考问题，充分理解老板的苦衷。如果你是老板，你肯定希望当自己不在公司的时候，员工还能够一如既往地勤奋努力、踏实工作，做好自己的分内之事，时刻注意维护公司的利益。既然老板希望员工这样做，那么，当员工回到自己岗位的时候，就应该考虑：老板既然为我们提供了就业的岗位，为我们发工资和奖金，我们没有理由不把公司的事情做好。特别是当老板不在的时候，更应当把自己当作公司的老板，这样就可以一心一意地处理好自己的事情。同时，我们还应该意识到，我们不仅是在为老板工作，更是在为自己工作，为自己的过去工作，也为自己的未来工作。拥有老板心态，从根本上说是解决了为谁工作的问题。当你的潜意识认为你在为自己工作时，就会更用心、更主动，你就唤醒了自己内在的潜力，从而在事业上取得更大的成绩。

（2）**换位思考要求旅游从业人员要站在顾客角度考虑，为顾客着想。**为顾客着想要求充分了解顾客的真正需求，站在顾客的立场上看问题，坚持每件事都应该对我们的用户有益。在与顾客打交道时，必须坚持让对方感觉所做的事情是对双方都有利的，你的个人行为让对方觉得放心（有诚信）；你能站在别人的立场上考虑问题，甚至可以为对方解决一些他自己难以解决的问题，同时，给对方一定的时间自由考虑并决定，这样，你才会成功。据美国纽约销售联谊会统计，71%的人之所以从你那里购买商品，是因为他们喜欢你、信任你、尊重你。向顾客推销产品前先要推销自己，就是让顾客喜欢你、信任你、接受你。顾客的需求就是我们的职责，顾客的满意就是我们最高的追求。因此，旅游服务人员要学会站在顾客的角度，为顾客着想。

案　例

海景花园酒店的唯一目标

我是家住海景花园酒店附近金都新村的一位普通居民。6 月 19 日下午 5 点多，我有一件小物品需要送给住城阳的韩国朋友，他们将于 6 月 20 日晚 7 点飞回韩国。我因为患病发烧不能亲自前往，焦急地尝试了各种方法并联系了多家快递公司，但都无法保证在次日下午 6 点之前将物品送达我的朋友。

本着试试看的想法，我拨通了海景花园酒店的电话，想了解有没有出租车正好要去机场，请司机师傅帮助捎过去，我可以付费。接电话的服务员告诉我说没有出租车去机场。正当我万分沮丧的时候，海景花园酒店礼宾人员在请示了领导后告诉我，他们 20 日早 8 点 30 分有一趟班车发往飞机场，可以免费帮我将物品捎到机场。我喜出望外。平时早就知道海景花园酒店服务有口皆碑，但居然还能提供此种无私帮助是我绝没敢期待的。真是意外之喜，解我燃眉之急。

6 月 20 日下午 6 点多，我接到朋友的电话，他们已顺利拿到了礼物。我马上发短信向酒店服务人员致谢，没想到他很快回信说："请您不要客气，这是我们应该做的，让每一位客人满意是我们的唯一目标。"

我深深为海景花园酒店的服务所折服。

案例分析

1. 你怎样评价案例中海景花园酒店为没有入住酒店的一位居民提供无私帮助的事情？

2. 你会为和你没有任何业务关系的陌生人提供力所能及的服务或帮助吗？为什么？

（二）培养责任感，勇于承担责任

责任，一是指分内应该做的事，二是指没有做好分内的事而应承担的过失。责任贯穿每个人生命的始终。在这个世界上，每个人都扮演着不同的角色，每个角色都承担着不同的责任。每个人只有承担起自己应尽的责任，家庭才会和睦美满，企业才能蓬勃发展，社会才能和谐安定。责任，让我们在最困难的时候能够坚持下来，让我们在成功时能够保持冷静。没有责任感的员工不会是优秀的员工，没有责任感的公民不是好公民。一个人无论职务大小，地位高低，都应牢记自己的责任。责任保证服务，责任促使敬业，责任胜于能力。

责任感的培养，更多依赖自觉自律。培养责任感，可以从以下几方面着手：一是认真履行各种义务，做好每件工作。二是言而有信。只要承诺，就一定努力实现诺言。三是不要过分依赖他人。四是不要寻找借口，推脱责任。工作的过程中，不可避免地会遇到各种问题或出现差错，这时不要推卸责任，寻找借口。借口的背后是逃避困难、惧怕失败、不负责任。要学会寻找方法，解决问题。

（三）多为公司企业建言献策

针对公司企业存在的问题提出自己的建议，这既是每一位员工的权利，也是每一位员工的义务，更是公司健康发展的关键所在。有人认为，公司的好坏与自己没有太大的关系，总是抱着“事不关己，高高挂起”的态度。然而，“覆巢之下，焉有完卵”。公司面临危机，员工的前途必将受到严重影响。企业公司的兴衰与每个员工的切身利益息息相关。作为旅游工作者，为了旅游业的发展，也为了自身的前途，不要把自己当作旅游企业的过客，应把旅游企业当作自己的家，积极主动地为旅游业发展出谋划策，贡献力量。

有了积极主动精神，工作才会更好，服务才会更卓越。

课堂思考

请对目前学校管理或班级管理存在的优缺点进行分析，并从学生角度和学校管理者角度提出建议。

第七节　忠诚精神

一、忠诚精神的内涵与要求

（一）忠诚精神的内涵

忠，《说文解字》解释为“敬也，尽心曰忠”。忠诚是中国古代核心道德规范之一，也是今天市场经济最重要的道德要求。忠诚精神是指对国家、对人民、对事业、对上级、对朋友等真心诚意、尽心竭力、没有二心的精神态度，忠诚代表着诚信、守信和服从。

案　例

黄文秀：化作春泥为护“脱贫之花”

黄文秀同志生前是广西壮族自治区百色市委宣传部干部。2016 年硕士研究生毕业后，她自愿回到百色革命老区工作，主动请缨到贫困村担任驻村第一书记。她自觉践行党的宗旨，始终把群众的安危冷暖装在心间，带领群众发展多种产业，为村民脱贫致富倾注了全部心血和汗水。2019 年 6 月 17 日凌晨，黄文秀同志在突发山洪中不幸遇难，献出了年仅 30 岁的宝贵生命。黄文秀同志被追授“全国三八红旗手”“全国脱贫攻坚模范”等称号。

在黄文秀服务百坭村的 1 年多时间里，她帮助百坭村发展电商，将当地的砂糖橘等土特产远销全国各地；她为百坭村申请通屯的路灯项目，让村民走夜路不用再打手电筒；她挨家挨户走访全村建档立卡户，清晰地记录每一户的致贫原因。

在百坭村的驻村宿舍，记者看到黄文秀曾居住过的 10 平方米左右的房间内，除了床铺，仅有简易书架和电脑桌，桌上放着她下村时戴的草帽，书架上摆着两本她的驻村日记。这一年多来，黄文秀在驻村日记里记录着她对百姓脱贫致富的期盼，也记录着她的每一步成长。

北京师范大学哲学学院副教授、导师郝海燕说：“她本可以有很多选择，以她的能力，留京或出国都没问题，但她还是非常坚定地要回来。她割舍不掉她的家乡情结，她的家乡、亲人都在这里。”

——资料来源：《中国青年报》，2019-07-02。

案例分析

1. 以上材料体现了黄文秀的哪些精神？

2. 青年学生应该如何理解并践行忠诚精神？

（二）忠诚精神的要求

（1）**忠诚于旅游业**。旅游从业人员以强烈的进取心和对成功的渴望，孜孜以求，不断努力，这种强烈的事业心、对旅游业的执着追求和热爱就是对旅游事业的忠诚。忠诚旅游业，献身旅游业，以自己拥有这神圣而光荣的事业而感到无比自豪，是每个旅游工作者必须具备的最基本的职业精神。旅游工作确实很辛苦，工作繁杂；但苦中有乐，每当看到自己为旅游业做出了实际贡献，就会感到无比欣慰。每一个热爱旅游业、关心旅游业、有社会责任感和道德进取心的旅游从业者，都必须把自己的整个生命同旅游业紧密联系在一起，把忠于旅游业、献身旅游业，作为自己崇高的、不可动摇的理想信念，始终做到忠于职守、兢兢业业、勤奋踏实、精益求精。

（2）**忠诚于旅游企业**。员工是企业的一分子，企业给了员工展示才华的平台，员工必须依赖公司的平台才能获得物质报酬和满足精神需求。一个人失去了对公司企业的忠诚，也就失去了成功的机会。员工的个人价值会随着企业的发展而发展，随着企业的壮大而壮大。一个忠诚而有能力的人，是每一个部门争相聘用的人，也是受人尊敬且值得信赖的人。因此，忠诚是最可贵的品质，也是事业成功的法宝。对企业公司忠诚，实际就是对事业忠诚。旅游企业同样需要忠诚。对旅游企业忠诚，意味着对旅游企业有归属感，意味着自己将全部身心融入旅游企业，尽职尽责，处处为旅游企业着想，自觉为旅游企业做出最大贡献。

（3）**忠诚于同事**。同事是我们朝夕相处的伙伴，坦诚以待、相互支持、相互忠诚，就会建立良好的人际关系，形成良好的工作环境。彼此友好、和睦相处、诚恳交流、互相体谅，集体才有战斗力，企业才能稳定、有序、健康发展，充满生机、活力与希望。忠于同事，就要心胸开阔，虚怀若谷，宽容大度；要善于团结大家合作共事，不拉帮结伙；要宽宏大量、宽厚待人；要视人之长，省己之短，既要有自知之明，也要有知人之明；对同事的错误和缺点，要热忱帮助不歧视；当发现问题时，要善意批评，帮助其改进。

（4）**忠诚于顾客**。顾客是我们的衣食父母，顾客和企业不是对立的关系，是相互依存、共存共荣的关系。旅游从业者为顾客提供优质服务是企业的生命，唯有优质的服务，才能使旅游企业在市场上站稳脚跟，在竞争中取胜。只有忠诚于顾客，想顾客所想，对顾客信守承诺，为顾客提供满意的服务，才能获得顾客的忠诚和信任。

相关链接 搜索

文旅融合成效卓著 文旅消费推广助力满意度提升

——2021 年江苏省游客满意度调查解读

全省游客满意度继续保持在“满意”水平，五市达到“满意度高”水平。

经测评，2021 年，全省游客满意度综合得分为 83.79 分，较 2020 年（83.38 分）增长 0.41 分，游客满意度稳步提升。各设区市游客满意度综合指数排名前五位的分别为南京（86.23 分）、无锡（85.80 分）、苏州（85.78 分）、常州（85.46 分）和扬州（85.32 分），达到“满意度高”水平。其余设区市均处于“满意”水平，其中盐城同比增长 1.03 分、连云港同比增长 0.86 分两市游客满意度水平同比增长明显，其余苏北设区市游客满意度呈现稳步增长态势。

高质量服务赢得游客青睐，推荐重游意愿持续攀升。

游客忠诚度总体评价得分为 83.58 分，其中重游意愿（83.46 分）与推荐意愿（83.71 分）均保持较高水平，得益于全省聚焦文旅产业高质量发展，从供需端齐发力，推出创新、高质量文旅产品，提升游客重游率，持续强化省内文旅产业竞争力。

——资料来源：江苏省文化和旅游厅（省文物局）官网，市场管理处（安全监管处）2022-01-25 发布。

二、忠诚精神的意义

忠诚是让个人受人信任、被人重视、获得尊重最重要的品质，也是一个人的立身之本、发展之基。忠诚于旅游业会让人把旅游工作当作一项事业来做，把自己的职业生涯与工作联系起来。如此，员工就会觉得自己所从事的是一份有价值、有意义的工作，并且从中可以感受到使命感和成就感，从而彻底改变浑浑噩噩的工作态度。只有做到忠诚才会有个人能力的提升，才会赢得上级、领导的信任，才会得到领导的重用。因此，忠诚才会有发展。相反，不忠诚的员工也就无法在企业中得到良好的发展。只有所有的员工都对企业忠诚，才能发挥出团队的力量，才能拧成一股绳、劲往一处使、力往同处用，推动企业走向成功。不忠诚的员工无法认同企业文化，难以全身心地投入企业的发展，在短时间内对企业来说没什么问题，但无法对企业的长远发展提供帮助，更会影响企业长远的发展战略。企业的生存离不开少数员工的能力和智慧，更需要绝大多数员工的忠诚和勤奋。忠诚的员工是企业长期发展的基础，忠诚是国家、企业等组织对成员的重要道德要求。

目前，一些人认为从事旅游行业就是吃“青春饭”。尤其是导游工作，经常起早贪黑，跋山涉水，相当耗费体力、心力，非常辛苦。大家总认为年轻人的体力充足，比较适合导游工作。很多导游抱着“混几年就算了”的想法，得过且过，不负责任，甚至出现“宰客”的短见行为；他们少则三年，多则五载，就跳槽转行，这都是缺乏忠诚精神的表现。这样既不利于个人的提高，也不利于企业的发展，容易造成恶性循环，影响旅游企业的声誉和长远发展。

因此，忠诚于旅游企业，是每一个旅游工作者成功的根本，也是旅游业发展的基础。忠诚是一种高尚的职业道德和职业精神，既是企业的需要，也是个人的需要。在竞争激烈的职场中，忠诚并不是一种纯粹的付出，也会有丰厚的回报，个体是忠诚的最大受益者。

三、努力培养忠诚精神

要想不被企业和社会抛弃，充分实现自我价值，就必须培养忠诚精神，忠于自己的团队，忠于自己的企业。培养忠诚精神要求旅游工作者从以下几方面做起：

（1）**常怀感恩之心**。忠诚源自感恩，感恩是忠诚之母。一个人事业的成功与个人的努力分不开，但也离不开他人的帮助。企业给了我们生活、工作的平台，给了我们成长、锻炼和发展的机会，我们应该回馈企业、回馈社会，对企业、社会怀有一颗感恩之心，感恩企业和社会为我们提供的一切。怀有感恩之心，懂得感恩，才会懂得付出，懂得回报；才能学会关心、学会宽容；才能积极乐观、不会抱怨；才会富有责任感、使命感，自动自发勤奋工作。因此，感恩是忠诚的源泉，是忠诚的重要驱动力。无论我们取得了多大的成就，身处什么样的地位，都应该培养自己的感恩之心、回报之心，对企业、工作、朋友、同事心怀感激；唯有这样，才能胜不骄、败不馁，才能做到更好的、真正的忠诚。

（2）**认同旅游企业**。忠诚是一种归属感。员工只有认同企业的精神、理念和文化，与企业融为一体，把企业的文化、精神、价值观内化为自己的习惯、价值观，才可能对企业忠诚。如果员工对企业的文化观、价值观不认同，甚至抵触，他就不可能忠诚于企业、忠诚于工作。作为旅游工作者，必须深刻理解和高度认同旅游企业的文化、理念、价值观，这样才能增进个人与企业的工作效率。现在部分人认为"服务工作是伺候人的工作，服务工作低人一等，没有前途"，把饭店、导游工作当作一种临时性、阶段性的职业，只要有机会他们就会离开旅游业另谋职业。这种对旅游企业缺乏认同感的员工，是不会忠诚于旅游企业的。因此，认同接受旅游企业，与旅游企业的社会责任、社会价值保持高度一致，是忠诚于旅游企业的重要条件。

（3）**坚守职业良心**。职业良心是指有着特殊职业的从业人员在职业实践中，对职业道德责任的高度自觉意识和情感认识，以及对自己的职业行为进行道德调控和评价的能力。职业良心是内心信念的具体体现，和社会舆论共同起着维护社会职业道德的作用。有职业良心的人，必然具有强烈的荣誉感和羞耻心，为人正直诚恳，时时处处为他人和社会着想，不忍心损害他人和集体的利益；在发生利益冲突的情况下，职业良心能促使人们选择正确的道德行为，纠正不良动机，使他们自觉遵守道德规范，维护企业利益、顾客利益。旅游业的特点之一，就是从业人员分散或单独活动多。在旅游接待服务过程中，许多工作是从业人员在无人监督或别人难以干预的情况下进行的，这就需要旅游从业人员坚守职业良心。只有从业人员坚守职业良心，才能做到对旅游企业和顾客的忠诚。

（4）**像爱家一样爱旅游企业**。忠诚的员工会把企业当作自己的家，当作自己生存和发展的平台。以企业为家，像爱家一样爱旅游企业，会增加对旅游企业的忠诚度，会产生强烈的归属感，这种强烈的归属感会产生强烈的责任感和主人翁意识，会想方设法为旅游企业发展出谋划策，会自觉维护旅游企业的形象和信誉，会把工作做得更加完美出色，员工会像兄弟姐妹一样精诚团结。

（5）**在行动中落实忠诚**。实干胜于空言。优秀的员工会在实际行动中履行忠诚。作为旅游工作者要严格遵守旅游企业的规章制度，严格保守企业秘密，自觉维护企业形象，为企业节约每一分钱，与企业荣辱与共、同舟共济。只有这样，才能做一个真正忠于旅游企业的人，才能获得更大的成功。

第八节　团队精神

一、团队精神的内涵与作用

（一）团队精神的内涵

团队精神，即所有成员相互信任、相互支持、相互协作，有全局观念，个体行为与团队目标相统一且能够毫无保留地投入自己的精力，为达成共同的目标而服务。团队精神是大局意识、协作精神和服务精神的集中体现。团队精神的基础是尊重个人的兴趣和成就，核心是协同合作。在企业内部，部门之间、员工之间的工作虽然相对独立，但又相互渗透，分工是为了更好地协作，协作是为了更好地工作。团队精神的最高境界是全体成员的向心力、凝聚力，反映的是个体利益和整体利益的统一，并进而保证组织的高效运转。

（二）团队精神的作用

团队精神是企业的灵魂。一个群体不能形成团队，就是一盘散沙；一个团队没有共同的价值观，就不会有统一意志、统一行动，就不会有战斗力；一个企业没有灵魂，就不具有生命的活力。具体来讲，团队精神有以下作用：

（1）**目标导向功能**。具有团队精神，能使员工齐心协力，拧成一股绳，朝着一个目标努力。对单个员工来说，团队要达到的目标即是自己所努力的方向，团队整体的目标顺势分解成各个小目标，在每个员工身上得到落实。

（2）**凝聚功能**。任何组织群体都需要一种凝聚力，传统的行政指令管理方式淡化了对个人感情和社会心理等方面的需求，而团队精神则通过对群体意识的培养，通过员工在长期的实践中形成的习惯、信仰、动机、兴趣等文化心理，来沟通人们的思想，引导人们产生共同的使命感、归属感和认同感，反过来逐渐强化团队精神，产生一种强大的凝聚力。

（3）**激励功能**。团队精神要求员工自觉地要求进步，力争向团队中最优秀的员工看齐。通过员工之间正常的竞争可以实现激励功能，而且这种激励不是单纯停留在物质的基础上，员工还能得到团队的认可，获得团队中其他员工的尊敬。

（4）**控制功能**。员工的个体行为需要控制，群体行为也需要协调。团队精神所产生的控制功能，是通过团队内部所形成的一种观念的力量、氛围的影响，去约束、规范、控制员工的个体行为。这种控制不是自上而下的硬性强制力量，而是由硬性外化控制转向软性内化控制；由控制员工的行为，转向控制员工的意识；由控制员工的短期行为，转向对其价值观和长期目标的控制。因此，这种控制更为持久有意义，而且容易深入人心。

正是由于以上功能，所以团队精神既有利于增强团队成员之间的亲和力，又有利于提高组织的整体效率，是企业自由而全面发展的动力。优秀的团队能够有利于个人的成功，离开团队，个人则一事无成。因此，团队中的每一个成员都必须具有团队意识，担负起自己应有的责任，树立“团队利益为重，团队荣誉高于一切”的大局观。

饭店业除了有形的设施要使客人感到舒适、方便外，最重要的就是服务。饭店服务工作是整体的，并非某一部门、某一个人的事。在对客人的接待服务过程中，哪怕一个细小环节出问题，都会影响整个服务效果；服务 99 次客人都很满意，但只要一次服务不周，就会前功尽弃。所以团队精神至关重要，是决定服务质量好坏、影响服务效果评价的重要因素之一。为此，饭店各个部门和每一个员工都要有强烈的整体意识和主人翁精神，相互支持、相互协作，为客人提供整体优质服务。在饭店服务中，难免发生不尽如人意、不周之处，这时，不论何人都应快速补位，防止服务事故的发生。遇到宾客投诉，人人都应主动受理、虚心接受批评意见、主动承担责任，决不能因为与己无关而敷衍塞责，甚至把责任一推了之。

二、积极融入团队

团队精神是个人与企业发展的基石，是取得优异成绩的基础，旅游工作者要主动培养、增强团队精神，积极融入团队。

（1）**树立“团队荣誉高于一切”的大局意识**。团队为员工提供了施展才华的舞台，提供了实现理想的机会。作为团队成员，必须具有“以团队利益为重，团队利益高于一切”的大局观，不能为了个人私利而损害团队利益。团队的成败荣辱和每个员工息息相关。以团队利益为重，将团队利益摆在至高无上的位置，就会放弃任何借口，勇于承担自己的责任，处处为团队利益着想，就会为企业、为国家做出巨大贡献。

（2）**培养信任感**。信任是合作、创新的先决条件，是企业成功的关键，也是员工发挥潜能的关键。员工对领导同事的信任度越高，就越能全身心投入工作。信任能促进团队成员之间的沟通与协调、合作与支持。因此，团队的每个成员要加强自我修养，学会信任同事，真诚待人。缺乏信任感的团队，就缺乏凝聚力，缺乏沟通与合作，因而无法实现共同目标，同时也会影响个人的成长与发展。

（3）**学会尊重、欣赏他人**。尊重他人，是做人的起码准则，也是团队中相互合作的基本要求。只有给别人以尊重，别人才会尊重你。尊重别人也就是尊重自己。员工之间相互尊重，才可能建立良好的人际关系，才能建立合作共赢的团队，才能愉快工作。尊重他人的同时，还要学会欣赏他人。很多时候，我们更关注别人的错误和缺点，容易忽视他人的优点；这种行为是很难让我们融入团队的。因此，要想融入团队，就必须善于了解他人的长处并学会真诚地赞美欣赏。尺有所短，寸有所长。团队中的每个人都有自己的长处和短处，只关注他人的缺点，会破坏团队成员间的和谐关系，影响团队合作。只有善于欣赏他人的优点，诚恳地帮助他人改正缺点，才能更好地增强团队精神。

（4）**善于沟通**。沟通是我们生命中不可或缺的一部分。合作的过程就是沟通的过程，没有沟通，就没有团队合作。沟通能够增强员工之间的感情，增进了解，缩短彼此间的距离，从而培养信任感、巩固信任度，促使团队之间相互促进、共同提高。为了达到有效沟通，员工之间、管理者之间、管理者和员工之间要做到经常交流、主动交流，并将意见或建议及时反馈给对方，同时沟通还要直截了当、简明扼要，不要拐弯抹角、啰里啰唆。

此外，积极融入团队时还要具有多为别人考虑、谦虚谨慎、乐于助人等美德。只要遵循以上原则，慢慢学会与人合作，你才会变成一个善于合作的人，才会获得同事的认可、上司的青睐，你的能力才会不断提高，才能为顾客提供优质服务。

第九节　执行精神

一、执行精神的内涵与意义

（一）执行精神的内涵

执行精神指的是积极、主动、自觉贯彻战略意图，完成预定目标的精神和能力。执行是一种精神，也是一种能力。执行是把企业战略、规划转化成为效益、成果的关键。衡量执行力的标准，对个人而言是能否按时并保质保量地完成自己的工作任务；对企业而言，就是能否在预定的时间内完成企业的战略目标。

（二）执行精神的意义

企业成败的关键在于执行。旅游企业要实现“办一流企业、做一流服务、创一流效益”的经营宗旨，就必须在员工中打造一流的企业执行力。一个执行力强的企业，必然有一支高素质的员工队伍，而具有高素质员工队伍的企业，必定是充满希望的企业。执行力差是企业的最大内耗，不仅会消耗企业的大量人力、财力，还会错过机会，影响企业的战略规划和发展。因此，执行力就是企业的一种竞争力。

是否具有执行精神也是一个人能否成功的关键。人之所以能被区分为优秀与一般，在于优秀者更有实现构想的能力——这就是一个人的执行力，而不是更有思想。任何伟大的理想目标、计划，最终必须落实到行动上，才能达到想要的结果。取得成功的唯一途径就是自觉执行，立刻行动。

二、提升执行能力、自觉主动执行

（一）明确自身目标

目标决定行动，行动决定结果。目标是催人奋进的动力，目标指引人生的航向。只有确立了明确的职业目标，并沿着目标前进，才可能实现职业理想。设定目标有一个“聪明原则”，即SMART原则。S（Specific）代表明确性，就是要用具体的语言清楚地说明要达成的行为标准；M（Measurable）代表可衡量性，就是目标是明确的、可衡量的；A（Acceptable）代表可接受性，就是目标虽然可以高一些，但执行人有把握实现；R（Realistic）代表实际性，就是目标要在现实的条件下可实行、可操作；T（Timed）代表时限性，就是完成目标要有时间限制。在制定目标时，个人目标和团队目标要协调一致。一个人只有不断追求更高目标，并朝着目标方向努力奋进，才能取得更高的成就。

（二）执行始于服从

（1）**服从的意义**。服从不仅是军人的天职，也是企业中每一个员工的天职。旅游企业是一个组织性、纪律性十分严格的单位，下级服从上级，个人服从组织，局部服从全局，从某种意义上讲，这是旅游企业的主要生产力。每一位员工，每一个基层都应该具备这种服从精神，这不仅是对自己负责，也是对企业负责。真正具有服从意识的人，会把服从当作自己的天职，充分认识到服从是一个人工作的必备条件。服从是一种美德，一个优秀的员工必须具有极强的服从意识。服从是行动的开始，只有无条件地服从，才能充分发挥主观能动性，才能发挥超强的执行力，想方设法完成任务，最终使个人与团队共赢。没有服从，任何绝佳的战略和设想都无法执行。没有服从，就没有一切。

（2）**服从的标准**。服从的标准有四个方面，即不讲情面、直截了当、先接受后沟通、有令即行。①不讲情面。是指不能把工作和个人情绪混淆。一旦上级安排了工作，具有职业素养的员工，就应该无条件地立刻行动；在服从面前没有面子可言。②直截了当。是指在企业中，执行命令要畅通无阻，没有“顾忌”、没有“烦琐”、无须“协调”、无须“磨合”，全力而迅速地执行任务。这是一个非常重要的指标，是衡量管理效能的一个非常重要的方面。③先接受后沟通。是要知道你的某项任务是你部门工作的一个环节，你这一环节执行不到位，会影响到其他工作的进程。所以，上司将任务分配给你，包含了他个人的判断，而你认为“不可行”，那只是你的判断；你可以先接受他分配给你的任务，如果在执行过程中出现了问题，再去和上司沟通。④有令即行。是指要立即行动，这是一种服从的精神。如果每一环节都有令即行，就能在第一时间积极高效地、出色地完成既定的任务。

（3）**服从的表现**。服从表现在以下三个方面，第一，主动汇报工作。作为下属，要养成主动汇报工作的习惯，让上级随时掌握你的工作动态。第二，把直接上级当作第一顾客。上级是员工最重要的顾客，要像重视顾客一样重视上司。第三，协助上级达成目标。下属应该主动协助上级，通力合作，完成目标。

当然，服从不等于盲从、愚忠，而是讲求灵活性的理性服从。上级决策也有错误的时候，这时，你能做的事情也只能是竭尽全力陈述利害关系。当你的建议无效时，应该全力执行上司的决定，但要尽可能地将错误造成的损失降到最低。同时在适当的时机，委婉阐述自己的观点，以维护上司的威信和尊严。切忌工作中因意见不同当面指责顶撞上司。

（三）有效管理时间

对时间的有效管理，直接关系到企业工作效率的高低。工作过程中，在保证质量的前提下，要提高效率。工作生活中要合理分配时间，分清轻重缓急，先做最重要的事情，把主要精力放在主要问题、主要事情上，这样就会达到事半功倍的效果。

（四）养成良好的行为习惯

执行能力的培养，就是让自己养成良好的行为习惯，让执行变得自觉自发、积极主动，这是执行力的最高境界。每一个员工都应该按照原定计划去执行，不要养成拖延的习惯。拖延的人往往自制力薄弱，习惯于逃避困难，缺乏毅力。拖延是高效执行的最大敌人，关键时刻的拖延可能会带来致命的后果。要想成功就要养成立即行动的习惯。

以上八大职业精神并不是孤立存在的，它们之间相互联系、相互促进、相互包含。职业精神是员工成功的条件，也是企业发展的基础。旅游工作者要不断学习，掌握专业知识、熟练专业技能、加强自我修养、培养旅游职业精神，在旅游业的发展中实现自己的人生价值。

复习与思考

一、简答题

1. 旅游职业精神的内涵与主要内容是什么？
2. 旅游企业人文精神的要求有哪些？
3. 旅游从业者应怎样培养服务精神、追求卓越服务？
4. 旅游从业者应怎样培养敬业精神？
5. 旅游从业者应怎样提升精业精神？
6. 旅游从业者应怎样培养主动精神？
7. 旅游企业忠诚精神的要求是什么？如何培养忠诚精神？
8. 你怎样才能融入你所在的团队？
9. 执行精神的要求有哪些？
10. 你怎样提升自己的执行力？

二、案例分析

案例一 软件服务提升竞争力

我来自长春，经营一家准三星级的饭店，每年都会到各地的优秀饭店考察学习。真诚地说，没有一家饭店包括我自己经营的饭店给过我像青岛海景花园酒店那么多的感动和惊喜。

从机场出来，青岛海景花园酒店亲情一家人的服务理念就展现得淋漓尽致。在班车上我随意说出很想看到海面上点点白帆的美景，第二天晚上我的案头就放上了一套奥帆的明信片；温馨的留言，让我感动至今。客房的服务员，贴心到发现我在非常时期，每天都在我房间的小桌上放一罐阿胶蜜枣和红糖，这样的事只有小时候，我的母亲为我做过。儿子赶海时，不小心跌伤了腿，贴着胶布回来，没想到细心的服务员发现了，房间里又多了创可贴和消毒棉。我和儿子要出游，我向服务员要了小礼品袋，送过来的不只有礼品袋，还有一袋水果、矿泉水和满满的一袋爱心。我曾经为如何提高自己饭店的竞争力而困扰，是青岛海景花园酒店使我找到了答案。同一级别的饭店在硬件上没有多大的差别，可是软件服务却是制胜的法宝，海景花园酒店做得太棒了。

根据上述案例回答如下问题：

1. 案例中青岛海景花园酒店亲情一家人的服务理念体现在哪些方面？

2. 怎样理解“软件服务却是制胜的法宝”这句话？

案例二　第八次微笑

飞机起飞前，一位乘客请求空姐给他倒一杯水服药，空姐很有礼貌地说：“先生，为了您的安全，等飞机进入平稳飞行后，我会立刻把水给您送来。”可是，等飞机起飞后，这位空姐却把这件事给忘了，待乘客的服务铃急促地响起来时才想起送水的事情。空姐小心翼翼地微笑着对那位乘客说：“对不起，先生，由于我的疏忽延误您吃药的时间，我感到非常抱歉。”那位乘客严厉地指责了空姐，说什么也不肯原谅，并说要投诉她。

接下来的飞行中，空姐一次又一次地询问那位乘客是否需要帮助，但那位乘客均不理不睬。

临到目的地时，那位乘客要求空姐把留言本给他送来，很显然要投诉她。此时空姐心中十分委屈，但她仍然显得很有礼貌，微笑着说：“先生，请允许我再次向您表示真诚的歉意，无论您提什么意见，我都将欣然接受。”那位乘客准备说什么却没开口。

飞机降落乘客离开后，空姐不安地打开留言本，她惊奇地发现那位乘客在本子上写的并不是投诉信，而是一封热情洋溢的表扬信。信中有这样一段话：“在整个过程中，你表现出的真诚歉意，特别是你的第八次微笑深深地打动了我，使我最终决定将投诉信改成表扬信。你的服务水平很高，下次如有机会，我还会乘坐你的这趟航班。”

——资料来源：光明网，http://www.gmw.cn

根据上述案例回答如下问题：

1. 案例中，深深打动乘客的是空姐的什么精神？

2. 本案例给你的启示是什么？

3. 作为旅游工作者怎样才能提高自己的服务水平？

三、实践与拓展

1. 课堂辩论

辩论题目：

请以“导游是否应该拿回扣”为题开展辩论活动。

2. 职业价值观测试

请你根据自己的实际情况，回答下列每一个问题，并在1～5分打分（括号内填分数）。5分表示非常重要，4分表示比较重要，3分表示一般，2分表示比较不重要，1分表示不重要。

第一组

（1）你的工作能为社会福利带来看得见的效果。（　）

（2）你的工作使你能常常帮助别人。（　）

（3）你为他人服务时，他人满意你也很高兴。（　）

（4）由于你的工作，经常有许多人来感谢你。（　）

分数之和（　）

第二组

（1）你的工作带有艺术性。（　）

（2）你的工作能使世界更美丽。（　）

（3）你的工作结果不是一般产品而是艺术品。（　）

（4）你的工作需要与音乐、美术、文学、影视等艺术打交道。（　）

分数之和（　）

第三组

（1）你的工作使你有不断获得成功的感觉。（　）

（2）你能从工作的成果中知道自己做得不错。（　）

（3）你可以预见自己努力工作的成果。（　）

（4）你的工作成果经常能得到别人的肯定。（　）

分数之和（　）

第四组

（1）你的工作能使你的朋友和同事非常羡慕。（　）

（2）在别人眼里，你的工作是非常重要的。（　）

（3）你的工作作风使你被别人尊重。（　）

（4）你从事的工作经常被媒体提到，在人们的心目中很有地位。（　）

分数之和（ ）

第五组

（1）无论你工作绩效如何，你总能和大多数人一样晋级和加工资。（ ）

（2）工作中你不会因为身体或体力等因素被人瞧不起。（ ）

（3）只要你干上这份工作，就不会再被调到其他意想不到的单位或岗位上去。（ ）

（4）工作中不必担心因为所做的事情领导不满意而受到训斥或经济处罚。（ ）

分数之和（ ）

说明：

请你找出分数之和最高的两组，这两组代表了你的职业价值观倾向。如果你将来从事现在的专业，思考一下你现在的专业和你的职业价值观一致吗？如果你想选择其他工作，思考一下选择什么样的职业更符合你的职业价值观。

第一组：职业价值观倾向是服务社会。认为工作的目的和价值在于直接为大众的幸福和利益尽一份力。

第二组：职业价值观倾向是美感享受。认为工作的目的和价值在于能不断地追求美的事物，得到美的享受。

第三组：职业价值观倾向是成就事业。认为工作的目的和价值在于不断创新，不断取得成就，不断得到领导和同事的赞扬，不断达成自己预期的目标。

第四组：职业价值观倾向是社会地位。认为工作的目的和价值在于所从事的工作在人们心目中有较高的社会地位，从而使自己得到他人的重视与尊敬。

第五组：职业价值观倾向是安全稳定。希望无论自己能力如何，在工作中都有一个安稳的局面，不会为发奖金、加工资、调动工作或领导训斥等事情而经常提心吊胆、心烦意乱。

——资料来源：郝凤茹.缺什么别缺职业精神［M］.广州：广东经济出版社，2010.

以上五种职业价值观，你更认同哪一种？为什么？

3. 实践调查

通过调查研究，分析旅游业中存在哪些重点问题，影响旅游业发展的关键因素是什么。可就一个或几个方面开一场讨论会或撰写一篇调研报告。

四、推荐阅读

习近平：在全社会弘扬劳动精神、奋斗精神、奉献精神、创造精神、勤俭节约精神

劳动最光荣、劳动最崇高、劳动最伟大、劳动最美丽

要在学生中弘扬劳动精神，教育引导学生崇尚劳动、尊重劳动，懂得劳动最光荣、劳动最崇高、劳动最伟大、劳动最美丽的道理，长大后能够辛勤劳动、诚实劳动、创造性劳动。

——2018 年 9 月 10 日，习近平在全国教育大会上的讲话

大力弘扬劳模精神、劳动精神、工匠精神。“不惰者，众善之师也。”在长期实践中，我们培育形成了爱岗敬业、争创一流、艰苦奋斗、勇于创新、淡泊名利、甘于奉献的劳模精神，崇尚劳动、热爱劳动、辛勤劳动、诚实劳动的劳动精神，执着专注、精益求精、一丝不苟、追求卓越的工匠精神。劳模精神、劳动精神、工匠精神是以爱国主义为核心的民族精神和以改革创新为核心的时代精神的生动体现，是鼓舞全党全国各族人民风雨无阻、勇敢前进的强大精神动力。

——2020 年 11 月 24 日，习近平在全国劳动模范和先进工作者表彰大会上的讲话

发扬共产党人“为有牺牲多壮志，敢教日月换新天”的奋斗精神

我反复强调要发扬将革命进行到底的精神，强调要发扬老一辈革命家“宜将剩勇追穷寇，不可沽名学霸王”的革命精神，发扬共产党人“为有牺牲多壮志，敢教日月换新天”的奋斗精神，这是有很深考虑的。大家想一想，在我国这样一个 14 亿人口的国家实现社会主义现代化，这是多么伟大、多么不易！要教育引导全党大力发扬红色传统、传承红色基因，赓续共产党人精神血脉，始终保持革命者的大无畏奋斗精神，鼓起迈进新征程、奋进新时代的精气神。

——2021 年 2 月 20 日，习近平在党史学习教育动员大会上的讲话

党中央和红军安家延安后，由于敌人的军事包围和经济封锁，条件十分艰苦。延安军民积极响应毛泽东同志发出的“自己动手、丰衣足食”号召，开展了热火朝天的大生产运动，有力支持了抗日前线。全党同志要大力弘扬自力更生、艰苦奋斗精神，无论我们将来物质生活多么丰富，自力更生、艰苦奋斗的精神一定不能丢，脚踏实地、苦干实干，集中精力办好自己的事情，把国家和民族发展

放在自己力量的基点上。

——2022 年 10 月 27 日，习近平在瞻仰延安革命纪念地时的讲话

积极弘扬奉献精神，凝聚起万众一心奋斗新时代的强大力量

王继才同志守岛卫国 32 年，用无怨无悔的坚守和付出，在平凡的岗位上书写了不平凡的人生华章。我们要大力倡导这种爱国奉献精神，使之成为新时代奋斗者的价值追求。

——2018 年 8 月，习近平对王继才同志先进事迹作出的指示

老英雄张富清 60 多年深藏功名，一辈子坚守初心、不改本色，事迹感人。在部队，他保家卫国；到地方，他为民造福。他用自己的朴实纯粹、淡泊名利书写了精彩人生，是广大部队官兵和退役军人学习的榜样。要积极弘扬奉献精神，凝聚起万众一心奋斗新时代的强大力量。

——2019 年 4 月 21 日，习近平对张富清同志先进事迹作出的指示

中国人民的创造精神正在前所未有地迸发出来

要充分发挥青年的创造精神，勇于开拓实践，勇于探索真理。养成了历史思维、辩证思维、系统思维、创新思维的习惯，终身受用。

——2017 年 5 月 3 日，习近平在中国政法大学考察时的讲话

中国人民是具有伟大创造精神的人民。在几千年历史长河中，中国人民始终辛勤劳作、发明创造，我国产生了老子、孔子、庄子、孟子、墨子、孙子、韩非子等闻名于世的伟大思想巨匠，发明了造纸术、火药、印刷术、指南针等深刻影响人类文明进程的伟大科技成果，创作了诗经、楚辞、汉赋、唐诗、宋词、元曲、明清小说等伟大文艺作品，传承了格萨尔王、玛纳斯、江格尔等震撼人心的伟大史诗，建设了万里长城、都江堰、大运河、故宫、布达拉宫等气势恢宏的伟大工程。今天，中国人民的创造精神正在前所未有地迸发出来，推动我国日新月异向前发展，大踏步走在世界前列。我相信，只要 13 亿多中国人民始终发扬这种伟大创造精神，我们就一定能够创造出一个又一个人间奇迹！

——2018 年 3 月 20 日，习近平在第十三届全国人民代表大会第一次会议上的讲话

艰苦奋斗、勤俭节约的思想永远不能丢

浪费之风务必狠刹！要加大宣传引导力度，大力弘扬中华民族勤俭节约的优秀传统，大力宣传节约光荣、浪费可耻的思想观念，努力使厉行节约、反对浪费在全社会蔚然成风。

——2013 年 1 月，习近平在新华社一份《网民呼吁遏制餐饮环节“舌尖上的浪费”》的材料上作出的批示

过去我们党靠艰苦奋斗、勤俭节约不断成就伟业，现在我们仍然要用这样的思想来指导工作。吃不穷、穿不穷，计划不到一世穷。党和政府带头过紧日子，目的是为老百姓过好日子，这是我们党的宗旨和性质所决定的。不论我们国家发展到什么水平，不论人民生活改善到什么地步，艰苦奋斗、勤俭节约的思想永远不能丢。艰苦奋斗、勤俭节约，不仅是我们一路走来、发展壮大的重要保证，也是我们继往开来、再创辉煌的重要保证。

——2019 年 3 月 5 日，习近平在参加十三届全国人大二次会议内蒙古代表团审议时的讲话

选读案例

案例

良种济世　粮丰民安——袁隆平

金风送爽，染黄了又一茬稻谷。“杂交水稻之父”袁隆平的学生、湖南省杂交水稻研究中心栽培室主任李建武又想起了恩师：“老师，请您放心！经过实地考察，今年能实现您双季稻亩产3000斤的愿望。”

杂交水稻双季亩产突破3000斤的心愿，是袁隆平在90岁生日时许下的。为了实现这个心愿，90岁高龄时，他还坚持在海南三亚的国家南繁科研育种基地开展科研。虽然袁老未能看到今年扩大双季稻亩产3000斤的示范成功，但是，在他身后，他一生挚爱的水稻事业后继有人，一批批农业科技工作者把论文写在祖国大地上。

“人就像种子，要做一粒好种子”

1949年，从小立志学农的袁隆平，如愿报考了农学第一志愿。毕业后，袁隆平来到湘西雪峰山麓的安江农校任教。1960年，一个寻常的课后，他在校外的早稻试验田里发现一棵“鹤立鸡群”的稻禾：一株足有10余穗，挑一穗数有籽粒200多粒，他如获至宝，收获时把这一株的籽粒全收了。第二年春天，他播下这些金灿灿的稻种，却发现抽穗时早的早、迟的迟，参差不齐，优异性状完全退化了。

“自花授粉作物没有杂交优势”，这是当时学界的普遍共识。真是这样吗？袁隆平冲破传统学术观点的束缚，义无反顾地选择攻关水稻杂交优势利用。从1964年开始，他带着学生，在稻田里从寻找天然雄性不育株入手，用“三系”法研究杂交水稻。他举着放大镜，一垄垄、一行行，终于在第十四天发现了第一株雄性不育株；此后，他带领助手用上千个水稻品种进行了3000多次试验。直到1970年才打开了杂交水稻研究突破口。1973年，中国籼型杂交水稻“三系”配套成功。

“人就像种子，要做一粒好种子”，这是袁隆平院士生前常说的一句话。他也用一生，为这句话写下了注脚。

“要种出好水稻必须得下田”

2019 年，袁隆平获得“共和国勋章”。捧着沉甸甸的勋章，他觉得自己“不能躺在功劳簿上睡大觉”。颁奖会后第二天，袁隆平匆匆赶回湖南。回去第一件事，还是下田去看他的水稻。

对袁隆平来说，下田就像一日三餐一样平常。为了缩短杂交水稻育种周期，几十年来，袁隆平师徒几人背着干粮，在云南、海南和广东等地辗转研究。

“袁老师常常对我们说，电脑里长不出水稻，书本里也长不出水稻，要种出好水稻必须得下田。”李建武说。如今，几代年轻的科学家已经逐渐接过种业振兴的担子，继续攻坚在一块块水稻试验田中。

“我拉着我最亲爱的朋友，坐在稻穗下乘凉”

“风吹起稻浪，稻芒划过手掌，稻草在场上堆成垛，谷子迎着阳光哔啵作响，水田泛出一片橙黄……”“走在田埂上，它同我一般高，我拉着我最亲爱的朋友，坐在稻穗下乘凉……”今年 5 月 22 日，袁隆平先生走了，带着他念念不忘的“梦”。

“杂交水稻覆盖全球”是袁隆平的一个梦想，他曾说：“全世界有一亿六千万公顷的稻田，如果其中有一半稻田是杂交稻，每公顷增产两吨算，可以增产一亿六千万吨粮食，能多养四到五亿人。中国的水稻将为人类的粮食安全作出贡献。”

现在，杂交水稻已经在亚洲、非洲、美洲的数十个国家和地区推广种植，年种植面积达 800 万公顷。金黄的稻谷，让无数人享受到了吃饱的幸福，看到了生活的希望。

“袁隆平院士为推进粮食安全、消除贫困、造福民生做出了杰出贡献！”联合国如此评价他。

资料来源：共产党员网，https://www.12371.cn/2021/09/23/ARTI1632351530624607.shtml

案例2

《论语》里的智慧

《论语》中有一个小故事：一天，鲁哀公问孔子，要做些什么事才能使百姓服从，孔子答道："举直错诸枉"，百姓就会服从，"举枉错诸直"，百姓就不服从。这里"直"指正直的贤人，"枉"指奸佞的小人。孔子的意思是说，举贤臣，远小人，就能得到老百姓的拥护，反之亦反。孔子还说过："举直错诸枉，能使枉者直"。即重用了正直的人，就能使一些不那么正派的人受到触动和教育，从而也变得正直起来。

——资料来源：中国孔子网，http://www.chinakongzi.org

案例3

弘扬塞罕坝精神，把我们伟大的祖国建设得更加美丽

塞罕坝位于河北省北部，曾经是茫茫荒原。半个多世纪以来，三代塞罕坝林场人以坚韧不拔的斗志和永不言败的担当，坚持植树造林，建设了百万亩人工林海。"塞罕坝林场建设史是一部可歌可泣的艰苦奋斗史。"2021 年 8 月，习近平总书记在河北承德考察工作时强调："你们用实际行动铸就了牢记使命、艰苦创业、绿色发展的塞罕坝精神，这对全国生态文明建设具有重要示范意义。"2017 年 8 月，习近平总书记对河北塞罕坝林场建设者感人事迹作出重要指示，强调"全党全社会要坚持绿色发展理念，弘扬塞罕坝精神，持之以恒推进生态文明建设，一代接着一代干，驰而不息，久久为功，努力形成人与自然和谐发展新格局，把我们伟大的祖国建设得更加美丽，为子孙后代留下天更蓝、山更绿、水更清的优美环境"。

半个多世纪以前，塞罕坝生态基础脆弱，自然条件恶劣。1962 年，原国家林业部组建塞罕坝机械林场，369 名林场创业者从大江南北毅然走上塞北高原。这支平均年龄不到 24 岁的队伍，用自己的双手书写了一部可歌可泣的奋斗史。一代代塞罕坝林场的建设者们听从党的召唤，在"黄沙遮天日，飞鸟无栖树"的荒漠沙地上艰

苦奋斗、甘于奉献，创造了荒原变林海的人间奇迹，用实际行动诠释了绿水青山就是金山银山的理念，铸就了宝贵的塞罕坝精神。从筚路蓝缕、伏冰卧雪的创业，到不忘初心、矢志不渝的传承，塞罕坝成功营造起百万亩人工林海，创造了世界生态文明建设史上的典型，林场建设者获得联合国环保最高荣誉——地球卫士奖，机械林场荣获全国脱贫攻坚楷模称号，成为推进生态文明建设的一个生动范例。

推进生态文明建设，既要靠物质力量，也要靠精神力量。“一年一场风，年始到年终。”建场初期，塞罕坝气候恶劣、沙化严重、缺食少房、偏远闭塞，极端最低气温达零下 43.3 摄氏度，年均积雪时间长达 7 个月。塞罕坝人坚持“先治坡、后治窝，先生产、后生活”，吃黑莜面、喝冰雪水、住马架子、睡地窨子，克服了一个个困难，种下了一棵棵落叶松、樟子松、云杉幼苗，让绿色在高原荒漠生根、蔓延。从转变林业发展模式、建设生态涵养功能区，实现造林保护与生态利用的有机结合，到在深化国有林场改革、推动绿色发展、增强碳汇能力等方面大胆探索，切实筑牢京津生态屏障，新一代塞罕坝人传承绿色发展的接力棒，勇挑生态文明建设重担，让塞罕坝精神不断焕发出新的时代光彩。在国家的重要生态区位上，塞罕坝人肩扛修复生态、保护生态的历史使命，创造了高寒沙地生态建设史上的绿色奇迹。无论是默默坚守、无私奉献的驻守望海楼的护林员，还是咬定青山不放松、一年接着一年干的造林人，塞罕坝人种下的不仅仅是一棵棵树，更是一种信念、一种精神，造就的不仅仅是一座“美丽高岭”，更是一座受人景仰的“精神高地”。

习近平总书记勉励塞罕坝林场职工：“要传承好塞罕坝精神，深刻理解和落实生态文明理念，再接再厉、二次创业，在实现第二个百年奋斗目标新征程上再建功立业。”生态文明是人类文明发展的历史趋势，生态文明建设是关系中华民族永续发展的根本大计。习近平总书记强调：“新发展阶段对生态文明建设提出了更高要求，必须下大气力推动绿色发展，努力引领世界发展潮流。”奋斗新时代、奋进新征程，我们要传承好、弘扬好塞罕坝精神，大力推进生态文明建设。要坚持尽职尽责、勇于担责，担负起生态文明建设的政治责任；要坚持艰苦奋斗、科学求实，让祖国大地绿色越来越多、城乡人居环境越来越美；要坚持生态优先、绿色发展，把生态文明理念发扬光大，为社会主义现代化建设增光增色。全面贯彻落实习近平生态文明思想，践行绿水青山就是金山银山的理念，推动绿色发展理念深入人心，推动全社会形成绿色发展方式和生活方式，才能让人与自然和谐共生的美丽中国从蓝图变为现实。

从卫星影像图上看塞罕坝百万亩人工林海，就像一只展开双翅的雄鹰，牢牢扼守在内蒙古高原浑善达克沙地南缘，紧紧卫戍着京津冀和华北地区的生态安全，成为阻断风沙的屏障、含蓄水源的卫士。把新发展理念贯穿发展全过程和各领域，传承好、弘扬好塞罕坝精神，持之以恒推进生态文明建设，让良好生态环境成为人民生活的增长点、成为经济社会持续健康发展的支撑点、成为展现我国良好形象的发力点，我们就一定能建成美丽中国，让中华大地天更蓝、山更绿、水更清、环境更优美。

资料来源：共产党员网，https://www.12371.cn/2021/11/16/ARTI1637016877808714.shtml

案例4

“践行初心使命是一辈子的事”
——“时代楷模”张连印先进事迹

连日来，“时代楷模”张连印同志退休后回到家乡，绿化荒山、防风治沙，改善生态、造福村民的先进事迹被广泛宣传报道，在广大党员干部群众和部队官兵中引起强烈反响。大家纷纷表示，要学习他不忘初心、始终如一、忠诚于党的高尚品德，不图名利、无私奉献、为民造福的责任担当，不懈奋斗、攻坚克难、久久为功的进取精神，为实现第二个百年奋斗目标贡献自己的力量。

“张连印同志解甲不懈志，让昔日荒山秃岭变为绿水青山，是践行全心全意为人民服务宗旨的新时代好干部。”《北方文学》杂志社原总编辑齐光瑞说。

北部战区政治工作部宣传局干事李祥辉说：“张连印用爱民为民的实际行动，生动诠释了一名共产党员的崇高情怀。作为新时代革命军人，应像张连印那样永葆本色、砥砺奋进，为实现中国梦强军梦不断创造新的更大荣光。”

“张连印同志先进事迹告诉我们，践行初心使命不是一阵子的事，而是一辈子的事。”河北省正定县人武部部长李国庆说。国防大学政治学院教授钱均鹏则认为，张连印以实际行动树立共产党员的良好形象，是千千万万个甘于奉献的优秀共产党人的杰出代表。

在甘祖昌将军的家乡江西省莲花县，当地干部群众认为，张连印将军退休后不忘家乡百姓，艰苦奋斗、治沙造林，是新时代的甘祖昌。“从张连印将军的身上，我仿佛看到了太爷爷的身影。”甘祖昌的曾孙女甘迪说。

国防科技大学研究生院学员崔东浩说，张连印以军人特有的勇气和毅力披荆斩棘，用生命彰显了革命军人敢于斗争、敢于胜利的英勇气概。河北省唐山市曹妃甸区公安局民警刘奂明则表示：“从拿起钢枪到扛起铁锹，张连印手中的‘武器’发生了变化，但他身上所表现出来的军人血性与担当始终没变。”

武警湖南总队邵阳支队政治工作处干事邓鑫表示，在实际工作中，要以张连印为榜样，实干拼搏，为军队现代化建设作出更大贡献。

空降兵某旅第一时间组织官兵学习张连印先进事迹，广泛开展“践行初心使命，争当强军先锋”岗位练兵活动。连长向东说：“张连印在带领乡亲开辟植树造林的‘第二战场’中，不怕牺牲、排除万难的精神值得我们好好学习。”地处西北高原的邱少云生前所在部队官兵则纷纷表示，要牢记强军目标、献身强军实践。

张连印的感人事迹也在陆军第八十集团军某工化旅军营传播开来，该旅官兵纷纷展开“学习先进事迹 激发战斗精神”讨论交流。旅政治工作部宣传科科长聂文斐说：“我们要把学习张连印老将军先进事迹转化为练兵备战的强大动力，苦练杀敌本领，锤炼过硬作风，奋力锻造敢于攻坚克难的精兵劲旅。”（记者 刘小兵 通讯员 郭冬明 夏澎）

——资料来源：光明日报，2021-10-21.

案例5

美德凝聚人心 榜样催人奋进
——第八届全国道德模范座谈会发言摘登（节选）

我是航天员大队特级航天员景海鹏。作为第八届全国道德模范代表发言，感到非常荣耀。回想自己三上太空的经历，一次比一次飞得高、飞得久、难度大。我始终牢记，我是一名党员、一名航天员，我的使命就是为党出征、为国争光。

一上太空，一飞冲天。我出生在山西一个农民家庭，1985年光荣地成为一名飞行员，1998年经过层层选拔，成为征战太空的首批航天战士。然而，飞天不是轻轻松松、敲锣打鼓就能实现的，需要千锤百炼、淬火成钢。基础理论学习，一年之内要掌握相当于大学四年的课程；低压缺氧训练，相当于5分钟内爬升至5000米高空；超重耐力训练，在时速100公里旋转的离心机里，承受8倍体重的压力，我们手边有一个紧急暂停按钮，23年来从没人碰过。每次训练都坚持实战标准，一次不行来两次，两次不行来三次。十年如一日，十年磨一剑。2008年我和战友翟志刚、刘伯明一起，完成了中国人首次太空行走，虽然当时遭遇险情，但使命重于生命，心中只有一个念头，一定要让五星红旗在太空高高飘扬！

二上太空，再战苍穹。神七任务后，我们的名字传遍大街小巷，也有了许多光环。但扪心自问，如果陶醉于鲜花掌声、止步于眼前荣誉，必将淡忘初心、懈怠使命。航天领域讲“问题归零”，我觉得人也要经常归零，身体失重，心灵永远不能失重。作为航天员，回报党和国家的最好方式，就是多干几年、多飞几次。在备战神九任务的日子里，每天任务再忙，我晚上都要加练两小时；每周训练再累，周末都会加练一天。乘组选拔考核前，对手控交会对接这一最大难点，我已练了2000多次，超出规定要求两倍。航天飞行，99.99分和100分那可是成败之别！地面训练有了差错可以重来，但太空飞行没有机会重来，只有练到极致，才能闲庭信步。2012年我再次入选神九任务乘组并担任指令长，和刘旺、刘洋完成了首次手控交会对接，打出了完美的“太空十环”。成功落地后，刘洋流着眼泪说：“我们圆满完成任务了！”我知道，那是喜极而泣。作为航天员，只要能圆满完成党和人民赋予的光荣任务，一切都是值得的！

三上太空，超越自我。新时代是奋斗者的时代。两次飞天后，很多人认为我不会再飞了，论资历，已经两上太空；论名气，已经家喻户晓；论年纪，我也快50岁了。但这丝毫没有动摇我的初心。我深知，作为航天员，初心使命就是飞天，宁可备而不用，决不用而不备。我始终坚持和年龄相差十几岁的新战友一起夜以继日学习、一起经受“魔鬼式”训练，二十多年来已养成了中午不休息、晚上学到12点的习惯，做的笔记摞起来比桌子还高，上百万字的飞行手册烂熟于心，数以万计的指令闭上眼睛都能精准操作。2016年我再次入选神十一任务飞行乘组并担任指令长，和陈冬一起飞行33天，首次进入中国空间实验室，圆满完成40多项科学试/实验，为空间站建设奠定了坚实基础。

探索浩瀚宇宙，发展航天事业，建设航天强国，是我们不懈追求的航天梦。载人航天事业的每一步跨越，都承载着党和人民的期望重托，沐浴着领袖统帅的关怀厚爱。特别是习近平主席心系航天、情注航天，多次为我们出征壮行，与我们天地通话，给我们嘉勉表彰。2017 年 7 月 28 日，习近平主席为我颁授“八一勋章”，勉励我继续作出新的更大贡献；今年 6 月 23 日，亲赴北京航天飞行控制中心与神十二任务乘组亲切通话，令我们深受激励鼓舞、感到重任在肩。当前，中国空间站在轨建造已全面展开，翟志刚、王亚平、叶光富 3 名战友正在执行神十三任务，将首次在轨驻留 180 天。我们全体航天员将始终牢记肩负的神圣使命，大力传承弘扬载人航天精神，时刻准备再上太空、再创辉煌，永远做新时代中国航天事业的奋斗者攀登者，努力创造无愧于党、无愧于人民、无愧于时代的光辉业绩！

——资料来源：光明日报，2021-11-08.

案例 6

践行“绿色住”出行理念 全季酒店探索低碳环保新模式

近年来，响应“绿水青山就是金山银山”的国家号召，各大品牌与企业纷纷下场进行环保低碳新模式的探索，“可持续”“绿色环保”“减塑降塑”等举措推陈出新。持续倡导自然美好生活的全季酒店，不仅把亲环境举措落实在酒店本身的精益化、模块化及使用更多环保材料的营建层面，更体现在每一个出行场景与细节之中。

早在 2022 年 6 月，全季酒店已首次提出了“绿色住”出行理念，并在酒店行业高频使用的拖鞋、茶包客用品和开票场景上做出了环保化的表率。以酒店客房最高频使用的客用品拖鞋为例，一家 100 间客房的酒店 1 年消耗的拖鞋将产生 2.08 吨的碳排放量。全季酒店历经数十轮的摸索、利用不同材质进行调配、打样、测试、改进，最终推出了以植物纤维与玉米纤维为原材料，以特定比例混纺而制的“植物纤维可降解拖鞋”，不仅具有如洗脸巾般透气亲肤的细腻触感、舒适耐穿，同时还满足环保与可降解的要求，避免对环境产生二次污染。

东方人的生活离不开茶。全季酒店的政和白茶，一直以来都是令住客记忆深刻的特色体验。如今，全季客房的茶包也已升级为源自天然的玉米纤维可降解材质，不仅为住客提供了更为健康的茶饮体验，也减少了传统茶包作为塑料废弃物对环境的影响。更值得一提的是，近日全季酒店携手农夫山泉在酒旅行业首创的「无瓶标矿泉水」项目。一经试点推出，备受住客及业内人士的好评。取消瓶身塑料标签这一举措看似并不起眼，实则意义重大。在矿泉水瓶回收的过程中可以减少去标、分拣、清洗胶水等多个工序，能够大幅节省清洁用水，提升回收效率。根据第三方机构 ITS 测算，在瓶子整体回收链路上，每回收 1 吨塑料瓶可减少 1.29 吨碳排放，全季酒店使用无标签可回收饮用水瓶，预估每年助力减少碳排放 18018 吨。让每一次入住，都成为一次环保的助力。

此外，全季酒店还将于今年全面升级 PLA 可降解房卡。相比传统的 PVC 房卡，新版房卡能够大幅度减少降解对于环境的影响，据测算，如果将全季近 2000 家门店（每家 100 间房）的房卡全部更换为 PLA 材质，每年可减少白色污染塑料 7.2 至 10.8 吨。全季酒店鼓励客人使用电子发票，减少纸质发票的使用；提倡自带洗漱包，减少酒店提供的一次性洗漱用品的浪费；同时支持续住免换洗的政策，减少洗涤所产生的水和能源消耗。

作为华住集团旗下的中档酒店品牌——全季酒店的环保举措不仅仅是一个品牌对国家“双碳”目标的响应，更是华住集团可持续发展长远战略规划制定中的重要一环。“绿色住”行动举措用精益求精的探索精神，为酒旅行业提供了可持续性发展的升级方向参考，成为低碳环保事业的参与者和实质推动者。

——资料来源：《予地球一抹青绿，全季引领酒旅行业颠覆性革新》，
环球旅讯，2023-06-14，有删改.

案例7

一间五星级酒店和一位酒店人的 40 年

广州珠江边的沙面岛，一直是外地游客来穗的重要打卡点之一。岛上有众多建成于清代、民国时期的古建筑，一直保存至今。而当游客第一次到沙面，往往会被岛上一栋坐落在珠江边的高楼吸引了注意力，它就是有着悠久历史的白天鹅宾馆。40 年前，即 1983 年 2 月 6 日，白天鹅宾馆正式对外营业，作为全国第一家中外合作的五星级酒店，在当时引起了广州乃至全国人民的轰动。作为改革开放后不久开业的五星级酒店，白天鹅宾馆不仅被形容为“国家改革开放的试验田播下的一颗成功种子”，时至今日在酒店行业里，白天鹅宾馆也仍然是中国酒店行业最高服务水平的代表之一。

同年 10 月，现任白天鹅酒店管理公司首席运营官张添加入白天鹅，从一线的销售人员，到销售总监、白天鹅宾馆的首席运营官，再到如今白天鹅酒管首席运营官，至今 40 年。40 年间，白天鹅宾馆走过一段又一段光辉岁月——全国第一家入选“世界一流酒店组织”的酒店、第一枚国家施工金质奖的宾馆、全国第一家自行设计建造管理的大型现代化的宾馆，同时也曾接待过英国女王伊丽莎白二世、美国前总统尼克松、老布什及德国前总理施罗德等国家元首政要。

白天鹅宾馆开业 40 周年，张添向我们娓娓道来，讲述了其与白天鹅宾馆 40 年间共同走过的点点滴滴。

我是 1963 年出生的，今年恰好 60 周岁，也就是说我的人生有将近 2/3 的时光都奉献给了白天鹅。在白天鹅宾馆将近 40 年，我能明显感受到有一种情结将白天鹅人紧紧地联系在一起。当年白天鹅更新改造复业后，仍然有大量的老员工又重新回到白天鹅，回到他们的岗位上，这让我十分动容。用粤语来讲，白天鹅人之间就是“同声同气”，很多员工第一份工作就是在白天鹅宾馆。白天鹅宾馆也对员工投入了大量的培训，给予了他们平台。他们在造就白天鹅宾馆辉煌的同时也成就了自己，我相信这在员工们心中留下了很深的烙印。白天鹅宾馆也非常注重文化的传承，目前总共有员工 700 余人，像我一样在白天鹅宾馆工作了将近 40 年的员工仍有 45 人；工作了 20~30 年的员工，也有逾 200 人。甚至有的员工一家三代人都曾就职于白天鹅宾馆。当然，我们也注重新一代的培养，据统计目前白天鹅的“90后”员工占比达到了40%。在酒店工作40年，外人很难理解里面的辛苦。我们一天里有一大半的时间待在酒店，我常常早上7点从家里出门，晚上11点才回到家。特别是节假日期间，别人能放假休息，而酒店人仍要留守在岗位第一线，往往酒店人付出的时间与精力要比常人多得多。但快乐也是真的快乐，当我们付出了时间与精力，为客人带去高品质的服务，让客人感到开心时，我们工作的意义与价值就得以体现。虽然临近退休，但时代给予了我新的使命，带领白天鹅继续走下去。2023年年初，以白天鹅酒店管理公司为主体的白天鹅酒店管理平台正式开始运营，而我也被任命为白天鹅酒管公司的首席运营官，这意味着我将继续和团队再一起并肩作战。站在人生的花甲之年，我愿意重新出发，这不仅是我对白天鹅的承诺，也是我和它40年来的默契又再次体现和延续。

——资料来源：环球旅讯，https://baijiahao.baidu.com/s?id=1757157644574432161&wfr=spider&for=pc，2023-02-07.

案例8

历时4个多小时　查了100辆大巴 长白山景区让游客手机失而复得

7月11日一早，“悠游吉林”微信公众号后台收到一封来自游客的感谢信，感谢长白山景区工作人员让其手机失而复得。

据了解，7月8日，一名游客在长白山景区乘坐下山大巴车的时候，不慎将手机遗失在大巴车上。下车发现手机遗失后，她随即返回去寻找，同时联系了长白山旅游股份有限公司党员先锋岗位值班人员，寻求他们的帮助。

接到游客消息后，党员先锋岗位值班人员马上联系了运营二部经理杜运君，沟通所有大巴车驾驶员们寻找遗失手机。“下午两点多我们接到的电话，用电台组织人员马上行动起来，景区有100多台大巴车，我们首先要做的就是缩小范围。”杜运君说。

根据游客手机的定位信息，景区工作人员第一轮锁定了70台大巴车，杜运君、大巴车驾驶员和工作人员们在车辆行进途经的几个点位进行停车寻找，可始终没能找到手机。

“游客当天要乘坐高铁，因为寻找手机已经耽误了一段时间，如果不马上下山就会耽误下一个行程，于是我们先让游客安下心来，说我们一定会努力寻找，另外帮助她开通绿色通道先行返程赶高铁。”杜运君说。

“咱们不能放弃，手机对我们每个人来说太重要了，里面肯定有游客比较珍贵的信息。我们赶紧根据手机定位开始了第二轮寻找。”杜运君说，根据手机定位发现，手机从山上向下运行，于是第二轮锁定了 30 台向下运行的车辆。顶着淅淅沥沥的雨，工作人员找遍了这 30 台车，可还是没能找到。这一找，辗转了大巴行车的所有景点停车位，连续排查了几个小时，眼看就到了下班时间。

杜运君表示，手机定位一直在景区里，只是铃声太小，而且一定掉在了非常隐秘的角落里。那时天已经黑了，寻找更加困难。于是杜运君安排锁定的 30 台车首先返回停车场，并安排车辆在安静的场外依次排开。“我们拨打手机，一直没听到什么声音，再打恐怕就没电了，于是又联系游客，游客通过远程方式让手机播报警示音，我们驾驶员一字排开围着每辆车转，最后在最边上的一辆车边听到了一点声音。”杜运君和工作人员马上上车，在一个非常隐蔽的缝隙里发现了手机，手机掉落的位置不好，无法拿出来，工作人员又拆了座椅才拿出手机。经过 4 个多小时的冒雨寻找，手机终于找到了！100 余名驾驶员都松了口气，默默散开队伍，去准备第二天的运营工作。“我们第一时间联系了这名游客，让她先安下心来，然后要了地址给游客快递回去。”杜运君说。

游客在感谢信里提到：“原本我都快不抱希望了，结果奇迹出现，在敦化火车站听闻手机找到的喜讯时我直接激动得蹦起来了……”感谢的话说了一句又一句，可还是表达不完这份感谢之情，于是她写下了这封感谢信，由衷地感谢这些认真负责的长白山人，并送上了自己最真挚的祝愿。就像游客在感谢信中写到的：“这是我第一次来到长白山，没想到令我印象最深的不是壮美的景色，而是景区工作人员对待游客认真负责的态度和应对突发事件的有条不紊，长白山景美人更美！”

对于这份感谢，杜运君笑着说：“这都是我们应该做的。现在是旅游旺季，每天都有 1 万名多游客到访景区，经常有游客丢失手机的情况，我们都会认真帮助游客寻找。”

——资料来源：中国旅游新闻网，2023-07-11.

案例9

生活方式酒店的“出圈”之道

当下，伴随着人们对美好生活的向往和对高品质生活的追求，人们的生活方式更加丰富多彩，与生活方式相对应的各类酒店呈现出百花齐放的态势。

生活方式酒店是指围绕特定人群的生活态度、兴趣爱好、生活习惯、生活方式等开展经营与服务的特定类型的酒店。虽然并非所有酒店都适合往生活方式方向发展，但这一类型的出现确实可以为传统酒店实现转型、新兴酒店品牌实现创新提供一个新的思路。通过推出不同主题的生活方式酒店品牌，匹配相应细分市场顾客群，在保持原有基础的同时，添加生活方式类产品和服务产生附加价值，在标准化产品的基础上彰显酒店个性化、人性化的风格，把生活方式元素注入酒店核心要素中，成为酒店新的盈利点。

本文对生活方式酒店中的娱乐消遣型、社群经营型和运动健康型3种酒店的特点进行分析。

一是娱乐消遣型生活方式酒店。娱乐消遣型生活方式酒店是随着人们生活水平和消费观念的提升应运而生的。该类型酒店注重消费者对休闲娱乐和生活品质的需求，在提供高品质住宿服务的同时将娱乐消遣活动融入其中，受到消费者特别是新生代消费群体的追捧。

杭州开元名都大酒店与NINES推理馆跨界融合，推出“2天1夜沉浸式实景剧本杀”。通过融合多种酒店空间，如餐厅、客房等，给消费者带来更加沉浸式的剧本杀体验。在客房埋下剧情线索，顾客还可能接到剧情电话。酒店员工不仅提供日常服务，还给玩家提供破案线索，顾客完成任务后，凭积分可在餐厅进行兑换。

竞鹅酒店是腾讯旗下第一家电竞酒店品牌，“专为电竞爱好者而生，极致沉浸式电竞体验，Z世代潮玩娱乐新地标”是竞鹅酒店的主张。与其他酒店不同的是，该酒店不仅会为客人提供高品质的电竞设施和设备，如高速互联网、游戏主机、电竞椅等，还会将自身丰富的电竞赛事IP和数字内容优势与线下酒店场景有机结合。例如，打造国内首位可互动的虚拟主理人VEEGY，依托腾讯电竞大量热门赛事IP，KPL王者荣耀职业联赛、PEL和平精英职业联赛等，以及联动多个赛事给顾客带来独具特色的体验。

北京五矿君澜酒店以场景、设施、活动和产品设计为抓手，旨在营造亲子娱乐的生活方式。通过中庭区域改造，配备攀爬架、秋千、跷跷板等无动力游乐设施，并定期举办亲子活动，如“创意手工坊”“超级泡泡”“庭院寻宝”等。结合通航主题，使用IP形象如君君、澜澜等作为代言人与亲子家庭建立情感连接。酒店以“澜精灵俱乐部”为核心，融入多款VR体验产品营造亲子互动体验。此外，酒店还为父母提供美甲服务、趣味电竞和舒适氛围，让家长们带娃成为一种“得到享受而不是负担”的生活方式。

二是社群经营型生活方式酒店。社群经营顾名思义是要围绕一定的社会群体开展经营活动。社群经营型生活方式酒店聚焦某些特定社群的生活方式和爱好，打造灵活的复合型空间。社群经营酒店的核心是满足入住客人的共同需求，做到“投其所好”，其独特价值在于可以将酒店空间释放出来，并基于社群需求的场景进行打造和利用。

南京鲁能美高梅美荟酒店采用“1+N”新模式塑造空间，客人可根据需求选择不同的非客房设施。为了满足年轻消费群体的个性化需求，酒店与周边的图书馆、艺术街区等进行空间的融合，带动客人走出房间，根据不同的需求定制不同的酒店空间，让酒店不仅作为休息住宿空间，而且还成为社区中心。酒店中的美荟廊不是一个单一功能的用餐空间，而是涵盖用餐、酒吧、休闲娱乐、办公等多功能的复合空间。酒店在房间楼层中设计“公共会客厅”，在美荟廊中也有开放式办公桌的设计，以满足顾客的商务、休闲、餐饮等需求。

慈溪万达美华酒店注重打造多重功能复合的空间。共享是酒店空间设计理念的核心，酒店大堂更是突破传统的简单办理入住和离店的单一功能，包括前台、WanVita（万咖啡）、共享办公区、阅读角、多功能会议室和新零售空间等，集休闲、办公、社交等多种功能于一体，满足各类客群的消费需求。

亚朵是一家始于住宿的酒店生活方式品牌，自2013年成立以来一直致力于实现从经营房间向经营人群的转型，通过社群经营核心策略，紧密连接客人，并将房间作为带有“温度”的产品。亚朵采用开放、共享的设计理念来打造公共区域，如阅读空间“竹居”等能够满足客户个性化需求的社交空间。此外，亚朵还会根据不同的城市摄影作品，展示不同的人文情怀。亚朵开创IP酒店，迎合独特消费群体的生活方式，并通过IP圈层来吸引具有共同兴趣爱好的社群。

三是运动健康型生活方式酒店。运动健康型生活方式酒店配备专业健身设施和教练，将“健身房”融入酒店场景，满足客人对休息及健康的双重需求，以酒店场景传递运动健康生活理念。

洲际酒店集团旗下的逸衡酒店通过随心运动、健康饮食、舒心睡眠和成就更多4个特点帮助客人平衡工作与生活。酒店通过在公共区域场景运用转化式设计，将有限的空间发挥多重复合功能，为客人提供专业的运动设备和建议、天然健康的美食、安静舒心的睡眠氛围、舒适高效的工作环境，让客人在高效工作的同时，保持健康的生活方式。

锦江集团旗下的缤跃酒店则以“激活、充能、复原”3个体验理念为主轴，配备轻型运动器械的健身墙、动感单车等私享健身舱帮助客人激活身体，并在客房配置了低卡饮料零食为客人补充能量，使客人充分放松和复原身心。酒店通过明确的功能分区和全周期的体验活动展现健康运动的生活态度，让崇尚健康生活方式的消费者完成“住宿—健身—餐饮”全链路生活体验。

希尔顿酒店集团旗下的健康管理度假村以提高顾客的自我健康管理能力为目标，提供跑步、塑形、划艇等80种健身课程，还有SPA治疗、兼顾美味和热量控制的营养定制餐等服务，项目主要涉及“减肥”“亚健康管理”和“长寿”3个方面。该度假村通过营造家庭式氛围、开展知识讲座等方式帮助顾客重启更健康的生活。

总之，生活方式酒店可通过“复合多元空间功能”，满足客人旅程休憩和日常生活方式的“双重需求”，传递生活方式理念，打造主题化酒店空间场景，设计个性化产品与服务，以此塑造多样化的生活方式酒店品牌，帮助顾客实现对美好生活的追求。

——资料来源：张薇，汪嘉晴，李彬．生活方式酒店的“出圈”之道[N]．中国旅游报，2023-07-13.

案例10

用热爱为工匠精神写下生动注脚
——全国星级饭店从业人员服务技能竞赛获奖选手岗位追梦纪实

工作一线送暖心

第一时间复盘和总结，取长补短、查缺补漏，热火朝天地再次投入到服务工作中……这是选手们回到工作岗位后的“统一动作”，不少人从“参赛强手”转变为“实战能手”。他们将大赛经验分享给了更多同事与同行，让大赛精神持续“生根开花”。

镜头一：“宝贝，阿姨把这个可爱的兔子送给你吧，希望在它的陪伴下，你可以开心一整天。”送上玩偶的工作人员俯下身，微笑着对小朋友说。这是几天前山东文旅酒店集团临沂鲁商铂尔曼大酒店前厅经理殷允慧和同事接待一家亲子客人时发生的一幕。

山东文旅酒店集团旗下临沂鲁商铂尔曼大酒店前厅经理殷允慧为客人送上兔子玩偶　酒店　供图

“小朋友年纪比较小，一到前台就说要住到酒店的最高楼层，但最高楼层都是行政房，价格比普通房型要高。当时，小朋友的父母选择的是高级房，我们便将其安排在了高级房中的最高楼层。但小朋友的想法还是落空了，我们能明显感觉到她的失落情绪。”殷允慧和同事立刻拿出酒店定制的玩偶小兔子送给小朋友，小朋友的心情也“由阴转晴”了。第二天退房前，小朋友父母给酒店留下了长长的感谢信，称赞他们服务的专业性。

殷允慧坦言，这件事其实也是把大赛经验“搬”进了现实，对客服务要做到“眼观六路、耳听八方”。“我们可能满足不了客人的所有需求，但不等于不能让他们满意。”

镜头二：“比赛过程中，一定要保持冷静的头脑、热情的态度，评委提出的问题都是我们日常工作中遇到的，只要仔细梳理便能找到答案。”在金陵饭店酒店前厅部组织的技能大赛现场，金陵饭店质培部助理总监徐余洋正在指导选手们提高技术。

徐余洋告诉记者，总决赛结束两周后，酒店便组织了此次比赛，自己也参与其中。“我为大家分享了参与总决赛的要点和经验，提醒大家按照规范的流程进行操作。”

在徐余洋看来，对客服务做到“眼里有活”和态度良好是关键。“尤其是做前厅服务，要主动发掘客人需求，多想一步、多问一句。大赛设计了突发事件环节，就是考察我们在服务过程中不失服务水准的应变能力。”

“比客人提出的要求更早一步”，不只是对前厅服务人员的要求，对其他部门同样如此。

镜头三：“天气转热，酒店空调风力比较足，女性客人相对怕冷，所以在组织宴会活动时，要提前把披肩备好。”金陵饭店宴会会议经理汪嘉琪对部门同事说。

细心的汪嘉琪发现，不少女性客人即使感觉室内温度偏低，但碍于场合正式，便不好意思开口向服务员寻求帮助。“所以我们就要把工作做在前面，提前询问客人是否需要披肩等。如果通过名签、席签判断有女性客人，我们会把披肩提前放置在座位上。此外，推荐饮品时询问客人是否需要常温，如需常温则要关注其是否有身体不适或是服用药物，菜品上是否有忌口等，提前做好准备。”

汪嘉琪告诉记者，大赛的实操服务环节有很强的实用性，拨开云雾了解到客人的真实需求是第一位的，以此为基准，在做好基础服务的同时再多做一步，为客人营造更多惊喜。

镜头四：“各位贵宾，现在为您展示的这道菜品是山东的特色美食——富贵开花大馒头，它的中间有裂纹，形似盛开的花朵，有花开富贵的美好寓意。”午餐时间，山东大厦餐饮部宴会主管田密密满眼笑意地向客人介绍。

“即使这只是一道主食，我们也希望能给客人留下深刻印象。酒店平时主要是做政务接待，服务形式相对固定。经过参与大赛，我了解到待客更重要的是具备热情和亲切感，回来之后就对菜品介绍进行了‘改良’。不再是死记硬背、套用‘模板’，而是加入更多自己的语言，像和朋友交谈般介绍菜品的典故由来、制作过程及特色亮点，客人也会听得津津有味。”

以赛代练、以赛促练正是大赛最大的意义。服务更加标准了，对客交流更自然了，客人才能获得更为舒适的体验。大赛结束后，田密密还成为酒店的推介山东宣传员。

不为繁华易初心

据某大型专业人力资源服务机构发布的相关数据显示，2022 年，餐饮、酒店行业员工的主动离职率较高。长期以来，酒店行业也因工作繁重辛苦而让不少人望而却步。但参赛的这些从业多年的“老”员工不仅没有动摇，反而越战越勇。酒店行业对他们来说，究竟有哪些吸引力？

汪嘉琪已经从业快 10 年了，在她看来，酒店是客人在外地的落脚点。“我本身就喜欢旅游，经常会换位思考，如果我到一个人生地不熟的地方出差或旅游，服务人员能够热心、耐心地帮我解决问题，我会感觉到非常暖心。同样，我很乐于在客人有需要的时候站出来，看到他们获得帮助，我也会感觉非常慰藉。”

同伴们都称赞汪嘉琪在大赛中优雅自信、闪闪发光，而在这背后，离不开大量的练习与积累。汪嘉琪坦言，自己并不是专业旅游院校出身，最开始甚至不清楚摆台和服务流程。“但任何工作都是熟能生巧，摆台一遍摆不好，我就练几十遍，总会有进步的。”

因为热爱，所以执着。在杭州开元名都大酒店前厅部值班经理张彤看来，每个行业都有自己的辛苦，但如果发自内心地喜欢，就不会觉得累。张彤告诉记者，从上学接触行业到现在已经 8 年了，最初的实习便是从客房部开始。此前为了备赛，单是铺床时甩床单的动作，张彤一天就会练习 100 次以上，一套动作下来基本上满身是汗。“当我看到平平整整的床面和客人满意的眼神，就感觉一切辛苦都不算什么。干一行爱一行、爱一行专一行，‘酒店人’这 3 个字需要用长时间的坚守去诠释。”

除了热爱，更有看到自身成长后发自内心的喜悦。殷允慧的坚守是因为看到了自己的进步和成长。“从酒店行业的‘门外汉’到部门骨干，从刚入行时的慌乱茫然到现在的应对自如，酒店也安排了很多培训，帮我们提升沟通技巧和职业技能，随着日复一日的坚持与经验的不断积累，我感觉自己的目标也更为明晰了，想用自己所学为客人提供更优、更好服务的意愿更强烈了，而这是在刚入行时完全无法想象的。”

徐余洋对此也表示认同。当他刚刚从礼宾部转岗到酒店总台时，也是经过了一段时间的“磨砺”。短短3个月时间，他瘦了10公斤。为了更快地熟悉房型，徐余洋每天下班后会在酒店多留两三个小时，并请师傅带着自己到每个房型参观，边看边记。“无论是在回家路上还是吃饭过程中，我都会在脑中一遍遍地回想，向客人介绍时应该用怎样的顺序，每个房型有哪些亮点。随后再对着电脑系统进行梳理，这样，看似繁杂的内容就能较快消化了。在这个过程中，我能够感受到自己的成长，这是非常令人兴奋的事情。”

被同行的韧性与坚守所打动也是他们选择留下的重要原因。

河北云臻世纪大饭店客房部副主管陈赛向记者分享了刚刚入行时的故事。“我本身个子不高，但是做客房工作经常需要推着放满布草的工作车，尤其是推车进电梯时非常困难，车体很沉，每次都要花费很长时间，常常要求助同事帮忙。”陈赛坦言，这仿佛是工作中的一道“坎”，让自己非常沮丧。直到有一天，她看到了一个比自己还瘦小的女孩子轻轻松松便完成了推车工作。“那一瞬间真的被感动了，于是我沉下心来，边学边问、摸索规律，终于找到了突破口，迈过了这道坎。”

被同事感动的还有徐余洋。“有一天晚上，我看到了一位前辈在酒店一期和二期两栋楼的连廊上往返迎接赴宴客人。连廊很长，步行大概需要一分钟，但他从第一位客人进场到婚宴开始的一个小时，没有停下脚步。”徐余洋便走上去询问前辈迎送的是否都是他的客户，前辈回答，自己只是负责宴会预订，但除了主家之外，其他的到店客人也都是自己的客人。不希望让客人“迷路”，也想让他们感受到酒店是有温度的。前辈的这番话让徐余洋瞬间红了眼圈，也暗下决心，要努力向前辈看齐。

精益求精用匠心

“一提起对客服务的精益求精必然会提到工匠精神，你们是如何理解这一精神的？”这次接受采访的获奖选手大部分是“90后”，面对记者的提问，他们分享了不同的观点。

“比如，有的客人刚进酒店时，可能会因为有些细节心生不满，但如果之后的每个服务岗位的工作人员在每个环节都想办法让客人满意，就一定能够弥补，不让客人带着不满离开。”在陈赛看来，这不单单是对客服务的技巧，更是工匠精神的体现，各个岗位相互配合、术业有专攻，让客人在每一个环节都感到舒心。

事实上，为了实现这一点陈赛一直在努力。从事酒店客房服务 8 年的她有一个习惯，就是每天晨跑，因为“铺床”既要有技巧支撑，还要有良好的体能。抛单、端托、下蹲……陈赛的身体早已形成了标准的肌肉记忆，虽然这些是客人看不到的，但是一想到他们看到整齐床面时的那份安心，陈赛就觉得“值”了。

纪录片《我在故宫修文物》中修复师们“择一事终一生”的工匠精神对殷允慧的触动很大。而她也在坚持做自己喜爱的工作。“工匠精神就是坚持初心。在从业过程中，我遇到过可以重新选择其他行当的机会，也有‘高薪’诱惑，但我还是想在这个行业闯出名堂，成为前厅对客服务的资深专家。”

“主要体现在传帮带上。”这是汪嘉琪对工匠精神的理解，也是金陵饭店一直保持的老传统。“每一个新员工都是由老员工手把手带出来的。就像师傅带徒弟一样，除了一些基础常识，师傅常常会把他们积攒多年的经验分享出来，经验越积累越多，也就覆盖了对客交流的方方面面，金陵饭店细意浓情的服务精髓也就体现出来了。酒店的每一位师傅都非常有责任心，他们会特别留意徒弟的工作流程，随时将不足之处‘点’出来。如果有了工作失误，酒店也会先问责师傅，这样徒弟反而会更精心、更努力地把事情做好。”

在新媒体、新技术盛行的当下，传统酒店里的对客服务也不再墨守成规。

在接受记者采访时，汪嘉琪刚做完一场抖音直播，推荐的是酒店的网红美食。“这算是我们酒店在疫情期间的突破，现在金陵盐水鸭、杏仁萨其马都是直播的拳头产品，复购率很高。”汪嘉琪注意到在社交媒体上进行传播的重要性。“这是让年轻人认识我们这个已有 40 年历史的酒店的新平台。”

随着各个酒店的发展都进入了数字化时代，这几位年轻的酒店人，已经开启了和机器人打配合的工作模式。

“我们很幸运享受到了科技带来的便利性。”在殷允慧看来，酒店前台直联系统的不断迭代，将她从“扒拉”电脑录入客人信息的烦琐操作中解脱出来，让她有更多的时间跟客人去交流。“现在很多酒店都启用了机器人等人工智能设备，但我们并不担心被取代，甚至分工更明确了，把一部分程序化的工作交由机器人来完成，让我们能更好地提供个性化的服务。”

汪嘉琪发现，现在不少社会餐饮使用的是“扫码点单、线上支付”的方式。“这确实可以节省不少服务人员，提高效率。但是，如果是一位初次到餐厅用餐的客人，他很可能无法通过菜名了解菜品。点单服务是酒店的亮点，在此过程中，我们可以对客人的需求、喜好有更深入的了解，客人也会对菜品更加了解。因此，我们正在尝试如何将智能化和人性化服务更紧密地结合。”

在漳州宾馆有限公司餐饮部厅面副主任陈雅英看来，服务的灵魂是要靠一线员工去展现的。哪怕是通过机器人来送物，也是先由工作人员与客人沟通，再由智能设备完成下一步服务。

——资料来源：唐伯侬，王玮. 用热爱为工匠精神写下生动注脚[N]. 中国旅游报，2023-06-01.

案例11

与文明相伴　缔造最美风景

武夷山既是风景名胜区也是5A级旅游景区。近年来，武夷山景区通过坚持数字驱动、共塑“内在气质”、开展志愿服务等方式，积极倡导文明旅游，吸引越来越多的游客到景区赏美景、品美食、晒美图。与文明相伴，让武夷山成为游客心中的最美风景。

近日，记者在武夷山景区南入口看到，游客正有序排队，刷身份证即可快速进入景区。“作为省级首批五钻级智慧景区，我们始终以游客需求为中心，坚持数字驱动，不断提升游客文明出游新体验。近年来，景区投入8000万元，着力打造‘智慧管理’项目，实现智慧管理景区全覆盖，让游客畅游山水间，享受智慧化建设带来的文明体验。”武夷山旅游发展股份有限公司党委书记吴王说。

据武夷山旅游发展股份有限公司智能化管理中心主任袁福良介绍，近年来，该景区通过智慧管理平台与系统，积极对接OTA平台等，提升客流预判系统，可实现自助游览定位、自助导游讲解、旅游服务寻呼等。利用可视化的综合应用平台，可实现门票分时、分段预约，错峰入园，控制瞬时流量。通过指挥平台各景点监控，可对客流量进行实时监测和研判，及时启动预警机制，立即采取分流管控措施。

与此同时，武夷山景区还借助VR、5G等数字技术，采集摩崖石刻、古建筑等信息，对古民居进行720°VR全景呈现，让景区的文化资源“活起来”，为游客提供便捷、精准、精细化的旅游体验。

记者了解到，武夷山景区积极响应国家公园生态先行、可持续发展的号召，争取6000万元政府专项债资金，实现观光车辆新能源替代。“目前，景区已经更新新能源车辆90辆，通过车载GPS系统，实现车辆合理统筹调度，减少区内人员拥堵，为游客文明畅游景区提供了有力保障。”武夷山旅游发展股份有限公司观光车分公司经理张礼华说。

文明是一个景区的幸福底色，也是一个景区的亮丽名片。据武夷山旅游发展股份有限公司党委副书记邱志凡介绍，“景区积极探索并创造性提出‘五员一体’优质服务模式，建立人人都是宣传员、督导员、安全员、服务员、保洁员的文明服务体系，共塑‘内在气质’，以一专多能的服务品质迅速转变角色，第一时间解决游客游览中的实际问题。”

享有武夷山“第一险峰”美誉的天游峰，800多阶石梯蜿蜒盘旋而上，吸引着众多游客攀爬。武夷山旅游发展股份有限公司监察大队天游中队中队长吴世财和其他队员每天在这里维护秩序，引导游客有序扶着石梯向上攀登。“天游峰海拔408.8米，虽然不高，但我们的工作内容并不简单，不仅要维护旅游秩序、文明引导，还要开展线路巡查、救助救护等。”吴世财说。

“武夷山有三十六峰、九十九岩，峰岩交错，溪流纵横，九曲溪贯穿其中……”在武夷山九曲溪，碧波荡漾，竹筏缓缓前行，福建武夷山旅游发展股份有限公司第一竹筏分公司筏工陈佳一边撑竹筏，一边为游客讲解。“入夏以来，景区迎来旅游旺季。面对每一批游客，我都认真做好准备，为游客介绍九曲溪上的生态文明、传统文化和红色故事。让游客了解更多武夷山不一样的故事，爱上武夷山的风景和文化，是每一名‘舟小宣’的光荣使命。”陈佳说。

“售票窗口要做到小团队出票不超过2分钟，大团队出票不超过3分钟；观光车运行团队要及时统筹调派车辆，保证游客等候不超过15分钟；环卫保洁要坚持标准化管理，为游客营造文明旅游的温馨环境。”武夷山旅游发展股份有限公司党政办主任吴晋军说。

武夷山旅游发展股份有限公司智能化管理中心技术人员林晨介绍，景区还利用技术手段，对景区内的旅游情况进行实时监测，对旅游不文明行为进行采集，并不定期发布文明旅游“红黑榜”，提醒游客文明旅游。

志愿服务是社会文明进步的重要标志，是广大志愿者奉献爱心的重要渠道。武夷山景区把志愿服务和精神文明建设紧密结合，组建了 18 支志愿者服务队伍，并不断拓展服务范围、丰富服务内涵，为游客提供多元化服务。

据介绍，武夷山景区组建的 18 支志愿者服务队伍中，包括党员志愿服务队、救助救护志愿服务队、智能化网络志愿服务队等。无论是在平时，还是在各个节假日，志愿者们都尽心尽责，常态化开展旅游秩序维护、旅游咨询服务、发放宣传册、文明劝导等活动，营造文明旅游的良好氛围。

武夷山实验小学学生王桥溪是社会团体志愿服务队的一名小小讲解员。每到节假日，她就和小伙伴们到景区游客服务中心、武夷精舍等地，为游客介绍景区文化内涵和生态文明建设成果，引导游客践行文明旅游。“希望通过自己的志愿讲解服务，做一名优秀文化的传播者、文明旅游的宣导者，做家乡文明形象的代言人。”王桥溪说。

——资料来源：中国旅游新闻网，2023-07-18.

案例 12

23 岁工匠拿下全国冠军，他朝着科技强军的目标奋力奔跑

“全国五一劳动奖章”、全国职工职业技能大赛“数控机床装调工”赛项全国冠军、“全国技术能手”荣誉称号……看着胡兴盛获得这么多“重量级”荣誉，很难想象他是一名年仅 23 岁的青年工匠。年纪轻轻的为何能在“高手如云”的全国技能赛场上斩获桂冠；为何能获得“全国五一劳动奖章”？这些问题，可以从胡兴盛的学习和工作经历中找到答案。

大学期间，胡兴盛主修数控机床应用与维护、机电一体化的相关课程，除了认真学习课本知识外，他还十分注重理论与实践的结合，在校期间经常参加行业内的比赛。

2018 年 10 月，胡兴盛参加了山西省技能大赛“工业机器人技术应用”赛项，获得三等奖；2019 年 6 月，他代表山西省参加全国职业技能大赛“数控机床装调与技术改造”赛项，获得了全国一等奖；同年 11 月，在全国智能制造应用技能大赛

“切削加工智能制造单元安装与调试”赛项中，他又获得全国二等奖。

这些比赛经历，不仅将胡兴盛的专业技能磨砺得更扎实，也坚定了他刻苦求学、努力钻研的信念。

大学毕业后，怀着对航天事业的热爱与向往，胡兴盛来到航天科工集团二院某军工厂工作。入职当年，他报名参加了“振兴杯”全国青年职业技能大赛。本想一展身手的他，却挨了当头一棒——距离顶尖高手，他还是差一截，最终比赛失利。一旁的带教师傅看他垂头丧气的样子，语重心长地说：“越是重复性的手艺活，越要沉住气，持之以恒地刻苦练习。”师傅的话让胡兴盛陷入沉思，过去只想取得荣誉的他，忽视了专业技能基础训练。从那以后，胡兴盛静下心来，钻研专业书籍、反复锤炼功底、摸索实操技巧……日复一日的勤学苦练，让他的技术日渐娴熟，技巧掌握也越来越到位。

“从哪里跌倒，就要从哪里爬起来。”一年后，胡兴盛再次报名参赛。备战期间，他经常与教练组交流经验方法，制订了详细的训练计划。那段时间，胡兴盛几乎天天铆在车间里，白天练实操，晚上学理论，一周一次全项模拟赛，日程安排得很紧凑。最终，胡兴盛获得大赛“数控机床装调工”赛项冠军，被授予“全国技术能手”荣誉称号。

持续努力付出，换来了此次成功夺冠。当荣誉光环加身，年轻的胡兴盛没有沉迷其中，而是保持清醒头脑：“荣誉代表过去，未来还须再接再厉。”

他开始在创新的赛道上重新出发。过去打磨石墨套管，工匠要根据每个石墨套管孔位的实际深度，采用普通砂纸手工磨削调整——既耗时费力，又存在安全隐患。胡兴盛仔细思考：如何才能改进传统石墨套管打磨方式？

没有经验可循，胡兴盛只能“摸着石头过河”。一次次尝试、一次次改进，胡兴盛终于找到了一种金刚石磨具——不仅磨削稳定性好，耐磨寿命还很长。此外，针对磨削过程中的粉尘问题，他利用 3D 打印技术解决，效果十分明显。

此后，胡兴盛又研制出自动化轴承涂脂设备，改变了现有人工涂脂方式，实现轴承的自动涂脂工作，极大提升了工作效率。

“这些荣誉，对我是一种激励。”胡兴盛信心满怀地说，“党的二十大报告指出，当代中国青年生逢其时，施展才干的舞台无比广阔，实现梦想的前景无比光明。我相信自己一定能在这里建功立业，实现人生价值。”如今，胡兴盛加入工厂创客团队，刻苦钻研工艺方法、持续开展科技创新，在奔向科技强军目标的轨道上，奋力奔跑、加速腾飞。

——资料来源：光明网，2022-11-18.

案例 13

下岗女工自学成为金牌导游 致力讲好地方故事传播中华文化

顾凤娟，女，1976 年 1 月生，江苏省苏州市海外旅游有限公司导游。1999 年，顾凤娟下岗后经过刻苦自学，开启了导游职业生涯。为了讲好地方故事，她不满足于导游词上的固定讲解，先后阅读 3000 多本书籍，梳理知识脉络，深挖地方文化，不断提升业务水平和服务技能，编写讲解词 150 余万字，累计接待文化旅游团队 2400 场次，服务游客超过 5 万人次。她曾荣获国家金牌导游、江苏省最受游客欢迎导游等称号。2021 年 10 月入选“江苏好人榜”。

自强不息 下岗女工自学成才

1999 年，顾凤娟从服装厂下岗，闲暇在家无意中翻开一本关于苏州园林的书后，她将目光投向了旅游业，同时一个梦想种在了她心里——苏州这么好，要让更多人了解苏州。毫无基础的她凭着一腔热情孜孜不倦学习，在 2001 年自学考取了导游证，从此开始了自己的导游职业生涯。

为了讲好家乡故事，她拜师学唱苏州评弹，一丝不苟地练习普通话的吐字发音，利用业余时间搜寻与苏州文化有关的小道具，把鲜活的苏州生活介绍给每个聆听者。因为知识积累深厚，语言能力出色，讲解生动有趣，她的受众越来越广，因为她的讲解爱上苏州的粉丝也越来越多。

深挖资源 金牌导游讲好苏州文化

古人说“行成于思”。顾凤娟的讲解之所以可以做到出口成章、妙语连珠，归根结底是因为她的笔耕不辍。20 年来，150 万字的编写和创作，为她打下了扎实的文字基础，也培养了出色的语言能力。她梳理城市文化脉络，为苏州诸多文化景观、世界遗产编写导游词和材料，将苏州古城千年的文化资源转化成具象的文字。她坚守行业一线 20 年，累计接待文化旅游团队 2400 场次，服务超过 5 万人次，不仅零事故零投诉，还收获了行业内外的赞誉。

不忘初心 导游专家毫无保留传帮带

顾凤娟认为“老导游”的第一责任就是“帮扶带”，她不计报酬地向新导游和同行们分享自己的知识技能和经验。从2015年起，她迈出苏州的圈子，在南京、北京等地开设旅游专业课程，成为全国导游培训课堂名副其实的专家老师，每年为行业新生力量进行大量专业培训，累计已逾6万人受益。2018年1月，她成立“凤儀国家金牌导游工作室”，开始了新的平台“传帮带”模式，带领行业新人们原创研发“城市微旅行”等文旅新产品。

顾凤娟主动承担社会责任，积极从事志愿服务。从2014年起，她加入苏州多个文化讲解志愿服务团，利用业余时间通过讲座、视频、小微课程等多种形式科普名人故事，传播名人精神，讲述苏州历史文化，累计志愿服务时长600小时。

——资料来源：中国文明网，2021-12.

案例14

劳模讲党史丨全国劳模、中国商飞上海飞机制造有限公司胡双钱：我和我的大飞机事业

人物简介：胡双钱，中国商飞上海飞机制造有限公司数控机加车间钳工组组长、钳工高级技师。他注重在实践中积累和创新，参与我国ARJ21新支线飞机和大型客机研制项目，高精度、高效率地完成了相关零部件加工工作，并独创行之有效的工作方法，职业生涯贡献突出，1998年起，连续12年被评为上海飞机制造有限公司（原上海飞机制造厂）质量信得过岗位。荣获全国劳动模范、全国“五一”劳动奖章、上海市质量金奖等荣誉。

习近平总书记在庆祝中国共产党成立100周年大会上发表了重要讲话，讲话中强调，100年来，中国共产党团结带领中国人民进行的一切奋斗、一切牺牲、一切创造，归结起来就是一个主题：实现中华民族伟大复兴。

中华民族的伟大复兴之于我，体现在我热爱的大飞机事业上，这也是我为之奉献一生的事业。大飞机逐梦路上，我有过憧憬、有过坚守，也有过徘徊。今年是伟

大的中国共产党100周年诞辰，也是我为大飞机事业奋斗的第41个年头，至今，我仍然能感受到儿时对飞机的那种憧憬和初心，即使我已到了退休年龄，依然感觉有使不完的劲。有人说，71年的上飞厂发展史可以看作党的民机事业发展史的缩影，我自己亲身经历了40年来上飞发展的起起伏伏。41年时间里，我从普通群众成长为光荣的中国共产党党员，从技校的学生成长为全国劳模、大国工匠。在以习近平同志为核心的党中央的亲切关怀下，大飞机事业焕发新生，更是让我们产业工人心潮澎湃。

初心：深埋于童年的飞机梦

不忘初心、牢记使命。习近平总书记在多个场合强调了初心的重要性，而对我来说，初心，就是深埋于童年时的梦想。

从小，我痴迷于各种机械，其中最让我着迷的还是飞机。我总在想，如此庞然大物为什么能够在天空中飞？当时，家住在中山北路的我，经常跑八公里路，前后大约两个多小时到大场机场，躲在跑道边的农田里看飞机，当看到飞机的起飞和降落时心里有一种特别的满足感。也正是这种满足感让我从小就萌生了一个想法：长大以后能够造飞机和开飞机该多好啊，次数多了，这想法便成了梦想。因此，当一名造飞机工人的梦想，就早早地种在我心里。现在想来，这就是我与大飞机的初心。

1977年，中断了十年的中国高考制度得以恢复。那年我正值中学毕业，1978年，中学毕业后面临着人生第一个重要选择，是中专还是技校？成长在一个“学技术最光荣”“当工人最伟大”的年代，善于“动手”的我也把“当工人”作为自己的职业追求。所以没有过多考虑，便选择到技校学习。由于成绩不错，被技校层次最高的5703厂技校（上海飞机制造厂技校）录取。进入5703厂技校后，我知道了飞机的主要结构是由五大部分组成，包括机身、机翼、尾翼、动力装置和起降装置。

带领我们实习的老师是位修军机的老师傅，他经验丰富、作风严谨，教导我们：“学技术是次位，学做人是首位。干活要凭良心。”这句话对我产生了深刻的影响，并践行在日常工作中。他还强调如果自己活干坏所要承担的责任，增强我们的责任意识，激发担当精神。

启程：每天睡前都喜欢“放电影”

刚一入学，技校就开始培养航空工人的基本功。作为学生的我总是多做多干、默默练习。在练榔头敲击时，不允许戴手套，左手握持零件，右手进行敲击，一天下来，右手酸痛不说，左手也因为握持零件，被“顺便”敲击而肿了起来。

这样的敲击，一练就是一个星期。锉刀的使用练习也是一样，就锉零件这个步骤，一练就是好几天，反复练一个动作，手臂酸痛那是必然，但不觉得枯燥辛苦。看着被自己越锉越平、越锉越亮的零件，心里总是很满足，“疲乏的身体好像注入新的动力。”

几个月后，在技校组织的第一次实践考试——“六角镶配”零件制作中，我发挥出色，脱颖而出。技校老师表扬说：“操作好不好，看看动作就知道了。”那次考试之后，老师便让我直接生产产品，参与了“运十”零件模具的制造。

我有幸参与并见证了我们自主研制的大飞机“运十”的首飞，这是中国人在民用航空领域的第一次尝试。飞机起飞后那四台发动机喷出的四条黑烟非常壮观。我心情激动难以言表。那时我就想，我从事的是一项神圣的职业，是我梦寐以求的工作。

后来，工厂把我安排到了钳工岗位，不在飞机生产第一线，心里有一点点小小的失落。但是我想，岗位不重要，到哪里都可以学一门技术，都能为民机事业做贡献。抱着这样的想法，我就在钳工岗位上干了起来。跟着师傅们从最基础的工作做起，练好自己的基本功。飞机加工的零件都是一些精度要求高、技术难度大的精细活，我每天就看着师傅操作，虚心向师傅请教机械图纸绘制、工序编制、公差配合等经验。每天不断琢磨，下班后自己也会留下来，拿一些废旧件做练习。工资也节约下来，购买、借阅大量机械加工图书。我每天睡前都喜欢“放电影”，想想今天做了什么，有没有做好。

坚守：不离不弃迎来春天

然而，运十飞机在实现首飞后没多久，就由于多种原因最终下马了。没飞机产品干了，一心想当航空技能工人，造自己飞机的梦想仿佛一下子就断了线。那时候，工厂的生存变得异常艰辛，只能承接一些民品活干干。技术不能荒废，我抓住做民品加工生产的机会磨炼技术，做过电风扇、大客车座椅等民品零部件加工制造。看着一批批工人跳槽去了其他单位、转行做其他行业，我心里真不是滋味。当时，许多企业都邀请我到外面的单位去，有的甚至开出了 3 倍工资的高薪。走还是留？是坚持，还是放弃？我坚信，自己喜欢的航空事业不会倒、这个厂不会倒，所以我干民机制造的信心不变、决心不变，机会总是留给有准备的人、留给坚守的人。

终于，我等到了那一天，2002 年、2006 年我国 ARJ21 新支线飞机项目和大型客机项目先后立项研制，2008 年中国商飞公司成立，中国民机制造迎来了发展的春天。在我国自主研制的 ARJ21 新支线客机和 C919 大型客机项目中，我大胆探索、科学攻关，为保证支线客机试飞取证和大型客机总装的需要做出了自己的贡献。

精益：一个人就是一个品牌

时代的知识工人要苦干、实干、巧干。国产大飞机的征程中，如何发挥技能工人的作用？如何保证产品质量？最根本的还是思想，要用心，要有责任心。首先要从思想上深刻认识到自身的工作并不是简单的零件加工，而是制造关系到千千万万乘客生命安全的航空产品。

随着时间的增长，经验一点一滴积累，技术一点一滴磨炼，这是一个不断学习、不断实践的过程。这个过程就仿佛创造一个品牌，也许短期内看不到回报，而是需要等很长时间以后才能够看到成效。其实一个人就是一个品牌，每个人要有打造自身品牌的意识。这就需要不断提高实际工作能力，善于在工作中动脑筋，勇于创新。只有有了高超技能，才能在工作中游刃有余。

一次，在制造加工 C919 大型客机升降舵支座时，有一道工序要求划线钻孔，由于该零件外形复杂，而且孔位与基准面都有角度要求，很难保证产品加工质量。为此，我根据图纸要求，经过反复计算测量，制定了用角度台虎钳装夹、用丝表固定的方案来保证孔的位置精度，从而达到零件孔位与基准面的精度要求，保证了零件加工的质量和进度。

我将以习近平总书记的讲话激励自己，让我们自主研制的大型客机在蓝天上自由翱翔，这是几代航空人的梦，也是我一个普通工人的梦。

——资料来源：张锐杰．全国劳模、中国商飞上海飞机制造有限公司胡双钱：我和我的大飞机事业．劳动观察，2021-12-21.

案例 15

到祖国最需要的地方去——致敬“最美基层高校毕业生”

到基层去，到祖国最需要的地方去，在推动实现中华民族伟大复兴的中国梦征程中书写青春华章。

中央宣传部、人力资源社会保障部近日在京举办2019年“最美基层高校毕业生”发布仪式，向全社会公开发布“最美基层高校毕业生”先进事迹。

用青春和热情温暖祖国最北疆的黑土地

黑龙江省漠河市北极镇，中国纬度最高、位置最北，年平均气温只有零下5摄氏度的苦寒之地。文竹在那里担任党委宣传委员、北极流动党员驿站站长。

“为什么我的眼里常含泪水？因为我对这土地爱得深沉。”文竹喜欢这句诗。2013年8月，从牡丹江师范学院毕业后，她放弃招聘会上阿里巴巴集团的邀请，怀揣着建设家乡的梦想，参加了全省大学生村官考试，被录用为漠河市北极镇洛古河村党支书记助理。

素心如竹，再苦的地方也要扎下根。洛古河村地处黑龙江源头，交通闭塞，没有班车。遇到大雪封山，村子便与世隔绝。这里，成为文竹启航“青春梦想”的地方。

组建文艺宣传队，联合驻地部队在“七一”“八一”期间，与村民联合开展活动；推出“身在龙江源、走在群众前”党建载体，开展农民党员设岗定责，帮家庭宾馆、游艇协会开展网上订单……洛古河村从软弱涣散村转化为省级文明村、戍边为民模范村。

为促进民族团结办实事好事

“我毫无怨言，因为我给了自己时间……致敬亲爱的基层公务员”，这是新疆维吾尔自治区阿克苏地区库车县阿拉哈格镇现任党委副书记、政法书记代东援在2012年12月参加工作近两年时，微信朋友圈里所发的一条动态。

代东援毕业于中南大学矿物加工工程专业。2012年，他以高分成绩考录到了库车县。

阿拉哈格镇距离库车县城35公里，管辖25个行政村，拥有人口4.56万人。在工作的第一个月内，代东援跑遍全镇25个行政村，通过经常性的下村调研和日常工作检查，在极短时间内掌握了全镇的基本情况。

2018年2月，代东援在参加自治区遴选考试后，以高分考进自治区区直机关单位工作。4个月后，他做出了人生中最艰难和让所有人都感到意外的决定，回到南疆，回到曾奋斗5年的阿拉哈格镇，继续奉献基层。代东援不断为促进民族团结办实事、好事，赢得了各族群众的爱戴和赞扬。

贫困户脱贫道路上的好帮手

内蒙古科右前旗是国家级贫困旗，同时也是边境旗、少数民族聚居区和革命老区，典型的老、少、边、穷。齐晓景在这里帮扶贫困群众脱贫致富，成为贫困户脱贫道路上的好帮手。

2008 年，齐晓景以优异的成绩毕业于内蒙古科技大学。毕业后，于 2009 年考取了科尔沁镇的大学生村官。4 年的“村官”生活中，她走家串户，了解民情，体验民生。

齐晓景是行走在田间地头的农业“大咖”。她先后创办展翼合作社、电商销售、家庭农场等，发展观光采摘、土地认领、农家自助大锅灶等，带动就业 40 余人，帮助 100 多户农民年均增收 2 万元以上。

2019 年，齐晓景对接贫困户 136 户，帮助贫困户创收，增加贫困户自我发展动力和信心。“被村民需要是一种幸福，如果再选择一次，我还会回来。”齐晓景说。

——资料来源：王优玲. 到祖国最需要的地方去——致敬“最美基层高校毕业生”（上）. 新华社，2019-12-30.

参考文献

[1] 陈吉瑞 . 旅游职业道德 [M] . 北京 : 旅游教育出版社, 2003.
[2] 马克思 . 青年在选择职业时的考虑 [C] // 中共中央马克思恩格斯列宁斯大林著作编译局 . 马克思恩格斯选集(第 1 卷). 北京 : 人民出版社, 1995.
[3] 罗国杰 . 伦理学 [M] . 北京 : 人民出版社, 1989.
[4] 韦明辉 . 道德经智慧新解 [M] . 北京 : 地震出版社, 2007.
[5] 陈吉瑞, 陈刚平, 王奉德 . 旅游职业道德 [M] . 北京 : 旅游教育出版社, 2008.
[6] 周立兴, 韦明体 . 旅游职业道德专题讲座 [M] . 昆明 : 昆明大学出版社, 2005.
[7] 陈浩, 王洪凯 . 职业精神 [M] . 北京 : 中华工商联合出版社, 2010.
[8] 郝凤茹 . 职业精神 [M] . 北京 : 北京大学出版社, 2006.
[9] 中国就业培训技术指导中心 . 职业道德 [M] . 北京 : 中央广播电视大学出版社, 2007.
[10] 林晓波 . 做不抱怨的员工(提升职业精神的培训读本)[M] . 北京 : 华文出版社, 2009.
[11] 周传林 . 职场"钱"规则 [M] . 北京 : 科学出版社, 2010.
[12] 宋豫书 . 服务精神 [M] . 北京 : 中国纺织出版社, 2006.
[13] 吴睿 . 做一个忠诚的员工 [M] . 北京 : 中国时代经济出版社, 2008.
[14] 崔华芳, 王伟峰 . 与公司一起成长 [M] . 北京 : 企业管理出版社, 2005.
[15] 郝凤茹 . 缺什么别缺职业精神 [M] . 广州 : 广东经济出版社, 2010.
[16] 皮洪琴, 陶明 . 电力职业精神 [M] . 北京 : 中国电力出版社, 2009.
[17] 余世维 . 领袖性格——如何塑造管理者的性格魅力 [M] . 北京 : 北京大学出版社, 2008.
[18] 西武 . 做事做到位 [M] . 北京 : 中国民航出版社, 2004.
[19] 梁启超 . 饮冰室合集 [M] . 北京 : 中华书局, 1989.
[20] 钱穆 . 历史与文化论丛 [M] . 贵阳 : 贵州人民出版社, 2018.